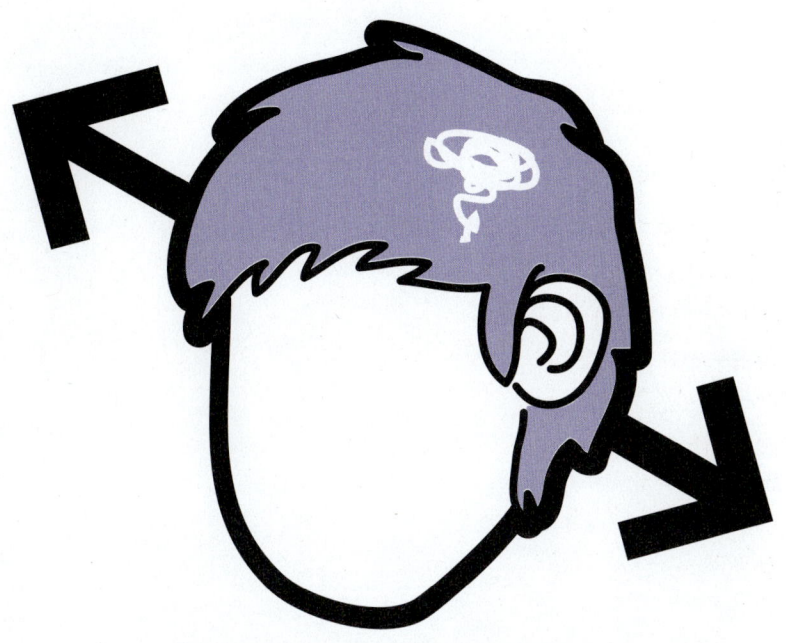

MD GRAMMAR

MD GRAMMAR

초판2쇄 2017년 3월 24일

저 자_문 덕 · 이현수
발 행 인_문 덕
내지 디자인_박나리
인쇄 · 제본_(주)금강 인쇄
발 행 처_도서출판 지수
주 소_서울시 용산구 효창원로 62길 18, 별관 2층
전 화_02-717-6010(대표)
팩스 : 02-717-6012
http://www.moonduk.com
18, Hyochangwon-ro 62-gil,
Yongsan-gu, Seoul, Korea 04317
Phone 82-2-717-6010 Fax 82-2-717-6012
가격 17,000 원

※ 이 책의 독창적인 편집체제 및 내용의 모방과 무단복제를 금합니다.
※ 파본과 낙장이 있는 책은 구입 서점에서 교환하여 드립니다.

머리글,

영어 공부를 하면 할수록, 학습자들이 가장 큰 벽으로 느끼는 것은 일반적으로 문법이다. 맨 먼저 시작하고, 가장 많은 시간을 투자하면서도 원하는 만큼의 성과가 나오지 않는 문법은 사람 성질 버리기 딱 좋다. 왜 그럴까? 여러 가지 이유가 있겠지만 필자들이 생각하기에 가장 큰 문제는 학습자들이 **'제대로 외우지 않는다'**는 것이다.

수학 문제는 한 가지 공식을 확실히 외우고 있으면, 그 공식이 적용되는 문제라면 숫자가 어떻게 바뀌든 풀어낼 수 있다. 외운 게 바로바로 문제 풀이로 연결되어 눈에 보이는 성과가 금방 나타날 수 있는 것이다. 반면 문법 문제에 나오는 문장 속에는 여러 가지 문법 사항들이 유기적으로 연결되어 있다. '시제'라는 파트에 속해있는 문제라 해도 그 속에 시제만 있는 게 아니라, 관계사가 있을 수 있고 to 부정사가 있을 수도 있는 것이다. 일단, 문법책 속에 주어져 있는 모든 원리에 대해 **'이해를 바탕으로 한 확실한 암기'**를 해야 하는데, 바로 이 과정에서 요구되는 상당한 인내심을 감내하지 못하는 학습자들이 많다.

'무엇을 얼마나 외워야 하는지'를 몰라 이것저것 뒤적거리기만 하다 포기하는 학습자들을 위해 이 책은 세 가지 해결책을 제시한다.

첫째. 방대한 문법을 144개 point로 요약해서 체계적인 학습이 가능하게끔 했다. 요약이라고 해서 내용을 무조건 줄인 게 아니라, **'문법 문제 풀이'**와 **'문장 해석 방법 습득'**이라는 두 마리 토끼를 잡을 수 있는 충분한 수준의 내용이 담겨있다.

둘째. 무조건적인 암기가 아니라 **'이해를 바탕으로 한 암기'**가 필요하므로, 정확한 **'개념에 대한 정리'**와 함께 **'풍부한 예문 제시로 확인을 통한 암기'**를 할 수 있도록 했다.

셋째. `이런 문제가 나온다`를 통해 그야말로 내가 외운 원리가 어떻게 문제가 나오는지를 정확히 알려주고, [대표예제]를 통해 문제 풀이 비법을 제시한다. 편입과 공무원의 최신 기출 문제가 담겨 있는 `실전예제`들은 문제 적응 능력을 높여줄 뿐만 아니라, 거의 단문 독해 수준의 문제를 풀어봄으로써 해석 방법까지 자연스럽게 익힐 수 있다.

걷다보면 길은 반드시 끝나기 마련. 제대로 된 지침서만 있다면 문법을 공부하는 모든 학습자들이 올바른 길을 걸어 목적지에 다다를 수 있을 터. 감히 본서가 그 **'지침서'**가 될 수 있으리라 자신한다.

MD Grammar가 세상에 선보인지 어느덧 십년의 세월이 흘렀습니다. 현장에서 MD Grammar를 열정적으로 강의해오신 이현수 교수님께 깊은 존경과 우정을 전합니다. 이번 전면 개정판은 독자 여러분께 문법 공부의 신세계를 선사할 것입니다.

문 덕

너무나 무뚝뚝한 아들 걱정 많으신 부모님. 늘상 마음에만 담아둔 사랑한다는 말 지면을 빌려 전합니다. 하나하나 너무 신경 많이 써주시는 어머님, 특별한 감사 전합니다. 그리고 세상 무엇보다 소중한 나의 woo형제. 나의 모든 빈 곳을 채워주는 아내 H.Y에게 무한한 사랑을 전합니다.

이 현 수

이 책의 구성

방대한 영문법. 총 144개 Point로 체계적 요약 정리.

[0-3]개 까지의 별표를 통한 중요도 표시.

정확한 개념정리, 풍부한 예문을 통한 [이해와 암기]의 두마리 토끼 잡기.

Point 23 need 와 dare ★★

개념정리

조동사와 본동사 성격을 모두 가지는 대표적인 두 가지가 need (~할 필요가 있다) 와 dare(감히 ~하다. ~할 용기가 있다) 인데 그 구분 기준은 문장의 종류에 따른다.

1. 부정문과 의문문에서 조동사로 쓰인다.

(a)
```
부정문 ; need not + R       dare not  + R
의문문 ; Need + S + R ~ ?   Dare + S + R ~ ?
```

Need he go? 가야할까? 　　　　　He **need not** (needn't) go. 갈 필요 없다.
Dare he do it? 감히 그럴 수 있을까?　He **dare not** (daren't) do it. 감히 그럴 수 없다.

(b) 조동사 그 자체는 시제 변화를 하지 않는다. 즉, 3인칭 단수 주어라고해서 ~(e)s를 붙이거나 과거라고 해서 ~ed를 붙이지 않는다.

He **needs not / needed not** leave. (X)
He **dares not** do it again. (X)

〔단〕 dare의 경우 조동사임에도 불구하고 dared not 형태의 과거형을 쓸 수 있다.
　　He **dared not** tell the truth. 그는 감히 진실을 말하지 못했다.

Needs / Needed he leave? (X)
Dares / Dared he do it again? (X)

2. 긍정문에서는 본동사(3형식 동사)로 쓰인다.

She **needs to** speak more slowly.　　　　　그녀는 천천히 말 할 필요가 있다.
I **needed to** do it.　　　　　　　　　　　　나는 그것을 할 필요가 있었다.

He **dares (to)** say so in her face.　　　　　감히 그녀의 면전에서 그렇게 말한다.
He **dared (to)** hit her.　　　　　　　　　　감히 그녀를 때렸다.

〔단〕 긍정문에서는 본동사이므로 시제 변화도 하고 3형식 동사로서 to R을 목적어로 가질 수 도 있는데. dare 의 경우 원형 목적어도 가능하다.

3. 부정문과 의문문에서 본동사로 다른 일반 동사와 동일한 변화형을 갖기도 한다.

조동사　**Need** he go?　　　　　　　　He **need not** (needn't) go.
본동사　= **Does** he **need to** go?　　　= He **doesn't need to** go.

조동사　**Dare** he do it?　　　　　　　He **dare not** do it.
본동사　= **Does** he **dare to** do it?　　= He **doesn't dare to** do it.

〔단〕 긍정문에서 본동사로 쓰이는 dare는 원형과 to R을 모두 목적어로 쓸 수 있는. 부정문과 의문문에서 본동사로 쓰일 때는 to R을 쓰는 것이 원칙이다.

[보충할 만한 내용, 비교가 필요한 내용]까지 부족함 없이 제시.

> 내가 외운 [원리가 어떻게 문제로 나오는지] 확인.
> 이런 원리의 [문제는 이렇게 푸는 것] 이다.

이런 문제가 나온다

대표 예제 Choose the **incorrect** sentence.
  (a) Need I do so?
  (b) He needs not do so if he doesn't want to.
  (c) He doesn't need to do so if he doesn't want to.
  (d) He dared not oppose me.
  (e) I need to put some money into my account.

문제 해결의 Key
부정문과 의문문에서 need와 dare는 조동사이므로 뒤의 본동사는 원형으로 써야 하고 그 자체는 시제 변화를 하지 않는다. 다만 dare의 경우 dared not 만 예외적으로 가능하다. 긍정문에서의 need와 dare는 원래 본동사이고 각각 to R / (to) R형태의 목적어를 가질 수 있는데, 부정문과 의문문에서도 don't(doesn't, didn't) / Do (Does, Did)를 이용하여 본동사로 쓰기도 한다.

실전예제

1. 다음 빈칸에 들어갈 말로 가장 **적절한** 것은? (13. 경찰 1차)

   > Because Oriental ideas of woman's subordination to man prevailed in those days, she (   ) meet with men on an equal basis.

   ① did dare not   ② dared not   ③ dared not to   ④ did dare not to

2. ①Most of the information ②received from the reporters in the field ③need to be edited before ④being considered for publication.

3. The yen is weakening. But Tokyo _____ its interest rates again. (13 편입)

   ①dares not raise   ②dare not raise   ③does not dare raise   ④dare not to raise

4. 어법상 옳지 않은 것은?

   A company ①may be able to teach you ②what you ③need know to succeed but it cannot teach attitude. ④When choosing between ⑤a purely competent person without interest and a less competent person with zeal, I always choose zeal over ability.

5. Choose the **incorrect** sentence.
   ① In order to learn how to swim, first of all, you need to enter the water.
   ② I need hardly to tell you.
   ③ She doesn't dare to go there instead of me.
   ④ You will need to do your task completely before you decide to go see the movies.
   ⑤ He dares insult me.

> 편입, 공무원의 최신 기출문제들을 통해 [문제 적응력을 높이고], 긴 지문의 문제들을 통해 [해석 비법]까지 익힌다.

문법 공부가 제일 지겹고 힘들다는 학생에게 드리는 글

"문법공부, 도대체 어떻게 해야합니까?" -학생-
"나도 몰라. 그런 거 묻지마." -나-

매번 첫 수업 시간에 학생들에게 당부합니다. "문법은 어떻게 공부해야 하나요?" 이런 질문은 하지 말아 달라고. 나도 잘 모르니까. 자세히 답 할 수 있는 사람이 있으면 나나 좀 가르쳐 달라고. 어떻게 보면 선생으로서, 그것도 문법을 전문적으로 가르치는 사람으로서는 참으로 빵점짜리 대답이죠. 제가 학생들에게 이렇게 상당히 무책임할 수도 있는 대답을 하면 처음에는 많은 학생들이 다소 서운한 눈길을 보내기도 하지요. 물론 나중에 시간이 지나면서 스스로가 자신의 질문이 많이 어리석은 것이었음을 이해하게 되지요. 그것은 바로 문법공부를 함에 있어 마치 만능키와도 같은 무언가 '쌈빡한' 비법을 쫓는 사람은 결코 영문법을 잘 할 수 없다라는 것이죠. 누구나 한번쯤 아니 두세 번 이상은 문법공부를 작정하고 시도하지요. 그러다 스스로 중간에 포기하게 되구요. 이런 시도와 실패를 몇 번 반복한 사람은 자연스럽게 무의식적으로 '쌈빡한' 비법을 찾게 되거든요. 하지만 분명한 것은 소위 문법에 자신감을 갖게 된 친구들 중 그 어느 누구도 '쌈빡한' 비법 때문에 손쉽게 문법 실력을 갖게 된 것은 아니라는 점입니다. 그러니 우리가 문법공부를 시작함에 있어 가장 첫 번째 할 일은 과거의 자신의 나태와 나약함을 반성하는 것입니다.
'이번에는 결코 English Grammar 네 놈을 가만두지 않겠다'
이런 불타는 의지와 전투력을 갖기 바랍니다.

■ 언어는 과학적인 발명이 아닙니다.

'고양이'라는 단어가 왜 '고양이'가 된 건가요? 혹시 호기심 많은 외국인이 여러분에게 "너희들은 왜 그 동물을 '고양이'라고 부르니?"라고 묻는다면 어떻게 대답하실 겁니까? 아마도 많은 분들이 이렇게 답하실 것 같습니다. "엉? 그런 생각 해 본적 없는데... 그냥 고양이가 고양이지. 뭐." 물론 그 반대의 경우도 생각할 수 있지요. 우리가 영국인이나 미국인에게 고양이를 왜 cat이라고 부르는지를 설명해 달라고 했을 때 정확히 뭐다라고 답해 줄만한 영미인은 아마 거의 없을 겁니다. 털 많고. 주로 하얗고. 눈 찢어지고. 우유 좋아하고. 따뜻한 곳을 좋아하는 바로 그 동물을 제일 처음 발견한 우리 조상님이 '바둑이'라고. 영국인이 'dog'라고 외쳤다면 지금의 우리와 영미인 들은 각각 '바둑이'와 'dog'이라고 아무런 거리낌없이 그 동물을 지칭할 것입니다.
자. 여러분. 문장을 구성하는 기본이 무엇인가요? 단어겠죠. 바로 그 단어라는 건 이렇듯 사람들 사이의 약속일뿐입니다. 그리고 그 단어를 조합해서 문장을 만들어내는 또 하나의 약속이 문법인 것입니다. 결국 말이 통하려면 서로간의 약속이 무엇인지를 알아야 합니다. '고양이' = 'cat' 이걸 먼저 외워야 합니다. 여기에는 과학적인 원리가 숨어 있지 않죠. 그냥 원래 그런 겁니다. 일단 무조건적으로 이 약속부터 외워야 합니다. 그리고는 주어 뒤에는 동사라는 식으로 그것들을 점점 확대해서 문장을 구성하는 방법 또한 외워가야 하는 겁니다.

"선생님! 단어가 왜 과학적이 아닙니까? 단어도 분석해 보면 어원이라는 게 있고 역사적 뒤 배경을 지닌 단어들도 많던데요?" -학생-
"혹시 공대생이신 가요?" -나-

간혹 [무조건적인 암기] 라는 제 말에 딴 지를 거는 학생들이 있을 수 있습니다. 특히 이과 계통의 학생들은 논리적으로 분석해서 답을 얻는 것에 익숙해 있어서인지 일단 외워야 한다는 생각을 받아들이기 힘들어하더군요. 물론 단어도 논리적으로 분석해 볼 수 있습니다.
특히 MD Vocabulary 33,000에 나오는 시험에 빈출하는 많은 단어들은 실제로 접두어와 어근으로 분석이 가능하고 심지어 그 의미를 어느 정도 유추해 낼 수 있을 정도로 구조적인 단어들이 많습니다. 하지만 Grammar를 하는데 필요한 단어들과 기본적인 문법규칙을 접하는데 있어서만큼은 너무 '암기'라는데 거부감을 느끼시면 곤란합니다. 그러니 잠시 분석적 시각은 접어두시고 여러분은 외워야 하는 기본적인 사항은 반드시 외워야 합니다.

영어를 처음 배우는 학생들(요즘은 초등학생일 것이고 예전에는 중학교 1학년생들이겠죠.)이 아주 초반에 배우는 규칙 중에 이런 게 있지요.
[3인칭 단수 주어가 나오고 시제가 현재인 경우 일반동사에는 ~(e)s를 붙여라.]
예를 들어 Tom likes me. 라는 식인 거죠. 영어를 조금이라도 공부하신 분들이라면 너무나 당연하게 받아들일 만한 이 규칙도 호기심 많은 중학교 1학년생이라면 이렇게 질문할겁니다. "왜 주어가 I 일 때는 그냥 like인데 Tom이면 likes인가요?" 그러면 저는 아주 자세히 답해 줍니다. '자. 잘 들어봐. Tom이 3인칭 단수 주어잖아? 그리고 말하는 사람이 '지금 좋아한다'라고 말하고 싶다면 현재 시제를 써야겠지. 그러면 일반동사인 like에는 ~s를 붙여야해. 이제 알겠지?" 그러면 그 학생은 이럴 겁니다. "지금 설명하신 거예요?"

여러분. 문법 공부를 할 때 '왜?'라는 질문을 너무 좋아하지는 마십시오. cat 이 왜 cat인지. 3인칭 단수 주어가 나오면 왜 일반 동사에 ~s를 붙이는지. 그 질문에 답해 줄 수 있는 사람은 조금 과장해서 말하면 지구상에 없습니다. "아니. 무슨 말이세요. 미국인은 알겠죠?" 앞서 말했다시피 '고양이'라는 단어가 왜 그렇게 만들어졌는지 우리는 모릅니다. 우리는 우리말을 하면서 문법을 따지지도 않습니다. 3인칭 단수주어가 나오고 시제가 현재이면 왜 일반 동사에 ~(e)s를 붙이느냐는 질문에 대한 미국인의 대답은 아마도 "음.... 그런 생각 안 해봤는데. 우리 원래 그렇게 써.." 일겁니다.

가장 밑바닥에 깔려 있는 것들부터 외우세요. 그리고 나서는 그것들을 퍼즐을 맞추듯 연결해 나가는 거죠. 앞 단락에서 설명 드렸던 규칙을 가지고 어떤 식으로 발전되나가야 할지를 보여드리겠습니다.

[규칙 1]
3인칭 단수 주어 / 현재 시제인 경우 → 일반동사 +~(e)s
이 경우 정직하게 주어. 동사를 바로 연결해 놓고 맞춰주기를 요구하는 문제가 나올 수 있다.
I like him.   She likes him.   She and I like him.
ex. (a)The National Education Association (b)conduct (c)extensive research on a great many aspects of (d)education.
☞ 정답 (b) conduct → conducts

[규칙 2]
주어 자체가 특이한 것들이 있다. 이를테면 모양 상 분명히 복수라고 생각되는 것들이 단수 취급을 받을 수도 있다.
(1) 학문 명은 모양은 복수형이지만 단수 취급한다.
physics (물리학) / electronics (전자 공학) / linguistics (언어학) / phonetics (음성학)
ex. Physics are my favorite subject. (X)
☞ are → is
단수 주어이므로 is가 필요하다. 만약 일반동사가 나왔다면 ~(e)s가 붙어 있을 것이다.

[규칙 3]
주어, 동사를 붙여 놓으면 너무 문제가 쉬워진다. 그래서 주어 + (   ) + 동사 식으로 주어, 동사 사이를 떨어 뜨려놓는데. 주어를 수식하는 어구를 (   )속에 넣는 것이다. 주어를 수식하는 대표적인 어구에는 관계대명사절이 있다.
ex. The average age (a)at which people begin (b)to need eyeglasses (c)vary (d)considerably.
☞ (c) vary → varies
중간에 끼어 든 관계대명사절을 (   )로 묶어놓고 보면 정답이 보인다.
즉 다음과 같이 생각해보면 되는 것이다.
The average age (at which people begin to need eyeglasses) vary considerably.

3인칭 단수 주어이고 시제가 현재이면 일반동사 + ~(e)s라는 가장 기본적인 원칙이 규칙 2와 규칙 3처럼 응용되는 모습을 보여 드렸습니다. 특히 규칙 3의 경우는 중간의 ( )라는 거품을 빨리 제거 할 줄 알아야 답이 쉽게 보일텐데. 그럴 수 있으려면 또 [관계사]에 대한 학습이 이루어져야 할겁니다.

"그럼 도대체 뭘 얼마나 외워야 하는 겁니까? -학생-
"MD GRAMMAR를 보세요." -나-

'말'과 '글'은 차이가 있습니다. 우리가 대화할 때 쓰는 말투를 글자 그대로 글로 옮겨서 책으로 만든다면 분명 읽으면서 어딘가 어색할겁니다. 마찬가지로 문법 생각하면서 쓴 문장을 말로 한다면 그 또한 어색하겠죠. 소위 '국어 책 읽는'말투가 나올 겁니다. 또 '말'이라는 것은 살아있는 것이라서 끊임없이 변화합니다. 요즘 젊은이들이 인터넷상에서 많이 쓰는 말투를 어르신들은 이해하지 못하죠. 그러나 '글'은 그 변화 속도를 따라가지 못합니다. 바로 이런 점 때문에 일상 생활에서 사용하는 많은 표현들 중에 문법적으로는 어색한 것들이 있습니다. 또한 그렇게 끊임없이 변화하는 '말'에 맞춰. 그때그때 문법을 만들어 낼 수도 없기 때문에 '말'과 '문법'은 상당히 괴리감이 있어 보이기도 합니다. 그렇다더라도 결국 가장 표준적인 것들을 잘 외워낸다면 앞 단락에서 보여드렸듯 얼마든지 응용도 가능해집니다. MD GRAMMAR는 필자의 강의 경험과 수년간의 다양한 각종 시험의 기출문제의 철저한 분석을 바탕으로 총 17개 Chapter의 가장 핵심적인 내용들을 간추려 냈습니다. 여러분은 이 내용을 일단 모두 숙지하셔야 합니다. 17개 Chapter가 많다고 생각하지 마십시오. 거꾸로 생각해보면 이 한 권만 제대로 외워낸다면 얼마든지 응용이 가능해 집니다.

▣ 문법 공부는 국사 공부와 다를 게 없습니다.

예를 들어 국사 시험 범위가 P.1- P.100이라면 P.100까지의 내용을 빼놓지 않고 열심히 외워야 하겠죠. 이때 '이해'해야 하는 양보다는 말 그대로 반복을 통해서 철저히 '암기'해야 하는 양이 훨씬 많습니다. 또 여러 권의 책을 봐야 할 필요도 없습니다. 국사 공부는 교과서가 제일 좋죠. 문제집을 여러 권 풀 필요도 없을 겁니다. 문제를 풀기보다는 요점 정리 노트 같은 것을 만들어 시험 보기 10분전까지 계속 보는 게 더 낫겠죠. 가장 중요한 건 바로 이 점입니다. P.100까지의 내용을 빠짐없이 봐야 한다는 거죠. 만약 여러분이 P.99까지는 정말로 완벽하게 외워냈는데. 하필이면 100페이지 째에 중요한 내용이 너무 많아서 선생님이 100페이지에 있는 내용 중에 10문제를 출제했다면 여러분은 꼼짝없이 10문제를 틀리게 될 겁니다. 일단 P.100까지를 완벽히 외운 후 여러 번 복습하는 것이 가장 확실한 국사 시험 대비책인 겁니다. 17개 Chapter의 내용을 처음부터 끝까지 봐주세요. 그리고 별표를 활용해서 중요한 것들은 두 번. 세 번 반복해 주십시오.

▣ 반복을 통한 철저한 암기

영어. 그 중에서도 특히 문법을 잘하는 비법은 사실 '반복' 이것 밖에 없습니다. 앞부분 10여 페이지만 새까맣게 만들어진 XX 기본 영어를 한 권쯤 갖고 있는 학생들이라면 문법을 못하는 이유가 지겨워서 포기했기 때문이라는 제 말에 동의할 겁니다. MD GRAMMAR는 여러분이 막연히 따라다 지쳐 포기하지 않도록 여러분들이 무엇을 어떻게 또 어디에 중점을 두고 외워야 하는지를 처음부터 끝까지 충실히 안내할 것입니다. 아무쪼록 MD GRAMMAR로 인해 여러분의 영어의 운명에 커다란 변화가 생기고 바라는 시험에도 꼬옥 합격하시기를 기원합니다.

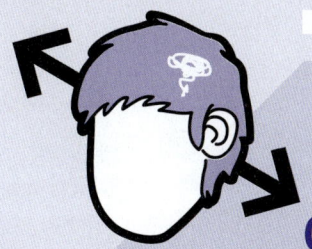

Contents

Appetizer	문장구성의 기본 원리	10
Chapter 01.	문장 5형식	20
Chapter 02.	시제 : 동사의 모양 변화	50
Chapter 03.	조동사 : 동사의 모양 변화	77
Chapter 04.	수동태 : 동사의 모양 변화	96
Chapter 05.	가정법 : 동사의 모양 변화	120
Chapter 06.	부정사	140
Chapter 07.	동명사	168
Chapter 08.	분사	188
Chapter 09.	관계사	202
Chapter 10.	접속사	230
Chapter 11.	일치와 화법	253
Chapter 12.	비교	268
Chapter 13.	병치 · 도치 · 강조 생략	285
Chapter 14.	명사와 관사	300
Chapter 15.	대명사	330
Chapter 16.	형용사	350
Chapter 17.	부사	367
appendix	전치사 용례	380
해설지		389

MD GRAMMAR

Appetizer.
문장구성의 기본 원리

www.moonduk.com

문장을 구성하는 요소들의 종류와 성격
구성요소들의 결합을 통한 문장 탄생의 원리

개념정리

문장은 무엇으로 만들어지는가? 문장은 [뼈대]와 [살]로 이루어져 있다.

[뼈대]라 함은, 4대 주요소: 주어, 동사, 목적어, 보어
[살]이라 함은, 수식어: 형용사 성격 or 부사 성격

뼈대 중에서도 **주어와 동사는 반드시 있어야** 하고, **목적어와 보어는 동사의 성격에 따라 있을 수도 있고 없을 수도** 있다. 수식어는 말하는 사람의 의도에 따라 말이 된다면 백 개씩이라도 들어갈 수 있다. 물론 하나도 없을 수도 있다.
문장의 **뼈대와 살을 만들기 위해 사용할 수 있는 아이템들(구성요소들)이 바로 [단어]와 [구] 그리고 [절]** 이다.

1. 문장을 구성하는 요소들의 종류와 성격

(1) 단어 — 사람들의 약속에 따라 알파벳이 결합되어 만들어진 의미를 표현하는 최소의 단위.

명사	대명사	동사	형용사	부사	전치사	접속사	감탄사
이름	명사대신	동작, 상태	수식	수식	명사 앞	연결	감정
boy	he	go, know	kind	well	at	and	oh!

(2) 구 — 두 개 이상의 단어가 결합되면서, 안에 들어있는 개별적인 단어의 기능과는 별도로 한 덩어리의 새로운 기능의 어구로 재탄생하는 것.

명사구	동사구	형용사구	부사구
to go, going	take care of	on the desk	at the house

(3) 절 — 특히 종속 접속사가 독립된 하나의 문장을 붙여서 [접 + 완벽한 문장] 형태가 되어, 한 덩어리의 역할을 할 때를 종속절이라고 부른다.

명사절	형용사절	부사절
That he is honest	which broke out yesterday	when she was sixty

2. 구성요소들의 결합을 통한 문장 탄생의 원리

[단어]와 [구] 그리고 [절]이라는 구성요소들을 [주어, 동사, 목적어, 보어] 그리고 [수식어]자리에 일정한 규칙을 가지고 집어넣음으로서 문장을 만들어낸다. 문법이라는 것이 바로, 그 일정한 규칙에 대한 공부인데. 내 손안에 있는 아이템들을 적재적소에 끼워 넣는 방법을 배우는 것이다.

그 끼워 넣기의 구체적인 모습은 일반적으로 6가지이다.

1. 주어 앞   2. 주어 자체   3. 주어와 동사 사이
4. 동사 자체   5. 동사의 식구들   6. 형식과는 독립되어 있는 어구

An extremely devastating / act / of terrorism which broke out yesterday /

An extremely **devastating**
한정사   형용사

act
명사

of terrorism **which** broke out yesterday
전치사구   관계대명사절

1. 주어(대표적으로 명사) 앞에 위치하는 어구

2. 주어 그 자체의 모양

3. 주어와 동사 사이

한정사
관사 (a, an, the)
소유격 (my, your, his...Jack's...)
지시형용사 (this, these, such...)
수량 형용사 (one, two... frist, second...)
부정 수량형용사 (many, few, some, all...)

전치 수식어
형용사 (kind, wise, silver, Korean...)
분사 (sleeping, broken...)

명사
대명사   인칭(I, You...), 지시(This, That...)
         부정(one, some, all, most, none...)
명사구   To R (명사적 용법) / 동명사
명사절   That 절
         What 절
         Whether 절
         의문사 + S + V
         복합관계대명사 절

전치사구 (전치사 + 명사)
관계사절 (관계대명사, 관계부사...)
분사
동격 (,명사 / - 명사 / :명사...)
To R (형용사적 용법)

terribly / shocked / every single person / because of its cruelty.

shocked
과거시제 + 능동형

every single person
목적어(3형식)

extremely   terribly   because of its cruelty
형용사 바로 앞   동사 바로 앞   형식이 종결된 문장의 끝

4. 동사
   [그 자체의 모양]

5. 동사
   [성격에 따른 식구들]

6. 형식과는 독립되어 있는 부사(구. 절)

시제 (기본시제, 진행시제, 완료시제, 완료진행시제)
태 (능동형, 수동형)

완전자동사 + ∅
불완전자동사 + 주격보어
완전타동사 + 목적어
수여동사 + 간접 목적어 + 직접목적어
불완전 타동사 + 목적어 + 목적보어

형식이 종결된 문장의 앞
형용사 바로 앞
동사 바로 앞
동사와 목적어 사이
형식이 종결된 문장의 끝

3. 문장구성의 구체적인 모습 6가지에 대한 심화

ⓐ 주어(대표적으로 명사)앞에 위치하는 어구

ⓐ 한정사

An earthquake struck my house last night.   관사(부정관사)
지진이 어젯밤 내 집을 강타했다.

The woman died tragically.   관사(정관사)
그 여자는 비극적으로 죽었다.

Jack's dog is cute and smart.   소유격
Jack의 개는 귀엽고 똑똑하다.

These apples look good. Can I have one?   지시 형용사
이 사과들은 좋아 보인다. 하나 먹어도 돼?

Two men in black entered the bank.   수량형용사
검은 옷을 입은 두 사람이 은행으로 들어갔다.

All doctors know basic first-aid techniques.   부정수량형용사
모든 의사들은 기본적인 응급 구호법을 알고 있다.

ⓑ 전치 수식어

The **poor** woman died tragically.   (성상)형용사
그 불쌍한 여자는 비극적으로 죽었다.

The **sleeping** boy in the room is my son.   (과거)분사
방안에서 자고 있는 그 소년이 내 아들이다.

ⓑ 주어 그 자체의 모양

John comes home late in the evening.   명사
John은 저녁에 늦게 집에 온다.

He comes home late in the evening.   대명사
그는 저녁에 늦게 집에 온다.

To save some money for now is impossible.   To R (명사적 용법)
지금으로서는 돈을 저축하는 것이 불가능하다.

Keeping good hours is good for your health.   동명사
일찍 자고 일찍 일어나는 것이 건강에 좋다.

That he likes Jane is unbelievable.   명사절
그가 Jane을 좋아한다는 것은 믿을 수 없다.

(c) 주어와 동사 사이에 들어가는 대표 수식어구

The chief obstacle **of these friendships** is not nationality. 전치사구 (형용사구)
이러한 우정들에 있어서의 주요한 장애물이 국적은 아니다.

The road **which connects the two towns** is very narrow. 관계사절
두 마을을 연결하는 그 도로는 매우 좁다.

The boy **injured in the accident** was taken to the hospital. 분사
사고에서 부상당한 그 소년은 병원으로 데리고 가졌다.

Rabies, **one of the worst diseases**, was at last conquered. 동격
가장 최악의 질병 들 중의 하나인 광견병은 마침내 정복되었다.

The ability **to speak English well** is what you need. To R (형용사적 용법)
영어를 잘 말하는 능력은 당신이 필요한 것이다.

(d) 동사 그 자체의 모양.
동사는 [시제]와 [태]에 따라 그 모양이 달라진다.

ⓐ 시제 + 능동태

I **write** a letter every day. 현재
He **wrote** a letter yesterday. 과거
He **will write** a letter tomorrow. 미래
I **am (was, will be) writing** a letter. 현재(과거, 미래)진행
I **have (had, will have) written** a letter. 현재(과거, 미래)완료
She **has (had, will have) been writing** a letter. 현재(과거, 미래)완료진행

ⓑ 시제 + 수동태

A little house **is (was, will be) built** by them. 현재(과거, 미래)의 수동
A little house **is (was, will be) being built** by them. 현재(과거, 미래)진행의 수동
A little house **has (had, will have) been built** by them. 현재(과거, 미래)완료의 수동

(e) 동사의 성격에 따른 식구들

ⓐ 완전자동사 (1형식 동사)

목적어와 보어가 필요 없다.

My new washing machine **works** smoothly.
새로 산 세탁기가 원활하게 작동한다.

ⓑ 불완전 자동사 (2형식 동사)

불완전한 의미를 가지는 동사들 (be: ~이다 seem: ~인듯하다...)의 의미를 채워주는 주격보어가 필요하다. 주격보어 자리에는 다음과 같은 어구들이 들어간다.

①명사. 대명사. 명사구. 명사절 (= 주어 자리에 들어가는 어구)

Some universities **are** women's **universities**. (~이다 + 여성 대학)
일부 대학들은 여자 대학교들이다.

The person in charge **is he**. (~이다 + 그)
책임자는 그다.

My plan **is to study** abroad. (~이다 + 유학 가는 것)
내 계획은 유학 가는 것이다.

His hobby **is collecting** stamps. (~이다 + 수집하는 것)
그의 취미는 우표를 수집하는 것이다.

The reason why she is so popular **is that she is kind to everybody**. (~이다 + 그녀가 모두에게 친절하다는 것)
그녀가 그렇게 인기 있는 이유는 그녀가 모두에게 친절하다는 것이다.

ⓑ 형용사, 형용사구

Even though they **are** so **poor**, they **seem happy** together. (~이다 + 가난한) (~인듯하다 + 행복한)
비록 그들은 가난하지만, 그들은 함께여서 행복한 듯하다.

Time **seems to go** fast. (~인듯하다 + 빨리 가는)
시간은 빨리 흘러가는 듯하다.

ⓒ 완전타동사 (3형식동사)

목적어가 필요한 동사. 행위의 대상 (=행위의 목적)이 되는 어구를 목적어라 하는데.
명사. 대명사. 명사구. 명사절 (=주어 자리에 들어가는 어구)등이 그 역할을 한다.

I **built** the house. 만들었다; 집을
I **like him**. 좋아 한다 ; 그를
Everybody **desires to learn** English. 소망 한다; 배우기를
He **enjoys riding** a bicycle. 즐겨한다 ; 타기를
I **know that he knows the truth**. 안다; 그가 진실을 안다는 것을

ⓓ 수여동사 (4형식 동사)

간접 목적어(~에게) + 직접 목적어(~을, 를) ~ 주다.
목적어만 필요하므로 완전타동사인데. 3형식과의 구별을 위해. 별도 명칭을 가진다.

① [~에게 + ~을.를] 순서 유지

The act **gave every man and woman a great shock**.
그 행위는 모든 사람들에게 엄청난 충격을 주었다.

② [~을.를] + 전치사 + [~에게] → 3형식으로의 전환

= The act **gave** a great shock **to** every man and woman.

ⓔ **불완전 타동사 (5형식 동사)**

> 목적어와 그에 대한 보충 설명어구인 목적보어가 필요하다. 목적보어 자리에는, 원형, to R, 현재분사, 과거분사, 명사, 형용사 등이 들어간다.

Ability to communicate in English **makes** you **prepare** for a better future.   원형
영어로 의사소통하는 능력은 당신이 더 나은 미래를 준비할 수 있게끔 해준다.

Experience **enables** you **to recognize** a mistake.   to R (형용사적 용법)
경험은 당신이 실수를 깨닫는 것이 가능하게 해준다.

I **found** him **working**.   현재분사
나는 그가 일하는 중인 것을 알게 되었다.

You should **keep** the secret **unsaid**.   과거분사
당신은 비밀이 언급되지 않게끔 해야 한다.

We **call** him **a genius** in mathematics.   명사
우리는 그를 수학에 있어 천재라고 부른다.

You **think** me (to be) **idle**, but I'm not.   형용사
당신은 나를 게으르다고 생각하는데, 그렇지 않다.

(f) **형식과는 독립되어 있는 부사(구, 절)**

> 형식과는 독립되어 움직이는 부사(구, 절)은 문 두, 형용사 앞, 동사 앞, 타동사와 목적어 사이, 형식이 끝나고 난 뒤 등 다양한 위치를 가진다.

Unfortunately, I won't be able to attend the meeting.
불운하게도 나는 미팅에 참석하지 못할 것이다.

The **very** difficult problem is worth solving.
그 매우 어려운 문제는 풀어볼만한 가치가 있다.

He **earnestly** helped him.
그는 열성적으로 그를 도왔다.

I understand **clearly** what he wants to say.
나는 그가 말하고 싶은 것을 명확하게 이해한다.

The flight was delayed **due to bad weather**.   전치사구(부사구)
비행은 나쁜 날씨 때문에 연기되었다.

My grandmother started walking five miles a day **when she was sixty**.   부사절
할머니는 예순이 되었을 때 하루에 5마일씩 걷기를 시작하셨다.

He studied hard **to pass** the exam.   to R (부사적 용법)
그는 시험에 합격하기 위하여 열심히 공부했다.

Brigid Gill was alone in her cottage, **waiting** for her little son to come from school.   분사구문
Brigid Gill은 오두막에 혼자 있었다. 그녀의 어린 아들이 학교에서 집으로 돌아오기를 기다리면서.

www.moonduk.com

MD GRAMMAR

Chapter. 01
문장 5형식

www.moonduk.com

Chapter 01 | 문장 5형식

Point 1 ★ 1형식

 1형식 동사 뒤의 단독 형용사는 틀렸다!

1형식 동사는 거기서 멈춰도 된다. 굳이 그 뒤에 뭔가가 있다면 동사와 직결되는 수식어, 즉 부사 (구, 절)일 수밖에 없다.

ex. The hospital **functioned normal**. (X) → **normally**

Point 2 ★★★ 2형식

 2형식 동사 뒤의 단독 부사는 틀렸다!

2형식의 핵심은 주격보어. 특히 형용사 주격보어를 강조하기 위해 부사를 쓰는 실수를 부각시킨다. 여러 가지 2형식 동사 (상태유지, 상태변화, 감각, 판단, 판명)자체를 잘 외우고 특히 형용사 주격보어를 명심하라.

ex. He **looks happily**. (X) → **happy**.

Point 3 ★★★ 3형식

 목적어를 가지려면 자동사는 전치사와 함께! 타동사는 자기 혼자서!

자동사의 변신은 무죄. 전치사와 더불어 = 타동사구. 목적어를 가지려면 전치사가 필수! 타고난 타동사라면 전치사를 쓰는 실수는 곤란해!

ex. Everybody **laughed** him. (X) → **laughed at**
    We **discussed about** the problem. (X) → **discussed**

 ## 4형식

 [~에게] + [~을,를] or [~을,를] + 전치사 + [~에게] !

4형식의 기본어순은 [~에게] + [~을,를] / [~을,를] 이 먼저 나가면 + 전치사 + [~에게]. 결국 3형식으로 변한다.

ex. He **gave** me a book. = He **gave** a book **to** me.

 ## 4형식으로 착각하기 쉬운 3형식동사

 explain은 4형식이 아니다!

[~에게]와 [~을,를]이 있다고 해서 무조건 4형식으로 쓰는 게 아니다. [~에게]나 [~을,를] 중 어느 한쪽만 목적어가 되고 다른 한쪽은 전치사구로 만들어서 3형식으로 쓰는 경우가 있다.

ex. He **explained** me the plan. (X) → He **explained** the plan **to** me.

 ## 5형식

 5형식 동사의 영원한 동반자. 목적보어의 모양을 기억하라!

지각동사하면 바로 [원형, ~ing, p.p] 사역동사 하면 바로 [원형, p.p] 소망, 준사역동사 하면 바로 [to R, p.p] 5형식 동사 하면 지체 없이 떠올리자. 바로 [목. 적. 보. 어.]

ex. I **saw** him **to sing** a song. (X) → **sing** or **singing**

 ## 혼동하기 쉬운 동사 비교

 잊지 말자 [3단 변화] 다시 보자 [3단 변화]

서로 혼동할 수 있는 두 가지 동사 각각의 3단 변화를 철저히 외워야 한다.
rise 하면 - rose - risen (1형식) / raise 하면 - raised - raised (3형식)

ex. He **rose** his hand. (X) → **raised**

Point 1 : 1형식 ★

개념정리

주어와 동사만으로 완벽한 의미 전달이 이루어져서, 목적어와 보어가 필요 없는 완전자동사가 등장하는 문장이 1형식이다.

The incident occurred.   사건이 발생했다.
　S　　　　V

그렇다고 1형식문장이 짧기만 한 것은 아니다. 하나의 문장은 [주어 동사 목적어 보어: 4대 주요소]를 빼고 나면, 항상 수식 어구 [→ 형용사 or 부사]를 생각해야 한다.

The **terrible** incident occurred **there** **yesterday**.
　　형용사　　　　　　　　　　　　　　부사　　부사

말만 된다면, 수식 어구는 100개라도 붙을 수 있는데, 특히 1형식 문장에서 시험 문제화 되는 부분은 동사를 꾸미는 부사 성격의 수식어다.

1. 주요 1형식 동사

Such things do not **occur** everyday.	일어나다, 발생하다. (= happen, take place)
She **disappeared** last night.	사라지다.
Ghosts **exist**.	존재하다.
My new washing machine **works** smoothly.	일하다, 작동하다.
Many children can't **function** effectively.	기능하다, 구실을 하다.
She **rises** early in the morning.	솟아오르다.
This lesson will **last** for an hour.	지속하다, 계속되다.
The river **flows** into the sea.	흘러가다.
Honesty doesn't always **matter**.	중요하다.
He **arrived** at 7.	도착하다.
He **died** three years ago.	죽다.
She **aches** all over.	아프다, 쑤시다.
Such a great civilization can **perish**.	소멸되다, 죽다.
I have to **walk** to school.	걷다, 산책하다.
Many birds **sing** merrily in the sky.	노래하다.

2. 의미에 주의해야 하는 1형식 동사

He **made** toward the island.	그는 그 섬을 향해 나아갔다. [나아가다, 향하다]
Your age doesn't **count** when you learn.	배울 때 나이는 중요하지 않다. [중요하다]
Will 200 dollars **do** for the game? - That will **do**.	게임을 위해서 200달러면 충분할까요? - 충분합니다. [충분하다, 쓸 만하다]
Farming doesn't **pay** these days.	요즘에 농사짓기는 수지가 맞지 않는다. [수지가 맞다, 이득이 되다]

 다음의 뜻일 때는 3형식동사이다.
make 만들다　**count** 세다, 계산하다　**do** 하다　**pay** 지불하다, 갚다

이런 문제가 나온다

대표 예제. Choose the **incorrect** sentence.

(a) She rose and walked out.
(b) The engine worked well after it had been repaired.
(c) Despite the power cuts, the hospital functioned normal.
(d) Any book will do provided that it is instructive.

🔍 문제 해결의 Key

1형식 동사가 확실하다면. 그 동사와 직접 연결되는 수식 어구는 부사성격이어야 한다.
즉. 1형식 동사 + 단독 형용사 (X) → 부사

단. 일부 1형식 동사는 [+ 형용사 or 명사] 형태가 가능한데. 이때는 동사를 꾸미는 것이 아니라 정확히 주어에 대한 보충설명이 이루어져야 한다. 이를 [유사보어]라고 말한다.

He **arrived**/ **returned** /**came back** safe.	그는 안전한 상태로 돌아왔다.
He **went** an enemy and **has returned** a friend.	떠날 때는 적이었으나. 돌아왔을 때는 친구인 상태.
He **lived** and **died** a bachelor.	독신으로 살다가 죽었다.
He **died** rich.	그는 부자인 채로 죽었다.
cf. He died richly. (X)	
[죽는다]라는 행위 자체가 [부자이게]는 오히려 말이 안 된다.	

실전예제

1. The ①<u>bankrupt</u> company had five plants ②<u>in which</u> most of the ③<u>equipment</u> didn't work ④<u>efficient</u>.

2. ①<u>Day in and day out</u>, the security forces ②<u>work ceaseless</u> not just to respond and react ③<u>but</u> ④<u>to be</u> a step ahead of the terrorists.

3. Choose the **incorrect** sentence.

   ① Money is the only thing that matters to him.
   ② Your clear knowledge of math paid off when you were interviewed for the booking job.
   ③ The fact that he did not apologize counts for much with her.
   ④ This pill works good if you have a sore throat.

2형식 ★★★

개념정리

주어와 동사만으로는 완벽한 의미를 전달할 수 없을 때, 특히 주어에 대한 보충 설명이 필요해서 주격보어를 집어넣음으로서 완성하는 문장이 2형식이다. 예를 들어,

I am ~ .　　　　　　　[나는 ~이다]라는 불완전한 진술에 대해,
I am **a student**.　　　나는 학생이다.　　→ 명사가 주격보어
I am **happy**.　　　　　나는 행복하다.　　→ 형용사가 주격보어

이렇듯 그 자체로 의미가 불완전한 동사에 첨가되어 완전한 의미를 만들어주는 명사나 형용사를 주격보어라고 한다. 보어는 필요한데 목적어는 필요 없으므로 2형식 동사는 불완전자동사이다.

2형식의 주요한 특징은 주격보어의 등장이므로 시험 문제에서도 주격보어의 모양(명사 or 형용사)을 문제화하는데, 특히 형용사 주격보어를 강조하기 위해 단독의 부사를 집어넣는 실수를 부각시킨다.

I am **happily**. (X)　→　I am **happy**. (O)　　나는 행복하다.

주요 2형식 동사는 의미에 따라 몇 파트로 나눠서 외우는데, 주격보어 자리에 명사 or 형용사가 등장하는 내용이 약간씩 차이가 있으므로 주의하면서 살펴보자.

1. 주요 2형식 동사

(a) 상태 유지 동사 : (어떤 상태) 이다, (어떤 상태를) 유지하고 있다

```
be  remain                                    + 명사 or 형용사
stay  lie  sit  stand  keep  continue  hold   + 형용사
```

I hope that you will always **remain** my little **boy**.　　너는 나의 귀여운 아이다.
I cannot **remain indifferent**.　　　　　　　　　　　　무관심하다.
The weather will **stay fine**.　　　　　　　　　　　　　맑을 것이다.
We **lay flat** on the ground　　　　　　　　　　　　　납작 엎드려있었다
He **sat silent**.　　　　　　　　　　　　　　　　　　　조용했다. (앉아서)
He **stood silent**.　　　　　　　　　　　　　　　　　　조용했다 (서서)
My ex-wife **continues friendly**.　　　　　　　　　　　여전히 다정하다
We all **kept awake** that night.　　　　　　　　　　　깨어있었다
This credit card **holds good** till the end of next year.　유효하다. 효력이 있다.

(b) 상태 변화 동사 : ~이 되다, (어떤 상태로) 변화하다

```
become  + 명사 or 형용사
make    + 명사
```

> **get grow turn** + 형용사
> **go come run fall** + 형용사

Once he was elected, he **became a conservative**.   보수주의자가 되었다.
My friend lost her job and **became insolvent**.   파산하게 되었다.
She will **make** a good **wife**.   현모양처가 될 것이다.
Finally, he **got fat**.   살쪘다.
She **grew angry**.   화났다.
The leaves **turn red and yellow** in fall.   단풍든다.

> 단. [turn + 무 관사 명사]인 예외가 있다.
> **turn democrat [communist]**   민주주의자 [공산주의자]가 되다.

If you just leave the meat out like this, it'll **go bad**.   상할 것이다.
He **ran mad**.   미쳐버렸다.
Things will **come right**.   제대로 될 것이다.
She **fell asleep**.   잠들었다.

> 단. **go bald, bankrupt, wrong**   대머리가. 파산. (일이) 잘못되다.
> **come true, easy, of age, in handy**   실현되다. 쉬워지다. 성년이 되다. 쓸모가 있다
> **run dry, short**   고갈되다. 부족하다
> **fall sick, vacant, in love, prey, victim**   병나다. 비다. 사랑에 빠지다. 먹이가, 희생자가 되다
> (무 관사 명사)

(c) 감각 동사 (오감 동사)

> **look** ~처럼 보이다 **sound** ~처럼 들리다 **smell** ~처럼 냄새나다
> **taste** ~처럼 맛이 나다 **feel** ~처럼 느껴지다
> + 형용사

You don't **look good**. Why are you in the blue?   좋지 않아 보인다.
His voice **sounded strange** on the phone.   이상하게 들렸다.
Dinner **smells good**.   냄새가 좋다.
The milk **tasted sour**.   신맛이 났다.
I **felt bad** about the result.   기분이 좋지 않았다.

> 단. 감각 동사와 전치사의 결합: 뒤에는 명사가 온다.

| look, sound, feel | + like |
| smell, taste | + like / of |

He **looks like** a good man.   (cf. He **looks** a good man; 영국식)
It **smells like** roses.
This room **smells of** paint.

(d) 판단 동사 : ~인 것 같다, ~인듯하다

> **seem** 사실인지 여부는 상관없는 말하는 사람의 주관적인 판단
> **appear** 겉보기에는 그래 보이지만, 아닐 수도 있다는 의미를 내포
> + (to be) 형용사 or 명사 / + to R

He **seems (to be)** a nice **man**.   좋은 사람인 듯하다.
Even though they are so poor, they **seem (to be) happy** together.   행복한듯하다.

He appears (to be) a perfectly normal person. 평범한 사람인 듯하다.
She appears (to be) rich, but she is not. 부자인 듯하다.
Time seems / appears to go fast. 빨리 가는 듯하다.
= It seems / appears that time goes fast.

(e) 판명동사 : ~로 판명되다, 입증되다

> prove / turn out + (to be) 형용사 or 명사
> + to R

He proved / turned out (to be) capable. 능력 있는 것으로 판명되었다.
He proved / turned out (to be) a capable business man. 능력 있는 사업가로 판명되었다.
The plan proved / turned out to have no effect. 효과가 없는 것으로 판명되었다.

2. 다른 형식에도 주의해야 하는 경우

(a) [상태유지 동사] 중에서 다음의 경우는 1형식이다.

> be   remain   stay   lie   sit   stand + 장소 부사(구)   ~에 있다. 존재하다

He is at home. 그는 집에 있다.
He remains abroad. 그는 해외에 있다.

(b) [유도부사: There]로 시작하는 1형식 문장
　　이때 There은 문장을 이끄는 역할을 할뿐, 그 자체는 뜻이 없다.

There is a book on the desk. 책상위에 책이 있다.
There were several accidents on the street. 몇 건의 사고가 있었다.
There lived a beautiful princess in a country. 아름다운 공주가 살았었다.

(c) [상태변화 동사]중에서

| become | ~에 어울리다 | 3형식 |
| go come run fall | 가다. 오다. 뛰다. 떨어지다 | 1형식 |

This hat becomes you. 너한테 어울린다.
He went out without saying good-bye. 나갔다.
The leaves fell to the ground. 떨어졌다.

(d) [판단동사] 중에서 　appear　나타나다. 출현하다　　1형식
　　[판명동사] 중에서 　prove　~을,를 입증하다. 증명하다　3형식

Jane suddenly appeared in the doorway. 출입구에 나타났다.
He proved his point. 요점을 입증했다.

이런 문제가 나온다

대표 예제. The director of the project said, "Though this animal looks (a)strangely, its genome sequence is (b)priceless for (c)understanding (d)how mammalian biological processes evolved."

🔍 문제 해결의 Key

주격보어 자리에는 기본적으로 명사 or 형용사가 나와야 한다. 특히 2형식 동사 중에는 형용사만 주격보어로 가지는 동사들이 많기 때문에 부사가 틀렸다는 점을 이용해서 형용사 주격보어를 각인시키고자 하는 문제가 주로 출제된다. 이때 예로 등장하는 부사는 주로 ~ly로 끝난다.

He is **kindly**. (X)   You look **happily**. (X)   She seemed **seriously**. (X)
→ He is **kind**. (O)   → You look **happy**. (O)   → She seemed **serious**. (O)

단. ~ly로 끝난다고 해서 모두가 부사는 아니다. 다음의 경우**(명사+~ly)는 형용사**이다.
friendly 친절한 lovely 사랑스런 costly 비싼 orderly 정돈된 manly 남자다운 lively 활기 있는
He is friendly. (O)

실전예제

1. Because folk art is ①neither completely rejected nor ②accepted as an art form by art historians, their final evaluations of ③it necessarily remain ④equivocally. (13. 편입)

2. The ground felt ①so smoothly that she had ②no need for a mattress. She ③lay down and went to sleep ④effortlessly.

3. 다음 글을 영문으로 옮긴 것 중 **가장 적절한** 것은? (15. 경찰 1차)

   > 한국 사과는 맛이 좋습니다.

   ① Korean apples are tasting wonderful.   ② Korean apples are tasting wonderfully.
   ③ Korean apples taste wonderfully.   ④ Korean apples taste wonderful.

4. There ①are a variety of poisonous materials ②used by the US military ③that present a threat to the health of humans and the environment. Many explosives are very toxic and some pose a cancer risk. The disposal of military hardware into the ocean ④has also proved hazardously.

Point 3. 3형식 ★★★

개념정리

주어가 어떤 행위를 함에 있어 얻어내거나, 추구하는 바 또는 단순히 그 행위의 대상이 되는 존재를 목적어라고 부른다.

나는 집 한 채를 지었다. (짓는다는 행위를 통해 얻어내고자 하는 것이 '집')
나는 그녀를 좋아한다. (좋아한다는 행위의 대상이 '그녀')

이렇듯 기댈 대상(목적어)이 필요한 동사가 타동사인데, 보어는 필요 없이 [주어 + 동사 + 목적어]로 구성되는 완전타동사가 포함되는 형식이 바로 3형식이다. 일반적으로 우리말로 [~을,를]을 집어넣어서 해석이 자연스러운 동사는 영어에서도 3형식 동사인 경우가 많다.

I always **keep** my promise.   ~을,를 지키다, 준수하다
I **want** to go with you.   ~을,를 원하다
She **enjoys** reading detective novels.   ~을,를 즐기다

평상시에 동사를 외우다보면 위와 같이 [~을,를]이 자연스러운 3형식 동사를 가장 많이 볼 수 있는데, 사실 문법 시험에서 중요한 3형식 동사는 다음의 두 가지다.

첫째. 우리말로는 [~을,를]의 결합이 오히려 부자연스러운 3형식 동사

I **married** John.   나는 John을 결혼했다. → John과
cf. I **married with** John. (X) 우리말로 [John과]가 자연스럽다고 해서 타동사에 전치사를 붙이면 안 된다.

둘째. 원래는 자동사라서 목적어를 동반할 수 없지만, 전치사의 도움으로 하나의 [타동사구]로 취급받는 동사

I **object**.   이의를 제기한다.   1형식
I **object to** your plan.   당신의 의견에 반대한다.   3형식

1. 우리말로 [~을,를]이 약간 어색해도 타동사라서 전치사를 붙이면 틀리는 경우

address 연설하다 **damage** 손상 입히다 **greet** 인사, 환영하다 **obey** 복종하다 **resemble** 닮다
discuss 의논하다 **consider** 생각하다, 고려하다 **mention** 언급하다 **follow** 따르다

He **greeted** me very politely.
He **resembles** his father in many respects.
The dog **followed** me to the school.

2. 의미가 같은 [타동사]와 [자동사 + 전치사]

> reach = arrive at(in) 도달하다   await = wait for 기다리다   marry = be married to 결혼하다
> inhabit = live in ~에 살다   ridicule = laugh at 비웃다
> comprise = consist of ~로 구성되다 (= be composed of = be made up of)
> face = be faced with ~와 맞서다. 직면하다   insist (+that 節) = insist on (+ ⓝ, ~ing) 주장하다
> complain (+that 節) = complain of(about)(+ ⓝ, ~ing) 불평하다
> oppose = be opposed to 반대하다   answer = reply to 대답하다
> decide (+ to R) = decide on (+~ing) 결심하다

They didn't **reach** the border until after dark.
The train **arrived at** the station 20 minutes late.

I asked her to **marry** me but she turned down my proposal.
He **is married to** an actress.

Cats **comprise** lions, tigers, leopards, house cats and so on.
Cats **consist of** lions, tigers, leopards, house cats and so on.

He **insisted** that he was innocent.
He **insisted on** his innocence.

3. 동일한 동사가 의미에 따라 [타동사]와 [자동사 + 전치사]로 나눠지는 경우

> attend 참석하다. 출석하다   attend to ~처리하다. 돌보다   attend on 간호하다. 시중들다
> enter (장소) ~에 들어가다   enter into ~하기 시작하다. 종사하다
> benefit 이득을 주다   benefit from ~로부터 이득을 얻다
> approach (장소)~에 다가가다. 접근하다   approach to (성질. 상태가) ~에 가까워지다
> answer 대답하다   answer for 책임지다. 보증하다   answer to ~와 일치하다
> suffer (+고통의 내용) ~라는 고통 받다   suffer from (+고통의 원인) ~ 때문에 (어떤)고통을 받다
> leave (+장소) 장소를 떠나다   leave for (+장소) 장소를 향해 떠나다
> excel ~을.를 능가하다. 이기다   excel in(at) ~면에서 (남들보다) 탁월하다. 낫다
> call 부르다. 전화하다   call for 필요로 하다 (=need)   call on 요청하다 (주로 call on + 목 + to R)
> survive ~보다 오래 살아남다. ~을.를 극복하다   survive (from) 생존하다 (자동사일 때는 주로 단독으로 쓰인다)
> escape ~에서 벗어나다. 모면하다   escape (from) ~탈출하다 (자동사일 때는 주로 단독으로 쓰인다)

We all have to **attend** the regular meeting next weekend.
I will **attend on** my grandmother.
Attend to your business first.

The boat **entered** an area of shallow marshes.
We **entered into** negotiation.

The spaceship **approached** the moon.
This reply **approaches to** to a denial.

Many companies are **suffer**ing **from** a shortage of skilled staff
He **suffered** the capital punishment for his murder.

If there is a cancellation for Saturday or Sunday, we'll **call** you.
Current business conditions **call for** aggressive cost containment measures on our part.
I **call on** the chairman to address the meeting.
He **survived** the crisis.
He alone **survived**.　(자동사인 경우 from을 동반하기 보다는 주로 단독으로, 즉 1형식으로 쓰인다.)

4. 전치사에 따라 의미가 달라지는 [자동사 + 전치사]

> **agree with** (+사람) ~에 동의하다　**agree to** (+계획, 제안) ~에 합의하다
> **graduate from** (+학교) ~졸업하다　**graduate in** (+학과, 전공) ~전공으로 졸업하다
> **A differ from B** A와 B는 서로 다르다　**A differ in** (+ 측면, 관점) A는 ~면에서 (다른 ~와는) 다르다
> **result from** (+원인) ~에 기인하다　**result in** (+결과) (결과를) 낳다, 야기하다
> **succeed in** ~하는데 성공하다　**succeed to** ~계승하다, 물려받다

He **graduated from** high school in 2000.
He **graduated in** law.

English **differs from** Korean.
English **differs in** grammar from other languages.

5. 그 밖에 외워둘만한 [자동사 + 전치사]

> **belong to** ~에 속해있다　**add to** = **increase** 더하다　**apologize to** 사과하다, 변명하다
> **conform to** ~ 따르다, 순응하다　**talk to** (~에게) / **with** (~ 함께) / **about** (~ 에 대해) 얘기하다
> **listen to** ~에 귀 기울이다　**accede to** ~에 동의하다, 응하다　**turn to** ~에 의지하다
> **stick to** ~에 달라붙다, 고집 / 고수하다　**consent to** 동의, 승낙하다　**subscribe to** 구독하다 / 기부하다
> **amount to** (총계, 금액이) ~에 달하다　**contribute to** 공헌하다　**refer to** 언급하다
> **lead to** (결과) 야기하다, 초래하다　**respond to** ~에 대응하다, 답하다　**concentrate on** ~에 집중하다
> **count on** ~에 의존하다 = **rely on** = **depend on** = **be dependent on**
> **live on** ~로 살아가다, ~로 생계를 이어가다　**focus on** ~에 집중하다　**account for** 설명하다, (~의) 비율을 차지하다　**look for** ~ 찾다　**strive for** ~ 위해 노력하다　**send for** ~을 부르러 사람을 보내다
> **stand for** 상징하다　**apply for** 지원하다　**care for** 보살피다　**profit from** ~로부터 이득을 얻다
> **consist in** ~ 에 있다, 놓여있다 = **lie in**, **deal in** 거래하다, 매매하다　**admit of** ~ 의 여지가 있다
> **approve of** 찬성하다　**dispose of** ~을 처분하다　**look at** ~ 보다　**marvel at** ~에 놀라다
> **point at, to** 가리키다　**deal with** 다루다, 취급하다 = **see about**, **interfere with** 방해하다
> **sympathize with** ~을 동정하다　**collide with** ~와 충돌하다　**cope with** 대처하다
> **part with** 헤어지다　**comply with** 준수하다, 지키다　**contend with** (문제, 상황과) 씨름하다
> **run into** 우연히 마주치다　**come by** ~을 얻다　**live by** ~에 의지하여 살아가다
> **stand by** 지지, 지원하다　**look after** 돌보다　**take after** 닮다　**come across** 우연히 ~을 발견하다
> **do without** ~없이 지내다 = **dispense with**, **bring about** 야기하다　**look over** 검토하다

이런 문제가 나온다

대표 예제. When an Iranian man (a)fleeing religious persecution in Tehran sought asylum in the country, the (b)authorities tried (c)to deport him for (d)entering into the country on a forged passport.

🔍 문제 해결의 Key
원래부터 타동사라면 전치사를 붙이면 틀리는 것이고, 자동사가 목적어를 동반하려면 전치사가 필수적으로 붙어야 한다. 또한 동일한 동사가 양쪽 경우가 다 되기도 한다.

단 [타동사 + 부사]와 [자동사 + 전치사]의 구별

1. [자동사 + 전치사]는 목적어가 명사이건 대명사이건 항상 뒤에 위치한다.
   I looked at the girl. (O)   I looked at him. (O) → the girl이나 him이 중간에 끼면 틀린다.

2. [타동사 + 부사]는 목적어가 명사이면 중간에 오기도 하고 뒤에 오기도 하는데, 인칭대명사 목적어는 반드시 중간에만 위치한다.
   Give the book away. (O)   Give away the book. (O)
   Give it away. (O)   Give away it. (X)

3. 주요한 [타동사 + 부사]는 다음과 같다.
   put off 미루다 **blow up** 폭파하다, 날려버리다 **break in** 길들이다, 훈련시키다 **give up** 포기하다 **turn up** (소리, 온도) 높이다, 올리다 **bring up** 키우다, 양육하다 **put down** 내려놓다 **give away** 거저주다, 줘버리다 **get back** 돌아오다, 되찾다 **break out** 일어나다, 발발하다, 깨부수다 **put on** 입다, 쓰다, 신다 ↔ **take off** 벗다 **bring in** 도입하다 **turn on** 켜다 ↔ **turn off** 끄다 **put across** (생각이나 감정을)전하다 **put aside** (한쪽으로) 제쳐놓다, 무시하다, 비축하다 **set back** 저지, 방해하다, 지연시키다 **take down** (해체하여)치우다, 받아 적다 **turn down** 거절하다 **rule out** 배제하다, 제외시키다 **draw up** (생각, 계획이 필요한 것을) 만들다, 작성하다 **see off** 배웅하다 **try on** (시험 삼아)입어, 신어보다 **put away** (보관 장소에) 넣다, 치우다 **put up** ~을,를 (높이) 올리다, 내걸다 **break down** 고장 나다, ~을 파괴하다 **settle down** 정착하다, 자리 잡다, 진정시키다

실전 예제

1. We conclude that brown bears, and perhaps other large mammals, have continuously _____ the archipelago for at least 40,000 years. (14. 편입)
   ① stayed   ② dwelled   ③ been dwelled   ④ been lived   ⑤ inhabited

2. Choose the **correct** sentence.
   ① The pursuit of peace resembles with the building of a great cathedral.
   ② The president did not approve of his promotion.
   ③ The sound of the TV downstairs interfered in our work.
   ④ Happiness consists of working toward one's goals.

3. ①<u>Compared to</u> newspapers, magazines are not necessarily up-to-the-minute, since they ②<u>do not appear</u> every day, but weekly, monthly, or even ③<u>less frequently</u>. Even externally they are ④<u>different from</u> newspapers, mainly because magazines ⑤<u>resemble like</u> a book.
   (14. 국가 직 9급)

4. 다음 빈칸에 들어갈 말로 가장 **적절한 것**은? (15. 경찰 2차)
   If you weren't so careless, the machine wouldn't (   ) so easily.
   ① break in   ② break down   ③ settle down   ④ kick in

Point 4 — 4형식 ★

개념정리

[주어 + 동사 + 간접 목적어 (~에게) + 직접 목적어 (~을.를)] 이런 식으로 두 개의 목적어가 등장하는 것이 4형식이다. 목적어만 나온다는 측면에서 4형식 동사는 완전 타동사인데, 3형식 동사와의 구별을 위해 수여동사라는 별도의 명칭을 붙였다. [~에게 ~을.를 ~주다]라는 4형식의 기본 해석방법을 보면 그 이유를 알 수 있다.

She gave **the man her ticket** at the check-in desk. 그 남자에게 자신의 표를 주었다.

간접목적어와 직접목적어의 순서를 뒤집어서, 즉 [~을.를] [~에게] 의 어순을 만들어서 3형식으로 바꿔 쓰기도 하는데. 이때 중요한 점은 원래의 간접 목적어 [~에게] 앞에 전치사를 추가해야 한다는 것이다.

She gave **her ticket to the man** at the check-in desk. 자신의 표를 그 남자에게 주었다.

1. 주요 4형식 동사 정리

(a) 3형식으로 전환 시 중간에 to를 쓰는 4형식 동사

> **give grant offer award hand pass send lend bring throw show read
> teach sell tell pay post=mail** (우편물) 발송하다 **promise** 주기로 약속하다
> **owe** 빚지고 있다. 지불할 의무가 있다 **allow** 허용하다
> **deny** ~에게 줄 것을 주지 않다. 요구 등을 거절하다 **wish** 기원하다

I **showed** the policeman my driver's license.	경찰에게 운전 면허증을 보여 주었다.
They **denied** their son permission to go.	아들에게 허락을 주지 않았다. (허락하지 않았다)
I **owe** my mother my success.	엄마에게 성공을 빚지다. (성공은 엄마 덕분이다)
I **wish** you success.	너에게 성공을 기원한다.

(b) 3형식으로 전환 시 중간에 for를 쓰는 4형식 동사

> **buy(=get) make build cook choose find** 찾아주다 **earn (= get)** 얻게 해 주다
> **order** 주문하다 **secure** ~에게 ~을 보장하다. 확보해주다 **do** 호의를 베풀다
> **prepare** 준비해주다. 마련해주다

I will **make** you a new desk.	당신에게 새 책상을 만들어주겠다
Will you **do** me a favor?	나에게 친절한 행위를 베풀어주겠니? (부탁 좀 해도 될까?)
They **got** me my new job.	나에게 새로운 일자리를 얻게 해주었다
Your untiring efforts will **earn** you a good reputation.	부단한 노력은 네게 좋은 평판을 가져올 것이다.

(c) 3형식으로 전환 시 중간에 of를 쓰는 4형식 동사

> **ask** 묻다, 요청하다

He **asked** her a few personal questions.   그녀에게 몇 가지 개인적인 질문을 했다
May I **ask** you a favor?   당신에게 친절한 행위를 요청해도 될까요? (부탁 좀 해도 될까요?)

> [요청하다]라는 의미의 ask는 [~에게 + for + ~을, 를] 형태의 3형식으로도 쓴다.
>
> [ask + ~에게 + for + help, money, advice] 정도를 관용적으로 기억하자.
>
> I asked him <u>for</u> his advice.

2. 주의해야할 추가점이 있는 4형식 동사

(a) do

> **do**의 직접목적어가 **good, harm, damage** (이득을 주다, 해를 끼치다, 손상을 입히다) 일 때는 3형식으로 전환할 때 중간 전치사가 **to** 가 된다.

The medicine will **do you good**.   그 약이 당신에게 이득을 줄 것이다.
= The medicine will **do good <u>to</u> you**.

(b) play

> **play** 가 4형식으로 인정받는 경우는 [**play** + 사람 + **a trick / a joke** : ~에게 속임수를 쓰다 / 장난치다, 놀리다] 정도인데, 3형식으로 전환 시 중간에 **on**을 쓴다.

He played **me a scurvy trick**.   그가 나에게 상스러운 장난을 쳤다.
= He played **a scurvy trick <u>on</u> me**.

(c) beg, demand, inquire, require, expect

> 이들은 4형식 동사가 아니다.
> 즉, 곧바로 [+ ~에게 + ~을,를] 형태를 쓸 수 없고, [~을,를 + of + ~에게: 3형식]으로 쓴다.

He begged me some money. (X)   그가 나에게 돈을 간청했다.
= He begged **some money of me**. (O)

He demanded me an answer. (X)   그가 나에게 답을 요구했다.
= He demanded **an answer of me**. (O)

He requested me a loan.   그가 나에게 대출을 요청했다.
= He requested **a loan of me**. (O)

He inquired the policeman the best way to the station. (X)   그가 경찰에게 역으로 가는 가장 좋은 길을 물었다.
= He inquired **the best way to the station of the policeman**. (△)
= He inquired **of the policeman** the best way to the station. (O)
       cf. [of + ~에게]를 [~을,를]보다 먼저 쓴다.

They require me all work. (X)   그들은 나에게 모든 작업을 요구한다.
= They require all work of me. (△)
= All work is required of me (by them). (O)
    cf. 주로 수동태로 사용한다.

They expect me much money. (X)   그들은 나에게 많은 돈을 기대한다.
= They expect much money of me. (△)
= Much money is expected of me (by them). (O)
    cf. 주로 수동태로 사용한다.

3. [간접목적어 + 직접목적어]어순만 가능한 특이한 4형식 동사

4형식 동사이긴 하지만, 3형식으로의 전환이 불가한 동사들이 있다.

> **envy** ~에게서 ~을.를 부러워하다   **forgive** ~에게서 ~을.를 용서하다   **save** ~에게서 ~을.를 덜어주다
> **cost** ~에게서 ~을.를 잃게 하다. (시간. 노력. 돈을) 들게 하다

He envied me my success. (O)   나에게서 내 성공을 부러워했다.
→ He envied my success to me. (X)
→ He envied me for my success. (O)
→ He envied my success. (O)

Forgive me my sin. (O)   나에게서 죄를 용서해주세요.
→ Forgive my sin for me. (X)
→ Forgive me for my sin. (O)
→ Forgive my sin. (O)

This tool will save us a lot of trouble. (O)   이 도구가 우리에게서 수고를 덜어줄 것이다.
→ This tool will save a lot of trouble for us. (X)

The house cost him a lot of money. (O)   그 집이 그에게 많은 돈이 들게끔 했다.
→ The house cost a lot of money of him. (X)

이런 문제가 나온다

대표 예제. Choose the **correct** sentence.

(a) The teacher gave the students handouts.
(b) He bought some books to me.
(c) The bad weather did great damage for the crops.
(d) His ambition may cost his life from him.

🔍 문제 해결의 Key

4형식의 몇 가지 시험 문제는 다음과 같다.

1. [간접목적어 + 직접목적어]라는 어순 자체
2. 3형식으로 순서 전환 시 중간에 알맞은 전치사 쓰기
3. do good, harm, damage의 경우 뒤에 쓰는 전치사는 to
4. 4형식이긴 하지만 3형식으로 전환할 수 없는 동사

실전 예제

1. My grandfather told ①to me ②that he ③hardly knew any divorced people, yet ④half my classmates have divorced parents.

2. Choose the **incorrect** sentence.
   ① They do not normally give discounts to private customers.
   ② They asked immediate departure of us.
   ③ The holiday package tour will cost lots of money to you.
   ④ He bought a ring for her, and she made a cake for him in return.

3. Choose the **incorrect** sentence.
   ① I am really sorry for doing that. I owe you an apology.
   ② They found him entertaining partners.
   ③ The Old Man and the Sea won Ernest Hemingway with the Nobel Prize for Literature in 1954.
   ④ The woman played a mean trick on him.

4. 어법에 **어긋나는** 문장을 고르시오.
   ① Too much drinking does a lot of harm to anyone.
   ② Failing to control crime may lead to costing the President his position.
   ③ If you want to get promotion, you must show more interest in your work to your boss.
   ④ The web site brings to you news of all the latest advances in medical research.

Point 5. 4형식으로 착각하기 쉬운 3형식동사 ★★

개념정리

다음에 나오는 동사들은 일반적으로 [~에게]와 [~을,를]의 의미가 같이 등장해서 쓰이는 경우가 많다. 그래서 당연히 4형식이 될 것이라고 착각할 수 있는데, [~에게] + [~을,를] 의 어순, 즉 4형식 어순으로는 쓸 수 없다.

He explained her the situation. (X) 그녀에게 상황을 설명해주었다.
Jack provided the poor some food. (X) 가난한 사람들에게 먹을거리를 주었다

[~에게]와 [~을,를] 둘 중에서 어느 한쪽만 문장의 단독 목적어가 되고 나머지 한쪽은 특정한 전치사를 동반해서 부사구가 된다. 결국 문장은 3형식이다.

He explained the situation to her. (O) 그녀에게 상황을 설명해주었다.
Jack provided the poor with some food. (O) 가난한 사람들에게 먹을거리를 주었다

1. ~에게 + ~을,를 (X) → ~을,를 + to ~ 에게 (O)

explain 설명하다 suggest 제안하다 propose 제안하다 confess 고백하다 announce 발표하다, 알리다 introduce 소개하다 describe 묘사하다 mention 언급하다 admit 들어가게 하다. 입장을 허가하다

Tom announced his recent discovery to us.   그의 최근의 발견을 우리에게 알렸다.
He confessed his fault to me.   그의 잘못을 나에게 고백했다.

 [~을, 를]이 [that 節]일 경우에는 [to + ~에게]를 먼저 쓴다.
He confessed to me that he had stolen my car.

2. ~에게 + ~을,를 (X) → ~에게 + 전치사 + ~을,를 (O)

ⓐ 제거, 박탈 의미 동사 + ~에게 + of + ~을,를

deprive 빼앗다 bereave 앗아가다 divest (권리, 계급 등을) 빼앗다 rob 강도질하다 rid 제거하다 clear 제거하다 strip 벗기다 ease (고통, 괴로움을)덜어주다 relieve (걱정을)덜어주다 disburden (무거운 짐을) 덜어주다 cure 치료하다 bare 벌거벗기다, 떼어내다 drain 고갈시키다 cheat 사취하다(속여서 빼앗다) discharge (의무, 책임) 면제하다 free 면제하다, 제거하다

The angry people deprived the king of all his powers.   화난 백성들이 왕에게서 모든 권력을 빼앗았다.
He robbed me of my purse.   그는 나에게서 지갑을 강탈했다.

ⓑ **공급 의미 동사 + ~에게 + with + ~을,를**

> **provide supply furnish present** 주다. 공급하다 / **entrust** 위탁. 위임하다 **equip** (필요한 것. 장비 같은 것)을 갖추어주다 **replenish** 다시 채우다 **endow** (능력. 자질 등을) 주다. (학교. 병원 등에)기부하다 **charge** (의무. 책임) 지우다 **inspire** (사상. 감정)을 일어나게 하다

He **furnished** me **with** the necessary information.   그는 나에게 필수적인 정보를 제공해주었다.
You should **equip** your computer **with** LAN card.   컴퓨터에 랜카드를 설치해야한다

> 단.
> **supply, furnish, present, charge** (일정액을)부담시키다, 청구하다
> 이 동사들은 다음과 같이 4형식으로도 쓰이는데, 전치사를 동반하는 위의 경우가 더 일반적이다.
> I furnished **him food**.   나는 그에게 음식을 주었다.
> He charged **me six dollars** for the book.   그는 나에게 6달러를 청구했다.

> 단.
> [~에게]와 [~을,를]이 순서가 바뀌면 중간 전치사가 달라진다.
> **provide, supply** + [~을,를] + for / to + ~에게
> **furnish, present, entrust** + [~을,를] + to + [~에게]

Food provides the body **with** energy and heat.   신체에게 에너지와 열량을 공급 한다
= Food provides energy and heat **for/ to** the body.
Jack entrusted his brother **with** the task.   그의 형제에게 그 임무를 맡겼다.
= Jack entrusted the task **to** his brother.

ⓒ **알림. 경고. 확신의미 동사 + ~에게 + of + ~을,를**

> **inform** ~에게 알리다 **notify** 통보. 통지하다 **remind** 상기시키다. 떠오르게 하다 **warn, admonish** 경고하다 **persuade, convince, assure** 확신시키다. 납득시키다 **accuse** 고소하다. 비난하다

I **informed** him **of** his rights.   그에게 권리들을 알려주었다
That picture **reminds** me **of** my mother   나에게서 어머니를 상기 시킨다

> 단.
> 위의 동사들 + [~에게 (사람)] + [~을.를(節 형태)] 인 경우 4형식으로 인정한다.
> I **informed him that** he had rights.   그에게 그가 권리를 가지고 있음을 알려주었다
> We must **remind him that** he's on duty tonight.   오늘 저녁 당직임을 그에게 상기시켜야 한다.

ⓓ **구별. 분리의미 동사 + ~에게 + from + ~을,를**

> **distinguish discern discriminate, differentiate** ~에게서 ~을.를 구별 짓다. 식별하다
> **separate** ~에게서 ~을.를 가르다. 분리하다

We should **distinguish** good **from** evil.   선과 악을 구별할 수 있어야한다
You should **separate** your personal affairs **from** business.   공과 사를 구별해야한다

(e) 비난, 칭찬, 감사의미 동사 + ~에게 + for + ~을,를

> **blame, censure, rebuke, reprove, reproach, reprimand, scold** 비난하다, 비평하다, 꾸짖다 **apologize to** 사과하다 **arrest** 체포하다 **excuse** 용서하다 **praise** 칭찬하다 **punish** 벌하다 **thank** 감사하다

He **blamed** himself **for** his lack of foresight.   그는 자신에게서 선견지명의 부족을 비난했다
She **thanked** him **for** his advice.   그의 충고에 대하여 그녀는 감사했다

(f) 금지, 억제의미 동사 + ~에게 + from + ~을,를

> **keep, stop, prevent, hinder, prohibit, deter, restrain, dissuade, ban**
> ~에게서 ~을,를 못하게 하다. 금하다

The snow **prevented** him **from** going out.   눈이 그에게서 외출을 막았다 (눈 때문에 못 나갔다)
Nothing will **hinder** me **from** accomplishing my goals.   내가 내 목표를 이루는 것을 막지는 못할 것이다

(g) 기타

> **acquaint** + 에게 + **with** + 을,를   알려주다
> **attribute, ascribe** + 을,를 + **to** + 에게   돌리다, 탓으로 하다
> **bestow, confer** + 을,를 + **on** + 에게   주다, 수여하다
> **compare** + 을,를 + **with** + 에게   비교하다
> **compare** + 을,를 + **to** + 에게   비유하다

I will **acquaint** him **with** my plan.   그에게 내 계획을 알려 주겠다
I **attribute** my success **to** my mother.   내 성공을 어머니에게 돌리다 (내 성공은 어머니 덕분이다)
He **ascribed** his success **to** good luck.   성공을 행운의 탓으로 하다 (성공은 행운 덕분이다)
He **bestowed** his book **on** me.   그의 책을 나에게 주었다
He **compared** Seoul **with** other large cities.   서울을 다른 대도시들과 비교했다
Many people **compare** life **to** a voyage.   인생을 항해에 비유 한다

이런 문제가 나온다

대표 예제. Choose the **incorrect** sentence.
(a) Brakes are also used in many cases to keep a stopped vehicle to move.
(b) He explained the math problem to her.
(c) The programs would provide workers with information about risk of injuries.
(d) You always remind me of your father.

🔍 문제 해결의 Key
1. 4형식으로 착각할만한 동사들이므로 4형식 어순. 즉 [~에게] + [~을.를] 순서로 쓰면 틀린다.
2. [~에게] 또는 [~을.를] 둘 중 하나를 단독 목적어로 취한 후 알맞은 전치사를 써야 하므로 동사와 전치사를 연결해서 외워야 한다.

실전예제

1. Choose the **correct** sentence.
   ① They blamed a dropped cigarette with the fire and then started to investigate more detailed causes.
   ② The National Police Agency prohibited all schools in Korea to punish their students physically.
   ③ You should not deprive other people of freedom.
   ④ The famous writer helps readers to equip themselves for their own wings of salvation.

2. The officer reminded his men ①of the only ②information ③to be given ④to the captors was each individual's name, rank, and serial number.

3. 우리말을 영어로 잘못 옮긴 것은?   (15. 사회복지 9급)
   ① 우리는 그녀의 행방에 대해 아는바가 전혀 없다.
      We don't have the faintest notion of her whereabouts.
   ② 항구 폐쇄에 대한 정부의 계획이 격렬한 항의를 유발했다.
      Government plans to close the harbor provoked a storm of protest.
   ③ 학교는 어린이들의 과다한 TV 시청을 막기 위한 프로그램을 시작할 것이다.
      The school will start a program designed to deter kids to watch TV too much.
   ④ 총기 규제에 대한 너의 의견에 전적으로 동의한다.
      I couldn't agree with you more on your views on gun control.

4. In July 1862, ①in the midst of the Civil War, Abraham Lincoln ②summoned his Cabinet members to ③the White House to inform them ④to a decision he had made.   (12 편입)

5형식 ★★★

개념정리

[주어 + 동사 + 목적어 + 목적보어]로 구성되는 불완전 타동사가 나오는 문장이 제 5형식인데, 그 핵심은 [특정한 동사에 따른 목적보어의 모양]이다. 즉,

특정한 5형식 동사 + 목적어 + (1)일정한 규칙에 따른 (2)정해진 목적보어

(1) **일정한 규칙이란**,
   목적어와 목적보어 사이에는 의미상 주술관계(주어와 서술어)가 성립. 이 관계가 능동적이냐 or 수동적이냐에 따라서 목적보어의 모양이 결정된다.

(2) **목적어와 목적보어의 주술관계를 따져서 정해지는 목적보어는**,

   (a) 그 관계가 능동적 주술관계라면 → 원형(부정사) or to 부정사
   (b) 그 관계가 능동적 주술관계이면서. 특히 진행의미가 강조된다면 → 현재분사
   (c) 그 관계가 수동적 주술관계라면 → 과거분사
   (d) 그 관계가 능동적 주술관계이면서. 특히 목적어와 동격이라면 → 명사
   (e) 그 관계가 능동적 주술관계이면서. 특히 목적어에 대한 서술. 설명이라면 → 형용사

1. 5형식 동사와 목적보어의 연결

(a) 지각동사는 목적보어 자리에, [원형, 현재분사, 과거분사]

see watch behold look at 보다 **hear listen to** 듣다 **overhear** 엿듣다. 우연히 듣다 **feel** 느끼다 **notice perceive observe** 알아차리다. 인지하다

I **saw** him **sing** a song.	나는 그가 노래 부르는 것을 (전 과정을) 본적이 있다.
I **saw** him **singing** a song **then**.	나는 그때 그가 노래 부르는 중인 것을 보았다. (끝까지는 못 봤다)
I **saw** him **scolded** by his teacher.	그가 선생님에 의해 꾸지람 당하는 것을 보았다.
I **felt** something **creep** on the back.	등에 무언가 기어가는 것을 느꼈다.
I **felt** something **creeping** on the back **at that time**.	등에 무언가 기어가고 있는 중인 것을 느꼈다
I **felt** myself **lifted** up.	몸이 들려지는 것을 느꼈다

 2형식 감각동사(look, sound, smell, taste, feel)중에서 5형식으로도 쓰이는 것은 smell 과 feel 뿐이고, 특히 smell의 경우는 목적보어 자리에 일반적으로 현재분사만 나온다.

I can **smell** something **burning**.	뭔가 타고있는 냄새가 난다.

(b) 사역동사는 목적보어 자리에, [원형, 과거분사]

make : 강제 **have** : 부탁 **let** : 허락, 방임   [~ 하게 하다. 시키다]

I will **make** him **go** there.	나는 그를 거기에 (강제적으로) 가게 할 것이다
I can **make** myself **understood** in English.	나는 나 자신을 영어로 (남들에게) 이해되어지게끔 할 수 있다
I **had** the mechanic **repair** my bike.	기술자가 내 자전거를 수리하게끔 (부탁으로) 시켰다
I **had** my bike **repaired** by the mechanic.	내 자전거가 기술자에 의해 수리되어지게끔 (부탁) 했다

단 [부탁해서 ~하게 하다]가 아니라. 단순히 [목적어가 ~ 하도록 하다. (어떤 상태로) 두다]라는 의미라면 목적보어 자리에 [형용사나 현재분사]가 온다.
You should **have** your body **clean**. 몸을 깨끗한 상태로 해야 한다.
She **has** the water **running** in the bathtub. 그녀는 욕조에 물을 틀어 놓은 채로 있다

단 [have + 목적어 + 과거분사]에서 have 는 [부탁해서 ~하게 하다]가 아니라 [당하다. 되어 지다]라는 수동적 의미일 때도 있다.
He **had** his computer **stolen**. 그는 (자기가 시킨 게 아니라) 컴퓨터를 도난당했다.

Will you **let** me **have** a holiday today? 내가 휴일을 가져도 될까요? (쉬어도 될까요?)
She will **let** the secret **be known** to him. 그에게 비밀이 알려지게 (허용) 할 것이다

단 let 의 경우 수동적 주술관계면 be + 과거분사 형태를 쓴다.

(c) 소망 동사 / 준 사역 동사는 목적보어 자리에 [to 부정사, 과거분사 (to be p.p 가능)]

소망   want (= would like) wish   expect   desire
준 사역   **advise** 충고하다 **admonish** 훈계. 권고. 경고하다 **encourage** 용기를 북 돋우다. 격려하다 **motivate** ~에게 동기를 주다 **persuade, get** 설득하다. 시키다 **ask, beg, entreat, request, require** 요청. 간청하다 **order, command** 명령하다 **force, oblige, compel, urge** 강요하다. 억지로 시키다 **cause** ~하게 하다.~의 원인이 되다 **forbid** 금하다 **tell** 명하다 **incite** 자극하여 ~하게 하다 **inspire** 고무시켜 ~할 마음이 생기게 하다 **instruct** 지시. 명령하다 **invite** 권유하다. 이끌다 **lead** ~할 생각이 나게 하다 **pray** 기원하다 **press** 재촉. 강요하다 **provoke** 자극하여 ~시키다 **allow, permit** 허락하다 **leave** 자유로 ~하게 하다. 허용하다 **enable** 가능하게 하다 **tempt, entice** ~할 기분이 나게 하다. 꾀다 **notify** ~하라고 통보하다 **remind** ~하라고 상기시키다 **warn** ~하라고 경계시키다 **convince** ~하라고 납득시키다 **intend, mean** 의도하다 **prepare** 준비시키다

I **expect** you **to obey** your parents. 네가 부모님 말씀에 따르기를 기대한다.
I will **get** the lawyer **to draw up** the contract immediately. 변호사로 하여금 계약서를 작성하게끔 시키겠다.
I **left** her **to do** the work. 그녀가 그 일을 하게끔 허용했다.
The king **ordered** the prisoner **(to be) brought** before him. 왕은 죄수가 자기 앞으로 데리고 와 지게끔 명령했다.
I **asked** the luggage **(to be) loaded** into the car. 짐이 차 안에 실려지게끔 요청했다.

단 소망동사 hope 는 5형식으로는 쓰이지 않는다. 다만. 회화 상에서는 통용되기도 한다.
I **hope** you **to succeed**. (X) → I hope that you will succeed. (O)

단 help 의 목적보어는 원형부정사(→사역의 특징) 또는 to 부정사(→준사역의 특징)이다
She **helped** me **(to) water** the garden. 내가 정원에 물주는 것을 도왔다.

3형식 일 때의 help도 목적어 자리에 원형 또는 to 부정사 둘 다 가능하다.
This will **help (to) distinguish** you from other candidates. 너와 다른 지원자들을 구별하는데 도움이 될 것이다.

(d) 사고, 인식 류 동사는 목적보어 자리에, [(to be / as) 형용사 / 명사]

ⓐ (to be) 형용사. 명사 / *표시 동사는 to be 동반

think, conceive, deem ~라고 생각하다 **declare** 선언. 발표하다 **believe** 믿다 **prove** 증명하다 **report** ~라고 보고하다 **suppose, presume** 추정하다. 가정하다 **assume** 추정. 추측하다 *****know** *****discover** 알게 되다 *****assert** 단언. 역설하다

You **think** me **(to be) idle**, but I'm not. 당신은 내가 게으르다고 생각하지만, 그렇지 않다.
He **proved** himself **(to be)** a capable **businessman**. 그는 유능한 실업가임을 입증하였다.
I **know** him **to be kind**. 그가 친절하다는 것을 안다.

ⓑ (to be) 형용사, 명사 or (as) 형용사, 명사 / * 표시 동사는 to be, as 동반

> **imagine fancy** 공상하다. 상상하다 **consider** ~라고 생각하다. 간주하다
> **find** (알게 되어서) ~라고 생각하다 ***acknowledge** 인정하다

She **considered** me **(to be) kind**.	그녀는 내가 친절하다고 생각했다
I **consider** him **(as) a genius**.	나는 그가 천재라고 생각 한다
I **find** his loud voice in public **(to be) distasteful**.	공공장소에서 그의 큰 목소리를 불쾌하게 생각 한다
I **acknowledge** it **to be / as** true.	나는 그것이 사실이라고 인정 한다

  appoint 임명하다 **elect** 선출하다 + 목적어 + (to be / as) 관직, 신분의 무관사 명사

They **elected** him **(to be, as) president**.
The president **appointed** him **(to be, as) manager**.

다음의 형태로 3형식으로 쓰이기도 한다.
elect, appoint + 사람 목적어 + to + 기관명칭

People **elected** him **to congress** in 1980.	: 3형식	사람들이 그를 의원으로 선출했다.
=People **elected** him **(to be, as) congressman**.	: 5형식	

ⓒ as 형용사, 명사

> **regard, think of, look upon, count, accept, treat, view, see** ~라고 생각하다. 간주하다 **refer to** ~라고 부르다. 언급하다 **describe** ~라고 말하다 **define** ~라고 정의하다 **disguise** 변장, 가장하다 **express** ~라고 나타내다 **interpret** ~라고 이해하다 **designate** 지명, 임명하다 **nominate** 임명하다 **strike** (생각이) 갑자기 떠오르다. ~에게 인상을 주다

I don't **regard** him **as a** great **poet**.	그를 훌륭한 시인이라고 여기지 않는다.
Early European settlers **referred to** America **as the New World**.	초기 유럽 정착민들은 아메리카를 신세계라 불렀다

ⓓ 명사 or 형용사

> **make** ~을 ~로 만들다. 되게 하다 **call** ~라고 부르다. 여기다. 생각하다 **name** ~라고 이름 짓다
> **drive** ~한 상태로 몰아가다 **get** 이해하다. 알아듣다. 상태에 이르게 하다 **paint** 칠하다

I will **make** you **rich**.	너를 부자가 되게끔 해주겠다.
We **call** him **a genius** in mathematics.	그를 천재라고 부른다.
The pain **drove** her **mad**.	고통으로 그녀는 미칠 것 같았다
I **got** dinner **ready**.	저녁이 준비된 상태에 이르게 했다. (준비했다)

(e) **leave keep find**는 목적보어 자리에, [형용사, 현재 분사, 과거분사]

Are you going to **leave** the door **open** ?	문을 계속 열어 둘 거니?
I **left** him **standing**.	그를 계속 서있게 방치했다.
Leave the fact **unsaid**.	그 사실을 말하지 말라.
I **found** him **honest**.	그가 정직하다는 것을 알게 되었다.
I **found** him **working**.	그가 일하고 있는 것을 발견했다
I **found** his homework **undone**.	숙제를 하지 않았다는 것을 알게 되었다
Keep your baby **neat and clean**.	아기를 깔끔하고 청결하게 해라.
They **kept** us **running**.	그들은 우리를 계속해서 달리게 했다.
Keep the secret **unsaid**.	비밀을 지켜라.

이런 문제가 나온다

대표 예제. Choose the **incorrect** sentence. (4개)

(a) I saw my favorite actor to advertise this brand of soap on TV.
(b) Her parents had her transferred to a prison in the UK.
(c) He advised me work hard.
(d) I think his idea to be practical.
(e) Many doctors consider exercise more important than diet.
(f) She regards him a surrogate for her dead father.
(g) They call that fair.
(h) Will you keep him wait?

문제 해결의 Key

5형식 동사가 나오면 곧 바로 목적보어 자리에 들어갈 어구를 생각해야 한다. 1. 지각 동사는 원형. 현재 분사. 과거분사 2. 사역 동사는 원형. 과거 분사 3. 소망. 준 사역 동사는 to 부정사. 과거분사 4. 사고. 인식 류 동사는 (to be)형. 명 / (to be, as)형. 명 / as 형. 명 / 그냥 형. 명 5. leave. keep. find는 형용사. 현재 분사. 과거 분사

실 전 예 제

1. Choose the **correct** sentence.

    ① I perceived an object loomed through the mist.
    ② I have never seen a patient recovers so quickly after such a horrible accident.
    ③ Frequent reading can help increasing a person's vocabulary.
    ④ Long exposure to moisture will cause nails to rust.

2. 다음 빈 칸에 들어갈 말로 가장 **적절한** 것은?   (14. 경찰 1차)

    A: Do you like Peter's new suit?   B: Yes, I think it makes _____ handsome.
    ① him look   ② he looks   ③ him to look   ④ he is

3. Most European countries failed ①to welcome Jewish refugees ②after the war, which caused ③many Jewish people ④immigrate elsewhere.   (15. 서울시 9급)

4. A gene, ①contained in the chromosomes, ②is thought of the unit of heredity. It is a name ③given to some stretches of DNA and RNA. Living beings ④depend on genes, as they specify all proteins and functional RNA chains. Genes hold the information to build and maintain an organism's cells and pass genetic traits ⑤to offspring.

5. ①One big advantage writing ②offers over speaking is that we can refine our message, making ③it as ④succinctly as possible.   (14 편입)

6. The recent and deep economic slumps in Europe, Japan, and the U.S. ①have not impressed the developing world, leaving ②many people there ③are skeptical of ④market-oriented reforms and economic liberalization.   (15 편입)

7. We sometimes refer to a person that turns an adverse situation into an advantage as _____.

    ① luck   ② luckily   ③ lucky   ④ lucks

Point 7 혼동하기 쉬운 동사 비교 ★★★

개념정리

동사 자체의 모양과 3단 변화 (원형-과거형-과거 분사 형)가 서로 비슷해서 착각하기 쉬운 동사들이 있는데, 이런 동사들은 각각의 의미차이와 3단 변화 모양 차이를 정확히 이해하고 있어야 한다. 또한 서로 의미상 대비가 되거나 의미는 비슷한데 용법의 차이가 있는 동사들도 있으므로 그 차이도 잘 살펴야 한다.

1. 3단변화의 모양 차이에 주의해야 하는 동사

(a) fall vs fell

fall vi. 떨어지다, 낙하하다(1형식) ~되다(2형식)	fell	fallen
fell vt. 넘어뜨리다	felled	felled

The snow **fell**. 눈이 내렸다. (1형식)
He **fell** ill. 병에 걸렸다. (2형식)
He **felled** his opponent. 그가 상대를 쓰러뜨렸다. (3형식)

(b) rise vs arise vs raise

rise vi. 오르다, 일어나다, (해가) 뜨다. arise vi. (문제·사건·곤란·기회)발생하다, 생기다	rose arose	risen arisen
raise vt. 들어 올리다, 일으키다.	raised	raised

He **rises** early in the morning. 그는 일찍 일어난다. (1형식)
The problems **arise** from greedy people. 문제는 탐욕적인 사람들로부터 생긴다. (1형식)
Raise your hand. 손들어. (3형식)

(c) find vs found

find vt. 발견하다, 알게 되다	found	found
found vt. 설립하다	founded	founded

He **found** his missing car. 잃어버린 차를 찾았다. (3형식)
He finally **found** his computer stolen. 컴퓨터를 도난당했음을 알게 되었다. (5형식)
He collected funds and **founded** a school. 기금을 모아서 학교를 설립했다. (3형식)

(d) lie vs lay

lie vi. 거짓말하다. lie vi. ~ 에 놓여있다(1형식) ~이다(2형식)	lied lay	lied lain
lay vt. ~을 놓다, 두다, 눕히다	laid	laid

She **lay** on the bed. 침대 위에 누워있다. (1형식)
She **lay** asleep. 잠들어 있었다. (2형식)
She **laid** her book on the desk. 책상 위에 책을 놓았다. (3형식)

(e) hang vs hang

hang vt. 걸다, 매달다	hung	hung
hang vt. 목매달다, 교수형에 처하다	hanged	hanged

He **hung** his hat on the hook. 모자를 모자걸이에 걸었다. (3형식)
She **hanged** herself. 스스로 목을 맸다. (3형식)

(f) sit vs seat vs set

sit	vi. 앉다(1형식) ~이다.(2형식)	sat	sat
seat	vt. 앉히다	seated	seated
set	vt. 놓다. 두다.	set	set

They **sat** at table. 식탁에 앉아있었다. (1형식)
He **sat** silent. 그는 조용했다. (2형식)
I **Seated** myself in an armchair. 나 자신을 안락의자에 앉혔다. (안락의자에 앉아있었다.) (3형식)
He **set** a vase on the table. 꽃병을 놓았다. (3형식)

(g) saw vs sew vs sow

saw	vt. 톱으로 켜다	sawed	sawed / sawn
sew	vt. 바느질하다	sewed	sewed / sewn
sow	vt. 씨 뿌리다. 심다	sowed	sowed / sown

He **sawed** boards. 판자를 톱으로 켰다. (3형식)
He **sewed** pieces of cloth together. 천 조각들을 꿰맸다. (3형식)
He **sowed** seed. 씨 뿌렸다. (3형식)

(h) wind vs wound

| wind | vt. 감다. 돌리다 | wound | wound |
| wound | vt. 상처 입히다 | wounded | wounded |

She **wound** a scarf around her neck. 목에 스카프를 둘렀다. (3형식)
The bullet **wounded** him in the shoulder. 총알이 그의 어깨에 상처를 입혔다. (3형식)

2. 의미적인 대비와 용법상의 대비

(a) 의미적인 대비

ⓐ take 가지고 가다, 데리고 가다 vs bring 가지고 오다, 데리고 오다

Take me to the house. 저를 그 집으로 데려가 주세요.
Bring her to me. 그녀를 저에게 데려와 주세요.

ⓑ borrow (주어가) 빌리다 vs lend (주어가) 빌려주다

Can I **borrow** the book? 내가 빌릴 수 있을까?
Can you **lend** me the book? 당신이 나에게 빌려줄 수 있을까?

(b) 용법상의 대비

ⓐ rob 강도질하다 vs steal 몰래 훔치다

> rob ~에게 (강탈대상: 주로 사람) + of + ~을.를 (강탈 물)
> steal ~을.를 (훔친 물건) + from + ~에게 (훔친 대상: 주로 사람)

He **robbed** me **of** my wallet. 나에게서 지갑을 강탈했다.
They **robbed** the museum **of** its treasures. 박물관에게서 보물을 강탈했다.
He **stole** a car **from** her. 그녀에게서 차를 훔쳤다.

ⓑ say vs tell / talk vs speak

1. say + ~에게 (X) → say to + ~에게 (O)
   tell + ~에게 (O)
   say + that 節 : 3형식(O)
   tell + that 節 : 3형식(X)
   tell + ~에게 + that 節 : 4형식 (O)

2. speak, talk + 전치사
   talk + to, with, about   ~에게. ~와 함께. ~에 대하여 말하다
   speak + to, of/about   ~에게. ~에 대하여 말하다.

He **said to** her, "I hate you." → He **told** her **that** he hated her.   그가 그녀에게 자신이 그녀를 미워한다고 말했다.
I **talked with** him **about** her.   그와 그녀에 대해 이야기 했다.
Can I **speak to** Mr. Kim?   김 씨 좀 바꿔주세요.

 1. that節만을 단독 목적어로 취할 수 없는 대표 동사는 tell이외에도 want와 make가 있다.
   I **want that** you can help me. (X)
   → I want you to help me.   (O)
2. speak가 [언어를 말하다]의 의미가 될 때는 단독 타동사로 쓰인다.
   Can you **speak** English?

ⓒ affect vs effect

affect   vt. ~에 영향을 주다   = have an effect on
effect   n. 영향. 효과. 결과   vt. (영향을 줘서 변화 등을) 초래하다. 야기하다.

Care **affects** the health.   걱정은 건강에 영향을 준다. (구체적으로 어떤 영향인지는 알 수 없다)
The medicine **effected** a cure.   치료라는 결과를 초래했다. (약이 영향을 줘서 치료라는 결과를 이끌어냈다)

ⓓ bear의 두 가지 과거분사 형 : born vs borne

bear vt. 낳다 / 나르다. 가져가다 / 품다. 지니다 / 참다. 견디다
born [주어가 태어나다]는 의미일 때 be born
borne 이외의 상황에 과거분사를 쓸 필요가 있다면 borne

He **was born** in 1980.   그는 1980년에 태어났다.
She **has borne** five children.   그녀가 다섯 자녀를 낳았다.
I **have borne** many burdens in my lifetime.   사는 동안 많은 짐을 떠맡았다.

ⓔ make 포함 관용어구   vs   do 포함 관용어구

make arrangements 준비하다 **make the bed** 잠자리를 정돈하다 **make believe** ~인 척하다 **make a speech** 연설하다 **make a call** 전화하다 **make a bargain** 계약하다 **make a fire** 불을 지피다 **make a fortune** 부자가 되다 **make a (one's) living** 생계를 꾸리다 **make friends with** 친구로 사귀다 **make a discovery** 발견하다 **make a decision** 결정하다 **make a suggestion** 제안하다 **make a profit** 이익을 내다 **make money** 돈을 벌다 **make an effort** 노력하다 **make sense** 이치에 맞다. 말이 되다 **make progress** 진보하다 **make up one's mind** 결심하다

do the dishes 설거지를 하다 **do the housework** 가사를 돌보다 **do the laundry** 세탁하다 **do research** 조사하다 **do one's hair** 머리손질하다 **do business with** ~와 거래하다 **do lessons** 예습하다 **do one's best** 최선을 다하다 **do one's exercise** 운동하다 **do one's face** 화장을 하다 **do one's homework** 숙제하다 **do the shopping** 쇼핑하다

이런 문제가 나온다

대표 예제. 1. An appreciation of (a)<u>what</u> is happening in science today, and how (b)<u>great a distance</u> (c)<u>lays</u> ahead for exploring, ought to be one of (d)<u>the rewards</u> of a liberal arts education.

2. Choose the **correct** sentence.
   (a) It's too far to walk, and I'll take you by car.
   (b) Someone robbed my wallet from me.
   (c) He said to his parents that he loved her.
   (d) He studied the affect of heat on metal.
   (e) He will review the proposals and do a decision by March.

🔍 문제 해결의 Key

비슷한 모양의 3단 변화를 가지는 동사들은 그 변화 자체를 잘 외워야 한다. 이를테면 [lie - lay - lain ~에 놓여있다. ~이다 / lay - laid - laid ~을.를 놓다. 두다]처럼 용법. 의미. 모양 변화의 차이까지 정확히 알아야 한다. 또한 take 와 bring / rob 와 steal / say to 와 tell / affect 와 effect / make 와 do처럼 의미나 용법상의 대비되는 점을 가지는 동사들도 잘 구별해야 한다.

실전예제

1. The visitor ①<u>set</u> his glass on the table and ②<u>seated down</u> in a chair opposite to his host ③<u>who</u> ④<u>was seated</u> on the sofa.

2. This method ①<u>which</u> ②<u>is called</u> randomization helps ③<u>to ensure</u> that various factors ④<u>do not effect</u> the study results.

3. 어법상 틀린 것은? (15. 사회복지 9급)

   ① Surrounded by great people, I felt proud.
   ② The former Soviet Union comprised fifteen union republics.
   ③ I asked my brother to borrow me five dollars.
   ④ On the platform was a woman in a black dress.

4. As Gandhi stepped ①<u>aboard a train</u> one day, one of his shoes slipped off and landed on the track. He was unable to retrieve it as the train was moving. To the amazement of his companions, Gandhi calmly took off his other shoe and threw it back along the track to land ②<u>close to</u> the first. ③<u>Asked by</u> a fellow passenger ④<u>why he did so</u>, Gandhi smiled. "The poor man who finds the shoe ⑤<u>lied on the track</u>," he replied, "will now have a pair he can use." (15. 국가 직 7급)

5. President Hugo Chavez said Monday he was completely ①<u>free of</u> cancer and ②<u>assured</u> Venezuelans that physical limitations ③<u>stemming from</u> his recuperation will not ④<u>effect</u> his re-election campaign. (14 편입)

www.moonduk.com

MD GRAMMAR

Chapter. 02

시제
: 동사의 모양 변화

Chapter 02 시제 : 동사의 모양 변화

Point 8 ★★ 현재 시제

Hot Key! 현재 시제는 항상 그러하다는 [지속적] 사실을 표현할 때 사용 한다.

빈도부사를 비롯한 지속성을 나타내는 어구가 있다면 현재 시제를 택하라.

ex. I **usually got** up early **all the year round**. (X) → get

Point 9 현재 진행 시제

Hot Key! 진행은 시작과 끝이 분명한 일시적 기간 동안의 동작의 계속이다.

ex. **Look!** The dog (**digs, is digging**) a hole in your garden. → is digging

Point 10 ★★★ 과거 시제

Hot Key! 명백한 과거를 나타내는 어구가 있다면 과거시제를 써라.

ex. Jane **gets** up early **yesterday**.(X) → got

Point 11 ★ 미래 시제

Hot Key! tomorrow, next ~, in the future는 대표적인 미래 표시 어구들이다.

ex. **In the near future**, I ( ) visit your house. → will

Point 12 ★ 과거진행시제

Hot Key! [When + S + 과거형~]은 과거 진행 시제를 부르는 경우가 많다.

ex. **When I entered** his house, he **was sleeping**.

Point 13 ★ 미래 진행시제

Hot Key! 모양과 뜻만 알면 되는 미래 진행. 특별한 선택 기준은 없다.

ex. I **will be staying** at this hotel this time next month.

Point 14 ★★ 진행형을 쓸 수 없는 동사

 Hot Key! 진행은 일시적 동작이라서 지속적 상태 동사는 진행형을 쓸 수 없다.

ex. Our school **is standing** on a hill. (X) → **stands**

Point 15 ★★★ 현재 완료시제

 Hot Key! [과거부터 지금까지] since + s + 과거 / for + 기간 / recently / so far / in the last(past) + 시간

ex. I (**not see**) Jack since I left the country. → **have not seen**

Point 16 ★★★ 과거완료시제

 Hot Key! [대과거부터 과거까지] Until, before, by the time, when, by + 과거

ex. Before I got him to do so, he (**already finish**) his job. → **had already finished**

Point 17 ★★★ 미래 완료시제

 Hot Key! [지금(또는 과거)부터 미래까지] by the time, when, by + 미래

ex. By next week, they (**make**) the contract. → **will have made**

Point 18 ★★ 완료 진행 시제

 Hot Key! 완료 진행시제 판단 기준은 완료 시제의 [계속]용법 판단기준과 동일하다.

ex. So far this month, it **has been raining**.

Point 19 ★★ 시제의 활용

 Hot Key! 시간과 조건의 부사절 안에서는 현재형이 미래시제를 표현한다.

ex. As soon as I **will finish** my homework, I will go to the movies. (X) → **will 삭제**

Point 20 ★★★ had p.p를 포함하는 관용 표현

 **Hot Key!** ~하자마자 ~했다. S + had no sooner p.p ~ than + S + 과거

ex. I **had no sooner go** out than it began to rain. (X) → **gone**

Point 8 | Point 9 현재 시제 ★★
현재 진행 시제

개념정리

현재와 현재 진행이 나타내는 시간대

현재 : 그는 평소에 담배를 **핀다**.
→ 과거 어떤 때부터 피기 시작해서 지금도 피고 지금 봐서는 앞으로도 계속 필 거 같다. [지속성]

현재 진행 : 그는 지금 이 순간 담배 **피고 있는 중이다**.
→ 특정한 과거 시점에(담배를 꺼내 입에 문 특정한 시점에) 피기 시작해서 지금 이 순간 한창 피고 있는데 미래 특정 시점에(다 피고 난후에) 그만 필 것이다. [일시성]

1. 현재와 현재진행시제 선택기준

(a) 현재

ⓐ 지속성의 어구가 동반되는 경우

> always, usually, often, sometimes, rarely, at all times, all the time, every day, in the morning (afternoon, evening), at night, in general, as a rule

My brother and I **always play** baseball after school.   내 형과 나는 방과 후에는 항상 야구를 한다.
He **drinks** coffee **in the morning**.   그는 (평소) 아침에 커피를 마신다.

단. 지속성의 어구가 있다 해도 명백한 과거 시점 어구가 동반될 때는 [과거만의 지속성]이 되므로 과거 시제를 쓴다.
My brother and I **always played** baseball after school **in those days**.   그 시절에는 야구를 했었다.

ⓑ 내용 자체가 지속성을 띠는 경우

습관적 행위, 불변의 진리, 과학적으로 입증된 사실, 격언, 속담

I **get up** at six **all the year round**.   나는 일 년 내내 6시에 일어난다.
The earth **moves(goes)** round the sun.   지구는 태양 주위를 돈다.
The sun **rises** in the east and **sets** in the west.   해는 동쪽에서 뜨고 서쪽으로 진다.
Water **boils** at 100°C.   물은 섭씨 100도에서 끓는다.
Every living thing **consists** mostly **of** water.   모든 생명체는 대부분 물로 구성되어 있다.
The early bird **catches** the worm.   일찍 일어나는 새가 벌레를 잡는다.
Cowards **die** many times before their deaths.   겁쟁이들은 실제 죽음 이전에도 여러 번 죽는다. (비겁한 행위=죽음)

단. [내용 자체가 지속성을 나타내는 경우]는 주절이 과거라도 종속절속에서 현재형을 쓴다. 즉 시제 일치 법칙의 예외가 된다.
He **said** that the sun **rose** in the east (X)   rose → rises

(b) 현재 진행

일시성의 어구 동반   **at the moment, right now** 지금 당장은   **for the time being** 당분간

I **am doing** my homework **right now**.   지금 당장은 숙제하고 있는 중이다.
He **is staying** at the hotel **for the being**.   그는 이 호텔에서 당분간 머무르는 중이다.

이런 문제가 나온다

대표 예제. Choose the **incorrect** sentence. (2개)

(a) She usually arrives at work at 7:30 in the morning.
(b) Tom said that he gets up at six all the year round.
(c) He is doing his homework right now, but he will soon finish it.
(d) Father is reading a newspaper after dinner every evening.
(e) Some critics maintain that when a work of literature lacked reference to the general experience of mankind, it fails as art.

🔍 문제 해결의 Key

알맞은 시제를 고르라는 시험 문제는 일정한 힌트가 동반되기 마련. 현재시제는 [지속성의 어구]가 동반되거나 [내용 자체가 지속성을 띠는 경우]가 있고, 현재진행시제는 [일시성의 어구]를 주로 동반한다. 물론 이 힌트가 실제상의 모든 문장에서 반드시 그렇다는 얘기는 아니고 어디까지나 문제로 주어질 때는 그런 경우가 많다는 것이다. 사실 at the moment, right now 같은 [일시성의 어구]의 경우 현재시제와도 자주 어울린다.

실전예제

1. Generally, ①people's prejudices ②were directed against ③those who are different from ④them.

2. Choose the **correct** sentence.
   ① My brother usually plays football after school in those days.
   ② He always writes very humorously, so all my family are looking forward to his letter which will come every month.
   ③ He taught us that lightning was a form of electricity.
   ④ A textbook used in a college class usually contains an introduction, a glossary, and an annotated bibliography.

3. 어법상 **올바른** 문장을 고르시오.
   ① Alaska's vast wilderness attracts many people who loved the outdoors.
   ② Europe is lying north of Africa.
   ③ Coffee is my favorite hot drink, even though it keeps me awake at night.
   ④ The heart lied between the lungs in approximately the middle of the chest.
   ⑤ She thinks American films are being more exciting than European films.

Point 10 과거 시제 ★★★

개념정리

과거시제가 나타내는 시간대

⋯▸ ⋯▸ ⋯▸ ⋯▸ ⋯▸ 과거의 기준점 ⋯▸ 지금

더 과거에 시작해서 과거에는 그랬고 조금 더 미래로까지 이어졌다. 즉, 현재시제와 마찬가지로 [지속성]을 담고 있다. 그런데 그 지속이라는 것이 지금 이전의 과거에 종결되어서 과거시제는 언어적 관점에서 지금과는 단절되어 있다.

1. 과거시제 선택기준

명백하게 과거임을 보여주는 과거시점 표시 어구가 동반하는 경우

> yesterday 어제 last ~ 지난~ ~ ago ~전에 in + 과거 년도 (과거)몇 년도에 then 그때
> those days 그 당시 the other day 요전 날 at that time 그때에는 one day 과거의 어느 날
> in the past 과거에는 just now 방금 전 in my youth 젊은 시절에 in prehistoric times 선사 시대에는 when S was ~ S가 ~였을 때 between 1980 and 1990 from 1980 to 1990
> 1980년과 1990년 사이에 (과거의 특정 기간) in the 19th century 19세기에(지나간 세기)
> On September 16, 1980 특정 과거날짜

Yesterday I **met** Jane for the first time 어제 처음으로 Jane을 만났다.
He **graduated** from the university **three years ago**. 그는 3년 전에 그 대학을 졸업했다.
Last year, I **was** in Seoul. 나는 작년에 서울에 있었다.
He **joined** the club **in 2007**. 그는 2007년에 그 클럽에 들어갔다.
I **was** in high school **from 2000 to 2002**. 나는 2000년부터 2002년까지 고등학생이었다.

 at that time 이나 then등은 상황에 따라 (미래의) 그때를 표현하는 경우도 있긴 하다.
A: I will help you in ten minutes.   B: At that time I will not need your help.
　　10분정도만 지나면 도와줄게.　　　　그때쯤이면 도움이 필요 없을 거야.
그렇지만, 대부분의 경우 (과거의) 그때를 지칭하므로 일단 과거 시제 대표어구로 기억해두자.

이런 문제가 나온다

대표 예제. Choose the **correct** sentence.

(a) A friend of mine writes an interesting story a few years ago.
(b) In the summer of 2001, he has visited Asan, Korea, to participate in a house-building project.
(c) At that time he was as old as I am now.
(d) There has been a train accident at the crossing the other day. .

문제 해결의 Key

[현재시제][현재 진행시제]와 마찬가지로 [과거시제]를 제대로 선택하는 문제 또한 일정한 힌트가 동반된다. 대표적으로 [~ago, last ~, in + 과거년도]를 비롯한 명백하게 과거임을 보여주는 어구가 있을 때 과거형 동사를 제대로 선택해야 한다.

실전예제

1. The last time a flue epidemic ①was named after Hong Kong, nobody ②there ③knows ④about the ducks and chickens.

2. Two weeks ago, justices ①unanimously ②have ordered city officials ③to stop granting marriage licenses ④to same-sex couples until they consider the case.

3. 각각의 ( )에서 **알맞은** 어구를 선택하시오.

   In some areas, the use of English in schools and in the media has contributed ①(to / for) the decline of minority languages. There ②(were / have been) about 69,000 speakers of Gaelic in Scotland in 1991, according to that year's census. The language is still used in some schools but speakers have limited legal rights. It is not used in courts, and ③(plays / played) no part in the national government.

4. 어법상 **옳지 않은** 문장을 고르시오.

   ① I borrowed four books on gardening the last time I went to the library.
   ② A new tool for diagnosing internal diseases became available in 1895 when German scientist William Roentgen discovered X rays.
   ③ In many parts of the United States, houses are considerably more energy efficient than they were a decade ago.
   ④ From 1785 to 1790 New York City had served as the temporary national capital.

5. Tim Morrison, ①who tried to hang ②himself after years of ③being bullied, ④has died last Monday. (14 편입)

Point 11 · 미래 시제 ★

개념정리

미래시제가 나타내는 시간대

지금 ····▶ 미래의 기준점 ····▶····▶····▶····▶····▶

지금과는 연결되어 있지 않는 막연한 미래에 시작해서 더 미래에 한창 그럴 것이고 그 보다 더 미래로 어느 정도 이어질 것이라는 지속성을 보여준다.

1. 미래시제 선택기준

미래를 나타내는 대표 시점 어구 tomorrow, next ~ , in the future

"Oh, tomorrow is John's birthday. I **will drop** by his house **tomorrow**.
내일이 John의 생일이구나. 내일 그의 집에 들러야겠다. (~하겠다 ; 지금 결정한 앞으로의 의지)

In the near future, scientists **will find** a cure for the common cold.
가까운 미래에 과학자들은 일반감기에 대한 치료법을 찾아낼 것이다. (~일 것이다; 추측)

2. will 이외의 미래를 표시하는 여러 가지 방법

(a) **be going to** ~일 것이다. (추측 = will) / ~할 예정이다 (지금 이전부터 결정 되어 있는 예정, 의지)

I think the snow **is going to (=will)** stop this afternoon.   오후에는 눈이 그칠 것 같습니다.

"Mary is sick in hospital." "I heard that from Jane. I **am going to** be with her tonight.
"Mary가 입원했대." "나도 제인한테 그 소식을 이미 듣고, 오늘밤 병문안 갈 예정이야."

단. [~할 예정이다, ~하기 로 되어있다]라는 표현은 be scheduled to, be supposed to, be due to 등도 있다.

(b) **shall** ; 일반적으로 1인칭 주어 (I, We)와 함께 쓴다.

ⓐ 평서문에서 의지와 상관없는 미래에 대한 추측 적 사실

We **shall(=will)** probably spend several days here.   우리는 아마도 여기서 며칠을 보낼 것 같습니다.

ⓑ 의문문에서 상대방의 의지 (의사)를 물어볼 때

Shall I go with you?   제가 같이 가 드릴까요?   **Shall we** go to the movies?   영화 보러갈까?

단. Let's + R 문장의 끝 부분에 shall we?를 부가의문문으로 덧붙이기도 한다.
Let's eat something, **shall we** ?   뭐라도 먹자. 그럴 거지 ?

단. 성경, 법령, 규칙, 예언 등 격식을 갖춘 문장에서는 인칭에 상관없이 shall을 쓴다. 우리말로는 '~일지어다' 정도의 느낌이다. 시험 문제에는 거의 등장하지 않는 문장들이니 해석만 하고 넘어도 좋다.
The penalty **shall** not exceed three years in prison.   그 형벌은 3년 이하의 징역에 처해진다.
The association **shall** be called the K.S.T.   본 협회는 K.S.T.라 칭한다.   All men **shall** die.   모든 인간은 죽게 될지어다.

(c) **be about to** (아주 가까운 미래) 막 ~하려고 하다 = be on the point, verge, edge of ~ing

The sun **is about to** rise.   이제 곧 해가 뜨겠구나. (이미 붉은 기운이 보이고 있다)

이런 문제가 나온다

대표 예제. 1. 다음 중 빈칸에 들어갈 수 없는 어구가 있는가?

    will   shall   am going to
    I guess I (　　) be back in three days, but the schedule can change.

2. 다음 중 빈칸에 알맞은 어구는?

    will   am going to
    "Mary is sick in hospital."
    "Oh, I didn't know that. I (　　) be with her tonight."

3. Let's help the poor, will we? (O, X)

🔍 문제 해결의 Key

미래 시제의 시험 문제는 다음의 몇 가지다. 1. 의지가 들어있지 않은 추측 적 미래일 경우 will, shall, be going to 모두 가능하다. 단, shall 의 경우 1인칭 주어와 나올 때 추측 적 의미가 된다. 2. 지금 결정한 앞으로의 의지는 will 이 원칙이고, be going to는 이미 그런 예정사항이 되어있을 때 쓴다. 3. Let's 로 시작하는 문장의 부가의문문은 shall we?를 쓴다.

단, 2인칭과 3인칭 평서문과 의문문에서의 shall: 요즘은 거의 will을 쓰기 때문에 문제화하지는 않는다. 특히 Shall you~?의 경우 원래부터 존재하지 않는다는 의견도 있다.

1. 평서문; 말하는 사람 (즉, I)의 의지 표현
   You shall die. → **I will** kill you.
   Don't worry about the problem. **He shall** help you. → **I will** make him help you.

2. 의문문; 말을 듣는 상대방의 의지 (의사) 확인
   Shall you help me?   **당신이** 나를 도와주실래요?
   Shall he go?   그를 가게 할까요? (그가 가도록 **당신이** 원하십니까?)

실전예제

1. "Oh, I've just realized. I haven't got any money."
   "Haven't you? Well, don't worry. I_____ lend you some."

   ① am going to   ② shall   ③ will   ④ will be

2. "I've decided to repaint this room."
   "Oh, have you? What color _____ paint?

   ① will you   ② are you going to   ③ shall you   ④ will you be

3. Choose the **incorrect** sentence.

   ① I'm going to move to Seoul in the near future.
   ② Next year, the government will begin to pay out more in Social Security benefits than it collects in payroll taxes.
   ③ "Where shall you be this time next year?" "I'll be in Japan."
   ④ I am so hungry. I am about to pass out.
   ⑤ Who is supposed to close up the store this evening?

Point 12 | Point 13 과거진행시제 ★ 미래진행시제

개념정리

과거진행 / 미래 진행시제가 나타내는 시간대

현재시제와 현재 진행시제의 차이를 통해 알 수 있듯 기본 시제는 시작과 끝이 불분명한 채 막연하게 시간이 흘러간다는 지속성을 표현하고, 진행 시제는 시작과 끝이 분명한 일시적 기간 동안만 어떤 동작이 계속됨을 표현한다.

어제는 날씨가 좋았었다.
과거시제: 시작과 끝이 분명하지 않은 막연한 과거 시간의 흐름.
It **was** fine **yesterday**.

어제 8시쯤에는 TV를 보고 있는 중이었다.
과거진행시제: 7시 30분이라는 분명한 시점에 보기 시작해서 8시에는 한창 보는 중이었고 8시 30분이라는 분명한 시점에 TV를 껐다는 식의 일시적 시간의 흐름.
Around 8 o'clock yesterday, I **was watching** TV.

오늘 저녁에는 여기 있을 것 같은데.
미래시제: 시작과 끝이 분명하지 않은 막연한 미래 시간의 흐름.
I **will** be here **this evening**.

오늘 저녁 8시에는 John과 데이트하는 중일 것이다.
미래 진행시제: 7시 30분에 약속장소에 가서 8시에는 한창 데이트 중일 것이고 9시 정도 까지는 이어 질 거 같다는 식의 일시적 시간의 흐름.
I **will be having** a date with John **around 8 o'clock this evening**.

1. 과거진행과 미래진행시제의 선택기준

과거시제와 미래시제에서 언급한 포괄적인 과거와 미래의 선택어구에 좀 더 구체적이고, 일시적인 과거와 미래의 어구가 더해지는 경우가 많다.

What **were** you **doing at 3:00 yesterday**? We **were skiing**.	어제 3시에 뭐하는 중이었니? 스키 타는 중이었어.
When you called me yesterday, I **was skiing**.	네가 전화했을 때, 스키 타는 중이었어.
We **will be sitting** on the beach **this time next week**.	다음 주 이 시간쯤에는 해변에 있는 중일거야.
Three days from now, I **will be staying** at Garden Hotel.	오늘부터 3일 뒤면 가든 호텔에 머무르는 중일거야.

이런 문제가 나온다

대표 예제. 가장 적절한 시제를 선택하시오.

When I arrived home, my parents (had / were having) dinner.

🔍 문제 해결의 Key

사실, 과거진행이나 미래 진행 시제를 선택하라는 문제는 출제 확률이 그다지 높지 않아서 이렇다하게 외워둘만한 특정시점어구도 없는 편인데, 과거 진행의 경우만 [when + s + 과거시제 동사]정도를 그 기준으로 외워두고, 미래 진행시제는 미래시제에 비해 일시성이 강하다는 의미적 차이만 유의하자.

단. [When + S + 과거시제 동사]가 무조건 과거진행을 동반하지는 않는다. 일시성이 아닌 과거의 지속성을 말하고자 할 때는 과거시제를 쓴다. 다만, 시험 문제에서는 과거진행을 답으로 고르는 상황이 많다.

When he **was** in New York, he **studied** medicine.　　　　　뉴욕에 있는 동안 의학을 공부했다.

실 전 예 제

1. When she entered the room, he _____ beside the center table grinning expectantly.
   ① standed　　② standing　　③ was standing　　④ stand

2. When we arrived, the other guests _____ drinks.
   ① were having　② have had　③ have been having　④ did have

3. When I got to the meeting late, the plans for the project _____ to the clients.
   ① are presented　　　　② have been presented
   ③ had presented　　　　④ were being presented

Point 14 진행형을 쓸 수 없는 동사 ★★

개념정리

순수하게 현재 진행, 과거진행, 미래진행을 선택하는 상황보다는 진행 시제를 쓸 수 없는 동사에 더 주목할 필요가 있다. 진행시제는 한 마디로 [일시적 기간 동안만 어떤 동작]이 계속되는 것이므로, [지속적인 상태]를 나타내는 동사들은 진행형으로 쓸 수 없다.

1. 진행형을 쓸 수 없는 대표 지속적 상태 동사

(a) 사고, 인식류 : think, suppose, believe, know, realize, understand, recognize, remember 등
(b) 소유, 포함관계 : have, own, A belong to B, include, contain, consist of 등
(c) 감정 : like, love, hate, prefer, dislike 등
(d) 의향 표시 : intend, mean, wish, want 등
(e) 감각 : look, sound, smell, taste, feel
(f) 무의지 지각 동사 : see, hear

> 단. 무의지 지각동사라 함은. 주어의 의지작용이 없이 눈이 있어서 그냥 눈에 들어온다. 귀가 있어서 듣고 싶지 않아도 그냥 들린다는 의미. 이에 반해 watch, listen to는 주어의 의지가 작용해서 시작과 끝을 의지대로 할 수 있으므로 진행이 가능하다.
> I am watching TV right now.   지금은 TV 보는 중이다. (시작과 끝을 내 맘대로 할 수 있다.)

(g) 기타 대표적 상태 동사 : be, remain, resemble, exist

I **am knowing** him. (X) → know
He **is having** a luxury car. (X) → has
Coffee, tea and soft drinks **are usually containing** caffeine. (X) → usually contain
This egg **is smelling** bad. (X) → smells
I **am being** a student. (X) → am

2. 의미가 달라지면 진행형을 쓸 수 있는 동사

I **am having** dinner.	먹는 중이다
We **are having** a good time.	즐거운 시간을 보내는 중이다
I **am having** a bath.	목욕하는 중이다
Why **are** you **smelling** the meat? Is it bad?	왜 고기 냄새를 맡고 있는 중이니? 상했니? (냄새 맡다; 3형식으로 쓰일 때)
I **am tasting** the cake.	케이크를 맛보고 있는 중이야. (맛 보다; 3형식으로 쓰일 때)
He **is seeing the sights of** Seoul.	그는 서울을 관광하고 있는 중이다.
He **will be seeing** you **tomorrow**.	그는 내일 너를 찾아갈 것이다. (visit의 의미일 때)
The doctor **is seeing** a patient.	의사가 환자를 진찰하고 있다.
He **is seeing** her **off** at the station.	그녀를 배웅하는 중이다.
He **is hearing the lecture**.	그는 청강하고 있는 중이다.

이런 문제가 나온다

대표 예제. Choose the **correct** sentence.

    (a) I am knowing that the work was done by her.
    (b) The dogs are belonging to me.
    (c) The milk is tasting sour.
    (d) She is tasting the soup.

🔍 문제 해결의 Key

진행의 정의 자체가 [일시적 기간 동안의 동작]이므로 [지속적 상태]를 뜻하는 동사는 원칙적으로 진행형으로 쓸 수 없다.

사고, 인식 동사와 감정동사 그리고 be 동사의 경우 문법적 원칙으로는 진행이 불가하나, **실제 대화에서는 일시성의 강조를 위해 진행형을 쓸 수 있다.**

I am still loving you.   지금 이 순간 당신을 사랑하는 감정이 너무 강하다는 일종의 강조
I am thinking over the matter.   지금 이 순간 그 문제에 대해 머리 아플 정도로 열심히 생각 중
Jack is being kind today   (평상시에는 안 그런데) 오늘따라 이상하리만치 친절하다

결국 이 문장들이 진행 형태로 문제화되었을 때는 나머지 보기들과의 상대적인 관계를 잘 따져야 한다. 예를 들어 틀린 문장을 찾아야 하는 상황에 다음 두 문장이 같이 나온다면,

(a) Almost all children are belonging to one or two peer groups.
(b) He is thinking that he is right, isn't he?

소유 동사인 belong to 는 예외 없이 진행형을 쓸 수 없지만, (b)의 경우 [지금 그가 그렇게 생각하고 있다]를 강조하기 위해서라면 실제로는 진행형이 가능하므로 (a)가 틀린 문장이 된다.

실전예제

1. Choose the **incorrect** sentence.

    ① Do you hear a strange noise?
    ② Absolute freedom is a quality that belongs to God.
    ③ People work hard because they are wanting to get a better job.
    ④ He is thinking it over while he is having his lunch.
    ⑤ John, are you still having difficulty with the machine? Yes, I am.

2. 어법상 **옳지 않은** 문장을 고르시오.

    ① He is being a fool, but he isn't really.
    ② A: Your shirt is hanging out. B: Thank you. I didn't know that.
    ③ I am hearing a strange noise from the next room.
    ④ I am listening to someone playing the piano in the next room.
    ⑤ When I entered the kitchen, he was having a meal.

Point 15 현재 완료시제 ★★★

개념정리

현재 완료시제가 나타내는 시간대
현재 완료는 [시간이 흐르다가 현재에 완료]된다는 의미다. 즉 그 시작은 [과거 어떤 때]부터가 된다.

과거 어떤 때 시작 ···▶···▶···▶···▶···▶ 지금
　　　　　　　　　계속 이어짐

그래서 흔히 현재 완료를 [과거와 현재의 결합]이라고 표현 하는데 사실 현재완료에 있어서 과거는 출발점을 의미할 뿐 중요한 것은 [지금에 어떤 영향을 주고 있는가?]이다.

1. 현재 완료의 여러가지 용법

(a) **완료** : 과거에 시작해서 지금까지 이어오다가, 지금 막 끝났다. 그런데 그 영향은 지금도 남아있다.

과거 어떤 때 시작 ────▶ 지금

과거부터 이어지다 지금 막 (엄밀히 말하면 과거에) 끝났다.
그런데 그 영향은 지금도 남아있다.

대표 상징어구 ; have p.p + **just** 방금. 막 **already** 이미. 벌써 **yet** (부정문에서)아직도

I **have just finished** writing my paper.　　(과거에 시작해서) 막 보고서 작성을 끝냈다. (지금 보고서가 내 앞에 있다.)
The train **has already arrived**.　　(과거에 출발한 기차가) 이미 도착해있다. (지금도 도착한 자리에 있다)
I **haven't received** a letter from him **yet**.　　(과거부터 기다린 편지를) 아직 받지 못했다. (지금도 기다린다)

단.　　과거　　　　　　　　　지금
과거시제는 [과거의 사실을 얘기할 뿐] 지금에 와서 어떤지를 보여주는 게 아니다. 그에 비해 현재완료의 [완료]용법은 [끝은 났지만, 지금도 그 영향이 미치고 있음]을 보여준다.
I **just finished** writing my paper.
막 보고서 작성을 끝냈다. (과거에 끝났다는 것을 알려줄 뿐. 지금 어떤 상태인지는 알 수 없다)

(b) **계속** : 과거에 시작해서 지금까지도 계속.

과거 어떤 때 시작 ────▶ 지금
　　　　　　　　　정확히 지금까지 계속

대표 상징어구 ; have p.p +
for + 숫자 ~ 동안에 (기간) **since** + s + 과거시제 동사 (or since + 과거의미 명사) - 이래로. -부터 (시작점) **lately, recently, in recent years** 최근에 / **so far, until now, up to now, up to this time, up to the present time** 이제껏. 지금까지 /**across (through) the ages, throughout history** 모든 시대에 걸쳐서 / **in(for) the past (last)** + 시간 지난 ~ (시간이) 흐르는 사이에

I **have lived** by myself **for six years**. (6년 전부터 지금까지) 6년 동안 혼자 살아왔다.
I **have lived** by myself **since** you **left** me. 네가 나를 떠난 (과거) 이래로 혼자서 살아왔다.
It **has rained since last Sunday**. 지난 일요일부터 비가 내린다.
I **have been** under a lot of stress **lately**. 나는 최근에 스트레스를 받아왔다.
Throughout history, the winners **haven't always been** happy. 역사를 통해보면 승자라고 항상 행복하진 않아왔다.
He **has been** ill **in the last two weeks**. 지난 2주 동안 (2주전부터 지금까지) 아파왔다.

 시제를 판단하는 대표적인 상징어구들은 시험 문제에서는 어느 정도 공식화 되어 있지만, 모든 실생활의 문장에서까지 한 가지 시제로만 국한되지는 않는다. 현재 완료 상징어구들 또한 실제로는 다른 상황이 있을 수 있다.

    1. [for + 숫자]로 이루어진 [기간] 표현의 경우는 과거완료, 미래 완료나 과거 시제에도 나올 수 있다.
        I **studied** English under him **for** three years **when I was in New York**. 뉴욕에 있던 (과거의) 3년 동안
    2. [최근에]는 과거시제와도 어울릴 수 있다.
        I **saw** her **recently**. 최근에 그녀를 만났다. (지금과 가까운 과거)

(c) 경험: 과거에 얻어진 후 지금까지 남아있는 경험.

> 대표 상징어구 : have p.p +
> **ever** ~한적 있다 **never** ~한적 없다 / **once, twice, three times...** 한 번, 두 번, 세 번
> (횟수 표현) / **often, sometimes..** 종종, 때때로 / **before** 예전에

Have you **ever seen** a live tiger? 살아있는 호랑이를 본적 있어요?
I **have never taken** part in a marathon race. 나는 마라톤에 참가해본 적이 없어요.
I **have often seen** him. 나는 종종 그를 봐왔습니다.

 빈도부사는 현재시제의 대표 판단어구이면서 현재 완료의 경험용법에도 적용된다.
    I **often see** him. 과거부터 지금, 앞으로도 만날 것이라는 지속성
    I **have often seen** him. 지금까지 몇 번 만나왔다는 경험의 강조

(d) 결과: 과거에 일어난 일에 의한 지금 나타나고 있는 결과. 특별한 상징 어구는 없다.

I **have lost** my passport. = I **lost** my passport, and I **don't have** it now.
과거에 여권을 분실했고 (그 결과로) 지금도 없다.

2. 현재완료를 쓸 때 주의할 점

(a) 명백한 과거 시점어구와는 어울릴 수 없다.

He **has been** here three hours **ago**. (X) 그는 3시간 전에 여기 있었다.
→ He **was** here three hours **ago**.

I **have seen** her off **yesterday**. (X) 나는 어제 그녀를 배웅했다
→ I **saw** her off **yesterday**.

(b) When / What time 으로 시작하는 의문문 속에도 쓸 수 없다.

When has the accident **happened**? (X) 그 사건은 (과거부터 지금까지 사이에) 언제 발생 했습니까?
→ **When did** the accident **happen**?

 [과거부터 지금까지] 시간이 흘러오는 사이에 [언제: when]라는 특정 시점은 결국 과거의 어떤 시간이므로 과거 시제를 써야 한다.

3. 현재 완료를 포함하는 관용 표현

(a) **have been to** 경험: ~에 간적이 있다. / 완료: ~에 갔다 왔다.
have gone to 결과: ~로 가버렸다, 그 결과 지금 여기는 없다.

He **has been to** Brazil.
브라질에 간적이 있다. / 브라질에 갔다 왔다.

He **has gone to** Brazil.
브라질로 가버렸다. 그래서 지금 여기는 없다.

> **단,** have gone to는 원칙적으로 1인칭 주어와는 어울릴 수 없는데, [내가 브라질에 가버렸다. 그 결과 나는 지금 여기 없다]라는 상황은 여기서 얘기를 하고 있는 내 입장에서는 항상 모순이다.

(b) **~한지 (시간)이 ~ 되었다:** It has been (= is) + 시간 + since + S + 과거 동사

It has been(=is) five years since you left me.   네가 나를 떠난 지 5년이 되었다.
= You left me five years ago.

It has been(=is) three years since he died.   그가 죽은 지 3년이 되었다.
= He died three years ago.

It has been(=is) a long time since I saw you last.   마지막으로 본지 오래되었다. 오랜만이다.
= I saw you last a long time ago.

이런 문제가 나온다

대표 예제. Choose the **incorrect** sentence. (3개)

(a) Our company has leased its office for the last ten years.
(b) Tom has been alone since he moved into the city.
(c) The train has left ten minutes ago.
(d) Where have you been the day before yesterday?
(e) When have you returned from the journey abroad?
(f) It is three years since we graduated from high school.

문제 해결의 Key

for + 기간, since + s + 과거 동사, so far, lately, in the last (past) + 시간 등 현재완료를 선택하는 기준 자체를 외워두는 것이 가장 중요하다. 또한 명백한 과거시점어구가 나오면 과거시제를 써야 하므로 현재완료를 쓰면 틀리고, 같은 맥락에서 When으로 시작하는 의문문 속에도 현재완료 시제는 쓰면 안 된다.

실전예제

1. 다음 글의 ㉠, ㉡에서 어법에 맞는 표현을 골라 가장 **올바르게** 짝지은 것은? (14. 경찰 2차)

> For the last fifty years, advances in chemistry ㉠brought / have brought many positive changes to the American lifestyle. ㉡Most / Almost people have simply trusted the government and corporations to ensure the safety of the new product.

	㉠	㉡		㉠	㉡
①	brought	Almost	②	brought	Most
③	have brought	Almost	④	have brought	Most

2. Choose the **correct** sentence.

① The Understanding of light has developed mainly during the 1600's.
② It is raining every day so far this month.
③ Jekyll Island has been one of Georgia's state parks in 1954.
④ The complex relationship between poet and poem has been a primary concern of psycho-analytical critics in recent years.

3. 어법상 **옳은** 문장을 고르시오.

① John was the manager of the sales department since five years, ever since he moved to the city.
② The novel, published in 1925, was since translated into 30 languages.
③ It is several decades since Bob Dylan composed the famous song.
④ "How is she?" "She has been sick for last Sunday."
⑤ Just 60 years ago there have been only a dozen democratic countries.

4. I ①have lived in this house ②for three years, but I now ③live in a ④different neighborhood nearby.

5. Far from civilization, mountain yellow-legged frogs high in California's Sierra Nevada are dying in droves. the culprit: amphibian "chytrid" fungus, which first appeared in 2004 and _____ tens of thousands of animals. (15 편입)

① wiped out since
② was since wiped out
③ has since wiped out
④ has been since wiped out
⑤ had been since wiped out

Point 16 Point 17 과거완료시제 ★★★
미래 완료시제 ★★★

개념정리

과거완료는 현재완료가 나타내는 시간대에서 그 시작점만 [더 과거=대과거]로 옮겨주면 된다. 즉, [대과거부터 과거까지]를 나타내고, 미래완료는 시작점을 [지금 (또는 과거)]로 옮겨주면, [지금 (또는 과거)부터 미래까지]를 나타내게 된다.

1. 과거완료의 여러 가지 용법

(a) **완료**: 대과거에 시작해서 과거까지 이어지다가, 과거 그 시점에 막 끝났다.
그런데 그 영향은 과거 그 시점에도 남아있었다.

When I arrived there, he **had just finished** writing a letter.
내가 거기에 도착했을 때, 그는 막 편지쓰기를 끝냈다. (나의 도착보다 더 과거에 쓰기 시작해서 내가 도착한 과거에 막 끝냈다.)

(b) **계속**: 대과거에 시작해서 과거 그때까지도 계속

We could not cross the river because the water **had risen** during the night.
(대과거인) 밤사이에 물이 불어나기 시작해서 (우리가 건너려는 과거까지 계속) 불어나 있는 상태였기 때문에 우리는 강을 건널 수 없었다.

(c) **경험**: 대과거에 경험한 후 과거에도 이어지던 경험

She **had skied** several times by herself **before** she was taught a ski lesson yesterday.
어제 스키 레슨을 받기 전에도 몇 번 스키를 타보았다. (대과거부터 어제까지 몇 번 타본 경험)

(d) **결과**: 대과거에 있었던 일의 결과가 과거에 나타났다.

I bought an umbrella yesterday, for I **had lost** my old one.
(대과거에) 우산을 잃어버려서 어제 새로 하나 샀다. (대과거에 잃어버린 일의 결과로 어제 새로 샀다.)

2. 미래완료의 여러 가지 용법

(a) **완료**: 지금 (또는 과거에)시작해서 미래에까지 이어지다가, 미래 그 시점에 막 끝날 것이다.
그런데 그 영향은 미래 그 시점에도 남아있을 것이다.

He **will have finished** his homework when she comes back.
지금부터 숙제를 시작해서 그녀가 돌아올 때 막 끝나게 될 것이다. (그녀가 돌아온 때에도 숙제를 끝낸 상태의 연장선에 있을 것이다.)

(b) **계속**: 지금 (또는 과거에)시작해서 미래에까지도 계속

He **will have been married to** her for six years by next anniversary.
과거 (약 5년 전)부터 결혼생활을 시작해서 미래 (내년 기념일)까지면 총 6년이 될 것이다.

(c) **경험**: 지금(또는 과거에)경험한 후 미래에까지 이어질 경험

If I see her again, I **will have seen** her three times by chance.
한 번 더 보게 된다면, 나는 우연히도 그녀를 세 번 보게 되는 셈이다.
(과거에 처음 봐서 지금까지 두 번 본 경험이 한 번 더 보게 되는 미래까지로 총 세 번이 될 것이다)

(d) **결과**: 지금(또는 과거에)행하게 되는 어떤 일의 결과가 미래에 나타날 것이다.

You **will have lost** many things by next year if you do not follow my advice.
만약 내 충고를 따르지 않으면 내년까지면 많은 것을 잃게 될 것이다.
(지금 따르지 않는 일의 결과가 내년까지 나타날 것이다.)

이런 문제가 나온다

대표 예제. Choose the **incorrect** sentence.
(a) I had been in business until last year.
(b) By the time I returned home, my wife had just finished cooking a meal.
(c) By October of this year, almost half of the staff have left.
(d) My parents had just had their dinner when I arrived home.
(e) We had known each other for five years by that time.

🔍 문제 해결의 Key

과거완료는 더 과거(대과거)부터 시간이 흐르다가 과거까지이고, 미래완료는 지금 (또는 과거) 부터 시간이 흐르다가 미래까지이므로 [~까지, ~쯤]이라는 의미에 각각 과거와 미래를 결합한다고 생각하면 된다.
즉, [~까지 + 과거: before, until, by the time, when + s + 과거형 동사 / by + 과거어감의 명사 → had p.p] [~까지 + 미래: by the time, when + S + 현재형 동사 (시간부사절 안에서는 현재형이 미래를 대신 → Point 19. 참고) / by + 미래 어감의 명사 → will have p.p]가 된다.

단. 특히 과거완료 선택 문제의 경우 공식이 아니라, 순전히 해석을 통해서 과거보다 더 과거적인 느낌으로 had p.p를 선택하는 문제도 많이 나온다.

I **noticed** that he **had already finished** his work. 나는 그가 이미 할 일을 끝냈음을 알게 되었다.

단. 특히 [When + S + 과거동사] 는 과거진행형과도 잘 어울린다. (Point 12. 참고)
When I **arrived** home, my parents **were having** dinner. 그러므로 이 기준에 대한 주절 시제는, [과거완료]뿐만 아니라, [과거진행] 이 답이 될 수도 있다.

실전 예제

1. Choose the **correct** sentence.
   ① By the time Christopher Columbus landed in the New World in 1492, he was captaining numerous sea voyages.
   ② On the night when their city fell, the Trojans held joyful celebrations, wrongly believing that the Greeks have given up their siege and departed.
   ③ A : Environment is an ever-worsening problem.
      B : You said it. By the end of next year, I guess it is likely that the seas of the country have been polluted by all the rubbish poured into them.
   ④ When I shopped at the market yesterday, I realized that the prices of many items had risen in recent weeks.

2. 밑줄 친 부분 중 어법상 옳지 않은 것은? (14. 서울시 7급)
   The U.S. Navy handed over to ①<u>Libyan authorities</u> on Saturday an oil tanker ②<u>carrying</u> crude that ③<u>was loaded</u> at a port ④<u>controlled</u> by armed rebels ⑤<u>in defiance of</u> Tripoli's government.

3. Franz Humer will not stand for reelection next year when he _____ 16 years as chief executive. (14 편입)
   ① will have been served   ② is serving   ③ had served
   ④ will have served   ⑤ is served

4. In 1999, an eighteen-year-old participant died in a gene-therapy experiment. His death showed the researchers _____ the risks of their procedure. (13 편입)
   ① have not adequately assessed   ② have not been adequately assessed
   ③ had not adequately assessed   ④ had not been adequately assessed

완료 진행 시제 ★★

개념정리

[완료]와 [진행]의 결합. 즉 '~부터 ~까지' 이어졌고 이어진 그 시점에도 진행 중이라는 것이 완료 진행시제의 기본 의미다.

현재 완료 진행 : 과거부터 지금까지 이어졌고, 지금도 진행 중이다.
과거 완료 진행 : 대과거부터 과거까지 이어졌고, 과거 그 때도 진행 중이었다.
미래 완료 진행 : 지금(또는 과거)부터 미래 어떤 때까지 이어질 것이고 미래 그때에도 진행 중일 것이다.

~까지도 진행 중이라는 의미가 완료 시제의 [계속]용법과 비슷한 측면이 있는데 그 차이는 다음과 같다.

1. 완료시제의 [계속] 용법과 완료 진행 시제의 상관관계

다음 각 두 문장씩을 비교해보자.

His fans **have waited** for him since one o'clock.
Q. 지금까지는 계속 기다렸다. 앞으로는 어떨 것인가?
A. 알 수 없다. 현재완료의 계속은 지금까지는 그랬다는 것만을 알려준다.

His fans **have been waiting** for him since one o'clock
Q. 지금도 기다리는 중이다. 앞으로는 어떨 것인가?
A. 지금 기다리는 중이라면 시간이 계속 흘러간다는 것이므로 앞으로도 어느 정도 더 기다릴 것이다는 짐작을 할 수 있다.

When we returned home, he **had studied** English for 8 hours.
Q. 영어 공부한 총 시간은? A. 대과거부터 과거까지 만으로 총 8시간.

When we returned home, he **had been studying** English for 8 hours.
Q. 영어 공부한 총 시간은?
A. 과거까지로 8시간인데 그때도 공부하는 중이었고 조금 더 했을 것이므로 총 8시간 이상.

I **will have watched** TV for 5 hours by midnight.
Q. TV를 보게 되는 총 시간은?   A. 자정까지로 총 5시간.

I **will have been watching** TV for 5 hours by midnight.
Q. TV를 보게 되는 총 시간은?
A. 자정까지로 5시간인데 자정에도 보는 중일 것이고 어느 정도 더 볼 것이므로 총 5시간 이상.

2. 완료 진행 시제를 쓸 때 주의할 점

진행형을 쓸 수 없는 동사 (즉, 지속적 상태 동사)는 완료 진행형도 쓸 수 없다. (Point 14. 참고)

I **have been knowing** him for three years. (X)
→ I have known him for three years.

이런 문제가 나온다

대표 예제. It _____ so far this month.

   (a) had rained (b) has been raining (c) rains (d) will have rained

🔍 문제 해결의 Key

완료 시제의 [계속]용법은 기준 시점 까지 만의 시간의 흐름을 표현하고 완료 진행시제는 기준 시점에도 진행 중이므로 그 이후 어느 정도까지 이어짐을 표현한다. 분명 의미의 차이는 있지만, 시험 문제에서 중요한 것은 문법적 판단 기준은 동일하다는 것이다. 각각의 완료 진행시제 선택 기준은 완료시제의 선택기준을 다시 복습함으로서 해결된다.

단 위에 제시한 똑같은 문제에 대해서 보기만 다음과 같이 바뀐다면.

 (a) had rained (b) has rained (c) rains (d) will have rained

has rained가 답이 될 것이다. 일반적으로 시험문제에서는 **완료 시제의 [계속]용법과 완료 진행 용법을 서로 간에 구별하기를 요구하지는 않는다.**

실 전 예 제

1. A: Does Jack still work for the law firm in Seoul?
   B: Yes, he _____ there since he left college.
   ① has been working ② has been worked ③ is working ④ works

2. The university _____ eagerly searching for a competent replacement for Professor Davis for three years before finally giving up last year.
   ① has been ② is ③ was ④ had been

3. 어법상 옳지 않은 문장은?

   ① Mrs. Ann will have written three more books before she leaves Korea.
   ② She will have been suffering from Influenza for a week by tomorrow.
   ③ I have been working at the store on and off for the past three years.
   ④ They have been knowing each other for years.

4. When I came down the stairs, I saw that there ①<u>was</u> at least a foot of water in the basement. Jack ②<u>was standing</u> under a pipe, and a steady stream cascaded into his face. For the past 45 minutes, he ③<u>was working</u> unsuccessfully to staunch the leak. ④<u>No error</u>. (15 편입)

Point 19 | Point 20 시제의 활용 ★★
had p.p를 포함하는 관용 표현 ★★★

개념정리

현재형이 미래의 시간대를, 과거형이 대과거를 대신 하는 등 일부 시제는 활용되기도 한다.

1. 현재형 동사가 미래의 시간대를 대신하는 경우

(a) 왕래발착 동사

> go, come, start, leave, arrive, return 등의
> 현재형 + 미래 부사(구) → 확정적 미래
> 현재 진행형 + 미래 부사(구) → 가까운 미래

She **comes** tomorrow.   그녀는 내일 (반드시) 올 것이다.
She **is coming** tomorrow.   그녀는 내일 올 것이다.

(b) 시간과 조건의 부사절 안에서는 현재형 동사가 미래를 대신한다.

ⓐ 어쨌든 시간, 조건의 부사절 안에는 미래형을 쓰지 말자.

When he **will finish** his work, he will go to the movies with her. (X)
일을 끝내게 되면 그는 그녀와 영화 보러 갈 것이다. (→ finishes)

If it **will rain or snow**, we may not be able to go. (X)
비나 눈이 온다면 우리는 못 갈지도 모른다. (→ rains or snows)

> 단. 시간과 조건의 부사절 안에서는 미래완료형 또한 현재완료형으로 대신 써야 한다.
> I'll phone you when I **will have finished** the work. (X) → have finished
> (지금부터 시작한) 일이 미래에 끝나게 되면 너에게 전화를 하겠다.

ⓑ 시간, 조건의 부사절 안에 현재형이 써있다면 시간상으로는 미래를 표시하므로 주절에는 미래형이나 미래 완료형이 일반적이다.

When he finishes his work, he **will go** to the movies with her.
일을 끝내게 되면 그는 그녀와 영화 보러 갈 것이다. (미래에만 일어날 이므로 미래시제)

When he retires in three years, he **will have worked** for 30 years for the country.
3년 정도 지나 은퇴하게 될 때면 그는 30년 동안 일 한 셈이 될 것이다. (과거부터 미래까지 이어지는 상황이므로 미래 완료시제)

If it rains or snows, we **may** not be able to go.
비나 눈이 온다면 우리는 못 갈지도 모른다. (추측을 뜻하는 may도 미래를 의미할 수 있다)

ⓒ When이나 If 가 있다고 해서 무조건 부사절이 아니다. 명사절이나 형용사절로 쓰이는 경우에는 상황에 맞는 적절한 시제를 써야 한다.

I don't know **when** the meeting **will** be held.
나는 미팅이 언제 개최될지를 모른다. (know에 대한 목적어인 명사절)

Do you know **if** she **will** attend the meeting?
당신은 그녀가 참석할지 안할지를 아십니까? (know에 대한 목적어인 명사절)

Tell me **when** you **will** leave for Japan.
나에게 당신이 언제 일본으로 떠날지를 말해주세요. (tell에 대한 직접목적어인 명사절)

Do you know **the time when** she **will** arrive here?
당신은 그녀가 도착하는 시간을 아세요? (time을 수식하는 형용사절)

 대표적인 시간. 조건의 부사절을 이끄는 종속접속사로는 다음과 같은 것이 있다.
　시간: when~ 할 때 by the time ~까지, 쯤 whenever ~ 할 때마다 as soon as ~하자마자
　　　 while ~ 하는 동안 until, till~까지 after / before
　조건: if 만약 ~라면 unless 만약 ~않으면 (=if+not) in case (that) ~인 경우에는, ~인 경우 에 대비하여
　　　 on condition (that) ~이기만 하면
　앞서 설명했듯 when이나 if는 명사절에도 자주 나오는데 각각 [언제]와 [~인지 아닌지]라는 뜻이 된다.

2. 과거형 동사가 현재완료 [경험] 용법을 대신하는 경우

Have you **ever read** the novel?　　　　　　　　　당신은 그 소설을 읽어본 적이 있나요?
= **Did** you **ever read** the novel?

I **have seen** her several times **before**.　　　　　나는 예전에 여러 번 그녀를 본적이 있다.
= I **saw** her several times **before**.

3. 과거형 동사가 과거보다 더 과거(=대과거)를 대신하는 경우

(a) **before, after** 같은 시간의 전후 관계가 분명한 접속사가 연결하는 절과 절에서는 과거형이 대과거를 대신하기도 한다.

He **had finished** the job before I **got** him to do so.　　내가 그렇게 하라고 시키기도 전에 그는 작업을 다 끝냈다.
　= finished

After I **had finished** my work, I **went** out.　　나는 그 일을 다 끝낸 후 나갔다.
　= finished

(b) 역사적 과거; 역사적 사실은 과거 그 시점으로 완전히 굳어져 있기 때문에 항상 단순과거 시제를 쓴다. 이 경우는 had p.p를 쓰면 오히려 틀린다.

Our history teacher said that the Korean War **broke out** in 1950.
　　　　　　　　　　　　　　　→ had broken out (X)
우리 역사 선생님이 한국전쟁은 1950년에 발발했다고 말씀하셨다.

She said that Columbus **discovered** America on the morning of 12 October 1492.
　　　　　　　　　→ had discovered (X)
그녀는 콜럼버스가 1492년 10월 12일 아침에 신대륙을 발견했다고 말했다.

 1. 역사적 과거는 주절시점이 과거라고 해도 **시제의 일치에 따른 대과거를 쓰지 않고 단순과거를 쓴다** 는 것이 요점이다.
2. 역사적 과거는 **불변의 진리(항상 현재)와는 다르다**. 불변의 진리는 과거에도 그랬고, 지금도 그러고 있고, 미래에도 그럴 것 이라는 전제가 있다. 예를 들면 지구는 항상 태양 주위를 돈다. 그러나 한국전쟁은 1950년이라는 과거에만 발발했을 뿐. 지금도 발발하고 앞으로도 발발할 일이 아니다.

4. had p.p를 포함하는 관용 표현

(a) ~하자마자 ~했다.

> S + had + no sooner　　　 + p.p ~~　than　　　 + s + 과거
> 　　　　　hardly / scarcely　　　　　 when / before
> → 부정어를 문두로 보내고 주어, 동사를 도치시킬 수도 있다.
> No sooner　　　　 + had + s + p.p ~~~ than
> Hardly / Scarcely　　　　　　　　　　　 when / before

내가 나가자마자 비가 내리기 시작했다.
I had **no sooner** gone out **than** it began to rain.
I had **hardly / scarcely** gone out **when / before** it began to rain.
No sooner had I **gone** out **than** it began to rain.
Hardly / Scarcely had I **gone** out **when / before** it began to rain.

그는 나를 보자마자 도망갔다.
He had **no sooner** seen me **than** he ran off.
He had **hardly / scarcely** seen me **when / before** he ran off.
No sooner had he **seen** me **than** he ran off.
Hardly / Scarcely had he **seen** me **when / before** he ran off.

> **단.** [~하자마자 ~했다]는 다음과 같은 표현 방식도 있다.
> **As soon as + S + 과거 ~ , S + 과거　= On ~ing ~, S + 과거**
> As soon as I went out, it began to rain.
> On my going out, it began to rain.

(b) **S + had not p.p ~ when / before + s + 과거**

It **had not been** long **when / before** I **met** him.
오래 걸리지 않아서 나는 그를 만났다.
(대과거부터 과거까지 오랜 시간이 흐르지 않아서 과거에 그를 만났다)

He **had not gone** far **when / before** he **noticed** that she was not there.
얼마 못 가서 그는 그녀가 거기 없다는 것을 알게 되었다.
(대과거부터 과거까지 멀리 못간 상태에서 과거에 알게 되었다)

이런 문제가 나온다

대표 예제. 1. Choose the **correct** sentence.
(a) "When can the doctor see me?" "As soon as he will get back from the hospital."
(b) I don't know if it rains tomorrow, but if it will rain, I shall stay at home.
(c) Jane submitted her resume before she knew the position was filled.
(d) He said that World War Ⅱ had broken out in 1939.

2. No sooner (a)<u>had</u> she (b)<u>get out of</u> the taxi (c)<u>than</u> she (d)<u>realized</u> that she had left her purse there.

🔍 문제 해결의 Key

현재형이 미래의 시간대를 대신하는 경우는 특히 시간. 조건의 부사절 안에서이다. 이때 when이나 if 따위의 접속사가 이끄는 절은 부사절이라는 정확한 판단이 필요하다. after. before 같은 접속사가 연결하는 절에서의 과거형은 대과거의 대신일수 있고, 역사적 과거는 항상 단순과거시제만 쓴다. [~하자마자 ~했다]를 의미하는 관용절에서는 특히 부정어가 문두로 나가서 도치되는 경우를 주의하자.

실전예제

1. If they ①<u>will get</u> a warning of a cyclone or a tidal wave, they will climb onto their roofs and tie ②<u>themselves</u>, ③<u>hoping that</u> the rushing waters will ④<u>carry them away</u> and put them safely.

2. 우리말을 영어로 **잘못 옮긴** 것은? (15. 국가 직 7급)
① 남에게 의존하지 말고 너 자신이 직접 그것을 하는 것이 중요하다.
   It is important that you do it yourself rather than rely on others.
② 은행 앞에 주차된 내 차가 불법 주차로 인해 견인되었다.
   My car, parked in front of the bank, was towed away for illegal parking.
③ 토요일 까지 돈을 갚을 수 있다면, 돈을 빌려줄게.
   I will lend you with money provided you will pay me back by Saturday.
④ 만약 태풍이 접근해오지 않더라면 그 경기가 열렸을 텐데.
   The game might have been played if the typhoon had not been approaching.

3. 우리말을 영어로 가장 **잘 옮긴** 것은? (15. 사회복지 9급)
   소년이 잠들자마자 그의 아버지가 집에 왔다.
① The boy had no sooner fallen asleep than his father came home.
② Immediately after his father came home, the boy fell asleep.
③ When his father came home, the boy did not fall asleep.
④ Before the boy fell asleep, his father came home.

4. No sooner had the warm liquid ①<u>mixed with</u> the crumbs ②<u>touched</u> my palate than a shudder ③<u>had run through</u> me and I stopped, ④<u>intent upon</u> the extraordinary thing that was happening to me.

www.moonduk.com

MD GRAMMAR

Chapter. 03

조동사
: 동사의 모양 변화

www.moonduk.com

Chapter 03 조동사 : 동사의 모양 변화

Point 21 조동사의 일반원칙

의미를 더하는 조 동사 뒤에는 원형을 써야 한다.

ex. He **can**, without doubt, **speaks** English well. (X) → **speak**

Point 22 ~하는 게 더 낫다 / ~할 만 하다

may(might) as well   had better   would rather   + R

ex. You **had better to go** at once. (X) → **go**

Point 23 need 와 dare

need와 dare는 조동사와 본동사를 넘나든다.

ex. He **need not** leave. = He **does not need to** leave.

Point 24 can, may, must

의미 조동사의 삼총사. [능력] [허가] [의무]

ex. You **can** do it. 할 수 있어. You **may** do it. 해도 좋아. You **must** do it. 해야만 해.

Point 25 can을 포함하는 관용표현

cannot but 원형= cannot help ~ing ~하지 않을 수 없다.

ex. I **cannot but to** help him. (X) → **help**

Point 26 — used to

 1. ~하곤 했다. ~이었다. 2. be used to R 또는 to ~ing와의 의미 구별

ex. There **used to being** a school here. (X) → **be**

Point 27 — should

 1. should는 당위성이다. 2. should를 포함하는 관용 표현

ex. He kept quiet **lest** he **should not** wake the baby. (X) → **not 삭제**

Point 28 — would

 1. will의 과거 2. 자체의 뜻; ~하곤 했다. / ~하고자 하다.

ex. He **said** that he **will** leave the town the next day. (X) → **would**

Point 29 — 조동사 + have p.p

 과거적 어감의 해석.
should have p.p ~했어야 했는데 must have p.p ~이었음에 틀림없다.

ex. Too bad you didn't go to the rock concert. You **must have been** there. (X)
→ **should**

조동사의 일반원칙 ★

개념정리

조(助)동사는 이름에서 알 수 있듯, (본)동사를 도와주는 어구인데, 도움의 방향은 크게 두 가지. 첫째, 조동사 자체가 가지고 있는 의미를 본동사에 더해주거나 둘째, 단순히 문법적 개념 완성을 도와주기 위한 구성요소가 된다. 우리가 일반적으로 알고 있는 조동사는 첫 번째 경우와 같이 의미를 더해주는 조동사로, 결국 조동사를 공부한다는 것은 조동사 각각의 의미를 외우는 것이다.

1. 의미를 더해주는 조동사

She **speaks** English.   영어를 말 한다 (평상시에 영어를 쓴다)

She **can speak** English.   영어를 말할 수 있다 (평상시에 쓰느냐 여부와는 상관없이 말하는 능력이 있다)

2. 문법적 역할 조동사 do (does, did)

(a) 일반 동사가 포함된 문장을 부정문과 의문문으로 만들 때

You **know** the answer.
→ 부정문 You **don't know** the answer.
→ 의문문 **Do** you **know** the answer?

He **knew** the answer.
→ 부정문 He **didn't know** the answer.
→ 의문문 **Did** he **know** the answer?

(b) 동사를 대신하는 대동사

A: I like it.   B: I **do**, too.   (= **like it**)

Does she speak English? Yes, she **does**. (= speaks English)

(c) 일반 동사의 의미를 강조할 때 : do, does, did + R

I hate you. → I **do hate** you.   나는 너를 정말 싫어해.

Tom loved Mary. → Tom **did love** Mary.   Tom은 Mary를 진정으로 사랑했다.

Tell the truth. → **Do tell** the truth.   제발, 진실을 말해.

> **단:** 명령문 (동사 원형으로 시작하는 문장: ~해라)의 동사를 강조할 때는 항상 Do 가 나온다. 상대방을 향해 말하게 되는 명령문은 You라는 주어가 생략되어 있고, 과거에 대한 명령은 없으므로 does 나 did 가 나오지 않는다.
> (You) Go ! → Do go !   제발, 가라.

> **단:** be 나 have가 자체의 의미가 없이 문법적 역할 조동사가 되기도 한다.
> 1. be   진행 시제 (be + ~ing)를 만들거나 수동태(be + p.p)가 된다.
> 2. have   완료 시제 (have + p.p)를 만든다.
>   다만, 이때 be 와 have는 독립적이라기보다는 일반적으로 합쳐서 하나의 (본) 동사로 파악한다.

이런 문제가 나온다

대표 예제. 1. He can, as far as I know, speaks at least three foreign languages. (O, X)

2. Tom does break the window yesterday. (O, X)

🔍 문제 해결의 Key

의미를 더하는 조동사 뒤에 나오는 (본)동사는 원형으로 써야 한다. 이는 조동사의 가장 기본적인 원칙이다. 문법적 역할의 조동사 do 는 동사 강조 용법 정도가 시험 문제의 대상이 될 만하다. 일반 동사의 의문문이나 부정문을 만든다는 내용은 너무 중요한데 영어를 처음배우는 시기에나 문제화 되는 부분이다.

실 전 예 제

1. ①Television can ②to be very helpful ③to people ④who carefully choose the programs.

2. Folk medicine ①practitioners believe that ②the cures to all ailments can ③found ④in nature.

3. Hypnosis ①can be used in some criminal investigations to help defendants to recall ②events they might ③otherwise not ④remembered.

4. The sun will eventually expand ①enormously to 166 times ②its present size and ③becomes over 2,000 times ④as bright.

5. By the time a baby has reached his first birthday, he should, without the help of an adult, _____ sit up or even stand up.

　① to be able to　　② able to　　③ being able to　　④ be able to

Point 22. ~하는 게 더 낫다 / ~할 만 하다 ★★★

개념정리

결국 조동사의 핵심은 의미를 가지는 조동사들의 의미 자체를 외우는 것이다.

1. [~하는 게 더 낫다]

(a)
may(might) as well	had better	would rather	
may(might) as well not	had better not	would rather not	+ R

All of you **may as well leave** here right now.
당장 떠나는 편이 좋겠다.

You **would rather not talk** with her about the problem.
그 문제에 대해 그녀와 얘기하지 않는 편이 더 낫겠다.

You **had better not stay** here any longer.
더 이상 이곳에 머무르지 않는 편이 좋겠다.

(b)
> **may(might) as well A as B**
> **had better A than B**
> **would rather A than B**   [B 하느니 A 하는 편이 더 낫다]

You **may as well** not **know** a thing at all **as know** it imperfectly.
불완전하게 아느니 차라리 아무것도 모르는 게 더 낫다.

You **would rather leave** her alone **than detain** her.
그녀를 붙들어두는 것 보다 그녀를 혼자 내버려두는 편이 더 낫다.

 might as well은 may as well 을 과거형으로 쓴 것이 아니다. may as well 과 might as well 은 실제로 별 차이 없이 쓰인다. 다만 진술내용의 불가능성을 강조하거나 완곡한 어조라는 느낌을 더하고 싶을 때는 may보다는 주로 might 가 사용된다.

You **might as well** advise him to give up his life **as** (advise him to give up) his reading books.
당신은 그에게 책 읽기를 포기하라고 충고하느니 차라리 그에게 삶을 포기 하라고 충고하는 게 더 낫다.

2. [~할만하다. ~하는 것도 당연하다, ~할 만한 이유가 있다]

> **may well + R = have (a) good reason to R**

He **may well get** angry with his son.
= He **has (a) good reason to get** angry with his son.
그가 아들에게 화내는 것도 당연하다.

이런 문제가 나온다

대표 예제. Choose the **correct** sentence.

(a) I would rather fail than to cheat.
(b) You had not better tease my sister again.
(c) You might as well speak to a stone wall as talking to him.
(d) Parents may well love their children.

🔍 문제 해결의 Key

의미를 가지는 조동사 뒤에는 원형이 나와야 한다.
특히 may(might) as well, had better, would rather, may well등은 하나의 덩어리이므로 그 뒤에 원형이 나와야 하고, 부정형을 만들 때 not도 뒤에 위치해야 한다. A as B 나 A than B가 추가 될 때 A와 B는 둘 다 원형이어야 한다.

실전 예제

1. U.S. marines ①on a recent trip to Afganistan ②offered medical care to local women in the village of Lakari, but ③some of these women said they would rather die ④than being touched by a male doctor. (13 편입)

2. One may as well fail ①by the mistakes one ②makes of one's own will as ③to succeed by ④doing the right thing on somebody else's advice.

3. While we have provided for the physical needs of our families, we had _____ their spiritual needs.

   ① better not forgotten   ② not better forget
   ③ forgotten not better   ④ better not forget

4. ①Believe it or not, teachers and mentors were placed last on the list. Participants answered that friends were the best counselors when worries ②arose, and some even answered that they might as well settle their personal problems ③by themselves ④than to talk to parents or teachers.

5. 우리말을 영어로 **잘못 옮긴** 것을 고르시오. (12. 국가 직 7급)

   ① 그렇게 하느니 차라리 하지 않는 것이 좋다.
   → You had better not to do it at all than to do it that way.
   ② 그는 새로운 정책이 모든 노동자들을 위해 이행되어야 한다고 제안했다.
   → He suggested that the new policy be implemented for all workers.
   ③ 너의 꿈을 추구하기 위해 학위를 가져야 할 필요는 없다.
   → You don't have to have a degree to pursue your dream.
   ④ 전 세계에서 Bolt보다 빠른 사람은 없다.
   → No other man is faster than Bolt in the whole world.

Point 23. need 와 dare ★★

개념정리

조동사와 본동사 성격을 모두 가지는 대표적인 두 가지가 need (~할 필요가 있다) 와 dare(감히 ~하다. ~할 용기가 있다) 인데 그 구분 기준은 문장의 종류에 따른다.

1. 부정문과 의문문에서 조동사로 쓰인다.

(a)
```
부정문 ; need not + R       dare not + R
의문문 ; Need + S + R ~ ?   Dare + S + R ~ ?
```

Need he go?   가야할까?   He need not (needn't) go.   갈 필요 없다.
Dare he do it? 감히 그럴 수 있을까?   He dare not (daren't) do it. 감히 그럴 수 없다.

(b) 조동사 그 자체는 시제 변화를 하지 않는다. 즉, 3인칭 단수 주어라고해서 ~(e)s를 붙이거나 과거라고 해서 ~ed를 붙이지 않는다.

He **needs not / needed not** leave. (X)
He **dares not** do it again. (X)

> 단: dare의 경우 조동사임에도 불구하고 dared not 형태의 과거형을 쓸 수 있다.
> He **dared not** tell the truth.   그는 감히 진실을 말하지 못했다.

Needs / Needed he leave? (X)
Dares / Dared he do it again? (X)

2. 긍정문에서는 본동사(3형식 동사)로 쓰인다.

She **needs to** speak more slowly.   그녀는 천천히 말 할 필요가 있다.
I **needed to** do it.   나는 그것을 할 필요가 있었다.
He **dares** (**to**) say so in her face. 감히 그녀의 면전에서 그렇게 말한다.
He **dared** (**to**) hit her.   감히 그녀를 때렸다.

> 단: 긍정문에서는 본동사이므로 시제 변화도 하고 3형식 동사로서 to R을 목적어로 가질 수 도 있는데, dare 의 경우 원형 목적어도 가능하다.

3. 부정문과 의문문에서 본동사로 다른 일반 동사와 동일한 변화형을 갖기도 한다.

조동사   Need he go?   He need not (needn't) go.
본동사   = Does he need to go?   = He doesn't need to go.

조동사   Dare he do it?   He dare not do it.
본동사   = Does he dare to do it?   = He doesn't dare to do it.

> 단: 긍정문에서 본동사로 쓰이는 dare는 원형과 to R을 모두 목적어로 쓸 수 있는데, 부정문과 의문문에서 본동사로 쓰일 때는 to R을 쓰는 것이 원칙이다.

이런 문제가 나온다

대표 예제. Choose the **incorrect** sentence.

(a) Need I do so?
(b) He needs not do so if he doesn't want to.
(c) He doesn't need to do so if he doesn't want to.
(d) He dared not oppose me.
(e) I need to put some money into my account.

문제 해결의 Key

부정문과 의문문에서 need와 dare는 조동사이므로 뒤의 본동사는 원형으로 써야 하고 그 자체는 시제 변화를 하지 않는다. 다만 dare의 경우 dared not 만 예외적으로 가능하다. 긍정문에서의 need와 dare는 원래 본동사이고 각각 to R / (to) R형태의 목적어를 가질 수 있는데, 부정문과 의문문에서도 don't(doesn't, didn't) / Do (Does, Did)를 이용하여 본동사로 쓰기도 한다.

실전예제

1. 다음 빈칸에 들어갈 말로 가장 **적절한** 것은? (13. 경찰 1차)

   | Because Oriental ideas of woman's subordination to man prevailed in those days, she (　　　) meet with men on an equal basis. |

   ① did dare not　　② dared not　　③ dared not to　　④ did dare not to

2. ①<u>Most</u> of the information ②<u>received</u> from the reporters in the field ③<u>need</u> to be edited before ④<u>being considered</u> for publication.

3. The yen is weakening. But Tokyo ＿＿＿＿＿ its interest rates again.　(13 편입)

   ①dares not raise　　②dare not raise　　③does not dare raise　　④dare not to raise

4. 어법상 옳지 않은 것은?

   A company ①<u>may be able to</u> teach you ②<u>what</u> you ③<u>need know</u> to succeed but it cannot teach attitude. ④<u>When choosing</u> between ⑤<u>a purely competent</u> person without interest and a less competent person with zeal, I always choose zeal over ability.

5. Choose the **incorrect** sentence.

   ① In order to learn how to swim, first of all, you need to enter the water.
   ② I need hardly to tell you.
   ③ She doesn't dare to go there instead of me.
   ④ You will need to do your task completely before you decide to go see the movies.
   ⑤ He dares insult me.

Point 24 · Point 25: can, may, must ★ / can을 포함하는 관용표현 ★★★

개념정리

can, may, must는 가히 조동사의 삼총사라고 할만하다. 다만, 그 기본적인 의미들은 오히려 너무 자주 쓰여서 다 알기 때문에 문법 시험 문제에서 그 기본 의미를 묻지는 않는다.

1. can may must 의 첫 번째 뜻; [능력] [허가] [강제적인 의무]

(a) **can 주어의 능력: ~할 수 있다. = be able to R = be capable of ~ing**

I **can (am able to) beat** you at tennis.   나는 테니스에서 너를 이길 수 있다. (이길 능력이 있다)
Can you (Are you able to) speak English?   영어를 말할 수 있습니까?

(b) **may 허가 : ~ 해도 좋다. = be allowed to R**

You **may (are allowed to)** stay here, but you **may not (are not allowed to)** smoke.
여기 머물러도 되지만, 담배를 펴서는 안 된다.
May he **go** there alone?   그가 혼자 거기 가도 될까요?
 -Yes, he **may**.   그렇게 해도 되요.
No, he **may not**. 안돼요.   No, he **must not**. 절대 안돼요.

> 단. 허가의 May로 시작하는 의문문에 대해 No로 답할 때는 may not 보다는 must not으로 받아주는 것이 일반적이다.

(c) **must 의무: ~해야만 한다 = have (got) to**

We **must / have (got) to** leave now to catch the first flight.   첫 비행기를 타기 위해 반드시 지금 가야 한다.
You **must / have (got) to** visit the museum.   꼭 그 박물관을 방문해 보기 바랄게.
You **must not** go out.   절대 나가서는 안 돼.
You **don't have to** go out.   나갈 필요는 없어.

> 단. must = have to 이지만. **must not** (강한 금지: ~해서는 안 된다) ≠ **don't have to** (불요: ~할 필요가 없다 = don't need to = need not)

> 단. 의미를 가지는 조동사들은 동시에 연립해서 사용할 수 없다.
> 즉, You can may do it. (X) You will can do it. (X)등의 형태는 불가하다.
> 그래서 can, may, must에 미래의 의미를 더하고 싶다면 다음과 같은 방식이 되고, 과거형은 따로 정해져 있는 패턴(could, might, had to)을 사용한다.
>
> I **will be able to** beat you at tennis.
> You **will be allowed to** stay here.
> We **will have to** leave early to catch the first flight tomorrow.
>
> I **could beat** him at tennis in those days.
> He said that I **might stay** here yesterday.
> We **had to leave** early to catch the first flight yesterday.

2. can may must 의 두 번째 뜻 [추측, 가능성]

(a) can

ⓐ 긍정문: ~일수도 있다. (70-80% 정도의 확신)

The slightest carelessness **can** cause a disaster.
부주의는 재난을 일으킬 수도 있다.
A diet **can** be dangerous if you overdo it.
다이어트는 위험할 수도 있다.

ⓑ 부정문: ~일 리가 없다 (100% 가까운 강한 부정)

It **can't be** true. 　　　　　　　　　　사실일 리가 없다.
Such a girl **cannot** love such a guy. 　그런 여자가 그런 놈을 사랑할 리 없어.

ⓒ 의문문 : ~일[할]리가 있을까. (도대체) ~일 수(가) 있을까 (강한 의심)

Can it be true? 　　　　　　　　　　도대체 정말일 수 있을까? (아닐 것 같다)

(b) may ~일 수 도 있다. (50% 정도의 확신)

He **may** come soon. 　　　　　　　그가 곧 올수도 있다.
The sales **may** go up again. 　　　판매량이 올라갈 수도 있다.

(c) must ~임에 틀림없다. (100% 가까운 강한 확신)

It **must be** true. 　　　　　　　　그것은 사실임에 틀림없다.
↔ It **can't be** true. 　　　　　　　사실일 리가 없다.

> 단. 추측의 must 는 have to로 바꿔 쓰지 못한다. have to 는 [의무: ~해야만 한다]의 뜻만 표현한다.
> I think the news **must be** true.　　(O)　　내 생각에 그 소식은 사실임에 틀림없다.
> ≠ I think the news **has to be** true.　(X)

> 단. could와 might의 용법
> 1. 능력, 허가의 can, may 의 과거: [~할 수 있었다] [~해도 좋았었다]
>   I **could** beat him at tennis **in those days**. 　그 시절에는 테니스에서 그를 이길 수 있었다.
>   He said that I **might** stay here **yesterday**. 　어제 내가 여기에 머물러도 좋다고 말했다.
>
> 2. 추측, 가능성
>   ⓐ 과거: can, may 의 과거로서 추측, 가능성
>   She **could** sometimes be annoying as a child. 　어렸을 때 그녀는 가끔 속을 태웠을 수도 있다.
>   I said that it **might** rain. 　비가 올지도 모른다고 말했다.
>   ⓑ 현재: [~일 수도 있다.] could 60% 정도 확신 / might 30-40% 정도의 확신
>   We **could** get along without his help. 　그의 도움 없이도 잘 해나갈 수 있을 것 같다.
>   It **might** be true. 　어쩌면 사실일지도 모른다.

3. can 을 포함하는 관용 표현

(a) **cannot (choose, help) but + R = cannot help ~ ing**
: ~ 하지 않을 수 없다. ~ 할 수밖에 없다

I **cannot but admire** his skill on the piano.
I **cannot help admiring** his skill on the piano.
그의 기술에 감탄하지 않을 수 없다.

(b) **can afford to R** : ~ 할 여유가 있다

I **can afford to** buy such a luxury car.   그런 고급차를 살 여유가 있다.
I **can't afford to** have holidays.   휴일을 가질 여유가 없다.

(c) **as + 형용사 + as can be** : 더할 나위 없이~ 한

She is **as kind as can be**.   = She is **very** kind.
그녀는 더할 나위 없이 친절하다. 너무 친절하다.

(d) **can hardly (= can scarcely)** : 거의 ~ 하는 게 불가능하다.

I **can hardly** believe it.   그것을 믿는 것은 거의 불가능하다. 믿을 수 없다.

단) I **can not hardly** believe it.   (X)
원래 7

(e) **as ~ as S + can = as ~ as possible**
: 가능한 한 ~ 하게, 될 수 있는 한 ~ 하게

I got up **as early as possible** to catch the first train.
I got up **as early as I could** to catch the first train.
첫 기차를 타기 위해 가능한 한 일찍 일어났다.

(f) **cannot ... too ~** : 아무리 ~해도 지나치지 않다

We **cannot** be **too** careful of our health.
우리는 건강에 아무리 주의해도 지나치지 않다.
We **cannot** praise him **too** much.

이런 문제가 나온다

대표 예제. 1. 다음 각 문장에 포함된 조동사 중 추측, 가능성의 의미가 **아닌 것은?**

(a) He cannot be ill, for I saw him just now.
(b) You may lose it if you are not careful.
(c) The people must stay behind the barricade.
(d) He was wearing a stethoscope. He might be a doctor.

2. 다음에 제시된 두 문장 사이의 관계가 **틀린 것은?**

(a) You must not say like that. = You don't have to say like that.
(b) He examined her with a stethoscope. He must be a doctor.
　　　　　　　　　　　　　　　　　　　　≠ He has to be a doctor.
(c) The news must be true. ↔ The news can't be true.

3. We cannot but to offer opposition to the party's decision. (O, X)
I think we can afford to hire only one right now. (O, X)

🔍 문제 해결의 Key

can, may, must는 각각 능력, 허가, 의무의 뜻과 추측, 가능성의 뜻이 있으므로 그 의미 차이를 잘 인지하고 있어야 한다. 또한 must = have to / must not ≠ don't have to / can = be able to / may = be allowed to 등의 상관관계와 can의 경우 여러 가지 관용 표현들까지 잘 외워둬야 한다.

실전예제

1. Choose the **correct** sentence.

　① He has to be an old man because he was born in 1890.
　② I will must pay my debts.
　③ A: I think you are very good at math.　 B: Me? You must be thinking of Jack.
　④ A: That girl must be Mary because she's in hospital now.　 B: I think you're right.
　⑤ These pills can not hardly be efficacious without being taken everyday.

2. Just as a planet ①circling the sun cannot help ②following Kepler's laws, so a program ③obeying an invariant cannot help but ④behaving in a predictable way.

3. 다음 우리말을 영작한 것 중 가장 **옳은 것은?**　(12 경찰 3차)

　① 음주는 사람들의 건강에 부정적으로 영향을 미친다.
　　→ Drinking adversely effects people's health.
　② 안전에 대해서는 아무리 주의를 기울여도 지나치지 않다.
　　→ You cannot be too careful when it comes to safety.
　③ 심하게 부서진 창문 때문에 돈이 많이 들었다.
　　→ My badly damaging windows cost me a lot of money.
　④ 그 학교는 그 마을의 북쪽에 위치하고 있다.
　　→ The school locates north of the town.

Point 26 Point 27 Point 28 used to ★★★ / should ★★★ / would ★

개념정리

각각 shall, will의 과거형인 should와 would는 오히려 그 자체의 의미로 쓰이는 경우도 많다.
used to R은 그 자체의 뜻보다 be used to와의 구별이 중요하다.

1. used to R

(a) 과거의 습관적, 상습적 동작   늘 ~하곤 했다. (지금은 안 한다.)

We **used to** have a date here every weekend.   우리는 매주말 데이트를 하곤 했다.

(b) 과거 일정기간의 영속적 상태   (예전에는) ~이었다.

There **used to be** a school here.   여기는 학교가 있었다.

(c) be used to 와의 구별

> 사람 주어 + be used to ⓝ /~ing : ~ 하는데 익숙해 있다.
> 사물 주어 + be used to R : ~ 하는데 사용되어지다.

I **am used to cutting** bread with the knife.   칼을 이용해 빵 자르는데 익숙해있다.
The knife **is used to cut** bread.   그 칼은 빵을 자르는데 사용되어진다.

단. used to 의 부정형과 의문형
부정형 : use(d)n't to = didn't use(d) to   의문형 : Used+ S +to R ~? =Did +S +use(d) to R ~?

2. should

(a) shall 의 과거

I **promised** that I **should** be back before 3 o'clock.   3시전까지 돌아오겠다고 약속했다.

단. 미래적 의미의 shall 의 과거로서 should 는 그 용법을 거의 상실하여 일반적으로 would 로 쓴다.

(b) 당위성, 의무 : ~ 해야 한다 = **ought to**

We **should (=ought to)** help the poor.   가난한 사람들을 (마땅히) 도와야한다
You **should (=ought to)** obey your parents.   (마땅히) 부모님 말씀에 따라야한다

단. ought to R 의 부정형과 의문형
부정형 : ought not to R   We **ought not to** judge a person by appearance.
의문형 : Ought + S + to R..... ?   **Ought** he **to help** her?

(c) **lest + s + (should) = for fear (that) + s + should**
    ~하지 않도록, ~ 하지 않기 위하여
    Be careful **lest** you **(should)** fall from the tree.   나무에서 떨어지지 않도록 조심해라.
    = Be careful **for fear (that)** you **should** fall from the tree.

(d) 놀람의 should   ~하다니
    It is / was + 감정적 판단 + that + s + should + R

> **strange, curious, odd** 이상한, 기묘한 **wonderful** 멋진 **surprising** 놀라운
> **amazing** 놀랄만한 **annoying** 성가신 **regrettable** 유감스러운, 후회되는 **a pity** 유감스러운 일: 명사지만 이 표현에 사용가능 **ridiculous** 터무니없는, 웃기는

It is **surprising** that John **should** cry all day long.   John이 하루 종일 울다니 놀랍다.
It is **a pity** that he **should** go.   그가 가야 한다니 유감이다

3. would

(a) will 의 과거

Tom said, " I **will** be late for class tomorrow."   Tom이 말했다. "내일 수업에 늦을 것 같아."
= Tom **said** that he **would** be late for class the next day.

He said, " I will try."   그가 말했다. "한번 해볼게."
= He **said** that he **would** try.

(b) 과거의 반복적인 동작   ~ 하곤 했다.(지금은 안 한다.)

When young, I **would sometimes** travel alone.   때때로 혼자 여행하곤 했다.
When a boy, he **would often** play baseball after school.   방과 후에 종종 야구를 하곤 했다.

 used to (~하곤 했다) 와 비교
would는 used to 에 비해 습관성, 영속성이 떨어져서 주로 **불규칙성을 보여주는**
often, sometimes를 동반해서 쓰인다.

(c) 과거의 의지, 고집, 주장, 거절   기어코 ~하려고 했다.

He **would** go alone despite my warning.   내 경고에도 불구하고 기어코 혼자 갔다.
He **would not** listen to my advice.   좀처럼 내 충고를 듣지 않았다.

(d) [의도, 소망]을 나타내는 would (=intend to, wish to)~하고자하다. ~ 할 의도이다.

If you **would** be happy, be good.
행복하고자 한다면, 착해져라.

If you **would** understand a nation, you must learn its language.
어떤 국가를 이해하고 싶다면, 언어를 배워라.

(e) **Would you ~?** ~해 주시겠습니까?
   Would you mind ~ing? ~해도 될까요? (~하는 게 마음에 꺼리십니까?)

   Would you do me a favor?   부탁하나 들어 주시겠습니까?
   Would you mind my **smoking** here ?   담배를 좀 펴도 되겠습니까? (마음에 꺼리십니까?)
   - Of course not. = Not at all. = Certainly not.   - 물론이죠. (아니오. 꺼리지 않습니다)

(f) **would like to R** = **want to R**

   I **want to** have some more bread.   빵을 더 먹고 싶습니다.
   = I **would like to** have some more bread.

   I **want** you **to** come to my house.   당신이 제 집에 오시기를 원합니다.
   = I **would like** you **to** come to my house.

4. 조동사가 포함 된 문장의 시제 일치의 법칙.

(a) 자체의 과거형을 가지고 있는 조동사들은 시제 일치의 적용을 받는다.

   He said, "I **can / may** help you."   그가 말했다. "당신을 도울 겁니다."
   = He said that he **could / might** help me.

   He said, "I **will** leave for Seoul tomorrow."   그가 말했다. "내일 서울로 떠날 겁니다."
   = He said that he **would** leave for Seoul the next day.

   He said, "I **shall** be back before 3 o'clock."   그가 말했다. "3시전까지 돌아올 겁니다."
   = He said that he **should** be back before 3 o'clock.

(b) 자체의 과거형이 없는 **must, need not, had better, may as well, should, ought to, used to** 등은 주절이 과거인 경우 종속절속에서 그 모양 그대로가 과거로 쓰인다.

   My father said, "You **must** study hard."   아버지가 말했다. "공부 열심히 해야 한다."
   = My father said that I **must** study hard.

   He said to me, "You **had better** stop talking."   그가 말했다. "너는 말하는 것을 멈추는 것이 낫겠다."
   = He told me that I **had better** stop talking.

   He said, "You **ought to** obey your parents."   그가 말했다. "부모님 말씀에 따라야 합니다."
   = He said that I **ought to** obey my parents.

   > 단: must 의 경우 had to 로 대체해서 쓸 수 있다.
   > My father said that I **must(=had to)** study hard.

   > 단: 그 모양 자체가 과거로 쓰인다는 것은 어디까지나 주절이 과거일 때 종속절 안에서 그러하다.
   > **단독 문장에서는 그 자체가 과거를 의미하지는 않는다.**
   > I **must** study hard **yesterday**. (X) → I **had to** study hard yesterday.

이런 문제가 나온다

대표 예제. 각 문장의 **틀린** 부분을 바로 잡으시오.

(a) I used to going swimming on Sundays.
(b) Nuclear energy is used to producing electricity.
(c) He was used to be called a deviant.
(d) You ought to not make a reservation.
(e) They always speak quietly lest they should not be overheard.
(f) He said that he will leave for Seoul the next day.
(g) He must leave Seoul without anything three days ago.

🔍 문제 해결의 Key

used to, should, would에서 중요한 몇 가지는.

1. used to R (~하곤 했다. ~이었다) vs be used to R (~하는데 사용되어지다) / be used to ⓝ /~ing (~ 하는데 익숙해 있다)
2. 당위성의 should = ought to, ought to의 부정은 ought not to / lest ~ should (~하지 않기 위하여)
3. would는 will의 과거이자 그 자체가 (~하곤 했다. ~하고자하다)등의 의미도 가지고 있다.

실 전 예 제

1. 우리말을 영어로 **잘못 옮긴** 것을 고르시오. (14. 국가 직 7급)

   ① 누가 엿들을까봐 그는 목소리를 낮추었다.
      He lowered his voice lest he should not be overheard.
   ② 그녀는 그 계획을 계속 따라 갈 사람이 결코 아닐 것이다.
      She would be the last person to go along with the plan.
   ③ 고위 간부들은 일등석으로 여행할 자격이 있다.
      Top executives are entitled to first class travel.
   ④ 일하는 것과 돈 버는 것은 별개의 것이다.
      To work is one thing, and to make money is another.

2. 어법상 옳은 것은?

   ① She definitely said that she will not go there alone.
   ② Ancient civilizations such as the Phoenicians were used to trade goods rather than use money.
   ③ As we are concerned about the shortage of energy sources, we ought to not fail to develop substitute energy for survival.
   ④ It's strange that he should be late. He's usually on time.

3. The main use of crude oil is ①<u>to make</u> it into other products. There are many products that ②<u>are derived from</u> crude oil. Crude oil is used ③<u>to making</u> a variety of fuels. These fuels power all the automotive vehicles and ④<u>engine – powered</u> machinery on the planet.

4. Nervous _____ considered nobody, the middle-class wife is careful to dress up when she goes shopping. (12 편입)

   ① though she be   ② lest she be   ③ since she be   ④ unless she be

조동사 + have p.p ★★

개념정리

조동사 뒤에 원형이 아니라 have p.p가 오면 [시제가 앞선다]라는 상징성을 띠는데, 단독 문장 안에서는 지금보다 앞선다는 개념으로 그냥 [과거]를 표현하게 되고, 주절이 과거인 문장의 종속절에 나오는 경우는 그 과거보다 더 앞서는 [대과거]를 표현하게 된다. 일단 해석을 외울 때는 [과거]적 느낌으로 외워두는데, 실제 문장에서는 [과거]와 [대과거] 두 가지 가능성이 있다는 것이다. 다만, 현대 영어에서는 이 구분이 희미해져서 그냥 [과거에 대한 얘기]정도의 느낌이다.

1. 과거를 말하는 조동사 + have p.p

He **cannot have made** such a mistake.
그가 그런 실수를 했을 리가 없다.

She **may not have told** him yet.
그녀가 아직 그에게 말을 안 했을지도 모른다.

He **must have been** angry to say like that.
그가 그렇게 말하는 것을 보니 화가 났었음에 틀림없다.

You **should (ought to) have studied** harder.
너는 더 열심히 공부했어야 했다.

You **should not (ought not to) have said** so.
너는 그렇게 말하지 말았어야 했는데.

You **need not have waited** for me.
너는 나를 기다릴 필요가 없었는데.

I **would rather have waited** for her.
그녀를 기다리는 편이 더 나았었는데.

You **would rather not have told** the secret to him.
너는 그 비밀을 그에게 말하지 않는 편이 더 나았는데.

> **단.** 주절이 과거인 문장의 종속절속에서는 주절보다 앞서게 되므로 [대과거]를 표현하게 된다.
> The police concluded that the thief **must have come** in through the window.
> 경찰은 그 도둑이 창문을 통해서 들어왔음에 틀림없다고 결론 내렸다.

이런 문제가 나온다

대표 예제. Even in summer this place did not look exactly hospitable; in winter, conditions _____ exceedingly harsh.

(a) should have been (b) should be (c) must have been (d) must be

🔍 문제 해결의 Key

일반적으로 조동사 + have p.p는 과거적 어감으로 해석 방법 정도를 명확히 알고 있으면 풀 수 있는 문제가 나온다.

실전예제

1. You might think scientists _____ every aspect of their home turf by now, but they haven't. (14 편입)

   ①had charted   ②were being charted   ③would have charted   ④were charted

2. Choose the **incorrect** sentence.

   ① Our holidays were ruined by the weather; we might just as well have stayed at home.
   ② "Did you severely criticize him for having neglected his work?"
      "Yes, but I'd rather not have done it."
   ③ I may have read the book, but I hardly remember I did.
   ④ The broken bridge has caused a lot of accidents. It must have been repaired a long time ago.

3. With no son ①to inherit, my parents eagerly wanted a boy. They ②should have been disappointed very much when the baby turned out ③to be a girl. They, ④however, did not say a single word of disappointment.

4. 다음 글의 밑줄 친 부분 중 어법상 **옳지 않은** 것은? (13. 기상 직 9급)

   I remember taking a short walk into the woods several winters ago. It ①might have been the coldest night of the year. It ②should have been fifteen degrees below zero— but it was a calm, windless night. I especially remember ③going up to one very thick, tall tree, which looked essentially dead. I tapped on it, and it felt and sounded dead, too. How can anything survive such frigid condition? Yet I also knew that, deep in the heart of that tree, a life was waiting ④to burst open again in the spring. When that day came, the sap would flow again, the leaves would open. The whole organism would return to life.

www.moonduk.com

MD GRAMMAR

Chapter. 04

수동태
: 동사의 모양 변화

www.moonduk.com

Chapter 04 수동태; 동사의 모양 변화

Point 30 — 3형식을 중심으로 본 능동태 ↔ 수동태

 Hot Key!
1. 타동사의 능동형 뒤에 목적어가 없다면 틀렸다.
2. 3형식 동사가 수동형이 되면 뒤에는 명사가 있을 리 없다.

ex. This new technique **will use** in various ways. (X) → **will be used**
ex. They **were criticized** my brother at school. (X) → **were** 삭제

Point 31 — 4형식 수동태

 Hot Key! 목적어가 두 개인 4형식은 수동태도 두 가지다.

ex. He gave **me** **some money**.
→ **I** was given some money by him.   간접 목적어가 주어
→ **Some money** was given to me by him.   직접 목적어가 주어

Point 32 — 5형식 수동태

 Hot Key! 목적보어가 주격보어로 성격이 변하는 5형식의 수동태. 이때 원래 목적보어의 모양 변화 여부에 주목하라.

ex. I **was advised to take** moderate exercise to lose weight.   → 원래 모양 유지.
ex. I **was made to stop** smoking by the doctor.   → 모양 변화.

Point 33 — 수동태로 쓸 수 없는 동사

 Hot Key! 자동사는 수동형을 쓸 수 없다. 일부 타동사도 수동형을 쓸 수 없다.

ex. Symptoms **are usually disappeared** after 1-2 weeks. (X) → **usually disappear**
ex. He **is lacked** common sense. (X) → **lacks**

Point 34 — 동사구의 수동태 전환

Hot Key! 한 덩어리의 동사구가 수동태가 될 경우 특히 전치사를 빼먹지 말자.

ex. The child **was taken good care by** him. (X) → **of by** him.

Point 35 — 목적어가 that 節일 때의 수동태 전환

Hot Key! They say that 節 = It is said that 節 = That 節 속 주어 + be said to R

ex. **They say that** she is a teacher.
= **It is said that** she is a teacher.
= She **is said to be** a teacher.

Point 36 — 명령문과 의문문의 수동태 전환

Hot Key! 명령문의 수동태는 정해진 공식대로. 의문문은 평서문 방식대로 전환한 후 다시 의문문으로.

ex. Turn off the radio. → Let the radio **be turned off**.
ex. Who broke the window? → The window was broken by whom.
→ **By whom was** the window **broken**?

Point 37 — be p.p + by 이외 다른 전치사

Hot Key! by 이외의 다른 전치사가 나오는 결국은 관용 표현.

ex. be known to ~에게 알려져 있다.   be known by ~ 의해 알 수 있다.
　　be known for ~ 로 알려져 있다.   be known as ~ 로서 알려져 있다.

Point 38 — 그 밖의 주의할 수동태

Hot Key! get, become + p.p도 일종의 수동태다. by + 행위자에서 행위자는 부정 주어를 쓰면 안 된다.

ex. My friend **got dumped** by his girlfriend. (O)
ex. Foreigners' eyes will be attracted **by nothing**. (X) → **will not ~ by anything**.

Point 30. 3형식을 중심으로 본 능동태 ↔ 수동태 ★★★

개념정리

영어 문장의 동사가 알려주어야 하는 필수적인 두 가지 정보가 있는데, 시제와 태(능동태 or 수동태)이다. **동사는 그 모양 변화를 통해 12시제를 알려주고, 능동태와 수동태 또한 표현한다.**

```
내가    /  지었다  /  그 집을                    능동   주어가 ~하다.
I        built      the house  last year.

그 집은 /  지어졌다 /  나에 의해서 (행위자)      수동   주어가 당하다. ~되어 지다.
The house was built last year by me.
```

능동 문장에서 행위의 대상 (목적 하는 바)이 되던 목적어가 주어 자리로 이동하는 것이 능동 → 수동 변화의 핵심인데 아무래도 **주어 자리로 가게 되면 의미적으로 강조되는 효과가 생기게 된다.**

1. 능동태 → 수동태 전환 과정

그 집은 The house	1. 목적어 → 주어 자리로 이동
그 집은 / 지어졌다. The house was built	2. 수동태 동사만의 일관된 모양: be + 과거분사(p.p) be의 모양 변화를 통해 시제를 표현.
그 집은 / 지어졌다 / 나에 의해서 (행위자) The house was built last year **by me**.	3. 남아있는 능동의 주어는 by + 목적격 형태로. 주어가 아니라 행위자를 표현.

 능동문이 부정형이었을 경우 be not p.p 형태가 된다.
I **did not write** the novel. → The novel **was not written** by me.

2. 수동태의 시제 표현 방법

수동태 관련 시제는 일반적으로 다음과 같다.

기본 시제	현재 과거 미래	am, are, is + p.p was, were + p.p will be + p.p
진행시제	현재진행 과거진행 미래진행	am, are, is + being p.p was, were + being p.p will be + being p.p
완료시제	현재 완료 과거 완료 미래 완료	have / has been + p.p had been + p.p will have been + p.p

They **build** a little house. 지어진다.
→ A little house **is built** by them.

They **built** a little house. 지어졌다.
→ A little house **was built** by them.

They **will build** a little house. 지어질 것이다
→ A little house **will be built** by them.

They **are building** a little house. 지어지고 있는 중이다.
→ A little house **is being built** by them.

They **were building** a little house. 지어지고 있는 중이었다.
→ A little house **was being built** by them.

They **will be building** a little house. 지어지고 있는 중일 것이다.
→ A little house **will be being built** by them.

They **have built** a little house. (지금까지)지어졌다.
→ A little house **has been built** by them.

They **had built** a little house. (대과거에)지어졌다.
→ A little house **had been built** by them.

They **will have built** a little house. (미래까지)지어질 것이다.
→ A little house **will have been built** by them.

> 단: 미래 진행 수동형 (will be being p.p: 미래 특정시점에~되어 지고 있는 중일 것이다)는 미래에 대한 대단히 단정적인 (마치 예언 같은) 말투라서 일상대화에서는 자주 등장하지 않는다. 물론 확실한 근거를 제시하면서 꼭 그렇게 될 것이라는 상황도 있을 수 있지만. 일상적으로는 그만큼 확신을 꺼리게 된다. 또한 [완료 진행]시제는 원칙적으로 수동형을 쓰지 않기 때문에 일반적으로 **수동태** 관련 시제는 이들을 제외한 8가지를 말한다.

> 단: will을 비롯한 조동사가 있을 때의 수동태
> (a) 긍정문   조동사 + be + p.p
>   You must do the work.
>   → The work **must be done** by you.
>
> (b) 부정문   조동사 + not + be + p.p
>   You should not forgive her.
>   → She **should not be forgiven** by you.

3. 수동태의 주요 쟁점 2가지

I built the house last year. → The house was built last year by me.

(a) 만약 문장이 I built 에서 끝난다면?

틀렸다. 타동사 build는 능동형이 되면 당연히 뒤에 목적어가 필요하다.

(b) was built 뒤에 만약 명사가 나온다면?

틀렸다. 3형식 동사인 build가 데리고 있던 목적어 the house가 주어로 자리를 바꾸면서 was built가 되었으니 이걸로 형식은 종결이다. 이제 뒤에는 명사 성격이 나올 일이 없고, by + 목적격을 비롯한 부사 성격만 남는다.

 다음과 같이 상황에 따라 능동모양이지만 수동으로 인정받는 동사도 있다. 일반적으로 주어가 사람이 아니고 <u>특정한 부사성격을 동반하면서 '수동'해석이 자연스러울 때이다.</u>
→ well, badly, smoothly, easily...

The car **sells** well.	잘 팔린다.
This pen **writes** well.	(글자가)써진다.
A new dress doesn't **wash** easily.	씻겨 진다. 세탁되어진다.
Ripe bananas **peel** smoothly.	벗겨진다.
This meat **cuts** smoothly.	잘려진다. (육질이 연하다)
The new car **handles** with great ease.	다루어진다. 조종되어진다.
The table **scratches** easily.	긁힌다.
These glasses **break** easily.	깨뜨려진다.
The bread doesn't **bake** well.	구워진다.

위에서 제시한 조건과 다른 점이 있지만 마찬가지로 수동으로 대접받는 다음의 경우도 있다.

My wife **photographs** badly.	안 좋게 찍혀진다. (사진이 잘 받지 않는다)
Her new book **is** now **print**ing.	인쇄되어지고 있는 중이다.
A new house **is building** near mine.	지어지고 있는 중이다.

다만, 앞서 수동태의 2가지 쟁점에서 밝혔듯 타동사가 능동형인데 뒤에 목적어가 없다면 일반적으로 틀리게 되므로 지금 설명한 원리는 문법 시험에서는 거의 등장하지 않고 실제 상황에서는 쓸 수 있다는 정도로만 기억해두자.

이런 문제가 나온다

대표 예제. 틀린 점을 바로 잡으시오.

1. (a) The first zoological garden in the united States **had established** in Philadelphia in 1874.
   (b) This phenomenon **has described** so often that it needs no further explanation.

2. (a) A galaxy **may be included** billions of stars.
   (b) Nicolaus Steno, a Danish physician **was published** a key observation in 1669.

🔍 **문제 해결의 Key**

수동태 (특히 3형식 중심)에서 가장 중요한 쟁점 두 가지는,
1. 타동사가 능동형인데 뒤에 목적어가 없으면 틀린다. 목적어가 주어로 넘어간 상황이라면 수동태로 바꿔줘야 한다.
2. 3형식 동사의 단독 목적어가 주어로 넘어갔다면 동사는 be p.p가 되고 그 뒤에는 더 이상 명사 성격은 남아있지 않다. 만약 목적어가 뒤에 그대로 남아 있다면 다시 능동형으로 바꿔야 한다.

실 전 예 제

1. Choose the **correct** sentence.
   ① Many of our natural resources are depleting far more rapidly than nature can replace them.
   ② High volume production can maintain only for a limited period.
   ③ For thousands of years the desire to possess gold is driven people to extremes.
   ④ Many parasites and their hosts were evolved a form of mutual tolerance.
   ⑤ Right now, day care is not provided at the factory, but a new day care center is being built.

2. One of the ①<u>major</u> dangers of uranium ②<u>is</u> that it ③<u>is produced</u> radium and radon gas, a daughter ④<u>product</u> of radium.

3. 밑줄 친 부분 중 어법상 옳지 않은 것은? (14. 국가 직 7급)

   ①<u>Unable to do</u> anything or go anywhere while my car ②<u>was repairing</u> at my mechanic's garage, I suddenly came to the realization that I ③<u>had become</u> ④<u>overly</u> dependent on machines and gadgets.

4. 밑줄 친 부분 중 어법상 옳지 않은 것은? (14. 국가 직 7급)

   The Netherlands now ①<u>becomes</u> the only country in the world to allow the mercy killing of patients, though there are some strict conditions. ②<u>Those who</u> want medical assistance to die ③<u>must be undergone</u> unbearable suffering. Doctor and patient must also agree there is no hope of remission. And ④<u>a second physician</u> must be consulted.

5. ①<u>As historical databases</u> ②<u>relatively impoverish</u>, we might expect the ③<u>newer discipline</u> of quantitative sociolinguistics to ④<u>cast some light</u> on the matter. (15 편입)

Point 31. 4형식 수동태 ★★

개념정리

4형식 문장에는 목적어가 두 개 있으므로 기본적으로 두 가지 형태의 수동태가 가능하다.

1. 4형식 문장의 두 가지 수동태

He gave me several grammar books. 그가 나에게 몇 권의 문법책을 주었다.
→ I was given several grammar books by him. 간접 목적어가 주어
→ Several grammar books were given to me by him. 직접 목적어가 주어

He offered me the job. 그가 나에게 일자리를 제공했다.
→ I was offered the job by him.
→ The job was offered to me by him.

He asked me a favor. 그가 나에게 부탁을 했다.
→ I was asked a favor by him.
→ A favor was asked of me by him.

He bought me lunch. 그가 나에게 점심을 사주었다.
→ I was bought lunch by him.
→ Lunch was bought for me by him.

My father made me a kite. 아버지가 나에게 연을 만들어 주셨다.
→ I was made a kite by my father.
→ A kite was made for me by my father.

단. 직접 목적어가 주어가 되고 간접 목적어가 뒤에 남을 경우 원래의 간접 목적어 앞에는 동사에 따라 to, for, of 등의 전치사를 쓰는데, 전치사가 to 인 경우는 일반적으로 생략가능하고 for, of 는 쓰는 것이 원칙이다.

단. buy와 make 에 대해서 직접목적어만 주어로 해서 수동형을 만든다는 견해가 있다. 주로 사람을 의미하는 간접목적어가 주어가 되면 [사람이 구매되어진다]거나 [사람이 만들어진다]라는 문맥이 되는데 이것이 어색하다는 것이다. 다만 이 부분은 오래전 출제된 문법문제에서는 간혹 발견되지만 정확히 영문법에 이런 법칙이 있느냐는 분명치 않다. 오히려 native speaker 들은 이 모양도 대체적으로 받아들이는 경향이 있다. 다행히 요즘의 문법 시험에서는 거의 문제화되지 않는다.

단. 간접 목적어+직접 목적어 어순만 가능한 특이한 4형식 동사인 envy, save, forgive등과 kiss는 수동태가 될 때도 간접 목적어만 주어로 한다. (Point 4. 3 참고)

I envy him his luck.
→ He is envied his luck by me. (O)
→ His luck is envied to him by me. (X)

She kissed me good-bye.
→ I was kissed good-bye by her. (O)
→ Good-bye was kissed for me by her. (X)

이런 문제가 나온다

대표 예제. Choose the **correct** sentence.

(a) She was offered a choice by her husband.
(b) A choice was offered for her by her husband.
(c) These children were being taught of the song when we entered the room.
(d) The song was being taught of these children when we entered the room.

🔍 문제 해결의 Key

4형식 동사가 수동태가 될 때 가장 주의할 점은 간접 목적어가 주어가 되는 경우 be p.p다음에 원래의 직접 목적어가 그대로 붙는 다는 점이다. 즉, 3형식 동사가 수동태가 될 때와는 달리 be p.p 다음에 명사가 있을 수 있다. 또한 직접 목적어가 주어가 되는 경우 뒤에 나오는 원래의 간접 목적어 앞에는 동사에 따라 to, for, of를 구별해서 써야 한다.

실전예제

1. Choose the **incorrect** sentence.

   ① In 1988, Toni Morrison was given to the prize for literature for her acclaimed novel *Beloved*.
   ② The reporter was awarded the prize for his coverage of graft in the construction industry.
   ③ The Prize was awarded every year without exception until the First World War.
   ④ I was showed a surprising picture by him.

2. 다음 중 어법에 **틀린 것**을 고르시오. (12. 기상 직 9급)

   ①<u>Just before</u> his death, Mr. Sanders at last ②<u>began to receive</u> the literary recognition that ③<u>until then</u> ④<u>had not given</u>.

3. 어법상 **옳지 않은 것**은? (13. 서울시 7급)

   ① Maria was awarded with first prize.
   ② English wasn't taught there.
   ③ Our solutions were explained to him.
   ④ Nash was considered a genius.

4. 밑줄 친 우리말 문장을 영어로 가장 **적절하게 옮긴 것은?** (14. 지방 직 9급)

   Goods for which the marginal costs are close to zero are inherently public goods and should be made publicly available. Bridges and roads are good examples. Once society has incurred the capital costs of constructing a bridge or road, maximum benefit from the initial investment is gained only if use is not restricted by charging. <u>따라서 사람들은 무료로 그러한 시설들을 이용할 수 있어야 한다.</u>

   ① Therefore, people freely such facilities must be able to use.
   ② Hence, people should be allowed free access to such facilities.
   ③ Therefore, people must make access to such facilities without charging.
   ④ Hence, people should be given freedom to such facilities' accession.

5형식 수동태 ★★★

개념정리

[주어 + 동사 + 목적어 + 목적보어]에서 목적어가 주어로 가고 be p.p가 만들어지면 그 뒷자리에는 목적보어가 붙게 되는데, 목적어가 주어가 되면서 목적보어도 주격보어로 성격이 바뀐다. 여기서 다음의 두 가지 상반된 경우를 볼 수 있다.

1. 주격보어로 성격이 바뀌면서 그 모양까지 변하는 경우

지각동사와 사역 동사 make의 목적보어가 원형부정사였을 경우 to 부정사로 바뀐다.

I **saw** two men in black **enter** the bank.   검은 옷을 입은 두 사람이 은행으로 들어가는 것을 보았다.
→ Two men in black **were seen to enter** the bank by me.

He **made** me **do** the work against my will.   그가 내 의지와 상관없이 그 일을 하도록 시켰다.
→ I was **made to do** the work against my will.

2. 주격보어로 성격은 바뀌지만 원래의 모양은 그대로 유지되는 경우

소망, 준사역류 동사 / 사고, 인식 류 동사 / make, call.. / leave, keep, find.. 등은 수동으로 바뀌어도 원래의 목적보어 모양이 그대로 유지된다.

My conscience would never **allow** me **to** wear a fur coat.   내 양심이 모피코트 입는 것을 허용하지 않는다.
→ I would never **be allowed to** wear a fur coat by my conscience.

We **thought** him (**to be**) very brave.   우리는 그를 용감하다고 생각했다.
→ He **was thought** (**to be**) very brave.

People **consider** him (**to be, as**) a great poet.   사람들은 그를 훌륭한 시인이라고 생각했다.
→ He **was considered** (**to be, as**) a great poet.

I **regarded** him **as** her father.   나는 그를 그녀의 아버지라고 여겼다.
→ He **was regarded as** her father by me.

His advice **made** me an English **teacher**.   그의 충고가 내가 영어 선생이 되게끔 했다.
→ I **was made** an English **teacher** by his advice.

Everybody **called** him **the father** of English boxing.   모두가 그를 영국 복싱의 아버지라고 했다.
→ He **was called the father** of English boxing by everybody.

You must **keep** your baby **neat and clean**.   아기를 깔끔하고 깨끗한 상태가 되게끔 해야 한다.
→ Your baby must **be kept neat and clean** by you.

이런 문제가 나온다

대표 예제. 각 문장의 밑줄 친 부분을 바로 잡으시오.

1. (a) Palestinians in Gaza have been observed build obstacles and preparing for conflict.
   (b) I was made stop smoking by the doctor.
2. (a) I was advised take moderate exercise to lose weight by the doctor.
   (b) That piece of information was thought as a groundless rumor.
   (c) She has recently been appointed to be the committee.
   (d) The bottom of the ocean is called as the seabed.
   (e) We were left play soccer on the empty lot.

🔍 문제 해결의 Key

목적보어가 주격보어로 성격이 바뀌면서 수동형이 될 때의 핵심은, 모양이 변하는 경우 (지각동사와 사역동사 make 의 목적보어가 원형이었을 때는 to 부정사로)와 변하지 않는 경우 (나머지 5형식 동사들)로 나눠진다는 것이다.

단. 목적보어가 현재분사 or 과거 분사인 경우는 그대로 사용한다.
I saw him **playing** the piano. → He was seen **playing** the piano by me.

단. 사역 동사 중 let 과 have 는 수동형으로 쓰이지 않는다. 각각 be allowed to, be asked to로 대체해서 쓴다.
He **let** me **do** it. → I **was allowed to** do it by him.   하도록 허락 받았다.
Jack **had** Jane **do** it. → Jane **was asked to** do it by Jack.   하도록 요청 받았다.

실 전 예 제

1. 어법상 옳은 것은?
   ① Anyone whose clothes were not in proper condition was pulled out of line and made fix them himself.
   ② Certain Chinese, however, were let to stay in America and even bring their families from China.
   ③ Some dolphins have been seen open and close their eyes while they sleep. They may do this to watch for enemies in the open sea.
   ④ Today the automobile is thought of as a necessity.

2. 밑줄 친 부분 중 어법상 **옳지 않은** 것은? (14. 서울시 7급)

   Search teams are racing to figure out if ①<u>a number of</u> underwater sounds detected in the southern Indian Ocean came from a flight recorder from Malaysia Airlines Flight 370. Time ②<u>is against them</u>, as ③<u>the batteries powering</u> the missing plane's devices that send out pings ④<u>are expected expire</u> in the coming days.

3. 밑줄 친 부분 중 어법상 **옳지 않은** 것은? (14. 사회 복지 9급)

   When I was growing up, many people asked me ①<u>if</u> I was going to follow in my father's footsteps, to be a teacher. As a kid, I remember ②<u>saying</u>, "No way. I'm going to go into business." Years later I found out that I actually love teaching. I enjoyed teaching because I taught in the method ③<u>in which</u> I learn best. I learn best via games, cooperative competition, group discussion, and lessons. Instead of punishing mistakes, I encouraged mistakes. Instead of asking students to take the test on their own, they ④<u>required</u> to take tests as a team. In other words, action first, mistakes second, lessons third, laughter fourth.

Point 33 수동태로 쓸 수 없는 동사 ★★

개념정리

수동태로 전환 할 수 없는 동사가 있다.

1. 목적어가 없는 자동사는 수동태로 전환 할 수 없다.

자동사는 그 수가 워낙 많은데. 시험 문제에서 대상이 될 만한 대표적인 수동 불가 자동사는 다음과 같은 것들이다.

> **appear** 나타나다. 출현하다 **emerge** 나타나다. 나오다 **disappear, vanish** 사라지다
> **occur, happen, take place** 일어나다. 발생하다 **die** 죽다 **expire** 만기가 되다. 소멸하다 **exist** 존재하다 **last** 지속. 존속하다

He **was died** in 1970. (X)   1970년에 죽음을 당했다.
→ He **was killed** in 1970. (O)

He **was** suddenly **disappeared**. (X)   그는 갑자기 사라졌다.
→ He suddenly **disappeared**. (O)

2. 타동사이지만 수동이 불가한 동사

> **have** 소유. 사역 **resemble** ~를 닮다 **become, fit** ~와 어울리다. 적합하다 **lack** 부족하다

Tom **is resembled** by his grandfather. (X)   할아버지를 닮았다.
→ Tom **resembles** his grandfather. (O)

Many books **are had** by me. (X)   많은 책을 가지고 있다.
→ I **have** many books. (O)

> 단. have 의 경우 뜻이 바뀌면 수동형이 가능하다. 대표적으로 [먹다. 마시다]라는 뜻인 경우에 그러하다.
> I had a delicious dish. → A delicious dish **was had** by me.
> 나는 맛있는 음식을 먹었다.

You **are become** by this hat. (X)   이 모자는 너한테 어울린다.
→ This hat **becomes** you. (O)

> 단. 특히 become의 경우 대표적인 2형식 동사라서 타동사가 된다는 사실 자체에 주목하자. 이때는 주로 사람을 목적어로 취해서 [~와 어울리다]는 뜻이다.

Common sense **is lacked** by her. (X)   그녀는 상식이 부족하다.
→ She **lacks** common sense. (O)

> 단. [~이 부족하다]는 표현으로는 be lacking in 도 있다.
> She **is lacking in** common sense.

이런 문제가 나온다

대표 예제. 각 문장의 밑줄 친 부분을 바로 잡으시오.

(a) It is not right that scandals should <u>be occurred</u> so often in the political circle.
(b) Symptoms <u>are usually disappeared</u> after 1-2 weeks.
(c) Your sister <u>is become</u> very well by that dress.

🔍 문제 해결의 Key
목적어가 없는 자동사와 have, resemble, become등의 일부 타동사는 수동형으로 쓰이지 않는다.

실전예제

1. There are several reasons why the Japanese anticancer sector experienced a phenomenal expansion through anticancer drugs that _____ in leading Western markets.

   ① did not exist them   ② were not existed
   ③ did not exist   ④ were not existing

2. Choose the **correct** sentence.

   ① This data loss will be occurred the next time the user logs off.
   ② He is lacked in friendly feelings.
   ③ A big hamburger was being had by him.
   ④ I am resembled by my little brother.

3. Protests ①<u>against</u> the government ②<u>have been grown</u> since the collapse of high risk investment schemes, ③<u>in which</u> ④<u>nearly</u> every Albanian family lost money.

4. Classicism which ①<u>was originated</u> in Greece and ②<u>continued</u> in ancient Rome, was the principal contributor ③<u>to</u> that aspect of our life which is usually referred to ④<u>as</u> secular.

5. If you ask native speakers of English how the language is changing today, ①<u>after hesitation</u> they will probably mention new vocabulary, or possibly ②<u>some changes</u> in pronunciation, but it is unlikely that grammar ③<u>will be appeared</u> on the agenda. ④<u>No error</u> (14 편입)

동사구의 수동태 전환 ★

개념정리

두 개 이상의 단어가 결합되어 하나의 동사를 이루는 동사구는 수동태 전환 시 하나의 동사로 취급된다. 이때 뭔가 하나(특히 전치사)를 빼먹는 실수를 하지 말자. 결국 동사구 모양 자체를 잘 외워둬야 한다.

1. 주요 동사구

(a) 자동사 + 전치사 형

> **depend on (upon) = rely on (upon)** 의존하다, 믿다 **send for** ~을 부르러 사람을 보내다 **ask for** 요청하다 **account for** 설명하다, 책임지다 **speak to, talk to, look after** 돌보다 **laugh at** 비웃다 **deal with** 다루다 **look at, look into** 조사하다 **run over** 차가 치다 **object to** 반대하다

My grandmother **would look after** me while my parents were away.
→ I **would be looked after** by my grandmother while my parents were away.
  나는 부모님이 안 계신 동안에는 할머니에 의해 돌보아지곤 했다

단: [자동사 + 전치사]를 하나의 타동사구로 본다면 일반적으로 수동태 전환이 가능하다. 단, 자동사(주로 1형식 동사)와 전치사를 분리시켜 파악함으로서 수동 전환이 불가한 경우가 있다. 대표적인 경우로는 다음의 몇 가지가 있다.

> **belong to** ~에 속하다 **consist of** ~로 구성되다 **result in** + 결과   **result from** + 원인

The committee **is consisted of** seven persons. (X) → The committee **consists of** seven persons.

(b) 자동사 + 부사 + 전치사 형

> **catch up with** 따라잡다 **fall back on (upon) = depend on, put up with = bear, stand, endure, tolerate** 참다, 견디다 **put up at = stay at, lodge at** 숙박하다 **speak ill of** 헐뜯다 **speak well (highly) of** 칭찬하다 **keep up with** ~와 보조를 맞추다, **do away with = get rid of** 제거하다 **look up to = respect** 존경하다 **look down on (upon) = despise** 경멸하다

We **couldn't put up with** the ceaseless noise.
→ The ceaseless noise **couldn't be put up with**. (by us)   우리는 끊임없는 소음을 견딜 수 없었다.

(c) 타동사 + 명사 + 전치사 형

> **take care of** 돌보다 **pay attention to** 주의를 기울이다 **take notice of** 주목하다 **take advantage of** 이용하다 **make use of** 이용하다 **make fun of** 놀리다 **find fault with** 비난하다

He **paid no attention to** the old man. → The old man **was paid no attention to** by him.
그는 그 노인을 주목하지 않았다.

단: [타동사 + 명사 + 전치사]형의 경우 타동사만 본동사로 보고 뒤의 명사를 목적어로 보는 경우 다른 형태의 수동태 전환도 가능한데, 이때 목적어가 되는 명사 앞에는 수식어가 붙어 있어야 한다. 즉, take good care of, pay no attention to, take no notice of…와 같은 모양에서 Good care + be taken of / No attention + be paid to / No notice + be taken of…와 같은 수동태가 만들어진다.

He paid **no attention** to the old man. → **No attention was paid** to the old man by him.
    V   목적어   부사구

이런 문제가 나온다

대표 예제. ( )에 알맞은 어구는?

(a) He was laughed ( ) by all his class mates.
(b) A road sign was run ( ) by the car.
(c) She is well spoken ( ) by most of her neighbors.
(d) The baby was taken good care ( ) by her mother.

🔍 **문제 해결의 Key**

동사구의 수동태에서는 특히 전치사를 빼먹는 실수를 조심해야 한다. 결국 하나의 어구로 잘 외워두는 것이 중요하다.

실 전 예 제

1. Choose the **incorrect** sentence.

   ① I don't know how his supernatural power is accounted for.
   ② He was well spoken of by his wife.
   ③ Great care should be taken of them.
   ④ The handling of this sophisticated engine should be paid particular attention.

2. 틀린 부분이 있는 문장을 고르시오.

   ①There are about 10,000,000 children under five years old who need care while their mothers work. ②Relatives care for about half of these preschool children. ③The other half is looked by people outside of the family. ④Some working mothers hire baby-sitters to come into their homes. ⑤However, this choice is too expensive for many people.

3. 우리말을 영어로 **잘못 옮긴** 것은?   (12 사회복지 9급)

   ① 매일 아침 공복에 한 숟갈씩 먹어라.
      → Take a spoonful on an empty stomach every morning.
   ② 그 그룹은 10명으로 구성되었다.
      → The group was consisted of ten people.
   ③ 그는 수업에 3일 연속 지각했다.
      → He has been late for the class three days in a row.
   ④ 그는 어렸을 때 부모님의 말씀에 늘 따랐다.
      → He obeyed his parents all the time when he was young.

4. Naturally, it is better to have one's teeth ①looked at regularly, so that conditions ②that need correcting can be taken ③great care before they become ④serious.

Point 35 목적어가 that 節일 때의 수동태 전환 ★★

개념정리

목적어가 that 節이라면 한마디로 좀 길다. 어쨌든 수동태로 전환되면 이 긴 목적어가 주어로 가게 되는데 이 긴 주어가 부담이 된다. 그래서 다음과 같은 문장 전환 과정이 추가된다.

They say **that a photograph is just a copy of the real world**.
사람들은 사진이 현실 세계의 복사본이라고 말한다.

→ **That a photograph is just a copy of the real world** is said. (by them)
　어쨌든 목적어 that節을 주어로 수동전환은 되지만, 주어가 너무 길어서 일반적으로는 쓰이지 않는 문장.

→ **It is said that** a photograph is just a copy of the real world.
　긴 주어를 가주어 It으로 정리.

→ **A photograph is said to be** just a copy of the real world.
　1. that 절 속 주어가 문두로 가고 It 과 that은 사라진다.
　2. 본동사 be said 뒤에 that 절속의 본동사(이 문장의 경우 is)를 to 부정사로 바꿔 붙인다.

결론적으로 They say that ~ = It is said that ~ = that 절속의 주어 + be said to R 이런 식의 전환 관계가 생긴다. 이 전환 관계에 주로 등장하는 동사는 think, believe, consider, expect, know, report, allege 단언하다 등이 있다.

1. 주절과 that 절속의 시제가 같을 때.

that 절속의 주어 + be said, be thought, be believed... + to R

They **think** that she **is** very beautiful.　　　　　　사람들은 그녀가 아름답다고 생각한다.
→ **It is thought that** she is very beautiful.
→ **She is thought to be** very beautiful.

They **believed** that the sun **went** round the earth.　사람들은 태양이 지구를 돈다고 믿었었다.
→ **It was believed that** the sun went round the earth.
→ **The sun was believed to go** round the earth.

2. that 절속의 시제가 주절보다 앞설 때.

that 절속의 주어 + be said, be thought, be believed ... + to have p.p

They **say** that she **was** very beautiful when young.　사람들은 그녀가 젊었을 때는 아름다웠다고 (지금) 말한다.
→ **It is said that** she was very beautiful when young.
→ **She is said to have been** very beautiful when young.

They **thought** that Tom **had stolen** her car.　　　사람들은 Tom이 그녀의 차를 (더 과거에) 훔쳤다고 (과거에) 생각했다.
→ **It was thought that** Tom had stolen her car.
→ **Tom was thought to have stolen** her car.

이런 문제가 나온다

대표 예제. 다음 각각의 문장 전환을 완성하시오.

1. They **believe** that he **is** quiet and well-behaved
   → It _____ that he is quiet and well-behaved.
   → He _____ quiet and well-behaved.

2. The **believed** that he **was** quiet and well-behaved.
   → It _____ that he was quiet and well-behaved.
   → He _____ quiet and well-behaved.

3. They **believe** that he **was** quiet and well-behaved.
   → It _____ that he was quiet and well-behaved.
   → He _____ quiet and well-behaved.

🔍 문제 해결의 Key

They believe that ~ = It is believed that ~ = S + be believed to 라는 기본적인 전환 관계에서 특히 주절과 that 절속의 시제를 비교해서 같은 시점이면 to R, that 절속의 시제가 하나 앞선다면 to have p.p를 써야 한다.

실전예제

1. Many historians believe ①that Genghis Khan wasn't buried ②alone: his successors are thought ③to be entombed with him ④in a vast necropolis.

2. Choose the **correct** sentence.
   ① He is believed to be ill in bed last week.
   ② When overall exports exceed imports, a country said to have a trade surplus.
   ③ Computer and new methods of telecommunication are said to have revolutionized the modern office.
   ④ The exact origin of the Gypsies is unknown, but they are believed to originate in India and migrated to Persia in the 10th century.

3. 다음 중 문장 전환이 **잘못된** 것을 고르시오.
   ① It is believed that the company lost a lot of money last year.
     → The company is believed to have lost a lot of money last year.
   ② The company is expected to make a loss this year.
     → It is expected that the company will make a loss this year.
   ③ The thieves were believed to have got in through a window in the roof.
     → It was believed that the thieves got in through a window in the roof.
   ④ It is reported that the building has been badly damaged by the fire.
     → The building is reported to have been badly damaged by the fire.

Point 36. 명령문과 의문문의 수동태 전환 ★

개념정리

명령문의 수동태는 공식 암기. 의문문은 평서문 방식을 적용한 후 마지막에 다시 의문문으로.

1. 명령문의 수동태 전환

(a) 긍정 명령문: Let + 목적어 + be + p.p

  Read any book at least ten times.   어떤 책이든 최소한 10번 읽어라.
  → Let any book be read at least ten times.

(b) 부정 명령문: Let + 목적어 + not + be + p.p / Don't let + 목적어 + be + p.p

  Don't forget what your father said.   너의 아버지가 말한 것을 잊지 말아라.
  → Let what your father said not be forgotten.
  → Don't let what your father said be forgotten.

2. 의문문의 수동태 전환

(a) 의문사가 있건 없건 문장의 형식 분석을 통해서 일단 목적어부터 찾아라.

  ⓐ Do, Does, Did 로 시작하는 의문문: 본동사 뒤

  Does he know your name and phone number?   그가 너의 이름과 전화번호를 알아?
  Did you make the chair?   네가 의자를 만들었니?

  ⓑ 의문사 자체가 주어인 [Who, What + 일반 동사~ ?]형태의 의문문: 본동사 뒤

  Who invited him?   누가 그를 초대했니?
  What forced him to go there?   무엇이 그를 거기에 가게 했니?

  ⓒ [Who(m), What + do, does, did + S + R~?]형태의 의문문: 의문사 자체가 목적어

  Who(m) do you love most in the world?   너는 누구를 가장 사랑하니?
  What did he write?   그가 무엇을 썼니?

  > 단, who 와 whom은 각각 주격과 목적격으로 구분되어 있어서 원래 목적어 자리에는 whom을 써야 하는데, 문두에서 의문문을 이끄는 경우 발음상의 편의를 위해 who로 대신해서 쓰기도 한다.

(b) 평서문의 방식대로 일단 수동태를 만든 후 마지막에 다시 의문문으로 전환한다.

  Your name and phone number are known by him.
                         → Are your name and phone number known by him?
  The chair was made by you.   → Was the chair made by you?
  He was invited by whom.   → By whom was he invited?
  He was forced to go there by what.   → By what was he forced to go there?
  Who is loved most in the world by you?
  What was written by him?

  > 단, 의문사 자체가 목적어인 경우 목적어인 의문사가 문두 주어가 되어 수동태로 전환되면, 그 자체가 곧바로 의문문이 된다.

이런 문제가 나온다

대표 예제. 문장 전환을 완성하시오.

(a) Turn down the radio. → Let _____.
(b) Don't turn down the radio. → Let _____.
(c) When did they found the republic? → When _____ the republic _____ by them?
(d) By whom are you disliked? → Who _____ ?

🔍 문제 해결의 Key

명령문을 수동으로 전환할 때는 각각의 공식에 따르고, 의문문의 경우 일단 목적어부터 찾아서 평서문 방식대로 수동으로 전환한 후 마지막에 의문문으로 다시 바꿔준다.

실 전 예 제

1. Choose the **incorrect** sentence.

   ① Let it be done by you right now.
   ② Don't let it be forgotten.
   ③ Let it not be forgotten.
   ④ Let my words be not forgotten.

2. 문장 전환이 **잘못된 것**을 고르시오.

   ① Can you put up with the difficulties? → Can the difficulties be put up with by you?
   ② What did Mr. Kim do? → What was done by Mr. Kim?
   ③ Who grows these roses? → By whom is these roses grown?
   ④ What do you call this flower? → What is this flower called by you?
   ⑤ How did they grow the flower? → How was the flower grown by them?

be p.p + by 이외 다른 전치사 ★★★

개념정리

1. at

be surprised, amazed, astonished, startled, alarmed, shocked, astounded, appalled at ~에 놀라다 be annoyed with (+사람) at (+상황) ~ 에 화나다, 성가시다 be disappointed about, in (+상황), with (+사람) at (+~ing) ~에 실망하다

2. with

be satisfied (contented) with 만족하다 be pleased with (at)~에 기뻐하다. 만족하다 be covered with ~로 덮여 있다 be delighted with (at) ~ 에 기뻐하다 be surrounded with (by) 둘러싸여 있다 be filled with 가득 차 있다 (cf. = be full of) be crowded with ~로 붐비다 be acquainted with ~을 잘 알고 있다 be <u>bored, fed up</u> with ~ 에 싫증나다, 지루하다 be equipped with 장비 등을 갖추고 있다 be possessed with(by) ~에 사로잡혀있다, 홀려있다 be faced with ~에 직면하다 be concerned with ~와 관계가 있다, 관심이 있다 (cf.+ about ~ 에 대해 걱정하다) be associated with ~ 와 관련이 있다 be tired with ~에 지치다, 피곤하다 (cf.+ of ~에 싫증나다)

3. to

be married to~ 와 결혼한 상태다 be exposed to ~에 노출되다 be committed/dedicated/devoted to ~에 전념하다, 헌신하다 be left to oneself 혼자 내버려지다 be addicted to 중독되다 be ascribed / attributed to ~의 탓으로 돌리다 be attached to ~에 부착 되다 be related to ~와 관련이 있다 be opposed to ~에 반대하다 be known to + 알려진 대상 (~에게 알려져 있다)

4. in

be involved in ~ 에 연루 되어있다 be caught in a shower, a typhoon, the rain, traffic 우연히 소나기, 태풍, 비, 교통체증을 만나다 (cf.+ by ~에 잡히다) be interested in ~에 흥미가 있다 be engaged in ~ 에 종사하다 (cf.+ to 사람; ~와 약혼한상태다) be absorbed in ~ 에 몰두하다

5. ~로 죽다.

be sentenced to death 사형선고를 받다 be bored to death 지루해 죽을 지경이다
be (<u>burnt</u> 불 타 <u>frozen</u> 얼어 <u>starved</u> 굶어 <u>choked</u> 질식해 <u>shot</u> 총 맞아 <u>stabbed</u> 칼 찔려) to death

6. ~로 만들어지다

A가 B로; A + be made into + B
B가 A로; A + be made of + B (물리적 변화; 재료 원형 유지) A be made from + B (화학적 변화; 재료 원형 파괴)

7. 기타

be based on ~에 기초를 두다 be characterized by~의 특징이 있다 be classified as ~로 분류되다

이런 문제가 나온다

대표 예제. ( ) 에 알맞은 전치사는?
(a) He loves nice things and is never satisfied (   ) commonplace stuff.
(b) Since prehistoric times, people have engaged (   ) athletic contests.
(c) Butter is made (   ) milk.
(d) The first aircraft, the Wright Flyer, was made (   ) wood and fabric.
(e) Milk is made (   ) butter.
(f) He is known (   ) everybody (   ) his noble act.

🔍 **문제 해결의 Key**
be p.p 다음에 by 이외의 다른 전치사가 붙는 경우는 결국 관용 표현들이다.

be known **to** (+ 알려진 대상 : ~에게 알려져 있다)
be known **by** (+ 판단의 근거 : ~ 의해 알 수 있다)
be known **for** (+ 알려진 이유 ~ 로 알려져 있다. ~로 유명하다 = be famous for)
be known **as** (+ 자격) ~ 로서 알려져 있다. 이때 S = 자격)

A man is known **by** his company he keeps.   사람은 그가 사귀는 사람들에 의해 알 수 있다.
He is known **for** his novels.   그는 그의 소설로 유명하다.
He is known **as** a novelist.   그는 소설가로 알려져 있다.

실전예제

1. Choose the **correct** sentence.
   ① Such a disease was not known by the physician.
   ② Until 1935, when Iran's name was officially changed, this nation was known for Persia.
   ③ He is engaged to the leisure industry.
   ④ I was absorbed in the problem.

2. They are ①best known for a group of ②plain people who had ③little vanity and did not ④participate in the outside world's sinful ways.

3. ①Most people don't realize ②that white wines, ③including champagne, are actually ④made of red grapes.

4. Choose the **incorrect** sentence. (편입 응용)
   ①He was alarmed at what he had just heard.
   ②He is concerned about his mother's health.
   ③James Madison is known as the Father of the Constitution.
   ④The spokesman for the party denied that the president was involved with the scandal.

Point 38. 그 밖의 주의할 수동태

개념정리

1. 동작 수동태

> be p.p에서 be 동사 대신 다른 동사(get, become, grow)를 사용한다. 이 경우는 주어의 동작, 행위가 어떤 시점에서 변화됨을 강조하기 때문에 특정시점과 결합되는 경우가 많고, 누가 그렇게 만들었나는 중요하지 않으므로 by + 행위자는 주로 생략된다.

All the doors **get shut** at 10 every night. — 문이 매일 밤 10시에 닫힌다. (10시라는 시간에서의 변화)
All the doors **are shut** now. — 지금은 문이 닫혀있다. (이미 그런 상태)

Our apartment **gets painted** every three years. — 3년마다 칠해진다. (3년마다의 변화)
Our apartment **is painted** white. — 흰색으로 칠해져있다. (이미 그런 상태)

He **gets** <u>accustomed, used</u> to living here. — 그는 여기서 사는 것에 익숙해져 간다. (시간에 따른 변화)
He **is** <u>accustomed, used</u> to living here. — 그는 여기 사는 것에 익숙해져 있다. (이미 그런 상태)

2. by + 행위자를 쓸 때 주의할 점

> 행위자가 없으면 행위가 발생하지 않으므로 by 뒤에는 부정주어를 쓰지 않는다. 이를테면 by nobody는 not ~ by anybody로, by nothing은 not ~ by anything으로 바뀐다.

No one has ever loved Mary. — 아무도 Mary를 사랑하지 않는다.
→ Mary has ever been loved **by no one**. (X)
→ Mary has **never** been loved **by anyone**. (O)

Nothing will attract foreigners' eyes. — 어떤 것도 외국인들의 눈을 끌지 못할 것이다.
→ Foreigners' eyes will be attracted **by nothing**. (X)
→ Foreigners' eyes will **not** be attracted **by anything**. (O)

Nobody took any notice of the situation. — 아무도 상황을 알아차리지 못했다.
→ The situation was taken any notice of **by nobody**. (X)
→ The situation was **not** taken any notice of **by anybody**. (O)

단: [타동사 + 명사 + 전치사]형태에서는 중간의 명사가 주어가 되는 수동 문이 가능한데, 이 경우는 한 가지를 더 조심해야 한다.
Nobody took any notice of the situation.
→ Any notice was taken of the situation **by nobody**. (X)
→ **Any notice** was **not** taken of the situation **by anybody**. (X)
by nobody를 not ~ by anybody로 고쳐준 건 잘했으나, Any ~ not이라는 어순도 원칙적으로 쓰지 않기 때문에 not~any = no로 뒤집은 다음 아래와 같은 추가 전환이 필요하다.
→ **No notice** was taken of the situation **by anybody**. (O)

이런 문제가 나온다

대표 예제. (a) My friend (was, got) dumped by his girlfriend of two years over a text message yesterday.

(b) The problem has ever been solved by no one. (O, X)

🔍 문제 해결의 Key

be p.p와 get(become, grow) p.p는 의미 차이정도만 존재하는데, 특정 시점에서의 변화를 의미하는 문맥이라면 get(become, grow) p.p가 더 자연스럽다. by + 행위자에는 부정 주어를 쓸 수 없다.

실전예제

1. A : Did the bank robber get away in a stolen car?
   B : No, he _____ red-handed.

   ① had been caught   ② was catched   ③ had caught   ④ got caught

2. As the laws ①get tighter and more pervasive, all ②sorts of people ③are caught in ④the net.

3. Choose the **incorrect** sentence.

   ① I need to be guided by no one.
   ② He is not believed to have been innocent by anybody.
   ③ You will get accustomed to city life.
   ④ Mr. Lee got taught a lesson on the passive voice.

www.moonduk.com

MD GRAMMAR

Chapter. 05

가정법
:동사의 모양 변화

www.moonduk.com

Chapter 05 가정법; 동사의 모양 변화

Point 39 법(法)이란?

Hot Key! 직설법, 명령법, 가정법은 동사의 모양을 결정한다.

1. 직설법: 사실을 있는 그대로. → 12시제 동사.
2. 명령법: ~해라. → 원형으로 시작.
3. 가정법: 만약 ~라면 → If 절 안에 일정한 공식의 동사모양이 따로 존재.

★★★

Point 40 가정법 과거 / 가정법 과거완료

Hot Key! 가정법 과거는 현실 반대, 가정법 과거완료는 과거 사실 반대.

ex. If the possession of firearms **were limited**, crime and violence **would decrease**.
(현실적으로는 안 되고 있는 데) 총기 소지가 제한된다면 줄어들 텐데.

ex. If we **had had** a rope, we **could have saved** him.
(과거에 없었는데) 로프 가 있었다면 살릴 수 있었는데.

★★★

Point 41 혼합 가정법

Hot Key! 과거반대와 현실 반대의 결합. [~이었다면 지금쯤 ~일 텐데.]

ex. If I **had been** diligent when young, I **would be** happy now. 부지런했다면 행복할 텐데.

★★

Point 42 가정법 현재

Hot Key! 확률 50%. 지금이나 미래에 대한 불확실한 가정.

ex. If you **buy** this used car, you **will regret** later. (어떻게 할지 모르겠지만) 산다면 후회할거야.

★

Point 43 가정법 미래

Hot Key! If + S + should R~ ; 확률 20-30%. If + S + were to R~; 확률 0%.

ex. If you **should meet** her, please tell her I love her. (만날 확률이 낮겠지만) 만난다면,
ex. If I **were to** be born again, I **would be** a farmer. (그럴 수 없겠지만) 다시 태어나면,

★★★

Point 44 가정법 현재 동사의 응용

Hot Key! 명령, 주장, 제안, 요구, 소망, 충고, 동의 V + that 節 + S + (should) R

ex. We **demand** that he **(should) leave** this city by tomorrow.
(어떻게 할지 모르겠지만) 떠나야 한다고 / 당연히 떠나야 한다고 요구한다

Point 45 — 가정법 현재 동사의 응용에서 주의할 점

Hot Key! 변호사, 증거, 목격자 + insist, suggest that 節 + S + 직설법

ex. The **witness insisted** that the truck **had run over** a dog.
(실제로) 치었다고 주장했다.

Point 46 — wish 가정법

Hot Key! I wish(ed) + S + 가정법 과거 동사 ; 같은 시점에 대한 소망
　　　　　　　　+ 가정법 과거완료 동사 ; 앞서는 시점에 대한 소망

ex. I **wish** she **loved** me.　　　　　지금 사랑한다면 하고 지금 바란다.
　　I **wish** she **had loved** me then.　그때 사랑 했다면 하고 지금 와서 바란다.

Point 47 — as if 가정법

Hot Key! S + V ~ as if + S + 가정법 과거 동사 ; 같은 시점의 반대
　　　　　　　　　　　+ 가정법 과거완료 동사 ; 앞서는 시점의 반대

ex. She acts **as if** she **were** my teacher.　　지금 선생님인 것처럼 지금 행동한다.
　　She acts **as if** she **had been** my teacher.　예전에 선생님이었던 것처럼 지금 행동한다.

Point 48 — If를 생략하는 가정법

Hot Key! If 절 안에 were, had, should가 있으면 If 생략 + 주동도치 가능

ex. **If it should** rain tomorrow ~ → **Should it rain** tomorrow ~

Point 49 — 가정법 동사를 포함하는 관용 표현 1

Hot Key!
1. Without = But for ~없다면, ~없었다면
2. It is time (that) + S + 가정법 과거 or should R ~해야 할 때다.

ex. **Without** (= **But for**) oxygen, we **could not live**.　산소가 없다면
ex. **It is time (that)** she **put / should put** her toys away.　치워야할 때이다.

Point 50 — 가정법 동사를 포함하는 관용표현 2

Hot Key!
1. 가정법 + 직설법
2. would rather that + S + 가정법 과거
3. otherwise

ex. I **could join** the game but(that) I **don't have** time.　함께할 텐데. (실제로) 시간이 없다.
　　I **would rather that** you **stayed** at home.　(현실은 안 그런데) 네가 집에 있는 편이 낫겠다.
　　I **worked** hard; **otherwise,** I **should have failed**.　열심히 하지 않았더라면 실패했을 것이다.

Point 39. 법(法)이란?

개념정리

영어 문법에서 말하는 법(法)은 말 하는 사람의 어조에 따라 정해놓은 동사의 형태에 대한 것이다.

1. 직설법

사실을 있는 그대로 얘기하고 싶을 때 동사를 이렇게 저렇게 써라. 우리가 알고 있는 12시제가 들어가 있는 일반적인 문장들이 직설법의 적용을 받는다. (→ Chapter 2. 시제 참고)

2. 명령법

상대에게 '~ 해라'라고 명령조로 얘기하고 싶을 때 동사를 이렇게 저렇게 써라. 그 모양을 한 마디로 말하면 [동사 원형]인데. 주어인 You를 생략한 채 문 두에 명령법(즉, 동사 원형)을 적용하는 것이 명령문이다.

긍정 명령문	**Give** the book to him.
부정 명령문	**Don't / Never give** the book to him.
형용사가 포함된 명령문	**Be** quiet.

단, 명령법(즉, 동사 원형)을 포함하는 관용 적인 [양보의 부사절]이 있다.

(a) 명령법 + as + S + may, will
　　Try as you may, you can't succeed.　　　아무리 애를 써도 성공할 수 없다.

(b) 명령법 + 의문사 + S + may, will
　　Go where you may, I will follow you.　　어디를 간다 해도 따라가겠다.
　　Cost what it may, I will buy the house.　비용이 얼마가 들어도 그 집을 사겠다.

(c) 명령법 + S + ever so + 형용사
　　Be he ever so heroic, he was not popular.　비록 영웅적이었지만 그는 인기가 없었다.

(d) 명령법 + S + A or B = whether + S + V + A or B
　　Be the rumor true or false, I will not believe it　그 소문이 사실이건 아니건 나는 믿지 않겠다.
　　= Whether the rumor is true or false, I will not believe it.

3. 가정법

(a) 사실이 아닌 것을 [사실이라면] 이라고 말하고 싶으면 동사를 이렇게 저렇게 써라.

　→ 가정법 과거 / 가정법 과거 완료 / 혼합 가정법

(b) 어떻게 될지 알 수 없는 불확실한 일에 대해 [혹시 ~된다면] 이라고 말하고 싶으면 동사를 이렇게 저렇게 써라.

　→ 가정법 현재 / 가정법 미래

이런 문제가 나온다

대표 예제. Choose the **incorrect** sentence.

(a) You be quiet !
(b) Don't worry about it.
(c) Be it ever so humble, there is no place like home.
(d) Be he rich or poor, he should be respected.
(e) Be he ever so hero, he was not loved by anybody.

문제 해결의 Key

직설법은 우리가 알고 있는 일반적인 시제들의 적용을 받는 동사 모양을 말하므로 [Chapter 2. 시제]를 참고하자. 명령문은 You를 생략한 채 동사원형(명령법)으로 시작한다. 다만 강조를 위해 You를 남기기도 하고, 부정 명령문은 문두에 Don't나 Never를 붙인다. 명령법을 이용한 각종 양보의 부사절들은 관용 표현으로 외워둔다.

실전예제

1. Choose the **correct** sentence.
   ① Please leaves your hotel key at the front desk when you go out.
   ② Get dressed quickly. We're late.
   ③ Please make me know the day of your departure as soon as possible.
   ④ Mary, be not silly.
   ⑤ Be he ever so richly, he is not loved by her.

2. 주어진 우리말을 가장 **바르게 옮긴** 것은?

   > 그녀가 울음을 터뜨린다고 해서 놀라지 마라.

   ① No be surprised at all she bursts into tears.
   ② Never to be surprised if she starts sobbing.
   ③ Do not surprise yourself she starts sobbing.
   ④ Don't be surprised if she bursts into tears.

가정법 과거 / 가정법 과거완료 ★★★
혼합 가정법 ★★★

개념정리

사실이 아닌 상황에 대해 [만약 사실이라면 / 사실이었다면]이라고 표현하고 싶을 때 **가정법 과거**나 **가정법 과거완료**를 사용한다.

1. 가정법 과거; 현실 반대 가정

> If + s + were
>   일반 동사 과거형~ ,s + would, should, could, might + R
>   could R

If I **were** a millionaire, I **could buy** you anything that you want.   백만장자라면 뭐든 사줄 수 있을 텐데.
= As I **am not** a millionaire, I **can't buy** you anything that you want.   (아니라서 못 사준다)

If he **had** any money, he **could buy** the car.   돈이 있으면 차를 살 수 있을 텐데.
= As he **does not have** any money, he **can't buy** the car.   (없어서 못 산다)

If I **could speak** French, I **might make** a trip to France.   프랑스어를 할 줄 안다면, 프랑스로 여행을
= As I **can't speak** French, I **don't make** a trip to France.   갈 텐데. (못해서 못 간다.)

2. 가정법 과거완료; 과거 반대 사실 가정

> If + S + had p.p ~, S + would, should, could, might +have p.p

If he **had been** careful, the accident **would not have happened**.   그가 신중했더라면, 사고는 발생하지 않았을
= As he **was not** careful, the accident **happened**.   텐데. (신중하지 못해서 발생했다)

If it **had not rained** yesterday, I **might have called** on you.   비가 내리지 않았더라면 방문했었을 텐데.
= It **rained** yesterday, **and so** I **could not** call on you.   (비 내려서 못 갔다)

3. 혼합 가정법; 과거 반대 사실 + 현실 반대

> If + S + had p.p ~ , S + would, should, could, might + R

If he **had not saved** my life, I **would not be** alive **today**.   그가 내 생명을 구해주지 않았더라면
= As he **saved** my life, I **am** alive today.   오늘날 살아있지 못할 텐데.

If he **had taken** my advice **then**, he **would not be** in trouble **now**.   그때 내 충고를 받아들였더라면,
= As he **did not take** my advice then , he **is** in trouble **now**.   지금 곤경에 빠져있지 않을 텐데.

이런 문제가 나온다

대표 예제. 직설법 문장을 참고로 하여 알맞은 가정법 동사를 집어넣으시오.

As I don't know English, I don't read it.
= If I _____ English, I would read it.

As she was not here with me, I was not happy.
= If she _____ here with me, I _____ happy.

As he didn't listen to me at that time, he is not successful now.
= If he _____ to me at that time, he would _____ successful now.

문제 해결의 Key

가정법 과거는 현실 반대. 가정법 과거완료는 과거 반대. 혼합 가정법은 과거반대와 현실 반대의 결합이다.
각각의 문장은 동사의 모양이 공식화 되어 있는데, 바로 그 동사의 모양을 물어보는 것이 시험 문제의 핵심이다.

실전예제

1. 다음 중 어법상 **옳은** 것은? (15. 지방 직 9급)
   ① She supposed to phone me last night, but she didn't.
   ② I have been knowing Jose until I was seven.
   ③ You'd better to go now or you'll be late.
   ④ Sarah would be offended if I didn't go to her party.

2. If the ozone gases of the atmosphere ①did not filter out the ultraviolet rays of the sun, life, ②as we know ③it, would not have evolved ④on earth.

3. 우리말을 영어로 가장 **잘 옮긴** 문장은? (13. 서울시 9급)
   ① 그는 제인이 제안한 대안이 실효성이 없을 것이라고 굳게 믿고 있다.
   → He strongly believes that the alternatives had been offered by Jane won't work.
   ② 히틀러가 다른 유럽 국가를 침략하지 않았다면 2차 세계대전은 일어나지 않았을 거다.
   → If Hitler hadn't invaded other European countries, World War II might not have taken place.
   ③ 나는 커튼 뒤에 숨어서 그림자가 다시 나타나기를 기다렸다.
   → Hiding behind the curtain, I waited the shadow to reappear.
   ④ 그는 미국회사에서 회계사로 5년 동안 근무했다.
   → He worked for an American company as accountant during 5 years.

4. 다음 빈 칸에 순서대로 들어갈 말로 가장 **옳은** 것은? (12. 경찰 3차)

내가 학교 다닐 때 중국어를 배웠더라면, 이 문장이 무슨 뜻인지 이해할 수 있을 텐데.

   → If I _____ Chinese when I _____ at school, I _____ what this sentence means now.

   ① had studied, had been, could have understood ② studied, was, could have understood
   ③ had studied, was, could understand   ④ studied, had been, could understand

5. Reciprocity is of less consequence here, though; it is ①the giving that counts. Murray uses synonyms like "to feed or nurse or heal." A strong need ②it is, ③woven deep into our genetic fabric, for if it did not exist we couldn't ④have successfully raised up our replacements. (14 편입)

Point 42 | Point 43 가정법 현재 ★★ / 가정법 미래 ★

개념정리

가정법 현재와 가정법 미래는 [결과를 알 수 없는 불확실한 일]을 가정한다는 공통점이 있는데. 말하는 사람이 [어느 정도의 확신을 가지고 말하느냐]가 서로 다르다.

1. 가정법 현재; 확률 50%.
지금이나 미래의 어떤 일에 대해 그 실현 여부는 알 수 없다는 전제가 있다.

> If + S + 원형 or 현재형 ~ , S + will, shall, can , may + R

If you **be** / **are** tired, you **can** go home now. (네가 어떤지는 모르겠는데) 피곤하다면 가도 좋아.
If it **be** / **is** fine tomorrow, we **will** go on a picnic. (어떨지 알 수 없지만) 내일 날씨가 좋으면 소풍 갈 것이다.
If he **get** / **gets** a fair chance, he **will** succeed. (그럴 수 있을지 모르지만) 공평한 기회를 얻게 된다면 성공할거야.

단. 현대 영어에서는 If 절 안에 원형을 쓰는 경우는 거의 없고. 일반적으로 현재형을 써서. 가정법이라기보다는 직설법으로 취급한다. 결국 이 모양은 [조건 부사 절 안에서 현재형이 미래를 대신한다]는 원리와도 일맥상통 한다. (Point 19. 1 (b) 참고)

2. 가정법 미래

(a) should 가정법: 확률 20-30%. 가정하는 일의 확률이 낮다는 전제가 있다.

> If + S + should + R ~ , S + will, shall, can, may } + R
>   would, should, could, might

If I **should fail** again, I **would (will)** try again. (실패할 확률이 낮지만) 실패한다면 다시 시도하겠다.
If you **should see** Jane at the party, **give** this book to her. (만날 확률이 높지는 않지만) 혹시 만난다면 이 책을 그녀에게 줘라.

 가정법의 핵심은 if절 안의 동사 모양이고. 주절의 경우 공식을 벗겨가기도 한다. 특히 가정법 미래는 주절에 명령문 같은 형태가 들어가기도 하는데. 시험에서는 거의 다뤄지지 않고 실제로는 가능하다.

 If 절속의 would R = intend to R (~하고자 하다 : 의도, 의지)
If you **would** succeed. you must work hard. 성공하고자 한다면 (→ 당신이 성공할 의도를 갖고 있다면)

(b) were to 가정법: 확률 0%. 가정하는 일이 절대 일어날리 없다는 전제가 있다.

> If + S + were to + R ~, S + would, should, could, might + R

If I **were to be born** again, I **would** never be a teacher. (다시 태어날 수 없겠지만)다시 태어난다면 선생은 되지 않겠다.
(Even) if the sun **were to** rise in the west, I **would** love her. 비록 해가 서쪽에서 떠도 그녀를 사랑하겠다.

 특히 were to R 가정법에서 if는 (even) if일 수 도 있다. [만약~라면]이라고 단순히 직역했을 때 어감이 어색하다면 [비록 ~일 지라도]라고 해석해 보자. 이 부분 또한 시험에서는 다뤄지지 않는다.

If my husband **were to die**, how **could** I bring up my children? (지금 봐서는 절대 그런 일은 없겠지만) 남편이 죽기라도 하면 애들을 어떻게 키울까?

이런 문제가 나온다

대표 예제. 다음 두 문장의 의미 차이는?

If he buys this used car, he will regret later.
If he should buy this used car, he would regret later.

문맥으로 보아 빈칸에 알맞은 표현은?

If all the ocean water _____ dry up, what would happen to us?

🔍 문제 해결의 Key

가정법 현재는 확률 50% 즉 결과를 알 수 없을 때의 가정이고, 가정법 미래 중 should가 포함되는 경우는 확률이 낮음을 의미하고 (20-30%), were to가 포함되는 경우는 가정하는 일이 일어날 확률이 아예 없음(0%)을 의미한다. 마찬가지로 문제의 핵심은 동사 모양이다.

실전예제

1. 어법상 옳지 않은 것은?
   ① If you do follow my advice, I won't punish you.
   ② If the traffic problems are not solved soon, driving in cities may become impossible.
   ③ If the sun were to rise in the west, my love would be unchanged for good.
   ④ The same thing, if it should happen in wartime, would amount to disaster.
   ⑤ If man are to live forever, we should be faced with a lot of problems.

2. If we ①<u>relegated</u> these ②<u>experienced</u> people ③<u>to</u> positions of unimportance ④<u>because of</u> their political persuasions, we will lose the services of ⑤<u>valuably trained</u> personnel.

3. If any signer of the Constitution ①<u>was</u> to return to life ②<u>for a day</u>, his opinion ③<u>of</u> our amendments ④<u>would be</u> interesting.

4. If a world war ①<u>would break out</u>, no country will be able to shut ②<u>itself</u> off from a ③<u>crushing blow</u>. what is the policy of peaceful coexistence? Of course, in its simplest expression, it signifies the denial of war as ④<u>a means of</u> solving controversial issues. However, this is not a simple matter.

5. If qualitatively diverse products were to be offered on one-dimensional consumers, incapable of absorbing the diversity, consumption _____ be limited. (15 편입)
   ① will   ② can   ③ would   ④ shall

가정법 현재 동사의 응용 ★★★

개념정리

If 절 안에 [원형]을 쓰게 되어있는 가정법 현재는 현대영어에서는 거의 현재형을 사용하므로 그 용어 자체가 유명무실하다. 다만, 다음과 같은 문장에 가정법 현재에서 사용되던 [원형]이 응용되어 등장하면서 [확률 50%]라는 가정법 현재의 의미를 첨가하는 역할을 한다.

1. [명령, 주장, 제안, 요구, 소망, 충고, 동의]의 동사가 취하는 목적어 that節 속

order 명령 insist 주장 suggest, propose, recommend 제안. 권유 demand, request, require 요구 desire 소망 advise 충고 move 동의

(a) + that + s + 원형
→ 가정법 현재의 원형. 확률 50%라는 의미 추가.

(b) + that + s + should 원형
→ 당위성의 should. [당연히 ~해야 한다]는 의미 강조.

He **suggested** (to us) that we **attend** the meeting.
그는 우리가 미팅에 참석해야 한다고 제안했다. (그런데 참석여부는 확률 50%. 즉 알 수 없다는 속뜻이 있다.)

He **suggested** (to us) that we **should attend** the meeting.
그는 우리가 미팅에 당연히 참석해야 한다고 제안했다. (당연히 참가해야 한다는 당위성의 의미 추가)

He **insisted** that his daughter **(should)** always **come** home early.
그는 딸이 당연히 일찍 들어와야 한다고 주장했다. (당위성 강조; should가 있을 때)
그는 딸이 일찍 들어와야 한다고 주장했다. (일찍 올 것인지 여부는 알 수 없다; 원형만 있을 때)

Most members **suggested** that the general meeting **(should)** be put off.
총회가 당연히 연기되어야 한다고 제안했다. (당위성 강조; should가 있을 때)
총회가 연기되어야 한다고 제안했다. (실제 연기될지 여부는 알 수 없다; 원형만 있을 때)

2. It be + 이성적 판단의 형용사 + that + S + (should)R

necessary, essential, imperative 필수적인 important 중요한 vital 극히 중대한 right 옳은 natural 당연한 proper 적절한. 타당한 good 옳은 wrong 그릇된 rational 이성적인. 합리적인 fair 공정한. 올바른 urgent 긴급한 advisable 타당한 desirable 바람직한 preferable 바람직한. 더 나은 obligatory 의무적인. 필수의 logical 논리적인 no wonder 당연한. 놀랍지 않은

It is **necessary** that she **(should) talk** it over with her husband. 그녀가 남편과 그것에 대해 상의해보는 일이 필수적이다.
It is **necessary** that he **(should) be informed**. 그에게 정보가 주어지는 일이(그에게 알리는 것이) 필수적이다.

 앞서 설명한 명령. 주장. 제안. 요구... 에 등장하는 (should)R은 확실히 당위성의 강조와 가정법 현재(확률 50%)로 구분한다. 반면에 이성적 판단 형용사 + that 절속에 나오는 should는 별다른 의미 추가 없이. 단지 관용적으로 쓴다는 의견이 있다. 또한 원형만 쓰는 것이 가능은 하지만 should와 같이 쓰는 게 원칙이라는 측면도 있다. 어쨌든 시험 문제에서는 원형이나 should R. 둘 다 틀린 것으로 보지는 않는다.

이런 문제가 나온다

대표 예제. 틀린 부분이 있다면 바로 잡으시오.

(a) They insist that the rights of animals be acknowledged and respected.
(b) The policeman demanded that the savage dog keep tied up.
(c) My family doctor suggests that I take a walk every day.
(d) I strongly insist that this tax abolish.
(e) It is quite proper that a student should ask questions of his teacher

🔍 문제 해결의 Key

명령. 주장. 제안. 요구. 소망. 충고. 동의 동사 뒤의 that 節속이나 It be + 이성적 판단 형용사+ that 節속에는 (should) R이 나온다. 특히 요즘에는 수동형의 가미 여부가 추가적으로 문제화되는 경우가 많다.

실 전 예 제

1. ①In the draft, ②obtained by the Associated Press, the Security Council demands that all parties in Syria immediately ③to stop any violence irrespective ④of where it comes from. (14 편입)

2. They planned to sell luxury T-shirts and shoes to coincide with the movie's release, but Sarah demanded that the merchandise _____ sold only through her Bitten line. (14 편입)

   ① should   ② be   ③ were   ④ being   ⑤ are

3. 밑줄 친 부분 중 어법상 **잘못 된 것**은? (14. 서울시 7급)

   Thailand's constitutional court has declared the country's February 2 general election ① invalid as ②it breached a law requiring ③that the polling process ④is completed on the same day ⑤nationwide.

4. You will not always ①get along with everyone that you ②encounter, but it is imperative that you ③are able to tolerate each other and ④focus on the common goal.

5. 다음 중 어법상 옳은 것은? (12. 국가 직 9급)

   ① She felt that she was good swimmer as he was, if not better.
   ② This phenomenon has described so often as to need no further cliches on the subject.
   ③ What surprised us most was the fact that he said that he had hardly never arrived at work late.
   ④ Even before Mr. Kay announced his movement to another company, the manager insisted that we begin advertising for a new accountant.

6. 어법상 옳은 것을 고르시오. (12 사회복지 9급)

   ① The college newspaper prints only the news that are of interest to the students and faculty.
   ② As soon as I will get all the vaccinations, I will be leaving for a break.
   ③ Susan likes to lay down for a short nap every afternoon.
   ④ The instructions require that we not use a red pen.

가정법 현재 동사의 응용에서 주의할 점 ★★

개념정리

명령, 주장, 제안, 요구, 소망, 충고, 동의 동사 + that + S + (should) R이라는 원리에는 다음의 두 가지 주의할 점이 있다.

1. 명령, 주장, 제안, 요구.. 따위가 동사가 아니라 명사로 나오는 경우

| advice, order, proposal, pressure, recommendation, request, suggestion | + 동격의 that節 |

동격이라는 점만 다를 뿐, that 절속의 (should) R원리는 동일하다.

There was **a suggestion that** Jack **should be dropped** from the team.
Jack은 당연히 팀으로부터 탈락되어야한다는 제안이 있었다. (당위성 강조)

There was **a suggestion that** Jack **be dropped** from the team.
Jack은 팀으로부터 탈락되어야 한다는 제안이 있었다. (그렇게 될지는 모르겠지만)

2. (should) R이 아니라 직설법 동사가 나오는 경우

특히 insist 와 suggest 의 경우 that 節 속에 직설법 동사가 상대적으로 자주 등장하는데 주장하고 제안하는 바가 실제 사실임을 말하고 싶은 것이다.

I insisted that she **study** hard.
나는 그녀가 열심히 해야 한다고 주장했다. (할지 안할지는 모르겠지만)

I insisted that she **should study** hard.
나는 그녀가 당연히 열심히 해야 한다고 주장했다. (당위성 강조)

I insisted that she **studied** hard.
나는 그녀가 (실제로) 열심히 했다고 주장했다.

The **lawyer insisted** that his client **was** innocent.
그 변호사는 자기 의뢰인이 (주장하는 시점에 실제로) 무죄라고 주장했다.

The **witness insisted** that he **had seen** the accident the night before.
목격자는 그 전날 밤 사건을 (실제로) 목격했다고 주장했다.

The **evidence suggested** that the suspect **was** innocent.
증거는 그 용의자가 (그 시점에 실제로) 무죄라는 것을 암시했다.

 특히 주어가 lawyer, witness, evidence 등이라면 insist, suggest뒤에는 오히려 직설법을 먼저 생각해야 한다. 예를 들어 The lawyer insisted that his client be innocent. 라는 문장에서 be라는 원형을 쓰게 되면 확률 50%를 의미하므로 [변호사가 자기 의뢰인이 무죄라고 주장했다. 그런데 그 확률은 50%. 즉 본인도 모르겠다]는 이상한 의미가 된다. 설령 속마음으로야 모르겠다고 해도 변호사는 무죄가 실제 사실이라는 주장을 해야 한다. 다른 종류의 주어에 대해서도 말하는 사람의 의도가 실제 사실에 대한 주장, 제안이라면 직설법은 나올 수 있는 것인데. 시험 문제에서는 특히 위의 세 개 주어가 많이 나온다.

이런 문제가 나온다

대표 예제. Choose the **incorrect** sentence.

(a) Several people have put forward the suggestion that we postpone the meeting.
(b) Newly discovered evidence suggests that birds thrive alongside the dinosaurs many millions of years ago.
(c) He heard the younger brother's voice insist that he had not broken his brother's bike.
(d) The group demanded that the president should resign.

🔍 문제 해결의 Key

명령, 주장, 제안, 요구..등이 명사로 나오고 that節이 바로 동격으로 연결되기도 하는데, 여전히 (should) R이 나온다. 특히 insist와 suggest는 that 節속에 직설법 동사가 나오기도 하는데, 이는 실제 사실이라는 전제를 깔고 주장, 제안하고 싶은 것이다.

실 전 예 제

1. The evidence of their tombs suggests that the ancient Egyptians _____ that each man could provide for his own happy after-life.
   ① believes   ② believe   ③ has believed   ④ believed

2. Choose the **correct** sentence.
   ① He ignored his doctor's advice that he takes a vacation.
   ② The United States refused a North Korean suggestion that a senior American envoy send to Pyongyang to debate on North Korea's nuclear program.
   ③ Geologic evidence suggests that the ocean floor surrounding southern Africa have been rising slowly for the past 100 million years.
   ④ I demand that I be allowed to call my lawyer.

3. Choose the **correct** sentence.
   ① It is of utmost importance that a leader must be trustworthy to lead others.
   ② The sale of the product was allowed with the recommendation that it must be examined by another lab.
   ③ Many lawyers insist that the current law is sufficient for identifying sex offenders.
   ④ It is imperative that they shall be there on time.

Point 46 Point 47 wish 가정법 ★★ / as if 가정법 ★★

개념정리

가정법 과거를 대표하는 동사인 were, 일반 동사의 과거형 / 가정법 과거완료를 대표하는 동사인 had p.p는 wish 와 as if를 만나서 다음과 같은 새로운 원리를 갖게 된다.

> 가정법 과거 동사 : 주절과 같은 시점의 반대를 표현
> 가정법 과거완료 동사 : 주절보다 앞서는 시점의 반대를 표현

1. I wish (that) + S + 가정법 동사

I wish I **were** rich.
(지금) 부자라면 (지금) 좋겠는데. (wish와 같은 시점, 즉 현실 반대)

I wished I **were** rich.
(과거 그 당시에) 부자였다면 (과거 그 당시에) 좋았을 텐데. (wished와 같은 시점, 즉 과거 반대)

I wish you **had told** me about the plan.
(지금 생각하니) 좋겠는데. (과거 그 당시에) 네가 말해주었더라면 (wish보다 앞서는 시점, 즉 과거 반대)

I wished you **had told** me about the plan.
(더 과거에) 네가 말해주었더라면 (과거 그 당시에) 좋았을 텐데. (wished 보다 앞서는 시점, 즉 대과거 반대)

> **단.** wish 가정법의 주어가 반드시 I 인 것은 아니고 다른 주어가 나올 수 있다. 다만, 특히 I wish 인 경우는 Would that 이나 If only 로 바꿔 쓰기도 한다.

> **단.** I wish (that) + S + would R
> wish와 같은 시점이거나 과거 시점을 나타내는 게 아니라 [실현하기 어려운 미래의 소망]을 나타낸다.
> I wish you **would** clean up your room. 네 방을 치운다면 좋으련만. (너는 치울 생각이 없구나)

> **단.** I wish (that) + S + 조동사 have p.p
> wish다음에 쓰는 가정법 과거완료 동사란 일반적으로 had p.p를 말하는데, [조동사 + have p.p]를 쓰기도 한다. 아무래도 조동사가 추가되므로 had p.p와는 어감 차이가 있다.
> I wish I **had gone** there.   거기 갔더라면 좋을 텐데.
> I wish I **could have gone** there.   거기 가는 게 가능했더라면 좋을 텐데.

2. S + V ... + as if (=as though) + S + 가정법 동사

He **talks as if** he **were** a Korean.
그는 (지금) 마치 한국인처럼 (지금) 말한다. (talks와 같은 시점, 즉 현실 반대)

He **talked as if** he **were** a Korean.
그는 (과거 그 당시에) 마치 한국인처럼 (과거 그 당시에) 말했다. (talked와 같은 시점, 즉 과거 반대)

He **talks as if** he **had loved** her.
그는 (과거 그 당시에) 그녀를 사랑했던 것처럼 (지금 와서) 말한다. (talks보다 앞서는 시점, 즉 과거 반대)

He **talked as if** he **had loved** her.
그는 (더 과거에) 그녀를 사랑했던 것처럼 (과거 그 당시에) 말했다. (talked보다 앞서는 시점, 즉 대과거 반대)

이런 문제가 나온다

대표 예제. ( )안의 어구를 상황에 맞게 변형하시오.

(a) I wish I (have) enough time to relax these days.
(b) I wish I (have) enough time to relax in my school days.
(c) When I was in high school, I wished I (have) enough time to relax.
(d) I graduated in law in the University, but actually I didn't like my major, so when I was in university, I wished I (study) harder in my high school days.
(e) He always treats us as if we (be) all idiots.
(f) The cheese looks bad as if rats (nibble) it.
(g) He talked as if he (do) all the work himself, but in fact Tom and I had done most of it.

🔍 문제 해결의 Key

시험 문제에서 wish (that) + S 와 as if + S 다음에는 결국 가정법 과거 동사나 가정법 과거 완료 동사만을 생각하는데, 그 판단 기준은 주절 시점과의 비교이다. 처음부터 현실반대, 과거반대라는 생각을 하지 말고 단순히 양쪽 절의 시간대를 비교해서 동시간대라고 생각되면 가정법 과거동사. 종속절이 주절보다 앞서는 시간대라고 생각되면 가정법 과거완료동사를 선택한다.

실 전 예 제

1. I felt _____ I were living two people's lives. (15 편입)
   ① although ② even though ③ even if ④ as if

2. Although the news ①came as a surprise ②to all in the room, everyone tried to do ③his work as though nothing ④happened.

3. 어법상 **올바른** 문장을 고르시오.
   ① I sometimes wish that my university had been as large as State University because our facilities are more limited than theirs.
   ② He says that being a king is dangerous as if he were sitting on top of a mountain waiting to be pushed off.
   ③ Frankly, I wish he had understood our problems a little better, but I am sorry that he doesn't understand them.
   ④ I wish you have learned that it's not what you know, but how you use it that matters.

4. 우리말을 영어로 **잘못 옮긴** 것은? (12 지방 직 9급)
   ① 그는 마치 자신이 미국 사람인 것처럼 유창하게 영어로 말한다.
   → He speaks English fluently as if he had been an American.
   ② 우리 실패하면 어떻게 하지?
   → What if we should fail?
   ③ 만일 내일 비가 온다면, 나는 그냥 집에 있겠다.
   → If it rains tomorrow, I'll just stay at home.
   ④ 뉴턴이 없었다면 중력법칙은 발견되지 않았을 것이다.
   → If it had not been for Newton, the law of gravitation would not have been discovered.

Point 48 Point 49 Point 50 If를 생략하는 가정법 ★★★
가정법 동사를 포함하는 관용 표현 1. ★★
가정법 동사를 포함하는 관용 표현 2. ★

개념정리

가정법 기본 공식에서 If 가 생략되거나 가정법 동사를 포함한 관용적으로 굳어진 표현들이 있다.

1. If를 생략하는 가정법

If 절 안에 were, had, should 가 있을 때 If 는 생략 가능하고, 주어 / 동사가 도치된다.

If I were a bird, I could fly to you.
→ **Were I** a bird, I could fly to you.
내가 새라면 너에게 날아갈 텐데.

If he had been honest, he would have been employed.
→ **Had he been** honest, he would have been employed.
정직했더라면, 고용되었을 텐데.

If it should rain, I would not go out.
→ **Should it** rain, I would not go out.
비가 온다면 나가지 않겠다.

2. 가정법 동사를 포함하는 관용 표현 1

(a) **without** ⎧ If it were not for ~ = Were it not for ~   ~이 없다면
    = but for ⎨ If it had not been for ~ = Had it not been for ~   ~이 없었다면

   ⓐ 가정법 과거일 때
     Without (=But for) water, nothing **could** live.   물이 없다면 그 어떤 것도 살수 없을 텐데.
     = **If it were not for** water, nothing could live.

   ⓑ 가정법 과거 완료일 때
     But for (=Without) your assistance, **I could not have succeeded.** 당신의 도움이 없었다면 나는 성공하지 못했을 것이다.
     = **If it had not been for** your assistance, I could not have succeeded.

(b) ~해야 할 때다.

     It is (high/about) time (that) + S + 가정법 과거 동사 :
                       (안 하고 있는데) ~해야 할 때다.
     = **It is time that + S + should + R**
              당연히 ~해야 할 때다.

It is (high/about) time (that) we **signed** the contracts.   우리가 계약서에 사인해야 할 때인데. (안하고 있다)
It is (high/about) time (that) we **should sign** the contracts.   우리가 계약서에 당연히 사인해야 할 때이다.

3. 가정법 동사를 포함하는 관용 표현 2

(a) 가정법과 직설법의 결합

> 가정법 과거 주절 + but (that), except (that), save (that) + S + 직설법 현재
> 가정법 과거 완료 주절 + but (that), except (that), save (that) + S + 직설법 과거

I **could join** you **but (that)** I **am** busy now.   너와 함께 할 텐데(현실 반대). 그러나 지금은 바쁘다(현실).
= I **could join** you **if** I **were not** busy now.

I **would have married** him **but (that)** he **smoked** then.   그와 결혼했었을 텐데 (과거반대). 그러나 그는 담배를 폈다.
= I **would have married** him **if** he **had not smoked** then.   (과거의 실제 사실)

 가정법 과거주절   would, should, could, might + R
가정법 과거완료주절   would, should, could, might + have p.p

(b) 차라리 ~ 하는 편이 더 나을 텐데.

> s + would rather (that) + s + 가정법 과거 동사

I **would rather** (that) you **went** home.   차라리 네가 집에 가는 게 더 나을 텐데. (왜 안가고 있니?)
She wants to fly, but I **would rather** she **went** by train.   그녀는 비행기를 타고 싶어 하지만, 나는 그녀가 기차를 타는 게 더 낫겠다.

I'**d rather** you **didn't say** so.   나는 네가 그렇게 말하지 않는 게 낫겠는데. (너는 그렇게 말한다.)

(c) 조건 절(If 절)을 대신하는 : otherwise

> 직설법 현재 : otherwise, S + would, should, could, might + R
>   그렇지 않다면 = 가정법 과거 If 절
>
> 직설법 과거 : otherwise, S + would, should, could, might + have p.p
>   그렇지 않았더라면 = 가정법 과거완료 If 절

He is very honest; **otherwise,** he would not be employed.   그는 정직하다. 그렇지 않다면 고용되지 않을 텐데.
= If he were not honest   (정직해서 고용된다)

He was very honest; **otherwise,** he would not have been employed. 그는 정직했었다. 그렇지 않았더라면 고용되지
= If he had not been honest   않았을 텐데. (정직해서 고용되었다)

(d) 그 밖의 조건 절을 대용하는 여러 가지 용법

ⓐ with 가 If 절을 대용하는 경우: ~이 있다면 / ~이 있었다면

With your help, she **could do** it more easily.   당신의 도움이 있다면 그녀는 쉽게 해낼 텐데.

= **If** she **had** your help, she **could do** it more easily.   그녀가 당신의 도움을 가진다면 쉽게 해낼 텐데.

= **If** you **helped** her, she **could do** it more easily.   당신이 그녀를 도운다면 쉽게 해낼 텐데

With your help, she **could have done** it more easily. 당신의 도움이 있었더라면 그녀는 쉽게 해 냈었을 텐데.

= **If** she **had had** your help, she **could have done** it more easily. 그녀가 당신의 도움을 가졌더라면 쉽게 해 냈었을 텐데.

= If you **had helped** her, she **could have done** it more easily. 당신이 그녀를 도왔더라면 쉽게 해 냈었을 텐데.

ⓑ 주어가 if 절을 대용하는 경우

An honest man would not deceive you. 정직한 사람이라면 당신을 속이지 않을 텐데.
= **If he were an honest man**, he would not deceive you.

A wise man would have taken everything into consideration. 현명한 사람이었다면 모든 것을 고려했었을 텐데.
= **If he had been a wise man**, he would have taken everything into consideration.

A man of common sense wouldn't do that. 상식 있는 사람이라면 그런 짓은 하지 않을 텐데.
= **If he were a man of common sense**, he wouldn't do that.

A little care would have prevented the accident. 조금만 더 주의했더라면 사고를 막을 수 있었을 텐데
= **If we had taken a little care**, it would have prevented the accident.

ⓒ 부사구가 if 절을 대용하는 경우

What would you do **in my place (shoes)**? 당신이 내 입장에 있다면 무엇을 하실 겁니까?
= What would you do **if you were in my place(shoes)**?

I wouldn't do that **in your place(shoes)**. 내가 당신 입장이라면 그러지 않을 텐데.
= I wouldn't do that **if I were in your place(shoes)**.

ⓓ 명사 + and~ 가 if 절을 대용하는 경우

A step farther, and he would have fallen over the cliff. 한발 짝 만 더 멀리 갔더라면 벼랑으로 떨어 졌을 텐데.
= **If he had taken a step farther**, he would have fallen over the cliff.

(e) 그 밖의 관용 표현

ⓐ **What if ~?** ~하면 어쩌나?
   What (should/shall we do) **if** he should fail? 그가 실패한다면 (우리는)어떻게 해야 하나?

ⓑ **as it were (= so to speak)** 말하자면, 소위
   A good book is, **as it were**, a light of life. 좋은 책은 말하자면 인생의 등불 같은 것이다.
   (실제의 등불은 아니니까 현실반대의 가정법 과거를 쓴다)

ⓒ **if any** + 주로 명사; 있다하더라도 / **if ever** + 주로 동사; 그럴 수 있다하더라도
   There are few, **if any**, such men. 있다하더라도 그와 같은 사람들은 거의 없다.
   He seldom, **if ever**, goes to church. 갈 때가 있다하더라도 좀처럼 가지 않는다.

이런 문제가 나온다

대표 예제. 1. I would give you my favorite book_____at you.
   (a) rather she had smiled   (b) had she had smiled
   (c) than she would smile   (d) should she smile

2. Choose the **correct** sentence.
   (a) I would rather that you won't take those important papers with you.
   (b) It is about time he himself should find a wife and settled down.
   (c) Why didn't you help him? I would have but I didn't have any money.
   (d) Were it not for your help, I might have failed.
   (e) He can't be in his right mind; otherwise, he would not have made such wild statements.

🔍 문제 해결의 Key

If 절 안에 were, had, should가 있으면 If는 생략하고 주동도치 시킬 수 있다.
without=but for는 If it were not for (~이 없다면)과 if it had not been for (~이 없었다면)을 모두 표현할 수 있고, [~해야 할 때다]는 [It is time + S + 가정법 과거동사]로 주로 표현한다.
그 밖에 가정법 동사들이 포함되는 관용 표현들로 [가정법주절 + but (that) + S + 직설법 동사] [would rather + S + 가정법 과거동사] [if절의 의미를 대신하는 otherwise]등을 주의할 만하다.

실전 예제

1. 다음 문장에서 ㉠~㉢에 각각 들어갈 말로 가장 **올바르게** 짝지어진 것은? *(14. 경찰 2차)*

   a) (㉠) I studied a little harder, I could have passed the exam.
   b) If I (㉡) rich, I could buy a car.
   c) If you had followed my advice, you (㉢) happier now.

   ① If   am   would be   ② If   were   have been
   ③ Had   were would be   ④ Had   was   have been

2. 우리말을 영어로 **제대로** 옮긴 것을 고르시오. *(12. 국가 직 7급)*
   ① 예의상 나는 그녀의 제안을 거절할 수 없었다.
      → For courtesy's sake I couldn't but refuse her offer.
   ② 몸무게 증가가 이 치료법의 또 다른 부작용이다.
      → Weight gain is the other side effect of this treatment.
   ③ 그 책이 있었다면, 너에게 빌려줄 수 있었을 텐데.
      → Had I had the book, I could have lent it to you.
   ④ 사람들은 공공장소에서의 흡연자들을 덜 용인하고 있다.
      → People are least tolerant of smokers in public places.

3. 어법상 **옳은** 것은? *(12. 지방 직 9급)*
   ① Without plants to eat, animals would leave their habitats.
   ② He arrived with Owen, who was weak and exhaust.
   ③ This team usually work lately on Fridays.
   ④ Beside literature, we have to study history and philosophy.

4. It is high time that the administration ①<u>must ease</u> the citizenship regulation ②<u>to secure</u> human resources ③<u>that</u> ④<u>are required to</u> increase the nation's competitiveness.

www.moonduk.com

Chapter. 06
부정사

MD GRAMMAR

www.moonduk.com

Chapter 06 부정사

Point 51 / Point 52 / Point 53
To 부정사의 명사적 용법.
주어 / 보어 / 목적어

1. 주어; 문두의 To R ~ + V
2. 주격보어; be동사 + to R
3. 목적어; 특정한 타동사 + to R

ex. **To treat** him was difficult.   주어
My chief desire **is to pass** the exam.   주격보어
I **desire to remain** silent.   목적어

Point 54
To 부정사 명사적 용법의 확장.
가목적어 / 진목적어

make / 사고, 인식 류 동사 + it + 명 or 형 + to R or that 節
ex. I **found hard** to persuade him. (X) → **found it hard**

Point 55
To 부정사 명사적 용법의 확장.
의문사 + to R

의문사와 to R의 결합 = 명사구
ex. Students need to know **how to behave well**.   어떻게 예의바르게 행동할지를

Point 56 / Point 57
To 부정사의 형용사적 용법
명사 수식 / 보어

1. 명사 + to R형태라면 명사 수식일 확률이 높다.
2. S + be + to R에서 의미상 S≠to R이라면 be to 용법(예정, 가능, 의무, 의도, 운명)이다.

ex. She made **a promise to write** to him.   편지를 쓰겠다는 약속 (수식)
ex. **If we are to win** the game, we should train hard.   이기고자 한다면(의도의 be to용법)

To 부정사 형용사적 용법의 확장.

명사 수식의 형용사적 용법에서 수식받는 명사가 to R의 의미상 목적어라면 세 가지 관계가 생긴다.

ex. I bought an English book **to read**. 명사 + to vt.
I have many friends **to rely on**. 명사 + to vi + 전치사
I have no dress **to attend the party in**. 명사 + to V + to V의 의미상 목적어 + 전치사

To 부정사의 부사적 용법 1.

[목적; ~하기 위하여]과 [결과; ~해서 ~하다]는 패턴자체가 시험 문제다.

ex. He works hard **so as to** succeed. 성공하기 위하여 열심히 한다. (목적)
He worked **so** hard **as to** succeed. 열심히 해서 성공했다. (결과)

To 부정사의 부사적 용법 2.

1. be + 형용사 + to R형태의 부사적 용법 관용 표현
2. for ~ing는 사물의 일반적, 보편적 존재 이유
3. 독립 부정사.

ex. He **is likely to** succeed. ~일 것 같다.
He is studying English hard **for studying** abroad. (X) → **to study** 유학가기 위하여
To tell the truth, I don't like her. 사실대로 말하자면

To 부정사의 동사적 성질 1.
To 부정사의 의미상 주어

to R만의 의미상 주어는 [for + 목적격 or of + 목적격] + to R.
단, 사람 성질 표현 형용사가 있을 때 of + 목적격을 쓴다.

ex. It is **impossible of you to master** English in a month. (X) → **for you**

To 부정사의 동사적 성질 2.
To 부정사의 시제와 태

 동사를 품고 있는 to R은 자체 모양 변화를 통해 시제와 태를 표현한다.

ex. to + R   본동사와 같은 시점 + 능동   to be p.p   본동사와 같은 시점 + 수동
    to have p.p   본동사보다 앞서는 시점 + 능동   to have been p.p   본동사보다 앞서는 시점 + 수동

To 부정사의 동사적 성질 3.
To 부정사 시제법칙의 예외

 희망, 기대, 의도, 약속 V 의 과거형 + to have p.p or 과거완료형 + to R → 과거에 이루지 못한 희망, 기대, 의도, 약속

ex. I hoped to have met her. = I had hoped to meet her.
    그녀를 만나고 싶었지만 못만났다.

대부정사

 앞에 한번 나온 동사가 to R에 반복되면 to 만 남긴다.

ex. You can keep the book if you want to.(keep the book)

to 부정사의 부정형

 to R을 부정할 때는 부정어를 to보다 앞에 둔다.

ex. I want you **not to** go out alone.

Point 51 / Point 52 / Point 53 — To 부정사의 명사적 용법

주어 ★
보어
목적어 ★★★

개념정리

To 부정사 (To + 동사원형)을 비롯한 동명사와 분사는 동사적 성질을 속에 간직하고 있지만 문장에서 담당하는 역할은 동사가 아니기 때문에 [정식의 동사]가 되지 못하고 [동사에 준하는 것 = 준 동사]가 되었다. 굳이 준 동사를 만든 이유는 [동사적 성질과 의미를] [명사 or 형용사 or 부사]자리에 써 먹을 수 있는 별도의 장치가 필요했기 때문이다.

> [동사적 성질과 의미]를 명사 자리에 써먹기 위해서 → to 부정사와 동명사
> [동사적 성질과 의미]를 형용사 자리에 써먹기 위해서 → to 부정사와 분사
> [동사적 성질과 의미]를 부사 자리에 써먹기 위해서 → to 부정사

1. to 부정사의 명사적 용법

(a) 주어: 문두의 To R~~ + V ~~ .

To use a tool **is** a distinctive characteristic of man. 도구를 사용하는 것이 인간의 독특한 특징이다.
= **It** is a distinctive characteristic of man **to use** a tool.

To watch him studying **is** my duty. 그가 공부하는 것을 지켜보는 것이 나의 의무이다.
= **It** is my duty **to watch** him studying.

(b) 주격 보어 : S + be동사 + to R. 이때 S 는 to R과 문맥상 동격.

His dearest wish **is to see** his grandchildren again. 그의 소원은 손자들을 다시 보는 것이다.
Not to advance **is to retreat.** 진보하지 않는 것은 퇴보하는 것이다.

 1. 특히 주어 자리에는 [aim, object, purpose, function, plan, wish]등의 구체성을 띠는 명사가 주로 나온다.
2. 원형부정사가 주격보어가 되는 예외적인 경우.
주어가 All ~ / The only thing ~ 등으로 시작하는 절이고 그 안에 본동사가 do 이면 (to) R이 가능하다.
All (that) you have to do is **(to) study**.
The only thing (that) you can do is **(to) turn off** your phone.

(c) 목적어: 특정 타동사(특히 구체성, 일시성, 미래적 의미의) + to R

We **hope to start** selling some of our products there next year.
내년에 그곳에서 우리 상품들을 팔기 시작할 것을 바란다.

want (=would like), **hope**, **wish**, **expect**, **desire**, **long** 열망, 갈망하다 **beg** 간절히 바라다 **care** (의문, 부정문)~ 하고자 하다, 좋아하다 **decide**, **determine** 결정하다 **plan**, **prepare** 대비, 채비하다 **mean** ~할 작정이다 **offer** ~하려고 시도하다 **promise**, **swear** 맹세하다 **strive** 노력하다 **seek** 추구하다 **endeavor** 노력, 시도하다 **agree**, **consent** 동의, 찬성하다 **demand** 요구하다 **refuse** 거절하다 **choose** 결정, 결심하다 **resolve** 결심, 결정하다 **can afford**~ 할 수 있다 **fail** ~하지 못하다 **manage** 그럭저럭 ~ 하다 **dare** 감히~하다 **tend** ~하는 경향이 있다 **pretend** ~인척하다 **trouble** 수고스럽게도, 일부러 ~하다 **threaten** 협박하다 **hesitate** 주저하다 **arrange** 예정을 세우다 **learn** 배우다

이런 문제가 나온다

대표 예제. 1. (a)A good citizen thinks (b)obey the law (c)is (d)his own duty.

2. He refused (a)accepting her offer (b)to support him (c)financially, but he appreciated (d)it.

🔍 문제 해결의 Key

주어, 보어, 목적어로 쓰이는 To 부정사의 명사적 용법에서 주의해야 할 부분은 주어와 목적어로 쓰일 때이다. 주어의 경우 쓰일 수 있다는 사실 자체만 알면 되는데, 목적어의 경우 특정한 동사가 정해져있으므로 잘 외워 둬야 한다.

실전예제

1. It is sometimes difficult _____ you have just met.

   ① to make pleasant conversation among people
   ② making pleasant conversation to people
   ③ making pleasant conversation for people
   ④ to make pleasant conversation with people

2. 밑줄 친 부분 중 어법상 옳지 않은 것은? (12 지방 직 9급)

   A mutual aid group is a place ①where an individual brings a problem and asks for assistance. As the group members offer help to the individual with the problem, they are also helping ②themselves. Each group member can make associations to a similar ③concern. This is one of the important ways in which ④give help in a mutual aid group is a form of self-help.

3. The function of Louis Sullivan's architecture was ①providing large ②uninterrupted floor areas and to allow ③ample light ④into the interior.

4. ①So great was his influence that he even managed ②obtaining the cooperation of artists ③such as Sandro Botticelli and Lorenzo di Credi, who reluctantly consigned ④their works to his bonfires.

5. ①It is always a mistake to pretend ②to be able to afford ③to buying something when you really ④can't.

6. Choose the sentence that is **NOT grammatically correct**. (편입 응용)

   ① The man denied threatening to kill a police officer.
   ② I didn't mean for my proposal to be taken seriously.
   ③ We will have to practice throwing the ball into the basket.
   ④ They suggested constructing another railway link to the mainland.
   ⑤ The driver was arrested for failing reporting an accident.

Point 54 | Point 55 — To 부정사 명사적 용법의 확장
가목적어/진목적어 ★★   의문사 + to R ★

개념정리

to 부정사를 목적어 자리에 쓸 수 없어서, 소위 가목적어 it을 쓴 뒤 진짜 목적어 to 부정사는 뒤로 돌리는 경우가 있다. 또, 의문사와 to 부정사가 결합해 하나의 명사구로 쓰인다.

---

1. 가목적어 it ~ 진목적어 to R / 가목적어 it ~ 진목적어 that 節

나는 일찍 일어나는 것을 규칙이 되게끔 했다.

I made + **to get up early** + a rule   → 뒷받침 make + 목적어 + 명사 목적보어
→ I made **it** a rule **to get up early**.

단. make it a rule to R = make a point of ~ing = be in the habit of ~ing

나는 중국어를 배우는 것이 어렵다는 것을 알게 되었다.

I found + **to learn Chinese** + difficult   → find + 목적어 + 형용사 목적보어
→ I found **it** difficult **to learn Chinese**.

단. 문맥상 [일찍 일어나는 것이 + 규칙이다: to get up early + a rule] [중국어를 배우는 것이 + 어렵다: to learn Chinese + difficult]는 정확한 주술관계가 성립하므로 목적어와 목적보어의 관계임을 알 수 있다. 그런데, make와 사고, 인식 류 동사(find think consider suppose believe imagine know)는 to 부정사를 목적어로 취할 수 없는 동사이기 때문에 직접적인 목적어 자리에는 it을 대신 써야 한다.

I made **that he could share some money** possible. (X)   그도 돈을 나누는 것을 가능하게 했다.
→ I made **it** possible **that he could share some money**. (O)

I believe **that he likes you** (to be) true.   (△)   그가 너를 좋아하는 것이 사실이라고 믿는다.
→ I believe **it** (to be) true **that he likes you**. (O)

단. make와 달리 사고, 인식 동사 류 는 that 節을 목적어로 가지는 것은 가능하지만 목적보어가 짧을 경우 균형을 맞추기 위해 가목적어를 쓴다.

단. [make + 형용사 목적보어 + 명사를 중심으로 수식어가 결합된 긴 목적어]
A refrigeration unit made possible <u>the transportation of frozen foods by truck</u>.
냉장 장치는 트럭에 의한 냉동식품의 운송을 가능하게 했다.

---

2. 의문사 + to 부정사 : 각종 의문사와 to 부정사가 결합하여 하나의 [명사구] 역할을 한다.

what to do 무엇을 해야 할지 **when to say** 언제 말해야 할지 **how to swim** 어떻게 수영해야 할지 (수영하는 방법) **where to go** 어디로 가야할지 **which way to choose** 어느 방법을 선택해야 할지 **whether to buy or not** 사야할지 말아야 할지   cf. why to R (X)

How to live is the most important thing in life.   어떻게 사느냐가 인생에서 가장 중요한 문제다.
The problem is **what to do** next.   문제는 다음에는 무엇을 하느냐이다.
I don't know **how to drive**.   나는 운전하는 방법을 모른다.

이런 문제가 나온다

대표 예제. Choose the **incorrect** sentence.

(a) I found it hard to persuade him to follow my advice.
(b) I think it necessary that you should do it at once.
(c) The combined effort of everyone has made possible to achieve this goal.
(d) The de-escalation of the war made possible peace talks between them.
(e) I don't know how to dance to her pipe.

🔍 문제 해결의 Key

가목적어와 진목적어가 등장하는 문장은 주로 다음과 같은 형태가 된다.
make, 사고 / 인식 류 동사 + it + 명 or 형 + to R or that 節
특히 make는 가목적어의 등장 없이 단순히 목적보어 + 목적어의 어순이 되는 경우도 있는데, 목적어가 명사 중심의 긴 명사구일 때 그러하다. 의문사 + to 부정사는 문법적 중요성 보다는 그 의미 자체에 주의하자.

실 전 예 제

1. 어법상 **옳지 않은** 문장을 고르시오.
   ① She also told them last week that they must execute day-to-day affairs.
   ② The Prime Minister urged government minsters to be cautious in commenting on important political issues.
   ③ However, he made clear that the campaign committee would be launched on Friday as planned.
   ④ The commander, in a news release issued, said that the task force was aggressively investigating claims made by three veterans.

2. The cause of death was carbon monoxide poisoning. I would strongly urge everyone who ①<u>has equipment</u> checking the level of carbon monoxide ②<u>to have</u> it regularly serviced. I ③<u>believe</u> mandatory to have carbon monoxide alarms, ④<u>which bleep</u> like smoke detectors fitted to boats and trucks.

3. Choose the **incorrect** sentence.
   ① They believed it foolish of him to climb the mountain without a guide.
   ② The development in scientific knowledge has made it accessible many valuable minerals from depths below the earth's surface.
   ③ They found it impossible to live with her in the same house.
   ④ China's growing concerns about social instability make it likely that repression will intensify in some quarters.
   ⑤ Students can learn how to develop logical arguments through deductive reasoning.

Point 56 | Point 57

To 부정사의 형용사적 용법
명사 수식 ★★
보어 ★

개념정리

to 부정사는 형용사적 용법으로도 쓰여서 **명사를 수식하거나 보어**로 쓰인다.

1. 명사 수식 : 명사 + to R
   특히 명사 자체가 [구체성, 일시성]을 띤다면 to R 이 수식하는 것이 원칙이다.

(a) 계획 / 시도 / 결심 / 노력 / 능력 / 소망 / 꺼림(싫음)

> **plan, program, proposal / attempt / decision, determination, resolution / effort
> ability / desire / reluctance** → 특히 명사와 to R이 의미상 동격.

He has **the ability to speak** two foreign languages.   그는 두 개의 외국어를 말하는 능력이 있다

(b) 서수, 최상급 + 명사

He was **the first person to study** about mental illness.   그는 정신병을 연구한 최초의 사람이었다.
He is **the last man to tell a lie.**   그는 거짓말을 할 마지막 사람이다. (결코 거짓말을 하지 않는다.)

> **단.** 수식하는 역할이면서 동시에 동격이기도 한 어구에는 다음의 경우도 있다.
> (a) 명사 + of ~ing
>
> > **danger, experience, fear, habit, hope, idea, thought, method, possibility, responsibility**
>
> There is no hope **of** his **recovering** soon.   그는 곧 회복할 것 같지는 않다.
>
> (b) 명사 + of ~ing   or 명사 to R
>
> > **chance, opportunity, intention, reason, right, way**
>
> At least give him the opportunity **of explaining / to explain** what happened.
> 최소한 그에게 무슨 일이 있었는지 설명할 기회는 주어라.

2. 보어

(a) 주격보어 : S + be동사 + to R. 이때 S 와 to R는 동격이 아닌 서술, 설명의 관계
He is **to sell** cars (He ≠ to sell cars) [be to 용법] (→ 이런 문제가 나온다. 참고)

> **단.** His job is to sell cars (His job = to sell cars)   명사적 용법 (→Point 52. 참고)
> 그의 직업은 차를 파는 것이다.
>
> **단.** be동사를 제외한 2형식 동사 중에 seem, appear / prove, turn out 등이 가지는 to R도 형용사적 용법의 주격보어에 해당한다(→Point 2. 참고). 그 밖에도 happen (chance) to R (우연히도 ~하다.) come to R (~하게 되다.) 등이 있다.
> I happened(=chanced) **to meet** her yesterday.   나는 어제 우연히도 그녀를 만났다.
> He finally came **to know** her.   그는 마침내 그녀를 알게 되었다.

(b) 목적격 보어 : S + 소망, 준 사역 동사 + 목적어 + to R   (→ Point 6. 1 (C) 참고)
I **want** you **to do** the work.   네가 그 일을 하 기 바란다.
He **ordered** me **to finish** the report.   내가 보고서를 끝내도록 명령했다

이런 문제가 나온다

대표 예제. 1. The ability (a)of using good English (b)is enhanced by careful observations (c)of distinctions (d)between uses of synonyms.

2. We came upon a critical period; we are confronted with grave problems which must be solved if we _____ a tragedy.
   (a) are averting   (b) are to avert   (c) will avert   (d) averts

🔍 문제 해결의 Key

명사 자체가 [구체성. 일시성]을 띤다면 원칙적으로 to R의 수식을 받아야 한다. 특히 of + ~ing와의 구별에 주의하자. 형용사적 용법의 주격보어인 be to 용법의 경우 문법적 중요성보다는 해석 (예정. 의무. 가능. 운명. 의도)을 익히는 것이 중요하다.

 be to 용법.(각각에 제시되어 있는 힌트는 그런 경우가 많다는 것일 뿐이다.)

ⓐ [예정] **be to** + 특정 시점 부사 (= be going to = be supposed to = be scheduled to)
   Mother is to arrive at 7 a.m. tomorrow.   어머니는 내일 아침 7시에 도착할 예정이다.

ⓑ [가능] 주로 **be to** 뒤에 be p.p가 있을 때. (= can)
   Not a sound was to be heard there.   거기서는 어떠한 소리도 들려지는 게 불가능했다.

ⓒ [의도] 주로 If 절 안에 있는 **be to** (= intend to = wish to = would)
   If you are to be happy, be good.   행복해 지고자 한다면. 착해저라.

ⓓ [운명] ~할 운명이다. (= be doomed to = be destined to)
   He was never to see his wife again.   그는 다시는 부인을 보지 못할 운명이었다.

ⓔ [의무] (= should) 특별한 힌트가 동반되지 않는다.
   You are always to knock before you come in.   너는 들어오기 전에 항상 노크를 해야 한다.

실전예제

1. The magicians, ①having discovered Minecoo Aniello's great wealth, concretely ②laid a plan ③of robbing him ④of his good fortune.

2. Especially ①after 1900, women were ②at the center of efforts ③expanding and improve ④educational opportunities everywhere in the south.

3. One of the first rules of portrait painting should be to prevent exaggeration of the truth, but if an exception _____, it is better to paint the head slightly smaller than its actual relation to the size of the body.
   ① is to make   ② is to be made   ③ is to making   ④ is to be making

4. With all the conscientious efforts ①to clean up our mechanical processes which could still ②be used without further hurting us and the environment, ③no single effort has really worked at a price we can afford. And in the end we are still ④faced with the need to stop all pollution, if we ⑤are arresting the ecological decline that is steadily taking place in the earth environment.

To 부정사 형용사적 용법의 확장 ★★

개념정리

명사를 수식하는 to R의 형용사적 용법에서 수식받는 명사와 to R 사이에는 의미상 세 가지 관계가 성립하는데 수식받는 명사가 to R에 대해 [의미상 주어] or [의미상 목적어] or [동격]이 된다.

1. 수식받는 명사가 의미상 주어나 동격이 되는 경우

He needs **someone to speak** for him. 그는 자기를 위해 말해 줄 누군가가 필요하다.
→ [누군가가 말해 준다. 그를 위해; someone 이 speak 에 대한 의미상 주어]

I want to have **the ability to speak** English well. 나는 영어를 잘 말하는 능력을 가지고 싶다
→ [능력 = 영어 말하기; 동격 관계]

2. 수식받는 명사가 의미상 목적어가 되는 경우

(a) 명사 + to vt : 타동사이므로 더 이상 전치사는 필요 없다

She has no children **to bring up.** 기른다. 아이들을 (bring up children)
I have something **to do** today. 한다. 무슨 일을 (do something)

(b) 명사 + to vi + 전치사 : 자동사이므로 전치사가 필요하다

I need a chair **to sit on.** 앉는다. 의자에 (sit on a chair)
I have a house **to live in.** 산다. 집에   (live in a house)
I want some money **to live on.** 먹고 살 돈   (live on money)
I need a friend **to rely on.** 의지할 친구   (rely on a friend)
I have something **to complain of.** 불평할 거리   (complain of something)

 동일한 동사가 **타동사와 자동사**를 겸하는 경우에는 전치사를 붙일지 여부에 대한 판단이 필요하다.

Give me a guitar **to play.** [play the guitar]
The baby has a doll **to play with.** [play with a doll]

(c) 명사 + to vt + to vt에 대한 의미상 목적어 + 별도의 전치사
수식받는 명사가 to vt 의 의미상 목적어가 아니라 별도 전치사의 의미상 목적어.

I had no money **to buy the book with.** 나는 그 책을 살 수 있는 돈이 없다.
I have no words **to express my thanks with.** 감사를 표현할 말을 가지고 있지 않다. (말로 표현 할 수 없이 고맙다)
I need a basket **to carry these apples in.** 나는 이 사과들을 넣어서 운반할 바구니가 필요하다.

 각 문장의 수식받는 명사인 money, words, basket이 to buy, to express, to carry의 의미상 목적어가 아니라는 것이 요점이다. 각 문장의 to R은 바로 뒤에 자체의 의미상 목적어를 가지고 있다. 그렇다면 수식받는 명사는 추가적인 전치사인 with, with, in의 의미상 목적어라는 것이다.

이런 문제가 나온다

대표 예제. Choose the **correct** sentence.

(a) I have some letters to write.
(b) I have a pen to write.
(c) I am looking for the key to open the door.
(d) I need a piece of paper to write.
(e) There is some garbage to dispose with.

🔍 문제 해결의 Key

명사를 수식하는 to R의 형용사적 용법에서 특히 수식받는 명사가 to R에 대해 의미상 목적어가 되는 경우에는 to R 속의 동사의 정체에 주목할 필요가 있다. 즉, 타동사라면 더 이상 전치사는 필요 없고, 자동사라면 전치사가 필요하다. 이때 타동사라해도 이미 그 뒤에 의미상 목적어가 붙어 있는 경우라면 추가적인 전치사가 필요하다.

실전예제

1. Choose the **correct** sentence.
   ① I have some urgent business to discuss with Mr. Kim.
   ② I have no basket to carry these apples.
   ③ I have found the president an easy man to talk.
   ④ A: Here is the money you want to borrow from me.
      B: I can't find words to thank you.

2. Choose the **correct** sentence.
   ① There are many interesting books to read with.
   ② There's so much work to do that we can't go home.
   ③ He told me his address, but I could find no pen to write the address.
   ④ The fact is that there is very little to complain.

3. 어법상 옳지 않은 것은?
   Of course, you want to choose a gift ①<u>that</u> will be useful, ②<u>cheap and appreciated</u>. However, there's only one problem - you go to the store and see ③<u>hundreds of</u> different items ④<u>to choose</u>. This guide should help you ⑤<u>figure out</u> what present will be best for the baby – and the parents.

To 부정사의 부사적 용법 1 ★★★

개념정리

부사의 역할은 동사. 형용사. 다른 부사 수식이므로 to 부정사가 이런 식으로 쓰인다면 부사적 용법이 된다. 특히 동사를 수식해서 부사적 용법이 되는 경우는 그 해석 방법에 따라 [목적][결과][판단의 근거] [감정의 원인]등으로 다시 세분화하는데 각각의 경우가 일정한 패턴이 있어서 그 모양 자체를 외우는 것이 중요하다.

1. 목적과 결과

(a) 목적 : ~하기 위하여

ⓐ 완벽한 절 + (부사) + to R or To R ~~ , 완벽한 절

He came here **to meet** her. 그녀를 만나기 위하여 왔다.
= **To mee**t her, he came here.

To learn many things, we go to school. 많은 것들을 배우기 위하여 학교에 간다.
= We go to school **to learn** many things.

> **단** 완벽한 절 뒤의 to R이 무조건 부사적용법인 것은 아니다.
> You have the right **to remain** silent. 당신은 침묵할 수 있는 권리를 가지고 있다. → 형용사적 용법

ⓑ in order to R = so as to R = (so) that / in order that ~ may, can, will R

He came here **to meet** her.
= He came here **in order to meet** / **so as to meet** her.
= He came here **(so) that** / **in order that** he **might** meet her.

ⓒ ~하지 않기 위하여

not to R = in order not to R = so as not to R
= (so) that + s + may not R = lest + s + (should) R = for fear (that) + s + should R

Be careful **not to fall** from the tree. 나무에서 떨어지지 않도록 조심해라.
= Be careful **in order not to fall** / **so as not to fall** from the tree.
= Be careful **(so) that** you **may not** fall from the tree.
= Be careful **lest** you **(should)** fall from the tree.
= Be careful **for fear (that) you should** fall from the tree.

(b) 결과 : ~해서 ~하다

ⓐ **live, grow up, awake + to R** 살아서, 자라서, 깨어보니 (결과적으로) ~이다

He **grew up to be** a doctor. 그는 자라서 의사가 되었다.
He **lived to be** 80 years old. 그는 80세까지 살았다.
One morning **I awoke to find** myself famous. 어느 날 아침 깨어보니 내가 유명해져 있더라.

ⓑ **so + 형용사 / 부사 + as to R = so + 형용사 / 부사 + that 節**

He got up **so late as to miss** the first train. 그는 늦게 일어나서 첫 기차를 놓쳤다.
= He got up **so late that** he missed the first train.

She was **so kind as to invite** me to dinner. 그녀는 매우 친절해서 나를 저녁 식사에 초대했다
= She was **so kind that** she invited me to dinner.

ⓒ **so + 형용사 / 부사 + that + s + can't R = too 형 / 부 to R**
너무나 '형 / 부' 해서 R 할 수 없다

so + 형용사 / 부사 + that + s + can R = 형 / 부 enough to R
'형 / 부' 해서 R할 수 있다. R 할 정도로 충분히 '형 / 부' 하다

He is **too** weak **to** lift the box. 그는 너무 약해서 그 상자를 들 수 없다.
= He is **so** weak **that** he **can't** lift the box.

She is **smart enough to** solve the problem. 그녀는 그 문제를 풀 수 있을 만큼 충분히 똑똑하다.
= She is **so** smart **that** she **can** solve the problem.

The plate was **too** hot for me **to touch.** 그 접시는 너무 뜨거워서 내가 (그 접시를) 만질 수 없었다.
= The plate was **so** hot **that I couldn't** touch **it.**

The book is **easy enough** for my son **to read.** 그 책은 쉬워서 내 아들이 (그 책을) 읽을 수 있다.
= The book is **so** easy **that** my son **can** read **it.**

단: S ~ too ~ to R / enough to R에서 S 가 특히 to R의 의미상 목적어 역할을 겸하는 경우 to R 뒤에는 별도의 의미상 목적어를 중복해서 쓰지 않는다. 그러나 that節형태로 전환되는 경우 절의 모양을 갖추어야 하므로 별도의 목적어를 써줘야 한다.

The plate was too hot for me to touch **it**(= the plate).   (X) → it 삭제.
= The plate was so hot that I couldn't touch **it.**

The book is easy enough for my son to read **it**(= the book).   (X) → it 삭제.
= The book is so easy that my son can read **it**.

ⓓ **not too 형 / 부 to R = not so 형 / 부 that + S + can't R**
R 할 수 없을 정도로 그렇게, 너무 형/부하지는 않는다.
too 형 / 부 not to R = so 형 / 부 that + S + can R = 형 / 부 enough to R
너무 형/부해서 R 할 수 없지 않다. R 할 수 있다.

A man is **not too** old **to** learn.　　　사람이 배울 수 없을 정도로 나이가 들지는 않는다.(나이
= A man is **not so** old **that** he **can not** learn.　들어도 배울 수 있다.)

She is **too** smart **not to** solve the problem.　그녀는 똑똑해서 그 문제를 풀 수 없지 않다. 풀 수 있다.
= She is **so** smart **that** she **can** solve the problem.
= She is smart **enough to** solve the problem.

ⓔ **, only to R** : ~ 했으나 ~ (결과는) 하 기만 하다　= but
　, never to R : ~ 해서 (그 결과) ~하지 못하게 되다

He worked very hard, **only to fail**. = **but** he failed.　그는 열심히 했으나 결과는 실패했다.
He left his native land, **never to return**.　그는 조국을 떠났고, (결과적으로) 결코 돌아오지 않았다.

2. 감정의 원인과 판단의 근거

(a) 감정의 원인 : ~해서, ~하니까

> 감정형용사 : sorry glad happy delighted pleased surprised disappointed.... + to R
> 감정동사　 : weep smile rejoice grieve ...　+ to R

We are very **sorry to give** you so much trouble.　당신에게 너무 폐를 끼쳐서 미안합니다.
My wife and I **rejoice to hear** of your success.　내 아내와 나는 당신의 성공에 대한 소식을 들어서 기쁘다

(b) 판단의 근거 : ~하는 것을 보니

> 추측의 must be ~임에 틀림없다 ↔ cannot be ~일 리가 없다 + to R
> 감탄문 what a, an + 형 + 명 + S + V! / How 형 or 부 + S + V! + to R

He **must be** foolish **to believe** such a thing.　그런 일을 믿는 것을 보니 그는 멍청함에 틀림없다.
What a fool I was to trust such a cheat!　그런 사기를 믿었으니 나는 정말 바보 같았다.

이런 문제가 나온다

대표 예제. Choose the **correct** sentence.

(a) We need to diversify our products so as meeting new demands.
(b) He was enough handsome to tempt her to dance with him.
(c) Be so good as to close the door behind you.
(d) I was beaten too hard that I got a lump on my head.
(e) The machine is too complicated to put together it.
(f) It is so late that we can't cancel.

🔍 문제 해결의 Key

부사적 용법의 핵심은 [목적과 결과]의 다양한 표현 방식을 익히는 것인데, 목적 용법에서는 특히 [in order to R = so as to R = (so) that ~ may R] 결과 용법에서는 [too ~ to R 과 enough to R]을 중심으로 한 문장 전환 과정이 문제가 된다. 그 밖의 감정의 원인이나 판단의 근거 용법은 해석 방법만 명확히 알고 있자.

실전 예제

1. ①<u>In order to</u> become fully human, we have to develop higher mental processes ②<u>which then</u> mediate ③<u>between</u> us and the world. ④<u>No error</u>. (13. 편입)

2. ①<u>Starting</u> in 1811, traders and manufacturers were ②<u>more easily</u> able to send goods upriver ③<u>so that</u> steamboats provided the necessary power ④<u>to</u> counteract the flow of the waters. (14. 편입)

3. Choose the one that is **grammatically INCORRECT**.
   ① It denies them the chance to live an ordinary life that others take for granted.
   ② Economic growth alone can't be relied on to solve what is a structural budget deficit.
   ③ He took the national college entrance examination, only to be turned down.
   ④ Bad language is far too risque for teenagers to see it on a regular basis.
   ⑤ The slow, cautious approach may be too weak and too timid to meet the challenges of the future.

4. 밑줄 친 부분 중 어법상 **옳지 않은** 것을 고르시오. (13. 지방직 7급)

   Wisdom enables us to take information and knowledge and ①<u>use</u> them to make good decisions. On a personal level, my mother finished only the fifth grade, ②<u>was widowed</u> in the heart of the depression and had six children ③<u>very young</u> to work. Obviously she needed wisdom to use the knowledge she had ④<u>to make</u> the right decisions to raise her family successfully.

5. 어법상 **옳지 않은** 것은? (12. 사회복지 9급)
   ① If I had followed your advice, I would be very healthy now.
   ② I felt too nervous that I couldn't concentrate on my work.
   ③ John became great by allowing himself to learn from mistakes.
   ④ Tom moved to Chicago, where he worked for Louis Sullivan.
   ⑤ He said he would never see her again, and I was credulous enough to believe him.

Point 60 · To 부정사의 부사적 용법 2 ★

개념정리

1. 형용사 수식

The exact cost is **difficult to estimate**. 정확한 비용은 견적내기가 어렵다.
The ice is **thin to walk on**. 얼음이 그 위를 걸어가기에는 얇다.

> 단. 주로 be + 형용사 + to R의 형태가 되고 주어가 to R의 의미상 목적어를 겸하는 경우가 많다.

> 단. be (too) <u>liable, apt, ready</u> to R 걸핏하면 ~한다. ~하기 쉽다. be able to R ~할 수 있다.
> be willing to R 기꺼이 ~하다. be likely to R ~일 것 같다. ~일 가능성이 있다.(=It is likely that~)
> be reluctant to R 마지못해 ~하다. be due to R ~할 예정이다. be eligible to R ~할 자격이 있다.
> be <u>anxious, eager</u> to R 열망하다. 몹시 ~하고 싶다. be sure (certain) to R 반드시 ~할 것이다.
> He is sure (certain) to succeed. = It is certain that he will succeed.

2. 부사절의 대용

(a) 조건

To hear him talk, you **would** take him for an American. 그가 말하는 것을 듣는다면 너는 그를
= **If you heard him talk**, you **would** take him for an American. 미국인이라고 오해할 것이다.

(b) 양보

To do my best, I couldn't solve the problem. 최선을 다했지만 그 문제를 해결하지 못했다.
= **Though I did my best**, I couldn't solve the problem.

3. ~하기 위하여 : [to R]과 [for ~ing]의 구별

> ~하기 위하여 to R → 인간이 어떤 구체적 목적의식을 가지고 행하는 행위
> ~하기 위한 for ~ ing → 사물의 일반적, 보편적 존재 이유

I need a vase right now **to hold** these flowers. 나는 이 꽃들을 담아두기 위하여 바로 지금 꽃병이 필요하다.
A vase is a kind of pot **for holding** flowers. 꽃병이란 꽃을 담아두기 위한 일종의 항아리다.

4. 독립 부정사 : 원문장과 독립 되어 문장 전체를 수식하는 관용적 부정사

> **to be frank (with you)** 솔직히 말하면 **to be honest (with you)** 정직하게 하자면 **so to speak**
> **(=as it were)** 소위, 말하자면 **to tell the truth** 사실대로 말하면 **to begin with** 우선, 무엇보다도
> **to be sure** 확실히 **sad to say** 슬픈 얘기지만 **strange(odd) to say** 이상한 얘기지만
> **to sum up** 요약하면 **to do 사람 justice** 사람을 공정히 평가하자면 **to be exact** 정확히 말하면
> **to be brief(short)** = **to make(cut, bring) a long story short** 간단히 말하면 **not to speak**
> **of** (= **to say nothing of** = **not to mention A**) A는 말할 것도 없이 **to make matters worse**
> 설상가상으로 **needless to say** 말할 필요도 없이 **not to say** ~라고 말할 정도는 아닐지라도

이런 문제가 나온다

대표 예제. Choose the **incorrect** sentence. (2개)

(a) His story is sad to listen.
(b) You will get good marks to start studying from now on.
(c) He is planning to study abroad for succeeding in life.
(d) To do him justice, he is a brave man.
(e) The old man is very frugal, not to say stingy.

문제 해결의 Key

[be + 형용사 + to R]형태의 부사적 용법에서 주어는 to R의 의미상 목적어를 겸하는 경우가 많으므로 to R안의 동사 성격이 자동사라면 전치사가 필요하다. to R이 조건이나 양보의 부사절을 대신하기도 하고 문장 전체를 수식하는 관용적 표현의 독립 부정사구도 있다. for ~ing는 to R와 달리 사물의 일반적, 보편적 존재 이유를 표현할 때 쓴다.

실전예제

1. ①<u>For overcoming</u> the stiffness of his legs, Jones ②<u>regularly</u> took long hikes ③<u>on</u> Mt.Adams, the great peak ④<u>of the Cascades.</u>

2. Choose the **correct** sentence.
   ① Mr. Barret has been in Chicago for buying a new machine.
   ② Every day a lot of children come to the pond near my house for skating.
   ③ Children whose parents are alcoholics are more likely than other children of becoming alcoholics themselves.
   ④ To see him behave like that, you would think him crazy.

3. 우리말을 영어로 **잘못 옮긴** 것을 고르시오. (13. 지방직 7급)
   ① 이 시계를 얼마에 팔겠습니까?
     → What will you take for this watch?
   ② 손님들을 접대하는 데 조금도 소홀한 점이 없었다.
     → The best possible care was taken in receiving the guests.
   ③ 그는 그것을 못할 만큼 겁쟁이는 아니다.
     → He is not such a coward that he cannot do that.
   ④ 우리는 그가 집으로 무사히 돌아오기를 간절히 바라고 있다.
     → We are anxious for him returning home safe.

4. There were so many cars on the road that we couldn't move quickly, and, _____, the engine of our bus went wrong.
   ① not to say   ② to make matters worse   ③ to be brief   ④ to sum up

Point 61

To 부정사의 동사적 성질 1
To 부정사의 의미상 주어 ★★

개념정리

To부정사를 비롯한 준 동사는 속에는 동사적 성질을 간직하고 있다. 그렇다면 동사적 성질이란 무엇인가?

1. 동사는 그 주체인 주어가 항상 존재하고, 동사의 성격에 따라 목적어와 보어를 가진다.
2. 동사 자체의 모양 변화를 통해 시제와 태를 표현한다.

To 부정사가 문장 속에서 명사 or 형용사 or 부사 등 그 어떤 역할을 한다 해도 반드시 의미상 주어를 가져야 하고, 속에 포함된 동사의 성격에 따라 의미상 목적어나 의미상 보어를 선택적으로 가질 수 있으며, 자체 모양 변화를 통해 시제와 태까지 표현하게 된다.

1. To 부정사의 의미상 주어

(a) 별도의 장치가 아닌 문장의 다른 성분이 의미상 주어를 겸하는 경우

I hope **to see** you next time.　　　나는 다음번에는 너를 만나기를 바란다. (주어인 I 가 to see의 의미상 주어)
He ordered **me to go** there.　　　그는 내가 가야한다고 명령했다. (목적어인 me가 to go의 의미상 주어)
To master English is not easy.　　　(사람들이)영어에 숙달하기는 쉽지 않다. (일반적인 사람들이 to master의 의미상 주어)

(b) 별도의 장치를 통해 의미상 주어를 직접적으로 보여주는 경우

for + 목적격 또는 of + 목적격 + to R

To play with matches is dangerous.　　　성냥을 가지고 노는 것은 위험하다. (별도의 장치가
= It is dangerous **to play** with matches.　　　없이 일반사람들이 의미상 주어)

For children to play with matches is dangerous.　　　아이들이 성냥을 가지고 노는 것은 위험하다.
= It is dangerous **for children to play** with matches.　　　(for children을 통한 의미상 주어 별도표시)

This house is too small **for him to live in**.　　　이 집이 너무 좁아서 그가 들어가 살 수 없다.
= This house is so small that **he** can't live in it.　　　(for him을 통한 의미상 주어 별도표시)

Of you to do the work first is wise.　　　네가 그 일을 먼저 하는 것은 현명한 일이다.
= It is **wise of you to do** the work first.　　　(of you를 통한 의미상 주어 별도표시)

단. 사람의 성질을 표현하는 형용사가 있으면 of + 목적격을 쓴다.
kind unkind polite impolite careful careless honest good wise clever stupid silly 어리석은　considerate 동정심 있는 thoughtful 신중한, 생각이 깊은　thoughtless 생각 없는, 경솔한　brave 용감한　impudent 뻔뻔스러운, 건방진　childish 유치한 generous 관대한　sensible 분별 있는, 지각 있는　cruel 잔인한　prudent 신중한　naughty 장난꾸러기의, 버릇없는　wicked 사악한, 심술궂은　selfish 이기적인

2. To 부정사의 의미상 목적어와 의미상 보어

(a) 속에 포함된 동사가 1형식 성격인 경우
He ordered me to **go there**.   1형식 동사 go이므로 의미상 목적어나 보어는 없고, 부사만 있다.

(b) 속에 포함된 동사가 2형식 동사인 경우
He wants to **become a doctor**.   2형식 동사 become의 의미상 주격보어인 a doctor

(c) 속에 포함된 동사가 3 / 4 / 5형식 동사인 경우
I hope to **see you** next time.   3형식 동사 see의 의미상 목적어가 you
My wish is to **give my family happiness**.   4형식 동사 give의 의미상 간접목적어 my family, 직접목적어 happiness
My job is to **watch him study**.   5형식 동사 watch의 의미상 목적어 him, 의미상 목적보어 study

> **단.** 속에 포함되어 있는 동사의 성격에 따라 의미상 목적어나 의미상 보어가 결정되므로 이 부분은 결국 [Chapter 1. 5형식]을 복습함으로서 해결될 수 있다.

3. for + 목적격, of + 목적격을 이용한 추가적인 문장 전환의 법칙

규칙 ① of 목적격 의미상 주어 → 문장 주어로 전환 가능
It is wise **of you to do** the work first.
→ **You** are **wise** to do the work first.   (O)
당신이 그 일을 먼저 하는 것은 현명하다.

> **단.** 애초에는 진주어로서 명사적 용법이던 to do는 문장 전환을 통해 부사적 용법의 판단의 근거로 바뀐다. 즉, 해석 방법이 [그 일을 먼저 하는 것을 보니 당신은 현명하다]로 바뀐다.

규칙 ② for 목적격 의미상 주어 → 문장 주어로 전환 불가능
It may be hard **for her to understand** the expressions.
→ **She** may be **hard** to understand the expressions.   (X)
그녀가 그 표현들을 이해하는 것은 어려울 수도 있다.

> **단.** 그녀라는 사람 자체가 어렵다는 왜곡된 뜻이 되므로 틀린 문장이다.

규칙 ③ [to vt (또는 vi+전치사) + 의미상 목적어]형태에서 의미상 목적어
    → 문장 주어로 전환 가능.
It may be hard for her **to understand the expressions**.
→**The expressions** may be hard **for her to understand**.   (O)
그 표현들이 어려울 수 있다. 그녀가 이해하기에는.

특히, 규칙 ② 와 규칙 ③을 종합하여 공식 하나를 이끌어 낼 수 있다.

②에서 틀렸다는 문장을 다시 보면,
  She may be hard <u>to understand</u> **the expressions.**
                                 의미상 목적어가 채워져 있다. (X)

③에서 맞는 문장을 다시 보면 →
  The expressions may be hard for her **to understand.**
                               의미상 목적어 자리가 비어있다. (O)

주어 + 특정 형용사 [difficult hard easy possible impossible necessary dangerous safe expensive cheap interesting exciting] **+ to vt (vi +전치사)에서,**
→ 의미상 목적어 자리가 비어있으면 맞는 문장.
→ 채워져 있으면 틀린 문장.

It is impossible for him to do the work.   그가 그 일을 하는 것은 불가능하다.
→ He is **impossible to do the work**.   (X)
→ The work is **impossible** for him **to do**.   (O)

It is **hard to persuade him.**   그를 (일반 사람들이) 설득하기 어렵다.
→ He is **hard to persuade.**   (O)

It is hard for her to persuade him.   그녀가 그를 설득하기는 어렵다.
→ She is **hard to persuade him**.   (X)
→ He is **hard** for her **to persuade**.   (O)

이런 문제가 나온다

대표 예제. Choose the **correct** sentence.

(a) He asked a friend who works at the bank to make it possible of him to get a loan.
(b) To overcome his fear of water, learning to swim was needed.
(c) A foreigner is easy to acquire command of English because its grammatical structure is simple.
(d) It is silly for Mary to give up her job when she needs some money.
(e) The work is difficult for her to finish for herself.

문제 해결의 Key

To부정사의 의미상 목적어나 의미상 보어는 속에 포함된 동사의 성격에 따라 있을 수 도 있고 없을 수도 있지만 의미상 주어는 반드시 필요하다. 특히 [for + 목적격 / of + 목적격 + to R]형태가 중요한데 [사람의 성질 표현 형용사]가 포함되어 있으면 of + 목적격을 쓴다. 또한 [주어 + 특정형용사 + to vt (vi + 전치사)] 상황에서 의미상 목적어의 존재 여부에 따라 문장의 맞고 틀리고 여부가 결정되는 경우도 중요하다.

실전예제

1. One of the most important ①<u>social graces</u> is punctuality, which ②<u>means arriving</u> on time. For most social engagement, it often causes inconvenience ③<u>of a guest</u> ④<u>to come</u> either earlier or later than the ⑤<u>suggested</u> hour.

2. 우리말을 영어로 **잘못** 옮긴 것을 고르시오. (12. 국가 직 9급)
   ① 예산이 빡빡해서 나는 15달러밖에 쓸 수가 없다.
      → I am on a tight budget ,so that I have only fifteen dollars to spend.
   ② 그의 최근 영화는 이전 작품들보다 훨씬 더 지루하다.
      → His latest film is far more boring than his previous ones.
   ③ 우리 회사 모든 구성원의 이름을 기억하다니 그는 생각이 깊군요.
      → It's thoughtful for him to remember the names of every member in our firm.
   ④ 현관 열쇠를 잃어버려서 안으로 들어가기 위해 나는 벽돌로 유리창을 깼다.
      → I'd lost my front door key, and I had to smash a window with a brick to get in.

3. Choose the **correct** sentence.
   ① Mr. White allowed him to have a vacation for two weeks.
   ② I wanted you come into the library for a moment.
   ③ You are necessary to go there at once.
   ④ The man is hard to succeed.

4. The condition would be more difficult to ①<u>diagnose it</u> in children ②<u>who speak</u> these languages, though subtle symptoms ③<u>such as</u> impaired verbal short-term memory would ④<u>remain</u>.

Point 62

To 부정사의 동사적 성질 2
To 부정사의 시제와 태 ★★★

개념정리

To 부정사는 속에 포함된 동사의 성질에 따라 모양 변화를 통해 시제와 태를 표현하는데, 특히 포함된 동사가 타동사일 때는 의미상 목적어의 존재여부에 따라 태가 결정된다.

1. To 부정사의 시제와 태에 따른 모양 변화

(a) 단순 (능동) 부정사 : to + R

시제: 본동사와 시점이 같거나 더 미래적 / 태: 능동 (의미상 목적어 존재)

He seems **to know** everything about it.   그는 그것에 대해 모든 것을 알고 있는 듯하다.
= **It seems** that he **knows everything** about it.

He seemed **to know** everything about it.   그는 그것에 대해 모든 것을 알고 있는 듯 했다.
= **It seemed** that he **knew everything** about it.

He remembered **to meet** her the next day.   그는 그 다음날 그녀를 만날 것을 기억하고 있었다.
= He **remembered** that he **would meet her** the next day.

I hope **to see** you again.   너를 다시 만나기를 바란다.
= **I hope** that **I will see** you again.

(b) 단순 수동 부정사 : to + be p.p

시제 : 본동사와 시점이 같거나 더 미래적 / 태 : 수동 (뒤에 의미상 목적어가 없다.)

I don't like **to be treated** like slaves.   나는 (평상시에) 노예처럼 대접받는 것이 (평상시에) 싫다.

 타동사가 포함된 to 부정사가 뒤에 의미상 목적어가 없다면 일반적으로 틀렸다는 것이 시험 문제다.
　　I don't like <u>to treat</u> like slaves.   (X)   → to be treated
나는 노예처럼 대접받는 것이 싫다.

(c) 완료 (능동) 부정사 : to + have p.p

시제 : 본동사 시점보다 앞선다 / 태 : 능동 (의미상 목적어 존재)

He seems **to have known** everything about it.   (지금 보니) 그가 모든 것을 알고 있었던 것 같다.
= **It seems** that he **knew everything** about it.

He seemed **to have known** everything about it.   그가 (더 과거에) 모든 것을 알고 있었던 것 같았다.
= **It seemed** that he **had known everything** about it.

(d) 완료 수동 부정사 : to + have been p.p

시제 : 본동사 시점보다 앞선다 / 태 : 수동 (뒤에 의미상 목적어가 없다.)

I don't like **to have treated** like slaves in those days.   (X)
→ I don't like **to have been treated like slaves** in those days.   (O)

지금 생각해보니 싫다. 그 시절에 노예처럼 대접받았던 것이.

이런 문제가 나온다

대표 예제. 상황에 맞게 변형하시오.

(a) He is not a person I have known. Maybe, he seems (have) some sort of religious experience there.
(b) The police continued to look for the man who was believed (rob) the bank a few weeks before.
(c) The lost soldier was reported (kill) in the battle.
(d) That was a really big accident. You are lucky (not hurt) seriously.
(e) He seemed (try) to decide whether to say something or not.

문제 해결의 Key

To 부정사라고 하면 to + R만 있는 게 아니다.
[to be p.p / to have p.p / to have been p.p]와 같은 형태들도 있는 것이다.
명사적 or 형용사적 or 부사적 용법의 자리에 to 부정사가 필요한 상황이라는 판단이 끝나고 나면 구체적인 모양도 정해야 하는데 그 기준이 [시제]와 [태]가 되는 것이다.

실 전 예 제

1. 밑줄 친 부분 중 어법상 **옳지 않은** 것은? (15. 서울시 7급)

   Innovation, business is now learning, is likely ①<u>to find</u> ②<u>wherever</u> bright and eager ③<u>people think</u> ④<u>they</u> can find it.

2. The exceptional severity of cold for the last few days seems _____ much damage in many parts of the country.
   ① to do ② to have done ③ to doing ④ having done

3. In 2002, ①<u>20 million</u> people in the United States ②<u>were reported</u> ③<u>to have had</u> asthma - a chronic inflammatory lung disease ④<u>characterized by</u> wheezing, difficulty in breathing, chest tightness and coughing.

4. Although Shakespeare was the author of several of his tragedies, not all of his comedies appear _____ by him.
   ① to write ② to be written ③ to have written ④ to have been written

5. Readers in the past seem ①<u>to be</u> ②<u>more patient</u> than the readers of today. There ③<u>were</u> few diversions, and they had more time to read novels of a length ④<u>that seem</u> to us now inordinate.

Point 63 Point 64 Point 65

To 부정사의 동사적 성질 3
To 부정사 시제법칙의 예외 ★
대부정사 ★
to 부정사의 부정형 ★

개념정리

1. 단순부정사와 완료부정사의 예외를 포함하는 관용 구문

> 희망, 기대, 의도, 약속동사의 [과거형 + to have p.p]
> [과거완료형 + to R]
> → 과거에 희망, 기대, 의도, 약속했던 일이 이루어지지 않았음을 표현

I hoped **to find** something to eat, but I couldn't.   나는 먹을 것을 찾고 싶었지만 그러지 못했다. (못 찾았다.)
= I hoped that **I would find** something to eat, but I couldn't.

단. 단순 부정사는 시점이 같거나 더 미래적 어감을 표현하는데, 특히 [희망, 기대, 의도, 약속]동사 뒤에서는 주로 미래적 어감을 표현한다.

= **I hoped to have found** something to eat.
= **I had hoped to find** something to eat.

단. 단순부정사와 완료 부정사의 원칙대로라면 hoped to have found에서 to have found는 hoped보다 [더 과거: 대과거]를, had hoped to find에서 to find는 had hoped와 같은 시점. 그래서 [더 과거: 대과거]를 표현해야 한다. 그러나 위의 공식에서 보듯 둘 다 그냥 [과거]의 [이루지 못한 희망]을 나타낸다는 것이 시제 법칙의 예외다.

I intended **to go** abroad, but I didn't.   나는 해외로 가려고 했었지만 그러지 못했다. (못 갔다.)
= I intended that **I would go** abroad, but I didn't.
= **I intended to have gone** abroad.
= **I had intended to go** abroad.

2. 대부정사

앞에 나온 동사가 뒤의 **to R**에 반복될 때, 동사는 생략하고 **to**만 남긴다.

They asked him to return the book, but he refused **to**. (return the book)
그들이 그에게 책을 돌려줄 것을 요청 했으나 그는 거부했다.

The guests got up to leave, but their hostess begged them not **to**. (leave)
손님들은 떠나기 위해 일어섰으나 안주인이 그들에게 가지 말라고 간청했다.

Let her leave if she wants **to**. (leave)   그녀가 원한다면 그녀를 떠나게 해주세요.

3. to 부정사의 부정형 : not / never + to R

Take care **not to catch** the flu this winter.   독감에 걸리지 않도록 조심해라.

이런 문제가 나온다

대표 예제. 1. I had hoped (a)to have learned English before my trip (b)to New York, but I did not have (c)any extra money (d)for a course.

2. Choose the **correct** sentence.

   (a) I considered marrying her, but finally decided not to.
   (b) He hurt her feelings though he didn't mean.
   (c) I had intended to go abroad, but I didn't.
   (d) I want you to not make any noise.

🔍 문제 해결의 Key

단순 부정사와 완료 부정사의 예외로서 [희망. 기대. 의도. 약속동사의 과거형 + to have p.p / 과거완료형 + to R]이 있는데, 원칙대로 하자면 둘 다 [더 과거 = 대과거]를 나타내야 하지만, 예외적으로 [과거]의 [이루지 못한 희망. 기대. 의도. 약속]을 의미 한다. to R에서 앞에 한번 나온 중복된 동사를 뺀 채 to만 남기는 것을 대부정사라고 하고, to R을 부정할 때는 부정어를 to보다 앞에 쓴다.

실 전 예 제

1. 어법상 **옳지 않은** 것은?

   ① "What did you hear last night?" "I seemed to hear someone knock at the door."
   ② He seems to have had bitter experiences while he was studying in the United States.
   ③ He promised to help me, but he broke the promise.
   ④ The middle aged woman seems to have been a beauty in her days.
   ⑤ He intended to have bought a fountain-pen, but he couldn't.

2. "Tom, can you type my paper?" "I don't have time _____ right now."

   ① to do   ② to   ③ to doing   ④ to do so

3. Choose the **correct** sentence.

   ① Do you ride?   Not now, but I used to.
   ② You can sit in the business class, if you want.
   ③ The children will make the decorations if we show them how.
   ④ Such things ought to not be allowed.

www.moonduk.com

MD GRAMMAR

Chapter. 07
동명사

www.moonduk.com

Chapter 07 동명사

Point 66 | Point 67 | Point 68

동명사의 명사적 용법
주어 / 보어 / 목적어

Hot Key!
1. 주어; 문두의 ~ing ~ + V
2. 주격보어; be동사 + ~ing
3. 목적어; 특정한 타동사 + ~ing / 전치사 + ~ing

ex. **Studying** English **is** not easy.   주어
    One of his bad habits **is biting** his nails.   주격보어
    The police **avoid looking into** the case.   목적어
    He surprises people **by suggesting** good ideas.   (전치사의) 목적어

Point 69

명사적 용법에서의 To 부정사와 동명사

Hot Key!
1. to R을 목적어로 취하는 동사
2. 동명사를 목적어로 취하는 동사
3. 둘 다 목적어로 취하는 동사

ex. He is **plan**ning (**spend**) next year studying biology.   → to spend
    He is **consider**ing (**spend**) next year studying biology.   → spending
    He will **begin** (**study**) biology next year.   → to study / studying

Point 70

동명사의 명사적 용법의 확장
동명사를 포함하는 관용표현

Hot Key!
1. 전치사 to를 동반하는 관용 표현
2. 일반적인 동명사 관용 표현

ex. **What do you say to** having lunch with us?   ~하는 게 어때?
ex. **I was busy (in) doing** my homework yesterday.   ~하느라 바쁘다.

동명사의 동사적 성질 1
동명사의 의미상 주어

 동명사의 의미상 주어는 뭐니 뭐니 해도 소유격. 소유격을 쓸 수 없는 경우라면 그 모양 그대로 쓰는 것이 원칙.

ex. I don't mind **your going** there.   네가 가다. (소유격)
    I was glad of **the vacation being** over.   방학이 끝나다. (그 모양 그대로)

동명사의 동사적 성질 2
동명사의 시제와 태

 동사를 품고 있는 동명사는 자체 모양변화를 통해 시제와 태를 표현한다.

ex. R + ~ing   본동사와 시점이 같고 능동   being + p.p   본동사와 시점이 같고 수동
    having + p.p 본동사보다 시점이 앞서고 능동   having + been p.p 본동사보다 시점이 앞서고 수동

동명사의 동사적 성질 3
동명사 태 법칙의 예외

 want, need / deserve, be worth 뒤의 ~ing는 능동의 모양이지만, 주어와의 수동관계를 나타낸다.

ex. My radio **wants repairing**.   = wants to be repaired.

동명사와 타고난 명사의 차이

 타고난 명사와 동사적 성질을 간직하고 있는 동명사는 차이가 있다.

ex. **The Understanding** <u>the fact</u> is difficult. (X) → The 삭제. 동명사는 관사 불필요.
    → 의미상 목적어를 가지는 것은 동명사다.

Point 66 Point 67 Point 68 동명사의 명사적 용법:
주어 ★
보어
목적어 ★★★

개념정리

To 부정사와 더불어 명사적 역할을 하도록 만들어진 대표 준동사인 **동명사는 문장에서 주어, 보어, 목적어 역할을 한다.**

1. 동명사의 명사적 용법

(a) 주어 : 문두의 ~ing ~~ + V ~~

Taking care of parents is everyone's duty.   부모님을 보살펴드리는 것은 모든 사람들의 의무이다.
Making money is not the end of life.   돈을 버는 것이 인생의 목표는 아니다.

> 단. to 부정사가 주어인 경우 It ~ to R (가주어-진 주어)로 쓰는 것이 일반적인 반면, 동명사가 주어일 때는 오히려 문두에 그대로 쓰는 것이 원칙이다.

(b) 주격 보어 : S + be 동사 + ~ing. 이때 S는 ~ing와 문맥상 동격

My hobby **is collecting** stamps.   나의 취미는 우표를 수집하는 것이다.

> 단. be V + ~ing는 진행시제일수도 있는데. 이때의 ~ing는 현재분사이다. 구별 방법은 진행적으로 해석해 봐서 말이 되면 진행 동사이고 안 되면 동명사 주격보어이다.
> He is collecting stamps.   그는 우표를 모으고 있는 중이다. [진행시제: ~ing는 현재 분사]

(c) 목적어 : 동사의 목적어 / 전치사의 목적어

ⓐ 특정 타동사(특히 일반성, 보편성, 습관성, 과거적 의미의) + ~ing

Most people **enjoy riding** in a speeding car.   대부분 사람들은 빠른 속도로 달리는 차안에 타기를 즐긴다.

> **enjoy** 즐기다 **practice** 연습하다 **avoid** 회피하다 **evade** 피하다. 면하다 **escape** 모면하다 **mind** 꺼리다 **resist** 저항하다 **stand** 참다. 견디다 **dislike** 싫어하다 **detest** 혐오하다 **finish** 끝내다 **stop** 멈추다 **quit** 중지하다 **give up** 포기하다 **delay** 미루다 **postpone** 연기하다 **put off** 미루다 **defer** 연기하다 **admit** 받아들이다 **acknowledge** 인정하다 **deny** 부정하다 **suggest** 제안하다 **advise** 충고하다 **advocate** 지지. 옹호하다 **consider** 고려하다 **fancy** 공상하다 **imagine** 상상하다 **recall** 상기하다 **anticipate** 예상하다 **appreciate** 감사하다 **miss** 면하다. 까딱하면 ~할 뻔하다 **include** 포함하다 **involve** 연루시키다. 포함하다 **risk** 위험을 무릅쓰고 ~하다

ⓑ 전치사 + ~ing

I am afraid **of going** there alone.   나는 거기에 혼자 가야하는 것이 두렵다.
He left **without saying** good-bye.   그는 작별 인사도 없이 가버렸다.
She kept **on laughing** all the while.   그녀는 계속해서 웃고 있었다. (cf. 이때 전치사 on은 생략 가능)

> 단. Q. 전치사 뒤에는 명사가 기본이므로 동사원형은 쓸 수 없데. 이 동사원형을 명사 성격으로 바꿔주는 to 부정사나 동명사라면 쓸 수 있지 않을까?
> A. to 부정사도 명사적 용법이 있지만, 전치사 뒤에는 쓰지 못한다. 결국 전치사 뒤에는 명사(대명사 포함) 또는 동명사라는 점을 기억하자.
> of go(X), of to go(X) / without say(X), without to say(X)

이런 문제가 나온다

대표 예제. 1. _____ in the dark room is harmful to the eyes.

  (a) Read   (b) Reading   (c) The reading   (d) You read

2. Choose the **incorrect** sentence.

  (a) A student should not avoid working hard.
  (b) On arriving there, she began to run.
  (c) I can't risk doing something new right now.
  (d) Do you think we should consider to hire a new guard?

🔍 문제 해결의 Key

주어. 보어. 목적어로 쓰이는 동명사의 명사적 용법에서는 주어와 목적어로서의 용법을 주의해야 한다. 특별히 To 부정사 주어와의 구별을 요구하지는 않으므로 주어로 쓰인다는 사실 자체와 동명사를 목적어로 가질 수 있는 [일반성. 보편성. 습관성. 과거성] 의미의 동사들을 잘 외워둬야 한다. 그리고 전치사 뒤에는 원형이나 to 부정사를 쓸 수 없음에도 주목하자.

 전치사(특히 but : ~을.를 제외하고) + 원형 / to R : 예외적인 관용 표현

1. have no choice but to R = have no alternative but to R = There is nothing for it but to R
   = cannot (choose / help) but R = cannot help ~ing ~ 하지 않을 수 없다
   I had no choice but to go there.
   = I couldn't (choose, help) but go there.   거기에 가지 않을 수 없었다.

2. **do nothing but R** : ~ 하기 만 하다.
   She always does nothing but cry.   그녀는 항상 울기만 한다.

실 전 예 제

1. 어법상 **옳지 않은** 것은?

① Knowing the answer can be conducive to having a dependable car.
② As the method didn't work, I had the students repeat after me.
③ It is just a waste of money buying things you can dispense without.
④ You ought to be ashamed of your behaving too rudely.
⑤ Seeing is believing.

2. 다음 빈 칸에 들어갈 말로 가장 **적절한** 것은? (13. 경찰 2차)

A: Who suggested ⓐ on a camping holiday in October?
B: I did. But I didn't know it was going to rain. I don't enjoy ⓑ up a tent in the rain.

	ⓐ	ⓑ		ⓐ	ⓑ
①	to go	to put	②	to go	putting
③	going	to put	④	going	putting

3. England's King John had no choice but ①sue for peace with the rebels; the peace treaty, ②sealed at Runnymede on ③the Thames on June 15th, ④was called the Magna Carta.

Point 69. 명사적 용법에서의 To 부정사와 동명사 ★★★

개념정리

준동사로서 명사적 용법으로 쓰인다는 공통점을 가지고 있는 to 부정사와 동명사는 호환 가능한 것일까? 사실 이 두 가지는 서로 다른 어감을 표현하기 위해 만들어졌다.

> to 부정사: 구체성, 일시성, 미래적 의미.
> 동명사: 일반성, 보편성, 습관성, 반복성, 과거적 의미.

주어, 보어, 목적어 자리에 둘 다 쓰긴 하는데, to 부정사와 동명사는 근본적으로는 서로 다르다. 그런데 어떤 상황이 [구체적]이냐 [일반적]이냐는 받아들이는 사람에 따라 달라질 수 도 있고, 의미의 구별 자체가 애매한 경우가 많기 때문에 적어도 주어와 주격 보어 자리의 to 부정사와 동명사를 구체적으로 나누는 것은 실제로는 무의미하다. 단 목적어로 쓰이는 경우에는 동사에 따라 확실히 구분해서 써야 한다.

1. 목적어로 쓰이는 To 부정사와 동명사 비교

(a) To 부정사를 목적어로 가지는 동사 → Point 53. 참고

(b) 동명사를 목적어로 가지는 동사 → Point 68. 참고

(c) To 부정사와 동명사 둘 다 목적어로 가지는 동사

　ⓐ 특별한 차이가 없는 경우

> **begin start continue intend** ~할 작정이다 **attempt** 시도하다 **bother** 일부러 ~하다

When did you begin **to learn / learning** English?　　언제 영어 배우기를 시작했습니까?
I intend **to go / going**.　　나는 가려고 한다.

　ⓑ 의미의 차이가 있는 경우

> **try, mean, go on**

Try to think in English always.
영어로 생각하려고 노력해라. (노력하다, 애쓰다)

John isn't here. **Try phoning** his home number.
그의 집으로 전화한번 해봐라. (한번 해보다, 시도하다)

I didn't **mean to** spend all the money, but it just happened that way.
돈을 다 써버리려고 했던 것은 아니다. (~하려고 하다, 의도하다)

Being wise does not necessarily **mean learning** a lot of facts.
현명하다는 것이 반드시 많은 지식을 배웠다는 것을 의미하지는 않는다. (의미하다, 뜻하다.)

The book **goes on to describe** his experiences in the army.
그 책은 이어서 그의 군대 경험을 묘사하기 시작한다. (멈췄다가 다시 ~을 이어나가다, 계속하다.)

He said nothing but just **went on working**.
그는 아무 말도 하지 않고 그저 일만 계속했다. (쉬지 않고 ~을 계속하다.)

ⓒ 의미 차이가 있었으나 지금은 거의 구별하지 않고 쓰는 경우

> **like love hate** 몹시 싫어하다 **prefer** 오히려 ~을,를 더 좋아하다

I **like playing** tennis.   나는 테니스 치기를 좋아한다.
I **like to play** tennis.

I **love meeting** people.   나는 사람들 만나기를 너무 좋아한다.
I **love to meet** people.

John **hates flying**.   John은 비행기 타기를 너무 싫어한다.
John **hates to fly**.

I don't like cities. I **prefer to live** in the country.   나는 오히려 농촌에 살고 싶다.
　　　　　　　　　I **prefer living** in the country.

 위 동사들의 원래 의미 차이는 to R은 [구체적, 일시적으로] 동명사는 [평상시에, 일반적으로]이다.
　I like playing tennis.   나는 평상시에 테니스 치기를 좋아한다.
　I like to play tennis.   나는 지금 구체적, 일시적으로 테니스 치고 싶다.

그러나 지금은 to R도 동명사 의미 쪽으로 통일되어 있고 구체적, 일시적으로 [~하고 싶다] 같은 표현들은 앞에 would를 추가해서 쓴다.

would like to R	~하고 싶다.
would love to R	(몹시) 하고 싶다.
would hate to R	~하고 싶지 않다.
would prefer to R	오히려 ~하는 게 더 낫다.

I would like to play tennis.   나는 지금 (구체적, 일시적으로) 테니스 치고 싶다.

 특히 prefer를 포함하는 관용 표현

prefer	to R	(rather)than	to R
	~ing	to	~ing
	ⓝ	to	ⓝ

He prefers studying to playing.
He prefers to study (rather) than to play.   그는 노는 것 보다 공부하는 것을 더 좋아한다.
He prefers cats to dogs.   그는 개보다 고양이를 더 좋아한다.

ⓓ 시점 차이가 있는 경우

> remember 기억하다　forget 잊다　regret 후회하다. 유감스러워 하다
> + to R 미래적 (~할 것을)　/　~ing 과거적 (~한 것을)

He **remembers meeting** her there last year.　　　그는 작년에 그녀를 만났던 것을 기억한다.
= He remembers that he **met** her there last year.

He **remembers to meet** her tomorrow.　　　그는 내일 그녀를 만날 것을 기억하고 있다.
= He remembers that he **will meet** her tomorrow.

He **remembered meeting** her there the day before.　　　그는 기억하고 있었다. 그 보다 더 전날에 그녀를 만났던 것을.
= He remembered that he **had met** her there the day before.

He **remembered to meet** her the next day.　　　그는 기억하고 있었다. 그 다음날 그녀를 만날 것을.
= He remembered that he **would meet** her the next day

I shall never **forget seeing** the Queen.　　　여왕을 만났던 것을 결코 잊지 못할 것이다.
Don't **forget to bring** the book tomorrow.　　　내일 그 책을 가지고 와야 한다는 것을 잊지 마라.

I **forgot** his **helping** me.　　　그가 나를 도와주었던 것을 잊고 있었다.
I **forgot to call** on him the next day.　　　나는 잊고 있었다. 그 다음날 그를 방문해야 한다는 것을.

I **regret to tell** you that your son has failed in the exam.　　　당신 아들이 시험에 떨어졌다는 말을 하게 되는 것이 유감입니다.
She **regrets telling** the truth to him.　　　그녀는 진실을 그에게 말해 준 것을 후회한다.

단. 오해하지 말아야 할 점은 to R이 미래시제, ~ing가 과거시제로 굳어있다는 게 아니라. **본동사와의 시제 관계**를 따졌을 때 미래적 어감이면 to R, 과거적 어감이면 ~ing를 쓴다는 것이다.

ⓔ 기타

> stop to R : ~하 기 위하여 멈추다
> 　　　　 (1형식 : to R은 부사적 용법)
>
> stop ~ing : ~하는 것을 멈추다
> 　　　　 (3형식 : ~ing는 목적어)

He **stopped smoking**.　　　그는 담배 피는 것을 멈췄다. (담배 안 핌)
He **stopped to smoke**.　　　그는 담배 피기 위하여 멈췄다. (담배 필 것임)

We **stopped taking** pictures.　　　우리는 사진 찍기를 그만두었다. (사진을 그만 찍었다)
We **stopped to take** pictures.　　　우리는 사진을 찍기 위해 (걸음을, 하던 일) 멈추었다.

이런 문제가 나온다

대표 예제. Choose the **correct** sentence.
 (a) I believe that what I said was fair. I don't regret to say it.
 (b) "Did you remember to call your sister?" "Oh, no, I completely forgot. I'll phone her tomorrow."
 (c) Ben joined the company nine years ago. He became assistant manager of the company after two years. A few years later he went on becoming manager of the company.
 (d) We tried putting the fire out, but we were unsuccessful. We had to call the fire department.
 (e) During the War of 1812, British ships stopped to bring goods to the United States.

문제 해결의 Key

To부정사와 동명사를 각각 목적어로 취하는 동사들뿐만 아니라 둘 다 목적어로 취하는 동사들도 주의해야 하는데, 특히 [둘 사이에 의미 차이가 있는 경우] [시점 차이가 있는 경우] [동명사를 목적어로 가지는 stop이 to 부정사를 취할 경우의 의미 차이]등을 잘 비교해야 한다.

실전예제

1. If you think about the calories of the cake, you _____ the cake.
 ① will regret to eat   ② regret eating   ③ will regret eating   ④ regret to eat

2. Choose the **correct** sentence.
 ① He promised compensating me for my loss.
 ② The police seemed to avoid to look into the case.
 ③ Remember to warm up before lifting heavy weights so as not to be injured.
 ④ I forgot informing him of my address before I left for Seoul.
 ⑤ People just don't stop thinking about the consequences, so they often make mistakes.

3. 밑줄 친 부분 중 어법상 **옳지 않은** 것은? (13. 법원행정처 9급)

 A responsible tourist understands that it's ①much easier to protect the environment than to restore it. There ②are many simple things you can do ③to protect nature when you travel. Don't buy souvenirs that are made from ④endangered plants or animals like coral or ivory. If no one bought those items, people would stop ⑤to kill those endangered animals. Responsible tourism also considers local resources.

4. 어법상 **옳지 않은** 것은? (14. 서울시 9급)

 My ①art history professors prefer Michelangelo's painting ②to viewing his sculpture, although Michelangelo ③himself was ④more proud of the ⑤latter.

Point 70 — 동명사를 포함하는 관용표현 ★★★
동명사의 명사적 용법의 확장

개념정리

전치사 뒤에는 명사 (대명사 포함)나 동명사가 원칙이라고 했는데(→ Point 68. 참고) 특히 전치사 to가 포함되어있는 동사구 표현들을 잘 외워둬야 한다. 전치사 to와 to 부정사를 만들 때의 to는 전혀 다른 성격의 것들로 혼동해서는 안 되기 때문이다.

전치사 to는 + 명사, 동명사 (O) / 원형 (X)
to 부정사의 to는 + 원형 (O)

1. 전치사 to를 포함하는 동명사 관용 표현

다음의 표현들에 등장하는 to 는 전치사이므로 뒤에 원형을 쓰면 틀린다.

(1) **what do you say to ~ing ?**   ~ 하는 게 어때요 ?
= Let's ~, shall we ?   = How(What) about ~ing ?
= Why don't you + R~?   = What do you think about (of) ~ing ?

What do you say to going to the movies?   영화 보러 가는 게 어때 ?

(2) **be accustomed / used to ~ing**   ~하는데 익숙해 있다.

I am not **accustomed / used** to living here.   나는 여기서 사는데 익숙해 있지 않다.

> 단. be used to R ~하는데 사용되어지다. (→ Point 26. 1 (C) 참고)

(3) **look forward to ~ing**   ~하 기를 학수고대하다.

I'm **looking forward to hearing** from you.   당신에게서 소식이 오기를 학수고대하겠습니다.

(4) **object to ~ing**   ~하는 것을 반대하다.

I **object to your doing** that.   나는 네가 그렇게 하는 것을 반대한다.

(5) **with a view to ~ ing = for the purpose of ~ ing**   ~할 목적으로 , ~하기 위하여
= in an effort to R = in order to R = so as to R

He opened a charity hospital **with a view to saving** the poor.
그는 가난한 사람들을 돕기 위하여 자선 병원을 세웠다.

(6) **contribute to ~ing**   ~ 에 기여하다, 공헌하다.
contribute + 목적어 + to ~ ing   ~ 하는데 (돈, 물건을)기부하다, 기증하다.

Immigrants **have contributed to British culture** in many ways.
이민자들이 영국 문화에 여러모로 기여를 해 왔다.

I **contribute money to relieving** the poor.
나는 빈민 구제를 위하여 돈을 기부한다.

(7) **be equal to ~ ing**   ~ 을 감당할 수 있다, ~ 할 능력이 있다.

I'm **not equal to doing** the task.
나는 그 일을 할 능력이 없다.

178

(8) **dedicate +목 + to ~ ing → be dedicated to ~ing**
~하는데 (자기 자신. 생애. 시간 등을) 바치다

He **dedicated his life to helping** the poor.
그는 가난한 사람들을 돕는데 일생을 바쳤다.

(9) **devote + 목 + to ~ing → be devoted to ~ing**   ~하는데 (~를)바치다.

She has **devoted herself to working** for non-governmental organizations.
그녀는 비정부기구를 위해 일하는데 자신을 바쳤다.

(10) **When it comes to ~ing**   ~하는 거라면. ~에 대한 것이라면

You can't be too careful **when it comes to driving** a car.
차를 운전하는 거라면 아무리 조심해도 지나치지 않다.

(11) **confess to ~ing**   ~을 인정 (고백하다)

I must **confess to knowing** nothing about computers.
제가 컴퓨터에 대해서는 아무것도 모른다는 것을 고백해야겠군요.

(12) **expose + 목 + to ~ing → be exposed to**   ~에 (~를) 노출시키다.

You must **expose yourself to reading** as early in life as possible.
너는 가능한 한 빨리 너 자신을 독서에 노출시켜야 한다.

(13) **fall to ~ing**   ~하 기 시작하다.

They **fell to doing** their work after lunch.
그들은 점심을 먹은 후 일을 하기 시작했다.

(14) **commit + 목 + to ~ing → be committed to**   ~에 (~를) 맡기다. 헌신하다

She **committed herself to** the bed.   그녀는 침대에 몸을 맡겼다.

(15) 그밖에도,

> **be opposed to ~ ing** ~ 에 반대하다 **lead to ~ ing** (어떤 결과에) 이르게 하다. ~을 초래하다.
> **resort to ~ing** 기대다. 의지하다. **take to ~ing** ~에 탐닉하다. 골몰하다.
> **with relation / respect / regard / reference to ~ing** ~ 에 관하여 / ~ 에 관해서는

2. 그 밖의 동명사를 포함하는 관용 표현

(a) **be busy (in) ~ing**   ~하기에 (하느라고) 바쁘다.

He **is busy (in) working** in the garden.   그는 정원에서 일하느라 바쁘다.

(b) **have difficulty / trouble / a hard time + (in) ~ ing**   ~ 하는데 고생하다.
   have ~ with + ⓝ

I **had no difficulty (in) solving** the problem.   나는 그 문제를 푸는데 고생하지 않았다.
I **had some trouble with my car** this morning.   오늘아침에 내 차가 말썽을 부렸다.

(c) **spend + 돈 + (on) ~ ing**   ~하는데 돈을 쓰다.
      + 돈 + on + ⓝ
   spend + 시간 + (in) ~ing   ~하는데 시간을 보내다
      + 시간 + on + ⓝ

　　　　She **spends a lot of money (on) entertaining** her friends. 　그녀는 친구들을 대접하는 데 많은 돈을 쓴다.
　　　　He **spent all his life (in) helping** the poor. 　그는 가난한 사람들을 돕는데 일생을 보냈다.
　　　　I **spent a lot of money on** books. 　나는 책 사는데 많은 돈을 썼다.
　　　　I **spent ten minutes on** the first problem. 　나는 첫 문제에 10분을 소비했다.

(d) **It is no good(no use) ～ing = It is of no use to R**　~해도 소용없다.
　　= It is useless to R　= There is no use (in) ~ing

　　　　It is no use trying to persuade him. 　그를 설득하려 애써봐야 소용없다.

(e) **There is no ～ing = It is impossible to R　= We can't R**　~하는 것은 불가능하다.

　　　　There is no knowing what may happen in future. 　미래에 무슨 일이 있을지 알기는 불가능하다.

(f) **It goes without saying that + S + V ~ = It is needless to say that S + V ~**
　　　　　　　　　　　　　　　　~는 말할 필요가 없다. 당연하다.

　　　　It goes without saying that honesty is the key to success. 　정직이 성공의 열쇠라는 것은 말할 필요가 없다.

(g) **feel like ～ing = feel inclined to R　= have a mind to R**　~하고 싶은 기분이 들다.

　　　　I felt like crying to hear the news. 　그 소식을 듣고 울고 싶었다.

(h) **come (go) near to ~ing = narrowly(barely, nearly) escape ～ing**
　　　　　　　　　　하마터면 ~할 뻔하다. 거의 ~할 뻔하다.

　　　　He **went near to falling** into the pit. 　그는 하마터면 구덩이에 빠질 뻔했다.

(i) **of one's own ～ing = p.p by oneself**　자신이 직접 ~한

　　　　This is the tree **of my own planting**. 　이것은 내가 직접 심은 나무이다.

(j) **be far from ～ing = be never ～**　결코 ~이 아니다.

　　　　Your work **is far from being** satisfactory. 　네가 한 일은 결코 만족스럽지 않다. (만족과는 거리가 멀다)

(k) **부정어 (never, not) A without B(주로～ing)**　　A하면 반드시 B한다.
　　= whenever S + V ～　= never A but B(S + V...)

　　　　They **never** meet **without quarreling**. 　싸움이 없으면 만날 일도 없다. 즉 만나기만 하면 싸운다.
　　　　= **Whenever** they meet, they quarrel.　= They **never** meet **but** they quarrel.

(l) **go ~ ing**　~ 하러가다.

　　　　go swimming (fishing, skating, skiing, camping, climbing, hunting, bowling, sightseeing, shopping)
　　　　수영하러(낚시하러, 스케이트 타러, 스키 타러, 캠핑하러, 등산하러, 사냥하러, 볼링 치러, 관광하러, 쇼핑하러)가다

(m) **on (Upon) ~ ing = As soon as + S + V**　~ 하자마자
　　in ~ ing = When + S + V　~ 할 때. ~하는데 있어서
　　by ~ing　~ 함으로써

　　　　On hearing the news, she burst into tears. 　그 소식을 듣자마자, 그녀는 갑자기 울음을 터뜨렸다.
　　　　You must be careful **in crossing** the street. 　길을 건널 때는 조심해야한다.
　　　　The speaker ended **by suggesting** some topics for discussion. 　그 연사는 논의를 위한 몇 가지 주제를 제시함으로써 끝을 맺었다.

이런 문제가 나온다

대표 예제. 1. The tradition of (a)working with (b)one's hands has contributed to (c)keep the spirit (d)of "do-it-yourself" alive.

2. (a)On average, college-educated women and high-school-educated men will have a (b)harder time (c)to find partners as long as educators (d)keep ignoring the gender gap.

🔍 문제 해결의 Key

전치사 to 와 to 부정사의 to는 전혀 다른 성격으로 전치사 to 뒤에 원형을 쓰는 실수를 해서는 안 된다. 동명사 관용 표현은 그 모양 자체가 시험 문제인데 특히 [~하느라 고생하다] [~하느라 바쁘다] [~하는데 시간, 돈을 쓰다]등의 경우 전치사 in이 생략 되어있는 채 ~ing가 따라 나온다는 점이 자주 문제화된다.

실전예제

1. 다음 문장에서 ㉠~㉢에 각각 들어갈 말로 가장 **올바르게** 짝지어진 것은? (14. 경찰 2차)

   a) He was looking forward to (㉠) with you.
   b) Her parents would not let her (㉡) to Europe.
   c) I make it a rule to enjoy (㉢) badminton.

   ① working   to go   playing   ② work   to go   play
   ③ worked   go   playing   ④ working go   playing

2. 우리말을 영어로 **제대로** 옮긴 것을 고르시오. (14. 국가 직 7급)

   ① 21세기 말까지 과학이 얼마나 발전할지 알 수 없다.
      → There is no knowing how far science may progress by the end of the twenty first century.
   ② 하등 동물은 그 조건 하에서 생존하기 위해 신체적 구조를 바꾸지 않을 수 없다.
      → The lower animals must have their bodily structure modified in order to be survived under the conditions.
   ③ 지갑에 돈이 없었기 때문에 그는 10 킬로미터 이상을 걸어가지 않을 수 없었다.
      → Having no money in his wallet, he had no choice but walk more than ten kilometers.
   ④ 그녀는 약간 모호하게나마 빠른 시간 안에 부채를 상환할 것이라는 취지의 말을 하였다.
      → She was a little vague but said something to the affect that she would repay the loan very soon.

3. Choose the one that is **NOT grammatically correct**. (14 편입)

   ① Some schools resort to recruit teachers from overseas.
   ② After a long holiday, it's hard to adjust to working again.
   ③ He'd prefer to stay at a different hotel this time.
   ④ The band members devote 20 hours a week to practicing.

4. Poor people live in poor neighborhoods ①that are characterized by ②dilapidated buildings, broken glass, graffiti, and a general state of disrepair. People are not dedicated ③to create an aesthetically ④pleasing environment. (13 편입)

동명사의 동사적 성질 1
동명사의 의미상 주어 ★★

개념정리

준 동사중의 하나인 동명사 또한 속에는 동사적 성질을 간직하고 있다. 즉, 문장 속에서 주어 or 보어 or 목적어 등 그 어떤 역할을 한다 해도 반드시 의미상 주어를 가져야 하고, 속에 포함된 동사의 성격에 따라 의미상 목적어나 의미상 보어를 선택적으로 가질 수 있으며, 자체 모양 변화를 통해 시제와 태까지 표현하게 된다.

1. 동명사의 의미상 주어

ⓐ 별도의 장치가 아닌 문장의 다른 성분이 의미상 주어를 겸하는 경우

She insisted on going there.   그녀는 거기에 가야한다고 주장했다. (주어인 She가 going의 의미상 주어)
I punished him for being dishonest.   나는 그가 부정직해서 벌했다. (목적어인 him이 being의 의미상 주어)

ⓑ 별도의 장치를 통해 의미상 주어를 직접적으로 보여주는 경우

ⓐ 주어 역할을 하는 동명사의 의미상 주어는 소유격만 쓴다.
Jack's going to sleep during the wedding was embarrassing.   Jack 이 결혼식 도중 잠이 든 것은 당황스러웠다.

His being late made me angry.   그가 늦은 것이 나를 화나게 했다.

ⓑ 동사나 전치사의 목적어 역할을 하는 동명사의 의미상 주어는 소유격이 원칙이지만, 구어체에서는 목적격을 쓰는 것도 가능하다.

I really don't like his (him) speaking ill of others.   나는 그가 남들을 험담하는 것이 싫다.
Everybody objected to Mary's (Mary) leaving school.   모든 사람들은 Mary 가 학교를 떠나는데 반대했다.

> **단.** 인칭대명사의 경우 목적격도 별도의 모양이 존재한다. 즉 he의 목적격은 him 이다. 그런데 명사의 목적격은 따로 모양이 존재하는 게 아니라 **명사의 원래 모양이 목적격이다.** 즉 Mary 라는 모양 자체가 주격이기도 하고 목적격이기도 하다.

> **단.** 구어체에서는 목적격이 가능하지만 문법 시험문제에서는 보기에 소유격이 있는 한 소유격이 정답이다.

ⓒ 소유격을 쓸 수 없는 어구가 동명사의 의미상 주어가 될 때는 그 모양 그대로 쓴다.

① all, both, this, those, some, any 등이 의미상 주어가 될 때
I objected to both of them going out.   나는 그들 둘 다 나가는 것에 반대한다.
Tom's white lie resulted in someone being suspected.   Tom의 선의의 거짓말이 누군가가 의심받는 결과가 되었다.

② 무생물 명사가 의미상 주어 역할을 하는 경우
They were all glad of the war being over.   그들은 전쟁이 끝났다는 사실에 기뻐했다.
In spite of the sun shining, I felt cold.   태양이 빛나고 있었을 지라도, 나는 추웠다.

이런 문제가 나온다

대표 예제. Choose the **incorrect** sentence.

(a) I object to her being absent, for the meeting is very important.
(b) I object to her father being absent, for the meeting is very important.
(c) He being absent for the meeting was not a big deal.
(d) I have no doubt of both of them being innocent.
(e) I don't like the book being thrown away.

문제 해결의 Key

동명사의 의미상 주어 자리는 소유격이 핵심이다. 단, 목적어 자리에 등장하는 동명사의 의미상 주어일 경우 소유격이 원칙이긴 하나 목적격이 가능하다는 점이 있다. 그리고 원칙적으로 소유격을 쓸 수 없는 명사가 동명사의 의미상 주어가 될 필요가 있을 때는 그 모양을 그대로 쓸 수밖에 없다.

실전예제

1. The committee members resented _____ of the meeting.

   ① the president that he did not tell them
   ② the president not to inform them
   ③ the president's not informing them
   ④ that the president had failed informing them

2. I appreciate ①<u>you helping</u> me ②<u>to do</u> the dishes, but I wish you would ③<u>lay</u> them down on the table more ④<u>carefully</u>.

3. Choose the **correct** sentence.

   ① Somehow he had to get on the train without anyone's seeing him.
   ② I always keeping good hours and giving little trouble in the family made her unwilling to part with me.
   ③ There was no need of both of them coming to the office.
   ④ They did not understand why he felt so bad about the house's being condemned.

4. As far as the climate skeptics ①<u>are concerned,</u> the problem with global climate change adherents ②<u>is that</u> they all insist on ③<u>us to spend money</u> to change things – how we get our energy to power our TVs, how we run our businesses, how we commute to work. No one likes change, and the skeptics particularly don't like ④<u>spending</u> their own money to create change ⑤<u>that</u> they don't like in the first place.

Point 72 동명사의 동사적 성질 2
동명사의 시제와 태 ★★★

개념정리

동명사는 속에 포함된 동사의 성질에 따라 모양 변화를 통해 시제와 태를 표현하는데, 특히 포함된 동사가 타동사일 때는 의미상 목적어의 존재여부에 따라 태가 결정된다.

1. 동명사의 시제와 태에 따른 모양 변화

(a) 단순 (능동) 동명사 : R + ~ing
시제 : 본동사와 시점이 같거나 더 과거적 / 태 : 능동 (의미상 목적어 or 보어 존재)

He is proud of **being** a successful man. 그는 성공한 사람이라는 것을 자랑스러워한다.
= He **is** proud that he **is** a successful man.

He was proud of **being** successful. 그는 성공했다는 것을 자랑스러워했었다.
= He **was** proud that he **was** successful.

He **remembers meeting** her there yesterday. 그는 어제 그녀를 만났던 것을 기억한다.
= He remembers that he **met** her there yesterday.

> 단순동명사가 더 미래적 의미를 나타내는 예외적인 경우: 확신, 추측의 표현 뒤에서
> I **am sure of** his **coming** on time. = I am sure that he **will come** on time.
> 나는 그가 제시간에 올 것이라고 확신한다.

(b) 단순 수동 동명사 : being p.p
시제 : 본동사와 시점이 같거나 더 과거적 / 태 : 수동 (특히, 뒤에 의미상 목적어가 없다.)

The little boy escaped **being punished**. 그 소년은 처벌되어지는 것을 피했다.

> 타동사가 포함된 동명사가 뒤에 의미상 목적어가 없다면 일반적으로 틀렸다는 것이 시험 문제다.
> The little boy escaped punishing. (X) → being punished

(c) 완료 (능동) 동명사 : having p.p
시제 : 본동사 시점보다 앞선다. / 태 : 능동 (의미상 목적어 or 보어 존재)

I am ashamed of **having lied** to my mother. 엄마에게 거짓말 했던 것이 부끄럽다.
= I am ashamed that I **lied** to my mother.

I was ashamed of **having lied** to my mother. 엄마에게 (더 과거에) 거짓말 했던 것이 부끄러웠었다.
= I **was** ashamed that I **had lied** to my mother.

(d) 완료 수동 동명사: having been p.p
시제 : 본동사 시점보다 앞선다. / 태 : 수동 (뒤특히, 뒤에 의미상 목적어가 없다)

There is a clear evidence of his **having strangled**. (X) 그가 (과거에) 교살당한 확실한 증거가 있다.
→ There is a clear evidence of his **having been strangled**. (O)

이런 문제가 나온다

대표 예제. 상황에 맞게 변형하시오.

(a) He is still accused of (abandon) his duties.
(b) Instead of (thank) for his sacrifice, he was blamed for doing that.
(c) I am disappointed in (not see) any stage plays while I was in New York on vacation.
(d) She denies (be) at the department store last night.

문제 해결의 Key

동명사라고 하면 R + ~ing만 있는 게 아니다. [being p.p / having p.p / having been p.p] 와 같은 형태들도 있는 것이다. 주어 or 보어 or 목적어 자리에 동명사가 필요한 상황이라는 판단이 끝나고 나면 구체적인 모양도 정해야 하는데 그 기준이 [시제]와 [태]가 되는 것이다.

실 전 예 제

1. Choose the **incorrect** sentence.

   ① I am ashamed of having made the same mistake twice.
   ② Their strenuous effort contributed to being unified the country.
   ③ Instead of being eliminated, music appreciation should be included in our elementary curriculum.
   ④ The safe showd no signs of having been touched.
   ⑤ I am glad to hear of your having succeeded in the exam.

2. 어법상 옳지 않은 것은? (15. 국가 직 9급)

   ① The main reason I stopped smoking was that all my friends had already stopped smoking.
   ② That a husband understands a wife does not mean they are necessarily compatible.
   ③ The package, having wrong addressed, reached him late and damaged.
   ④ She wants her husband to buy two dozen of eggs on his way home.

3. It is impossible ①to take a walk in the country with an average townsman without ②amazing at the ③vast continent of ④his ignorance.

4. 어법상 옳지 않은 것은?

   ① John, scolded by his teacher, finally confessed to having stolen the book.
   ② Most Americans do not themselves enjoy being treated with respect for age or position.
   ③ The privileged seldom give up their privileges of their own accord without coercing into doing so.
   ④ He denied having been there.

동명사의 동사적 성질 3
동명사 태 법칙의 예외 ★★
동명사와 타고난 명사의 차이 ★★

> **개념정리**
>
> 단순(능동) 동명사는 원칙적으로 능동을 의미하는데, 예외적으로 주어와의 수동관계를 의미할 때가 있다.

1. 모양은 능동형이지만 수동의 의미를 표현하는 동명사

> want, need + ~ing   ~되어 지기를 원한다.(필요로 한다)
> deserve, be worth ~ing   ~받을 만한 자격이 / ~되어 질만한 가치가 있다

This radio **wants (needs) repairing**. = **to be repaired**
이 라디오는 수리해야 한다. (라디오는 수리되어지는 수동적 입장)

단. want와 need는 to 부정사를 목적어로 가지는 대표 동사다. 즉 이들 뒤의 ~ing는 주어와의 수동관계를 나타낼 때만 인정될 뿐 항상 등장하는 것이 아니다.

The problem **deserves solving**. = **to be solved**
그 문제는 해결해볼만 하다. (문제는 해결되어지는 수동적 입장)

This book **is worth reading** intensively.
이 책은 철저히 읽어볼만 하다. (책은 읽혀지는 수동적 입장)

단. be worth ~ing에서 ~ing또한 주어와의 수동관계를 나타내지만 to be p.p로는 바꿔 쓸 수 없고, 다음과 같은 문장 전환은 가능하다.
= It is worth while to read (or reading) this book intensively.
= This book is worthy of reading intensively.
    이 책은 철저하게 읽어볼 만하다.

단. be worth 뒤에는 값어치를 의미하는 **명사**가 바로 연결되기도 한다.
This picture is worth fifty hundred dollars. 이 그림은 5천 달러의 값어치가 있다
반면 worthy는 of가 필요하다.
He is worthy of reward. 그는 상을 받기에 족하다

2. 동명사와 타고난 명사의 차이

동명사는 동사적 성질을 간직하고 있다는 것이 타고난 명사와의 차이점이다.
즉, 동명사는 의미상 주어 / 의미상 목적어 / 의미상 보어를 가질 수 있고, 그 자체의 모양 변화를 통해 시제와 태까지 표현 할 수 있지만, 타고난 명사는 그럴 수 없다.

His **examining the patient** carefully required much time. (O)
              의미상목적어
그가 그 환자를 주의 깊게 진찰 하는 데는 많은 시간이 필요했다.

His **examination the patient** carefully required much time. (X)
              의미상 목적어가 될 수 없다.

이런 문제가 나온다

대표 예제. Choose the **correct** sentence.

(a) The cars need washing.
(b) The principle is worth being kept secret.
(c) You will probably want gathering some information about promotion methods.
(d) The problem is worth to be solved.
(e) The understanding grammar well is essential for writing well.

🔍 문제 해결의 Key

단순 능동 동명사가 예외적으로 수동의 의미를 나타내는 경우는 want, need, deserve, be worth를 만났을 때이다. 이때 주의할 점은 나머지 것들과 달리 be worth는 to be p.p로 바꿔 쓸 수 없다는 것과 want, need는 오로지 주어와의 수동관계를 의미할 때만 예외적으로 ~ing가 인정된다는 점이다. 또한 타고난 명사와 동명사는 근본적인 차이가 있는데 동명사가 가지는 동사적 성질(의미상 주어, 의미상 목적어, 의미상 보어, 시제와 태 → Point 71. 72. 참고)이 바로 그것이다.

단.

~ing 형태가 동명사와 타고난 명사 역할을 동시에 하는 경우도 있다.
understand처럼 자체 변화를 통한 별도의 명사형이 없는 동사는 ~ing 형태가 완전히 명사화해서 쓰이기도 한다. 당연히 동명사 (or 현재분사)역할도 병행하므로 쓰임새에 따라 구별 할 수 있어야 한다.
Understanding the fact is difficult. 동명사 (뒤에 의미상 목적어의 결합)
He will come to have <u>a new understanding of</u> the situation. 명사화
　　　　　　1. 앞에 관사가 있다는 점.
　　　　　　2. 명사라면 뒤에 의미상 목적어가 바로 붙을 수 없기 때문에 of가 붙었다는 점.
즉, 일반적으로 타고난 명사 역할이 가능한 ~ing는 다음과 같은 형태가 된다.
a, the, this, some, any + ~ing + of + 명사
<u>The shooting of</u> those birds appalled us. 그 새들에 대한 사격이 우리를 섬뜩하게 했다.

실전 예제

1. ①<u>Social reformer</u> Florence kelly played ②<u>a key role</u> in the 1893 ③<u>deciding</u> of the Illinois legislature ④<u>to prohibit</u> child labor.

2. Choose the **correct** sentence.
   ① A good understanding of grammar is essential for good writing.
   ② Several of these washers are out of order and need to repair.
   ③ What do we do if the battery needs being replaced?
   ④ The man is guilty and he deserves punished.

3. 어법상 옳지 않은 것은?

   If a person does a crime, ①<u>couldn't one say</u> that he is just a –product- of his mind, his neurological processes in his brain? In fact, he can't be guilty because he's just acting this way because he ②<u>cannot but act</u> this way in a certain situation. He would then be a –product- of his past, his experiences, his fears, his aggressions and so on. ③<u>Do</u> criminals deserve ④<u>being punished</u>?

MD GRAMMAR

Chapter. 08
분사

www.moonduk.com

Chapter 08 분사

분사의 형용사역할 1. 명사 수식

 명사의 앞, 뒤에서 명사를 수식하는 분사. 수식받는 명사를 주어로, 수식하는 분사를 동사로 하는 주술관계를 따져서 능동, 진행이면 현재 분사, 수동(완료 포함)이면 과거분사를 선택한다.

ex. The (remain) people had to move to the west. → **remaining**
   [사람들이 남아있다; 능동적 주술 관계]

분사의 형용사 역할 2. 보어

 주격보어로 쓰일 때는 주어와의 주술관계, 목적보어로 쓰일 때는 목적어와의 주술관계를 따져라. 구체적인 분사의 모양 선택기준은 명사를 수식할 때와 동일하다.

ex. He sat **waiting** for her.　　　그가 기다리고 있다. (능동, 진행)
ex. I saw him **scolded** by his mother.　그가 꾸지람당하다. (수동)

특이한 분사 : 유사 분사

 [명사 + ~ed]형태가 마치 분사처럼 명사를 꾸미는 역할을 한다.

ex. a **yellow-haired** boy　노란 머리를 가진 소년

Point 78 — 분사 구문

분사구문의 대표 유형은 세 가지다.
1. ~ing or p.p ~ , S + V ~.
   → 양쪽 주어가 같다는 전제를 통한 주술관계 판단
2. 명사 or 비 인칭 주어 it + ~ing or p.p ~ , S + V ~.
   → 주어가 달라 남기는 독립 분사 구문, 남아있는 주어와의 관계 판단
3. 접속사 + ~ing or p.p ~, S + V ~.
   → 접속사는 분사 판단에는 영향을 주지 않는다.

ex. **Excited** by the game, the people rushed to the field.   사람들이 흥분되어진
    The job **finished,** I have nothing to do now.   작업이 끝내어진
    While **taking** a nap, I had a strange dream.   내가 낮잠 자던 중에

Point 79 — with + 명사 + 분사 : 부대상황 관용구

with의 추가를 통한 부대상황 독립 분사구문의 의미 강조.
명사와 분사의 주술관계를 통해 분사의 모양을 결정한다.

ex. He lay still, **with his eyes closed.**   눈이 감겨진 채

Point 80 — 분사 구문의 강조

분사 + as + S + be or as + S + do, does, did

ex. **Being as she was** pretty, I liked her.
    Living as I do alone, I feel lonely.

Point 81 — 유도 부사가 포함된 분사 구문

부사절속에 [There + be + S]가 있었을 때의 분사구문은
항상 There가 남는다.

ex. As **there was no one** to help me, I did it myself. → **There being no one** ~

Point 75 / Point 76 / Point 77

분사의 형용사 역할 1. 명사 수식 ★★★
분사의 형용사 역할 2. 보어 ★★★
특이한 분사 : 유사 분사 ★

개념정리

현재분사(R + ~ing)와 과거분사(R + ~ed or 불규칙형)는 포함된 동사의 성격(자동사 or 타동사)에 따라 의미는 약간 다르지만, 형용사 역할을 한다는 점은 동일하다.

1. 명사 수식

ⓐ 현재 분사 ┌ 자동사 - 능동 + 진행 : ~하는, ~하는 중인
           └ 타동사 - (주로) 능동 : ~하게 하는, ~시키는

ⓐ 명사 앞에서 수식하는 경우 : 주로 단독의 분사

singing birds	노래하는 중인 새들 (새들이 노래하고 있다: 능동+진행)
a **sleeping** boy	잠자는 중인 소년 (소년이 자고 있다: 능동+진행)
a **barking** dog	짖고 있는 개 (개가 짖고 있다: 능동+진행)
the **swimming** boys	수영하고 있는 소년들 (소년들이 수영하고 있다: 능동+진행)
an **exciting** game	흥미진진한 경기 (경기가 흥분시킨다. 보는 사람들을: 능동)
a **surprising** event	놀랄만한 사건 (사건이 놀라게 한다. 관련자를: 능동)
an **interesting** story	흥미 있는 이야기 (이야기가 흥미를 준다. 읽는 사람에게: 능동)

> **단.** ~ing + ⓝ에서 ~ing는 동명사일 수도 있는데, 뒤의 명사에 대한 [용도나 목적]을 뜻해서 합성명사를 이룬다.
> a sleeping car 자고 있는 중인 차 (X) → 잠을 자는데 사용되는 차 = 침대차 (O)
> ex. a waiting room 대기실 a sewing machine 재봉틀 a dining car 식당차 a fishing rod 낚시 대
> a walking stick 지팡이 swimming pool 수영장 a smoking room 흡연실 driving licence 운전면허

ⓑ 명사 뒤에서 수식하는 경우: 주로 분사 + 따르는 어구

the boy **sleeping in the room**	방안에서 자고 있는 그 소년(능동+진행)
a lady **wearing a diamond ring**	다이아몬드 반지를 끼고 있는 한 여자(능동+진행)
the man **waiting for the bus**	버스를 기다리고 있는 그 남자(능동+진행)
the game **exciting all the crowd in the stadium**	경기장의 군중을 흥분시키는 그 경기(능동)
the boy **surprising his friends**	친구들을 놀라게 하는 그 소년 (능동)

> **단.** 분사 판단 문제의 핵심은 앞, 뒤 위치가 아니라 수식받는 명사와 수식하는 분사의 주술관계를 따져서 그 관계가 능동, 진행, 수동, 완료 중에 어디에 해당하는가이다. 현재분사는 특히 능동관계가 중요한 판단기준이다.

> **단.** 뒤에서 명사를 수식하는 경우에는 to 부정사와 현재분사의 구별이 필요한 경우가 있다. 특히, 다음의 경우처럼 [구체성, 일시성]이 느껴지는 명사를 수식할 때는 to 부정사를 쓰는 것이 원칙이다. (→ Point 56. 참고)
> (a) 계획, 시도, 결심, 노력, 능력, 소망, 꺼림(싫음)
> (b) 서수, 최상급 + 명사
> the ability <u>to run</u> more than one program at the same time. 한 가지 이상 프로그램을 동시에 구동하는 능력
> the first man <u>to reach</u> the mountain   그 산에 도달한 최초의 사람

ⓑ 과거 분사 { 자동사 - 완료 (시간의 흐름) : 이미 ~해버린
타동사 - 완료 + 수동 : ~당한, ~되어진

ⓐ 명사 앞에서 수식하는 경우 : 주로 단독의 분사

fallen leaves	낙엽 (완료: 나무 가지에서 떨어진 후 시간이 흘러 이미 퇴색해버린)
faded roses	시들어버린 장미 (완료: 한때는 화려했으나 시간이 흘러 시든)
a **grown-up** daughter	다 자란 딸 (완료: 이미 다 커버린)
vanished civilizations	사라져버린 문명 (완료: 한때 찬란했으나 이미 소멸해버린)
a **broken** vase	깨뜨려진 꽃병 (수동: 꽃병이 깨뜨려졌다.)
a **wounded** solider	부상당한 군인 (수동: 군인이 부상당했다.)
the **excited** spectators	흥분되어진 관객들 (수동: 관객들이 흥분되어졌다.)
the **surprised** boy	놀래 켜진 소년 (수동: 소년이 놀래 켜졌다.)
a **developed** country	선진국 (수동 + 완료: 이미 발전되어진 나라)

ⓑ 명사 뒤에서 수식하는 경우 : 주로 분사 + 따르는 어구

a letter **written in red ink**	붉은 잉크로 쓰인 편지 (수동: 편지가 쓰여 졌다.)
the poet **loved by everybody**	모든 이들에 의해 사랑받는 그 시인 (수동: 시인이 사랑받는다)

> **단** 명사의 뒤에서 명사를 수식하는 과거분사의 경우 그 의미는 주로 수동이다. 사실 시험문제에서 완료적 의미의 과거분사를 판단해야 하는 경우는 거의 없기 때문에 **앞에서건 뒤에서건 과거분사는 수동**만 생각해도 큰 지장이 없다.

2. 명사 수식 분사의 확장

ⓐ [분사 + 명사] 형태에서 분사 앞에 추가어구(명사 or 형용사 or 부사)가 있는 경우.

ⓐ 추가된 명사는 분사에 대한 의미상 목적어이거나 의미상 주어

명사 – 현재분사 + 명사

English - speaking countries	영어권 국가들 (나라들이 말한다. + 영어를: 의미상 목적어)
the **plant – eating** animals	초식 동물들 (동물들이 먹는다. + 식물을: 의미상 목적어)

명사 – 과거분사 + 명사

hand – written letters	손 편지들 (편지들이 써진다. + 손에 의해: 의미상 주어)
a **horse – drawn** cart	말이 끄는 마차 (마차가 끌어진다. + 말에 의해: 의미상 주어)

ⓑ 추가된 형용사는 의미상 보어 역할. 추가된 부사는 순수한 수식어구

형용사 – 현재분사 + 명사

a **good – looking** boy	잘생긴 소년 (A boy looks good: 의미상 주격보어)
nasty – smelling water	불쾌한 냄새가 나는 물 (Water smells nasty: 의미상 주격보어)

부사 – 과거분사 + 명사

a **well - known** author	잘 알려진 작가 (작가가 알려져 있다. + 잘: 수식)
frequently – used words	자주 사용되는 단어들 (단어들이 사용된다. + 자주: 수식)

> **단** 여기서 중요한 것은 어떤 어구가 추가되던 간에 **수식받는 명사가 주어, 수식하는 분사가 서술어인 주술관계는 변치 않는다**는 것이다. 우선은 이 주술관계를 따져본 후 추가 어구의 역할을 살펴본다.

(b) 유사 분사

명사 + ~ ed 의 형태가 마치 분사 같은 역할(명사 수식)을 하는 경우를 분사와 비슷하다고 해서 [유사분사]라고 부른다. 우리말로는 [~를 가진]정도의 의미다.

He bought me **a blue - eyed doll.** (= a doll with blue eyes)
그는 나에게 파란 눈을 가진 인형을 사주었다.

a long - armed animal	긴 팔을 가진 동물	a single - minded hatred	혼자만의 증오
a red - haired boy	빨간 머리 소년	a one - eyed monster	외눈박이 괴물
a red - colored rose	붉은 색 장미	a bad - tempered boy	심술궂은 아이
a kind - hearted girl	착한 소녀	a good - natured girl	마음씨 좋은 소녀
a simple - minded boy	순진한 아이	a smooth - skinned fruit	부드러운 껍질의 과일

3. 보어

(a) 주격보어

주어와의 관계를 따져서 [능동 or 진행]이면 현재분사를, [수동]이면 과거분사를 쓴다.

The whole city **lies sleeping.**   도시 전체가 잠들어 있다. (조용하다)
She **sat knitting** by her husband.   그녀는 남편 옆에서 뜨개질을 했다. (뜨개질 하면서 앉아있는 상태)
A woman **lay bleeding** on the road.   한 여자가 피를 흘리면서 쓰러져있었다.

The problem still **remains unsolved.**   그 문제는 해결되지 않은 채 있다.
The islands **lie scattered** over the sea.   섬들이 바다에 흩뿌려져 있다.
The news **became** widely **known.**   소식이 폭넓게 알려졌다.

> **단** 2형식 동사들 뒤에 현재분사나 과거분사가 붙어있다면 이들이 주격보어일 것이므로, 결국 분사 주격보어의 판단은 2형식 동사에 대한 복습으로부터 출발한다. (→ Point 2. 참고)

> **단** come과 run은 1형식 동사로서의 의미 (오다, 뛰다)로 쓰일 때도 현재분사와 함께 쓰이면 2형식으로 보기도 한다.
> The boy came running.   그 소년은 뛰어서 왔다.
> He ran screaming out of the room.   그는 비명을 지르면서 방에서 나왔다.

(b) 목적격 보어

분사는 5형식 동사의 목적격 보어자리에도 나오는데, 목적어와의 주술 관계를 따져서 [능동 or 진행]이면 현재 분사를, [수동]이면 과거분사를 쓴다.

> **단** 분사를 목적보어로 가지는 대표 5형식 동사에는 [지각동사][사역동사][소망, 준 사역동사][leave, keep, find]등이 있는데, 이에 대해서는 이미 Chapter 1. 5형식 (→ Point 6)에서 자세히 다뤘으므로 여기서는 더 이상의 설명은 생략하기로 한다.

이런 문제가 나온다

대표 예제. Choose the **correct** sentence.

1. (a) Here are some tips to recapture this endangering tradition.
   (b) A man worn sunglasses is my uncle.
   (c) The paramedic did everything she could to save the died young man.
   (d) In summary, this was a disappointing performance.

2. (a) Look! There is a long tail rat.
   (b) She sat surrounding by her children.
   (c) She and I walked on the falling leaves.
   (d) I have a desire having a beautiful girl friend.
   (e) Tom was very popular with us because he was a very interesting person.

🔍 문제 해결의 Key

명사를 수식할 때 분사 판단의 핵심은 [수식받는 명사가 주어][수식하는 분사가 서술어]가 되는 주술관계를 따져서 능동이나 진행이면 현재분사, 수동 (완료 포함)이면 과거분사를 택하는 것이다. 2형식과 5형식에서 보어 역할을 할 때는 각각 주어와의 주술관계, 목적어와의 주술관계를 따져서 같은 기준으로 현재분사, 과거분사를 선택한다.

실전 예제

1. Most of the art _____ in the museum is from Italy in the 19th century. (15. 서울시 9급)
   ① is displayed   ② displaying   ③ displayed   ④ are displayed

2. It was a really _____ experience. Afterwards everybody was extremely _____. (12. 경찰 2차)
   ① terrifying, shocked   ② terrifying, shocking   ③ terrified, shocked   ④ terrified, shocking

3. An expert suggests that flight ①likely occurred as a by-product of arm flapping ②in ground-dwelled dinosaurs, as the predecessors of birds used their ③feathered arms to increase their running speed or balance themselves ④as they made fast turns. (14 편입)

4. What happened was that in my ①forties, back in the Dublin of my birth, I began ②working for the most ③respecting newspaper in the country -The Irish Times- ④as an opinion columnist. (14 편입)

5. According to Greek myth, Theseus was able to find ①his way back out of the Labyrinth, a maze of passages and galleries ②built to house a fearful monster, ③by following a strand of wool that he had slowly unrolled from a large ball ④as he penetrated deeper and deeper into the bowels of the ⑤confused building. (12. 국회직 9급)

6. A Civil Service career is your chance ①to begin a journey ②where the things that you accomplish on a daily basis can make a difference in the world. From improving trade opportunities for U.S. businesses, to monitoring human rights issues, ③to providing management supervision, you can use your skills in a Civil Service career to directly impact foreign policy issues or uphold the business practices and processes ④involving in supporting the U.S. Department of State's diplomatic efforts. (14 국가직 7급)

Point 78 분사 구문 ★★★

개념정리

분사구문이란 부사'절'(시간, 원인, 조건, 양보, 부대상황)을 [분사를 이용하여] 부사'구'로 간략화 한 것을 말한다. 변화과정은 다음과 같다

As soon as he saw the paper, he turned pale. [시간부사절]
= **Seeing** the paper, he turned pale. [시간의 분사 구문]   종이를 보자마자 그는 창백해 졌다.

① 종속 접속사 생략
② 종속절(부사절)의 주어 생략 (단, 종속절 주어 = 주절 주어)
③ 종속절의 동사를 적절한 분사로 바꾼다. (종속절 시제 = 주절 시제이면 ~ing)

1. 여러 가지 분사 구문

ⓐ 단순 (능동) 분사 구문 : 종속절 시제 = 주절 시제 + 능동형 → ~ing

While he was waiting for the bus, **he ran into** her.   버스를 기다리는 동안, 우연히 만났다.
= **(Being) Waiting** for the bus, he ran into her.

If I win the game, **I'll get** a gold medal.   그 경기에서 이기면 금메달을 따게 된다.
= **Winning** the game, I'll get a gold medal.

 첫 예문에서 과거진행(was waiting)과 과거(ran)가 원래 같은 시제인 것이 아니라 문맥상 동시간대에 벌어진 일이라 같은 시제라고 본다. 또한 진행형의 분사구문은 일반적으로 Being을 생략한다. 두 번째 예문에서는 조건부사절의 경우 현재형이 미래를 대신하므로 win이라고 썼지만 문맥상 미래시제가 된다.

Having a bad cold, I couldn't go to school.   심한 감기에 걸려서 학교에 갈수 없었다.
= **Because I had** a bad cold, **I couldn't go** to school.

As I didn't receive any answer, **I wrote** to her again.   답장을 못 받아서 다시 편지를 썼다.
= **Not receiving** any answer, I wrote to her again.

 분사구문을 부정 할 때는 **부정어를 분사 앞에** 둔다.

Being an Italian sailor, Columbus sailed the three ships under the flag of Spain.
= **Though he was** an Italian sailor, **Columbus sailed** the three ships under the flag of Spain.
이탈리아인이었음에도 불구하고, 콜럼버스는 스페인의 깃발 아래에서 세 척의 배를 몰고 나갔다.

As he looked at his mother, **he asked** what was the matter with her. (부대상황)
= **Looking** at his mother, he asked what was the matter with her.
엄마를 바라보면서 그는 엄마에게 무슨 일이 있는지를 물어보았다.

I hurried to the station, **and caught** the express train in time. (부대상황)
= I hurried to the station, **catching** the express train in time.
나는 역으로 서둘러 갔고 급행열차를 탔다.

단. **부대상황** : 두 가지 상황이 같이 일어남을 말하는데. 다시 두 가지로 나뉜다.
  1. **동시동작 as** : ~하면서   2. **연속동작 and** : ~한 후, 그러고 나서 ~

(b) 완료 (능동) 분사 구문 : 종속절 시제가 주절보다 앞서고 + 능동형 → Having p.p

As we **had practiced** hard, we **could easily win** the game.
= **Having practiced** hard, we could easily win the game.
(더 과거부터) 열심히 연습했기 때문에 (과거에) 쉽게 이길 수 있었다.

Having taught English since 1995, he is a good English teacher.
= As he **has taught** English since 1995, he **is** a good English teacher.
1995년부터 (지금까지) 영어를 가르쳐왔기 때문에 그는 (지금) 훌륭한 영어선생이다.

 현재시제보다 하나 앞서는 시제는 과거만이 아니라 현재완료도 있다.

(c) 단순 수동 분사 구문 : 종속절 시제 = 주절 시제 + 수동형 → (Being) p.p

When I **was surrounded** by so many people, I **felt** a little nervous.
= **(Being) Surrounded** by so many people, I **felt** a little nervous.
많은 사람들에 의해 둘러싸여졌을 때 나는 약간 긴장했다.

(d) 완료 수동 분사 구문 : 종속절 시제가 주절보다 앞서고 + 수동형 → (Having been) p.p

Though they **were born** from the same parents, they **bear** no resemblance to each other.
= **(Having been) Born** from the same parents, they **bear** no resemblance to each other.
(과거에) 같은 부모에게서 태어났음에도 불구하고, 그들은 (지금 보면) 닮은 점이 없다.

 과거분사로 시작하는 분사구문의 경우 원래 동사가 수동형이었다는 사실은 바로 알 수 있는데, 그 앞에 **생략되어 있는 것이** Being인지 Having been인지는 쓰여 있지 않으므로 알 수 없다. 즉, 양쪽 절의 **시제에 대한 결정은** 눈으로 봐서는 할 수 없고, **문맥을 정확히 해석해 봐야 알 수 있다.** 또한 [Being + 형용사] 형태에서도 Being은 생략 가능하다.

As I was impatient of the heat, I left Seoul. → **(Being) Impatient** of the heat, I left Seoul.

(e) 독립 분사 구문

종속절의 주어와 주절의 주어가 다른 경우. 종속절의 주어를 생략하지 않고 남긴다.

When **the work** had been finished, **he** looked happy.   일이 끝났을 때 그는 행복해보였다.
= **The work** (having been) finished, **he** looked happy.

My wife watching TV by my side, **I** sat reading a book.   아내는 TV를 보고 나는 책을 읽었다.
= While **my wife** was watching TV by my side, **I** sat reading a book.

As **it** was fine, **we** went on a picnic.   날씨가 좋아서 소풍갔다.
= **It** being fine, **we** went on a picnic.

종속절 주어가 인칭 대명사(I, you, he, she, it, we, they)인 경우는 주절 주어와 다르다 해도 독립 분사구문으로 만들지 않고, 그대로 부사절을 쓴다. 위의 예문에 있는 it은 **비인칭 대명사(cf. 비 인칭 주어 it: 시간, 날씨, 날짜, 요일** It is Monday.)이기 때문에 **독립 분사구문이 가능하다.**

When I entered the room, he was watching TV. (O)
→ I entering the room, he was watching TV. (X)

(f) 무인칭 독립 분사 구문

종속절의 주어와 주절의 주어가 다르다 해도, 종속절의 주어가 일반사람을 뜻하는 일반 주어(We, they = people)인 경우에는 그냥 생략한다. 이 구문들은 관용 표현으로 굳어져있으므로 만들어지는 과정은 크게 신경 쓰지 않아도 된다.

If we speak generally, **women** live longer than men.   일반적으로 말해서 여성은 남성보다 더 오래 산다.
= **Generally speaking,** women live longer than men.

> **Generally speaking** 일반적으로 말하면 **Roughly speaking** 대강 말하면 **Strictly speaking** 엄격히 말하면 **Frankly speaking** 솔직히 말하면 **Objectively (Subjectively) speaking** 객관적으로(주관적으로) 말하면 **Broadly speaking** 대체로 말하면 **Briefly speaking** 간단히 말해서 **Taking all things into consideration (account)** 만사를 고려해보면 **Judging from** ~로부터 판단 해 보면 **Seeing that~** ~이므로, ~인 것으로 보아 **Talking of (about)** ⓝ ⓝ에 대해 이야기하자면, ⓝ에 대한 이야기라면 **Granting that S + V~** 비록 that節인 것을 인정한다 할지라도

Taking all things into consideration, they ought to be given another chance.
만사를 고려해보면, 그들에게는 또 다른 기회가 주어져야 한다.

Judging from his expression, he's in a bad mood.
그의 표정으로 판단해 보건 데, 그는 기분이 좋지 않다.

Talking of travelling, have you ever been to Paris ?
여행에 대해 얘기를 해보자면, 당신은 파리에 가본 적이 있나요?

Granting that he is honest, I still don't like him.
그가 정직하다는 것은 인정한다 해도, 나는 여전히 그를 좋아하지 않는다.

(g) 분사형 전치사

무인칭 독립 분사구문에서 비롯된 전치사 역할로 굳어진 현재 분사.
(f)와 마찬가지로 변화과정은 중요하지 않으므로 관용표현으로 암기하자.

> **including** ~포함하여 **concerning** ~와 관련하여(= about)
> **notwithstanding** + ⓝ (= in spite of) ~에도 불구하고
> **Considering** + ⓝ (= Given + ⓝ) ~를 고려해보면
> **notwithstanding that S + V~** **Considering that + S + V ~ (= Given that + S + V~)**

If we consider his age, he looks young.
= **Considering (= Given)** his age, he looks young.
그의 나이를 고려해보면, 그는 젊어 보인다.

It doesn't seem fair to split it, **given that (= considering that)** I didn't even eat.
내가 아예 먹지도 않았다는 걸 고려해보면, 똑같이 나누어 내는 건 불공평해.

이런 문제가 나온다

대표 예제. 1. Choose the **incorrect** sentence.

(a) Having lost my purse, I can't buy the book.
(b) Defeated many times, he avoided playing a match against Jack.
(c) Considering how to settle the matter, I hit upon a good idea.
(d) Worn only a dressing gown, she was driven indoors by the cold wind.
(e) Having had an hour's tiring walk, I lay down to take a break.

2. Choose the **correct** sentence.

(a) Weather permitted, they will be rescued soon.
(b) Being Sunday, the street was not busy.
(c) The sun having set, the rescue team stopped looking for the missing.
(d) While taken a nap, I had a strange dream.

문제 해결의 Key

1. ~ing와 p.p로 시작하는 분사구문의 경우 양쪽 절의 주어가 같다는 전제를 통해 주절 주어와 ~ing, p.p사이의 주술관계를 따져본다.
2. ~ing와 p.p앞에 명사나 비 인칭 주어 it이 남아있다면 독립분사구문인데. 남겨진 주어와 ~ing, p.p사이의 관계를 따진다.
3. 접속사가 남아있는 경우 접속사보다는 결국 ~ing와 p.p에 대한 판단만 하면 된다.

실전 예제

1. 어법상 **옳지 않은** 것은? (13 지방 직 7급)

   In the present, I was ①learning, there are no questions; there is ②just being. This made me ③feel awkward at first: ④Stripping of his questions, the journalist has no identity.

2. The ①long - suffering smartphone maker reported a surprise bump in operating profits, ②provided some hope that ③its turnaround efforts are starting ④to gain traction. (15 편입)

3. Choose the **incorrect** sentence.

   ① Almost insoluble in water, quinine dissolves readily in alcohol.
   ② I went there, hoping to learn something about American culture.
   ③ Condemned by the court and denied a new trial, the robber faced death.
   ④ The war being over, I started on my travel.
   ⑤ All preparations completing, the guests began to arrive.

4. Choose the **correct** sentence.

   ① When attempted to explain children's food preferences, researchers are faced with contradictions.
   ② The purpose of the law, broad speaking, is to maintain peace and security.
   ③ Having completed his homework, he went outside to paly.
   ④ Giving that it is her fault, that seems appropriate.
   ⑤ The dice casting, we have no choice but to follow the course.

Point 79 Point 80 Point 81 with + 명사 + 분사; 부대상황 관용구 ★★
분사 구문의 강조 ★
유도 부사가 포함된 분사 구문

개념정리

1. with + 명사 + 분사

부대상황의 [동시동작] 분사구문에 with를 추가함으로서 동시성을 강조한다.
이때 들어가는 분사의 모양은 앞 명사와의 주술관계를 따져보면 되는데, 그 이유는 앞의 명사가 원래 주어였기 때문이다.

I sat still while the cat was dozing at my feet. — 가만히 있는 동안 고양이는 졸고 있는 부대상황
→ I sat still, **the cat dozing** at my feet. — 독립 분사 구문 (양쪽 주어가 다르므로)
→ I sat still, **with the cat dozing** at my feet. — with의 추가를 통한 동시성의 강조

With night coming on, we started home. — 밤이 와서 우리는 집으로 향했다.
He sat silent, **with his arms folded.** — 그는 팔짱을 낀 채 조용히 앉아있었다.
It was calm night, **with little wind blowing.** — 바람이 불지 않는 고요한 밤이었다.
He sleeps, **with his legs crossed** — 그는 다리를 꼰 채 잔다.

2. 분사구문의 강조

분사구문의 의미를 강조하고 싶다면, 분사 바로 뒤에 다음과 같은 모양을 추가한다.

> as + S (분사의 원래 주어) + be (원래 be 동사 구문일 경우)
> as + S (분사의 원래 주어) + do, does, did (일반 동사 구문일 경우)

As they lived in a remote place, they seldom had visitors.
= Living in a remote place, they seldom had visitors.
→ Living **as they did** in a remote place, they seldom had visitors.
외딴곳에 살았기 때문에 그들은 거의 방문객들을 갖지 못했다

As I am alone in this solitary house, I seldom see people.
= Being alone in this solitary house, I seldom see people.
→ Being **as I am** alone in this solitary house, I seldom see people.
이 쓸쓸한 집에 나 혼자 있기 때문에 나는 사람들을 거의 보지 못한다.

3. 유도부사로 시작한 문장의 분사 구문 : There가 남는다.

As **there** was no one to help him, he did it all by himself. — 도와줄 이가 없어 혼자 했다.
= **There being** no one to help him, he did it all by himself.

이런 문제가 나온다

대표 예제. Choose the **correct** sentence.

(a) He went out for a walk with his dog followed him.
(b) She stood still with her face turning away from him.
(c) We feel uneasy if kindness seems to come to us with no strings attach.
(d) Written as it did in haste, the book has many mistakes.
(e) There being no bus, I had to walk home.

문제 해결의 Key

with + 명사 + 분사는 부대상황을 의미하는 관용구인데, 앞에 주어진 명사와의 주술 관계를 따져서 분사의 모양을 결정한다. 분사 바로 뒤에 붙여 분사를 강조하는 as + S + V에서 V는 원래의 동사가 be를 포함하고 있다면 be를 그대로 쓰고 일반 동사를 포함하고 있다면 do, does, did로 받아준다. 유도부사 There는 분사구문으로 만들 때 항상 남아 있게 된다.

실전 예제

1. Choose the one that is **grammatically INCORRECT**.
   ① There being no official objection, leave was granted.
   ② Leaving immediately, the train can be caught by you.
   ③ With one eye bandaged, I could not write properly.
   ④ Judging from their teeth, they had a variety of diets.

2. ①<u>While</u> nuclear energy supplies about 13% of global electricity — and dozens of new reactors ②<u>are being built</u> in countries like China, India and Russia — in the U.S. ③<u>and</u> much of the rest of the developed world, nuclear energy is in retreat, with new reactors on hold and ④<u>aging ones retiring</u>.

3. 어법상 옳지 않은 것은?
   How a man uses money – makes it, saves it, and spends it – ①<u>is</u> perhaps one of the best tests of practical wisdom. Although money ought by no means ②<u>to be regarded as</u> a chief end of man's life, ③<u>neither is it</u> a trifling matter, to be held in philosophic contempt, ④ <u>representing as it is</u> to so ⑤<u>large an extent</u>, the means of physical comfort and social well-being.

201

www.moonduk.com

MD GRAMMAR

Chapter. 09
관계사

www.moonduk.com

Chapter 09 관계사

관계대명사의 격 판단

 사람 or 사람 아닌 선행사라는 기준에,
1. 주격 + V
2. 동사의 목적격 + S + V 목적어
3. 별도 전치사의 목적격 + 완벽한 절
4. whose + 무 관사 명사 or 복수명사
5. of which the ⓝ = the ⓝ of which
6. 부분 표현 어구 + of whom / of which

ex. This is **the car which was bought** for me by my father. [사람 아닌 선행사 + V]
    He is **the man whom I like**. [사람 선행사 + S + V 목]

주격관계대명사의 뒤 마무리

 1. 주격관계대명사 뒤의 동사는 선행사에 일치시킨다.
2. 주격관계대명사 + (삽입 절) + V

ex. I know many **girls** who **is** very beautiful. (X) → **are** (선행사가 복수)
    I picked a man **whom** I thought **was** honest. (X) → **who** (I thought는 삽입 절)

관계대명사의 생략

 단독생략이 가능한 것은 원칙적으로 동사의 목적격뿐.
주격의 경우 [주격관계대명사 + there be 주어] 형태이면 예외적으로 생략가능

ex. This is the boy (**whom**) we saw yesterday. [목적격]
    He is one of the best baseball players (**that**) **there are** in the world. [주격]

Which의 특별 용법

 선행사가 명사가 아니라 형용사, 구, 절(앞 문장 전체)이면 관계대명사는 계속적 용법의 which이다.

ex. He is **rich, which** I unfortunately am not. [선행사가 형용사]
= He is rich, **but** I unfortunately am not **rich**.

관계대명사와 To 부정사의 결합

 목적격 관계대명사 절 (형용사절) → To 부정사 (형용사구)

ex. This is the house **which he lives in**.
→ **which to live in** (X) / **in which to live** (△) / **to live in** (O)

관계대명사 that

1. who, whom, which를 대신
2. 전치사와 같이 쓰거나 계속적용법으로 쓸 수 없다.
3. 특정한 선행사에 대해 주로 that만 쓰기도 한다.

ex. Students may have a teacher **that**(= **whom**) they respect.
He gave me a gift, **that** I declined. (X) → **which** (계속적 용법으로 쓸 수 없다.)

관계대명사 what

 선행사가 될 만한 명사 없음 + [what + 불완전한 절(주어 or 목적어)]
→ 이 모양 자체가 명사절로 쓰인다.

ex. I want to know **what you want** for your birthday.   네가 원하는 것

What을 포함하는 관용표현

what I am 지금의 나 / what I have 내 재산
what is now Seoul 지금은 서울이라는 곳
what we(you, they) call 소위, 말하자면
A is to B what C is to D A:B는 C:D의 관계와 같다.

ex. The important thing is not **what you have**, but **what you are**.

유사 관계대명사

as 와 than의 경우 [+ V or + S + V 목적어 : 주격 or 목적격]은 동일하고 선행사의 특이성 (각각 as, such, the same / 비교급)만 유념하면 된다.

but의 경우 [부정어 포함 선행사 + but + 긍정동사 (단, 부정적으로 해석)]라는 모양이 된다.

ex. Lend me **as** much money **as** you have.   네가 가진 만큼의 많은 돈을 나에게 빌려줘.
There are **no** students **but have** a cellular phone.   휴대전화를 가지지 않은 학생이 없다.

복합 관계대명사

[선행사 될 만한 명사 없음 + whoever + V / whomever + S + V 목적어
/ whatever, whichever + V or S + V 목적어] → 명사절

ex. **Whoever** says so is a liar.
Whatever brings about happiness has utility.

관계부사

 장소, 시간, 이유, 방법 + where, when, why, how + 완벽한 절
단, the way how는 둘 중 하나는 생략하고 쓴다.

ex. Do you know **the reason why** he was praised?
This is **the way how** he solved the problem. (X) → **the way**와 **how** 중 하나 생략

복합 관계부사

 wherever, whenever, however / however 형 or 부 + S + may, will R
~, S + V ~. → 양보의 부사절

ex. **However tired you may be,** you must do it. 아무리 피곤하다 해도

관계형용사

 관계형용사 what = all the ~ that ~하는 모든 ~

ex. I will give you **what money I have.** = **all the money that I have.**

복합관계형용사

 복합 관계형용사 whatever + ⓝ + (S) + may, will R ~, S + V ~.
→ 양보의 부사절

ex. **Whatever language you may learn,** you should study hard.
무슨 언어를 배운다 할지라도 ~

관계대명사의 격 판단 ★★★

개념정리

관계대명사는 접속사와 대명사의 결합이다. 즉 관계대명사 자체가 어떤 명사의 대신이며 절과 절을 연결한다. 이때 명사를 대신한다는 점을 통해 관계대명사 자체가 주격이나 목적격이 된다는 것을 알 수 있는데, 특이하게 소유격을 대신하는 경우도 있다. 관계대명사는 다음과 같은 종류가 있는데 그 판단기준은 [선행사의 종류]와 관계대명사 자체의 [격]이다.

선행사	주격	목적격	소유격
사람	who	whom	whose
사람이 아닌 것	which	which	whose / of which

두 개의 문장을 연결하는 관계대명사를 쓰는데 있어서 항상 명심해야 할 점이 두 가지가 있는데 다음과 같다.

첫째. 대명사 성격인 관계대명사가 나왔다는 것은 두 번째 문장의 주어나 목적어나 소유격이 사라졌음을 의미한다.

둘째. 관계대명사는 접속사이므로 두 문장의 중간 연결 위치에 쓴다.

1. 주격 관계대명사 who or which

두 번째 문장의 주어가 사라진다. 그리고 주어가 사라진 바로 그 자리가 정확히 중간자리가 되기 때문에 그 자리에 주격관계대명사를 쓴다.

> 선행사 + 주격관계대명사 + V

I saw a man **who looked** just like you.   너를 꼭 닮은 사람을 보았다.
→ I saw a man + ~~He~~ looked just like you.

There are many things in nature **which defy** human ingenuity to imitate them.
→ There are many **things** in nature + ~~They~~ (= many things) defy human ingenuity to imitate them.
자연 속에는 인간의 재주가 모방하는 것을 허용하지 않는 많은 것들이 있다.

2. 동사의 목적격 관계대명사 whom or which

두 번째 문장의 동사(타동사 or 자동사 + 전치사)에 대한 목적어가 사라진다. 이때 조심해야 할 점은 목적어가 사라진 바로 그 자리가 아니라 중간의 연결 위치에 관계대명사를 써야 한다는 것이다.

> 선행사 + 동사의 목적격 관계대명사 + S + V 목적어

She has no children **whom** she should **bring up**.   그녀는 길러야할 아이들이 없다.
→ She has no children + she should bring ~~them~~ (= the children) up.

This is the watch **which** my father **bought** for me.
→ This is the watch + My father bought ~~it~~ (= the watch) for me

I have a friend **whom** I can **talk with**.
→ I have a friend + I can talk with ~~him~~. (= a friend)

I have a house **which** I can **live in**.
→ I have a house + I can live in ~~it~~. (= the house)

이것이 아버지가 사준 시계다.

함께 대화할 친구가 있다.

살 집이 있다.

> **단.** 전치사를 관계대명사 앞에 쓸 수도 있다. 즉,
>
> 선행사 + 전치사 + 목적격 관계대명사 + S + Vi
>
> I have a friend **with whom** I can talk.
> I have a house **in which** I can live.

3. (동사의 목적어가 아닌 별도) 전치사의 목적격 관계대명사
전치사 + whom or 전치사 + which

두 번째 문장의 동사의 목적어가 아니라 별도의 전치사 뒤에 있던 목적어가 사라진다.
이때 뒤에 혼자 남게 되는 전치사를 일반적으로 관계대명사 바로 앞에 써서,
[전치사 + 목적격 관계대명사]형태를 만드는데, 그렇게 되면 나머지 뒷부분은 형식적으로 완벽한 절이 된다.

선행사 + 전치사 + 목적격 관계대명사 + 완벽한 형식의 절

I need a desk **on which** I can write a letter.
→ I need a desk + I can write a letter **on** ~~it~~. (=the desk)

I had no money **with which** I could buy the book.
→ I had no money + I could buy the book **with** ~~it~~. (=the money)

This is the area **in which** the house will be built.
→ This is the area + The house will be built **in** ~~it~~ (=the area).

나는 편지를 쓸 수 있는 책상이 필요하다.

나는 책을 살 수 있는 돈이 없었다.

이곳은 그 집이 지어질 구역이다.

> **단.** 자동사 + 전치사의 목적격 관계대명사를 여기서 다시 상기해보면,
> I have a house which I can live in.
> = I have a house **in which** I can live.
> → live는 원래 1형식동사이므로 이 문장 자체가 완벽한 형식의 절.
>
> 결국, 전치사가 관계대명사 바로 앞에 있게 되면 뒷부분은 어떤 식으로든 완벽한 형식의 절이 된다.
> → 1형식이건, 3형식이건, 수동태가 되건.

4. 소유격 관계대명사 whose

두 번째 문장에 있던 소유격이 사라진다. 그런데 소유격은 항상 그 뒤에 [+ 명사]일 것이므로 소유격 관계대명사는 항상 whose + 명사가 되어야 한다. 또한 소유격과 부정관사(a, an)는 같이 쓸 수 없으므로 구체적으로 다음과 같은 모양이 된다.

선행사 + whose + 명사 (무관사 명사 or 복수명사)

This is the man **whose father** is a teacher.
→ This is the man + ~~His~~ father is a teacher.

이 사람이 아버지가 선생님인 그 남자다.

여기서 또 한 가지 문제는, 소유격 뒤에 있던 명사가 담당하고 있던 역할 (주어 or 목적어)에 따라 [whose + 명사] 이후의 모습이 달라진다는 것이다.

> 선행사 + whose + 명사
> ① 주어였다면 : whose + 명사 + V (→ 앞서 나온 예문 참고)
> ② 목적어였다면 : whose + 명사 + S + V 목적어 (→ 다음 예문)

Mr. Smith is the man + I once loved ~~his~~ daughter.
→ Mr. Smith is the man whose daughter I once loved.
　　　　　　　　　　　　　　　　O　　　　S　　　V

Smith 씨가 내가 딸을 사랑했던 그 남자다.

This is the proverb + I don't understand ~~its~~ meaning.
→ This is the proverb whose meaning I don't understand.
　　　　　　　　　　　　　　　O　　　　S　　　　V

이것이 뜻을 이해하지 못하는 속담이다.

5. 소유격 관계대명사 of which

사람이 아닌 선행사에 대해서만 쓰는 of which는 whose와 다음의 상관관계가 있다.

> 사람 아닌 선행사 + whose ⓝ
> 　　　　　　　　= of which the ⓝ = the ⓝ of which

I want a car. + The roof of ~~it~~ can be opened.
→ I want a car the roof of which can be opened.
→ I want a car of which the roof can be opened.
→ I want a car whose roof can be opened.

나는 지붕이 열리는 차를 원한다.

Look at the old house. + The windows of ~~it~~ were broken.
→ Look at the old house the windows of which were broken.
→ Look at the old house of which the windows were broken.
→ Look at the old house whose windows were broken.

창문이 깨진 저 낡은 집을 봐라.

6. 부분을 표현하는 어구 + 목적격 관계대명사

선행사와 공통된 뒷 문장 어구에 [none, neither, any, either, some, many, much, (a) few, both, half, each] 따위의 부분 표현 어구가 포함되어 있으면 다음과 같다.

> 선행사 + 부분 표현어구 + of whom or of which

We invited over 30 members. + Only a few of ~~them~~ came.
→ We invited over 30 members, only a few of whom came.
우리가 30명이 넘는 멤버들을 초대했는데 (그들 중에) 단지 몇몇만이 왔다.

Mother gave me more than 100 dollars. + I wasted most of ~~it~~.
→Mother gave me more than 100 dollars I wasted most of which.(X)
→Mother gave me more than 100 dollars, most of which I wasted.(O)
엄마가 나에게 100달러가 넘는 돈을 주었는데 (그 돈 중의) 대부분을 다 써버렸다.

이런 문제가 나온다

대표 예제. 1. Choose the **correct** sentence.
  (a) This is the man whom will join our firm next week.
  (b) The people who work in this office is very friendly.
  (c) Here is a book who describes animals.
  (d) I liked the woman whom I met at the party last night.
  (e) There are many girls whom you can talk.

2. Choose the **correct** sentence.
  (a) He made many trips to the U.S. which he wrote many essays.
  (b) Conversion disorder is a condition by which you show psychological stress in physical ways.
  (c) Mr. Kim ,whom I was working, was very generous about overtime payments.
  (d) I live in a house whose the roof is blue.
  (e) She had three sons, one of whom was killed in the Korean War.

문제 해결의 Key

일단 선행사가 사람인지 아닌지를 확인한 상태에서
1. 주격 + V   2. 동사의 목적격 + S + V 목적어   3. 별도 전치사의 목적격 + 완벽한 절
4. whose + 무관사 명사 or 복수명사   5. of which the ⓝ = the ⓝ of which
6. 부분 표현 어구 + of whom / of which

실전예제

※ 어법상 **옳지 않은** 것은? (1 – 4)

1. There are people who ①through no fault of their own are deprived ②of some of the fundamental rights ③which all human beings are supposed to have ④them. (15 서울시 7급)

2. The degree ①to which an adverbial was integrated into clause structure affected its punctuation in two positions; initial position and final position. ②Frequently unpunctuated, adjuncts are closely related to the clauses ③in which they occur. Disjuncts and conjuncts, on the other hand, are sentential adverbs, and their relatively frequent punctuation reflects their loose connection to the clauses ④which they are members. (14 편입)

3. ① She has a watch whose price is very high.
   ② There is a book the cover of which is green.
   ③ Let's compare two slogans, both of which try to get us to think of chocolate products as healthy foods.
   ④ She has offered a new procedure to which no one readily agrees.
   ⑤ Is that his daughter whose talent he is very proud?

4. The Egyptian earthquake ①in October 1992 killed 600 residents of Cairo and hospitalized ②thousands of others, ③many of those were expected to die ④as a result of their ⑤injuries.

5. The sales industry is one _____ constant interaction is required, so good social skills are a must.
   ① but which   ② in which   ③ those which   ④ which   ⑤ what   (14 서울시 9급)

Point 83 / Point 84 / Point 85 / Point 86

- 주격관계대명사의 뒤 마무리 ★★
- 관계대명사의 생략 ★★
- Which의 특별 용법 ★
- 관계대명사와 To 부정사의 결합 ★

개념정리

1. 주의해야 할 주격 관계대명사의 뒤 마무리

(a) 주격관계대명사 뒤의 동사는 선행사에 맞춰 써야 한다.

I will lend you **this book** which **is** very interesting.   매우 재미있는 이 책을 빌려주겠다.
I will lend you **these books** which **are** very interesting.   매우 재미있는 이 책들을 빌려주겠다.
I have **a friend** who **takes** a walk every morning.   나에게는 매일 아침 산책 하는 한 친구가 있다.
The cars which **have** poor brakes are dangerous.   형편없는 브레이크를 가진 차들은 위험하다.

 다음 두 가지 경우가 선행사일 때는 동사 일치 여부를 주의해야 한다.

> one of + 복수명사 + 주격관계대명사 + 복수동사
> the only one of + 복수명사 + 주격관계대명사 + 단수 동사

John is one of <u>the boys</u> who <u>are</u> not eligible.   John 은 적합하지 않은 여러 소년들 중의 하나이다.
John is <u>the only one</u> of the boys who <u>is</u> not eligible.   John 은 적합하지 않은 유일한 소년이다.

(b) 주격관계대명사 + (삽입절) + V

주로 사고, 인식류 동사가 포함된 S + V를 주격관계대명사 뒤에 추가할 수 있다.
삽입절은 의미적 추가를 위해 끼어 넣을 뿐이라서 그 뒤에는 그대로 동사가 나온다.

> 주격관계대명사 + (S + 사고, 인식류 동사 say be sure....) + V

The man **who [I thought] was** my friend betrayed me.
→ **The man** betrayed me. + ~~He~~ was my friend. + I thought
(내 생각에) 내 친구였던 그 사람이 나를 속였다.

 S + 사고, 인식 류 동사가 삽입 절이 되는 경우가 많긴 하지만 반드시 그런 것은 아니고, 다음과 같이 목적격 관계대명사일수도 있다.
The man whom I thought to be my friend betrayed me.
→ The man betrayed me. + I thought ~~him~~ to be my friend. [실제 목적어 자리가 비어있다.]
내가 친구라고 생각했던 그 사람이 나를 속였다.

This is the man **who [I believe] is** rich.
→ **This is the man** + ~~He~~ is rich. + I believe
이 사람이 (내가 믿기에) 부자인 그 사람이다.

 This is the man whom I believe to be rich.
→ This is the man + I believe ~~him~~ to be rich. [실제로 목적어 자리가 비어있다.]
이 사람이 내가 부자라고 믿는 그 사람이다.

2. 관계대명사의 생략

ⓐ 단독 생략이 가능한 관계대명사는 원칙적으로 동사의 목적격관계대명사뿐이다.

I like the book **(which) you bought** for me yesterday. 네가 나를 위해 사준 그 책이 좋다.
→ I like the book + You bought ~~it~~ for me yesterday.

He is the man **(whom) you can rely on**. 그는 네가 의지할 수 있는 사람이다.
→ He is the man + You can rely on ~~him~~.

이것을 공식화해서 기억하면,
[완벽한 절 + S + Vt 또는 S + Vi + 전치사] 형태이고 그 뒤에 목적어자리가 비어 있으면,
중간에 목적격 관계대명사가 생략되어 있다고 보면 된다.

> **단.** He is the man on whom you can rely.
> 전치사 + 목적격 관계대명사 형태에서는 관계대명사를 생략할 수 없다.

ⓑ 단독 생략이 불가한 주격 관계대명사가 예외적으로 생략되는 경우

ⓐ 주격관계대명사 뒤에 there be ~~주어~~ 형태가 뒤따를 때.

This is the most expensive car **(that) there is** in the world.
→ This is the most expensive car. + There is ~~a car~~ in the world.
이 차는 세상에 존재하는 차중에 가장 비싼 차다.

He is one of the best tennis players **(that) there are** in the world.
→ He is one of the best tennis players. + There are ~~players~~ in the world.
그는 세상에 존재하는 가장 뛰어난 테니스 선수들 중의 한명이다.

> **단.** There be 다음 자리는 주어자리이고 그 주어가 사라지는 것이므로 주격관계대명사가 나오는데,
> 바로 그 주격관계대명사가 생략가능하다는 원리이다. 이때 한 가지 추가할 점은 생략된 주격관계대명사는
> that이라는 것이다. (→ 관계대명사 that은 Point 87. 참고)

ⓑ 주격보어를 대신해서 나온 주격관계대명사
선행사가 사람일지라도 개인보다는 그 사람의 성질 (지위. 직업. 성격)등을 나타내는 주격보어인
경우에는 주격관계대명사로 which(=that)를 쓰는데. 이 경우 생략가능하다.

He is not the good fellow **(which = that)** he once was. 그는 예전에 그랬던 좋은 사람이 아니다.
→ He is not the good fellow + He once was ~~a good fellow~~.

She is not the woman **(which = that)** she used to be. 그녀는 예전의 그녀가 아니다.
→ She is not the woman + She used to be ~~the woman~~.

ⓒ 선행사 + (주격관계대명사 + be) + ~ing / p.p
주격관계대명사 뒤의 진행형이나 수동태의 경우 분사만 남기는 게 가능하다.

I know a boy **(who is) working** in this office. 나는 이 사무실에서 일하는 소년을 안다.
This is the product **(which is) made** in Korea. 이것은 한국에서 만들어지는 상품이다.

3. 관계대명사 which의 특별 용법

선행사가 명사가 아니라 형용사, 구, 절(앞 문장 전체)일 때는 관계대명사로 which를 쓰는데, 이때는 항상 계속적 용법이다. (→ 계속적 용법은 Point 87. 1 (c) 참고)

(a) 형용사 선행사

My wife was believed to be **selfish** before marriage, **which** she is not.
→ My wife was believed to be selfish before marriage + She is not ~~selfish~~.
= My wife was believed to be selfish, **but** she is not **selfish**.
내 아내는 결혼 전에는 이기적이라고 믿어졌다. 그러나 그녀는 그렇지 않다.

(b) 구 선행사

They tried **to finish the work in a week**, **which** they soon found impossible.
→ They tried to finish the work in a week + They soon found **it** impossible.
= They tried to finish the work in a week, **but** they soon found **it** impossible
그들은 한주 정도에 그 일을 끝내려고 애썼다. 그러나 곧 그들은 그것이 불가능하다는 것을 알게 되었다.

(c) 절 선행사

He cycles to work everyday, **which** keeps him healthy.
→ He cycles to work everyday + **It** keeps him healthy.
= He cycles to work everyday, **and it** keeps him healthy.
그는 매일 자전거를 타고 출근한다. 그리고 그것이 그를 건강하게 해준다.

 문장 전체를 선행사로 하는 관계대명사에는 as도 있는데, which를 쓰는 것이 더 일반적이고 as는 다음과 같은 경우에만 관용적으로 쓰인다.
He was absent from school, **as is often the case with** him.　~에는 흔히 있는 경우이듯이
I will study hard **as is usual with** me　　　　　　　　　　~에는 종종 그러하듯이

4. 관계대명사절 (형용사절) → To 부정사 (형용사구)

특히 목적격 관계대명사절은 To 부정사 형용사적 용법으로 간략화 할 수 있다.

(a) 타동사의 목적격인 경우

She has no children **whom she should bring up.**　　　　　　그녀는 길러야 할 아이들이 없다.
→ She has no children **to bring up**

(b) 자동사 + 전치사의 목적격인 경우

I need a chair **which I can sit on.**　　　　　　　　　　　　나는 앉을 의지가 필요하다.
→ I need a chair **which to sit on.** (X) 지금은 쓰이지 않는 표현
→ I ned a chair **on which to sit.** (△)
→ I need a chair **to sit on.** (→ Point 58. 2 (b) 참고)

(c) 별도 전치사의 목적격인 경우

I had no money **with which I could buy the book.**　　　　　나는 책을 살 수 있는 돈이 없었다.
→ I had no money **which to buy the book with.** (X) 지금은 쓰이지 않는 표현
→ I had no money **with which to buy the book.** (△)
→ I had no money **to buy the book with.** (→ Point 58. 2 (c) 참고)

이런 문제가 나온다

대표 예제. Choose the **correct** sentence.

(a) Professor Park, who teach Chemistry, is an excellent lecturer.
(b) Tom is a boy who I think to be honest.
(c) People can get energy from food they eat everyday.
(d) This is the house in he lives.
(e) He is the most handsome man there are in the world.

문제 해결의 Key
1. 주격관계대명사 + (삽입 절) + V 의 형태를 조심. V는 선행사에 일치.
2. 동사의 목적격 관계대명사는 항상 생략될 수 있지만, 주격의 경우 예외적으로만 가능.
3. 명사가 아닌 특이한 선행사에 대해서는 관계대명사는 which를 씀이 원칙.
4. 목적격 관계대명사절은 형용사적 용법의 To부정사로 간략화 할 수 있다.

실전예제

※ 어법상 **옳지 않은** 것은? (1 – 4)

1. The paper is thicker, photos are more colorful, and most of the articles ①<u>are</u> relatively long. The reader experiences ②<u>much more</u> background information and greater detail. There are are also weekly news magazines, ③<u>which reports</u> on a number of topics, but most of the magazines ④<u>are specialized to</u> attract various consumers. For example, there are ⑤<u>women's magazines covering</u> fashion, cosmetics, and recipes as well as youth magazines about celebrities.
   (14 국가 직 9급)

2. This young man met his uncle, crying, and told him that he was the only one of his people who ①<u>were still alive</u>; all the others ②<u>had been slaughtered</u>, and he was just ③<u>wandering through</u> the countryside looking for someone to be ④<u>a comfort to</u> him.

3. I was a bit surprised at my own behavior and was taken ①<u>aback at</u> all the anger and resentment I had ②<u>pent them up</u> over the years. In retrospect, I can't say it was the most professional approach I ③<u>could have used</u>, but it definitely got ④<u>my point across</u>.

4. ① They said John was very selfish, which his father knew him to be.
   ② What we've done is to identify a region in the human genome which we believe are associated with positively living to an extreme old age.
   ③ In the rain I met a gentleman I believed to be her father.
   ④ I will employ the woman who they say speaks English fluently.

5. Choose the **correct** sentence.
   ① The director is looking for locations which he can film the documentary.
   ② The director is looking for locations which to film the documentary.
   ③ The director is looking for locations in which to film the documentary.
   ④ The director is looking for locations to film the documentary in.

Point 87 · Point 88 · Point 89
관계대명사 that ★★★
관계대명사 what ★★★
what을 포함하는 관용표현 ★

개념정리

1. 관계대명사 that

(a) 주격과 동사의 목적격 관계대명사 who, whom, which는 that으로 바꿔 쓸 수 있다.

> 선행사 + that + V : 주격
> 선행사 + that + S + Vt or S + Vi + 전치사 목적어 : 동사의 목적격

The policeman **that(= who)** reported the accident thinks it was Tom's fault.
그 사건을 보고했던 경찰관은 Tom의 잘못이었다고 생각한다. (주격)

The car **that (= which)** I hired broke down after 5 kilometers.
내가 빌렸던 자동차는 5킬로미터를 간 후 고장 났다. (목적격)

The man **that (= whom)** you met yesterday is my cousin.
당신이 어제 만난 그 사람은 나의 사촌이다. (목적격)

(b) 전치사+목적격 관계대명사인 경우 that 은 사용할 수 없다.

I need a chair **that(= which)** I can sit **on**.
I need a chair **on which** (≠ on that) I can sit.
I need a desk **on which** (≠ on that) I can write a letter.

(c) that은 계속적 용법으로 쓰이지 않는다.

I want to buy this car, **that** is streamlined and economical. (X)
→ I want to buy this car, **which** is streamlined and economical.
→ I want to buy this car, **for it** is streamlined and economical.
　　나는 이 차를 사고 싶다. 왜냐하면 이 차가 유선형이고 경제적이기 때문이다.

She gave me a novel, **that** I have not read yet. (X)
→ She gave me a novel, **which** I have not read yet
→ She gave me a novel, **but** I have not read **it** yet.
　　그녀가 나에게 소설책을 주었다. 그러나 나는 그 책을 아직 읽지 않았다.

> **단** 계속적 용법이란?
> 관계대명사절의 해석 방법에는 선행사를 꾸며주는 제한적(한정적) 용법과 계속적 용법이 있다.
> ⓐ 계속적 용법은 관계 대명사 앞에 일반적으로 콤마가 있다.
> ⓑ 계속적 용법은 앞에서부터 차례로 해석한다.
> ⓒ 이때 관계 대명사는 **접속사 + 대명사 (= 선행사)**로 바꿔 쓰기도 한다.
> He has three daughters who have not married yet.
> 그에게는 아직 결혼하지 않은 세 딸들이 있다. (자식이 더 있을 수도 있다.)
> He has three daughters, **who** have not married yet.
> 　　　　　　　　　　= and they
> 그에게는 딸이 셋 있는데, 그들이 모두 결혼하지 않았다. (그의 자식은 딸 셋이 전부다.)

(d) 관계대명사로 반드시 that만 쓰는 경우

　ⓐ 선행사가 사람 + 사람 아닌 것일 때.

　　The adventurer spoke about the **men and the things that** he had seen abroad.
　　그 탐험가는 자기가 해외에서 본 사람들과 문물들에 대해서 말했다.

　ⓑ 의문대명사 who나 which가 있는 문장에 관계대명사 who나 which가 나오는 경우

　　Who **that(≠who) has sense of honor** can do such a mean thing?
　　→ **Who** can do such a mean thing ? + ~~He~~ has sense of honor.
　　명예심을 가진 누가 그런 비열한 짓을 하겠는가? (명예를 아는 사람은 그러지 않는다)

　　Which is the car **that(≠which)** you want to buy?　　네가 사고 싶은 차는 어느 쪽이니?
　　→ **which** is the car? + You want to buy ~~it~~.

(e) 관계대명사로 주로 that을 쓰는 경우

　ⓐ 최상급 또는 서수가 선행사를 수식하고 있을 때.

　　"Ben Hur" is **the most impressive** film **that** I have ever seen.
　　벤허는 내가 이제껏 본 중에 가장 감명 깊은 영화다.

　　He is **the first** man **that** reached the North Pole.
　　그는 북극에 도달한 최초의 사람이다.

　ⓑ the only, the very, the same 등이 선행사를 수식하고 있을 때

　　You are **the only** woman **that** I love in the world.　　내가 사랑하는 유일한 여성이다.
　　You are **the very** person **that** I've been looking for.　　내가 이제껏 찾아다닌 바로 그 사람이다.
　　This is **the same** watch **that** I gave to her.　　이것은 내가 그녀에게 준 바로 그 시계이다.

　ⓒ all, every, no, any, some, both, each 따위가 선행사의 일부일 때

　　Anyone that would succeed in anything must work hard.
　　성공하고자 하는 사람은 누구나 열심히 해야 한다.

　　I would like to write about **all** the cities **that** I visited.
　　내가 방문했던 모든 도시들에 대해 글을 쓰고자 한다.

　　단. 주로 that 을 쓴다는 것은 원래대로의 것 (who, whom, which)을 써도 완전히 틀린 문장은 아니라는 것이다. 단, 시험 문제에서 앞서 설명한 대로의 선행사에 대해 관계대명사를 집어넣으라고 한다면 그 답은 that이 된다.

2. 관계대명사 what = the thing(s) which(= that) : ~ 하는 (어떤)것(들), 존재(들)

　(a) 사람 아닌 선행사를 이미 포함하고 있는 주격이나 동사의 목적격 관계대명사
　　즉, 선행사가 될 만한 명사가 앞에 없는 상태에 + [what + 불완전한 절(주어or목적어)]

　(b) 꾸며줄 선행사가 없으므로 관계대명사지만, 명사절을 이끈다.

　　This is not **the thing.** + I really want ~~it~~.　　이것은 내가 진정으로 원하는 것이 아니다.
　　→ This is not **the thing which** I really want.
　　→ This is not [**what** I really want].　　　　　　　[주격보어인 명사절]

The thing is not always good. + **It** is beautiful. 　　　　아름다운 것이 항상 좋은 것은 아니다.
→ **The thing which** is beautiful is not always good.
→ [**What** is beautiful] is not always good. 　　　　　　　[주어인 명사절]

선행사 **What my wife wanted** 목 was not money itself.
내 아내가 원했던 것은 돈이 아니었다.　　　　(주어인 명사절)

This is 선행사 **what he wanted** 목 for lunch.
이것이 점심으로 그가 원했던 것 이다.　　　　(주격보어인 명사절)

Do you believe 선행사 **what** 주 **is said by him**?
당신은 그에 의해서 말해진 것을 믿습니까?　　(목적어인 명사절)

3. what을 포함하는 관용 표현

(a) **what + 주어 + be** : 사람 자체 (인물됨, 인격, 입장, 신분 등)
　　what I am 지금의 나　　**what he was** 막연한 옛날의 그　　**what he used to be** 옛날 한때의 그

(b) **what + 주어 + have** : 주어가 가진 것. 즉 재산
　　She is charmed by **what he is**, not by **what he has**.
　　그녀는 그가 가진 것 (재산)이 아니라 그 사람자체에 매혹되었다.

(c) **what we (you, they) call = what is, are called = so-called** : 소위, 말하자면
　　He is, **what we call(=what is called)**, a book worm.　　그는, 말하자면, 책벌레다.

(d) **A is to B what C is to D = What A is to B, C is to D** A:B의 관계는 C:D의 관계와 같다.
　　Air **is to** us **what** water **is to** fish.
　　= **What** air is to us, water is to fish.　　　공기와 인간의 관계는 물과 물고기의 관계와 같다

(e) **What is now + 장소** : 지금은 ~라는 그 곳. 그 장소
　　We all live in **what is now Seoul**.　　우리 모두는 지금은 서울이라는 곳(서울에서) 산다.

(f) **what is 비교급** : 더욱 ~ 한 것은　　**what is 최상급** : 가장 ~ 한 것은
　　He is rich, and **what is better**, very handsome.　　부자인데다, 더욱 좋은 것은 잘생겼다.
　　He is poor, and **what is worse**, very ugly.　　가난한데다. 더욱 안 좋은 것은 못생겼다
　　She is beautiful, clever, and **what is best of all**, kind to everyone.
　　그녀는 아름답고, 영리하다. 그리고 무엇보다 좋은 것은 모든 이들에게 친절하다는 것이다.

(g) **what with A ~, what with B** : A 이기도 하고 B 이기도 해서　(with : 원인)
　　what by A ~, what by B　　　: A와 B에 의해서　　　　　(by : 수단)

　　What with cold, and **what with** hunger, he fell down on the ground.
　　춥기도 하고 배고프기도 해서 그는 쓰러졌다.　　(춥고 배고픈 것이 원인)

　　What by luck, and **what by** effort, he succeeded in business.
　　운도 따르고 노력도 해서 그는 사업에 성공했다　　(운과 노력이 사업에 성공한 수단)

이런 문제가 나온다

대표 예제. Choose the **correct** sentence. (2개)

(a) She ate nothing all day, that caused them to sympathize with her.
(b) Flooding has always been the sort of incident to that fire fighters respond.
(c) A child and his dog that were jaywalking were run over by a taxi.
(d) You are the very person whom I've been looking for.
(e) What your mother told you to do must be done without fail.
(f) Please tell me that you saw and heard abroad.
(g) I don't even know that happened to Jim.

문제 해결의 Key

관계대명사 that은 1. 주격이나 동사의 목적격 2. 전치사와 같이 쓸 수 없고, 계속적용법으로도 쓰지 못한다. 3. 특정한 선행사에 대해 주로 that을 써야 하는 경우가 있다. 4. 선행사를 이미 포함하고 있는 관계대명사 what은 그 자체가 주격이나 동사의 목적격이라서 [선행사 없음 + what + 불완전한 절(주 or 목)]이라는 형태로 명사절로 쓰인다.

실 전 예 제

※ 어법상 **옳지 않은** 것은? (1 – 5)

1. ①Who has passed through New England, in summer, has not paid ②respect to the beautiful trees ③with which he is ④in a measure enshrouded?

2. The appropriate ①response to the inadequacies of our conceptual structures is ②to remain ③open ④to that those structures distort or hide.

3. Most children shift ㉠adaptively between two general strategies for managing emotion. In problem-centered coping, they appraise the situation ㉡as changeable, identify the difficulty, and decide ㉢what to do about it. If this does not work, they engage in ㉣emotional centered coping, ㉤that is internal and private. (13. 서울시 9급)

   ① ㉠ ㉡   ② ㉢ ㉣   ③ ㉣ ㉤   ④ ㉡ ㉣   ⑤ ㉠ ㉢ ㉣

4. When the Dalai Lama fled across ①the Himalayas into exile in the face of ②advancing Chinese troops, ③little did the youthful spiritual leader know ④what he might never see his Tibetan homeland again. (12 국가 직 7급)

5. ①Saying that the Miss World pageant should be focused more on ②that a woman could ③do with a title like Miss World, the organization announced that ④future pageants will not include a swimsuit round. (15 편입)

6. The man who can not be trusted is to society _____ a bit of rotten timber is to a house.
   ① that   ② which   ③ what   ④ whose

Point 90 유사 관계대명사 ★★

개념정리

관계대명사로는 선뜻 떠오르지 않는 as, than, but도 관계대명사로서의 용법이 있다.

1. 유사 관계대명사 as

as such the same을 포함한 선행사 { + as + V 주격 / + as + s + V 목적어 목적격 }

(a) 선행사에 as 가 있을 때

Will you lend me **much cash that** you have?
네가 가진 많은 현금을 나에게 빌려줄래? (단순히 많이 빌려달라는 뜻)

Will you lend me **as much cash as** you have?
네가 가진 꼭 그만큼의 현금을 나에게 빌려줄래? (있는 돈을 다 빌려달라는 뜻)

(b) 선행사에 such 가 있을 때

Try to read **such** books **as are** informative and instructive.
유익하고 교육적인 그러한 책들을 읽으려고 애써라.

(c) 선행사에 the same 이 있을 때

This is **the same** watch **as** I gave to her.   이것은 내가 그녀에게 준 것과 동일한 종류의 시계다.

 This is the same watch that I gave to her. 이것은 내가 그녀에게 준 바로 그 시계이다.
the same ~ as : 동일한 종류중의 하나 (동일한 종류가 여러 개 있다.)
the same ~ that : 동일물. 즉 바로 그것. (단 하나밖에 없다.) (→ Point 87. 1 (e) ⓑ 참고)

2. 유사 관계대명사 than

비교급이 포함된 선행사 + than + V or than + S + V 목적어

In writing, don't use **more** words **than are** necessary.
글 쓸 때 필요한 것보다 더 많은 단어들을 쓰지 마라.

A true patriot always does **more** work **than** he should **do**.
진정한 애국자는 해야 할 일보다 더 많은 일을 한다.

3. 유사 관계대명사 but

부정어가 포함된 선행사 + but (= that ~not) + 긍정형의 동사
단, 해석할 때는 부정으로

There is **nobody.** + ~~He~~ doesn't have his faults.
→ There is nobody **that doesn't have** his faults.
→ There is nobody **but has** his faults.
결점을 가지지 않은 사람은 없다. (모든 사람은 결점을 가지고 있다)

이런 문제가 나온다

대표 예제. Choose the **incorrect** sentence. (2개)

(a) Do not trust such men as praise you to your face.
(b) Now I have more options as I had before.
(c) There is no one but loves his parents.
(d) This is the same wallet as I bought in Seoul.
(e) Children should not have more money than is needed.
(f) There is no rule in the world but doesn't have any exceptions.

문제 해결의 Key

유사 관계대명사 as와 than은 주격이나 동사의 목적격으로 쓰인다는 공통점에 선행사의 특이성만 유념하면 된다. 즉, as는 선행사에 as, such, the same이 있다는 점, than은 비교급을 포함하는 선행사가 있다는 점이다. 유사관계대명사 but의 경우 앞에는 부정어가 포함된 선행사가 있고, but다음에 긍정형 동사(단, 해석은 부정)가 있어야 한다.

실 전 예 제

1. 다음 빈칸에 순서대로 들어갈 말로 가장 **적절한** 것은? (12 경찰 1차)

   This is the boy _____ I believe deceived me.
   There is no rule _____ has exceptions.
   He was the only man _____ I knew in my neighborhood.

   ① who - but - that   ② whom - that – whom   ③ who - that - whom   ④ whom - but - that

2. She gave me the impression of ①having more ②teeth, white and large and ③even, than ④was necessary for ⑤any practical purpose. (12 편입)

3. Choose the **incorrect** sentence.

   ① We are given just so much food as will keep the breath in our bodies.
   ② The plan turned out to be untenable since it would have required more financial backing than was available.
   ③ There is no one in the hospital but has ever experienced a mild symptom of anemia.
   ④ The part of onions we eat is really a bulb. It is the same part that gardeners plant to get flowers such as lilies.

4. The hawks in Washington say ①that ②deposing Hussein will free the region ③from the threat of his weapons of mass destruction. But for Turkey, regime change in Baghdad could bring more trouble ④that it eradicates.

Point 91. 복합 관계대명사 ★★★

개념정리

복합관계대명사도 관계대명사 what (→Point 88. 2 참고) 처럼 이미 선행사를 포함한 채 기본적으로 명사절을 이끈다.

1. 복합 관계대명사의 종류와 의미

whoever = anyone who + V	V 하는 사람은 누구든지
whomever = anyone whom + S + V	S가 V 하는 게 누구든지
whatever = anything that + V or S + V	V 하는 것이 무엇이든지 S가 V 하는 것이 무엇이든지
whichever = anything that + V or S + V	V 하는 것이 어떤, 어느 것이든지 S가 V 하는 것이 어떤, 어느 것이든지

2. 복합관계대명사를 집어넣는 순서.

ⓐ 일단 명사절(접 + S + V)이 주어, 보어, 목적어)이라는 판단부터 시작된다.

ⓑ 앞에 선행사가 될 만한 명사가 없고 뒤에 나오는 절이 불완전 (주어 or 목적어)하다면 관계대명사 what과 복합관계대명사가 선택의 대상이 된다.

ⓒ 구체적인 선택은 두 가지를 함께 본다.

    ⓐ [사람]과 관계된 내용 + 주어자리가 비어있으면 → whoever
                                       목적어 자리가 비어있으면 → whomever

    ⓑ [사람이 아닌]것과 관계된 내용 + 주어 or 목적어 자리가 비어있으면
      → what   or   whatever   or   whichever
        ~ 하는 (어떤)것(들)   ~ 하는 무엇이든   ~ 하는 어느 것이든, 어떤 것이든 (선택적 의미)

> **단** 사람 아닌 선행사를 포함한 채 불완전 한 절(주어 or 목적어)이 온다는 점에서 what, whatever, whichever는 그 성격이 동일하다. 다만 whichever는 선택적 의미가 추가된다. what, whatever의 경우 의미까지 비슷해서 더 이상의 구별을 요구하는 문제는 거의 나오지 않는다.

Whoever breaks this law should be punished. [사람 + 주격]
이 법을 어기는 사람은 누구든지 처벌받는다.

You should marry **whomever** you really love. [사람 + 목적격]
당신은 당신이 사랑하는 누군가와 결혼해야 한다.

What/Whatever has a beginning to its existence must have a cause. [사람 아닌 것+주격]
존재에 있어서 시작을 가진 것 / 모든 것은 근거를 가져야만 한다.

I will buy you **what / whatever** you need. [사람 아닌 것+목적격]
나는 당신에게 당신이 필요한 것 / 모든 것을 사주겠다.

You can eat **whichever** you choose on the table. [사람 아닌 것+ 목적격+ 선택적 의미]
당신은 식탁위에서 당신이 선택하는 어떤 것이든 먹을 수 있다.

이런 문제가 나온다

대표 예제. Choose the **incorrect** sentence.

(a) He was free to marry whoever he chose.
(b) You may choose whichever you like.
(c) Whoever wants the book may have it.
(d) Whoever may come, he will be welcomed.
(e) Whatever is done skillfully by others appears to be done with ease.
(f) Whatever you have is mine.

🔍 문제 해결의 Key

선행사를 포함하고 뒤에 불완전한 절을 데리고 나오는 복합관계대명사는 관계대명사 what과 마찬가지로 명사절을 이끈다. whoever, whomever는 포함된 선행사가 사람이면서 각각 주격, 목적격으로 쓰이고 what, whatever, whichever는 포함된 선행사가 사람이 아니면서 주격 or 목적격으로 쓰인다는 공통점이 있다. 특히 시험 문제에서 what, whatever는 굳이 구별을 요구하지 않으며, whichever의 경우 의미적으로 살짝 다르지만 의미적 차이로 whichever를 답으로 고르라는 문제는 거의 나오지 않는다.

 복합관계대명사는 no matter를 붙여 다음과 같이 쓸 수 있다. **no matter who, no matter whom, no matter what, no matter which**

 복합 관계대명사는 양보의 부사절(비록 ~일지라도, ~이든 간에)을 이끌기도 한다.

```
복합관계대명사 + (S) + may, will + R ~, S + V ~.
                → 직설법 가능
```

Whomever you will marry, I don't care.   네가 누구와 결혼 하든, 나는 상관하지 않는다.
Whatever may happen, I will be on your side.   무슨 일이 있다 해도, 나는 당신편이 될 것이다.
I will always help you whatever you do.   네가 무엇을 하든, 나는 항상 돕겠다.

 관계대명사 what은 명사절은 이끌 수 있지만, 양보의 부사절은 이끌 수 없으므로 **부사절에서는 what ≠ whatever**임을 주의하자.

실전 예제

1. Choose the **incorrect** sentence.

   ① Whatever brings about happiness has utility.
   ② Whichever you choose between this one and that one doesn't matter to me.
   ③ Whoever comes back first is supposed to win the race.
   ④ Take this book to whomever you think is most deserving besides me.

2. The committee ①has already established the project. The committee ordered the supervisor ②to decide who would be in charge of ③carrying out the project. The supervisor was advised ④to give the project ⑤to whomever he believed had a strong sense of responsibility and the courage of his conviction.

3. I am sure that by using the telephone and e-mail I can provide any necessary guidance to _____ is appointed in my place.
   ① whatever   ② whomever   ③ whichever   ④ whoever

Point 92 · Point 93 관계부사 ★★ / 복합 관계부사 ★

개념정리

접속사 + 대명사가 관계대명사라면, 접속사 + 부사는 관계부사이다.
This is the house. + He lives in ~~the house~~.
→ 관계 대명사로 연결하면, This is the house **which** he lives in.
→ 전치사를 앞으로 보내면, This is the house **in which** he lives.

그런데, 다음의 두 문장을 연결한다고 생각해 보면,
This is the house. + He lives ~~there~~. (= in the house)
→ This is the house **where** he lives.

선행사 the house 와 공통되는 것은 there일 수밖에 없고, 그 부사를 대신하는 것은 대명사가 아니라 부사여야 한다. 그리고 접속사 + 부사 역할은 관계부사가 담당한다. 결국 위의 두 가지 연결과정을 비교해 보면 다음의 관계가 나온다.

This is the house **in which** (= **where**) he lives.

특정 전치사 + which = 관계부사

선행사	관계 부사	전치사 + 관계대명사
장소 (the place)	where	at, on, in + which
시간 (the time)	when	at, on, in + which
이유 (the reason)	why	for which
방법 (the way)	how	in which

 장소, 시간의 선행사는 the city, the village, the town, the country... / the day, the year... 등 다양한 장소와 시간의 명사가 나올 수 있다.

1. 기본적인 관계부사 연결

Is there a shop near here? + I can buy postcards at the shop.
→ Is there a shop near here **at which** I can buy postcards?
→ Is there a shop near here **where** I can buy postcards?
근처에 제가 엽서를 살 수 있는 가게가 있습니까?

Do you remember the year? + They left for America in the year.
→ Do you remember the year **in which** they left for America?
→ Do you remember the year **when** they left for America?
그들이 미국으로 떠난 그 해를 기억하고 있나요?

I know the reason. + He was praised for the reason.
→ I know the reason **for which** he was praised.
→ I know the reason **why** he was praised.
　　나는 그가 칭찬받았던 이유를 알고 있다.

This is the way. + He passed the examination in this way.
→ This is the way **in which** he passed the examination.
→ This is **the way how** he passed the examination. (X)
→ This is **the way** he passed the examination. (O)
→ This is **how** he passed the examination. (O)
　　이것이 그가 시험에 합격한 방법이다.

> **단.** 관계부사 how는 선행사와 같이 쓸 경우 the way 와 how 의 의미 중복이 너무 강해서 **일반적으로 the way how 라고는 쓰지 않는다.** 나머지 관계부사 중에서도 the place where, the time when, the reason why의 경우는 의미 중복이 강한 편이라 마찬가지로 둘 중 하나를 생략하고 쓰기도 한다. 다만, 이 경우들은 생략이 필수는 아니라는 점에서 the way how와는 구별된다.

> **단.** 관계부사절도 선행사를 수식하므로 기본적으로 형용사 절이다. 그런데 **선행사가 생략된 상태의 관계부사절은 명사절로 보기도 한다.** 다음의 예문들은 둘 다 is에 대한 주격보어로 명사절로 볼 수도 있다.
> This is (the way) how he passed the examination.
> 　이것이 그가 시험에 합격한 방법이다.
> April 1 is (the time) when people play tricks on each other.
> 　4월 1일은 서로에게 장난을 치는 날이다.

2. 관계부사에서 주의할 점

(a) 관계부사를 대신하는 that

특히, 시간이나 방법의 경우 선행사가 명확하게 드러난 상태에서 관계부사를 that으로 대신쓰기도 한다.

The accident happened on the day **that(=when)** I arrived.
　그 사건은 내가 도착한 그날에 발생했다.

I will explain the way **that (=how)** I did it.
　내가 그것을 한 방법을 설명하겠다.

> **단.** 두 번째 예문의 경우 the way가 있으므로 실제로 how로 바꿔 쓰지는 못한다. that이 how를 대신하고 있음을 말할 뿐이다.

(b) 관계부사의 계속적 용법

관계부사 앞에 일반적으로 콤마가 있고 앞에서부터 차례로 해석하는데, 관계부사 중에서는 when과 where만 계속적 용법이 있다.

　　,when (= and then)　　,where (= and there)

We will go on a picnic in September, **when** the weather is not so hot.
　우리는 9월에 소풍을 갈 것이다. 그리고 그때가 그렇게 덥지 않을 때이다.

John took us to the zoo, **where** we had great fun.
　John은 우리를 동물원으로 데리고 갔다. 그리고 거기서 우리는 즐거운 시간을 보냈다.

3. 복합 관계부사

| wherever
= no matter where
어디든지 | whenever
= no matter when
언제든지 | however
= no matter how
어떻게든지 |

(a) 양보의 부사절을 이끈다.

> 복합 관계부사 + S + <u>may, will + R</u> ~ , S + V ~.
> → 직설법 가능

Whenever you may come, you are welcome.
언제 오던 간에 너는 환영이다.

However you may solve the problem, you will be praised.
어떻게 그 문제를 해결하던 간에 너는 칭찬받을 것이다.

However tired you may be, you must do it.
얼마나 피곤하든 간에, 그것을 해야만 한다.

단. However 가 형용사나 부사를 동반하는 경우에는 [얼마나 ~이든]이라는 의미로 해석한다.

(b) 단순한 부사절로도 쓰인다

특히 wherever (= at any place where : ~하는 모든 곳에서) whenever (= at any time when : ~하는 언제든지, 할 때마다)는 단순한 장소와 시간의 부사절이 되기도 하는데. 양보 부사절과는 달리 일반적으로 may나 will을 동반하지 않는다.

I will follow you **wherever** you go.
당신이 가는 어떤 곳이라도 따라가겠습니다.

Whenever I am in trouble, he helps me.
내가 곤경에 처할 때마다 그는 나를 도와준다.

이런 문제가 나온다

대표 예제 Choose the **correct** sentence.

(a) The office is the place which I spend most of my time.
(b) That is the reason which I did not attend the general meeting.
(c) That's the way how I was rescued.
(d) I haven't seen them since the year when they got married.
(e) This is the city where I was born in
(f) Where you may go, I will follow you.

문제 해결 Key

[전치사 + 관계대명사 = 관계부사]라는 공식으로부터 이를테면 단독의 which에 대해 완벽한 절이 결합되면 틀렸다는 것도 일종의 관계부사 관련 문제가 된다. 특히 선행사가 장소, 시간, 이유등이라면 고치는 방법이 각각 where, when, why가 될 것이다. 관계부사 how는 선행사와 같이 써서는 안 된다는 점이 특이하고, 복합관계부사의 경우 양보의 부사절을 이끄는 기본 패턴정도만 이해하고 있으면 된다.

실 전 예 제

1. Choose the **correct** sentence.

   ① In late spring, which the food is in great supply again, the bear walks out from the cave and resumes its life.
   ② October when has many fruits is a beautiful month.
   ③ This could be why the images are so lifelike.
   ④ This is the spot at where the accident happened.
   ⑤ However you may be tired, you must do it.

2. Choose the **correct** sentence.

   ① I was sure that Americans all drove their big cars to baseball games every weekend, which they drank beer and ate hot dogs.
   ② Like other insectivorous plants, sundews grow well in bogs and swamps, which there is little nitrogen in the soil.
   ③ It is the way how Susan draws pictures that make her unique.
   ④ This is the reason why I refuse to accept his offer for.
   ⑤ Now is the time that I need him most.

3. 다음 빈칸에 들어갈 말로 가장 **적절한** 것은? (12 경찰 1차)

   In 1863 American President Abraham Lincoln made Thanksgiving an official annual holiday, _____ is now celebrated on the 4th Thursday of November each year.

   ① that   ② what   ③ when   ④ which

Point 94 | Point 95 관계형용사 복합관계형용사

개념정리

1. 관계형용사 what = all the ~ that : ~하는 모든 ~

선행사 될 만한 ⓝ 없음 + what ⓝ + 불완전한 절 (주어 or 목적어)

I will give you all the money. + I have ~~it~~.   나는 너에게 내가 가진 모든 돈을 주겠다.
→ I will give you **all the** money **that** I have.
→ I will give you **what** money I have.

특히 다음의 경우는 관계형용사 what 이 포함된 관용적인 표현이다.

what few + 가산명사 / what little + 불가산 명사 : 거의 없는데, 그나마 있는 모든 ⓝ

I sold all the few books. + I had ~~them~~.
→ I sold **all the few** books **that** I had.
→ I sold **what few** books I had.   나는 거의 없는 그나마 내가 가진 모든 책을 팔았다

I gave him all the little money. + I had ~~it~~.
→ I gave him **all the little** money **that** I had.
→ I gave him **what little** money I had.   나는 적으나마 내가 가진 모든 돈을 그에게 주었다

 선행사와 동일한 의미를 뒤 문장에서 [the + 명사]로 다시 지칭할 때, the 자체가 사라지는 경우에는 관계형용사로 which를 쓴다. 이때 [which+명사]는 중간의 연결위치에 쓴다.

He spoke to me in **Spanish**. + I couldn't understand **the language**.
→ He spoke to me in Spanish, **which language** I couldn't understand.
  그는 나에게 스페인어로 말했는데 나는 그 언어를 이해하지 못했다.

I was in Seoul for **three years**. + I worked for him during **the time**.
→ I was in Seoul for three years, during **which time** I worked for him.
  나는 서울에 3년 있었는데, 그 기간 동안 그를 위해 일했다.

2. 복합 관계형용사 whatever = any ~ that : ~하는 그 어떤 ~

선행사 될 만한 ⓝ없음 + whatever ⓝ + 불완전한 절(주어 or 목적어)

You can take any book(s). + You want ~~it (them)~~.
→ You can take **any** book(s) **that** you want.
→ You can take **whatever book(s)** you want.   네가 원하는 그 어떤 책이든 가질 수 있다.

 복합 관계형용사 whatever 는 양보의부사절을 이끌기도 한다.

> Whatever ⓝ + (S) + may, will + R ... , S + V .....

Whatever language you may learn, you must not neglect your mother tongue.
어느 언어를 배우건 모국어를 게을리 해서는 안 된다.

이런 문제가 나온다

대표 예제. Choose the **correct** sentence.

(a) I sold what few books that I had.
(b) I told him to see a doctor, which advice he did not take.
(c) Focus on that we have in common, not on our differences.
(d) They robbed him of what few money he had.
(e) What country you may visit, you need to know the culture of the country.

문제 해결의 Key

관계형용사 what은 그 자체의 용법보다 [what few + 가산명사/ what little + 불가산명사]를 관용적으로 알고 있는 게 도움이 된다. 특이하게 뒤 문장의 the가 사라지면서 중간의 연결위치에 [which + 명사]형태로 등장하는 게 관계형용사 which이다. 복합 관계형용사 whatever는 명사를 동반한 상태에서 명사절이나 양보의 부사절을 이끈다.

실 전 예 제

1. My duty is to make the most of _____ strength has been given to me, and try not to be sorry for myself.
   ① that   ② what   ③ who   ④ when

2. ①That little energy they have is only the ②blind, mass desire ③to live since no one of them eats ④enough to give him his own personal force.

3. ①No matter how crises of the moment ②will dominate the headlines, ③the world's energy shortage is the most critical challenge of the next ④decade.

www.moonduk.com

MD GRAMMAR

Chapter. 10
접속사

www.moonduk.com

Chapter 10 접속사

접속사의 종류 1. 등위 접속사

 등위 접속사 and but or so for yet 등은 그 기본 의미만 잘 알고 있으면 선택하기는 어렵지 않다.

ex. There are some similarities in the platforms of both candidates, **and** the differences between them are considerably wide. (X)
→ **and**를 **but**으로. 비슷한 점이 있으나, 차이가 크다.

등위 상관 접속사

 등위 접속사를 포함하고 A와 B가 하나의 관계를 맺고 있는 등위 상관 접속사는 1. 그 모양 자체 2. 주어 자리에 나올 경우 동사 일치 여부가 시험 문제다.

ex. **Not only** his supporters **but also** the candidate **were** pleased with the results of the last election. (X)
→ **were**을 **was**로. not only A but also B + B에 일치되는 동사

접속사의 종류 2. 명사절 접속사

 [접 + S + V~]이 주어, 보어, 목적어가 되는 명사절은 접속사의 모양이 시험 문제다. 특히 that + 완벽한 절 / what + 불완전한 절 / whether (~인지 아닌지) + 완벽한 절 / 의문사 + S + V ~ (간접의문문)을 구별하는 것이 중요하다.

ex. **That** he was at the crime scene is evident. 그가 현장에 있었다는 것이
What makes me sad is my empty purse. 나를 슬프게 하는 것
Whether he was at the crime scene is not certain. 그가 현장에 있었는지 없었는지

접속사의 종류 3. 부사절 접속사

한쪽이 완벽한 형식의 절인 상태에서 다른 한쪽의 [접 + S + V ~]은 일반적으로 부사절이고, 그 핵심은 [시간][원인][조건][양보][목적과 결과][양태, 정도]등의 의미 구별을 위해 접속사 모양 자체를 익히는 것이다.

ex. **Not that** it is winter, I will have to buy warmer clothing.   원인; 이제~이니까
   Though it was cold, we went out.   양보; 비록 ~일지라도
   I went to the theater early **so that** I **could** take a good seat.   목적; ~하기 위하여

시간과 양보 접속사 추가 사항

until은 [~까지도 계속] before은 [~전까지 완료]를 뜻한다.
It will not be long before + S + 현재 : 머지않아 ~할 것이다.
[after+s+과거시제~]가 주어지면 주절에는 [S + 과거시제]가 나온다.
양보접속사가 없이 관용적으로 양보를 뜻하는 부사절에 [형용사, 무관사 명사 + as + s + v ~]도 있다.

ex. I will finish the work **until** you come back. (X) → until을 before로.
   After he left for Seoul, I have not seen him. (X) → After를 Since로.
                                              또는 have not seen을 did not see로.
   Brave as he was, he was not loved by his people. 비록 용감했지만,

접속 부사

부사인데, 접속사 흉내(절과 절을 의미적으로 연결)를 내는 접속부사는 문법적으로는 절과 절을 연결할 수 없다.

ex. She lost a lot of weight, **consequently** feels better. (X) → ,and consequently

접속부사 vs 전치사 / 접속사 vs 전치사

전치사 뒤에는 '절'이 올 수 없는데, 접속사나 접속부사 뒤에는 '절'이 붙을 수 있다.

ex. We must have been burgled **during** we were asleep. (X) → during을 while로.

접속사의 종류 1. 등위 접속사 ★

개념정리

한마디로 '연결'의 속성을 가지고 있는 것이 접속사다. 단어와 단어, 구 와 구, 절 과 절이 접속사를 통해 연결된다. 접속사의 종류에는 [등위(=대 등)접속사]와 [종속접속사]가 있다.

1. 등위 접속사의 종류와 의미

(a) and

ⓐ and의 여러 가지 의미

John is tall ,**and** he is kind.　　　　　　　　　　(둘 이상을 연결) ~와, 그리고
John은 키가 크다. 그리고 친절하다.

She hesitated ,**and** walked on.　　　　　　　　　(전후관계) ~하고 (나서), 그 다음에
잠깐 주저했다가 계속 걸었다.

John is unkind ,**and so** everybody hates him.　　(결과) 그래서
John은 불친절하다. 그래서 모든 사람이 그를 싫어한다.

ⓑ <u>형용사(rare, nice, good) and 형용사</u> / <u>동사(come, go, run, try) (and) 원형</u>
　→ 부사 의미　　　　　　　　　　　　　　　　　→ to R 대용

I am **rare and** hungry.　= I am **very** hungry.
It is **nice and** warm.　　= It is **nicely** warm.
He is **good and** wise.　　= He is **very** wise.

Come (and) help me later. (= come **to help**)　　나를 도우러 와라.
Why don't you **go (and) see** a movie ? (=go **to see**)　영화 보러 가는 게 어때?
I will **try (and) study** harder. (= try **to study**)　더 열심히 공부하도록 노력하겠습니다.

ⓒ 명령문 + , and : ~해라, 그러면 = If you + 긍정

Put in a coin, **and** the robot will begin to move.
= **If you put** in a coin, the robot will begin to move.　동전을 넣으면, 로봇이 움직일 것이다.

ⓓ 인칭대명사 연결 시 2인칭·3인칭 그리고 맨 나중에 1인칭이 온다.

You **and** I　　　당신과 나.
You, Tom **and** I　당신, Tom 그리고 나

(b) **but**

ⓐ (상반) 그러나, 그렇지만

It is windy **but** warm today.　　　　　　바람이 분다. 그러나 따듯하다.
All went home, **but** I stayed there.　　모두 집으로 갔다. 그러나 나는 그곳에 머물렀다.

ⓑ (It is) True (that), of course, indeed, may 따위를 지닌 절의 뒤에서 양보를 나타낸다.
: 과연, 실제로(~이긴) 하지만

(It is) True (that) he is young, **but** he is well read.　　확실히 그는 젊지만 대단히 박식하다.
You **may** not believe it, **but** that's true.　　믿지 않을는지 모르겠으나 사실이다.
Indeed, he is poor, but he is honest.　　가난하긴 하지만 정직하다.

ⓒ 부정어 ~ so + 형 + but (that)... : ... 할 수 없을 정도로 '형'하지는 않다.

A man is **not so** old **but(that)** he may learn.　　배울 수 없을 정도로 나이가 들지는 않는다.

 1. 같은 의미를 다음과 같이 표현할 수도 있다. (→ Point 59. 1 (b) ⓓ 참고)

　A man is **not too** old to learn.
　= A man is **not so** old **that** he **can not** learn.

2. such와 명사를 이용하여 표현하는 경우도 있다.

　He is <u>not such a fool but(that)</u> he can read the book.　　그 책을 읽을 수 없을 정도로 바보는 아니다.

 but의 다른 용법.

1. **부사** = only (단지)
　He is <u>but</u> a fool. = He is <u>only</u> a fool.
2. **전치사**: ~를 제외하고　(→ Point 68. 이런 문제가 나온다 참고)
　have no choice **but** to R ~하지 않을 수 없다.
3. **관계대명사 but** = that ~ not (→ Point 90. 3 참고)

(c) **(and) so** : (인과) 그래서, 그러므로

He was tired, (and) **so** he went to bed earlier.　　피곤했다. 그래서 일찍 잠자리에 들었다.

부사로서의 so: 매우, 너무나

He is **so old** that he can not run fast.　　너무나 나이 들어서 빨리 달릴 수 없다.

(d) **or**

ⓐ or의 여러 가지 의미

Which do you like better, baseball **or** basketball?　　(선택) 또는, 아니면
어느 것이 더 좋니? 야구? 아니면 농구?

He has a good knowledge of grammar **or** the rules of composition.　(동격) 즉, 다시 말해서 = that is (to say)/namely
그는 문법, 즉 작문의 규칙에 대해 잘 알고 있다

Rain or Shine, I will go there tomorrow.　　(양보) A이건 B이건 간에
비가 오건 날이 맑게 개건 간에 나는 내일 그곳에 가겠다.

I think of her, **waking or sleeping**.
자나 깨나 그녀를 생각한다.

Win or lose, I intend to fight well.
이기건 지건 간에, 잘 싸우겠다.

four or five miles off　　4, 5마일 떨어져서　　(불확실·부정확)~이나(쯤), ~정도
there or thereabout(s)　　그 주변 어디에, 어딘가 그 주변에.

ⓑ 명령문 + ,or : ~해라. 그렇지 않으면 = If you + 부정 = Unless you + 긍정

Look out, or you will get hurt.　　조심하지 않으면 다칠 것이다.
= If you don't look out, you will get hurt.
= Unless you look out, you will get hurt.

(e) for

어떤 결론을 먼저 내리고, 그에 대한 추가적, 부가적 이유 또는 판단의 근거를 제시한다.
그래서 항상 어떤 절 '뒤'에 위치한다.

It is dark here, for it is raining outside.　　여기가 어두운데 그도 그럴 것이 밖에 비가 내리는 구나.
He must be ill, for he looks pale.　　그는 아픔에 틀림없다. 창백한 것을 보니.
It is spring, for flowers bloom.　　봄이다. 꽃이 피니까.

 꽃은 봄에만 피는 게 아니므로 부가적 이유 진술표현의 for가 나왔다. 만약 진술에 대한 **직접적 이유**를 제시한다면 because를 쓴다.

It is spring because winter has gone.　　봄이다. 왜냐하면 겨울이 갔으니까. (겨울이 가면 반드시 봄이다.)
Why were you absent? - Because I was ill.　　왜 결석했니? -아파서요. (why에 대한 직접적인 이유 진술)

(f) yet : 그럼에도 (불구하고), 그런데도, 하지만(그래도)

It is good, yet it could be improved.　　그것은 그것대로 좋으나 더 개선할 수 있을 것이다.
He tried hard, yet he could not succeed.　　그는 열심히 해보았으나 성공하지 못했다.

 부사로서의 yet
부정문: 아직도　　의문문: 이미, 벌써

(g) nor : ~도 역시 아니다 (= and ~ not ~, either)

부정문 +, nor + 주동 도치

Man cannot live by bread alone, and he cannot live without bread, either.
= Man cannot live by bread alone, nor can he live without bread.
인간은 빵만으로 살수 없다. 그리고 빵 없이 살 수 있는 것도 아니다.

I have never seen him, and I don't wish to (see him), either.
= I have never seen him, nor do I wish to.
나는 그를 만나본 적이 없다. 그리고 만나기를 바라지도 않는다.

 절과 절이 1:1로 결합될 때, 즉 두 개의 절이 하나로 결합될 때는 등위접속사건 종속접속사건 둘 중 하나만 있으면 된다.
Though you feel thirsty, but you must not drink water here. (X)
→ Though you feel thirsty, you must not drink water here. (O)　　비록 목이 말라도 여기서는 물을 마셔서는 안 된다.

이런 문제가 나온다

대표 예제. Green peace believes that we must all learn to live in peace, not just with other humans, but with all the beautiful animals on earth. We must work now to protect the future of the earth, _____ it may be too late.
(a) but (b) and (c) or (d) hence

🔍 문제 해결의 Key

등위 접속사의 핵심은 가장 기본적인 의미를 외우는 것이다. 즉, and (그리고), but(그러나), or(또는), so(그래서), for(추가적, 부가적 이유), yet(그렇지만, 하지만), nor (~도 역시 아니다: 특히 nor +주동 도치). 결국 해석을 통해 가장 적절한 의미의 등위 접속사를 집어 넣는 것이 시험 문제다. 또한 절과 절이 1:1로 결합할 때는 접속사는 한번만 쓰면 된다는 점도 조심하자.

실전 예제

1. More than twelve hours of my school week are spent in one of the dingiest _____ most versatile rooms of the Arts Building.

   ① yet   ② likely   ③ otherwise   ④ one

2. Two ①of Ernest Hemingway's most famous works, The Sun also Rises ②or For Whom the Bell Tolls, ③took place in European ④settings.

3. Recently doctors warned that too much animal fat in the diet can lead to heart disease, _____ special types of margarine made with vegetable oils are becoming popular.

   ① for   ② though   ③ consequently   ④ so

4. Although John ①is studying physics now, ②but he is planning ③to spend next year ④studying biology.

등위 상관 접속사 ★★

개념정리

A와 B 두 어구가 등위 접속사로 연결되어 하나의 의미를 표현한다.

1. 여러가지 등위상관접속사

(a) **both A and B = at once A and B** : A 와 B 둘 다
주어 자리에 나올 경우 동사는 항상 복수다.

　The story is **both** interesting **and** useful.　　그 이야기는 재미있기도 하고 유익하기도 하다.
　Both garlic **and** onion **have** a strong smell.　마늘과 양파는 둘 다 강한 냄새를 가지고 있다.

(b) **not A but B = B, not A** : A가 아니라 B 이다.
주어자리에 나올 경우 동사는 B에 일치시킨다.

　He is **not** a poet, **but** a novelist. = He is a **novelist**, **not** a **poet**.　시인이 아니라 소설가다.
　Not I **but** my brother **is** to attend the meeting.　내가 아니라 내 동생이 미팅에 참석해야만 한다.

(c) **not only A but (also) B** : A 뿐만 아니라 B도
　= not only A but B ~ as well = A and B ~ as well (~ into the bargain)
　= B as well as A
주어 자리에 나올 경우 동사는 B 에 일치시킨다.

　I like **not only** flying **but (also)** traveling by train.
　= I like **not only** flying **but** traveling by train **as well.**
　= I like flying **and** traveling by train **as well** / **into the bargain**.
　= I like traveling by train **as well as** flying.　비행기 타기뿐만 아니라 기차 여행도 좋아한다.

　Not only Tom but also **you are** kind.　Tom 뿐 만 아니라 너도 친절하다.
　= **You** as well as Tom **are** kind.

(d) **either A or B** : A 와 B 둘 중 어느 하나가
　neither A nor B : A 도 아니고, B 도 아니다
주어자리에 나올 경우 동사는 B에 일치시킨다.

　You must **either** sing **or** dance.　노래하거나 춤을 추거나 하나는 해야 한다.
　He can**not either** read **or** write.
　= He can **neither** read **nor** write.　그는 읽지도 쓰지도 못한다.
　Either you or **I am** to go there.　너와 나 둘 중 하나가 그곳에 가야한다.
　Neither you nor **he knows** it.　너도 모르고 그도 그것을 모른다.

이런 문제가 나온다

대표 예제. Choose the **correct** sentence.
(a) Throughout history, shoes have been worn not only for protection and also for decoration.
(b) Economic goods may take the form either of material things nor of services
(c) Neither my shirts nor my hat goes with this pair of pants.
(d) Physical training is good both for mind as well as for body.

🔍 문제 해결의 Key

등위 상관접속사는 1. 그 모양 자체를 잘 외워야 하고 2. 주어 자리에 나올 경우 동사를 어떻게 일치 시키는지를 주의해야 한다.

단. Not only A but also B에서 A 와 B 가 각각 하나의 '절'일 경우 Not only를 문두로 보내고, 앞 절의 주어, 동사를 도치시킨다.

Not only is the juice of grape useful, but (also) various products are made from the skins and seeds.
포도즙은 유용할 뿐만 아니라, (포도의) 껍질과 씨앗도 다양한 제품을 만드는데 사용되어진다.
Not only does the dress **vary** according to position but it may (also) vary according to specific projects.
직책에 따라서 뿐만 아니라 구체적인 프로젝트에 따라서도 복장은 다양하다.

실전예제

1. (㉠) John (㉡) Ted needs to confirm how many chairs we'll need. (15 경찰 2차)
   ① ㉠ Both ㉡ and   ② ㉠ Either ㉡ or   ③ ㉠ Both ㉡ or   ④ ㉠ Either ㉡ and

2. The ①varied classes of organic compounds with their basically common pattern as well as ②with their peculiarities and reactions ③serves as groundwork for this course. ④No error. (14 편입)

3. 우리말을 영어로 옮긴 것으로 가장 **적절한** 것은? (13. 국가 직 9급)
   ① 인생의 비밀은 좋아하는 것을 하는 것이 아니라 해야 할 것을 좋아하도록 시도하는 것이다.
   → The secret of life is not to do what one likes, but to try to like what one has to do.
   ② 이 세상에서 당신이 소유하고 있는 것은 당신이 죽을 때 다른 누군가에게 가지만, 당신의 인격은 영원히 당신의 것일 것이다
   → What you are possessed in this world will go to someone else, when you die, but your personality will be yours forever.
   ③ 그들이 10년간 살았던 집이 폭풍에 심하게 손상되었다.
   → The house which they have lived for 10 years badly damaged by the storm.
   ④ 우리는 운이 좋게도 그랜드캐년을 방문했는데, 거기에는 경치가 아름다운 곳이 많다.
   → We were enough fortunate to visit the Grand Canyon, that has much beautiful landscape.

접속사의 종류 2. 명사절 접속사 ★★★

개념정리

종속 접속사가 이끄는 종속절에는 [명사절] [형용사절] [부사절]이 있는데, 이중에서 형용사절은 관계대명사나 관계부사가 이끄는 절을 말한다. (→ Chapter 9. 관계사. 참고) **명사절은 [접속사 + 주어 + 동사 ~] 형태가 문장에서 주어 or 보어 or 목적어 역할을 하는 경우**를 말하는데, 일정한 모양의 접속사가 상황에 맞게 선택된다. 그 종류와 선택 기준은 다음과 같다.

1. that 자체는 아무 뜻이 없고 + 뒤에 완벽한 형식의 절

[That he is a genius] is believable. [그가 천재라는 것은] 믿을 만하다.
　　완벽한 절 → 주어

I know [that time is money]. 나는 [시간이 돈이라는 것을] 안다.
　　　　완벽한 절 → 목적어

The reason is [that he is hard of hearing]. 이유는 [그가 듣는데 어려움이 있다는 것]이다.
　　　　　　완벽한 절 → 주격보어

The fact [that he died] surprised me. [그가 죽었다는] 그 사실은 나를 놀라게 했다.
　　　　완벽한 절 → 주어와 동격, 즉 주어의 일부

단. 1. 주어로 쓰이는 that節은 가주어 It을 이용해 다음과 같이 바꿔 쓸 수 있다.
　　　It is believable that he is a genius.
　　2. 목적어로 쓰이는 that 節일 경우 접속사 that은 생략 가능하다.
　　3. [be + 형용사]가 의미상 하나의 타동사에 준하는 역할 + 목적어 that節
　　　주로 be + 확신이나 감정의 형용사 + that 節
　　　　→ afraid anxious assured certain fearful glad satisfied sorry sure surprised aware
　　　I am afraid that I should be fired. 해고당할까를 걱정한다.
　　　　　V　　　　목적어

That he will pass the test is certain. 그가 시험에 합격할 것이라는 것은 확실하다.
= It is certain that he will pass the test.
I think (that) he will pass the test. 나는 그가 합격할 것이라고 생각한다.
The reason why she is so popular is that she is kind to everybody. 그녀가 인기 있는 이유는 그녀가 모든 사람에게 친절하다는 것이다.
The truth that she is very rich surprises me. 그녀가 부자라는 사실이 나를 놀라게 한다.

2. whether (~ or not) 자체의 뜻 [~인지 아닌지] + 뒤에 완벽한 형식의 절

Whether she likes him (or not) is not certain. 그녀가 그를 좋아하는지 여부는 불확실하다.
　　　　완벽한 절 → 주어

The question is whether (or not) he has the ability to pay the rent. 의문점은 그가 임대료를 낼 능력이 있느냐이다.
　　　　　　　　　　　완벽한 절 → 주격보어

I wonder whether (=if) she will pass the test. 나는 그녀가 시험에 합격할지 못 할지 궁금하다.
　　　　　　완벽한 절 → 목적어

There's a controversy about **whether(≠ if)** we have to go.   우리가 가야할지 말지에 대한 논쟁이 있다.
                                    완벽한 절 → 전치사의 목적어

원래 whether는 뒤에 A or B가 동반되어 [A인지 B인지]라는 의미인데. B자리에 not이 오는 경우가 많아서 일반적으로 whether~ or not (~인지 아닌지)이라고 인식되어있다. (whether or not도 가능하다.) whether가 단독으로 나오는 경우는 이미 or not이 생략되어있다는 전제가 깔려있어서 마찬가지로 [~인지 아닌지]라고 해석한다.

목적어로 쓰인 명사절에서의 whether 과 if 의 관계
if 가 [~인지 아닌지]라는 뜻으로 =whether 이 되어 명사절을 이끄는 경우는 다음과 같은 동사 표현의 목적어로 쓰일 때뿐이다. **주어, 보어, 전치사에 대한 목적어, 그리고 or not 이 남아있는 경우에는 if를 쓸 수 없다.**
S + <u>doubt, wonder, don't know, ask, question, be not sure</u> + if, whether + 완벽한 節
  → 의문, 불확실성의 표현
 I doubt whether (=if) he will succeed.   나는 그가 성공할지 (안 할지)가 의심스럽다.

Whether it is a good plan (**or not**) doesn't concern me.
그것이 좋은 계획인지 아닌지는 나에게는 중요하지 않다.

The question **whether** we should go (**or not**) has not been answered yet.
우리가 가야할지 말아야 할지에 대한 질문은 아직 답이 되지 않았다.

I don't know **whether(=if)** I should accept his offer.
나는 그의 제안을 받아들여야 할지 말지 모르겠다.

I am not interested in **whether(≠ if)** you like her (**or not**).
나는 네가 그녀를 좋아하는지 여부에 관심이 없다.

3. 간접 의문문

원래는 독립적인 하나의 의문문이 주어 or 보어 or 목적어가 되어 새로운 문장으로 재탄생 될 때, 이제 더 이상 직접의문문이 아니라 간접적인 의문문이 된다.

> **When will the movie start?** → (직접) 의문문 (의문사 + 주동 도치)
> **When the movie will start**   → 간접의문문 (의문사 + 주어 + 동사~)

(a) 의문부사 (when, where, how, why) + 완벽한 절

   I know + When will the movie start?
   → I know **when the movie will start**.   나는 그 영화가 언제 시작될지 알고 있다.
      의문부사 + 완벽한 절 → 목적어

   Tell me + How did you solve the problem?
   → Tell me **how you solved the problem**.   나에게 네가 어떻게 그 문제를 풀었는지 말해줘.
      의문부사 + 완벽한 절 → 직접 목적어

   I wonder + How old is she?
   → I wonder **how old she is**.   나는 그녀가 몇 살인지 궁금하다.
      의문부사 + 완벽한 절 → 목적어

    주격보어인 old가 부사인 how에 이끌리는 상태. old she is만으로도 완벽한 절.

   Why did she leave me? + is a mystery.   왜 그녀가 나를 떠났는가가 알 수 없는 점이다.
   → **Why she left me** is a mystery.
      의문부사 + 완벽한 절 → 주어

(b) **의문대명사(who, which, what) + 불완전한 절**

I want to know + What did he invent?
→ I want to know **what he invented**.
　　　　　　　　의문대명사 + 불완전한 절 → 목적어

나는 그가 무엇을 발명했는지 알고 싶다.

Tell me + Who sent you these books?
→ Tell me **who sent you these books**.
　　　　　　의문사대명사 + 불완전 한 절 → 직접 목적어

누가 너에게 이 책들을 보낸 것인지 말해 줘.

> 의문대명사 자체가 대명사 역할(주어, 보어, 목적어)을 하게 되므로 그 의문대명사를 빼고 나면 뒤는 불완전하다.
> **What** did he invent?　　　　What이 목적어
> **Who** sent you these books?　　Who가 주어

> 의문대명사 what이 이끄는 간접의문문인 명사절 vs 관계대명사 what이 이끄는 명사절
> 어쨌거나 what 앞에 명사가 없고, 바로 뒤에 불완전한 절이 나와서 하나의 명사절이 된다는 점이 같으므로 모양 상 구별할 수는 없고, 해석(의문대명사: 무엇 / 관계대명사: ~하는 것)으로 구분한다. 다만 이 구별이 문법 시험에서는 중요하지 않다.
> Show me **what is** in your pocket.　　주머니 속에 있는 것을 보여줘.　　[관계대명사 what]
> Tell me **what is** in your pocket.　　주머니 속에 무엇이 있는지를 말해줘.　　[의문 대명사 what]

(c) **간접의문문이 인식류 동사의 목적어가 될 때는 의문사를 문두로 보내야 한다.**

　　think, suppose, believe, guess , imagine, say (단, know 제외)

Do you think? + Where is he from?
→ Do you think **where he is from** ? (X)
→ **Where** do you think **he is from**? (O)
　너는 그가 어디 출신이라고 생각해?
　법칙 ① 의문사 + (do you think, suppose.....) + S + V .... ?

Do you think? + Who broke the window?
Do you think **who broke the window**? (X)
→ **Who** do you think **broke the window**? (O)
　너는 누가 창문을 깼다고 생각해?
　법칙 ② 의문사 + (do you think, suppose...) + V.... ?
　　　　　 S

> Do you think where he is from?이 틀리는 이유는 Yes, No라는 대답이 나와서는 안 되기 때문이다. [너는 그가 어디 출신이라고 생각해?]라는 질문에 [예, 아니오.]라는 대답은 어색하다. Yes, No가 나오지 않으려면 의문사가 문두로 가서 의문사로 시작하는 의문문이 되어야 한다. know같은 경우는 Yes, No가 어울리는 대답이기 때문에 의문사가 문두로 갈 필요가 없다.
> Do you know <u>who</u> broke the window? 누가 창문을 깼는지 알아? - 예 / 아니오.

> 명사절을 이끄는 접속사에는 그 밖에도 관계대명사 what (→ Point 88), 복합 관계대명사 (→ Point 91), 관계형용사 (→ Point 94), 복합 관계형용사 (→ Point 95)등도 있으니, 각각의 point를 참고하자.

이런 문제가 나온다

대표 예제. Choose the **correct** sentence.

(a) That diamonds are a form of carbon has been known since the late 18th century.
(b) That characterizes almost all Hollywood pictures is in their inner emptiness.
(c) Some economists have questioned that the Consumer Price Index (CPI) overstates inflationary trends.
(d) He asked me if or not I could come to the party tonight.
(e) When was the monument erected is still a mystery to everyone.

🔍 문제 해결의 Key

각각의 명사절 접속사의 선택기준은
1. that : 뜻이 없고 + 완벽한 절   2. whether : 뜻(~인지 아닌지) + 완벽한 절   3. 간접 의문문 : 의문사 + S + V ~

실전예제

1. It ①turns out the man was suffering from ②that medical science ③might consider the worst worst hangover ④in recent history. (15 편입)

2. The reason for using a notebook is that I can go back and check an earlier draft, to see (   ) the essay is getting better or worse. (15 경찰 2차)

   ① whether   ② when   ③ how   ④ that

3. The ①debate over if language is natural, i.e., do we call ②a table a table because that's the way it is?, ③or conventional, i.e., do we call it a table because that's ④what we decided to call it?
   (15 편입)

4. 밑줄 친 문장을 영어로 가장 **적절히** 옮긴 것은? (13. 지방직 9급)

   China's government has talked about introducing a fully fledged tax on home ownership since 2003. What has stopped it? The logistical barriers should not be underestimated. 정부는 누가 무엇을 소유하고 있는지, 또한 자산의 가치가 얼마인지 규명해야 한다.

   ① The government must estimate who has which and how much properties.
   ② The government must clarify who owns what and what a property is worth.
   ③ The government should decide whose property and what amount to tax.
   ④ The government had to find out the ownership and valuation of properties.

5. Choose the one that is **grammatically INCORRECT**. (13 편입 + 12 경찰 1차 응용)

   ① If they will take disciplinary action against him has not been decided yet.
   ② It is surprising that so little has been done to introduce democracy in industry.
   ③ One basic question scientists have tried to answer is how people learn.
   ④ The big problem is that I don't get many chances to speak the language.

6. _____ the zero was invented is not known.

   ① That   ② Whether   ③ Although   ④ When

접속사의 종류 3. 부사절 접속사 ★★★

개념정리

부사절의 모양은 다음의 두 가지 패턴이 있고, 구체적인 의미 구별은 접속사에 따른다.

(1) 부사절이 앞에 있는 경우
  종속 접속사 + s + v … , s + v …
  When I go shopping, I'll buy some food 쇼핑가면 먹을 것을 좀 사야지

(2) 부사절이 뒤에 있는 경우
  s + v … + 종속 접속사 + s + v …
  완벽하면   → 부사절
  I will talk over the matter / **when my husband comes back**. 남편이 돌아오면 그 문제를 얘기하겠다.
       완벽하니까   →   부사절이다.

1. 시간 부사절

When she arrives, she will open the gifts. ~할 때
그녀가 도착할 때 (도착하면) 그녀는 선물을 열 것이다.

Whenever(=Every time) it rains, my dog hides under the couch. ~할 때 마다
비가 올 때마다 내 개는 침상 밑으로 숨는다.

As soon as (=The moment/minute/instant) it stops raining, We will leave. ~하자마자
비가 그치자마자 우리는 떠날 것이다.

Strike **while** the iron is hot. ~하는 동안
쇠는 뜨거울 동안 두들겨라.

I will wait here **until** the concert is over. ~까지(도 계속)
콘서트가 끝날 때까지 여기서 기다릴게요.

By the time you get there, he will have finished the work. ~할 때까지, ~할 무렵에는
당신이 거기 도착할 때쯤이면 그는 그 일을 다 끝낼 것입니다.

After I go jogging, I will go for a drive. ~(한) 뒤에, 하고 나서
조깅한 후에 나는 드라이브하러 갈 것이다

He had left the house **before** I arrived there. ~하 기전에
내가 그곳에 도착하기 전에 그는 그 집을 떠났다.

He came up to me **as** I was speaking. ~(하고 있는)때, ~하는 동안
말을 하고 있을 때 (그 동안에) 그가 나에게로 다가왔다.(when 보다는 while과 비슷한 뜻)

2. 조건 부사절

If it rains tomorrow, he will not go there. 만약 ~라면
만일 내일 비가 오면 그는 그곳에 가지 않을 것이다.

You will miss the train **unless** you **hurry** up. 만약 ~아니라면(If ~not)
서둘지 않으면 열차를 놓칠 것이다.

Once you make a promise, you should keep it. 일단 ~하면
일단 약속을 하면 지켜야 한다.

Suppose (that) / Supposing (that) I were a bird, would you shoot me? 만약 ~라면
내가 만약 새라면 너는 나를 쏘겠는가?

I will wait here **provided (that) / providing (that)** you promise me to come. 만약 ~이면
오겠다는 약속만 해주면 여기서 기다리겠다. (어떤 조건이 충족되어야 함을 전제로 할 때)

I will pay you the money **on condition (that)** you sign this receipt. ~라는 조건이라면
이 영수증에 서명을 한다는 조건이라면 너에게 그 돈을 지불하겠다.

Take an umbrella **in case(that)** it rains / should rain. ~할 경우에 대비하여
비가 내릴 경우에 대비하여 우산을 가져가세요.(뒤에는 + 현재형 or should R)

You may eat anything **so(as) long as** you don't eat too much. ~하는 한, 하 기만 하면
과식하지 않는 한 무엇이나 먹어도 좋다.

Let's swim **as far as** we can. ~하는 한은
될 수 있는 한 멀리까지 헤엄쳐 가자.

 시간적 의미(~하는 동안)의 as(so) long as
Stay here as(so) long as you want to. 원하는 동안만큼 여기에 머무르세요.

 as far as를 포함하는 관용 표현
as far as I know 내가 아는 한은, as far as the eye can reach 눈길이 미치는 한에는,
as far as + s + be concerned s에 관한 한, s에게 있어서는
As far as I am concerned, it is not true. 나에 관한 한, 나에게 있어서는 그것은 사실이 아니다.

3. 원인 부사절

(a) because, as, since

Because it rained so heavily, we stayed at home all day long.
비가 심하게 내렸기 때문에 우리는 하루 종일 집에 있었다.

As it was a public holiday last Thursday, most of the shops were shut.
지난 목요일은 공휴일이었기 때문에 대다수 상점이 문을 닫았다.

Since we have plenty of time, let's go and have a coffee.
시간도 많으니까 가서 커피나 마시자.

 서로간의 근본적인 어감 차이가 있으나, 요즘은 별 구별 없이 호환해서 사용한다. 다만 because 는 앞, 뒤 어디나 있을 수 있지만, as, since 는 문두가 원칙이라는 규칙이 있다. 다만, 이 또한 지금은 별 의미가 없어졌다.

 주절에 부정어가 있고 종속절이 because일 때는 원인 이외에, 양보적 해석(~라고 해서)이 될 때도 있다.
This book is not good, because it is written by him. 이 책은 좋지 않다. 그가 썼기 때문에. (원인)
This book is not good because it is written by him. 이 책은 그가 썼다고 해서 좋은 것은 아니다.
Don't despise a man because he is poorly dressed. 옷차림이 초라하다고 해서 사람을 무시하지 마라.

(b) now(that), seeing that, in that(→ 주절보다 뒤에 쓰는 게 원칙)

Now (that) spring has come, we had better repair the house. 이제 ~이니까
이제 봄도 되었으니까, 집을 수리하는 게 낫겠다.

Seeing that he drives such a luxury car, he must have money. ~인 것을 보니
그런 비싼 차를 모는 것을 보니, 그는 부자임에 틀림없다.

Men differ from brutes **in that** they can think and speak. ~라는 점에서, 관점에서
인간은 생각하고 말할 수 있다는 점에서 짐승과 다르다.

4. 양보 부사절

Though (Although) he is poor, he looks quite happy. ~일지라도, ~불구하고
비록 가난할지라도 그는 아주 행복해 보인다.

I won't mind **even if (= even though)** she doesn't come. ~일지라도, ~불구하고
그녀가 오지 않는다 해도 나는 개의치 않겠다.

5. 목적과 결과의 부사절

(a) 목적 (→ Point 59. 1 ⓐ ⓑ 참고)

Mary works hard **(so) that** she **may** succeed. Mary는 성공하기 위하여 열심히 한다.
Mary works hard **(so) that** she **may not** fail. Mary는 실패하지 않기 위해 열심히 한다.

(b) 결과 (→ Point 59. 1 (b) ⓑ 참고)

She studied **so hard that** she passed in the exam. 그녀는 열심히 해서 시험에 합격했다.
He is **not so** busy **that** he can't read newspapers. 신문을 못 읽을 정도로 바쁘지는 않다.
= He is **not too** busy **to** read newspapers.
He is **too** wise **not to** solve the problem. 그는 현명해서 그 문제를 해결할 수 있다.
= He is **so** wise **that** he **can** solve the problem.

(c) such를 이용한 결과 표현

ⓐ **such a(an) + 형용사 + 명사 + that = so + 형용사 + a(an) + 명사 + that**
He was **such a kind man that** he showed me the way.
= He was **so kind a man that** he showed me the way.
그는 친절한 사람이어서 나에게 길을 가르쳐 주었다.

ⓑ **such + (형용사) + 불가산 명사 or 복수명사 + that**
It was **such beautiful weather that** we went for a walk. 날씨가 좋아서 산책하러 갔다.

ⓒ **so + many, few + 복수명사 / much, little + 불가산 명사 + that**
He ate **so much food that** he couldn't walk fast. 너무 먹어서 빨리 걸을 수 없었다.

 so great that의 의미를 담고 있는 such that
His anxiety was **so great that** he couldn't sleep a wink last night.
= His anxiety was **such that** he couldn't sleep a wink last night.
= **Such** was his anxiety **that** he couldn't sleep a wink last night.
불안감이 너무 커서 (such that = so great that) 그는 지난밤에 한숨도 못 잤다.

6. 양태(~인대로, ~인 것처럼)와 정도(~할수록)의 부사절

Do in Rome **as** the Romans do. 로마에서는 로마사람들이 하는 대로 해라.
(Just) As rust eats iron, **so** care eats the heart. 녹이 철을 갉아먹듯, 근심은 마음을 좀 먹는다.

 (Just) As A ~, so B : A 인 것처럼 그렇게 B
이때 B 자리의 절이 [명사주어 + 동사] 형태면 주동도치가 가능하다. 대명사주어 + 동사는 그대로 쓴다.
As rust easts iron, **so does care eat** the heart.

As we climb **higher**, it is more difficult to breathe. 높이 올라 갈수록 숨쉬기는 더 힘들어진다.
As you eat **more**, you will become fatter. 더 많이 먹을수록 더 살이 찔 것이다.

이런 문제가 나온다

대표 예제. 1. _____, heat is produced.
   (a) The mixing together of certain chemicals
   (b) Whenever certain chemicals are mixed together
   (c) Certain chemicals mixed together
   (d) That certain chemicals are mixed together

2. Choose the **incorrect** sentence.
   (a) She was so pretty a girl that everybody liked her.
   (b) There was so much conversation behind me that I couldn't hear the actors on the stage.
   (c) My father worked hard that his family might live in comfort.
   (d) It was such a fine weather that we went for a walk.

🔍 문제 해결의 Key

부사절이라는 걸 알아본 상태에서 (한쪽이 완벽할 때 다른 한쪽이 '종속 접+S+V~'). 알맞은 의미의 접속사를 집어넣는 것이 핵심이다. 따라서 [시간][원인][조건][양보][목적과 결과][양태와 정도]등의 의미에 따른 접속사 자체를 잘 외워두자.

실 전 예 제

1. A new study predicts that climate change will cause a global disaster within the next 1000 years, ①now that we cut all greenhouse gas emissions on a global scale. It predicts that coastal areas will flood ②due to sea levels rising by at least four meters, ③thereby causing the planet's land mass ④to shrink.

2. Culture shock is the feeling some people experience when they travel to a new country or part of the world (   ) the first time. Sometimes the food, style of dress, and other aspects of life in a new country are (   ) different that people have a hard time adjusting (   ) this new way of life. Culture shock can last for days, weeks, or even months. (15 경찰 1차)
   ① in - very - for   ② for - so – to   ③ in - so - for   ④ for- very – in

3. The sound of voices in the parlor rose and fell for half ①an hour, but ②what happened during that interview she never knew. When she was called in, the boy stood up with ③so a penitent face that she forgave him on the spot, but did not think it ④wise to betray the fact. (13 편입)

4. Choose the **correct** sentence. (편입 응용)
   ① The abortion issue is too complicated that it is not easy to read the results.
   ② The lowest strata of the caste system are referred to as 'untouchables' though they are excluded from the performance of rituals which confer religious purity.
   ③ As the women's soccer World Cup has built to a climax, so too has the debate.
   ④ Write your name and address on your bag unless you lose your bag.
   ⑤ Because the passengers reached safely, they could not forget the incident.

시간과 양보 접속사 추가 사항 ★

개념정리

1. 시간 접속사에 대한 추가사항.

(a) while의 또 다른 의미

While I admit that the task is difficult, I don't think that it is impossible. [양보]
나는 그 일이 어렵다는 것은 인정하지만, 불가능하다고는 생각하지 않는다.

He likes sports **while** I like books. [대조; 반면에]
그는 운동을 좋아하는 반면에 나는 책이 좋다.

(b) until – 말하는 그 시점까지의 계속 : ~까지 (줄곧)
before – 말하는 시점 이전 또는 바로 그 시점에서의 완료 : ~전까지

I will wait here **until** you come back. 나는 네가 돌아올 때까지 (계속) 기다리겠다.
You must finish the work **before** I come back. 내가 돌아올 때까지(그전까지) 일을 끝내야한다.

> 단: 주절의 동사가 continue keep last remain stay wait 등 지속성의 의미가 있는 동사일 때 until 이 나오는 경우가 많다.

(c) It will not be long before + S + 현재 : 오래지 않아 (곧) ~할 것이다.
It will be a long time before + S + 현재 : 오래 있어야 ~할 것이다.

It will not be long before spring **comes**.
= Soon (Before long) spring will come. 머지않아 봄이 올 것이다.
It will be a long time before we **meet** again. 오래 있어야 우리는 다시 만날 것이다.

(d) after와 since의 차이

after: [~이후로, ~이래로]라는 뜻일 뿐. [지금까지]라는 연관성이 없다.
I **have lived** here **after** I was born. (X)
→ I **have lived** here **since** I was born. (O) (→Point 15. 1 (b) 참고)
태어난 이래로 지금껏 계속 여기서 살고 있다.

2. 양보 접속사에 대한 추가사항

(a) 형용사 / 무관사 명사 + as (or though) + s + v = Though + s + v + 형용사 / 명사

Poor as he is(= Though he is poor), he is honest. 비록 가난하지만 그는 정직하다.
Woman as she is(= Though she is a woman), she is brave. 비록 여자지만 그녀는 용감하다.

> 단: 이 관용 표현에는 일반적으로 as를 쓰는데. though를 그대로 쓰기도 한다.
> Poor **though** he is, he is honest.

(b) be that as it may : 그러함에도 불구하고[그렇기는 하지만]

I know that he has tried hard; **be that as it may**, his work is just not good enough.
난 그가 열심히 애를 썼다는 것을 안다. 그렇기는 하지만 그의 작업이 흡족할 정도로 훌륭하지가 못하다.

(c) whether의 양보적 해석

Whether you like it **or not**, you will have to do it. 좋아하든 않든 간 에 그 일을 해야 한다.

이런 문제가 나온다

대표 예제. Choose the **correct** sentence.
    (a) A beggar as he was, he was happy.
    (b) It will not be long before I will get there.
    (c) Young as he is, he is very wise.
    (d) After I finished the job, I have had nothing to do.

🔍 문제 해결의 Key

until은 [기준 시점] 까지도 [계속]. before은 [기준시점 이전] 까지
It will not be long before + s + 현재 : 머지않아 ~일 것이다.
(시간의 부사절이므로 현재형이 미래 대신)
[after + 과거]가 제시되면 주절 시제는 [과거]이어야지 [현재완료]가 되면 틀린다.
양보 접속사 없이도 관용적인 양보의 부사절이 되는 경우가 있는데
[형용사, 무관사 명사] + as(or though) + s + v~ 가 대표적이다.

실전예제

1. The question which the literary critic seeks to answer, _____, does not seem to be extraordinary difficult.
   ① so intricate it is   ② intricate if it is
   ③ intricate as it is   ④ it is intricate though

2. Choose the **correct** sentence.
   ① Since the telegraph was invented, the Pony Express stopped.
   ② It will not be long before this country will have an oil deficit
   ③ He had finished the work until I got him to do so.
   ④ While they look like cactus, they're actually a member of the lily family.

3. 어법상 **옳지 않은** 것은?
   Admitting you made a mistake can be a challenge. ①<u>Difficultly</u> as it may seem, if you're not already used ②<u>to admitting</u> to mistakes, admitting to your fault can liberate you and allow you ③<u>to move</u> on to better relationships. Get ready ④<u>to own</u> your errors.

Point 101 · Point 102 접속 부사 ★★
접속부사 vs. 전치사 / 접속사 vs. 전치사 ★★★

> ### 개념정리
>
> 의미적인 연결이 자연스러워서 접속사로 착각할만한 부사를 접속부사라고 하는데, 부사이므로 절과 절을 연결 할 수 없다. 다만 어쨌거나 접속부사 바로 뒤에는 '절'이 올 수 있다.
> The bank refused to help the company, consequently it went bankrupt. (X)
> → .Consequently /, and consequently /; consequently
> 그 은행은 그 회사를 도와주기를 거부했다. 결과적으로 그 회사는 파산했다.

1. 대표적인 접속부사

> **hence thus accordingly therefore consequently as a result** 그러므로, 그래서, 따라서, 그 결과로 /
> **nevertheless nonetheless** 그럼에도 불구하고 / **otherwise** 그렇지 않으면 /
> **furthermore moreover in addition** 게다가, 더욱이, 그에 더하여 / **instead** 그 대신에

 therefore의 경우 접속부사이지만, 접속사로 쓰이기도 한다. I think, therefore I am. 나는 생각한다. 고로 나는 존재한다.
consequently도 접속사로 쓰이는 경우를 드물게 볼 수 있는데, 거의 접속부사로 굳어있다.

2. 접속부사 vs. 전치사

전치사 + 명사		접속부사 + S + V~	
instead of	~대신에	instead	그 대신에
in addition to	~에 더하여, ~뿐 아니라	in addition	게다가, 덧 붙여
as a result of	~의 결과로서	as a result	그 결과
besides	~외에도	besides	게다가

As a result her hard work, she advanced in her profession. (X) → **As a result of** 열심히 일한 결과로, 자기 직종에서 출세했다.
He didn't reply. **Instead of** he turned on his heel and left the room. (X) → **Instead** 그는 답하지 않았다. 그 대신에 홱 돌아서서 나가버렸다.

3. 비슷한 의미를 가지는 접속사 vs 전치사

	전치사 + 명사	접속사 + S + V~
양보	despite, in spite of, after (with, for) all notwithstanding	though
원인	because of, owing to, on account of, thanks to, due to	because
~동안	during	while
~에 따르면	according to	according as
~처럼	like	as if(가정법)/as(직설법)

Because of it rained so heavily, we stayed at home all day long. (X) → **Because**
비가 심하게 내렸기 때문에 하루 종일 집에 머물렀다.

Although his poverty, he is contented. (X) → **Despite**
가난에도 불구하고, 그는 만족한다.

이런 문제가 나온다

대표 예제. Choose the **correct** sentence.

(a) A horse should be fed according as its individual needs and the nature of its work.
(b) Owls can hunt in total darkness as a result their remarkably keen sense of smell.
(c) She said nothing. Instead, she preferred to save her comments till later.
(d) In spite of the midterm was just around the corner, I was unable to concentrate on studying

🔍 문제 해결의 Key

의미적으로는 연결이 자연스러울 지라도 접속부사는 부사이므로 절과 절을 연결할 수 없다. 다만, 모양 상 접속부사 바로 뒤에는 '절'이 올 수 있으므로 전치사와는 구별이 필요하다. 같은 원리로 접속사도 전치사와는 구별되어야 한다.

실전예제

1. ①Although claims that these food products are based on "sound science," in truth, neither manufacturers nor the government ②has studied the effects of these genetically ③altered organisms or their new proteins ④on people – especially on babies, the elderly, and ⑤the sick. (15 편입)

2. 어법상 옳지 않은 것은? (14 지방직 7급)
The United States national debt was relatively small ①until the Second World War, during ②when it grew ③from $ 43 billion to $ 259 billion ④in just five years.

3. Thoughts and dreams ①are impossible to touch or see, ②accordingly they are ③very difficult to study by the scientific methods ④taken by doctors of that time.

4. We were not ①aware that our car ②had become bogged down in soft mud ③because a heavy ④overnight downpour.

MD GRAMMAR

Chapter. 11
일치와 화법

Chapter 11 일치와 화법

Point 103 주동일치의 기본 원칙

[단수 주어 + 단수 동사 / 복수 주어 + 복수 동사]라는 기본 원칙은 주어와 동사 사이에 끼어드는 어구들을 이용한 문제가 주로 나온다.
즉, S + (전치사구, 관계사, 분사, 동격, to R) + V라는 패턴을 조심하자.

ex. **The plants** that belong to the family of ferns **is** quite varied in their size and structure. (X) → is를 are로. S + ( ) + V 패턴의 주동일치

Point 104 특이한 주동일치의 규칙들

이를테면 복수형태의 주어가 단수동사를 취하는 등 특이한 주동일치의 규칙들이 있다.

간략한 내용을 정리하면,
1. 학문 명칭 등은 복수 형태라도 단수 취급
2. 분수 및 부분 표시 어는 뒤의 명사에 동사 일치
3. 등위 상관접속사의 일치 규칙
4. each, every등은 단수 취급
5. One of + 복수명사 + 단수 동사
6. a number of 와 the number of 의 차이
7. a total of + 복수명사 + 단수 동사
8. and로 연결되어도 단일 개념이면 단수 취급
9. 동명사, to R 그 자체는 단수 취급
10. 짝 명사는 복수가 기본.
11. 관사의 개수에 따라 단, 복수를 알 수 있다.
12. 시간, 거리, 무게, 액수 따위가 한 덩어리 어감이 강하면 복수형이라도 단수 취급.

ex. Choose the **incorrect** sentence. (3개)
① Bad news spread fast.
② More than one men is waiting for you.
③ One of the most popular adult hobbies is home improvement.
④ Being alone without feeling alone are one of the greatest experiences of life.
⑤ Every man and woman is taught to read and write.
⑥ Two thirds of the apples are still unripe.

▶ ① spreads (news는 단수) ② man (more than one + 단수명사) ④ is (동명사는 단수 취급)

시제의 일치

시제일치의 법칙은 주절이 과거 시제일 때만 따지는 법칙인데, 주절이 과거시제일 때 종속절에는 과거나 had p.p가 필요하다. 바꿔 말하면 주절이 과거시제가 아닐 때는 종속절에 반드시 어떤 시제를 써야한다는 법칙은 없고, 자연스러운 시제를 쓰면 된다. 또한 주절이 과거시제라도 종속절에 현재 따위가 나오는 예외도 있음을 주의하자.

ex. My brother **told** me that he **would be** here by three.   시제의 일치
He **said** that the sun **rises** in the east.   시제 일치의 예외(불변의 진리는 현재)

직접 화법 ↔ 간접 화법

직접 화법을 간접화법으로 바꿀 때는
1. 문장 종류에 따라 적절한 전달 동사를 썼는지 여부
2. 피전달문을 전달동사에 연결할 때 알맞은 연결사를 추가했는지 여부
3. 피전달문안의 주어나 시제, 시간과 장소 표현어구들을 적절히 변화시켰는지 여부를 순서대로 확인해야 한다.

ex. He said, "I bought it here yesterday."
1. 전달 동사 변화(평서문에서 say는 그대로) He said
2. 접속사 that 추가 He said that
3. 주어, 시제, 시간, 장소 어구 변화 he had bought it there the previous day
→ **He said that he had bought it there the previous day**.

Point 103. 주동일치의 기본 원칙 ★★★

개념정리

단수 주어 + 단수 동사 / 복수 주어 + 복수 동사 이것이 주어와 동사의 일치(= 수의 일치)의 기본이다.

Tom **is** a diligent student. (단수)
Tom and Judy **are** good friends. (복수)
Tom **likes** playing baseball. (단수)
Tom and Jack **like** playing baseball. (복수)

주어와 동사가 바로 연결된 상태에서 문제가 나온다면 아무래도 쉽게 발견할 수 있기 때문에 문제 출제자 입장에서 조금 어렵게 문제를 **출제하려면** 다음과 같이 중간에 수식어구들이 끼어있는 경우를 이용한다.

1. 주어와 동사 사이에 수식어구가 끼어있는 경우

(a) 주어 + (각종 전치사구) + V

The **invention (of the silicon chip) is** a landmark in the history of technology.
실리콘칩의 발명은 기술의 역사에서 획기적인 사건이다.

(b) 주어 + (각종 관계사) + V

The **plants (which grow in the garden) need** a lot of water.
정원에서 자라는 식물들은 많은 양의 물이 필요하다.
The **reason (why she is popular) is** that she is kind to everybody.
그녀가 인기 있는 이유는 모든 이들에게 친절하기 때문이다.

(c) 주어 + (분사) + V

The **plants (growing in the garden) need** a lot of water.
정원에서 자라는 식물들은 많은 양의 물이 필요하다.
Cars (parked on the street) will be towed.
길에 주차된 차들은 견인될 것이다.

(d) 주어 + (, 명사; 동격) + V

Plato, the famous Greek philosopher, was a student of Socrates.
유명한 그리스의 철학자인 플라톤은 소크라테스의 학생이었다.

(e) 주어 + (to 부정사의 형용사적 용법) + V

My desire (to study abroad) is difficult to come true.
해외에서 공부하고 싶은 내 소망은 실현되기 어렵다.

이런 문제가 나온다

대표 예제. Choose the **correct** sentence.
(a) The shift in population from rural to urban areas have become more or less worldwide.
(b) The average age at which people begin to need eyeglasses vary considerably.
(c) People planning to travel by car to North Dakota in the winter are advised to equip their cars with snow tires.
(d) The National Education Association conduct extensive research on a great many aspects of education.

문제 해결의 Key

[단수 주어 + 단수 동사 / 복수 주어 + 복수 동사]라는 기본 원칙은 주어와 동사 사이에 수식어구가 끼어들어 있는 경우를 이용한 문제가 나온다. 주어 다음에 이어지는 [전치사 구. 관계사. 분사. 동격. 형용사적 용법의 to R]등은 일단 묶어 놓고 보는 습관이 필요하다.

실전예제

1. In our bodies, bacteria ①outnumber human cells by ten to one. All this bacteria ②weighs as much as your brain-nearly three pounds. Most bacteria in our bodies ③are not harmful : in fact, many ④benefits us in important ways. They help us to digest food. They make important vitamins, and they help fight infections. (15 편입)

2. ①Despite having discovered ②nearly 2,000 alien worlds beyond our solar system, the ③profound search for exoplanets ④are still in its infancy.

3. We can easily see ①that Japan's insular position, like ②that of the British Isles, ③have given a special character ④to Japan's life.

4. Musharraf's ability ①to crack down on the extremists ②have been limited by the standoff in Parliament and ③by his lack ④of allies on the ground in the border provinces.

5. Most of the information ①received from the reporters in the field ②have to be edited before ③being considered for ④publication.

Point 104 특이한 주동일치의 규칙들 ★★★

개념정리

이를테면 분명히 복수형태의 주어인데, 동사는 단수형이 이어지는 특이한 경우의 주동일치 규칙들이 있다. [단수주어+단수 동사/복수주어+복수동사]라는 기본적인 틀을 벗어나는 경우들이므로 규칙 자체를 별도로 잘 외워두어야 한다.

1. 복수 형태의 명사(~s, ~es)지만 단수 취급을 하는 경우

(a) 학문名

> **physics** 물리학 **electronics** 전자 공학 **linguistics** 언어학 **phonetics** 음성학 **ethics** 윤리학, 도덕론 **mathematics** 수학 **politics** 정치, 정치학 **statistics** 통계학 **mechanics** 기계학·역학 **gymnastics** (교과 명으로서의) 체육(학) **economics** 경제학

단. 정식 학문명칭이 아닌 경우는 일반적으로 복수 취급한다.
ethics (개인·사회·직업의) 도의, 도덕, 윤리(관) mathematics 수학적 계산(처리), 수학의 이용 Politics 정강, 정견 statistics 통계자료 mechanics 기술, 기교 gymnastics 체조, 체육 economics 경제상태, 경제성, 경제적인 측면

(b) 전 세계에 하나밖에 없는 강, 지명, 국명

The Thames flows through London.   템스 강
The Netherlands is a country called Holland.   네덜란드 (하나의 국가)
The United States is a large country.   미국 (하나의 국가)

단. the Philippines 공화국으로서 필리핀은 단수 / 필리핀 제도 (섬의 모임) 일 때는 복수

(c) 병 名   **measles** 홍역   **rabies** 광견병   **hysterics** 히스테리(발작) (→복수취급도 가능)

(d) 기타   **news** 뉴스, 기사   **billiards** 당구   **summons** 소환장

2. 분수 및 부분 표시를 하는 말 : 뒤에 따라 나오는 명사의 수에 일치 시킨다

> **The greater part of, most of, the majority of** 대부분의, 대다수의 **a lot of, lots of, a heap of, heaps of** 많은 **half of** ~중의 절반 **a part of, a portion of** 일부분의, 약간의 **the rest of** 나머지의 **some of, any of** 일부분의

Two - thirds of **the apples are** rotten.   사과들 중 2/3가 썩었다.
Two - thirds of **the earth's surface is** water.   지구 표면의 2/3는 물이다.
The rest of **the boys are** playing in the ground.   나머지 소년들은 운동장에서 놀고 있다.
The rest of **the bread is** mine.   나머지 빵은 내 것이다.
A lot of **books are published** every year.   매년 많은 책이 출판된다.
A lot of **oil is** now needed in the world.   전 세계에서 많은 양의 기름이 필요하다.

3. 주어 자리에 나오는 등위 상관접속사의 일치 (→ Point 97. 참고)

both A and B + 복수 동사

not A but B = B, not A
Not only A but also B = B as well as A } + B에 일치시킨 동사
either A or B
neither A nor B

4. each, every, either, neither 등이 주어가 되거나 주어를 수식할 때 단수 취급

Each of the boys has received two cents.	각각의 소년들이 2센트씩 받았다.
Each country has its own customs.	각 나라는 저마다의 풍습이 있다.
Every book on the table is mine.	테이블위의 모든 책은 내 것이다.
Neither of the answers was satisfactory.	두 대답이 다 만족스럽지 않았다.
Either of them is good enough.	그들 둘 중의 하나면 충분합니다.

5. [one of + 복수명사]가 주어이면 본동사는 단수

One of the girls was late.   소녀들 중의 하나가 늦었다.

6. [a number of (= many) + 복수 명사 : 많은~] + 복수 동사
[many a + 단수명사 : 많은~] + 단수 동사
[the number of + 복수 명사 : ~의 수, 숫자] + 단수 동사
[More than one + 단수 명사 : 하나 이상~] + 단수 동사

A number of traffic accidents happen every day.	많은 사고들
Many a man has made the same mistake again and again in history.	많은 사람들
The number of traffic accidents is rapidly increasing.	교통사고의 수(숫자)
More than one writer has made mistakes.	한명 이상의 작가

7. [a series of, a total of, a team of, a box of + 복수명사] + 단수 동사

A total of 10 books is on the desk.	총 10권의 책이 책상 위에 있다.
There was a series of raps on the window	창문에서 일련의 두드리는 소리가 났다.

 비슷한 패턴이지만,
a number of (= many), a couple of 두 개의, 두 사람의 a variety of 다양한 + 복수명사이면 복수동사가 나온다.

8. and로 연결되었지만 단수 취급하는 경우.

(a) 혼합된 하나의 음식 / 도구

Bread and butter 버터 바른 빵 Curry and rice 카레 밥 ham and eggs 햄 에그 brandy and water 물을 탄 브랜디 whisky and soda 소다를 탄 위스키 a needle and thread 실을 꿴 바늘 a watch and chain 시계 a horse and cart 마차 a cup and saucer 컵과 받침 a coach and four 사 두 마차 a bow and arrow 활과 화살

 그야말로 개별적인 의미의 나열인 경우에는 복수로 취급한다.
Bread and butter have risen in price.   빵 값도 올랐고, 버터 값도 올랐다.

(b) 속담, 격언에서 하나의 단일 개념으로 봐야 하는 경우

    All work and no play makes Jack a dull boy.   공부만 하고 여유가 없으면
    Slow and steady wins the race.   천천히 그러면서 꾸준히
    Trial and error is the source of our knowledge.   시행착오
    Early to bed and early to rise makes a man healthy.   일찍 자고 일어나는 것
    Plain living and high thinking is a great ideal of men.   평범한 생활 고매한 사고
    The **rise and fall** of the nation **depends** on this issue.   흥망성쇠

(c) 작품 명칭

    Tolstoy's war and peace is worth reading at least once.   톨스토이의 전쟁과 평화(라는 작품)
    Romeo and Juliet is a play written by Shakespeare.   로미오와 줄리엣(이라는 작품)

9. 동명사, to 부정사, that 節 등의 명사절이 주어일 때 + 단수 동사

To keep early hours **makes** a man healthy.   일찍 자고 일어나는 것이
Playing baseball **is** my favorite hobby.   야구하는 것이
That he is a genius is unbelievable.   그가 천재라는 것이
Whether we are happy or not depends on our attitude.   우리가 행복한지 여부는

> **단** 관계대명사 what (→ Point 88. 2 참고)이 이끄는 명사절은 일반적으로 단수동사를 쓰지만, 주의해야 하는 경우가 있다.
> What you should do now **is** to wait the results.
> What I need **is** money.   = **The thing** which I need **is** money.
> What I need **are** many books. = **The things** which I need **are** many books.

10. 짝으로 된 물건이 주어일 때 + 복수 동사

> **glasses** 안경   **trousers** 바지   **breeches** 승마바지, 반바지   **shoes** 신발   **scissors** 가위
> **socks** 양말   **stockings** 스타킹   **chopsticks** 젓가락

My **shoes are** worn out.   내 신발이 다 헤졌다.

> **단** a pair of + 짝명사 + 단수 동사 / two (three, four~) pairs of + 짝명사 + 복수동사
> A pair of trousers <u>is</u> in the drawer.   Two pairs of trousers <u>are</u> in the drawer.

11. [관사 + 명사 and 명사] + 단수 동사 / [관사 + 명사 and 관사 + 명사] + 복수 동사

A black and white dog was running here.   얼룩 개 한 마리
A black (dog) and a white dog were running here.   흰 개 한 마리와 검은 개 한 마리 (즉, 두 마리)
The poet and scholar   시인이자 학자
The poet and the scholar   그 시인과 그 학자 (두 사람)

12. 시간, 거리, 길이, 무게, 액수가 한 덩어리의미로 취급되는 경우 + 단수 동사

Three years is a long time to spend in the army.   (총) 3년이라는 세월은 군대에서 보내기엔 참으로 길다.
One hundred meters is a long distance for him to run.   100 미터는 그가 달리기에는 긴 거리다.
Three hundred words is a good length for a paragraph.   300 단어 정도면 한 문단에 적합한 길이다.

> 무조건 단수로 본다는 것이 아니라, 문맥을 살펴야 한다.
> Three years <u>have</u> passed since he died.   그가 죽은 지 3년이 흘렀다. (시간의 흐름은 한 덩어리가 아니라 쌓이는 것이다.)

이런 문제가 나온다

대표 예제. Choose the **incorrect** sentence.

(a) A third of those who plan to vote yes don't really want Quebec to be independent of Canada.
(b) The number of returning students was larger than our staff had expected.
(c) Each nation has its own peculiar character which distinguishes them from others.
(d) Alcott's *Little Women* was very popular with girls then.
(e) Neither his friend's betrayal nor his parents' condemnation has caused him any great distress.

문제 해결의 Key

분명히 복수형태의 주어인데 단수 동사를 쓴다던가, 분수 및 부분 표시어구가 명사를 결합하고 있으면 그 명사의 수에 동사를 맞춰 준다와 같은 주어 자체가 특이한 주동일치의 규칙들이 있다. 그 규칙 자체들을 잘 외워 두어야 한다.

실전예제

※ 어법상 옳지 않은 것은? (1 – 3)

1. One of the best-known ①kind of predictably irrational behavior ②has been called the endowment effect- the idea that once something is ③in your possession, it becomes more valuable ④to you because it's yours and you don't want to lose it. (15 편입)

2. ①Wearing figure-hugging tights and sleeveless tops in ②a variety of shape and size, each person took turns sharing their names and native countries. ③All but five were foreigners from places ④including the United States, Germany and the United Kingdom. (15 서울시 9급)

3. ① The throne is ten feet high, making him look like a dwarf.
② Five years is a very short time to turn an economy around.
③ Three quarters of the comedians is horrendously untalented.
④ Many a scholar has profited directly from his generous help.

4. 우리말을 영어로 **잘못 옮긴** 것은? (13. 지방 직 9급)
① 그들은 지구상에서 진화한 가장 큰 동물인데, 공룡보다 훨씬 크다.
→ They are the largest animals ever to evolve on Earth, larger by far than the dinosaurs.
② 그녀는 나의 엄마가 그랬던 것만큼이나 아메리카 원주민이라는 용어를 좋아하지 않았다.
→ She didn't like the term Native American any more than my mother did.
③ 우리가 자연에 대해 정보로 받아들이는 것의 4분의 3은 눈을 통해 우리 뇌로 들어온다.
→ Three – quarters of what we absorb in the way of information about nature comes into our brains via our eyes.
④ 많은 의사들이 의학의 모든 최신의 발전에 뒤떨어지지 않기 위해서 열심히 공부한다.
→ The number of doctors study hard in order that they can keep abreast of all the latest developments in medicine.

Point 105 시제의 일치 ★★

개념정리

시제 일치의 법칙은 주절이 [과거시제]일 때만 적용 되는 법칙인데, 그 내용은 [주절이 과거시제이면 종속절에는 과거시제나 had p.p만 써야한다]이다. 이것을 뒤집어 생각하면 주절이 [과거]이외의 다른 시제일 때는 종속절에 반드시 특정 시제를 써야 한다는 규칙은 없다. 예를 들어 주절이 현재시제이면 종속절에는 [현재, 과거, 미래]가 모두 나올 수 있다.

1. 주절이 과거시제이면 종속절에는 [과거 또는 had p.p]만 나온다.

I **thought** that he **was** rich.
I **expected** that he **would** succeed.
I **knew** that he **had broken** the window the day before.

 주절이 현재시제일 때는 종속절에 현재, 과거, 미래가 모두 나올 수 있다.
I know that he is / was / will be rich.

다만, **주절이 현재시제일 때 종속절에 had p.p는 쓸 수 없다.** had p.p는 [과거]라는 기준이 있어야 한다.
I know that he had gone there. (X)

2. 시제 일치 법칙의 예외

주절이 과거시제인데, 종속절에 [과거 or had p.p]이외의 시제가 오는 경우가 있다.

ⓐ 불변의 진리, 격언 → 무조건 현재 (→ Point 8. 1 ⓐ ⓑ 참고)

  Columbus **proved** that the earth **is** round.   지구는 둥글다. (불변의 진리)
  He **said** that history **repeats** itself.   역사는 되풀이된다. (격언)

ⓑ 지속성의 어구가 있는 지금도 계속되는 반복적, 습관적 동작 → 현재 (→ Point 8. 1 ⓐ ⓓ 참고)

  He **said** that he **gets up** at six every morning.   그는 (지금도) 6시에 일어난다.

   명백한 과거 시점어구를 동반한 과거만의 습관, 반복적 사실은 과거시제이다.
  He said that he got up at six every morning in those days. 그 당시에는 6시에 일어났었다.

ⓒ 역사적 사실 → 항상 과거 (→ Point 19. 3 ⓑ 참고)

  The teacher **told** us that World War II **broke out** in 1939.   1939년에 발발했다. (과거 시점으로 고정)

ⓓ 가정법의 동사는 주절 시제의 영향을 받지 않는다.

  He **said to** me, "If I **had** more money, I **would lend** you some."
  → He **told** me that if he **had** more money, he **would lend** me some.
    "돈이 있으면 빌려주겠는데." → 그가 말했던 과거 그 당시에서의 현실 반대.

   가정법 현재는 if절 안에 원형을 쓴다는 것이 원칙이었지만, 지금은 거의 현재형을 쓴다. (→ Point 42. 1 참고)
  이 경우는 직설법처럼 취급되기 때문에 시제 일치 법칙이 적용된다.
  He said, "If I get permission, I will do it." → He said that if he got permission, he would do it."

ⓔ 주절은 과거지만 종속절의 내용이 매번 반복되거나 지금도 계속되는 사실 → 현재

  Yesterday he **told** me that the roads in this city **are** still under repair.
  도로가 여전히 보수중이라고 그가 어제 말했다. (어제 말한 사실이지만 지금도 계속)
  He **asked** a man at the terminal what time the first bus **starts**.
  첫 버스가 몇 시에 떠나는지 물었다. (첫 버스는 항상 같은 시간에 출발)

이런 문제가 나온다

대표 예제. Choose the **correct** sentence.

(a) I made up my mind when I was 15 years old that I will not smoke.
(b) He said that slow and steady is winning the race.
(c) Our teacher told us that Shakespeare had written many dramas, including Hamlet, in the first decade of the seventeenth century.
(d) He told me that if she studies hard, she will pass the exam.
(e) He said this morning that he likes her, and he wants to marry her.

문제 해결의 Key

시제의 일치는 주절이 과거시제 일 때만 신경 쓰면 되는 법칙으로, 종속절에 과거나 had p.p를 써야 한다.
단, 주절은 과거지만 종속절에 현재를 쓰는 경우(불변의 진리, 격언, 지금도 계속되는 사실)도 있고
항상 과거시제를 써야 하는 역사적 사실, 주절 시제와는 상관없는 가정법 동사 등 예외도 있으므로 주의하자.

실전예제

1. Choose the **correct** sentence.

   ① He said that he would return the book within a week.
   ② We knew that she has lived in Africa, but we didn't know that she spoke Swahili.
   ③ Robert handled all the business and led the trips, and Michael makes hotel and restaurant arrangements.
   ④ Good speakers rarely focus on an individual audience member; instead, they scanned the entire crowd.

2. Choose the **correct** sentence.

   ① Benjamin Franklin said that those who would give up liberty to get a little temporary safety deserved neither liberty nor safety.
   ② It is true that the genes we inherit from our parents decide, to some extent, what our health was like.
   ③ I came to know when I was in elementary school that the Korean War had broken out in 1950.
   ④ He said that he wished that he were a bird.
   ⑤ He said that if her hair becomes darker, she will look like her sister.

직접 화법 ↔ 간접 화법 ★

> ### 개념정리
>
> 누군가가 한 이야기를 그대로 전달하는 것이 직접화법이고,
> **말하는 사람의 입장에 맞게 변형해서 전달하는 것을 간접화접**이라고 한다.
> He said, "I **was** busy **yesterday**." "나 어제 바빴어."
> → He said that he **had been** busy **the previous day**. 그가 더 전날에 바빴었다.
> 평서문, 의문문, 명령문, 감탄문, 기원문등 문장의 종류에 따라 정해진 전환 법칙이 있다.

1. 평서문의 화법 전환

Jack said to me, "I want to go home tomorrow."

(a) 전달동사 say는 say그대로, say to는 tell로
  → Jack **told** me

(b) 피전달문은 접속사 **that**으로 연결
  → Jack told me **that**

(c) 피전달문속의 주어나 시제, 시간과 장소 표현어구의 변화에 주의한다
  → Jack told me that **he wanted** to go home **the next day**.
  Jack은 나에게 자기는 그 다음날 집에 가고 싶다고 말했다.

> **단** 화법 전환 시 시간과 장소 표현어구의 변화
> now → then (그때) today → that day(그날) yesterday → the previous day (그 전날) tomorrow → the next day, the following day (그 다음날) next week → the next week, the following week (그 다음주) last night → the previous night (그 전날 밤) ~ ago → ~ before (그때보다 ~전) here → there (거기에) this(these) → that (those)
> He said, "My father died **here** three years **ago**."
> → He said that his father had died **there** three years **before**.

2. 의문문의 화법 전환

(a) 전달 동사 say나 say to를 문맥에 따라 **ask, wish(want) to know, wonder**등

He **said** to me, "Where did you buy this book?"
→ He **asked** me
He **said**, "Who likes her?"
→He **wanted to know**
I **said**, "What makes her think so?"
→ I **wondered**
I **said to** him, "Do you love her?"
→ I **asked** him

(b) 의문사 있는 의문문의 경우 : 간접의문문 어순, 즉 의문사 + S + V~ (→ Point 98. 3 참고)

He said to me, "Where did you buy this book?"
→ He asked me where I had bought that book.　　내가 어디서 그 책을 샀는지

[단] 만약 내가 그 책을 지니고 있는 상황이라면 this를 that으로 바꾸지 않고, 그대로 this를 쓸 수도 있다. 앞서 설명한 시간과 장소 어구들의 변화는 일반적으로 그렇다는 것이고, 상황에 따라 변화되지 않는 경우도 있다.

He said, "Who likes her?"　　누가 그녀를 좋아하는지
→He wanted to know who liked her.

I said, "What makes her think so?"　　무엇이 그녀가 그렇게 생각하게 하는지
→ I wondered what made her think so.

[단] 의문사 who나 what자체가 주어인 경우이므로 간접의문문으로 바뀌어도 표면적인 어순변화가 없다.

(c) 의문사 없는 의문문의 경우 : whether, if + 평서문 어순(S + V ~)으로 (→ Point 98. 2 참고)

I said to him, "Do you love her?"
→ I asked him whether(=if) he loved her.　　그가 그녀를 사랑하는지

3. 명령문의 화법 전환

(a) 긍정명령 → tell + 목적어 + to R

He said to me, "Study hard."
→ He told me to study hard.　　열심히 공부하라고 했다.

(b) 부정 명령 → tell + 목적어 + not to R

He said to them, "Don't tease her."
→ He told them not to tease her.　　그녀를 괴롭히지 말라고 했다.

[단] 명령의 느낌보다 충고나 부탁의 어감이 강할 때는 전달동사 자리에 각각 advise나 ask를 쓴다.
The doctor said to me, "Don't overeat yourself."
→ The doctor advised me not to overeat myself.　　너무 과식하지 말라고 충고했다.
He said to me, "Please, close the window."
→ He asked me to close the window.　　창문을 닫아달라고 요청했다.

(c) Let's ~의 경우 → suggest that ~

He said to me, "Let's eat something."
→ He suggested (to me) that we (should) eat something.　　뭔가 먹어야 한다고 제안했다.

[단] [명령, 주장, 제안, 요구, 소망, 충고, 동의] 동사 + that + S + (should) R (→ Point 44. 1 참고)

4. 감탄문의 화법 전환

(a) 전달동사 say나 say to를 exclaim, cry, shout(외치다, 울부짖다, 소리치다)등

He said to me, "How fast you are!"
→ He exclaimed to me
He said, "What a beautiful girl she is!"
→ He exclaimed

ⓑ 피전달문을 바꾸는 방식은 다음과 같다.

ⓐ how나 what으로 시작하는 감탄문을 그 어순 그대로
He said to me, "How fast you are!"
→ He exclaimed to me **how fast I was**.   내가 정말 빠르다고
He said, "What a beautiful girl she is!"
→ He exclaimed **what a beautiful girl she was**.   그녀가 정말 아름다운 소녀라고

ⓑ 감탄문을 very를 이용한 평서문으로 바꾼 후 평서문 어순대로
How fast you are! → You are very fast.
He exclaimed to me **that I was very fast**.

What a beautiful girl she is! → She is a very beautiful girl.
He exclaimed **that she was a very beautiful girl**.

> 단. 감탄문을 평서문으로 바꾼 후 화법전환을 할 때는 전달동사를 평서문 방식대로 **say**나 **tell**을 쓸 수도 있다.
> He <u>said</u> that she was a very beautiful girl.

5. 기원문의 화법전환

(May) + S + V~ ! 의 어순을 가지는 기원문은 다음과 같이 전환한다.
pray that ~ may / express the wish that ~ may

She said, "(May) God save my son!"
→ She **prayed that God might** save her son.   신이 자기 아들을 구해주기를

He said to me, "May you live long!"
→ He **expressed the wish that I might** live long.   내가 오래 살기를

6. 각기 다른 종류의 문장이 결합 되었을 때의 화법 전환

이를테면 평서문과 의문문이 섞여있다면 각각의 방식대로 화법전환을 한 후 중간에 **and**를 추가한다. 특히 and다음에는 문장 종류에 맞는 전달동사를 잊지 말자.

He said to me," You have a good book. Where did you buy the book?"
→ He **told** me **that I had** a good book, **and asked** me **where I had bought** the book.
그는 나에게 좋은 책을 갖고 있다고 말했고 어디서 그 책을 샀는지를 물었다.

7. 평서문 두 개가 연결되어 있을 때의 화법 전환

중간에 **and**를 연결한 후 뒷 문장에 **that**을 추가한다. 전달동사는 또 쓸 필요가 없다.

He said, "I am very tired. I want to go home."
→ He **said that** he was very tired, **and that** he wanted to go home.
그는 매우 피곤하다며 집에 가고 싶다고 말했다.

이런 문제가 나온다

대표 예제. 화법 전환이 잘된 것을 고르시오.

(a) He said to me, "I saw this boy two days ago."
   → He told me that he had seen that boy two days ago.
(b) He said to me yesterday, "Did you make this chair here?"
   → He asked me the next day if I made that chair there.
(c) He said to me, "When did you meet her?"
   → He asked me when I had met her.
(d) He said to me, "Please, tell me where you found the book."
   → He asked me to tell him where I found the book.
(e) He said "What a beautiful flower it is!"
   → He exclaimed what a beautiful flower it is.
(f) He said, "She is quite charming, but she doesn't have much sense."
   → He said that she was quite charming, but she didn't have much sense.

🔍 문제 해결의 Key

직접 화법을 간접화법으로 바꿀 때는
 1. 문장 종류에 따라 적절한 전달 동사를 썼는지 여부.
 2. 피전달문을 전달동사에 연결할 때 알맞은 연결사를 추가했는지 여부.
 3. 피전달문안의 주어나 시제, 시간과 장소 표현어구들을 적절히 변화시켰는지 여부를 순서대로 확인해야 한다.

실 전 예 제

1. 화법 전환이 **잘못된** 것은?

   ① He said, "I saw John yesterday.
      → He said that he had seen John the day before.
   ② She said to me, Don't do so.
      → She told me not to do so.
   ③ She said to me, "You look pale. Are you ill?"
      → She told me that I looked pale, and asked that I was ill.
   ④ She said to us, "Let's take a rest."
      → She suggested to us that we should take a rest.

2. 화법 전환이 **잘된** 것은?

   ① She said, "What a pretty doll it is!"
      → She exclaimed what a pretty doll it is.
   ② He said, "I like this shirt. Can I borrow it?"
      → He said that he liked that shirt and asked if he could borrow it.
   ③ He said to me, "What music do you like?"
      → He said to me what music I liked.
   ④ He said to me, "I am busy now, but I will be free this evening."
      → He told me that he was busy then, but he would be free that evening.

www.moonduk.com

MD GRAMMAR

Chapter. 12
비교

www.moonduk.com

Chapter 12 비교

Point 107 원급 - 비교급 - 최상급의 모양 변화

 [원급 + ~er, 원급 + ~est] or [more + 원급, most + 원급] or [불규칙하게 모양이 바뀌는 비교급과 최상급] 그 모양 구별!

ex. rich – rich**er** – rich**est**   diligent – **more** diligent – **most** diligent
good – **better** – **best**

Point 108 원급, 비교급, 최상급 포함 기본 문장

1. 동등비교 [as + 원급 + as]
2. 우등비교 [비교급 + than]
3. 최상급 비교 [the + 형용사 최상급 + (n) + of 복수 / in + 단수

ex. Jane is **as beautiful as** her sister.
Jane is **more beautiful than** her sister.
Jane is the **most beautiful (girl) of** all her sisters.

Point 109 원급이 들어가는 관용 문장

1. 배수 + as ~ as : 몇 배만큼 ~하다
2. not so much A as B = not A so much as B : A라기 보다 오히려 B이다

ex. My school has **five times as** many computers **as** your school.
He is **not so much** a scholar **as** a writer.

Point 110 비교급이 들어가는 관용 문장

1. A – no more B than C 긍정동사 (D) A가 B가 아닌 것은 C가 D가 아닌 것과 같다.
2. A – no less ~ than B   A 는 꼭 B만큼 ~하다. (A=B)
3. much (still) more A   (더욱더 그렇다. → 긍정의미의 강조)
   much (still) less A   (더욱더 아니다. → 부정의미의 강조)
4. know better than to R   R 할 만큼 바보가 아니다.

ex. He is **no more** a paragon **than** other politicians **are**.
그가 본보기가 아닌 것은 다른 정치인들이 아닌 것과 같다.
He is **no less** brave **than** other students. 그는 꼭 다른 학생들만큼이나 용감하다.
He knows French, **much more** English. 불어를 아는데, 영어는 더 잘 안다.
I **know better than to** fight. 싸움 할 만큼 바보는 아니다.

라틴 비교급

 ~or 로 끝나는 라틴어 출신의 비교급 단어들은 뒤에 than이 아니라 전치사 to를 써야 하다.

ex. This is superior **than** the one that I bought last week. (X) → than을 to로.

주의해야 할 최상급 관련 표현

1. 최상급이라도 the가 없을 수 있다. 부사의 최상급이거나 단독 주격보어인 형용사의 최상급인 경우, '대부분'이라는 의미의 most가 그러하다.
2. 오히려 비교급 앞에 the가 붙는 경우가 있다. [the 비교급 of the two] [the 비교급 s + v~, the 비교급 s + v~][(all) the 비교급 + 이유의 절, 구]
3. 원급과 비교급을 이용해 최상급을 표현하는 방법들이 있는데 [비교급 than any other 단수명사]가 대표적이다.

ex. 1. He runs **fastest**. / I am **happiest** when I play baseball. / **Most** boys like her.
    2. He is **the smarter** of the two boys.
       The more learned a man is, **the more modest** he is.
       I like her **all the more because** she is kind.
    3. He is **smarter than any other boy** in his class.

최상급이 들어가는 관용 문장

 1. one of 최상급 + 복수명사 2. 서수 + 최상급 3. 최상급 + that + 현재 완료

ex. He is **one of the best baseball players** in the world.
He is **the second tallest** boy in my class.
He is **the most handsome** teacher **that I have ever met**.

Point 107 : 원급- 비교급- 최상급의 모양 변화 ★

개념정리

동사에 3단 변화가 있듯, 형용사와 부사에도 3단 변화가 있다.
즉, 원래 모양인 원급에 + ~er(비교급 : 더 ~한 / 더 ~하게), + ~est(최상급 : 가장 ~한 / 가장 ~하게)등의 모양변화가 생긴다. 이를 규칙변화라고 하는데, 주의할 점은 불규칙하게 변화하는 경우도 있다는 것이다.

1. 규칙 변화

(a) 원급 + er / 원급 + est

clever – cleverer – cleverest a. 영리한   high – higher – highest a. 높은 ad. 높게

단
1. ~e로 끝난 경우; ~r, ~st만 붙인다.   noble – nobler – noblest
2. 자음 + y 로 끝난 경우; y를 i로 바꾸고 ~er, ~est   easy – easier – easiest
3. 단모음 + 단자음의 경우; + 자음 + ~er, ~est   hot – hotter – hottest

(b) more + 원급, most + 원급

ⓐ –ous, –ful, –less, –ive, –ing등으로 끝나는 대다수 2음절 어와 3음절 이상인 단어

more useful (cautious, careless, active~) - most useful (cautious, careless, active~)
more beautiful (important, difficult~) - most beautiful (important, difficult~)

ⓑ 형용사 + ly로 끝나는 부사

slowly - more slowly - most slowly

ⓒ wrong a. 잘못된   common a. 보통의, 흔한   fond a. 좋아하는   like a. 비슷한   real a. 진짜의
often ad. 종종, 자주 등의 경우

common – more common – most common

단 wrong common often등은 ~er, ~est도 비교적 자주 쓰인다.

2. 주요 불규칙 변화

good a. 좋은 / well a. 건강한 ad. 잘 - better - best
bad a. 나쁜 badly ad. 나쁘게 / ill a. 병든 ad. 나쁘게 - worse - worst
many / much a. 많은 - more - most
little a. 조금밖에 없는 - less - least
old { older – oldest 나이가 더 많을 때 쓰는 일반적 표현
      { elder – eldest 혈연관계에서 손위라는 뜻일 때 사용
late { later 나중의 - latest 가장 나중의 = 최근의, 최신의 (시간)
      { latter 더 뒤의 - last 마지막 (순서)
the latest news (시간상) 최신 뉴스   the last news (순서상) 마지막 뉴스
far { farther - farthest 거리상으로 더 먼
     { further - furthest '정도' 가 더한 ('거리상으로 더 먼'의 뜻일 때도 사용 가능)
The sun is farther away than the moon.   거리가 더 멀다.
He will need further help.   (정도가) 더한 도움

이런 문제가 나온다

대표 예제. Choose the **correct** sentence.

(a) The sun sets latter in summer than in winter.
(b) The later part of the story is more exciting.
(c) He is the most tall boy in the class.
(d) I can't walk any farther.
(e) Man, biologically considered, is the formidablest of all the beasts of prey.

문제 해결의 Key

비교급과 최상급을 만드는 방법에는 규칙 형과 불규칙 형이 있는데, 규칙 형은 원급 뒤에 ~er, ~est를 붙이는 경우와 원급 앞에 more, most를 붙이는 경우로 다시 나눠진다. 불규칙하게 모양이 바뀌는 경우 중에서는 특히 old, late, far처럼 두 가지씩의 비교, 최상급 모양 변화가 있는 경우를 주의해야 한다.

실전 예제

1. Ocean waters cover ①<u>about</u> seventy-five percent of the Earth's surface and ②<u>support the</u> ③<u>most great</u> abundance and ④<u>diversity</u> of organisms in the world.

2. Choose the one that is **grammatically INCORRECT**. (15 편입)

   ① Before going any farther with the project, we should check with the boss.
   ② The furthest road is sometimes the best road to take.
   ③ For further information, please visit the information center in the town.
   ④ The fog is so thick that I can't see farther than about ten meters.

3. ①<u>On their way back</u>, John and his team ran into terrible weather. The first ②<u>to die</u> was Jack. Some days later, Jane left the tent to die. Perhaps the same day, the ③<u>remaining men</u> died from exhaustion and the cold. Their bodies were found five months later. This account is from ④<u>the latest letter</u> which is ⑤<u>on display</u> at the museum.

원급, 비교급, 최상급 포함 기본 문장 ★★★

개념정리

형용사나 부사의 원급, 비교급, 최상급을 포함하여 만들어지는 관용적인 패턴의 비교 문장들이 있다. 각각 동등비교 (A는 B만큼 ~하다), 우등비교 (A는 B보다 더 ~하다), 최상급 비교 (A가 ~중에서 가장 ~하다)라는 기본 의미를 표현한다.

1. 원급이 들어가는 비교

(a) 동등비교   A ~ as(=so) + 원급 + as B   A는 B 만큼 ~ 하다.

He is smart. + His father is smart.
→ He is **as(=so) smart as** his father (is smart).   그는 그의 아버지만큼 영리하다.

I am as tall as **him**. (X)
→ I am as tall as **he (is tall)**. (O)   나는 그만큼 키 크다

단, [형용사 + 명사]가 들어가는 동등비교 : **as + 형용사 + a, an + 명사 + as**
She is **as good a cook as** her mother.   그녀는 엄마만큼 좋은 요리사다. (요리 잘한다.)

(b) 열등비교   A ~ not so(=as) + 원급 + as B   A 는 B 만큼 ~ 하지 못하다.

She is **as careful as** her mother.   그녀는 그녀의 엄마만큼 조심성이 있다.
She is **not so(as) careful as** her mother.   그녀는 그녀의 엄마만큼 조심스럽지 못하다.

2. 비교급이 들어가는 비교

(a) 우등비교 A ~ 비교급 + than B   A 가 B 보다 더 - 하다.

He is **smarter than** my son.   그는 내 아들보다 더 영리하다.
His new book is **more interesting** than his last.   그의 새 책은 지난번 책보다 더 재미있다.

단, 비교급 강조: **much, still, even, a lot, far + 비교급** : 훨씬 더, 더욱 더
His new book is **much more interesting** than his last.   훨씬 더 재미있다.

(b) 열등비교 A ~ less + 원급 or 불가산 명사 + than B   A는 B보다 덜 ~하다.

She is **less careful than** her mother.
= She is **not so careful as** her mother.   그녀는 그녀의 엄마만큼 조심스럽지 못하다.
Jack gives me **less trouble than** John does.   Jack은 John보다 나에게 덜 해를 끼친다.

3. 최상급이 들어가는 비교

A ~the + 형용사 최상급 + (n) + of + 복수명사(셋 이상) / in + 단수 명사(장소, 집합명사)
A가 ~중에서 가장 ~한 (n)이다.

She is **the most intelligent** (girl) **of** all the girls.   그녀는 모든 소녀들 중에서 가장 총명하다.
He is **the tallest** (boy) **in** the class.   그는 학급에서 가장 키가 큰 소년이다.

단, 최상급의 강조: **much, by far +최상급**
Skating and skiing are **by far the most popular** winter sports.   최고로 가장 인기 있는 겨울스포츠이다.

이런 문제가 나온다

대표 예제. Choose the **correct** sentence.

(a) President Clinton is not so popular than he once was.
(b) Wolves range over a narrow area than apes are.
(c) This book is less interesting than that one.
(d) In all English dramatists, Shakespeare was the most prolific writer.
(e) A charter school has a greater degree of freedom and autonomy as the traditional public school.
(f) The new work is much difficult than the last.

문제 해결의 Key

[as 원급 as / 비교급 than / the 형용사 최상급 + (ⓑ) + of + 복수. in + 단수] 각 문장의 기본 모양자체가 시험문제다.
as~as와 비교급 + than의 경우 앞, 뒤의 비교 대상병치도 주의해야 하고,
비교급과 최상급은 강조어구를 이용한 문제도 중요하다.

실전예제

1. 우리말을 영어로 옮긴 것 중 가장 **어색한** 것은? (15 지방직 9급)

    ① 제인은 보기만큼 젊지 않다.
       → Jane is not as young as she looks.
    ② 전화하는 것이 편지 쓰는 것보다 더 쉽다.
       → It's easier to make a phone call than to write a letter.
    ③ 너는 나보다 돈이 많다.
       → You have more money than I.
    ④ 당신 아들 머리는 당신 머리와 같은 색깔이다.
       → Your son's hair is the same color as you.

2. If you went back to the mid-19th century, the cost of living would be _____ one-twentieth of what it is today. (15 편입)
    ① lesser than   ② less than   ③ still lesser than   ④ fewer than

3. Sometimes there is nothing you can do ①to stop yourself falling ill. But if you lead a healthy life, you will probably be able to get better ②very more quickly. We can all avoid ③doing things that we know ④damage the body, such as smoking cigarettes, drinking too much alcohol or ⑤taking harmful drugs. (14 서울시 9급)

4. As we read ①these ageless words today, we find that the rules of ②conduct set forth by the ancient ③scribes are as fresh and meaningful to this generation as ④they were the people of Jesus' time.

5. ①Film directors can take far ②great liberties in dealing with ③concepts of time and space than stage directors ④can.

6. Of all the ordinary meats, beef and lamb ①certainly taste ②the better, and especially lamb is the ③most easily digested meat that ④I have ever eaten.

Point 109 Point 110 Point 111
원급이 들어가는 관용 문장 ★★★
비교급이 들어가는 관용 문장 ★
라틴 비교급 ★★

개념정리

원급이 포함되는 기본 문장 [as + 원급 + as], 비교급이 들어가는 기본 문장 [비교급 + than]에 추가 어구를 더하면 관용적인 의미를 표현하는 문장으로 변화되는 경우가 있다.

1. 원급이 들어가는 관용 문장

(a) 배수사 (half, a third, two times=twice, three times, four times~) + as 원급 as

The river is **twice as long as** the Thames.   그 강은 템스 강보다 두 배 더 길다.
This house is **three times as big as** that one.   이 집은 그 집보다 세배 더 크다.

 1. 특히 as long / high / deep / wide / broad / large as
= the length / height / depth / width / breadth / size of
~ twice as long as ~ = twice the length of ~

2. 배수가 3배 이상일 때는 [배수 + 비교급 than]도 가능하다. 바꿔 말하면 그 미만 일 때는 as ~ as 만 가능하다.
This house is <u>three times as big as</u> that one. = This house is <u>three times bigger than</u> that one.

(b) A라기보다는 오히려 B이다

> not so much A as B = not A so much as B
> = less A than B = more B than A = B rather than A

He is **not so much** wise **as** clever.   그는 현명하다 라기보다는 영리할 뿐이다.
= He is **not** wise **so much as** clever.
= He is **less wise** than **clever**.
= He is **more clever** than **wise**.
= He is **clever rather than** wise.

 동일인, 동일물에 대한 성질을 묘사하는 말이 비교의 문맥으로 등장하면 원래 ~er than 이 붙는 것이라도, more ~ than으로 쓴다.
He is more clever than wise.   그(라는 동일인은) 현명하다기 보다 영리하다.
I was more angry than disappointed.   나라는 동일인은) 실망 했다 기 보다 화가 난다.
clever와 angry의 원래 비교급 모양은 각각 cleverer, angrier 이지만 여기서는 more clever, more angry

I was **not so much** surprised **as** disappointed.   나는 놀랐다기보다는 실망했다.
= I was **not** surprised **so much as** disappointed.
= I was **less** surprised **than** disappointed.
= I was **more** disappointed **than** surprised.
= I was disappointed **rather than** surprised.

(c) as good as = no better than   ~와 다를 바 없다.
   as ~ as possible = as ~ as one can   가능한 한 ~하게 (→ Point 25. 3 (e)참고)

He is **as good as** a beggar. 그는 거지와 다를 바 없다.
= He is **no better than** a beggar.
I got up **as early as possible**. 가능한 한 빠르게 일어났다.
= I got up **as early as I could**.

2. 비교급이 들어가는 관용 문장.

(a) no more than = only   겨우, 단지, ~에 불과한 (=nothing more than = nothing but)
   not more than = at most   많아야, 기껏해야

He has **no more than** a hundred dollars. 그는 겨우 백 달러를 가지고 있다.
He has **not more than** a hundred dollars. 그는 많아야 백 달러를 가지고 있다.

(b) no less than = as much as - 만큼이나 (되는, 많은)
   not less than = at least   적어도, 최소한

He has **no less than** a hundred dollars. 그는 백 달러만큼이나 가지고 있다.
He has **not less than** a hundred dollars. 그는 최소한 백 달러를 가지고 있다.

(c) A - no more B than C 긍정동사 (D)   A가 B가 아닌 것은 C가 D가 아닌 것과 같다.

A whale is **no more** a fish than a horse **is** (a fish).
= A whale is **not** a fish **any more than** a horse is. 고래가 물고기가 아닌 것은 말이 물고기가 아닌 것과 같다.

He is **no more** a genius **than** I am (a genius).
= He is **not** a genius **any more than** I am. 그가 천재가 아닌 것은 내가 천재가 아닌 것과 같다.

(d) A - no less ~ than B = A (quite) as ~ as B   A 는 꼭 B만큼 ~하다. (A=B)

She is **no less** beautiful **than** her sister.
= she is **quite as** beautiful **as** her sister.
그녀는 꼭 그녀의 누이만큼 아름답다. (그녀의 아름다움 = 그녀 누이의 아름다움)

Writers are **no less** human **than** farmers.
= Writers are **quite as** human **as** farmers.
작가는 농부가 인간 적 인 것과 마찬가지로 (꼭 그만큼) 인간 적이다.

단. A - not more ~than B   A가 B보다 더 ~한 것은 아니다.
   A - not less ~than B   A가 B보다 덜 ~한 것은 아니다.
   He is not more handsome than you.   그가 너보다 더 잘생긴 것은 아니다.
   She is not less beautiful than her sister.   그녀가 누이보다 덜 아름다운 것은 아니다.

(e) much (still) more A   A는 말할 것도 없이 (더욱더 그렇다. → 긍정의미의 강조)
   much (still) less A   A는 말할 것도 없이 (더욱더 아니다. → 부정의미의 강조)

He knows French, **much more** English.   그는 불어를 안다. 영어는 더 잘 안다.
He doesn't know English, **much less** French.   그는 영어를 모른다. 불어는 더 모른다.

| (f) | know better than to R　R 할 만큼 바보가 아니다 |

He **knows better than to do** such a thing.　　그는 그런 짓을 할 만큼 바보는 아니다.
You should **know better**.　　너는 바보가 되어서는 안 된다. (철들어라.)

| (g) | no longer = not ~ any longer　/　no more = not ~ any more　더 이상은 ~않다 |

I am **no longer** a child. = I am **not** a child **any longer**.　　나는 더 이상 어린 애가 아니다.
I am **no more** a child. = I am **not** a child **any more**.

| (h) | more than + 명사 ~이상 (+형용사 몹시)　less than + 명사 ~이하 |
| | more or less 다소, 대략　　　　　　　　　more often than not 자주 |

He is **more than a brother** to me.　　　　　　　　　　형제 이상이다.
I gain weight if I eat **more than 1500 calories** a day.　1500 칼로리 이상
He is **more than careful** of his health.　　　　　　　　몹시 신경 쓴다.
Do you sleep **less than three hours** a day?　　　　　　3시간 이하
He looks **more or less** foolish.　　　　　　　　　　　다소 멍청해 보인다.
He called at her house **more often than not**.　　　　　자주 방문했다.

3. 라틴 비교급

주로 ~or로 끝나는 라틴어 출신 단어들의 비교급은 than 대신에 전치사 to를 사용한다.

| **superior to** (= better than) 더 우수한　　**inferior to** (= worse than) 더 열등한 |
| **senior to** (= older than) 나이가 더 많은　　**junior to** (= younger than) 더 어린 |
| **exterior to** (= outer) ~보다 바깥의　　　**interior to** (= inner) ~보다 안쪽의 |
| **anterior to, prior to, previous to** ~보다 이전　**posterior to** ~보다 이후 |
| **preferable to** ~보다 더 나은, 더 좋은 |

He is three years **older than** I.　　　　　　그는 나보다 세 살이 더 많다.
= He is three years **senior to me**.

He is **better than** I in English.　　　　　　영어 면에서 그는 나보다 우수하다.
= He is **superior to me** in English.

이런 문제가 나온다

대표 예제. 1. Choose the **correct** sentence.
   (a) The growth rate of Pacific Rim countries is five times as faster as comparable areas during the Industrial Revolution.
   (b) A : I think he is very wise. B : No, he is kinder than wise.
   (c) A : The trumpet player was certainly very loud.
       B : I don't mind his loudness so much as his lack of talent.
   (d) My brother and I dressed as quickly as we can.

2. Choose the **incorrect** sentence.
   (a) Mary proved to be no less tender as a nurse than she had been brave as a sailor.
   (b) Our boss said this project has to be finished no more than 24 hours from now.
   (c) No one wants to be injured in a car accident, much less killed.
   (d) He doesn't know why he dislikes beard any more than he knows why he dislikes medium-boiled eggs.
   (e) A dark suit is preferable than a light one for evening wear.

🔍 문제 해결의 Key

원급 관용 표현 중에서는 [배수+as~as]와 [not so much A as B = not A so much as B].
비교급 관용 표현 중에서는 [A-no more B than C 긍정동사(D)] [much more, much less]
[know better than to R]이 중요하다.
라틴 비교급은 ~or 뒤에 to가 필요하다.

실전 예제

1. Choose the **incorrect** sentence.
   ① Americans are eating twice as many vegetables per day today as they did in 1910.
   ② This story is not so much an autobiography as a collection of ideas.
   ③ Today, divorce is no longer regarded as a disgrace, as a tragedy, or even as a failure.
   ④ Dimness of light will not do harm to the eyes any more than taking a photograph in dim light can harm a camera.
   ⑤ Children experience twice as much deep sleep than adults.

2. At his age, he ①<u>knew better than let</u> his emotions ②<u>get the better of</u> him and was ③<u>cognizant of</u> the fact that their shared time was ④<u>simply a fleeting</u> moment of joyful fantasy.

3. The average urban dweller is so ①<u>removed from</u> direct contact ②<u>with</u> his natural environment ③<u>that</u> he is scarcely aware of its existence, ④<u>much more</u> of its importance to him.

주의해야 할 최상급 관련 표현 ★★★
최상급이 들어가는 관용 문장 ★

개념정리

형용사 최상급과 부사 최상급의 가장 큰 차이는 the의 존재다. 형용사 최상급은 그 앞에 the가 있고 부사 최상급은 없다. 그런데, 형용사 최상급이라도 the가 붙지 않는 경우도 있고 비교급임에도 불구하고 오히려 the를 붙여야 하는 특이한 경우도 있다. 또한 원급이나 비교급을 이용해서 최상급의 의미를 표현하는 방법도 있다. 여러 가지 주의할 만한 최상급 관련 표현들을 정리해 보자.

1. 주의해야할 최상급 관련 표현.

(a) 최상급인데 the를 붙이지 않는 경우

ⓐ 부사 최상급에는 원칙적으로 the를 붙이지 않는다.

Mother gets up **earliest** in our family.   어머니는 우리 가족 중 가장 일찍 일어나신다.
Jack speaks English **best** of all.   Jack이 영어를 가장 잘 한다.
The sea gull sees **farthest** who flies **highest**.   가장 높이 나는 갈매기가 가장 멀리 본다.

단. 부사 최상급이라도 미국식 영어에서는 the를 쓰기도 한다. 다만, 원칙은 아니다.
Mother gets up <u>the earliest</u> in our family.

ⓑ 형용사 최상급이라도 명사를 수식하는 경우가 아니라, 동일물이나 동일인 주어에 대한 단독 주격보어로 쓰이는 형용사는 the를 동반하지 않는다.

This lake is **deepest** at this point.   이 호수는 이 지점에서 가장 깊다.
This river is **deepest** under the bridge.   이 강은 다리 아래에서 제일 깊다.
My mother is **happiest** when she is with me.   나와 함께 할 때 엄마는 가장 행복해하신다.

단. 동일물이나 동일인 주어에 대한 단독의 주격보어가 아니라 그 주어와 다른 비슷한 성격을 가진 사물이나 사람과의 비교가 되는 문장에서는 **수식받는 명사가 생략 되어있는 경우가 있다. 이 경우는 명사가 존재했던 것이므로 the를 써야 한다.**

This lake is **the deepest (lake)** of all the lakes in Korea.   이곳은 한국에서 가장 깊은 호수다.
→ '이 호수'라는 단독의 주어에 대한 보충 설명이 아니라 이 호수와 모든 다른 호수들과의 비교의 문장이다.
    이런 경우 명사는 생략하더라도 the는 붙여야 한다.
My mother is **the happiest (woman)** in our town.   나의 어머니는 마을에서 가장 행복한 여성이다.
→ 마을에서 라는 어구를 보면 어머니와 다른 모든 마을의 여성들과의 비교라는 걸 알 수 있다.

ⓒ 최상급임에도 the가 붙지 않는 관용적 최상급

① many, much의 최상급인 most 가 [대부분, 대다수]라는 의미로 사용될 때
[most + ⓝ 또는 most of ~] 형태가 된다.

Most children like to play baseball.   대다수의 아이들은 야구하기를 좋아한다.
Most of his novels are out of print.   그의 소설의 대부분은 절판되었다.

② most 자체가 [매우, 대단히]의 의미로 사용될 때
[a, an + most + 형용사 + (n) 또는 most + 형용사]형태가 된다.

She is **a most beautiful woman**. 매우 아름다운 여성이다.
This detective story is **most exciting**. 이 탐정소설이 매우 흥미진진하다.

 전형적인 형용사 최상급 문장에 쓰이는 most는 the가 필요하다.
the most + [-ous, -ful, -less, -ive, -ing로 끝나는 대다수 2음절 어와 3음절 이상인 단어] + (n) + of~ /in~ (→ Point 107. 1 (b) 참고)
She is **the most beautiful girl** in her class. 그녀는 학급에서 가장 아름다운 소녀이다.

③
| at (the) most 많아야, 기껏해야 | at (the) best 잘해야, 기껏해야 |
| at (the) least 적어도 | at (the) latest / earliest 늦어도 / 빨라도 |

(b) 최상급이 아니라 비교급임에도 the 가 붙는 세 가지 경우

ⓐ the + 비교급 + of the two / of A and B

She is **the cleverer of the two**. 그녀는 둘 중에서 더 영리하다.
Of gold and iron, the former is **the more precious**. 금과 철 중에서는 금이 더 가치가 있다.

ⓑ the + 비교급 + s + v~ , the + 비교급 + s + v~ ~하면 할수록 점점 더 ~하다

The more you eat, **the fatter** you will become.
= **As** you eat **more**, you will become **fatter**. 많이 먹을수록 점점 더 살이 찔 것이다.

The lower the kindling temperature **(is), the more easily** a substance catches fire.
= **As** the kindling temperature is **lower**, a substance catches fire **more easily**.
점화 온도가 낮을수록 물질은 좀 더 쉽게 불붙는다.

 특히 be 동사의 보어인 형용사비교급이 the + 비교급 구문이 되는 경우 be는 생략할 수 있다.

ⓒ (all, so much) the + 비교급 + because + s + v~ / for + (n) ~때문에 그만큼 더 ~하다

I like her **(all, so much) the better because** she has faults. / **for** her faults.
나는 그녀에게 결점이 있기 때문에 더욱더 그녀를 좋아한다.
He worked **(all, so much) the harder because** he had been praised by his boss.
그는 상사에게 칭찬받기 때문에 더욱 열심히 일했다.

 [none the + 비교급 + because ~ / for ~]는 '양보'적으로 해석한다.
He is **none the happier for** his wealth.
그가 부자이기 때문에 더욱 더 행복한 것은 아니다. 즉 부자일지라도 별로 행복하지 않다.
He is **none the less happy because** he is poor.
그가 가난하다고 해서 덜 행복한 것은 아니다. 즉 가난할지라도 행복하다.

(c) 원급과 비교급을 이용한 최상급 의미 표현
ⓐ 원급을 이용한 최상급 표현

as ~ as any + 단수명사	어떠한 (명사)에게도 못지않게 ~한
as ~ as ever + 과거형 동사	(과거에)있던, 했던 누구(무엇)에게도 못지않게 ~한
부정주어 + so(as) ~ as	어떤 존재도 누구(무엇)만큼 ~하지는 않다.

He is **the bravest solider** in the world.   그는 가장 용감한 군인이다.
→ He is **as** brave **as any** solider in the world.   어떠한 군인 못지않게 용감한
→ He is **as brave a solider as ever lived**.   이제껏 산 어떤 군인 못지않게 용감한
→ **No** (other) **solider** is **so** brave **as** he in the world.   어떤 군인도 그만큼 용감하지는 않다.

Mt. Baekdu is **the highest mountain** in Korea.   백두산이 가장 높다.
→ Mt. Baekdu is **as high as any** mountain in Korea.   어떤 산 못지않게 높은
→ **No** (other) **mountain** is **so high as** Mt. Baekdu.   백두산만큼 높은 산은 없다.

ⓑ 비교급을 이용한 최상급 표현

비교급 than { **any other** + 단수 명사   어떤 다른 누구(무엇)보다 더 ~하다.
            any one else
            any thing else
부정주어 + 비교급 than   어떤 다른 존재도 누구(무엇)보다 더 ~하지는 않다.

Seoul is **the largest city** in Korea.   서울이 가장 큰 도시다.
= Seoul is **larger than any other city** in Korea.   어떤 다른 도시보다 더 큰
= **No** (other) **city** in Korea is **larger than** Seoul.   서울보다 큰 도시는 없다.

Time is **the most precious of** all.   시간이 가장 중요하다.
= Time is **more precious than anything else**.   어떤 다른 것보다 시간이 더 중요
= **Nothing** is **more precious than** time.   시간보다 중요한 것은 없다.

2. 최상급이 들어가는 관용 문장.

ⓐ one of the + 최상급 + 복수명사   가장 ~한 중의 하나

He is **one of the best soccer players** in the world.
그는 세계에서 가장 뛰어난 축구 선수중의 한 사람이다.

ⓑ the + 서수 + 최상급   몇 번째로 가장 ~한

Seoul is the largest city in Korea and Busan is **the second largest** city in Korea.
서울은 한국에서 가장 큰 도시고, 부산은 두 번째로 가장 큰 도시이다.

ⓒ the + 최상급 ⓝ + 관계대명사 that + 현재 완료 or 과거   지금까지 ~한 중에서 가장 ~하다.

He is **the most handsome** man **that I have ever seen**.
그는 이제껏 내가 본 중에 가장 잘생긴 사람이다.

He is **the greatest** scientist **that ever lived**.
그는 이제껏 살아온 과학자 중에 가장 훌륭한 과학자이다.

ⓓ the last ~   결코 ~이 아닌

He is **the last** man to tell a lie.
그는 결코 거짓말을 하지 않는다. (거짓말을 할 마지막 사람이다.)

이런 문제가 나온다

대표 예제. Choose the **incorrect** sentence.
(a) The more precise a writer's words, the more effective the communication.
(b) I am none the worse for a single failure.
(c) Despite their ability to work, most people with mental retardation do not have jobs.
(d) The development of the plow was more important to agriculture than any another technological advance.
(e) In the last few years the city of Cleveland has solved these problems and is now enjoying a new prosperity as one of the most popular cities in America.

문제 해결의 Key

the를 동반하지 않는 최상급으로는 1. 부사 최상급 2. 단독 주격보어인 형용사 최상급 3. '대부분'이라는 의미의 most가 중요하고, 오히려 비교급임에도 앞에 the를 동반하는 특이한 경우도 있음을 주의하자. 원급과 비교급을 이용해 최상급을 표현하는 방법들과 최상급을 포함하고 있는 여러 가지 관용표현들도 잘 외워두어야 한다.

실전예제

1. 영작으로 가장 **적절한** 것은? (15 기상 직 9급)

   응급 상황을 목격한 구경꾼의 수가 많으면 많을수록, 그들 중 어느 한 명이 도움을 줄 가능성은 더 줄어들 것이다.

   ① Many bystanders witness an emergency, and they do not tend to help anyone.
   ② As a lot of bystanders witness an emergency, one of them may be reluctant to give a hand.
   ③ If there are more bystanders who witness an emergency, one of them reduces the possibility of help.
   ④ The greater the number of bystanders who witness an emergency, the less likely anyone of them will help.

2. The more I learned about the current trend in intellectual property law, _____ that novel forms of cultural copyright come with substantial risks. (14 편입)

   ① the more became it obvious   ② it became the more obvious
   ③ the more obvious it became   ④ the more it obvious became

3. Choose the **correct** sentence.
   ① North America is the third largest of the seven continents.
   ② Having hit more home runs than any other players in the history of baseball, Hank Aron is famous.
   ③ I like him the most for his honesty.
   ④ The most people don't like to be treated like slaves.
   ⑤ The first group is the smartest of the two.

4. ①<u>Of the three plants</u> Amy ②<u>had</u> in her apartment, ③<u>only the ivy</u>, which is ④<u>the hardier</u>, lived through the winter.

www.moonduk.com

MD GRAMMAR

Chapter. 13

병치 도치 강조 생략

www.moonduk.com

Chapter 13 병치 도치 강조 생략

Point 114 병치구조

1. 등위 접속사 and but or 앞, 뒤의 모양 병치
2. 앞, 뒤를 비교하는 문맥 (동등비교, 우등비교, 비슷하다, 다르다, 같다) 에서는 비교될 만한 것들이 비교되어야 한다는 비교 대상의 병치.

ex. He is **tall, kind and handsomely**. (X) → **handsomely**를 handsome.
My grade is similar to **he**. (X) → **he**를 **his**로. (이때의 his는 his grade의 소유대명사)

Point 115 도치구조 1. 관용적인 도치

1. There + V + S
2. 가정법 If절 안에 were, had, should가 있을 때 if 생략, 주동도치
3. 긍정적인 상대의 말에 대한 맞장구(so + 주동도치).
4. 부정적인 상대의 말에 대한 맞장구(Neither, nor + 주동도치).
5. 양태의 as나 비교급 than뒤에 명사주어 + 동사는 도치 가능.

ex. There **exist** a secret understanding between them. (X) → **exist**를 exists로.
Were I rich, I could go abroad. (←If I were rich)
A : I am tired.   B : **So am I.** (I am tired, too.)
A : I am not tired.   B : **Neither am I.** (I am not tired, either.)
I am not tired, **nor am I** bored.   피곤하지도 않고 지루하지도 않다.

Point 116 ★★★ 도치구조 2. 강조를 위한 도치

1. 부정어구 문두 이동 + 주동도치
2. 방향, 장소부사(구)가 문두 이동 + 주어가 명사면 도치되는데, 일반 동사라도 직접 도치.
3. 보어가 문두로 이동 + 주어가 명사면 주동도치.
4. 목적어가 문두 이동 + 부정어가 포함되어 있으면 주동도치

ex. 1. **Seldom does** a day go by without studying English.
    2. **Within the city lies** a 80 – story building.
    3. **More important is** the elimination of false ideas than the acquisition of ideas.
    4. **Not a word did she say** all day long.

Point 117 ★★★ It ~ that 강조 구문

1. 주어 강조   It is(was) + S + that + V
2. 목적어 강조   It is(was) + 목적어 + that + S + V   목적어
3. 부사 강조   It is(was) 시간, 장소 부사(구, 절) that + 완벽한 절

ex. It was **he** that **loved** her.   그녀를 사랑 했던 건 그였다.
    It was **her** that he **loved**.   그가 사랑 했던 건 그녀였다.
    It was **yesterday** that she **left him**.   그녀가 그를 떠난 건 어제였다.

Point 118 ★ 생략

1. 대부정사 to
2. 시간, 조건, 양보 접속사 + (s+be) ~
3. as if + (s+were) to R   마치 R하려 듯이

ex. 1. She wanted to go there alone, but I begged her not **to**. (go)
    2. When (**he was**) a little boy, he lived alone.
    3. I ran at a rapid pace, as if (**I were**) to make up for lost time.

Point 114 병치구조 ★★★

개념정리

특히 등위 접속사 A and (but, or) B 구조에서 A와 B는 대등한 관계여야 한다. 즉, [단어와 단어, 구와 구, 절과 절]과 같은 식으로 서로 동일한 문법적 성격이 연결 되어야 하는데, 이를 등위 접속사의 병치 구조(=평행구조)라고 부른다. 비슷한 맥락으로 A와 B가 서로 [비교]되는 문맥일 때 A와 B는 서로 비교될만한 대상이어야 한다는 비교대상의 병치구조도 있다.

To teach and to learn are two different things. 등위 접속사 병치
He is taller than she. 비교 대상의 병치

1. 등위 접속사의 병치 구조

(a) A and B 구조

This house is **old** and **uncomfortable**.
이 집은 오래되고 불편하다. (형 + 형)

Professor Jones enjoys **teaching** and **writing**.
Jones교수는 가르치는 것과 글쓰기를 즐긴다. (동명사 + 동명사)

She is famous not only **in the United States**, but also **abroad**.
미국에서뿐만 아니라 해외에서도 유명하다. (장소 부사 + 장소 부사)

(b) A, B, and C 구조

The interstate highway system in the United States is characterized by a pattern of freeways and toll ways that are **accessible**, relatively **safe**, and **fast**.
미국의 고속도로 시스템은 무료 고속도로와 접근하기 쉽고 안전하고 빠른 유료고속도로라는 패턴으로 특징 지워진다. (형 + 형 + 형)

(c) S + V~ and (S) + V~

Dolley Todd Madison served eight years as White House hostess for the widowed Thomas Jefferson, and **(she) continued** for another eight years when her husband was President.
Dolley Todd Madison은 홀아비가 된 Thomas Jefferson을 위해 백악관 영부인으로 8년간 역할을 했고, 자기 남편이 대통령이 되었을 때 8년 더 했다. (동일한 주어에 대해 V + V)

2. 비교 대상의 병치

> as 원급 as 동등비교   비교급 than 우등비교   like ~처럼, 비슷한 ↔ unlike 같지 않은, 다른
> be similar to ~와 비슷하다   be different from(=differ from) ~와 다르다   the same as ~와 같다

The climate of Italy is somewhat like **that** (=the climate) of Florida.
이탈리아의 기후는 플로리다의 그것 (=기후)와 비슷하다.

To answer accurately is more important than **to finish** quickly.
정확하게 답하는 것이 빠르게 답하는 것보다 더 중요하다.

이런 문제가 나온다

대표 예제. Choose the **correct** sentence.

(a) Our compensation is the same as other companies.
(b) Anderson has never been out of the United States, yet his accent is very similar to an Englishman's.
(c) The work was handsome and skillfully done.
(d) In many ways, riding a bicycle is similar to the driving a car
(e) Civilization resulted from the ability of human beings to control fire, cultivate crops, train animals, and built permanent homes.

🔍 문제 해결의 Key

[등위 접속사 and, but, or]이 연결하는 어구들이나 앞, 뒤가 서로 비교 되는 문맥, 즉 앞과 뒤가 [동등하다. 더 ~하다. 비슷하다. 다르다. 같다]등은 앞, 뒤가 서로 맞먹을 수 있는 대등한 성격의 어구들이 연결되어야 한다. 이를 병치구조라고 부른다.

실 전 예 제

1. Severe flooding ①triggered by torrential rainstorms ②killing at least nine people in northern Georgia, rendered major roads impassable, ③inundated homes and forced schools ④to close. (15 편입)

2. A feminist is not a man-hater, a masculine woman, or someone ①who dislikes housewives. A feminist is simply a woman or man ②who believes that women should enjoy the same rights, privileges, and opportunities ③as those of men. Because society has deprived women ④of many equal rights, feminists have fought for equality. (14 경찰 1차)

3. Seattle, ①the biggest city in the Pacific Northwest has a low violent crime rate and, like Portland, ②offering excellent health care and transportation services for seniors. The city ③ranks near the top in life expectancy and shows a low incidence of heart disease. ④Its only obvious drawbacks are the high cost of living and a lack of sunny days. (12 사회복지 9급)

4. Linguistics shares ①with other ②sciences a concern to be objective, systematic, ③consistency, and ④explicit in ⑤its account of language. (12 서울시 9급)

5. After a couple of environmental researchers had drawn diagrams in ①their notebooks and ②wrote explanations of the formations ③which they had observed, they returned to their campsite ④to compare notes. (14 편입)

6. Sometimes a sentence fails to say ①what you mean because its elements don't make proper connections. Then you have to revise by shuffling the components around, ②juxtapose those that should link, and separating those that should not. To get your meaning across, you not only have to choose the right words, but you have to put ③them in the right order. Words in disarray ④produce only nonsense. (14 사회복지 9급)

7. There is ①little wonder in children ②having adjusted to their new way of life ③much more quickly than ④for their parents.

도치구조 1. 관용적인 도치 ★★

개념정리

be 동사와 일반 동사, 그리고 조동사가 있을 때 각각의 **주동도치 방법**은 다음과 같다.
s + be ~ → be + S ~
s + 일반 동사~ → do, does, did + S + 원형~
s + 조동사 + 원형~ → 조동사 + S + 원형~

1. 관용적인 도치로 만들어진 문장

(a) **There + V + S 구문** (→ Point 2. 2(b) 참고)

There **is** a book on the desk.   책상 위에 책 한 권이 있다.
There **lived** an angel of a woman.   천사 같은 여자가 살았다.

(b) **If 절 안에 were, had, should 가 있을 때 If 는 생략, 주동도치** (→ Point 48. 참고)

If I **were** a bird, I could fly to you. → **Were** I a bird, I could fly to you.

(c) **(Just) As A ~, so B** (B가 명사주어 + 동사일 때 주동도치 가능) (→ Point 99. 6 참고)

As rust easts iron, so **does care eat** the heart.   녹이 쇠를 갉아먹듯 걱정은 마음을 좀먹는다.

(d) **So, Neither, Nor + 주동도치**

A : I am hungry.   B : I **am** hungry, **too**. = So am I.   "배고파." "나도 그래."
A : I like her.   B : I **like** her, **too**. = So do I.   "그녀가 좋아." "나도 그래."
A : I must leave now.   B : I **must** leave now, **too**. = So must I.   "가봐야 해." "나도 그래."

A : I am not hungry.   B : I **am not** hungry, **either**. = Neither am I.
  "배고프지 않아."   "나도 그래." (=나도 배고프지 않아.)
A : I don't like her.   B : I **don't** like her, **either**. = Neither do I.
  "난 그녀가 싫어."   "나도 그래." (=나도 그녀가 싫어.)

I don't like this kind of sport, **nor does my brother**. (→Point 96. (g) 참고)
  = **and** my brother **doesn't** like this kind of sport, **either**.
  나는 이런 운동이 싫은데, 내 남동생도 그렇다. (역시 싫어해)

(e) **양태의 as ~처럼, ~대로 비교급 than 뒤에 명사주어 + (조)동사 일 경우 도치가능**

I spend more time in reading books **than does my brother**.
  = than my brother spends time in reading books.
  나는 내 동생보다 책 읽는데 더 많은 시간을 보낸다.

He traveled widely **as did most of his friends**.
  = as most of his friends traveled widely.
  그는 대부분의 친구들처럼 폭넓게 여행 다녔다.

이런 문제가 나온다

대표 예제. Choose the **incorrect** sentence.
(a) Mary objects to our buying this house without the approval of our president, and so does John.
(b) There exist much to be learned about the various grains and their value to humans.
(c) Asteroids travel around the sun in a counterclockwise directions as do the planets.
(d) Had I realized what you intended, I wouldn't have wasted my time and money.

🔍 문제 해결의 Key
관용적으로 정해진 주동도치 법칙이 적용되는 문장은 다음의 것들이 대표적이다. 유도 부사 There로 이끌리는 문장. 가정법 If절 안에 were, had, should가 있는 문장. 긍정적인 상대의 말에 대한 맞장구(so + 주동도치). 부정적인 상대의 말에 대한 맞장구(Neither, nor + 주동도치). 양태의 as나 비교급 than뒤에 명사주어 + 동사가 있는 문장.

실전예제

1. Those who favor the new administrative law say that the present law does not set spending limits on lobbyists' gifts to politicians, _____ statewide funds. (15 편입)
   ① nor it limits   ② nor does it limit   ③ nor they limit
   ④ nor do they limit   ⑤ nor they are limited

2. _____ such a terrible earthquake hit the area, no one can tell how devastating the aftermath will be. (12. 서울시 9급)
   ① That   ② Could   ③ When   ④ Should   ⑤ Because

3. Non-Indians are still more comfortable with Indian books written by non-Indians _____. (14 편입)
   ① than are they with books by Indian authors
   ② as they are with books by Indian authors
   ③ than they are with books by Indian authors
   ④ than is he with books by Indian authors

4. ①Since the dawn of history there ②have existed in the minds of men the longing ③for national independence and for ④individual freedom.

5. Choose the **correct** sentence.
   ① Had UN forces intervened, a full-scale war might not have erupted.
   ② Western Nebraska generally receives less snow than is Eastern Nebraska.
   ③ The African Killer bees could not be handled safely, neither could their honey be harvested
   ④ "Are you going to see him?" "If the boy goes, so I will."

Point 116 도치구조 2. 강조를 위한 도치 ★★★

개념정리

특정한 의미를 강조하기 위해 그 어구를 문두로 보냈을 때 뒤에서 주어와 동사가 도치되는 경우들이 있다. 특히 강조를 위해 문두로 나가는 어구에는 부사 (부정, 장소, 방향등)와 문장의 주요소인 보어나 목적어 등이 있다. 단, 상황에 따라 일반적인 도치의 모습과는 다른 특이한 도치의 모양이 나오는 경우도 있으므로 개별적으로 잘 살펴봐야 한다.

1. 부사의 강조를 위한 도치

(a) 문두로 이동한 부정어 + 주동도치

He had hardly(scarcely) seen me when he ran away.   (→Point 20. 4 참고)
→ **Hardly (Scarcely) had he seen** me when he ran away.
   (=**No sooner had he seen** me than he ~.)   그는 나를 보자마자 도망갔다.

I have never seen her before.   나는 예전에 그녀를 본적이 없다.
→ **Never have I seen** her before.

I never expected to see you here.   당신을 여기서 볼 거라고는 기대하지 않았다.
→ **Never did I expect** to see you here.

I little dreamed that he had been ill.   그가 아팠을 거라고는 꿈도 꾸지 않았다.
→ **Little did I dream** that he had been ill.

She is not only beautiful but she is kind.   그녀는 아름다울 뿐만 아니라 다정하다.
→ **Not only is she** beautiful but she is kind.

Not until I met him **did I know** the truth.   그를 만날 때까지는 진실을 알지 못했다.

 not A until B = It is(was) not until B+that ~ = Not until B+주동도치
B할 때 까지 A 않다. B하고 나서야 A하다.

I did **not** know the truth **until** I met him.
= **It** was **not until** I met him **that** I knew the truth.
= **Not until** I met him **did I know** the truth.

(b) 문두로 이동한 Only + 부사(구, 절) + 주동도치

He spoke to me of his mother **only on one occasion**.
→ **Only on one occasion did he speak** to me of his mother.
   그는 딱 한번만 그의 어머니에 대해서 나에게 얘기했다.

The work was finished **only yesterday**.
→ **Only yesterday was the work** finished.
   어제서야 비로소 그 일이 끝났다.

(c) down, up, away, in 등의 방향이나 장소를 뜻하는 부사(구)등이 문두로 나갈 경우.

> 주어가 명사이면 　[방향, 장소 부사(구) + 주동도치]
> 주어가 대명사이면 [방향, 장소 부사(구) + 정상어순]

The rain came **down** in torrents. → **Down came** the rain in torrents.
비가 억수같이 내렸다.

The bird flew **away**. → **Away flew** the bird.
새가 날아가 버렸다.

The bus comes **here**. → **Here comes** the bus.
버스가 온다.

He comes **here**. → **Here he** comes.
그가 여기로 온다.

 특히 방향, 장소 부사가 문두로 나갈 때 도치 규칙에서 주의해야 할 점은 [명사주어 + 동사]가 도치 될 때 동사가 일반 동사여도 do, does, did가 대신 나가는 게 아니라 **일반 동사자체가 직접 도치 된다는 점이다.** (단, 이 경우의 일반 동사는 주로 1형식 동사이다.) 또한 주어가 대명사 일 때는 도치 시키지 않는다는 점도 주의해야 한다.

2. 보어나 목적어의 강조를 위한 도치

(a) 보어가 문두로 나갈 경우 다음의 규칙을 따른다.

> 주어가 명사이면 [보어 + 주동도치], 주어가 대명사이면 [보어 + 정상어순]

The man who is contented with his lot is **happy**.
→ **Happy is the man** who is contented with his lot.
자기 운명에 만족하는 사람은 행복하다.

Love is **such**.
→ **Such is** love.
그런 게 사랑이야.

Her surprise was **so great** that she could not speak.
→ **So great was her surprise** that she could not speak.
놀라움이 너무 커서 그녀는 말을 못했다.

The man became **so stressful** that he stopped doing his work.
→ **So stressful did the man become** that he stopped doing his work.
너무 스트레스를 받아서 하는 일을 멈췄다.

They were **very grateful** for my help.
→ **Very grateful they were** for my help.
그들은 나의 도움에 매우 감사했다.

 방향이나 장소 때와는 달리 일반 동사가 직접 이동하지는 않고, do, does, did가 대신 나간다. 주어가 대명사 일 때는 도치 시키지 않는다는 점은 동일하다.

(b) 목적어가 문두로 나갈 경우 다음의 규칙을 따른다.

> 목적어만 나갈 경우 [목적어 + 정상어순] [부정어가 포함된 목적어 + 주동도치]

No one can tell **what will happen in the future**.
→ **What will happen in the future** no one can tell.
앞으로 무슨 일이 일어날지는 아무도 모른다.

I know **his father** very well.
→ **His father** I know very well.
 그의 아버지를 나도 잘 안다.

He did **not** say **a (single) word**.
→ **Not a (single) word did he say**.
 한 마디도 그는 하지 않았다.

He said **no word**.
→ **No word did he say**.
 한 마디도 그는 하지 않았다.

I have received **no answer** so far.
→ **No answer have I received** so far.
 어떠한 답도 나는 아직 받지 못했다.

> **단.** 한정사 no가 애초부터 주어를 수식하고 문두에 있었던 경우는 주동도치의 대상이 아니다.
> <u>**No man can do**</u> it. 아무도 그것을 할 수 없다.

> **단.** 문장의 4대 주요소 (주어, 동사, 목적어, 보어)중에서 **보어는 이동을 통한 주동도치**로 강조하고, **목적어는 이동 + It ~ that 강조 구문** (→ Point 117. 참고)으로 강조한다. **주어는 It~that 강조구문**으로 강조한다. **동사는 do, does, did + R** (→ Point 21. 2 (c) 참고)를 통해 강조한다.

이런 문제가 나온다

대표 예제. Choose the **correct** sentence.

(a) Only after they are tanned animal skin can become resistant to decomposition.
(b) No sooner had the lecture began than the students became aware of it.
(c) Not only were he disappointed but he got angry.
(d) On the desk lay several notebooks and a book of poetry that had apparently been left in the library.
(e) So great were the force coming out of the Chinese monk's hands that it was known to lift a grownup man from the seat.

문제 해결의 Key

부정부사가 문두로 가면 일반적인 주동도치가 이루어지는데, 방향, 장소부사(구)가 문두로 가면 일반 동사가 직접 도치된다. 단, 주어가 대명사면 도치되지 않는다. 보어가 문두로 나갈 때는 명사, 대명사 주어를 살펴서 도치규칙을 적용해야하고 목적어가 문두로 나갈 때는 부정어가 포함되어 있지 않으면 도치되지 않는다.

실전 예제

1. Earth's atmosphere is a relatively thin, gaseous envelope ①comprised mostly of nitrogen and oxygen, with small amounts of other gases, ②such as water vapor and carbon dioxide. Nestled in the atmosphere ③is clouds of liquid water and ice crystals. Although our atmosphere extends upward for ④many hundreds of kilometers, it gets progressively ⑤thinner with altitude. (15 기상 직 9급)

2. ①Beneath the epidermal cells ②exist the body-wall muscle, ③which is relatively thick in ④some species under certain circumstances. (13 편입)

3. Choose the sentence that is **grammatically correct**. (13 편입 응용)
   ① No sooner did she walk into the room than she began to cry hysterically.
   ② Only if you need additional help you should drop by my office.
   ③ Not until he heard the news did he understand the situation.
   ④ So unexpected was her return that scarcely he could believe his eyes.
   ⑤ Rarely does city officials gather to announce a family reunion.
   ⑥ Can you tell me where my teacher is? Yes, of course! Here come you teacher.

4. 영작이 **잘못 된** 것은? (15 국가 직 9급 응용)
   ① 그녀가 너무 꼴불견이어서 모든 사람들이 갑자기 웃기 시작했다.
      → So ridiculous did she look that everybody burst out laughing.
   ② 경제적 자유가 없다면 진정한 자유가 있을 수 없다.
      → There can be no true liberty unless there is economic liberty.
   ③ 나는 가능하면 빨리 당신과 거래할 수 있기를 바란다.
      → I look forward to doing business with you as soon as possible.
   ④ 30년 전 고향을 떠날 때, 그는 다시는 고향을 못 볼 거라고 꿈에도 생각지 않았다.
      → When he left his hometown thirty years ago, little does he dream that he could never see it again.

Point 117. It ~ that 강조 구문 ★★★

개념정리

문장의 특정 어구를 강조하는 방식은 강조하고자 하는 어구의 성격에 따라 다양하다. Point 116.에서 설명했듯 보어나 목적어를 강조할 때 문두로의 이동을 통한 주동도치를 적용하는 방법도 있고, 특정한 어구를 추가하는 방법, 또는 아예 관용적인 문장 틀을 이용하는 강조의 방법도 있다. **이제 설명하고자 하는 It ~ that 강조구문은 주어나 목적어, 그리고 시간이나 장소부사(구, 절)을 강조할 때 사용하는 방법이다.**

1. It ~ that 강조 구문

It is(was) + 주어 or 목적어 or 시간, 장소의 부사(구, 절) + that + 문장의 나머지 부분

I broke the window yesterday.
→ 주어 강조 **It was I that (=who)** broke the window yesterday.   창문을 깬 건 나였다.
→ 목적어 강조 **It was the window that (=which)** I broke yesterday.   내가 깬 건 창문이었다.
→ 부사 강조 **It was yesterday that (=when)** I broke the window.   창문을 깬 건 어제였다.

 It ~ that 강조구문에서 that은 관계사(관계대명사 or 관계부사)역할이다. 즉 **주어가 강조될 때는 who, which로, 목적어가 강조 될 때는 whom, which로** 바꿔 쓸 수 있다. 다만, **부사가 강조될 때는** when, where등의 관계부사로 바꿔 쓰는 게 실제로는 가능하지만 시험 문제에서는 틀렸다고 보기 때문에 **that을 쓰는 게 원칙**이다.

2. 그 밖의 강조

(a) 동사의 강조 (→ Point 21. 2(C) 참고)
do, does, did + 원형

You look pale. → You **do look** pale.   너 정말로 창백해 보인다.
She went there. → She **did go** there.   그녀는 진짜로 거기에 갔다.

(b) 명령문에서의 강조 (→Point 39. 2 참고)

Tell me the truth. → **Do** tell me the truth.   진실을 꼭 말해줘.
Be careful. → **Do** be careful.   정말로 조심해.

(c) 의문문의 강조
on earth, in the world, at all, ever~ : 도대체, 세상에나

Why **on earth** are you waiting for him?   도대체 왜 그를 기다리니?
Do you believe it **at all**?   세상에나 그걸 믿는 거야?

(d) 부정의미 강조
not+ on earth, at all, in the least, a bit/by no means, in no way, on no account

He is **not** kind **at all**.   그는 전혀 친절하지 않다.
I did **not in the least** expect to see you here.   너를 여기서 볼 거라고는 전혀 기대하지 않았다.
It is **by no means** perfect.   그것은 전혀 완벽하지 않다.

이런 문제가 나온다

대표 예제. 1. Sarah Vaughan had a voice like a (a)perfect instrument, and it was (b)an instrument that she knew (c)how to use it with the (d)utmost skill.

2. Choose the **incorrect** sentence.
   (a) I do hope you can find time to get together.
   (b) It was the station that I met Mary yesterday.
   (c) I did break the window yesterday.
   (d) Who in the world are you ?
   (e) I was not in the least surprised.

문제 해결의 Key

It ~ that 강조구문은 주어나 목적어, 그리고 (시간, 장소)부사(구, 절)을 강조할 때 사용하는데, 이때의 that은 관계사 역할이다. 즉, 주어가 강조될 때는 that + V, 목적어가 강조될 때는 that + S + V 목적어, 부사가 강조될 때는 that + 완벽한절의 형태가 만들어진다. 그 밖의 강조 방식으로는 동사를 강조하는 do, does, did / 의문문이나 부정의미를 강조할 때의 추가 어구(대표적으로 on earth, at all~)들이 있다.

실전 예제

1. That day he _____ make haste, but could not catch the train.
   ① did   ② had to   ③ should   ④ used to

2. It is not ①what one does, ②but what one tries ③to do that ④make a man strong.

3. It is philosophy, ①not science that ②teach us the difference ③between right and wrong and directs us ④to the goods that benefit our nature.

4. Choose the **correct** sentence.
   ① It was us who had left before he arrived.
   ② It is the color of their hair that we can distinguish them.
   ③ It was in 1980 that the satellite transmitted photographs of Saturn to the earth.
   ④ It was at that store where the robbery took place.

Point 118 생략 ★

개념정리

앞에 한번 나온 어구가 뒤에 반복해서 나올 때 뒤에서는 생략함으로써 중복을 피하는 것이 생략의 가장 기본 법칙이다. 그렇다고 중복을 피하는 것만이 생략의 전부가 아니라 문장 종류에 따른 관용적인 생략도 있다.

1. 중복을 피하기 위한 생략.

(a) 대부정사 You may go home, if you want **to. (go home)** (→Point 64. 2 참고)

(b) 비교 구문에서 He is **as** smart **as his father.**(is smart) (→Point 108. 1. 2. 참고)
He is **taller than** she.(is tall)

(c) 명사의 소유격 다음에 house, shop, store, office 등은 자주 생략된다.
I will visit my **uncle's. (house)** 삼촌네 집

> **barber's (shop)** 이발소 **butcher's (shop)** 정육점 **book-seller's (store)** 서점
> **chemist's (store)** 약국 **dentist's (office)** 치과 **shoe-maker's (store)** 양화점

2. 관용적인 구문상의 생략.

(a) 시간, 조건, 양보의 부사절에서 접속사 + (S + be) ~

When(=As) **(I was)** a boy, I had to work.   어렸을 때
Study hard while **(you are)** young.   젊을 동안
Please, turn in your report by tomorrow if **(it is)** possible.   가능하다면
Though **(it was)** difficult, the story was interesting.   어려웠지만

(b) as if (S + were) + to R   마치 R 하려 듯이

He stood up as if **(he were)** to say something.   무슨 말이라도 하려 듯이
He bends down as if **(he were)** to put money in the hat.   적선이라도 하려 듯이

(c) if 절 내에서의 생략에 의한 관용 구문

> **if any** + 주로 명사 : 있다하더라도 / **if ever** + 주로 동사 : 그럴 수 있다하더라도 (→Point 50. 3 (e) 참고)
> **if not all(most)** 비록 전체는(대부분은) 아닐지라도   **if at all** ~한다고 하더라도
> **if anything** 어느 편인가하면, 오히려

There are few, **if any,** such men.   있다 하더라도 그런 사람은 거의 없다.
He seldom, **if ever,** goes to church.   갈 수 있다하더라도 거의 안 간다.

(d) 부사적 대격
시간, 거리, 방법 등의 부사구에서 전치사가 생략된 채 명사 자체가 부사 역할

I want you to stay here **(for)** a few hours.   몇 시간 동안
They walked **(for)** two miles.   2마일을
You can do it **(in)** this way.   이런 식으로

이런 문제가 나온다

대표 예제. Choose the **correct** sentence.

(a) Your car is newer than my.
(b) Taking notes, even incomplete ones, is usually more efficient than relying on one's memory does.
(c) People will gamble, if they want, whatever the law may be.
(d) Though poor, he lived like a millionaire.

🔍 문제 해결의 Key

생략 중에서 가장 의미 있는 것은 대부정사와 비교구문에서의 생략이다. 그 밖에 [시간. 조건. 양보]접속사 뒤에 있는 S + be의 생략. as if 다음에 to R이 바로 나올 경우 그 앞에는 S + were이 생략되어 있다는 점. 생략된 채 사용되는 관용적인 if절. [시간. 거리. 방법]등의 전치사 구에서 전치사가 생략된 채 명사가 부사 역할을 대신하는 경우 등이 있다.

감탄문에서 S + V의 생략 What a beautiful girl (she is)!
명령문에서 주어 You의 생략 (You) Be quiet!
게시문. 격언 등에서의 관용적 생략

No smoking (is allowed) 흡연금지   No parking 주차 금지   No spitting 침 뱉기 금지   No crossing 무단횡단 금지
No photographing 촬영 금지

(If a man is) Out of sight, (he will go) out of mind. 보이지 않으면 마음도 멀어진다.
(If you take) No pains, (you will get) no gains. 애쓰지 않으면 얻는 것도 없다.
(Keep your) Hands off (this)! 손대지마 !
(I wish you a) Merry Christmas! 메리 크리스마스!
(It is) Well done. 잘한다.
(This) House (is) to let. 세가 놓인 집. (셋 집)

실전예제

1. Choose the **incorrect** sentence.
   ① This is important if true.
   ② He stood up as if to speak up.
   ③ He hurt her feelings, though he didn't mean.
   ④ You love her as much as I.

2. Choose the **incorrect** sentence.
   ① He gave her more than half the money, if not all.
   ② What a nuisance!
   ③ Please, sit down here.
   ④ I wish you a Good morning.
   ⑤ She is not so happy as she did last year.

www.moonduk.com

MD GRAMMAR

Chapter. 14
명사와 관사

www.moonduk.com

Chapter 14 명사와 관사

Point 119 명사의 종류 1. 가산명사

 가산명사(보통 명사, 집합명사)는 그야말로 세야한다. (단, 복수 표시)

ex. He is tall, kind and handsome **man**. (X) → **tall** 앞에 **a** 추가 (단수 표시)
They are my **student**. (X) → **students** (복수표시)

Point 120 명사의 종류 2. 불가산명사

 불가산 명사(고유, 물질, 추상)는 그야말로 셀 수 없다. a, an을 쓰거나 복수형을 쓸 수 없고, 양적 수식어로 꾸며야 하며 주어가 될 때 단수 취급한다.

ex. I need a new **information**. (X) → **a** 삭제
Much information is needed. (O) → 양적 수식어(much) 동반, 동사는 단수

Point 121 명사의 종류 3. 명사의 변화

 특히 추상명사와 물질 명사는 그 의미변화에 따라 가산명사화 되는 경우가 있다. 추상명사는 특정 전치사와 결합하여 형용사구나 부사구 역할도 한다.

ex. **Much wine** is left in the bottle.   많은 양의 와인 (불 가산)
They sell **several wines** at that store.   여러 종류들의 와인(제품→가산 화)
The man was **of importance** in the town.   중요한 (형용사구)

명사의 모양 변화 1. 단수 → 복수형

단수 명사의 복수형은 + ~(e)s라는 가장 기본 규칙에 1. 불규칙변화형 (man-men), 2. 단복동형(fish) 3. 외래어 복수형(datum-data) 4. 복합명사복수형(fathers-in-law) 5. 숫자, 문자 복수형(three K's) 6. 근사복수(the 1990's) 7. 이중 복수(brothers, brethren)등이 있다.

ex. Many new **kinds of fish** are found in the river every year. 단복동형(그 모양이 복수)

주의해야 할 특이한 용법의 복수형

주의할 만한 복수형의 삼총사는 1. 분화 복수 (manners 예의, 예절) 2. 상호 복수(shake hands with) 3. 절대 복수(짝 명사 shoes)등이다.

ex. His **manner are** good. (X) → **manners** ('예의'라는 뜻이 되려면 ~s)
　　We often **shake hand with** other people. (X) → **hands** (상호관계가 이뤄지면 항상 복수)
　　My **shoes is** worn out. (X) → **are** (짝 명사는 복수)

복수형을 쓸 때 주의해야 하는 명사

다음의 명사는 복수형을 씀에 있어 주의할 점이 있다. 1. kind of + 무 관사 명사 / kinds of + 가산명사의 복수형 2. 정확한 수를 표시하는 수치 명사는 ~s를 붙이지 않는다. three hundred, four thousand 3. 수사-명사가 뒤의 명사를 꾸밀 때 앞의 명사는 단수형이다. a three-year-old baby

ex. this **kind of a car** (X) → a 삭제
　　There are **four millions** people in this city. (X) → **four million**
　　This is a **ten-story building**. (O) 10층짜리 건물

Point 125 — 명사의 모양 변화 2. 명사의 성

남성명사와 여성명사의 구별은 문법에서는 큰 중요성이 없고 어휘력 차원에서 접근한다. 다만, baby와 child를 it으로 받을 수 있다는 점은 주의하자.

ex. The baby likes **its** mother.

Point 126 — 명사의 모양 변화 3. 명사의 격

명사의 주격과 목적격은 그 모양 그대로이고, 소유격만 [+~'s]이다. 단, 무생물 명사는 [A of B]식으로 소유격을 써야하는데 일부 예외적으로 [+~'s]를 쓰기도 한다. (시간, 거리, 무게, 액수 따위거나 관용 표현에서) 소유격이 다른 한정사와 겹칠 때 소유격을 of뒤로 돌려서 소유대명사로 바꿔주는 방법을 이중소유격이라고 한다.

ex. **Tom's** book   the legs **of** the desk   **today's** newspaper
    Her that remark (X) → **that remark of hers**

Point 127 — 관사 1. 부정관사의 핵심

부정관사에서 주의할 만한 두 가지는, 1. 횟수 + a, an + 기간; ~당,~마다
2. a + 자음 발음 시작 명사 / an + 모음 발음 시작 명사

ex. He works **three days a week.** 주당 3일
    a book   **an** apple   **a** university   **a** house   **an** hour

Point 128

관사 2. 정관사의 핵심

정관사의 핵심은, 1. the + 명사 + 수식어구 2. the + 서수, 형용사 최상급 + 명사 3. 특정 동사 + by, on, in + the + 신체 일부명사 4. by the; ~당, ~마다]이다.

ex. He **is a principal of our school**. (X) → **a**를 **the**로 (우리 학교의 단 한명의 교장)
He was **the first man** to tell me the truth.
He **looked** me in **the** eye.
Sugar is sold **by the pound**.

Point 129

관사 3. 주의해야 할 관사의 위치

관사는 모든 수식어구보다 앞에 나오는 것이 원칙이지만, 다음과 같은 예외들이 있다.
1. all, both, half, double + the + ⓝ
2. as, so, too, how + 형용사 + a, an + ⓝ
3. quite, rather + a, an + ⓝ

ex. I want to meet **the all students** in the class. (X) → **all the students**
This is **too difficult a problem** for me to solve. (O)
This is **quite a difficult problem**. (O)

Point 130

관사 4. 관사의 생략

school, church, bed, hospital등이 건물이 아니라 [공부, 예배, 잠, 입원]이라는 본래의 목적을 의미할 때는 무관사로 쓴다. 그 밖에도 관직, 신분명사가 보어가 되거나 동격이 될 때, [식사 명, 운동경기 명, 병명, 계절명, 요일 명]등은 무관사가 원칙이다.

ex. All students **go to the school** everyday. (X) → **the** 삭제 (공부하러 가다는 의미일 때)
He was elected **a** congressman. (X) → **a** 삭제 (관직, 신분명사가 보어)
We had **a** dinner together. (X) → **a** 삭제 (식사 명은 무관사가 원칙)

Point 119 명사의 종류 1. 가산명사 ★★

개념정리

명사의 종류를 크게 두 가지로 나누면 [가산명사: 셀 수 있는 명사]와 [불가산명사: 셀 수 없는 명사]가 있다. 가산 명사는 다시 [보통명사와 집합명사]로 나뉘고, 불가산 명사는 [고유, 물질, 추상명사]로 나뉜다. 가산명사의 가장 중요한 특징은 그야말로 세줘야 한다. 즉 수(數)를 표시해줘야 한다는 것이다.

1. 가산명사의 수(數) 표시

(a) **보통명사** : boy, chair, flower, desk, student, year, bicycle~ 등 흔한 것들의 이름.
단수이면 반드시 한정사 (대표적으로 부정관사 a, an)를 붙여야 하고, 복수이면 ~(e)s를 붙여야 한다.

He is tall, clever, kind boy. (X) → He is **a** tall, clever, kind **boy**.
They are tall boy. (X) → They are tall **boys**.

> 단, 단수를 표시하는 방법이 부정관사만 있는 건 아니다. [소유격, 지시 형용사(this, that) + 단수명사]등도 부정관사와 같은 역할을 할 수 있다. 이들을 통칭하여 한정사라고 한다.
> This is <u>my book</u>.   <u>This book</u> is mine.

(b) **집합명사**
ⓐ **family형 집합명사** : 집합사이의 경계가 확실한 집단.

family 가족 **committee** 위원회 **audience** 관중, 청중 **jury** 배심원단 **class**
club **crew** 승무원 **staff** 직원 **people** 민족

My **family is a** large one.   내 가족은 대가족이다.
There **are three families** in this house   이 집에는 세 가족들이 모여 산다.
The special **committee consists** of 6 experts.   특별위원회는 6명의 전문가들로 구성 되어있다.
There **are many** special **committees**.   많은 특별위원회들이 있다.

> 군집 명사 : 집합 자체는 하나밖에 없어서 명사는 단수형이지만, 의미는 **집합 속의 [여러 구성원들]**이라서 **동사는 복수형**을 쓴다.
> My <u>**family are**</u> all tall.   내 가족(구성원들)은 모두 키 크다.
> The <u>**committee are**</u> divided in their opinions.   그 위원회의 (구성원인) 위원들은 의견들이 나눠진다.

ⓑ **police형 집합명사** : 사회적 집단. 일반적으로 the를 동반해야 하며, 복수 취급한다.

The police 경찰들 **The clergy** 성직자들 **The nobility** 귀족들 **The peasantry** 농민들

The police are chasing after the thief.   경찰이 그 도둑을 뒤쫓고 있다.

ⓒ **cattle형 집합명사** : 집합사이의 경계가 분명치 않은 단지 약간 수의 모임.
원칙적으로 그 모양 그대로 쓰고, 복수 취급한다.

Cattle 소 떼 **People** 사람들 **Poultry** 가금류 **vermin** 해충

Cattle are grazing in the pasture.   소 떼가 목초지 에서 풀을 뜯어먹고 있다.
People in the room **are** watching TV.   사람들이 TV를 보고 있다.

> People이 '민족'일 때는 family형 집합명사이므로 **a people**(하나의 민족), **peoples**(여러 민족들)이 가능하지만, '**사람들**'일 때는 그 모양 그대로 쓰고 복수 취급만 한다. poultry 의 경우 [식품. 고기]를 말할 경우 단수 취급 가능.
> <u>Poultry is</u> too expensive this summer.   가 금 류 고기값이 비싸다.

이런 문제가 나온다

대표 예제. Choose the **correct** sentence.

(a) According to eyewitness, a train hit a concrete block which somebody had put on the line.
(b) Only after losing its skin does snake begin to grow another.
(c) The polices have not made any arrests since the valuable diamond in my home was stolen last month.
(d) The English are said to be a practical people.
(e) The committee is all at table.

🔍 문제 해결의 Key

가산명사(보통, 집합)의 가장 중요한 특징은 그야말로 셀 수 있다는 것이다. 즉, 단수와 복수를 표시해줘야 하는데, 단수 표시의 가장 대표적인 방법이 a, an을 동반하는 것이고 복수형은 ~(e)s를 붙여주는 것이다. 집합명사 중에서는 요즘은 police형과 cattle형의 출제 비율이 높다.

실전예제

1. ①Apple's innovative iTunes music service is still the market leader ②in music downloads, but after more than a decade of growth, sales of music ③track on iTunes ④have been declining. (15 편입)

2. Football, often ①confused with soccer in some countries, is a ②fast-moving ③teamsports ④played mainly in the U.S.and Canada. (13 편입)

3. 다음 중 어법상 **올바른** 것은?
   ① Histologists examine the organization of bodily tissue at all levels, from an entire organ down to the molecular components of cell.
   ② The total labor force in the United States numbered more than one hundred million people for the frist time in 1977.
   ③ Birds will come back again and again to given spot for food and water.
   ④ Mining is a hazardous occupation, and the safety of mine workers is important aspect of the industry.

4. Choose the **correct** sentence.
   ① The police is a body of persons empowered by the state to enforce the law.
   ② More commonly, cattle was rotated between summer and winter ranges.
   ③ The committee is divided in their opinions.
   ④ In Africa There live many peoples.
   ⑤ The Cattle are standing under the tree.

명사의 종류 2. 불가산명사 ★★★

개념정리

셀 수 없는 명사인 고유. 물질. 추상명사는 다음과 같은 특징이 있다.
첫째, 셀 수 없으므로 부정관사 a, an을 붙일 수 없고 복수형(~s, ~es)으로도 쓸 수 없다.
둘째, '수'를 나타내는 many, a few, few 등으로 수식할 수 없고, '양'을 표시하는 much, a little, little 등으로 수식한다.

수량 형용사

ⓐ 수 many = a (great/good) number of, a great/good many ┐
         = not a few, quite a few, a good few   ├ + 복수 명사 + 복수동사
      many a + 단수 명사 + 단수 동사
      a few 몇몇의 few 거의 없는 only a few 소수의 + 복수명사 + 복수동사
ⓑ 양 much = a (great / good) deal of, a large / great amount of ┐
         = quite a little, not a little   ├ + 불가산명사 + 단수 동사
      a little 약간의 little 거의 없는 only a little 극히 적은, 조금뿐인 + 불가산 명사 + 단수 동사
ⓒ '수'와 '양'에 다 쓰이는 표현 : a lot of, lots of, plenty of 많은 some, any 몇몇의, 약간의, 조금의

셋째, 주어로 쓰일 경우 단수 취급하여 단수 동사를 쓴다.
넷째, 수를 표시하고 싶을 때는 a piece of 등의 별도 어구를 이용한다. (→다음 페이지 참고)

1. 불가산 명사의 종류

(a) **추상 명사** : 구체적인 형태나 정확한 실체는 없이, 머릿속에서 떠올릴 수 있는 개념명칭

> **information** 정보 **behavior** 행동. 행실 **news** 뉴스 **progress** 진보 **fun** 장난. 즐거움 **patience** 인내 **health** 건강 **violence** 폭력. 사나움 **efficiency** 능률. 능력 **knowledge** 지식 **significance** 중요성 **driving** 운전. 조종 **traveling** 여행 **confidence** 신임. 신뢰. 자신 **advice** 충고. 조언 **poetry** 문학 장르로서의 '시' **will** 의지 **fortune** 행운 **folly** 어리석음. 우둔 **jealousy** 질투. 투기 **passion** 열정. 열심 **rage** 격노 **death** 죽음 **necessity** 필요 **invention** 발명 **happiness** 행복 **beauty** 아름다움 **wonder** 불가사의. 경이 **authority** 권위. 권력. 권한 **virtue** 미덕 **achievement** 성취. 달성 **success** 성공 **failure** 실패 **music** 음악 **work** 일 **evidence** 증거. 증언 **kindness** 친절 **business** 사업. 업무 **damage** 손해. 손상 **time** 시간 **love** 사랑 **power** 힘. 권력 **scenery** (한 지방 전체의) 풍경. 경치 **youth** 젊음

(b) **물질 명사** : 액체. 기체. 재료가 결합되어 만들어진 음식물등 물질의 명칭

ⓐ 일반적 물질 명사

> **sunshine** 햇빛 **oxygen** 산소 **gasoline** 휘발유 **soap** 비누 **meat** 육류 **bread** 빵 **toast** 토스트 **cash** 현금 **money** **water** **milk** **air** **wine** 포도주 **wood** 목재 **glass** 유리 **silk** 비단 **cloth** 천 **copper** 구리 **iron** 철 **marble** 대리석 **stone** **paper** 종이 **coffee** **fire** 불 **rain** 비 **sugar** **dust** 먼지 **fruit** 과일 **food** **seafood** 해산물 **light** 빛

ⓑ 집합적 의미의 물질 명사

> **weaponry** 무기류 **furniture** 가구 **clothing (clothes)** 의류 **machinery (machines)** 기계류 **baggage** 수화물 **pottery** 도기 류 **jewelry (jewels)** 보석류 **merchandise** 상품 **produce** 농산물 **equipment** 장비. 비품. 설비 **stationery** 문방구. 문구

(c) **고유 명사** : 사람. 국가이름. 전 세계에 하나 밖에 없는 고유한 지명 등 유일무이한 것의 이름.

이런 문제가 나온다

대표 예제. Choose the **correct** sentence.

(a) I have a useful information about the matter.
(b) I don't have many money.
(c) A few knowledge is dangerous.
(d) There is much evidence to support that it is not true.
(e) He bought two piece of furniture.

🔍 문제 해결의 Key

단수. 복수를 표시할 수 없고. 양적 수식어의 수식을 받아야 하며. 주어가 될 경우 단수 취급. 직접적인 수치 표현을 할 수 없으므로 별도 어구를 사용해야 한다.

 물질명사와 추상명사의 수치 표현.
a piece/slice of bread (pizza, cheese, chalk) 빵(피자, 치즈, 분필) 한 조각 a cup of coffee (tea) 커피(차)한 잔 a glass of milk (water, juice) 우유(물, 쥬스)한잔 a cake of soap 비누 한 장 a piece /sheet of paper 종이 한 장 a lump/pound/spoonful of sugar 설탕 한 덩어리(각설탕) / 1파운드 / 한 스푼 a pack of cigarettes 담배 한 갑 a piece of advice (information, news) 한 마디 충고 (한 가지 정보, 소식) a bottle of beer 맥주 한 병 a loaf of bread 빵 한 덩어리 a handful of sand 모래 한 움큼 a bar of chocolate 초콜릿 한 개 a flash of lightning 한 차례 번개 a tube of toothpaste 치약 한 통 a grain of rice (wheat) 한 톨의 쌀(밀) an ear of corn 옥수수 한 대 a bundle of straw 짚 한 다발 a shower of rain 한 차례의 큰 비

실전예제

1. 어법상 **옳지 않은** 것은? (13. 지방 직 9급)
   ① George has not completed the assignment yet, and Mark hasn't either.
   ② My sister was upset last night because she had to do too many homeworks.
   ③ If he had taken more money out of the bank, he could have bought the shoes.
   ④ It was so quiet in the room that I could hear the leaves being blown off the trees outside.

2. Just ①<u>look at</u> your possessions and you will see ②<u>ample evidences</u> of the products that ③<u>have crossed</u> national and cultural boundaries. People, ④<u>however</u>, are the key ingredients in the intercultural business world. (12 국회 직 8급)

3. Language, in all aspects, ①<u>consists of</u> abstract units of ②<u>informations</u> that are ③<u>organized</u> and combined ④<u>following</u> specific computational procedures. (15 편입)

4. ①<u>Like</u> baseball parks and basketball-hockey arenas, football stadiums have ②<u>for</u> decades ③<u>been</u> evolving into places ④<u>where</u> an increasing amount of the real estate ⑤<u>are devoted to</u> premium-priced seating. (15 편입)

5. 우리말을 영어로 **잘못 옮긴** 것은? (12 지방 직 7급)
   ① 밭에서 재배한 농산물은 시장에 출하되었다.
      → Produce from the fields were taken to market.
   ② 연어는 비록 바닷물에서 살아가지만 민물에서 알을 낳고 죽는다.
      → Salmons lay their eggs and die in freshwater although they live in salt water.
   ③ 제비들은 둥지를 만들기 위하여 자신들의 부리를 바늘처럼 사용한다.
      → To build their nests, swallows use their bills as needles.
   ④ 만년필은 약 백 년 전에 처음으로 상업적으로 활용 가능하게 되었다.
      → Fountain pens first became commercially available about a hundred years ago.

Point 121. 명사의 종류 3. 명사의 변화 ★★

개념정리

동일한 명사가 가산과 불 가산의 성격을 동시에 가지기도 한다. 특히 추상명사와 물질명사가 가산화되는 경우가 중요한데, 일단 시험문제에서는 불 가산으로 쓰이는 경우가 비중이 높으므로 불 가산 명사일 때의 뜻을 잘 외운 후 가산 화 되는 경우를 추가로 외워야 한다.

1. 명사의 변화

(a) 추상명사의 보통 명사화
구체적이고 실제적인 행위나 사람을 지칭하고자 할 때.

She was **a beauty** when young.	그녀는 젊었을 때는 **미인**이었다.
Courage is **a** fine **virtue**.	용기는 **하나의 미덕**이다.
She has **a** strong **will**.	그녀는 강한 **의지**를 가지고 있다.
He did me a lot of **kindnesses**.	많은 **친절한 행위**를 베풀어주었다.
He was **a success** / **a failure** as a doctor.	의사로서 **성공한 사람** / **실패한 사람**이었다.
Clothing was expensive in **ancient times**.	옛날에는 옷이 비쌌다.
We have been waiting for him for **a long time**.	오랫동안
The computer is **a** wonderful **invention**.	하나의 놀라운 **발명품**
He felt **an** unspeakable **happiness**.	말할 수 없는 **한 순간의 행복**
What are t**he Seven Wonders** of the world?	7대 불가사의들
I have experienced **three loves**.	세 번의 사랑(연애경험)
The health **authorities** are investigating the problem.	보건 **당국**
There are **a lot of** scientific **achievements** in this century.	업적들
He has **a power** to give a person a step.	승진시킬 수 있는 **힘**(힘의 구체적인 내용)
Their dancing was **a work** of art.	예술 작품
I'll put in a claim for **damages**.	손해 보상금
They have **a** small catering **business**.	음식 조달 회사, 업체
The fight was started by a gang of **youths**.	젊은이들

(b) 물질명사의 보통명사화
구체적인 종류나 제품. 개별적인 개체나 특정 사건을 표시할 때.

They sell **several** French **wines**.	몇 가지 종류의 프랑스산 **포도주제품들**
Teak is **a** hard **wood**.	**하나의** 단단한 종류의 **나무**
She usually wear a pair of **glasses**.	안경
I need **two glasses** of water.	잔
She likes to be dressed in **silks**.	비단옷
Tip us **a copper**.	구리 동전 (한 푼만 주세요)
We smooth clothes with **an iron**.	우리는 **다리미**로 옷을 다린다.

Do you want the newspaper boy to leave you **a paper**? 신문 넣으라고 할 겁니까? **(논문, 보고서)**
Don't throw **a stone** at the dog. 개에게 (한 개의)돌멩이를 던지지 마시오.
A fire broke out yesterday. 어젯밤에 화재 한 건이 발생했다.
There was **a** heavy **rain** yesterday. **(한번의) 폭우**
I like tropical **fruits**, such as bananas and pineapples. **(여러 종류의) 열대 과일들**
I don't like frozen **foods**. **(여러 종류의) 냉동식품들**
fishing in international **waters**. **(특정한) 영해, 바다**
A light was still burning in the bedroom. 전등

(c) 고유 명사의 보통 명사화
특히 사람이름이 부정관사를 동반하거나 복수형이 되는 경우는 다음의 의미가 있다.

ⓐ ~와 같은 사람
I want to become **a Shakespeare**. 셰익스피어와 같은 문학가
A Beethoven cannot be **a Newton**. 베토벤 같은 음악가가 뉴턴 같은 과학자가 될 수 는 없다.
He is **a Don Quixote**. 돈키호테 같은 사람

ⓑ 같은 이름이 여럿일 때
There are **three Johns** in this class. 세 명의 John이 있다.

ⓒ 부부, 가문 (가족, 혈통)
the Kims 김 씨 부부 / 김 씨 가문의 사람들.

ⓓ 제품, 작품
She bought **a** 1980 **Ford**. 1980년 식 포드 자동차
I have **a Picasso**. 피카소의 작품 하나
Have you read **a Tolstoi**? 톨스토이의 작품 하나

2. 추상명사가 포함되는 관용 표현

(a) of + 추상 명사 → 형용사구

> of importance(significance, moment) = important(significant, momentous) 중요한 of consequence 중요한 of use = useful 유용한 ↔ of no use = useless 쓸모없는 of interest = interesting 재미있는 of value = valuable 가치 있는 ↔ of no value = valueless 가치 없는 of wisdom = wise 현명한 of ability = able 유능한 of sense = sensible 분별 있는 of courage = courageous 용감한 of talent = talented 재능 있는 of experience = experienced 경험 있는 of influence = influential 영향력 있는 of promise = promising 장래가 유망한

It was a tool **of great use** to those people. 그것은 그 사람들에게는 대단히 유용한 도구였다.
He is a man **of considerable talent**. 그는 상당히 재주 있는 사람이다.

(b) by, in, on, with, without + 추상 명사 → 부사구

> **by mistake = mistakenly** 실수로 **by accident (chance) = accidently** 우연히 **by design (intention) = designedly, intentionally** 고의로, 일부러 **by good luck = luckily** 다행히도 **by necessity = necessarily** 필요해서 **by nature = naturally** 천성적으로, 본래
>
> **in haste = hastily** 급히 **in abundance = abundantly** 풍부하게 **in practice = practically** 실제적으로 **in detail = minutely** 자세히, 상세히 **in advance = beforehand** 사전에, 미리 **in peace = peacefully** 평화롭게 **in private = privately** 내밀히, 비공식적으로 **in reality = really** 실은, 실제로는 **in triumph = triumphantly** 의기양양하여 **in earnest = earnestly** 진지하게, 진실하게 **in turn = by turns** 차례차례, 교대로 **in succession = successively** 잇따라, 연속하여
>
> **on occasion = occasionally** 때때로 **on time = punctually** 정각에 **on purpose = purposely** 고의로, 일부러 **on schedule** 예정대로
>
> **with safety = safely** 안전하게, 무사히 **with confidence = confidently** 자신을 가지고, 확신하여 (cf. **in confidence** 은밀하게, 비밀로) **with care = carefully** 주의 깊게 **with ease = easily** 쉽게 (cf. **at ease** 형. 편안한) **with accuracy = accurately** 정확하게 **with eager = eagerly** 열심히, 간절히 **with efficiency = efficiently** 효율적으로 **with fluency = fluently** 유창하게 **with frequence = frequently** 빈번하게 **with patience = patiently** 참을성 있게 **with difficulty** 간신히, 겨우 **with pleasure = gladly** 반가이, 기꺼이
>
> **without exception = unexceptionally** 예외 없이 **without doubt(beyond doubt) = undoubtedly** 의심할 바 없이 **without hesitation = unhesitatingly** 망설임 없이 **without fail = by all means, at all costs** 반드시, 어떻게 해서라도 **without delay = at once** 지체 없이, 즉시

(c) all + 추상명사 = 추상명사 + itself = full of + 추상 명사 = very + 형용사

She is **all kindness** /**kindness itself** /**full of kindness** /**very kind**.   매우 친절하다
The boy is **all attention** /**attention itself** /**full of attention** /**very attentive**.   매우 주의 깊다

(d) have + the + 추상명사 + to R

> have the **fortune, misfortune, kindness, courage, audacity** to R
> 운 좋게도, 불운하게도, 친절하게도, 용기 있게도, 대담하게도 R하다.

She **had the fortune to** win the lottery.   운 좋게도 복권에 당첨되었다.
The boy **had the kindness to** show me the way.   그 소년은 친절하게도 길을 가르쳐주었다.

(e) take the + 추상명사 + to R

> take the **liberty, trouble** to R   실례를 무릅쓰고(무례하지만), 수고스럽게도 R하다

I will **take the liberty to** direct you to the right way.
실례를 무릅쓰고 (감히 무례하지만) 당신에게 올바른 길을 가르쳐주겠다.

이런 문제가 나온다

대표 예제. 1. Choose the **incorrect** sentence.

(a) It is a great pleasure to teach students.
(b) The arthropods, including insects and spiders, are great, economic and medical significance.
(c) I bought a Hyundai.
(d) She must have been a beauty in her day.
(e) Would you have the kindness to help me with my work?

2. Choose the **correct** sentence.

(a) This invention is with scientific importance.
(b) This discovery is of no practically value.
(c) I solved the problem with easy.
(d) He is honesty itself.
(e) There was three fires in Seoul yesterday.

🔍 문제 해결의 Key

불가산명사 (추상. 물질. 고유)가 가산명사화 되는 경우들이 있다. 일단 불가산명사인 경우가 문제 출제 확률은 높기 때문에 불가산일 때의 뜻을 명확히 알고, 가산 화 될 때의 달라지는 뜻을 개별적 단어별로 외워두는 것이 최선이다. 특히 추상 명사의 경우 of를 비롯한 여러 전치사와 결합되어 관용적으로 쓰이는 경우도 있고, [have the 추상명사 to R]과 같은 관용적 표현들도 있으므로 추가적인 학습이 필요하다.

실전예제

1. The prime minister's address to the nation was _____.
   ① great significance
   ② a great significance
   ③ of great significance
   ④ of a great significance

2. ①According to ②the doctrine of utilitarianism, the ③goal of life is the maximum ④happinesses for the maximum number of individuals.

3. "Could you find an answer to your problem in the book I gave you?"
   " I looked at it, but it wasn't really _____."
   ① of much use   ② much used   ③ of usefulness   ④ able to use

4. 어법상 **올바른** 것을 고르시오.
   ① The discovery of the secret of DNA is great moment to the survival of mankind.
   ② You should insure your house in case there is a fire.
   ③ I'm doing paper on China for my current events course.
   ④ The student should have a courage to try new things.

Point 122 | Point 123 | 명사의 모양 변화 1. 단수 → 복수형 ★
주의해야 할 특이한 용법의 복수형 ★★

개념정리

명사도 모양변화의 개념이 있다. 즉, book 이라는 명사는 실제 문장에서는 book만으로 등장하지 않고, a book (단수) books(복수)와 같은 식으로 나오게 된다. 이렇듯 명사의 모양을 변화시키는 기준들에는 [수(數):단수, 복수][성(性):남성, 여성][격(格):주격, 목적격, 소유격]이 있다.
여기서는 일단 수에 대해서 살펴보기로 하자.

1. 단수형 → 복수형 만들기

ⓐ 규칙변화

단수형 + ~s : 대부분의 명사 apple → apples dog → dogs
단수형 + ~es :

ⓐ ~s, ~sh, ~ch, ~x로 끝나는 명사

> bus → buses   dish → dishes 접시   bench → benches   box → boxes
> cf. ~ch로 끝나는 명사에서 ~ch의 발음이 /k/인 경우는 그냥 + ~s
>   monarchs 군주   stomachs 위   patriarchs 가장, 족장

ⓑ 자음 + y로 끝나는 명사 : y를 i로 고치고 + ~es

> baby → babies   city → cities
> cf. 모음 + y인 경우 그냥 + s   day → days

ⓒ ~f, ~fe로 끝나는 명사 : ~f, ~fe를 v로 고치고 + ~es

> leaf → leaves 나뭇잎   knife → knives 칼
> **cf. ~f, ~fe로 끝나도 그냥 + ~s인 경우**
>   ~ief : chiefs 우두머리 beliefs 신념 / ~ff,~ffe : cliffs 절벽 giraffes 기린 / ~oof : roofs 지붕 proofs 증거 / 그 밖에 safes 금고 gulfs 만 / **양쪽 다 되는 경우** dwarves, dwarfs 난쟁이 handkerchieves, handkerchiefs 손수건 wharves, wharfs 부두, 선창

ⓓ 자음 + o로 끝나는 명사

> hero → heroes 영웅   potato → potatoes   tomato → tomatoes
> cf. 자음+o로 끝나도 원래 단어가 줄여진 단어인 경우 그냥 + ~s
>   pianos (pianoforte의 단축 형)   photos (photograph의 단축 형)   autos (automobile의 단축 형)

ⓑ 불규칙변화

ⓐ 모음 변화형

> man : men   woman : women   foot : feet   goose : geese 거위   tooth : teeth   mouse : mice

ⓑ ~en을 붙이는 것

> ox → oxen 황소   child → children 어린이

(c) 복수형을 만들 때 모양 변화에 주의해야 하는 것들

ⓐ 단수형과 복수형이 같은 것 : 단, 복수가 될 때 ~(e)s를 쓸 수도 있는 것들

> fish 물고기   salmon 연어   trout 송어   deer 사슴

ⓑ 단수형과 복수형이 같은 것 : ~(e)s도 쓸 수 없는 것들

> series 시리즈   species 종, 인종   sheep 양   swine 돼지   Chinese 중국인   Japanese 일본인
> Swiss 스위스 인   corps 군단, (특수 임무를 띤)~단, 부대 (cf. 단수일 때 [k :r] 복수일 때 [k :rz])

ⓒ 외래어 복수형 : ( )로 별도 표시되어있는 것들은 ~s도 가능한 경우.

> ~um → ~a
> bacterium → bacteria 박테리아   datum → data 자료   curriculum → curricula(curriculums) 교육 과정   stratum → strata (stratums) 지층, 층/계급   medium → media(mediums) 중간, 매체, 매개

> ~a → ~ae
> larva → larvae 애벌레, 유충   alumna → alumnae 여자졸업생   formula → formulae (formulas) 공식
> vertebra → vertebrae(vertebras) 척추골   antenna → antennae (antennas) 안테나, 더듬이

> ~sis → ~ses
> crisis → crises 위기   basis → bases 기초, 근거, 원리   oasis → oases 오아시스   analysis → analyses 분석, 분해   hypothesis → hypotheses 가설

> ~us → ~i
> stimulus → stimuli 자극   focus → foci(focuses) 초점   alumnus → alumni 남자 졸업생

> ~on → ~a
> phenomenon → phenomena 현상   criterion → criteria(criterions) 기준, 척도

> ~au → ~aux   bureau → bureaux (bureaus) 사무소

ⓓ 복합명사의 복수형 : 주요한 요소를 복수형으로 만든다.

> son-in-law → sons-in-law 사위, 양아들   father-in-law → fathers-in-law 장인, 시아버지
> passer-by → passers-by 지나가는 사람   looker-on → lookers-on 구경꾼

단 man 과 woman이 포함된 경우는 양쪽 명사 모두를 복수형으로 한다.
man-servant → men-servants 남자 하인   woman-driver→women-drivers 여성 운전 사

단 명사가 포함 되어 있지 않은 복합명사는 맨 마지막 단어를 복수형으로 한다.
grown-up→grown-ups 성인   forget-me-not→forget-me-nots 물망초   touch-me-not →touch-me-nots 봉선화, 거만한 사람   have-not→have-nots 가지지 못한 자

ⓔ 숫자, 문자, 약자의 복수형 : 일반적으로 + 's (그냥 +~s 가능)

> three K's (Ks) K라는 문자 3개   four 5's (5s) 5라는 숫자 4개
> UFO's (UFOs)미확인 비행 물체(Unidentified Flying Object)
> M.P.'s(M.P.s)헌병(Military Police) /영국, 국회의원(Member of Parliament)

There are two P's in the word 'apple.'   'apple'이라는 단어에는 두 개의 P가 있다.

ⓕ 근사 복수 : '~년대'처럼 비슷한 수치들의 모임.

> teens 10대 twenties 20대 thirties 30대 forties 40대 the 1990's (1990s) 1990년대

He is in his thirties. 그는 30대다.

ⓖ 이중 복수 : 뜻이 다른 복수형이 2개 있는 경우

> brother→ brothers 형제 / brethren 동포/(종교의)신도들 cloth→cloths 천. 옷감 / clothes 옷
> penny → pence 금액을 말함. two pence 2펜스 / pennies 동전개수가 여러 개
> index → indexes 찾아보기. 색인 / indices 물가지수. 지표. 율

2. 주의해야 할 특이한 용법의 복수형.

ⓐ **종족 대표** : 가산명사의 복수형이 그 종족 전체를 대표하는 경우가 있다.

Dogs are faithful animals. 개(라는 종족 전체)는 충실한 동물이다.

> 단 | 종족대표는 문맥으로 전체에 해당한다는 판단을 하는 것이다. 이때 모양은 **단수형을 사용하기도 한다**.
> A dog (The dog) is a faithful animal.

ⓑ **분화복수** : 복수형이 되면 단수형에 없는 새로운 뜻이 추가되는 경우. 결국 새로운 단어.

> **customs** 관세. 세관 **letters** 문학. 학문. 학식 **manners** 예절. 예의 **colors** (학교. 단체. 팀의) 기장. 배지/깃발. 군기
> **arms** 무기 **pains** 노력. 수고 **airs** 뽐내는 꼴. 거만한 태도 **authorities** 당국. 관계자 **coppers** 속어: 잔돈
> **brains** 두뇌. 학력. 지력 **damages** 손해배상금 **goods** 상품 **looks** 용모. 모습 **regards** 안부인사 **remains** 잔존물. 유물. 유적 **ruins** 폐허. 잔해 **valuables** 귀중품 **forces** 군대. 부대 **advices**(외교. 정치상의)알림. 보고 **odds** 차이. 우세. 승산 **means** 수단 **savings** 저금. 저축 **quarters** 숙소. 거처. (군사)병영 **measures** 수단. 방책. 조처

The remains show their lives and cultures. 유물은 그들의 생활과 문화를 보여준다.
His manners are better than mine. 그의 (몸에 밴)예의는 나보다 낫다.

> 단 | 분화복수는 일반적으로 복수다. 다만. customs는 일반적으로 단수 취급되고. [letters odds means]는 단수. 복수 양쪽이 다 되는데 means의 경우 단수 취급 되는 경우가 더 많다.
> All ages have had a means of sharing information. 정보를 나누는 수단

ⓒ **상호복수** : 상호 관계나 사물의 교환을 나타낼 때 반드시 복수형을 사용하는 경우

> **change trains (cars, buses)** 기차 (자동차. 버스)를 갈아타다 **take turns** 교대 하다
> **shake hands with** 악수하다 **be on good(bad, speaking) terms with** 좋은(안 좋은. 말하고 지내는) 사이다
> **make friends with** 친구가 되다 **exchange greetings with** 인사를 나누다
> **exchange seats with** ~와 자리를 바꾸다 **Change hands** 소유주가 바뀌다

ⓓ **절대복수** : 짝으로 이루어지는 하나의 명사는 무조건 복수형이다.

> **glasses, spectacles** 안경 **trousers** 바지 **breeches** 승마바지. 반바지 **shoes** 신발 **scissors** 가위
> **socks** 양말 **stockings** 스타킹 **chopsticks** 젓가락

My shoes are worn out. 신발이 다 헤졌다.

 a pair of + 짝 명사 → 단수 동사 / two pairs 이상부터는 복수동사

A pair of trousers is in the drawer. 바지 한 벌이 서랍 속에 있다.
Two pairs of trousers are in the drawer. 바지 두 벌이 서랍 속에 있다.

이런 문제가 나온다

대표 예제. 1. Choose the **right** group of words.

(a) heroes, father-in-laws, roofs, teeths   (b) man-servants, crises, series, tens
(c) children, monarchs, vertebrae, two F's   (d) the Chineses, tomatoes, pianos, datums

2. Choose the **incorrect** sentence.

(a) Sometimes the United States is attacked for failing to promote human rights.
(b) There are two pairs of trousers in my drawer.
(c) Before the invention of railroads, the only mean of land transportation was the horse.
(d) On a cargo-boat to Africa I once made friends with a little boy named George.
(e) Economic goods often consist of material items, but they can also be services to people.

🔍 문제 해결의 Key

단수 → 복수형의 모양 변화에서는

1. [단수형 + ~es를 붙이는 경우]   2. [man→men : 모음변화형]   3. [Chinese : 단복동형]
4. [bacterium → bacteria : 외래어 복수형]
5. [the 1990's: ~년대] 등이 중요하고, 특이한 의미의 복수형으로는 단수형과 뜻이 달라지는 새로운 단어로서의 분화 복수. 상호 관계가 성립할 때는 항상 복수형을 쓰는 상호 복수. 짝으로 이루어진 명사는 항상 복수형이라는 절대 복수 등이 있다.

실전예제

1. Choose the **correct** sentence.

① Rabbits have 28 tooth and they continue to grow all the life.
② They studied a mice to see if it could regrow its damaged body tissues.
③ The brushes can have various bacterium, so don't enjoy body painting a lot.
④ Two pair of shoes were placed at the entrance.
⑤ In the 1980's, the food problem in Africa was especially bad.

2. Choose the **incorrect** sentence.

① Some insects spend the winter as worm-like larva.
② The members of the Army for Peace collected several clothes to give the poor.
③ The male and female birds take turns in sitting on the eggs.
④ This provided a stimulus for the growth of volleyball in foreign lands.
⑤ Several passers-by stopped to look at the strange car out of curiosity.

3. ①<u>Several</u> cases of counterfeit checks ②<u>having</u> the same serial number ③<u>have been</u> spotted by ④<u>custom offices</u> for the last three months.   (편입 응용)

Point 124. 복수형을 쓸 때 주의해야 하는 명사 ★★★

개념정리

분명히 복수형 명사인데 단수 동사를 연결해야 한다든가, 의미는 복수인데 정작 모양은 단수형을 써야 한다는 식의 복수형을 씀에 있어 특이한 규칙을 가지는 명사들이 있다.

1. 복수형으로 할 때 주의해야 하는 명사

(a) 한정사 + { kind, sort, type of + 무 관사 명사 : ~ 종류의 ⓝ
kinds, sorts, types of { + 가산명사의 복수형
+ 불가산 명사의 단수형 }

He wants to buy this **kind of a computer**. (X) → this kind of **computer** 이런 종류의 컴퓨터
I would like to have **these kinds of car**. (X) → **cars** 이런 종류의 차들
There are **many kinds of milks**. (X) → **milk** 많은 종류의 우유

(b) 학문 명, 병명 중에는 항상 복수형인 것들이 있다. (→ Point 104. 1 참고)

　ⓐ 학문명　**physics** 물리학　**electronics** 전자 공학　**linguistics** 언어학　**phonetics** 음성학
　ⓑ 병명　　**measles** 홍역　**rabies** 광견병
　ⓒ 기타　　**news**　**billiards** 당구

　[단] 이런 종류의 명사들은 복수형이지만 단수 취급된다.
　　Physics is my favorite subject.　　물리학은 내가 가장 좋아하는 과목이다.

(c) 복수형을 쓰지 말아야 하는 명사

　ⓐ 수치를 표시하는 명사: 정확한 수를 표현할 때는 단수형으로 써야 한다.

　　dozen(12) **score**(20) **hundred**(100) **thousand**(1000) **million**(백만) **billion**(십억 cf.영국. '조')

　　a **hundred** years　two **hundred** years　three **hundred** years
　　a **dozen** eggs 계란 12개　two **dozen** eggs 계란 24개

　[단] 뒤에 of + 복수 ⓝ 가 결합하여, 막연한 수를 표현할 때는 ~s 가 붙는다.
　　tens of(dozens of, scores of) 수십의　**hundreds of** 수백의　**thousands of** 수천의　**millions of** 수백만의
　　tens of thousands of 수만의　**hundreds of thousands of** 수십만의
　　two hundred people 2백 명의 사람들　hundreds of people 수백 명의 사람들

　ⓑ [수사 + 명사]가 결합되어 뒤의 명사를 꾸며주는 [형용사] 역할을 할 때는 단수형으로 써야 한다.

　　I have a **ten-dollar** bill.　　나는 10달러짜리 지폐 한 장이 있다.
　　He is a **three-year-old** baby.　　세 살짜리 애기.
　　a **ten-story** building 10층짜리 건물　**6-foot-tall** man 키가 6피트인 남자

　[단] 꾸며줄 명사가 없는 경우는 복수형이다.
　　I have ten dollars.　He is three years old.　He is five feet tall.

이런 문제가 나온다

대표 예제. Choose the **correct** sentence.

(a) In the 1840s, hundreds of pioneer families moved west in their covered wagons.
(b) I bought two dozens eggs.
(c) Could I have five fifty-cents stamps, please?
(d) These kind of engines, sold extensively here, are really economical to operate and to maintain.

문제 해결의 Key

kind of에서 kind가 단수형인 경우는 뒤에 무관사명사가 와야 하고, 복수형인 경우 가산명사가 따라오면 복수형으로. 불가산 명사는 그냥 단수형으로 써야 한다. 정확한 수를 나타내는 two hundred, three thousand 따위의 수치 명사는 ~s를 붙일 수 없다. 다만, hundreds of~라는 식으로 막연한 수를 표현할 때는 예외가 된다. [수사-명사]가 결합 되어 하나의 형용사처럼 뒤의 명사를 꾸밀 때는 앞의 명사를 단수형으로 쓴다.

실전예제

1. 어법상 옳지 않은 것은?

   ① The assignment for tomorrow is to write a five hundreds - word composition about your university.
   ② The ancestor of today's horse was a little mammal called eohippus, which first appeared 54 million years ago.
   ③ The common field mouse is about four inches long and has a three-inch tail.
   ④ The player stands 8 feet high.

2. 어법상 올바른 것은?

   ① Richard J. Daley, first elected mayor of Chicago in 1955, was serving his sixth consecutive four-years term as mayor at the time of his death.
   ② In the 1930's more than two thousands interviews of former slaves were conducted by members of the Federal Writers Project.
   ③ Does it matter what kind of paper we print the report on?
   ④ Tens of thousands of tourist come to Korea every year.

명사의 모양 변화 2. 명사의 성
명사의 모양 변화 3. 명사의 격 ★

개념정리

명사의 모양 변화를 이끄는 기준에 수, 성, 격이 있다고 했다. 사실 '성'의 경우 시험 문제화 되는 경우가 많지는 않고, 단어 자체의 뜻이 남성과 여성으로 나눠지므로 어휘력 증강 차원에서 보면 된다. '격'의 경우 특히 무생물의 소유격과 이중소유격에 주의할 필요가 있다.

1. 명사의 성(性)

(a) 남성 여성 통성 중성

남성 명사	father	man	gentleman	uncle	→ he
여성 명사	mother	woman	lady	aunt	→ she
통성 명사	parent	person	friend	baby	child → 상황에 따라 he or she
중성 명사	water	book	house	desk	→ 무생물이므로 it

The man reading a newspaper is my uncle, and **he** is very kind to me.
I bought **a** new **book** yesterday, but **it** is very boring.

> **단.** 통성명사중에서 child, baby는 it으로 받을 수도 있다. 어린아이들은 언뜻 봐서 성별이 잘 구별이 안 갈 수도 있는데 이런 경우 it을 쓰기도 하는 것이다. 다만 성을 정확히 표시하고 싶다면 he, she등으로 표현하면 된다.
> She laid <u>the baby</u> in <u>its</u> cot. 아기를 침대에 눕혔다.

> **단.** 중성명사라도 의인화해서 표현하는 경우 he, she로 받을 수 있다.
> 남성으로 취급되는 것(주로 웅장, 강렬한 느낌, 불길한 것)
> the sun, war, summer, ocean, anger, fear, day
> The sun darts forth <u>his</u> beams.   해가 빛을 발산한다.
> 여성으로 취급되는 것(주로 포근, 온화한 느낌, 길한 것)
> the moon, peace, spring, ship, nature, mercy, liberty
> The moon gave out <u>her</u> mild light.   달빛이 온화하게 비쳤다.

2. 명사의 격(格)

(a) 명사의 주격과 목적격은 원래 명사 모양 그대로이다.

Tom loves me.	주어(주격)
He is **Tom**.	주격보어(주격)
I love **Tom**	목적어(목적격)

(b) 소유격만 모양이 달라진다.

 ⓐ 대부분의 생물 명사는 ~'s를 붙인다.
  John**'s** book John의 책 my mother**'s** cousin 내 어머니의 사촌 children**'s** hat 어린이용 모자

 ⓑ ~s로 끝나는 복수명사의 경우 ~'만 붙인다.
  a girls**'** high school 여자 고등학교 parents**'** love 부모님의 사랑

  단, 사람 이름은 ~s로 끝나도 's를 붙인다.
   Dickens**'s** novels 디킨즈의 소설 Keats**'s** poems 키츠의 시

 ⓒ 복합 명사와 연결된 하나의 어군일 경우 맨 끝에 ~'s를 붙인다.
  my father-in-law**'s** opinion 내 장인 어른의 의견 man and wife**'s** quarrel 부부 싸움
  the commander-in-chief**'s** order 최고 사령관의 명령 somebody else**'s** bag 다른 누군가의 가방

 ⓓ 무생물 명사인 경우에는 **A of B** (B의 A)형태를 이용한다.
  the legs **of** the desk 그 책상의 다리 the wall **of** the bedroom 그 침실의 벽

 ⓔ 무생물 명사임에도 ~'s를 붙이는 예외적인 경우도 있다.

  ① 시간, 거리, 가격, 무게를 나타내는 명사

   a day's work 하루의 일 today's paper 오늘의 신문 tomorrow's weather forecast 내일 예보 five minutes' walk 5분 정도의 걸음 a mile's distance 1마일의 거리 ten miles' distance 10마일의 거리 a dollar's worth of sugar 1달러치의 설탕 two dollars' worth of candy 2달러치의 사탕 a pound's weight 1파운드의 무게 two tons' weight 2톤의 무게

  ② 명사의 의인화

   heaven's help 하늘의 도움 ocean's mind 바다의 마음 nature's law 자연의 법칙 fortune's smile 행운의 여신의 미소 truth's triumph 진실의 승리 life's journey 인생여정

  ③ 천체, 지역, 지명, 기관

   the moon's surface 달 표면 the earth's surface 지구의 표면 the sun's rays 태양광선 the world's population 세계의 인구 the government's policy 정부의 정책 Korea's future 한국의 미래

  ④ 관용표현에서

   at one's wit's (wits') end 어찌할 바를 모르는 by a hair's breadth 아슬아슬하게 to one's heart's content 마음껏, 충분히 have ~ at one's fingers' ends ~에 정통하다 within a stone's throw 돌 던지면 닿을 만큼 가까운 거리에 있는 for God's / goodness' / mercy's / heaven's sake 제발, 부디

3. 주의해야 할 소유격

(a) 이중 소유격

한정사는 명사와 1:1의 관계를 맺어야 한다. 한정사란 [관사, 지시형용사, 소유격, 부정수량 형용사, 의문형용사]등을 말하는데, 한정사 두 개가 명사 하나를 두고 겹치면 안 된다.

This is **a my** book. (X)

이중 소유격이란 특히 [소유격]과 [다른 한정 사]가 겹쳐서 나올 때 그 반복을 피하기 위해 소유격을 of 뒤로 분리시킨 형태를 말하는데, 이때 소유격은 소유대명사로 바뀐다.

This is a book **of mine**(=my books). (O)

> 즉, 소유격 이외의 한 정사 + 명사 + of + 인칭 대명사의 소유 대명사형
> + 생물 명사's

your this book (X) → **this** book of **yours** (**your books**)
너의 책들 중의 이 책

this my hat (X) → **this** hat **of mine** (**my hats**)
내 모자들 중의 이 모자

this my father's hat (X) → **this** hat of **my father's** (**my father's hats**)
내 아버지의 모자들 중 이 모자

Some my friends(X) → **some** friends of **mine** (**my friends**)
내 친구들 중의 몇몇 친구들

(b) 독립 소유격 (→ Point 118. 1 (C) 참고)

명사의 소유격 다음에 **house, shop, store, office**등은 자주 생략된다.

I will visit my **uncle's**. (house) 삼촌네 집

(c) 소유격 모양은 아니지만, 소유격의 의미를 띠는 명사

명사 + 명사 (합성 명사)구조에서 앞의 명사가 소유격 적 역할을 하는 경우가 있다. 주의할 점은 실제로 앞의 명사를 소유격으로 쓰지는 않는다는 것과 복수형을 만들 경우 뒤의 명사에만 ~s를 붙인다는 것이다.

blood type 혈액형 (**혈액의 종류**)
blood's type (X) **blood types**

flower garden 꽃밭 (**꽃의 정원**)
flower's garden (X) **flower gardens**

> **summer vacation** 여름 방학 **kitchen counter** 부엌카운터 **flower garden** 꽃밭
> **birthday party** 생일잔치 **car window** 자동차 창문 **gold medal** 금메달 **intelligence test** 지능검사 **tennis shoes** 테니스 신발 **conference room** 회의실 **book case** 책장
> **flight schedule** 비행스케줄 **iron bridge** 철교 **brain surgery** 뇌수술 **eye operation** 눈수술

단. 다음의 경우는 앞의 **명사가 복수형이어야만** 그 뜻이 되므로, 복수형이 될 때 양쪽이 다 복수형이 되는 셈이 된다.
goods train (영국식, 화물열차) → goods trains
a savings bank 저축 은행 → savings banks   a clothes brush 옷 솔 → clothes brushes

이런 문제가 나온다

대표 예제. Choose the **correct** sentence.

(a) He spent his three month's income on one month's journey.
(b) The most common intelligent test is the I.Q. test.
(c) She looked at the beautiful scene to her hearts content.
(d) This overcoat of my father is already worn out.
(e) The baby was moving its tiny toe.

🔍 문제 해결의 Key

명사의 성에 관한 부분은 문법 시험문제보다는 어휘력 측면에서 접근하면 되는데, baby나 child를 it으로 받는 경우가 있다는 점도 주의하자. 명사의 주격과 목적격은 원래 명사 모양 그대로이며 소유격만 [+ ~'s]가 된다. 단, 복수형으로 끝난 명사는 [~']만 붙이면 된다. 무생물 명사는 원칙적으로 ~of를 이용하여 소유격을 표현하는데, [시간, 거리, 무게, 액수] 따위의 명사나 일부 관용표현에서는 무생물 명사 자체가 [~'s]를 붙이는 예외가 있다. 소유격이 다른 한정사와 겹쳐 나올 때 of뒤로 돌려서 소유대명사로 바꿔주는 방식을 이중 소유격이라고 부른다.

실전 예제

1. 어법상 **올바른** 것은?

   ① Reversals may be caused by brain's injury.
   ② The owner of this house escaped death by a hair's breadth.
   ③ His that remark was impertinent to the people present.
   ④ A : It sounds very complicated. How far is it from here?
      B : It's not so complicated. It's about ten minute's walk from here.
   ⑤ Give me two thousands won's worth of these apples.

2. 어법상 **옳지 않은** 것은?

   ① Some bloods types are quite common, others are regionally distributed, and others are rare everywhere.
   ② Recorded music and other sound may be stored on and played from computer disks using several different computer-program file formats.
   ③ At that time he had passed through Jefferson on his way home, and he had stopped overnight at his uncle's.
   ④ One leg of this table is shorter than the others, so let's sit over there.

Point 127 | Point 128
관사 1. 부정관사의 핵심 ★★
관사 2. 정관사의 핵심 ★★

개념정리

명사와 1:1의 밀착 관계를 맺으며 명사를 한정(제한)하는 요소를 한정사라고 하는데, 한정사중 에서도 가장 대표적인 것이 관사다. 관사에는 부정관사와 정관사가 있는데, 부정관사는 가산명사 단수형의 필수품과 다름없고 정관사는 가산, 불 가산, 단수, 복수에 두루 쓰이는데 중요한 것은 [특정함]의 의미가 동반되어야 한다는 것이다.

1. 부정관사 a, an

(a) 부정관사 a, an의 여러 가지 의미

ⓐ one 하나의

He will be back in **a day** or two. 그는 하루 이틀이면 돌아올 것이다.
A bird in the hand is worth two birds in the bush.
손 안의 한 마리 새가 수풀속의 두 마리 새의 값어치가 있다.

ⓑ the same 같은

Birds of **a feather** flock together.   유유상종 (동일한 깃털의 새들)
We are **of an age**.   동갑이다
Two of **a trade** seldom agree.   같은 장사를 하면 좀처럼 의견이 맞지 않는다.
Tom and John are practically **of a mind**.   Tom과 John은 같은 마음(일심동체)이다.
The customer demanded another dress **of a size**.   같은 크기의 또 다른 드레스

ⓒ 종족 대표: 특정한 하나가 아닌 전체를 가리킴. (→ Point 123. 2 (a) 참고)

A lion is a noble beast.   사자라는 종족전체는 귀족적인 짐승이다.

ⓓ ~와 같은 사람 (→ Point 121. 1 (c) ⓐ 참고)

A Beethoven cannot be **a Newton**.   베토벤 같은 음악가 / 뉴턴 같은 과학자

ⓔ some 약간의, 어느 정도의

for **a** while 얼마동안, 잠시 동안   at **a** distance 어느 정도 거리를 두고, 좀 떨어져서

(b) 부정관사 a, an의 핵심

ⓐ 횟수 + a(=per) + 기간 : ~당, ~마다

We go to school **five days a week**.   우리는 일주일에 다섯 번 학교에 간다.
Take the medicine **two times a day**.   하루에 두 번 그 약을 먹어라.

ⓑ a + 자음 발음으로 시작하는 명사 / an + 모음 발음으로 시작하는 명사

a bird [bəːrd]   **a** house [haus]
an apple [ǽpl]   **an** electronic calculator [ilektránik] 전자계산기

> **단** 많은 학생들이 a, e, i, o, u 라는 철자로 시작하는 단어 앞에는 무조건 an 을 붙이는 실수를 하는데, 철자와 발음은 다르다. 다음 단어들의 첫 발음은 [ju]인데, 우리말로 [유~]라는 소리가 난다. 발음기호에서 보듯 맨 앞에 자음소리가 있으므로 a를 붙여야하는 상황이다.
> a Europe   a university   a uniform   a used car 중고차
> 반대로 다음의 단어들은 얼핏 제일 첫 소리가 자음이라는 착각이 들지 모르나 **발음상으로 보면 모음 소리로 시작하므로 an**을 붙여야 한다.
> an M.P. [émpí:]   an LP [élpí:]
> 또한, 맨 앞의 자음이 소리가 나지 않는 묵음의 경우도 주의해야 한다.
> an honest boy [ánist]   an hour [áuər]

2. 정관사 the

(a) 정관사 the의 핵심

ⓐ 앞에 나온 명사를 반복하는 경우: 그 ~ 라고 해석한다.

We have a cat, and all of us are fond of **the** cat.
우리에게는 고양이 한 마리가 있는데, 모두가 그 고양이를 좋아한다.

ⓑ 서로 알고 있는 상황 속에서 어떤 특정한 것을 가리킬 때: 해석하지 않는다.

Please open **the** door.   문 좀 열어주세요. (같은 공간속에 문이 하나 밖에 없을 때)
Will you pass me **the** salt?   소금 좀 줄래요? (식탁위에 소금이 하나 밖에 없을 때)

ⓒ 수식어구의 한정을 받음으로서 특정해질 때.

The principal of our school is respected by all the students.
우리 학교 교장 선생님은 모든 학생들에게 존경받는다.
The water in the well is fresh.
그 우물의 물은 깨끗하다.
This is **the book that I lost yesterday**.
이것은 내가 어제 잃어버린 그 책이다.

> **단** 한정 받는 명사라도 특정화되지 않고 여럿 중의 하나를 말할 때는 a, an을 붙인다.
> He is **a teacher** of our school.   그는 우리 학교의 (여러 선생님 들 중의) 한 선생님이다.

ⓓ [서수, 형용사 최상급 + 명사]이면 명사의 의미가 특정해지므로 앞에는 the가 붙는다.

He is **the fastest** runner in our school.   그는 우리 학교에서 가장 빠르다.
Get off at **the second** stop.   두 번째 정거장에서 내리세요.

ⓔ '단위'를 나타내는 the : [by the + 단위를 나타내는 말]

Sugar is sold **by the pound**.   설탕은 파운드 단위로 팔린다.
He works **by the hour (week, month, year)**.   그는 시간당(주 당, 달 당, 년 당)으로 일한다.

> **단** He earns **200 dollars a week**.   그는 일주일에 200달러를 번다. (→ Point 127. l. (b) ⓐ 참고)

ⓕ 신체 일부 명사 앞에 붙이는 the

catch hold take seize pull drag	+ by	
strike hit pat touch kiss tap	+ on	} + the + 신체 일부 명사
look stare gaze	+ in	

I caught his hand.   단순히 그의 손을 잡았다는 의미
I **caught** him **by the** hand.   좋아서 혹은 화가 나서 손을 잡았다는 식의 감정이 담긴 표현
I had to **drag** him **by the** hand to the doctor.   의사에게로 손을 잡아끌었다.
I **struck** him **on the** forehead.   나는 그의 이마를 때렸다.
She **looked** me **in the** eye.   그녀가 내 눈을 들여다보았다.

ⓑ 정관사 the가 필요한 여러 가지 경우

ⓐ 자연계의 유일 물이나 특정 방향

> the universe 우주   the world   the sky   the sun   the moon   the earth
> the equator 적도   the tropics 열대지방   the horizon 지평선   the Bible 성경
> the north (south east west)

단. 1. east and west (댓 구를 이룰 때는 the 생략)
2. 유일 물이라도 형용사가 수식하면 부정관사를 쓴다.
   a full moon 보름달   a clear sky 맑은 하늘

ⓑ the + 고유명사

① 복수형의 국가 명

> the United States of America   the philippines

② 공공건물, 관공서

> the British Museum 대영 박물관   the White House 백악관
> the Red Cross Hospital 적십자 병원   the Ministry of Foreign Affairs 외무부

③ 강, 바다, 산맥, 해협, 운하, 반도

> the Han River 한강   the Yellow Sea 서해   the Pacific 태평양   the Atlantic 대서양
> the Alps 알프스 산맥   the Rockies 로키 산맥   the English Channel 영 불 해협
> the Suez Canal 수에즈운하   the Korean Peninsula 한반도

④ 배, 항공기, 열차

> the Mayflower 메이플라워호   the Kyongbu Line 경부선   the KAL

⑤ 신문, 잡지

> the New York Times   the Reader's Digest

단. 산, 호수, 공원, 다리 명칭, 역 이름 앞에는 the를 붙이지 않는다.
Mt. Halla   Lake Michigan   Hyde Park   London Bridge   Seoul Station   Kimpo International Airport

ⓒ 국민 명칭

> the Koreans   the Americans   the English   the French   the Japanese
> the Chinese   the Swiss

The English are proud of **their** history.   영국인들은 자신들의 역사를 자랑스러워한다.

ⓓ the + 형용사

복수 보통 명사 : the rich = rich people 부자들   the wounded = wounded people 부상자들
단수 보통 명사 : the deceased 고인   the accused 피고인
추상 명사   : the true   the good   the beautiful 진·선·미

ⓔ play the + 악기명 / play + 운동 경기명

Can you **play the guitar?**   기타 연주 할 수 있어요?
Do you like to **play baseball?**   야구하는 거 좋아해요?

이런 문제가 나온다

대표 예제. 1. Choose the **correct** sentence.

(a) In ancient Greece, hardly anybody could afford to have more than one good meal the day.
(b) Fleas are especially noted for jumping with an unique propulsion system.
(c) Workmen are paid by hour and they are constantly reminded that every minute counts.
(d) Look a person in the face when talking with him and speak clearly.

2. Choose the **incorrect** sentence.

(a) The Queen Mary was streaming through the Panama Canal.
(b) The Alps are mountains in Europe.
(c) The injured was taken to the nearby hospitals right after the accident
(d) At night they camped at the foot of Mt. Halla.
(e) He was the first person to speak for me.

문제 해결의 Key

부정관사의 핵심 : 1. 횟수 + a, an(=per) + 기간   2. a + 자음 발음 명사, an + 모음 발음 명사]이고,
정관사의 핵심 : 1. the + 명사 + 수식어구   2. the + 서수, 형용사 최상급 + 명사
          3. 특정 동사 + by, on, in + the + 신체 일부명사   4. by the : ~당, ~마다]이다.

실전 예제

1. The queen suddenly pulled me ①with the sleeve, and led me into a yard through two apartments, the doors ②of which were so low that we were obliged ③to creep on our hands and ④feet.

※어법상 올바른 것은? (2-3)

2. ① A X-ray binary consists of a normal star that orbits a compact object such as a white dwarf, a neutron star, or a black hole.
   ② A house of the mayor was a whale of a castle.
   ③ Do you get paid by an hour or do you get a salary?
   ④ Pat yourself on the back for achieving the little things.

3. ① Thomas A. Edison also created a first industrial research laboratory, in Menlo Park, New Jersey in 1876.
   ② The Chinese eats with sticks to show their cleverness of dealing with those sticks while the Saudi people eat with their hands.
   ③ Taking an aspirin the day can reduce a person's chances of having a heart attack.
   ④ The longest living animal is probably a tortoise.

Point 129 | Point 130 — 관사 3. 주의해야 할 관사의 위치 ★★★ / 관사 4. 관사의 생략 ★

개념정리

명사 앞에 부사나 형용사 등의 수식어구가 있는 경우, 관사는 모든 수식어구보다 더 앞에 있는 것이 원칙이지만 예외적인 경우들이 있고, 특정한 명사의 쓰임새에 대해 관사를 생략하는 경우들도 있다.

1. 주의해야 할 관사의 위치

(a) all, both, double, half + the + 명사

all the questions 그 모든 질문   **double the** price 두 배의 비용
half the money 돈의 절반   **both the** parents 양친

> 단. half 의 경우 부정관사와 결합할 때는 다음과 같은 양쪽 용법이 있다.
> 30분 <u>half an</u> hour   <u>a half</u> hour   반마일 <u>half a</u> mile   <u>a half</u> mile

(b) so, as, too, how + 형용사 + a, an + 명사

She is **as nice a girl as** her sister is.   그녀는 그녀의 누이만큼 좋은 여자다.
I have never seen **so kind a girl**.   그렇게 친절한 여자를
This is **too difficult a book** for me.   이것은 나에게는 너무 어려운 책이다.
How beautiful a girl she is!   그녀는 얼마나 아름다운 소녀인가!

> 단. I have never seen **such a kind girl**. [such + a, an + 형 + 명]   나는 그런 친절한 여자를 본적이 없다.

(c) quite, rather + a, an + (형용사) + 명사

It was **quite(rather) a success**.   그것은 꽤나(다소) 성공이었다.
This is **quite (rather) a difficult** problem.   이것은 꽤나(다소) 어려운 문제이다.

> 단. 미국식 영어에서는 다음과 같이 쓰기도 한다. 단, 시험문제에서는 틀린 것으로 본다.
> This is <u>a quite difficult problem</u>.

2. 관사의 생략

(a) 건물, 장소가 본래의 목적을 나타낼 때

go to **school** 학교에 (공부하러) 가다   go to **bed** 침대에 (잠자러) 가다
go to **church** 교회에 (예배드리러)가다   in **hospital** 입원 중

> 단. 건물 그 자체를 가리킬 때는 관사가 붙는다.   He lives near **the school**.   그는 그 학교 근처에 살고 있다.

(b) 관직, 신분을 나타내는 말이 보어나 동격어구로 이용 될 때

He was elected **chairman**. (→point 6. 1. (d)ⓑ 참고)
President Reagan   레이건 대통령   Victoria, **Queen** of England   영국 여왕 빅토리아

(c) 식사 명, 운동경기 명, 병명, 계절 명, 요일 명

time for **dinner**. / play **tennis** / die of **cancer** / in (the) **Spring** / On **Sunday**

> 단. 형용사의 수식을 받는 식사명은 관사를 붙인다.
> I had **a** very **good dinner** with her yesterday.   한 번의 괜찮은 저녁식사

이런 문제가 나온다

대표 예제. 1. Choose the **incorrect** sentence.
(a) I bought it at quite a reasonable price.
(b) He did it in such short a time.
(c) He is so good a student that everybody admires him.
(d) It was too difficult a problem for me to solve.

2. Choose the **correct** sentence.
(a) There is a urgent need for many teaching aids at the university.
(b) As you want the information right now, we'll send it by the fax.
(c) He was elected the captain of the team.
(d) After church the men stood together in the churchyard.

🔍 문제 해결의 Key

관사는 모든 수식어구보다 앞에 나오는 것이 원칙이지만,
all, both, half, double / as, so, too, how / quite, rather 등을 만나면 그것들보다 뒤에 나와야 한다.
school이 학교 건물이 아니라 [공부]라는 본래의 목적을 의미할 때는 무관사로 쓴다.
그 밖에도 관직, 신분명사가 보어가 되거나 동격이 될 때, 식사 명칭 등은 무관사가 원칙이다.

 다음은 무관사 명사가 포함되는 관용표현들이다.
by + 교통, 통신 수단(~ 타고서, ~로)
by bus (car, train, plane, bicycle, ship, land, air, sea / letter, mail, telephone, radio~)

그 밖에도,
by hand 손으로   on foot 걸어서   at table 식사 중   for example 예를 들면   in English (Korean~) 영어(한국어)로
in ink 잉크로   on television TV로   on horseback 말 타고   Mother and child 모자   father and son 부자
rich and poor 부자와 가난한 자   young and old 노소   hand in hand 손에 손 잡고   arm in arm 팔짱을 끼고
side by side 나란히   face to face 얼굴을 마주보고   from head to foot 전신에   from door to door 집집마다
day in day out 날이면 날마다   ~ live from hand to mouth. 하루 벌어 하루 먹고산다.

실전 예제

1. Choose the **incorrect** sentence.
① It seems rather a foolish waste of time for him to try to do it for himself.
② It is admirable that he did such great a work by himself.
③ He will never make so great a scholar as his father.
④ The DMZ extends about two hundred kilometers from east to west.
⑤ "How much did you pay for it?" "I paid double the usual price."

2. Choose the **correct** sentence.
① I don't like to travel by a bus.
② Mary was a tower of strength when Jean was in the hospital. She looked after her whole family.
③ Last Sunday we went to school to play baseball.
④ Their army is about the half size of ours.
⑤ There's a meeting at the school at 3.

www.moonduk.com

MD GRAMMAR

Chapter. 15
대명사

www.moonduk.com

Chapter 15 대명사

인칭대명사의 격과 명사의 일치

 인칭대명사의 주격, 목적격, 소유격에서 출제될 만한 문제는 앞에 나온 어떤 명사를 제대로 받아줬는지를 확인하는 것이다.
특히, 소유격의 모양 확인이 중요하고, 전치사 뒤 자리에는 목적격을 잘 썼는지도 유의해서 봐야 한다.

ex. Although quite a few people think of dolphins as fish, **it is** more closely related to man than to fish. (X) → it is를 they are로. (dolphins를 받아야 함)
A young woman sat **between him and I.** (X) → I를 me로.

재귀대명사의 재귀적 용법

 동일한 절의 범위 안에 있는 주어와 목적어가 동격이 될 때만 재귀대명사를 목적어 자리에 쓸 수 있다.

ex. When a severe ankle injury forced **herself** to give up reporting in 1926, Margaret Mitchell began writing her novel. (X) → **herself**를 **her**로. (주어와 동격이 아니다)

지시대명사 1. this(these)와 that(those)

 this와 these는 기본적인 의미만 알고 있으면 되는데, that과 those는 두 가지가 중요하다.

1. [the ⓝ + 수식어구]가 반복될 때 단수는 that으로 복수는 those로 되받는다.
2. [those who + V; ~하는 사람들] 특히 who다음의 동사가 be일 때는 (who + be)를 같이 생략할 수 있다.

ex. The tail of a fox is longer than **that** of a cat. (O) (that = the tail)
Those who became absorbed in studying passed the test.

지시대명사 2. such the same so

1. [such a, an+ 형+ 명~] 이 어순 자체가 가장 중요하고,
2. the same은 모양 자체가 핵심이다. a same이라고는 쓰지 않는다.
3. [타동사 바로 뒤의 so는 일반적으로 that節을 대신하는 목적어로 쓰이는 것이고, [~가 그렇다는 진술에 대해 다른~도 역시 그렇다고 맞장구 칠 때는 [So + 주동 도치]를 사용한다.

ex. Stop bickering over **such a trivial thing**.
    Is this **the same** design that we submitted last year?
    Do you think I will make it? Yes, I hope **so**(=that you will make it).
    "I hate rainy days." "**So do I.**"(=I hate rainy days, too.)

부정대명사

부정대명사의 가장 핵심적인 내용만 간추려보면,

1. one은 여럿중의 하나를 되받는다.
2. some, any는 수와 양에 관계없이 한정사, 대명사로 두루 쓰인다.
3. each는 한정사, 대명사 every는 한정사만 되는데, 둘 다 단수 취급이다.
4. all, most는 한정사, 대명사 둘 다 되고 단, 복수 결정은 따르는 명사에 일치한다.
5. 셋 이상 중의 또 다른 하나는 another, 둘 중의 나머지 하나는 the other
6. other뒤에는 복수명사만 오고, the others는 나머지 전부를 말한다.
7. none은 대명사이고 no는 한정사이다.

ex. I would like **a** delicious **cake**. **A big one** with lots of cream.
    If you have **any** money, please lend me **some**.
    Each candidates was over 25. (X) → candidate
    All them are good students. (X) → All of them
    There are two women over there. **One** is Jane, and **the other** is Mary.
    We had to look for **another place** to celebrate our anniversary.
    There is **none book** on the desk. (X) → no (한정사)

Point 131 인칭대명사의 격과 명사의 일치 ★★

개념정리

대명사의 종류로는 인칭 대명사, 소유대명사, 재귀대명사, 지시대명사, 부정대명사, 관계대명사 등이 있는데, 관계대명사는 이미 독립된 하나의 파트로서 정리했으므로 이 단원에서는 나머지 다섯 가지의 대명사에 대해서 공부하자. 특히 앞에 나온 명사를 대신하는 역할을 하는 인칭대명사는 그 명사를 제대로 받아주는 대명사를 선택했는지가 중요하다.

1. 인칭 대명사와 소유 대명사

(a) [인칭]과 [격]에 따른 인칭대명사(소유대명사 포함)의 종류

	주격	소유격	목적격	소유 대명사
1인칭 단수	I	my	me	mine
2인칭 단수	You	your	you	yours
3인칭 단수	He / She	his / her	him / her	his / hers
	It	its	It	X
1인칭 복수	We	our	us	ours
2인칭 복수	You	your	you	yours
3인칭 복수	They	their	them	theirs

(b) 주격, 목적격, 소유격 인칭 대명사는 각각 [주어나 주격보어] [동사와 전치사의 목적어] [명사에 대한 한정사]로 쓰인다.

Bats cannot see very well, but **they** have very good hearing. — 주어
박쥐는 잘 보지는 못하지만, 뛰어난 청력을 보유하고 있다.

You, Mr. Kim, and I are good friends. — 주어(2인칭-3인칭-1인칭)
They speak English in America. — 일반 주어 (=사람들)
미국에서는 (사람들은) 영어로 말한다.

There can be no change in Policy if the person in charge is **he**. — 주격보어
만약 책임자가 그 사람이라면, 정책의 변화는 있을 수 없다.

I will meet **them** tomorrow. 내일 그들을 만날 것이다. — 동사의 목적어
Many of **them** are rotten. 그것들 중의 많은 것들이 썩었다. — 전치사의 목적어

This is **my** book. — 한정사
You, Mary and I should finish **our** work by ten. — 한정사

(c) 소유 대명사 = 소유격 + 명사

Your guess is as good as **mine. (= my guess)**

(d) 뜻이 없는 비 인칭 주어 it   시간, 날씨, 요일, 거리, 명암

It's half past ten.   10시 30분   **It**'s fine today.   오늘 날씨가 좋아요.
It is Monday today.   월요일 이다   How far is **it** from here to the station?   얼마나 멀어?
It is getting dark.   어두워지고 있어요.

이런 문제가 나온다

대표 예제. Choose the **correct** sentence.

(a) Those of you who wear glasses should have their eyes examined at regular intervals.
(b) Everyone is expected to attend the afternoon session but the field supervisor, the sales manager, and I.
(c) She has seven children, so hers is a large family.
(d) Even the best of drivers can have an accident if you are tired and driving conditions are bad.

문제 해결의 Key

인칭대명사의 주격, 목적격, 소유격에서 공통적으로 가장 중요한 문제는 앞에 나온 어떤 명사를 제대로 받아줬는지를 확인하는 것이다. 특히, 소유격의 모양 확인이 출제 빈도가 높고, 전치사 뒤 자리에 들어가는 인칭대명사를 목적격으로 잘 썼는지 여부도 중요하다. 소유대명사는 소유격 + 명사라는 의미 파악만 제대로 되면 큰 문제는 없다.

> 인칭대명사의 주격은 주어자리 뿐만 아니라 주격보어자리에도 들어간다. 다만 구어체에서는 엄격하게 문법을 적용하지 않고, 보어자리에 목적격을 쓰는 경우가 많다.
> 저예요. It is I. (문법적 원칙)   It is me. (구어체에서 일반적으로 사용)

실전예제

1. Choose the **correct** sentence.
   ① Between he and his wife there have been nothing but arguments; this is a situation which some of modern couples experience.
   ② They must regard any statement about this issue, whatever the source, as gossip until they are confirmed.
   ③ Our annual reports are more accurate and thorough than their.
   ④ He specifically told them, John and him, to get ready.

2. 어법상 **옳은 것은**?
   ① When children experience too much frustration, his behavior ceases to be integrated.
   ② Those of us who are over fifty years old should get their blood pressure checked regularly.
   ③ I've had my breakfast, and the dog had its breakfast, too.
   ④ The movement of stars was first noticed by early travelers, who used the stars to guide its way across the sea.
   ⑤ Mahogany is a wood noted for his remarkably rich color, and it is used to produce many types of furniture.

Point 132. 재귀대명사의 재귀적 용법 ★★★

개념정리

'~자신'을 의미하는 [myself 나 자신 yourself 너 자신 himself 그 자신 herself 그녀 자신 itself 그것 자체 ourselves 우리 자신 yourselves 너희 자신 themselves 그들 자신, 그것들 자체]를 재귀대명사라고 하는데 대표적인 용법은 주어와 동격을 이루면서 목적어 자리에 등장하는 재귀적 용법이다.

1. 재귀대명사의 두 가지 용법

(a) **재귀적 용법**: 동사의 목적어로서 사용된다.
재귀대명사가 목적어가 되기 위해서는 다음의 두 가지 전제조건이 충족되어야 한다.

ⓐ 주어 = 목적어 관계일 때만 재귀 목적어를 사용할 수 있다.

He killed **him**. (He ≠ him)   그가 다른 누군가를 죽였다.
He killed **himself**. (He = himself)   그는 자신을 죽였다. (자살했다.)
John's mother loves **himself** dearly. (X) → him (John's mother ≠ himself)
John의 엄마는 그(John)를 아주 사랑한다.

ⓑ 단, ⓐ의 규칙은 동일한 절 이내에서만 적용된다. 단일한 절의 범위를 넘어서면 의미가 없다.

John said Mary doesn't like **himself**. (X) → him
John이 말했다. Mary가 자기(John)를 좋아하지 않는다고.
언뜻 John과 himself가 내용상 동격이라는 생각이 먼저 들면 괜찮다고 착각 할 수 있다. 그러나 himself가 속해 있는 동일한 절의 범위는 Mary doesn't like himself. 이므로 himself를 쓰게 되면 Mary = himself가 되어야 한다. 그게 말이 안 되므로 him이라고 고쳐야 한다.

(b) 재귀목적어가 포함되는 관용 표현

> **absent oneself from** 결석하다   **apply oneself to** ~에 전념하다   **devote oneself to** ~ 하는데(자신을)바치다   **present oneself at** ~에 참석하다   **pride oneself on** 자랑스러워하다   **enjoy oneself** 즐거운 시간을 보내다   **overeat oneself** 과식하다   **help oneself to** ~을 마음껏 먹다   **accustom oneself to** ~에 (자신을) 익숙하게 하다   **acquaint oneself with** ~에 정통하다   **express oneself** 생각한 바를 표현하다   **make oneself at home** 편안히 있다   **disguise oneself** 가장하다   **subject oneself to** 굴복시키다. 따르다   **expose oneself to** 노출하다

She **absented herself from** school.   그녀는 결석했다.

(c) **강조 적용법**: 강조하고자 하는 명사. 대명사 바로 뒤, 또는 문미에 사용. (생략 가능)

I **myself** did it.   I did it **myself**.   **내가 직접** 했다.
I saw him do it **myself**.   그가 그것을 하는 것을 **내가 목격**했다
I saw **him** do it **himself**.   나는 **그가 그런 짓을 하는 것**을 목격했다

이런 문제가 나온다

대표 예제. (a)<u>Even though</u> home schoolers are not (b)<u>under</u> the rigid curricula of traditional schools, they (c)<u>often</u> spend more time on the subjects or topics that really interest (d)<u>themselves</u>.

문제 해결의 Key

재귀대명사를 목적어 자리에 쓰기 위해서는 두 가지 전제가 확인되어야 한다. 바로, 동일한 절의 범위 안에 있는 주어와 목적어가 동격이 되어야 한다는 것이다.

단. 전치사 + 재귀대명사형태의 관용적 표현

of oneself 저절로   in itself(themselves) 본래, 원래, 그 자체로는   have ~ to oneself 독점하다
dress oneself in (= be dressed in) ~ 옷을 입고 있다.   for oneself (=without other's help) 혼자 힘으로
by oneself ① = alone 혼자서, 외로이   ② = without other's help 혼자 힘으로
keep ~ to oneself ~을 혼자 간직하다. 남에게 알리지 않다   say to oneself 혼잣말하다
come to oneself 제정신이 들다   in spite of(=despite) oneself 자신도 모르게   beside oneself 제정신이 아닌
between ourselves 우리끼리 만의 이야기이지만, 비밀인데 (between you and me)

The baby cannot stand for himself.   혼자 힘으로 설 수 없다.
She has the large room to herself.   그 큰방을 혼자 쓴다.
They were beside themselves with joy.   기뻐서 거의 제정신이 아니었다.

실전예제

1. His ability ①<u>to jump into</u> action ②<u>at a moment's</u> notice, barking orders to the soldiers around him, convinced ③<u>themselves</u> that he was ④<u>the very</u> man for the job.

2. Researchers at the university ①<u>are investigating</u> a series of ②<u>indicators</u> that ③<u>could</u> help ④<u>themselves</u> ⑤<u>predict</u> earthquakes.   (14 편입)

3. The ①<u>works</u> of early American woodcarvers had ②<u>many</u> artistic qualities, but these craftsmen probably did not think of ③<u>them</u> ④<u>as artists</u>.

4. 어법상 올바른 것은?

   ① When Tom heard her remark, he was beside him with rage.
   ② Some trees have distinctive features that identify themselves at first glance.
   ③ Gold, silver, and copper coins are often alloyed with harder metals to make themselves hard enough to withstand wear.
   ④ The president announced that he himself would act upon the evidence as presented to him by the congressional committee.

Point 133 지시대명사 1. this(these)와 that(those) ★★★

개념정리

뭔가를 '가리키는, 지칭하는' 의미를 지닌 대명사를 지시 대명사라고 한다. 대표적인 것들에 [this, that, these, those such the same so]가 있는데, so를 제외한 나머지 것들은 지시형용사로도 사용된다.
This is my book   주어 : 지시 대명사
This book is mine.   명사 수식 : 지시 형용사(한정사)
형용사로 쓰이는 경우는 명사를 데리고 있는지 여부만으로 간단히 판단할 수 있으므로 여기서는 대명사 용법 위주로 정리하기로 한다.

1. 지시 대명사 this that these those

(a) **this (these)** 이것(이것들)   **that (those)** 저것(저것들)

Which do you like better, **this** or **that**?   어떤 것이 더 좋아요? 이것? 저것?
These are easier than **those**.   이것들이 저것들보다 더 쉽다.

(b) this 후자 that 전자

Health and wealth make us happy; **this** gives us things, and **that** helps us enjoy them.
후자 (부)는 우리에게 물질을 주고, 전자 (건강)는 우리가 그 부를 즐기도록 도와준다.
Work and play are both necessary to health; **this** gives us recreation, and **that** gives us energy.
일과 놀이는 둘 다 필요하다. 후자(놀이)는 휴양을 주고 전자(일)는 에너지를 준다.

> 전자-후자는 다음과 같이 표현하기도 한다.
> the former - the latter / the first – the second / the one – the other

(c) 앞에서 진술한 것을 대신하는 this 와 that

He did not answer the letter, and **this** made me angry.   그가 답장을 하지 않았다는 것이
She went to a dance. **That** is an unusual thing.   그녀가 춤추러 갔다는 것이

> 앞에 나온 것이 아닌, 앞으로 나올 내용 (즉, 뒤에 이어지는 내용)을 대신할 때는 this만 쓴다.
> I will say **this**; he will keep the secret.   내가 이말 만은 해야겠다. 그는 비밀을 지킬 것이다.

(d) 반복지시 대명사 that (those)
앞에 나온 특정한 명사 (주로 the ⓝ + 수식어구의 형태)가 반복될 때.

The population of Seoul is much larger than **that(=the population)** of Busan.
서울의 인구는 부산의 그것 (인구) 보다 훨씬 더 많다.
The rooms of this hotel are more comfortable than **those(=the rooms)** of that hotel.
이 호텔의 객실들은 저 호텔의 그것들 (객실들)보다 더 편안하다.

(e) those (who + be) + 형용사, ~ing, p.p / those who + V   ~하는 사람들

Those (who were) present were all pleased.   참석한 사람들은 모두 만족했다.
Those (who are) invited will be here.   초대받은 사람들은 이곳으로 올것이다.
Heaven helps **those who help** themselves.   하늘은 스스로 돕는 자를 돕는다.

이런 문제가 나온다

대표 예제. 1. The (a)younger (b)generations' way of thinking is (c)different from (d)those of past generations.

2. For (a)them interested in nature, the club (b)offers hikes and overnight camping (c)each week (d)during the summer months.

🔍 문제 해결의 Key

지시 대명사 this(these), that(those)의 핵심은 딱 두 가지다. 1. [the ⓝ + 수식어구]가 반복될 때 단수는 that으로 복수는 those로 되받는다. 2. those (who be) + 형용사, ~ing, p.p형태를 생각해 볼 때 those 바로 뒤에 형용사나 ~ing, p.p가 있으면 중간에 who be를 넣어서 말이 되는지 확인해 본다.

실전예제

1. No one ①is allowed on the premises except employees and ②them who ③have a valid ④identification card.

2. There are also weekly news magazines, ①which report on a number of topics, but most of the magazines ②are specialized to attract various consumers. For example, there are ③women's magazines covering fashion, cosmetics, and recipes ④as well as youth magazines about celebrities. Other magazines are directed toward, for example, computer users, sports fans, ⑤them interested in the arts, and many other small groups. (14 국가직 9급)

3. 다음 중 어법상 옳은 것은? (15 국가직 7급)
   ① Sharks have been looked more or less the same for hundreds of millions of years.
   ② "They have evolved through time to improve upon the basic model," says John Maisey, a paleontologist who helped identifying the fossil.
   ③ The skeleton supporting this ancient shark's gills is completely different from that of a modern shark's.
   ④ Previously, many scientists had been believed that shark gills were an ancient system that predated modern fish.

4. Choose the one that is **grammatically INCORRECT**. (13 편입 응용)
   ① Asked about what influenced their satisfaction, almost all patients responded that clean conditions were very important.
   ② The adage has been confirmed scientifically, suggesting that them who challenge themselves strengthen cognitive ability.
   ③ None of the textbooks includes any mention of nonviolent resistance as a possible response to violence.
   ④ It is true that each of them has often found favor and disfavor amongst economists and historians.

지시대명사 2. such the same so ★★

개념정리

앞서 설명한 this(these)와 that(those), 그리고 such와 the same은 형용사와 대명사 성격을 다 가지고 있다. this와 that의 경우 바로 뒤에 명사가 있다는 점만 알고 있으면 형용사 성격에 대한 특별한 정리는 필요 없는데, such는 형용사 용법까지 정확히 알 필요가 있다. the same도 형용사와 대명사 용법이 다 있고, 형용사로는 쓰이지 않는 so에 대해서는 대명사일 때의 용법을 정확히 정리하자.

1. such

(a) 지시형용사 such : 그러한~

원칙적으로 한정사끼리는 결합 할 수 없지만(→ Point 126. 3(a)참고), such는 a, an을 동반하여 다음과 같은 어순을 이룬다. (→ Point 99. 5(c) 참고)

> such a, an + 형용사 + 명사 + that~ = so + 형용사 + a, an + 명사 + that~

She is **such a lovely child that** everybody loves her.
= She is **so lovely a child that** everybody loves her.
  그녀는 그렇게 귀여운 아이라서 모든 이들이 그녀를 사랑한다.

(b) 지시 대명사 such : 그러한 것

ⓐ 보어로 쓰인다.

He claims to be a friend but is not **such**.   그는 친구라고 주장하지만, 그런 건(친구는)아니다.
Love is **such**.   사랑이란 그런 거야.
The results of his follies are **such**.   그의 어리석음의 결과는 그러한 것들이다.

> **단** 주격보어가 문두로 가고 명사주어+V를 도치 시키면 다음과 같은 형태가 된다. (→Point 116. 2(a) 참고)
> Such <u>is love</u>.   Such <u>are the results</u> of his follies.
> 그러므로 Such가 문두에 나오고 be 동사가 바로 이어질 때는 그 뒤가 주어라는 점을 주의해야 한다.

ⓑ 반복되는 명사를 대신한다. 이때는 주로 as such(그러한 것으로, 존재로)의 형태가 된다.

He is a child, and must be treated **as such**(=as a child).
  그는 아이다. 그래서 그와 같은 존재로 (아이로서) 대접받아야만 한다.
I am a civilian and want to be treated **as such**(=as a civilian).
  나는 민간인이다. 그래서 그렇게 (민간인으로서) 대접받기를 바란다.

(c) such가 포함 되는 관용 표현

ⓐ **such as** = like : 가령, 예를 들면, - 와 같은

Poets **such as** Keats and Wordsworth are rare.
  키츠나 워즈워드 같은 시인들은 드물다.
Birds of prey, **such as** the eagle and the hawk, do not lay many eggs.
  독수리와 매 같은 맹금류는 많은 알을 낳지 않는다.

ⓑ **such A as B** : B와 같은 그러한 A~

Such poets **as** Keats and Wordsworth are rare.
= Poets **such as** Keats and Wordsworth are rare.

ⓒ **such as it is(they are)** : 대단한 것은 아니지만, 변변치 않지만

You can stay for supper, **such as it is**.   저녁식사까지 있어도 돼, 변변치는 않겠지만.

ⓓ **If such(=that) is the case** : 그런 이유라면, 그런 일(상황)이라면

If such is the case, he should be blamed.   그런 이유라면(그렇다면), 그가 비난받아야 한다.

2. the same

(a) 지시 형용사 the same : 똑같은~

This is **the same** watch **that** I gave to her. (→Point 90. 1ⓒ 참고)   이것은 내가 그녀에게 준 바로 그 시계이다.

This is **the same** watch **as** I gave to her.   이것은 내가 그녀에게 준 것과 동일한 종류의 시계다.

(b) 지시 대명사 the same : 똑같은 것

We must do **the same**.   우리는 똑같은 일을 해야만 한다.

(c) the same을 포함하는 관용 표현

ⓐ **the same as** : ~와 같은, 동일한

Our compensation is **the same as** that of other companies.
우리의 급료는 다른 회사의 그것(급료)과 같습니다.

ⓑ **The same is true of~ = the same with~** : ~에게도 그러하다, ~에서도 마찬가지다.

The same is true of me.
(동일한 것이) 나에게도 그러하다. 마찬가지다.

ⓒ **(The) same to you** : 당신도 그러기를 바랍니다.

A : Merry Christmas!   B : **(The) Same to you!**

3. so

(a) 지시 대명사 그렇게

ⓐ 목적어 역할

say, tell, think, hope, expect, suppose, believe, fear, hear + that 節 인 경우

Is it going to rain? I think **so**(= that it is going to rain).
     비가 내릴까?   나는 그렇게 생각해.

Will he recover?   I hope **so**(=that he will recover).
     그가 회복할까?   나는 그렇게 희망해.

> **단.** 부정적으로 답할 때는 다음과 같이 한다.
> Is it going to rain? **I don't think so.**   그렇게 생각하지 않습니다.
> 'Are you going out tonight?' **'I don't expect so.'**   그렇게 하지 않을 겁니다.
> 다만, hope와 fear는 [~않기를 바랍니다. ~않을까 두렵다]라는 의미를 표현할 때는 **I hope not. I fear not.** 이라고 쓴다.

단. 목적어를 문두로 보내 강조할 수 있다는 원리를 이용해서 다음과 같이 쓰기도 한다. (→Point 116. 2(b) 참고)
"Is she going to Paris?"   "She says so."(=that she is going to Paris)
   → "So she says."

ⓑ 보어 역할

He had wanted to be a scientist and he finally became **so**.(=a scientist)
그는 과학자가 되길 원했고 마침내 그렇게 되었다.

ⓒ [~가 그렇다]라는 상대의 진술에 대해 [다른 ~도 역시 그렇다]   **So + 주동도치**

A : I am hungry.   B : **So am I**. = I am hungry, too.
A : He is clever.   B : **So is she**. = She is clever, too.
A : I like apples.   B : **So do I**. = I like apples, too.
A : He can speak French.   B : **So can she**. = She can speak English, too.

단. 상대방이 언급한 주어와 동일한 주어에 대해 [진짜로 그렇다]라고 단순히 강조하는 의미로 쓸 때는 So + S + V~ 로 쓴다.

A : He is clever.   B : So <u>he is</u>.   그는 영리해. 맞아. (네가 말한)그는 진짜 영리해.
A : He can speak French. B : So <u>he can</u>.   그는 프랑스어를 할 줄 알아요. 맞아. (네가 말한)그는 잘해.
A : I hear you like apples. B : So <u>I do</u>.   당신은 사과를 좋아한다고 들었어요. 네. (네가 말한)나는 좋아해.

(b) so가 들어가는 관용 표현

ⓐ **~or so** : ~가량, ~쯤

I spent a week **or so** there.
나는 거기서 한 주 쯤을 보냈다.

ⓑ **and so on = and so forth = etc.** : 기타 등등

Remember to take some paper, a pen, **and so on**.
잊지 말고 종이, 펜 등을 가지고 가거라.

ⓒ **(Just) So so.** 그저 그래.   **So far so good.** 지금까지는 괜찮아.

"How was the party?"   "**So so**."
   파티 어땠어?   그저 그랬어.

"How is your school life?" "**So far so good**."
   학교생활 어때?   지금까지는 괜찮아.

단. so는 대명사 이외에도 **부사(매우, 너무나)**와 **접속사(등위접속사 : 그래서 → Point 96. 1(c) 참고)** 용법이 있다.

She is <u>so lovely</u> a child that everybody loves her.   너무나 사랑스런 아이라서
He was tired, <u>(and) so</u> he went to bed earlier.   피곤했다. 그래서 일찍 잠자리에 들었다.

이런 문제가 나온다

대표 예제. Choose the **correct** sentence.
(a) The cultural elite in certain ancient civilizations relied heavily upon papyrus to make everyday household objects, such as baskets and clothing.
(b) Many a man has made a same mistake again and again in history.
(c) He has changed a lot, and so does she.
(d) "She must look like a very pretty girl." "Yes, I imagine it."
(e) I don't think he has a chance of winning the next election when the economy is in such terrible a state.

🔍 문제 해결의 Key

such, the same, so의 핵심은 다음과 같다.
1. [such a, an+ 형+ 명~] [such as를 비롯한 몇 가지 관용 표현]
2. the same 이라는 모양 자체. a same이라고는 쓰지 않는다.
3. [타동사 바로 뒤의 so는 일반적으로 that節을 대신하는 목적어다.]
   [~가 그렇다는 진술에 대해 다른~도 역시 그렇다고 맞장구 칠 때 : So + 주동 도치]

실전예제

1. The geometrical proportion known _____ the Golden Section has for centuries been regarded as _____ a key to the mysteries of art, and _____ universal is its application, not only in art but also in nature, that it has at times treated with religious veneration.
   ① for - such - too   ② for - such - quite   ③ as - so - very   ④ as - such - so

2. 어법상 **올바른 것은**?
   ① He is just a new employee and should be treated such.
   ② This is a same car as I used to drive.
   ③ "Is Prof. Tate very sick?" "I'm afraid so."
   ④ Modern poets have experimented with poetic devices as alliteration and assonance.
   ⑤ I like Such poets like Dante and Goethe.

3. After Jack told me he ①had been approached by a management scout from ②another company, I surprised him ③by informing him ④so I had.

Point 135 부정대명사 ★★★

개념정리

확실하게 정해지지 않은 사람이나 사물, 또는 일정하지 않은 수량을 표시하는 대명사를 부정대명사라 하는데, one / some, any / each, every / all, most / another, the other, others, the others / no, none 등이 있다. 대부분의 것들이 부정형용사(한정사)로도 이용되는데, 약간씩 달라지는 사항이 있으므로 개별적으로 정확히 구별해서 외워야 한다.

1. one

(a) 일반적인 사람

One(He) must do one's(his) duty.   사람은 자기 의무를 다해야 한다.

(b) 반복되는 명사를 대신하는 one

ⓐ a + 명사, 즉 불특정한 여러 개 중의 아무거나 하나를 받을 때 쓴다.

I don't have a pencil. Can you lend me one(=a pencil)?
연필이 없네. 나에게 (네가 가진 연필 중 아무거나)하나만 빌려줄래?

ⓑ 형용사의 수식을 받을 경우 [a, an, the + 형용사 + one]. 복수형은 [형용사 + ones]

He has a tape recorder. It is a good one(a good tape recorder).
그는 녹음기를 가지고 있다. 그것은 괜찮은 녹음기다.

I lost my bag. I have to buy a new one(= a new bag).
가방을 잃어버렸다. 아무거나 하나 새로 사야겠다.

I don't like these cars. Will you show me other ones(=other cars)?
이 차들이 마음에 들지 않아요. 다른 차들을 보여주시겠습니까?

> **단.** 특정한 바로 그것(=the + 명사)을 되받을 때는 it을 쓴다.
> He had a pen and lent it(=the pen) to me.   그는 펜이 한 자루밖에 없었는데, 그것을 나에게 빌려줬다.
> I lost my bag. Did you see it(=my bag)?   내 가방을 잃어버렸다. 내 가방 봤니?

> **단.** 뒤에 동반된 수식 어구에 의해 한정 받고 특정한 의미가 될 경우 one자체가 the를 붙인다.
> The boy is the one whom I saw yesterday.   그 소년이 내가 어제 본 그 사람이다.

2. some, any

'수'와 '양'에 두루 쓰인다는 공통점. some은 원칙적으로 긍정문, any는 원칙적으로 부정문, 의문문, 조건문에 쓴다는 차이점.

(a) 부정형용사 : 몇몇의, 약간의

I have **some** books. / **some** money.	몇 권의 책 / 약간의 돈
They don't have **any** problems / **any** money.	몇몇 문제점들 / 약간의 돈
Do you have **any** questions / **any** money?	몇몇 질문들 / 약간의 돈
If you have **any** questions / **any** time~	몇몇 질문들 / 약간의 시간

(b) 부정대명사 : 몇몇, 약간

> **Some of these books are** quite useful. 이 책 들 중의 몇 권
> **Some of the money was** spent on books. 그 돈 중의 약간
> If **any** of your **friends are** interested, let me know. 네 친구들 중의 몇몇

 some of~ / any of~가 주어가 될 때는 뒤에 따라 나오는 명사에 동사를 일치시킨다. (→ Point 104. 2 참고)

 [some의 예외적 용법]
(a) 의문문에 사용되는 some (권유문, 긍정의 대답 기대할 때)
  Would you like <u>some</u> more coffee ? 커피 더 드실래요?
(b) some + 가산 명사의 단수형 : (막연함의 표시) 무언가 (어느 것인가, 누군가). 어떤~
  I have read the story in <u>some book</u>. 나는 그 얘기를 어떤 책에서 읽었다.
  some day (미래의) 어느 날   cf. one day (과거의) 어느 날
(c) some + 수사 : 약, 대략 (about)
  I waited for her <u>some twenty</u> minutes. 대략 20분

[any의 예외적 용법]
긍정문에 사용되는 any (강조, 양보의 의미) 어떤 ~ 라도
<u>Any boy</u> can do it. 어떤 소년이라도 그것을 할 수 있다.
<u>Any time</u> will do. 언제라도 괜찮습니다.
<u>Any of you</u> can answer the question. 어느 누구라도 답할 수 있다.

3. each : 각각의~ / 각각, 각자   every : 모든~

> 단수 취급한다는 공통점. each는 부정형용사(한정사), 부정대명사 둘 다.
> every는 부정형용사(한정사)로만 쓴다는 차이점.

Every boy has his own room.
Each boy has his own room.

Each of the boys **has his** own room.

Every of the boys has his own room. (X)
→**Everyone of** the boys **has his** own room. (O)

 [부사로 사용되는 each]
He gave them two apples <u>each</u>. 그는 그들에게 사과를 각각 두 개씩 주었다.
[every + 복수명사인 경우]
every + 수사 + years (days, weeks) = every + 서수 + year (day, week) 매 ~년 (일, 주) 마다
every four years = every fourth year 4년마다
every two days = every second day = every other day 하루걸러 . 이틀마다

4. all : 모든~ / 모든 사람들, 모든 것   most : 대부분의~ / 대부분

'수'와 '양'에 두루 쓰이고, 부정 형용사(한정사)와 부정 대명사 둘 다 된다는 공통점. 의미가 서로 다르고 all은 전치한정사로도 쓰인다는 차이점.

(a) 부정형용사

all, most + 명사
cf. 전치 한정사 all the + 명사 (O) (→Point 129. 1(a) 참고)   cf. most the + 명사 (X)

All men are equal before the law.   모든 인간들
All the boys in this room **are** my friends.   이 교실안의 그 모든 소년들
All his money was stolen.   그의 모든 돈

Most boys in this room are my friends.   이 교실안의 대부분의 학생들
Most money was spent helping the poor.   대부분의 돈

(b) 부정대명사

all, most of + the, 소유격, 지시사 + 명사

All of the boys in this room **are** my friends.
All of the money **was** spent helping the poor.
Most of the boys in this room **are** my friends.
Most of his money **was** spent helping the poor.

> 단, all과 most는 그 자체가 단. 복수를 결정하지 않는다. 뒤에 나오는 명사에 따라 동사를 일치시킨다. (→Point 104. 2 참고)

> 단, all 자체가 단독의 주어로서 [모든 사람들][모든 것]의 의미일 때는 각각 복수와 단수로 정해져있다.
> **All were** present.   전원이 출석했다.
> **All is** still outside.   <u>바깥은 만물이 고요하다.</u>

> 단, most 와 almost 의 차이
> almost (거의)는 부사다. almost가 all을 꾸미는 경우가 = most가 된다.
> **Almost all** money was stolen.
> = **Most** money was stolen.
> cf. his <u>almost impudence</u>. 그의 거의 건방진 태도 (직접 명사를 수식하는 경우로 예외적인 경우로 원칙이 아니다.)

5. another, the other

의미는 다르지만, 부정 형용사 (한정사), 부정 대명사 둘 다 된다는 공통점

(a) another 셋 이상의 범위에서 또 다른 하나 vs. the other 둘 중에서 나머지 하나

This watch is too expensive. Show me **another**.   또 다른 것을 보여주세요.
Will you have **another cup** of coffee?   또 다른 한잔 더 드시겠어요?
Show me **the other book**.   나머지 한권의 책을 보여주세요.
He lives on **the other side** of the street.   그는 반대편(나머지 한쪽 편)에 산다.

ⓑ **상관어구로서의 용법**

　ⓐ **셋 이상의 범위에서**

　　one - another : 하나 - 또 다른 하나

　　I don't like this **one**. Show me **another**.　　또 다른 것을 보여주세요.

　정확히 셋 중에서

　　one - another - and the other(the third) : 하나는 - 또 다른 하나는 - 나머지 하나는

　　There were **three** foreigners in the room; **one** was English, **another** was American, **and the other** was French.
　　세 명의 외국인들이 있었는데, 한명은 영국인, 또 다른 한명은 미국인, 나머지 하나는 프랑스인이었다.

　ⓑ **정확히 둘 중에서**

　　one - the other : 하나 - 나머지 하나

　　I have two dogs; **One** is white and **the other** is black.
　　나는 개가 두 마리 있는데 한 마리는 흰색이고, 나머지 한 마리는 검은색이다.

ⓒ **그 밖의 관용 표현**

　ⓐ **the one - the other** : 전자 - 후자

　　I have a black dog and a white one; **the one** is larger than **the other**.
　　검은 개와 흰 개가 있는데, 전자는(검은 개는) 후자보다(흰 개보다) 더 크다.

　ⓑ **each other** : (둘 사이에서) 서로 / **one another** : (셋 이상사이에서) 서로

　　The two boys looked at **each other**.
　　두 소년은 서로를 쳐다보았다.

　　We must all try to understand **one another**.
　　우리는 서로를 이해하려 애써야 한다.

　ⓒ **one after another** : 차례차례로

　　The boys entered the room **one after another**.
　　소년들은 차례대로 방에 들어갔다.

　ⓓ **A ~ one thing, B ~ another** : A와 B는 서로 별개다.

　　Saying is **one thing** and doing is **another**.
　　말하는 것과 행동하는 것은 별개다.

　ⓔ **another + 숫자 + 복수 명사**(minutes, hours, days, years~) : 추가, 부가의 의미

　　He will arrive in **another five minutes**.
　　5분만 더 있으면 도착할 겁니다.

　　Dolley Todd Madison served eight years as White House hostess for the widowed Thomas Jefferson, and continued for **another eight years** when her husband was President.
　　자기 남편이 대통령이 되었을 때 8년 더 영부인생활을 계속했다.

6. other, others, the other, the others

(a)   other 부정형용사(한정사) : 또 다른 ~들   vs.   others 부정대명사 : 다른 사람들, 것들
      the other 부정형용사(한정사) : 나머지 ~들   vs.   the others 부정대명사 : 나머지 전부들

cf. 한정사 역할일 때 another는 + 단수명사(또 다른 하나) / other는 +복수명사(또 다른 ~들)로 정해져있지만
the other는 + 단수명사(둘 중의 나머지 하나→5.(a)참고)/ + 복수명사(남아있는 나머지 것들) 둘 다 가능하다.

I have **another** question.   또 다른 질문
I have some **other** questions.   또 다른 질문들
Do good to **others**(=other people).   다른 사람들에게 선을 베풀어라.
Show me **the other** books.   나머지 책들을 다 보여주세요.
I have four dogs : One is black and **the others** are white. 나머지 전부는 흰색이다.

(b) 상관어구로의 용법
여럿이 주어진 범위 내에서.

some --- others : 어떤 것들(사람들)은~ 또 다른 어떤 것들(사람들)은~

I have a lot of flowers. **Some** are red and **others** are yellow.
일부는 빨간색이고 또 다른 일부는 노란색이다. (다른 색의 꽃이 더 있다.)

some --- the others : 어떤 것들(사람들)은~ 나머지 것들 (사람들) 전부는~

I have a lot of flowers. **Some** are red and **the others** are yellow.
일부는 빨간색이고, 나머지 전부는 노란색이다. (이제 더 이상의 꽃은 없다.)

7. none, no one, no

(a) **none** 부정대명사만 된다.

ⓐ 단독주어일 때는 단. 복수 어느 쪽도 상관없는데. 사람이면 주로 복수 취급한다.

There **were(was) none** in the park.   공원에 아무도 없었다.

ⓑ   none of + 가산명사 복수형 + 주로 복수동사 / 단수 동사 가능
     none of + 불가산 명사 + 단수동사

None of the books were(was) read.   그 어떤 책도 읽혀지지 않았다.
None of the money was wasted.   얼마의 돈도 쓰여 지지 않았다.

(b) **no one** 주어로 쓰일 경우 단수 취급

No one wants to die.   어느 누구도 죽기를 원하지 않는다.

(c) **no** 부정형용사(한정사)만 된다.

no + 복수명사 + 복수동사
no + 단수명사 + 단수동사

No questions are allowed.   질문은 허용되지 않는다.
No book is more interesting than this one. 이 책보다 재미있는 책은 없다.
No food is allowed   음식은 허용되지 않는다.

이런 문제가 나온다

대표 예제. 다음 각 문장들 중 잘못된 곳이 있는 문장이라면, 바로 잡으시오.

(a) My lawn-mower has broken down again, so I must buy new one.
(b) If you have any interesting books, please lend me some.
(c) Bring me some beer. Any kind will do.
(d) Every of the students was instructed to do his best.
(e) Most all blood tests are now performed by electronic equipment.
(f) Eggs may be boiled in shell, scrambled, and cooked in countless another ways.
(g) There are still two questions I am not clear about. One is the potential market and another cost.
(h) The huge room contained a great number of students, of whom one - third were boys and others girls.
(i) Gases flow freely from a container because they have none definite shape.

문제 해결의 Key

각각의 부정대명사에서 가장 중요한 내용만 간추리면 다음과 같다. 1. one은 여럿중의 하나, it은 바로 그것 2. some, any는 수와 양에 관계없이 한정사, 대명사 둘 다 된다. 3. each는 한정사, 대명사 every는 한정사만 되는데, 둘 다 단수 취급이다. 4. all, most는 한정사, 대명사 둘 다 되고 단, 복수 결정은 따르는 명사에 일치한다. 5. 셋 이상 중의 또 다른 하나는 another, 둘 중의 나머지 하나는 the other 6. other뒤에는 복수명사만 오고, the others는 나머지 전부를 말한다. 7. none은 대명사이고 no는 한정사이다.

실전예제

1. 다음 중 밑줄 친 one이 어법상 어색한 것은? (15 기상 직 9급)
   ① My lab coat needs cleaning. I'd like to borrow one this time.
   ② I need to buy a workbook. Would you recommend one?
   ③ My dad has a German dictionary and you can use one.
   ④ I'd like to buy a vacuum cleaner, so would you show me one?

2. ①For to say what something is ②is one thing, but to say that it is is ③other; we can know what a dog is without committing ourselves to ④affirming either the existence or non-existence of dogs. (15 편입)

3. Some people argue that atomic bombs ①should not have been used in the second world war, but ②other maintain using them ③was inevitable so as ④to put a quick end to the war.

4. 어법상 옳은 것은? (14 지방 직 7급)
   ① All he wanted was sat with the paper until he could calm down and relax.
   ② Straddling the top of the world, one foot in China and the other in Nepal, I cleared the ice from my oxygen mask.
   ③ It is impossible to say how first entered the idea my brain; but once conceived, it haunted me day and night.
   ④ She was moving away from realistic copying of objects to things she perceiving with her own eyes and mind.

www.moonduk.com

MD GRAMMAR

Chapter. 16
형용사

Chapter 16 형용사

Point 136 형용사의 종류에 따른 위치 관계

 전치한정사와 한정사, 수량형용사까지 포괄적으로 형용사의 범위 안에 집어넣은 후 대표적 형용사인 성상형용사와 위치 관계를 따져보면 다음과 같다.

전치한정사	한정사	수량 中 서수·기수	크기 - 성질(일반적 특징) - 신(新) - 구(舊) - 색깔 - 재료 모양(형상) 소속

단, 성상 형용사 중에서는 [색깔-신구]의 순서로 쓰는 경우도 볼 수 있는데, 정답발견에 영향을 주는 경우는 거의 없다.

ex. Doctor Smith caught **his first good** look at the **small, catlike** face. (O)
　　　　　　　　　　(한정사-서수-성상)　　　　　　(크기-성질)

　　The flag of **the original first** colonies may or may not have been made by Best Ross during the Revolution. (X) → **the first** original (서수 – 성상)

Point 137 형용사의 용법

 대부분의 형용사는 한정적 용법(명사 수식)과 서술적 용법(보어)에 두루 쓰이고 의미도 동일하다. 그런데 특정 형용사들은 한정적 용법으로만 쓰이거나 서술적 용법으로만 쓰인다. 특히 a~로 시작하는 형용사들은 서술적 용법에만 쓰이는데, 시험에 많이 출제된다.

ex. (**Live** / **Alive**) music always puts a special electricity in the air. → **Live**
　　We don't know whether he's **live** or dead. (X) → **alive**

Point 138 — 주의해야 할 형용사의 용법

1. 대부분의 형용사는 한정적과 서술적용법으로 쓰일 때 동일한 의미인데 일부 형용사는 용법에 따라 뜻이 달라지기도 한다.
2. [~thing, ~one, ~body]를 수식하는 형용사는 이들보다 뒤에 위치한다.
3. 사람이 주어일 때 직접적인 보어 자리에 등장하지 못하는 형용사에는 [difficult, easy, possible, impossible, necessary, convenient, pleasant]등이 있다.
4. considerable(상당한) / considerate(사려 깊은)처럼 철자의 차이에 따라 뜻이 완전히 달라지는 형용사들도 있다.

ex. **Ill** news runs apace. **나쁜** 소식은 빨리 달린다. 즉, 나쁜 소문은 빨리 퍼진다.
　　She is **ill** in bed. 그녀는 **아파서** 누워있다.
　　특별한 어떤 것 special something (X) → something special
　　If you are convenient, I will visit your house tomorrow. (X)
　　→ **If it is convenient for you**, I will visit your house tomorrow.
　　You should be **(respectable, respectful)** towards seniors. → **respectful**

Point 139 — 고유 형용사와 수사(數詞)

고유명사에서 비롯한 고유형용사는 the Koreans처럼 [국민전체]를 의미할 때가 중요 하다. 특히 이들이 주어가 될 때 동사는 복수가 된다. [수사+명사] 형태 중에서 책이나 전쟁관련어는 서수와 기수 둘 다를 이용해서 읽을 수 있다.

ex. **The Chinese have had** a high culture for thousands of years.
　　We got up to **chapter three**. (= the third chapter)

Point 136 형용사의 종류에 따른 위치 관계 ★

개념정리

단순히 수식하는 의미의 형용사말고도 명사의 성격을 밝혀주는 문법적 필수품인 한정사 종류까지 포괄적으로 형용사 범위 안에 집어넣을 수 있다.

1. 형용사의 종류

(a) (다른 한정사보다 먼저 나오는) 전치 한정사 all, half, both, double, such

　　all, half, both, double + the + ⓝ　　all the soldiers (→ Point 129. 1(a))
　　such a, an + 형 + 명　　such a lovely child (→ Point 99. 5(c))

(b) 한정사 : 수식의 개념이라기 보다 거의 명사와 한 몸처럼 쓰이는 필수 요소.

　　A book, the book [관사 → Point 127. 128. 참고]
　　my book [소유격 → Point 126. + Point 131. 참고]
　　This pencil is different from that one. [지시형용사 → Point 133. 참고]
　　Any child can do that. [부정형용사 → Point 135. 참고]

(c) 수량 형용사

　　수사 { 기수 : one two three four~
　　　　　 서수 : first second third fourth fifth sixth ~ eighth ninth ~ eleventh twelfth~
　　　　　 배수 : half, two times (twice), three times(thrice), four times, five times~

(d) 성상 형용사 : [성질]이나[상태]를 서술. 설명하는 일반적인 형용사

　　ⓐ 원래 형용사인 것: a wise boy, a pretty doll, a kind man~
　　ⓑ 물질명사 출신: a silver spoon 은의, a golden opportunity 금의(귀중한. 가장 좋은)~
　　ⓒ 고유명사 출신: a French girl 프랑스의, a Spanish gentleman 스페인의
　　ⓓ 분사 출신: a broken window 깨진 창문 (과거분사). a sleeping dog 자고 있는 개(현재분사)

2. 여러 가지 형용사의 위치 관계

전치 한정사	한정사	수량 中 서수·기수	크기 - 성질(일반적 특징) - 신(新) - 구(舊) - 색깔 - 재료 모양(형상)	소속

all these living things　　　　　　　　　　　　　(전치 한정사-한정사-성상) 이 모든 살아 있는
Those two tall boys are her sons.　　　　　　 (한정사-수량-성상) 저 두 명의 키 큰
the first two weeks of September in Busan.　(한정사-서수-기수) 9월의 첫 두 주간
this small shiny new black leather handbag　 이 작고 광택이 나는 새 검은 가죽의
　한정　크기　성질　신구　색깔　재료

a large beautiful round wooden table　　　　 크고 멋진 둥근 나무의
　한정 크기　성질　　모양　　재료

a small expensive new gray plastic Japanese personal computer 작고 비싼 새 회색의 플라스틱으로 된 일본산 개인용
　한정 크기　성질　　신구 색깔　재료　　소속(넓은)　소속(좁은)

이런 문제가 나온다

대표 예제. Choose the **incorrect** sentence.

(a) Look at those two large old stone building.
(b) "Which shoes belong to his father?" "The five large blue shoes."
(c) These all clever young English women are my friends.
(d) There are three red apples in the kitchen.
(e) The directors of the school decided to hire ten additional teachers

🔍 문제 해결의 Key

전치한정사와 한정사. 수량 형용사까지 포괄적으로 형용사의 범위 안에 집어넣어서 대표적인 형용사인 성상 형용사와의 위치 관계를 정하면, [전치한정사-한정사-수량-성상]이라는 큰 틀이 만들어진다.

단, 특히 **성상 형용사** 중에서는 경우에 따라 [색깔-신구]의 어순을 사용하는 사람도 있다. 사실 실제 시험문제에서 성상형용사를 세 개 이상 배열하게 하는 문제는 거의 없다고 보면 된다. 많아야 2개정도가 나올 것이고. **신구와 색깔(또는 색깔과 신구)의 어순이 답을 고르는데 지장을 주는 경우도 거의 없다.**

단, [성질과 모양. 재료와 소속]을 아래위로 같이 쓴 이유는 각각이 같이 나오는 경우가 별로 없기 때문이다. 즉, 성질이 나오면 모양이 없고 재료가 나오면 소속이 없을 확률이 높다. 다만, 둘 다 나오는 경우도 있는데 그 경우는 [성질-모양][재료-소속]순으로 이해하면 된다.

실 전 예 제

1. Choose the **correct** sentence. (편입 응용)

   ① The girl was carrying a big plastic blue bag.
   ② What percent of the populace is aware that in a public typical company the director hold only a small fraction of its shares?
   ③ The tall five beautiful Chinese girls came to see us this morning.
   ④ All those managers agreed to adopt the first two topics on the agenda.
   ⑤ Women played a large part in our great first accomplishment.

Point 137 형용사의 용법 ★★★

개념정리

형용사는 크게 두 가지 역할을 하는데, 명사를 수식하거나 보어로 쓰인다. 명사를 수식하는 경우는 명사의 범위를 한정, 제한하게 된다고 해서 [한정적, 제한적 용법]이라고 하고, 보어로 쓰이는 경우를 서술적 용법이라고 한다. 대부분의 형용사는 두 역할을 다 할 수 있다.

He is a **kind** man.　한정적(제한적)용법
He is **kind**.　서술적 용법

1. 한정적 용법에만 쓰이는 형용사

golden 금의, 금으로 된　**silvern** 은의　**wooden** 나무로 된　**woolen** 양털의, 모직물의　**leathern** 가죽의, 가죽으로 된　**elder** 손위의　**former** 전자의　**latter** 후자의　**inner** 안의　**outer** 바깥의　**upper** 위쪽의, 상부의　**mere** 단지 ~ 에 불과한　**only** 유일한　**sole** 오직하나의, 유일한　**very** 바로 그　**lone** 고독한, 외로운　**utter** 전적인, 무조건의, 순전한　**sheer** 완전한, 순전한　**drunken** 술 취한　**live** 살아있는, 생생한　**main** 주요한

She is a **mere** child.　　　　　　　　　　　　그녀는 단지 애야.
He is a **drunken** man.　　　　　　　　　　　술 취한 남자, 즉 그는 술에 취했다.
I prefer **the former** picture to **the latter**.　나는 후자의 그림보다 전자가 더 낫다.
He is **the only** friend that I have.　　　　　　그는 내가 가진 유일한 친구다.
That's **the very** thing I was looking for.　　그것이 내가 찾고 있던 바로 그거야.

 golden과 silvern의 경우 고어 표현으로서 격언이나 문학적인 글에서는 보어로 쓰이기도 한다.
사실, 현대 영어에서는 이 표현들 대신 거의 gold(ⓝ금 ⓐ금의)와 silver(ⓝ은 ⓐ은의)를 사용한다.
Speech is silvern, silence is golden. 웅변은 은이고, 침묵은 금이다.

2. 서술적 용법에만 쓰이는 형용사

(a) a~로 시작하는 형용사

alike 서로 같은, 비슷한　**alive** 살아있는　**alone** 홀로　**asleep** 잠든　**aware** 알고 있는　**ashamed** 수줍어하는　**awake** 잠이 깬　**afraid** 두려워하는

The baby **is asleep**.　　　　　　　　　아기가 잠들어 있다.
They **are** much **alike** in character.　그들은 성격이 참으로 비슷하다.

(b) [be + 형용사] 형태의 관용 표현

be worth ~ing / ⓝ ~할 만한 가치가 있다　**be content** with ~에 만족하다　**be drunk** 술 취해 있다

This picture **is worth fifty hundred dollars**.　　　5천 달러의 가치가 있다.
This book **is worth reading**. (→ point 73. 참고)　읽혀질 만한 가치가 있다.
I **am not content with** what you have done.　　네가 한 것에 만족하지 않는다.
He **is drunk**.　　　　　　　　　　　　　　　　　그는 취했다.

 worthy (한정적)훌륭한, 존경할 만한 (서술적)~에 어울리는, ~에 족한 (of를 동반하여 목적어를 취함)
a worthy man 인격자
He is worthy of reward.　그는 상을 받기에 족하다.

이런 문제가 나온다

대표 예제. Choose the **incorrect** sentence.

(a) Alike bears, the giant panda of China has a clumsy manner of walking.
(b) The writer tells you which arguments are worth having and which are better left silent.
(c) They are both alike in this respect.
(d) The American dream does not come to those who fall asleep.
(e) His mere action resulted in much trouble.

문제 해결의 Key

대부분의 형용사는 한정적 용법(명사 수식)과 서술적 용법(보어)에 두루 쓰이고 의미도 동일하다. 그런데 특정 형용사들은 한정적 용법으로 만 쓰이거나 서술적 용법으로만 쓰인다. 특히 a~로 시작하는 형용사들은 서술적 용법에만 쓰이는데, 시험에 많이 출제된다.

실전예제

1. A fable ①is usually a short tale ②featuring animals or ③inanimate objects that can talk and think ④alike human beings.

2. The prime minister ①held to his long-standing goal ②of a balanced budget and, ③alike his predecessor, ④called for considerable ⑤increase in public expenditure. (13 편입)

3. In our modern world, every one of us must eat, drink and inhale carcinogens, and one out of four ①alive people ②today will develop cancer as a result. It has ③therefore become more practical than fatalistic to familiarize ourselves with the old much - debated issues ④surrounding this disease.

주의해야 할 형용사의 용법 ★★

개념정리

일부 형용사는 한정적과 서술적 용법에 따라 의미가 달라지기도 하고, 단독의 형용사가 명사를 수식할 때는 명사 앞에 위치하는 것이 원칙이지만, 명사보다 뒤에서 수식하는 형용사들도 있다. 또한 특정형용사는 사람 주어에 대해서만 보어 자리에 등장하기도 하고, 오히려 사람주어에 대해서는 보어 자리에 쓸 수 없는 형용사도 있다. 마지막으로 서로 비슷한 모양을 가진 형용사들이 완전히 다른 뜻인 경우가 있는데, 그 의미 차이를 명확히 알아야 한다.

1. 한정적 용법 / 서술적 용법에서 의미가 달라지는 형용사

late 고(故, 작고한) / 늦은   **certain** (막연한) 어떤 / 확실한   **ill** 나쁜 / 아픈   **present** 현재의 / 참석한

The **late** Mr. Smith was rich. 고인이 된 Smith는
He was **late** for school. 그는 늦었다.

the **present** king 현재의 왕
The king is **present**. 왕이 참석해있다.

2. 명사보다 뒤에서 수식하는 경우

(a) ~ thing, ~ body, ~ one 으로 끝나는 대명사를 수식할 때

There is **nothing new** under the sun. 새로운 것이 없다.
Anyone intelligent can do it. 똑똑한 누구라도
I'll do **everything possible** to help you. 가능한 모든 일

(b) 성질을 뜻하는 두 개 이상의 형용사가 동시에 명사를 수식하는 경우

a girl **sweet, sexy, and kind**
a teacher **both handsome and humorous**

(c) 최상급, all, every + 명사 + ~ able, ~ ible로 끝나는 형용사

It is **the finest car imaginable**. 상상 할 수 있는 가장 좋은 차
I'll do **all means possible** to help you. 가능한 모든 수단

(d) 명사 + (주격 관계대명사 + be) + a ~ 로 시작하는 형용사

the oldest tree **(which is) alive** 살아있는 가장 오래된 나무

> 단. a~로 시작하는 형용사들은 명사를 수식할 수 없다고 했다. (→Point 137. 2(a) 참고)
> 지금의 설명은 a~가 명사를 직접 꾸미는 게 아니고 원래는 be + a~의 모양으로 보어로 쓰이는 것인데, 주격관계대명사+be가 같이 생략이 되 버리면 마치 직접 꾸미는 것처럼 보일 뿐이다.

(e) 형용사가 다른 수식 어구를 수반하여 길어질 때

a river **famous all over the world for its beautiful scenery** 아름다운 경치로 세상에 유명한
a dictionary **useful for children** 아이들에게 유용한 사전

3. 주어가 사람일 때와 아닐 때 보어로 쓰이는지 여부의 판단이 필요한 형용사

(a) 다음의 형용사들은 직접적으로 사람 주어를 가진다. 가주어 It이 등장하는 경우에는 일반적으로 쓸 수 없다.

> be **able** to R (↔ be **unable** to R) ~할 수 있다(할 수 없다)　be **capable** of ~ing (↔ be **incapable** of ~ing) ~할 능력이 있다(능력이 없다)　be **sorry** for / to R ~유감스러워. 안타까워하다
> be **regretful** for ~후회스러워하다　be **ashamed** of ~부끄러워하다　be **glad** of /to R ~에 기뻐하다

I am **sorry** to hear that he has been ill.
It is **sorry** for me to hear that he has been ill. (X)
They are **glad** of the news.
It is **glad** for them to hear the news. (X)

(b) 다음의 형용사들은 사람이 주어일 때 직접적인 단독의 보어로는 쓸 수 없다.

> **difficult, easy, possible, impossible, necessary, convenient** 편리한, **pleasant** 즐거운

I am **difficult** to do it. (X)
→ It is difficult for me to do it.
Will you come and see me tomorrow, if you are **convenient**? (X)
→ if it is convenient for you?
I was **pleasant** at the news. (X)
→ It was pleasant for me to hear the news.

> 단 다음의 경우는 사람이 주어라도 보어자리에 쓰이는 것이 가능하다. (→ Point 61. 3 참고)
> 주어 + 위에서 제시한 형용사 + to vt (or vi + 전) 의미상 목적어
> He is hard for her to persuade. (O)
> = It is hard for her to persuade him. (O)
> → She is hard to persuade him. (X)

4. 모양은 비슷한데, 의미가 완전히 달라지는 형용사
약간씩 모양이 달라지면서 의미가 확 달라지는 형용사들이 있다. 잘 비교해 두자.

(a) **considerable** 상당한. 중요한　　**considerate** (사람이) 사려 깊은. 신중한

considerable expense	상당한 비용
It is **considerate** of you not to do it.	그렇게 하지 않다니 너는 신중하구나.

(b) **credulous** 쉽게 믿는. 잘 속는　**credible** 믿을만한. 신용할 수 있는　**creditable** 명예가 되는. 훌륭한

She is **credulous** enough to believe him.	그녀는 그를 믿을 만큼 잘 속는다.
a **credible** story / person	믿을만한 이야기 / 사람
quite a **creditable** performance	훌륭한 공연

(c) **desirable** 바람직한. 탐나는. 호감이 가는(사람. 물건)　**desirous** (사람이) 원하는. 탐내는

The house has many **desirable** features.	탐날만한 특징들
He is **desirous** to know the truth about the affair.	그는 알고 싶어 한다.

(d) **economic** 경제의. 경제상의   **economical** 검소한. 절약하는
  an **economic** policy 경제 정책   He is **economical** of(with) money. 그는 돈을 절약한다.

(e) **healthful** 건강에 좋은. 유익한   **healthy** 신체적으로 건강한 cf. 건강에 좋은
  healthful food 건강에 좋은 음식   a **healthy** child / tree 건강한 아이 / 나무
  He is **healthy**. 그는 건강하다.   cf. a **healthy** diet / lifestyle 건강에 좋은 식단 / 생활습관

(f) **historic** 역사적으로 유명한. 역사적으로 의미가 있는   **historical** 역사의
  an **historic** speech 역사적으로 유명한 연설   a **historical** novel 역사 소설

(g) **imaginable** 상상할 수 있는(가능한)   **imaginary** 가공(상상. 공상)의   **imaginative** 상상력이 풍부한
  every means **imaginable** 상상할 수 있는 온갖 수단   an **imaginary** enemy 가상의 적
  an **imaginative** idea / child 상상력이 풍부한 생각 / 아이

(h) **ingenious** 기발한. 영리한. 교묘한. 독창적인   **ingenuous** 솔직한. 순진한. 천진난만한
  an **ingenious** plan 기발한 계획   an **ingenuous** smile 천진한 미소

(i) **intelligible** 이해할 수 있는. 알기 쉬운   **intelligent** (사람. 동물에 모두) 총명한. 영리한. 지적인
  intellectual (보어로 쓰일 경우는 사람주어에만 씀) 지능의. 지적인
  His explanation is **intelligible** to me. 내가 이해하기 쉽다.   an **intelligent** man 총명한 사람
  intellectual curiosity 지적 호기심   She's very **intellectual**. 그녀는 지적이다.

(j) **literal** 문자의. 글자 그대로의   **literary** 문학의. 문학적인   **literate** 글을 읽고 쓸 수 있는. 박식한
  a **literal** translation 직역   **literary** works. 문학 작품
  I didn't know he was highly **literate**. 그가 그렇게 학식이 높은 줄 (박식한줄) 몰랐다.

(k) **momentary** 순간적인. 일시의   **momentous** 중대한. 중요한
  a **momentary** impulse 순간적인 충동   a **momentous** situation 중대한 상황

(l) **respectable** 존경받을만한. 훌륭한   **respectful** 공손한. 정중한   **respective** 각각의. 각자의
  a **respectable** citizen 훌륭한 시민   be **respectful** of tradition 전통을 존중하다
  the **respective** countries 각 나라들

(m) **sensible** 지각 있는. 분별 있는. 현명한. 양식이 있는   **sensitive** 민감한. 예민한
  sensuous 감각적인   **sensual** 관능적인
  a **sensible** man 지각있는 사람   a **sensitive** ear 예민한 귀
  sensuous music 감각적인 음악   a **sensual** painting 관능적인 그림

(n) **envious** 시기심이 강한. 부러워하는. 샘내는   **enviable** 부러운. 샘나는
  be **envious** of another's luck 남의 행운을 시기하다
  He is in the **enviable** position. 그는 부러운 (샘나는) 위치에 있다.

이런 문제가 나온다

대표 예제. Choose the **correct** sentence.

(a) The old lady was so economic that she managed to live within her small allowance.
(b) I am thirsty; give me something cold.
(c) She is very healthful in her old age.
(d) When will you be convenient to go there?
(e) Dr. Smith was difficult to operate on the patient.

문제 해결의 Key

대부분의 형용사는 한정적과 서술적용법으로 쓰일 때 동일한 의미인데, 일부 형용사는 용법에 따라 뜻이 달라지기도 한다. 명사를 수식하는 형용사는 명사보다 앞에 위치해야 하지만, [~thing, ~one, ~body]를 수식하는 형용사는 이들보다 뒤에 위치한다. 사람이 주어일 때 직접적인 보어 자리에 등장하지 못하는 [difficult, easy~] 따위의 형용사를 주의할 필요가 있고, considerable(상당한) / considerate(사려 깊은)처럼 철자의 차이에 따라 뜻이 완전히 달라지는 형용사들도 있다.

실전예제

1. Choose the **incorrect** sentence.
   ① It was unpleasant for me to have to stand all the way home in the crowded bus.
   ② What made the city a trading and industrial center in the Midwest?
   ③ When Churchill became Prime Minister in 1940, he made a historical speech.
   ④ Scientists are searching for the oldest tree alive because it can teach them a great deal about many matters.

2. ①You are unpleasant enough to see your team ②lose the season. But the sheer agony of watching your star fantasy quarterback get knock down to the ground ③is almost unbearable. You watch in disbelief ④as he clutches his leg. He is probably out for the season.

3. He offered his obeisance ①to ②all those respectful souls who deserved it ③according to their ④respective positions, standing in their midst like the moon between stars.

Point 139 고유 형용사와 수사(數詞) ★

개념정리

고유 명사에서 파생된 고유형용사와 기수, 서수, 정수, 분수, 소수, 날짜, 전화 번호 등의 표현방법도 포괄적으로 형용사의 범위 안에 들어간다.

1. 고유 형용사

국명	형용사 / 언어	국민전체	국민 개인	
Korea	Korean	the Koreans	a korean	two koreans
America	American	the Americans	an American	two Americans
Italy	Italian	the Italians	an Italian	two Italians
Russia	Russian	the Russians	a Russian	two Russians
Greece	Greek	the Greeks	a Greek	two Greeks
Germany	German	the Germans	a German	two Germans
Netherlands	Dutch	the Dutch	a Dutchman	two Dutchmen
France	French	the French	a Frenchman	two Frenchmen
England	English	the English	an Englishman	two Englishmen
China	Chinese	the Chinese	a Chinese	two Chinese
Japan	Japanese	the Japanese	a Japanese	two Japanese

국명	We live in **Korea**.	우리는 **한국**에 산다.
형용사	a **Korean** dictionary	국어(한국어의)사전
	a **Korean** city	한국의 도시
	a **Korean** habit	한국인의 습관
언어	I speak **Korean**.	나는 **한국어**를 한다.
국민 전체	**The Koreans** are a diligent people.	**한국인들**은 근면한 민족이다.
국민 개인	I am **a Korean**.	나는 (한명의) 한국인이다.
	cf. I am **Korean**.	(형용사 **Korean**을 주격보어로 쓰는 경우)
	We are **Koreans**.	우리는 **한국인**이다.

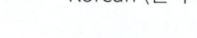 [언어]를 뜻하는 명사 자체는 무관사이다. language라는 명사를 붙여서 언어를 표현할 때는 맨 앞에 the를 붙인다.
Korean (한국어) = the Korean language   French (불어)= the French language

2. 수사 표현 방법

(a) 기수와 서수

one → first, two → second, three → third, four → fourth, five→fifth, six→sixth, seven → seventh, **eight → eighth, nine → ninth**, ten → tenth, eleven → eleventh, **twelve → twelfth**, thirteen → thirteenth, **fifteen**(15) → **fifteenth, twenty**(20) → **twentieth, twenty-one**(21) → **twenty-first, thirty**(30) → **thirtieth, forty**(40) → **fortieth, fifty**(50) → **fiftieth, hundred**(100) → **hundredth**

(b) 그 밖의 수를 읽는 방법

ⓐ 정수
345 = three hundred (and) forty-five
87,564,145
　= eighty-seven **million**, five hundred (and) sixty-four **thousand**, one hundred (and) forty-five
1,356,561
　= one **million**, three hundred(and) fifty-six **thousand**, five hundred (and) sixty-one

> **단.** 세 자리씩 끊은 후 마지막에서 첫 번째 단위가 thousand. 그 보다 앞의 단위가 million이 된다. 그리고 중간 중간의 세 자리 수는 백 단위 읽는 방법대로 읽는다.

ⓑ 분수 : 분자를 먼저 기수로 읽고, 분모를 나중에 서수로 읽는다. 분자가 2이상이면 분모에+~s
2/3 two-thirds　2/5 two-fifths　4/5 four fifths　1/3 a (one) third　1/4 one-fourth
2와 3/5 two and three fifths　3과 2/3 three and two thirds
　cf. 1/2 : a (one) half　1/4 a (one) quarter　3/4 three quarters / three-fourths

ⓒ 소수 : 소수 '점'은 point 로, 소수 점 이하는 한자리씩 끊어 읽는다.
3.14 = three **point** one four　　56.345 = fifty-six **point** three four five

ⓓ 전화번호 : 한자리씩 끊어 읽는다. 특히 숫자 0은 zero 보다 철자 o [ou]로 읽는다.
4534 - 7890 = four five three four, seven eight nine O [ou]

ⓔ 연대. 월일. 시각
1988 nineteen eighty-eight　　2016 twenty sixteen
10월 3일　October (the) third / October three / the third of October
8시 24분　eight twenty-four
4시 10분　ten (minutes) past four / four ten
4시 10분전 ten (minutes) to four / three fifty

ⓕ 수식
2+7=9　　two plus seven equals nine
　　　　　two and seven is (are) / makes (make) nine
5-3=2　　five minus three equals two
　　　　　three from five leaves(leave) two
3×7=21　three multiplied by seven equals twenty-one
　　　　　three times seven is twenty-one
6÷3=2　　six divided by three equals two
　　　　　three into six goes(equals) two

ⓖ 기타
$5. 25　　　five dollars (and) twenty-five(cents)
30℃　　　　thirty degrees centigrade
−20℃　　　twenty degrees below zero (centigrade)
in the 1990's　in the nineteen nineties

3. 수사 + 명사

(a) 기수와 서수

> 책, 전쟁 관련어 **(Vol. book, chapter, lesson, World War)**는 서수, 기수 둘 다 사용

World War II	The **second** World War = World War **two**	2차 세계대전
Chapter 2	The **second** chapter = Chapter **two**	제 2장
volume 10	the **tenth** volume = volume **ten**	제 10권
Act 2	the **second** act = act **two**	제 2막
Lesson 10	the **tenth** lesson = lesson **ten**	제 10과

 출입문, 교통 관련어는 **기수만 사용** (Gate, track, platform)
Gate 11 ; Gate <u>two</u>   Track 4; Track <u>four</u>   Room 5; Room <u>five</u>

이런 문제가 나온다

대표 예제. Choose the **incorrect** sentence.

(a) The Koreans live on rice.
(b) They can speak Japanese language.
(c) If there is something wrong with your computer, you can get it fixed by John.
(d) John studied English grammar.
(e) All the formulas are explained in the seventh chapter.

🔍 문제 해결의 Key

고유명사에서 비롯한 고유형용사는 the Koreans처럼 [국민전체]를 의미할 때가 중요 하다. 특히 이들이 주어가 될 때 동사는 복수가 된다. 정수, 소수, 분수, 전화번호, 날짜, 시각, 온도 등을 읽는 방법은 시험 문제보다는 일반적 상식 차원에서 알 필요가 있고, [수사+명사] 형태 중에서 책이나 전쟁관련어는 서수와 기수 둘 다를 이용해서 읽을 수 있다.

실 전 예 제

1. 다음 중 읽는 방식이 제대로 짝지어진 것을 고르시오.

   ① 3과 3/4　　　three and three fourth
   　November 8　November eight
   ② 23.245　　　twenty three point two hundred forty-five
   　3시 20분 전　twenty past three
   ③ 3+4= 7　　　three and four make seven.
   　1901　　　　nineteen one
   ④ Gate 10　　　the tenth gate
   　32°C　　　　thirty-two degrees centigrade

2. ①The Japaneses ②are a highly self-conscious people, and hence highly ③sensitive to the opinions ④which foreigners hold concerning them.

www.moonduk.com

MD GRAMMAR

Chapter. 17
부사

www.moonduk.com

Chapter 17 부사

Point 140 부사의 종류와 위치 관계

1. 양태부사; 자동사와 타동사의 목적어 뒤, 동사수식을 강조하고자 할 때는 동사 보다 앞, 특히 목적어가 길 때는 목적어보다 앞.
2. 빈도부사; be동사와 조동사보다는 뒤에, 일반 동사보다는 앞.
3. 양태부사와 장소나 시간부사가 겹칠 때는 [장+양+시]. 단, 장소부사가 2단어 이상의 구를 이룰 때는 [양+장+시].
4. 장소부사끼리, 시간 부사끼리 겹칠 때는 작은 단위 → 큰 단위.

ex. I understood **perfectly** what he said.
　　I can **seldom** afford to go on a trip.
　　It rained **here heavily last night**.
　　He is staying **at a hotel by the lake in the village**.

Point 141 수식하는 말 앞, 뒤에만 위치하는 부사

only나 even은 자기가 수식하는 말 바로 앞에, alone과 else는 자기가 수식하는 말 바로 뒤에 위치한다.

ex. **Only he** saw her in the park.
　　I need **somebody else** to help me.

혼동하기 쉬운 부사 정리

1. 원래 모양이 부사일 때와 ~ly형태의 부사로 변했을 때 의미 차이가 생기는 부사들
2. yet과 still은 부정문에서 위치가 다르다.(yet은 not보다 뒤, still은 not보다 앞)
3. very가 꾸미는 것과 much가 꾸미는 것의 모양 차이(very는 원급, much는 비교급)
4. 기간어구와 결합해서 과거시제에만 쓰이는 ago 와 단독으로 쓰여서 과거나 현재완료에 나올 수 있는 before.
5. too 긍정문; 또한, 역시 either 부정문; 또한, 역시

ex. I usually go to bed **lately**. (X) → **late**
He **yet** doesn't like it. (X) → **still doesn't**
I am **much** fond of it. (X) → **very**
I met him two days **before**. (X) → **two days ago**
I know her, **either**. (X) → **too**

형용사 쓸 자리, 부사 쓸 자리

형용사가 들어가는 대표 자리(명사 앞, 2형식 동사 뒤)와 부사가 들어가는 대표자리(완벽하게 끝난 절의 다른 한쪽 편, 일반 동사 앞, 조동사와 본동사의 사이)에 대한 정확한 구별이 필요하다.

ex. Carnegie Hall was the first building in New York designed **special** for orchestral music. (X) → **specially**

부사와 형용사의 위치 관계

[형용사 + 형용사 + ⓝ]어순은 얼마든지 가능하지만, 시험 문제에서는 [부사 + 형용사 + ⓝ]로 바꿔야 할 가능성을 따져봐야 한다.

ex. He is a **relative slow** runner. (X) → **relatively slow**

Point 140 | Point 141 | 부사의 종류와 위치 관계 ★
수식하는 말 앞, 뒤에만 위치하는 부사 ★★

개념정리

부사를 의미적인 측면에서 보면 상당히 다양한 종류가 있다. 그러니까 **양태(모양과 상태)**, **장소나 시간**, **빈도**와 같은 대표적인 부사를 비롯해서 방향(up, down, forward~), 순서(first, second, last~), 정도(much, a little~), 긍정(yes, surely~) 부정(no, not~)등 다양한 종류를 생각해 볼 수 있다. 이들 중에서 위치 관계와 관련하여 따로 정리해 둘 만한 부사는 양태, 장소, 시간, 빈도 부사 등이다. 또한 only나 alone처럼 자기가 수식하는 말 앞이나 뒤에만 위치해야 하는 부사도 있다.

1. 동사를 수식하는 부사의 위치 관계

(a) 양태부사

> 양태(모양과 상태 서술)부사란 일반적으로 [형용사 + ~ly]형태의 부사를 통칭한다. 이때 주의할 점은 [명사 + ~ly]는 부사가 아니라 형용사이다.
> **bright → brightly** 밝게 (부사)   **friend → friendly** 다정한 (형용사)

ⓐ 자동사를 수식하는 경우는 일반적으로 그 뒤에 쓴다.

The sun **shines brightly** and the birds **sing merrily**.   밝게 빛나고 즐겁게 노래한다.
It was **raining hard**.   심하게 내리고 있었다.

ⓑ 타동사를 수식하는 경우는 일반적으로 목적어보다 뒤에 쓴다.
단, 목적어가 길 때(주로 that節을 비롯한 명사절 일 때는)타동사와 목적어 사이에 둔다.

He closed the door **softly**.   조용히 닫았다.
Did you understand **clearly** what I had told you?   명확하게 알아들었습니까?

ⓒ 자동사건 타동사건 동사 수식을 강조하고 싶을 때는 동사 바로 앞에 두기도 한다.

I **frankly** admit my mistake.   솔직히 인정한다.

(b) 빈도부사

> **always** 항상 **usually** 보통, 대개 **frequently** 자주(짧은 간격으로 빈번하게 일어남을 강조) **often** 자주('자주'의 가장 일반적인 표현) **sometimes** 때때로 **occasionally** 이따금, 가끔 **hardly** 거의 ~않다 **seldom(rarely)** 좀처럼 ~않다. **never** 결코 ~않다

ⓐ 자동사를 수식하는 경우는 일반적으로 Be 동사 뒤에 쓴다.

I**'m always** at home on Sunday.   나는 일요일에는 항상 집에 있다.

ⓑ 일반 동사 앞

We **often play** tennis   우리는 자주 테니스를 친다.

ⓒ 조동사 뒤

I **can hardly** believe it.   나는 거의 그 말을 믿지 않는다.

ⓐ be p.p 와 have p.p 의 사이

  I **have never seen** her before.   나는 예전에 그녀를 본적이 없다.

(c) 여러 개의 부사가 겹쳐서 동사를 수식할 때는 다음의 어순을 따른다.
  문장에서 자주 겹쳐서 등장하는 부사는 주로 양태부사, 장소부사, 시간부사 등이다.

 ⓐ 주로 '장소' + '양태' + '시간' 순서가 된다.

  The plane landed **there safely yesterday**.   어제 그곳에 안전하게
  It rained **here heavily yesterday**.   어제 이곳에 심하게

 ⓑ 장소부사가 2단어 이상의 부사구인 경우는 '양태' + '장소' + '시간' 순서가 된다.

  The plane landed **safely on the island yesterday**.   어제 그 섬에 안전하게
  She sang **beautifully at the concert last night**.   어제 밤 콘서트에서 아름답게

 ⓒ 장소와 시간부사의 경우 같은 것끼리 겹쳐 나오면 [작은 단위 + 큰 단위]로 쓴다.

  She played the violin **beautifully** **in the concert** **at the Town Hall** **yesterday**.
           양태   좁은 장소   넓은 장소   시간
  그녀는 어제 시청에서 열린 연주회에서 아름답게 바이올린을 연주했다.

  I was born **at six o'clock** **on the afternoon** of **March 15th, 1980**.
       작은 시간 단위 →   큰 시간 단위
  나는 1980년 3월 15일 오후 6시에 태어났다.

  I was born **in Busan, Korea**, **in April, 1990**.
      좁은 장소 넓은 장소 작은 시간 큰 시간

2. 형용사나 다른 부사를 수식하는 부사의 위치 관계.

 (a) 자기가 수식하는 형용사나 다른 부사보다 앞에 쓴다.

  ⓐ 형용사 수식
   It's **pretty** cold today.   상당히 춥다.
   I'm **terribly** tired.   몹시 피곤하다.

  ⓑ 다른 부사 수식
   He speaks English **remarkably** well.   두드러지게 잘
   He spoke to me **very** politely.   매우 예의바르게

  ⓒ 부사임에도 불구하고 다른 형용사나 부사를 수식할 때 뒤에 놓이는 경우
   The boy was kind **enough** to give his money to me. (→Point 59. 1. (b)ⓒ참고)
   그 소년은 나에게 그의 돈을 줄 정도로 충분히 친절했다. (=친절해서 나에게 그의 돈을 주었다.)

3. 자기가 수식하는 말 바로 앞에 or 바로 뒤에 위치하는 부사

다음의 부사들은 명사, 대명사를 수식하는 것이 가능하며, 자기가 수식해주는 말 바로 앞이나 뒤에 있어야 한다는 특징이 있다.

(a) 바로 앞에 써야 하는 부사

| **only** 단지, 오직, 다만, ~에 지나지 않는   **even** ~조차도, ~마저 |

Only John saw the lion.   단지 John 만이
We can **only guess**.   단지 추측만 해 볼 수 있다.

She wanted **only to read** the latter part of this novel.   단지 읽어보기만을 원했다.
She wanted to read **only the latter part** of this novel.   단지 후반부만을
She wanted to read the latter part of **only this novel**.   단지 이 소설만의

Even a child can do it.   심지어 애 조차도
He **even hates** her.   심지어 미워하기까지 한다.

(b) 바로 뒤에 써야 하는 부사

| **alone** 단독으로, 다만   **else** 그밖에 |

He alone knows about it.   그만이
You may invite **John alone**.   John만을

You had better go **somewhere else**.   다른 어떤 곳으로
Ask **somebody else** to help you   다른 누군가에게

이런 문제가 나온다

대표 예제. Choose the **incorrect** sentence.

(a) The tigers stretched lethargically in the warm sun.
(b) You must repeat exactly what he said.
(c) Tornadoes almost never occur west of the Rocky Mountains.
(d) He arrived at Kimpo Airport safely by plane yesterday.
(e) Only the just man enjoys peace of mind.

문제 해결의 Key

양태부사는 일반적으로 자동사와 타동사의 목적어 뒤에 위치한다. 동사수식을 강조하고자 할 때는 동사보다 앞에 쓰기도 하고, 특히 목적어가 길 때는 목적어보다 앞에 쓸 수도 있다. 빈도부사는 be동사와 조동사보다는 뒤에, 일반 동사보다는 앞에 위치한다. 양태부사와 장소나 시간부사가 겹칠 때는 [장+양+시]가 일반적인데, 장소부사가 2단어 이상의 구를 이룰 때는 [양+장+시]가 된다. 장소부사끼리, 시간 부사끼리 겹칠 때는 작은 단위부터 쓰고 큰 단위를 나중에 쓴다. only나 even은 자기가 수식하는 말 바로 앞에, alone과 else는 자기가 수식하는 말 바로 뒤에 위치한다.

실전예제

1. "What do you feel about that, Mary?"
   "I feel _____ that this should not have been done so carelessly."

   ① strong   ② strongly   ③ being very strong   ④ to be strong

2. Choose the **incorrect** sentence.

   ① "Why doesn't Jessica stay with relatives in New York?"
      "She has relatives only in Boston."
   ② Paul seldom pays his bill on time.
   ③ Deers are sometimes seen in the hills north of town.
   ④ The death of so many natives after immediately the conquest caused a chronic labor shortage.

3. 어법상 올바른 것은?

   ① He slept in bed this afternoon nearly two hours.
   ② Radioactive substances have been used to investigate the properties of produced artificially elements.
   ③ Despite the time of the year, yesterday's temperature was enough hot to turn on the air conditioning.
   ④ Facts alone do not compose a book.

혼동하기 쉬운 부사 정리 ★★

개념정리

형용사와 부사 용법을 다 가지고 있는 단어의 경우 원래 모양이 부사로 쓰일 때와 형용사 역할에서 ~ly를 결합하여 부사가 될 때 그 의미가 달라지는 것들이 있다. 또한 very와 much / ago와 before처럼 서로간의 비교가 필요한 부사들도 있는데, 그 차이점을 명확히 정리해보자.

1. 원래 모양이 부사로 쓰일 때와 ~ly를 결합한 형태의 부사가 의미가 다른 경우
왼쪽에 주어진 단어들은 형용사와 부사를 겸한다. 여기에서는 부사일 때의 뜻만 쓰여 있는 것이고, ~ly가 붙었을 때의 부사 뜻과 비교하는 것이다.

(a) **high** : 높게 - 구체적으로 잴 수 있는 높이   **highly** : 매우, 크게 - 추상적인 정도

    He raised his hands **high**.   손을 높이 들었다.
    He was **highly** praised.   그는 아주 칭찬 받았다.

(b) **hard** : 열심히, 단단히, 굳게   **hardly** : 거의 ~않다

    It is **hard** frozen.   그것은 단단히 얼어붙어 있었다.
    Try **hard**.   열심히 해봐라.
    I can **hardly** believe it.   나는 그것을 거의 믿을 수 없다.

(c) **late** : 늦게   **lately** : 요즈음, 최근에

    We arrived an hour **late**.   우리는 한 시간 늦게 도착했다.
    I haven't seen him **lately**.   나는 요즘에 그를 보지 못했다.

(d) **pretty** : 꽤, 상당히, 매우   **prettily** : 예쁘장하게, 귀엽게

    He speaks English **pretty** well.   그는 영어를 꽤 잘한다.
    She is **prettily** dressed.   그는 옷을 예쁘게 차려입고 있다.

(e) **near** : 가까이, 가까이 에   **nearly** : 거의

    Christmas is drawing **near**.   크리스마스가 다가오고 있다.
    It is **nearly** over.   거의 끝났어.

(f) **dear** : 비싸게   **dearly** : 극진히, 끔찍이

    They sell **dear** at that store.   그 가게는 비싸게 판다.
    She loved her son **dearly**.   그녀는 아들을 지극히 사랑했다.

(g) **deep** : 깊게, 깊은 곳에서   **deeply** : 깊이, 철저하게 (추상적인 정도)

    The miners were trapped **deep** underground.   땅속 깊은 곳에 갇혔다.
    She is **deeply** religious.   신앙심이 깊다.

(h) **direct** : 똑바로, 직접(직행)으로 **directly** : 똑바로, 직접으로 / 곧, 즉시, 이내

    We flew **direct** to New York.　　　　　　　우리는 뉴욕으로 직행으로 날아갔다.
    Do your homework **directly**.　　　　　　　즉시 숙제를 해라.

2. 그 밖의 혼동하기 쉬운 부사 비교

(a) **soon** : (시간의 경과) 빠르게, 곧, 머지않아　**quickly** : (민첩성, 기민함) 재빠르게　**fast** : (속도감이) 빠르게

    How soon will you be able to start work?　　(시간상으로)얼마나 빠르게, 얼마나 있으면
    He answered my question **quickly**.　　　　　재빠르게 답했다.
    He ran very **fast**.　　　　　　　　　　　　(속도가) 매우 빠르게

(b) **already yet still**

    ⓐ **already** : 긍정문 - 이미, 벌써(문중에 위치), 의문문 - [놀라움의 표시] 아니! 벌써!(문미에 위치)

        He has **already** started.　　　　　　　　그는 이미 시작했다.
        Has he come **already**?　　　　　　　　　벌써 온 거야? (놀라움, 대답은 기대하지 않음)

    ⓑ **yet** : 부정문 - 아직도(주로 문미 or not보다 뒤), 의문문 - 이미, 벌써(주로 문미에 위치)

        He hasn't arrived **yet**.　　　　　　　　　그는 아직 도착하지 않았다.
          cf. He hasn't **yet** arrived.
        Has he come **yet**?　　　　　　　　　　　그가 이미 왔어요? (대답을 기대한다.)

    ⓒ **still** : 긍정문 - 아직도, 여전히(빈도부사 위치와 동일), 부정문 - 아직도, 여전히(not보다 앞에 위치)

        He **still** works here.　　　　　　　　　　그는 여전히 여기서 일한다.
        I **still can't** believe it.　　　　　　　　　나는 여전히 그것을 믿지 못한다.

(c) **very** 대단히, 매우　　**much** 대단히, 매우

> **very**가 수식하는 것들 : 원급, 현재 분사, 명사를 수식하고 있는 과거분사
> **much**가 수식하는 것들 : 비교급, 수동태의 일부로 쓰인 과거분사, 동사, 부사구

    He is **very old**.　　　　　　　　　　　　매우 나이 든
    The book is **very interesting**.　　　　　　매우 재미있는
    She had a **very annoyed look** on her face.　매우 화가 난 표정

    He is **much older** than you.　　　　　　　훨씬 더 나이가 많은
    Your English has been **much improved**.　　매우 향상되어진
    I don't **like** the idea **much**.　　　　　　대단히 마음에 들지는 않는다.
    He failed in the exam **much to my surprise**.　내가 매우 놀라게도

단. [be + p.p] 형태에서 p.p에 대한 수식을 무조건 much가 하는 것은 아니다. [수동태]라기 보다는 be 동사 다음에 형용사화 된 p.p (주로 감정: tired, delighted, surprised, disappointed, satisfied, pleased~)가 주격보어로서 들어간 경우에는 very의 수식이 가능하다.

    Your English has been <u>much</u> improved.　　[향상되어졌다]라는 수동태
    I was <u>very</u> pleased.　나는 매우 만족스러웠다.　[be + 형용사화한 p.p 주격보어]

    물론 이때의 p.p도 much로 수식 하는 것이 가능하다.
    I was <u>much</u> pleased.

(d) **ago** ~전에   **before** ~전에

> **ago** 반드시 기간을 나타내는 어구와 같이 사용되며 [과거시제]에만 쓴다.
> **before** 단독으로 사용되는 경우 [과거나 현재완료]에 쓰이고, [과거완료]에 쓰이는 경우 기간을 나타내는 어구와 같이 쓰여야 한다.

I met him **two days ago**.   이틀 전에 만났다.
I met him **two days before**. (X)
It never happened **before**.   그런 일은 전에는 일어난 적이 없다.
I have seen it **before**.   나는 전에 그런 것을 본적이 있다.
He said he had met her **two days before**.   (말한 시점보다) 더 이틀 전에 만났다고 말했다.

(e) **too** 긍정문에서: 또한, 역시   **either** 부정문에서: 또한, 역시   **A and B ~as well** A 그리고 B 또한

I like it, **too**.   또한 좋아요.
I don't like it, **either**.   또한 싫어요.
He gave me advice and money **as well**.   충고도 해주었고, 돈도 주었다.

이런 문제가 나온다

대표 예제. Choose the **correct** sentence.

(a) This problem is very easier than that.
(b) She was praised high by her friends.
(c) I met him three days before.
(d) She tried hard to persuade him to work hard, but he hardly listened to her.
(e) "John has lived in Paris for ten years." "Yes, but he yet doesn't understand French."

🔍 문제 해결의 Key

혼동하기 쉬운 부사에서는 원래 모양이 부사일 때와 ~ly형태의 부사로 변했을 때 의미 차이가 생기는 것들을 가장 주의해서 봐야 한다. 그 밖에 [여전히, 아직도]라는 비슷한 어감의 yet과 still은 부정문에서 위치 차이(yet은 not보다 뒤, still은 not보다 앞), very가 꾸미는 것과 much가 꾸미는 것의 모양 차이(very는 원급, much는 비교급), 기간어구와 결합하는 ago와 단독으로 쓰일 수 있는 before의 차이 등이 있다.

실전예제

1. At every ①meeting, one of the students arrived ②lately and the teacher solved this problem ③by waiting ④until everyone arrived.

2. War is the favourite method employed by governments _____ home and eager to shelve their domestic responsibilities.

   ① hard pressed at   ② hard pressing   ③ hardly pressed at   ④ hardly pressing

3. Clinton, as President, didn't waver from his belief ①that a grand bargain with the North was possible. In October 2000, ②lately in his second term, Clinton ③sent his Secretary of State, Madeleine Albright, ④to North Korea.

4. Choose the **correct** sentence.

   ① After just two months, I could converse prettily well in a new language, starting from zero.
   ② The young man was much unlikely to be hired because of his unusual appearance.
   ③ I've given it a lot of thoughts, but I am still not sure.
   ④ He drove very quickly to the house, but arrived at the meeting too late.
   ⑤ He said that his father had died two years ago.

Point 143 | Point 144 | 형용사 쓸 자리, 부사 쓸 자리 ★★★
부사와 형용사의 위치 관계 ★★★

개념정리

지금까지 공부한 형용사와 부사의 용법을 바탕으로 형용사 쓸 자리에 부사를 쓰거나 부사를 쓸 자리에 형용사를 쓰는 실수를 하지 말아야 한다. 또한 부사와 형용사가 동시에 등장할 때 그 기본적인 위치 관계에서 비롯되는 문제도 있다.

1. 형용사와 부사의 용법 구별

(a) 형용사는 수식하는 명사 앞에. 보어로 쓰이는 동사 뒤에 위치한다.

관련 문제 유형 1. 명사 앞의 부사는 형용사로 바꿔야 한다.
The sun appears to be a **simply object**. (X) → **simple object**.   단순한 물체

관련 문제 유형 2. 2형식동사 뒤의 단독 부사는 형용사로 바꿔야 한다.
He **looks happily**. (X) → **looks happy**.   행복해 보인다.

(b) 한쪽이 형식적으로 완벽하면 다른 한쪽에는 부사 성격이 기본이다.

관련 문제 유형. 완벽하다고 생각되는 절 뒤의 단독 형용사는 부사로 바꿔야 한다.
He walks **brisk**. (X) → **briskly**.   활기차게 걷는다.

(c) 동사 수식을 강조할 때는 부사를 동사보다 앞에 쓸 수 있다.

관련 문제 유형. 일반 동사 바로 앞의 단독 형용사는 부사로 바꿔라.
He **earnest** helped him. (X) → **earnestly**   진정으로 도왔다.

(d) 포괄적으로 [조동사 + 본동사] 사이에는 부사만 들어갈 수 있다.

관련 문제 유형 1. 의미를 더하는 조동사 + 원형사이의 단독형용사는 부사로 바꿔라.
He can **sure** solve the problem. (X) → **surely**   확실히 풀 수 있다.

관련 문제 유형 2. be p.p / have p.p 사이의 단독 형용사는 부사로 바꿔라.
The plan is **special** designed to help the poor. (X) → **specially**   특별히 디자인되어있다.

2. 부사와 형용사가 같이 등장할 때의 어순

(a) 기본 어순: 한정사 + 부사 + 형용사 + 명사
This is **a very interesting** book.

(b) '부사 + 형용사 + ⓝ'와 '형용사 + 형용사 + ⓝ'의 구별.
He is a **real great** person. (X) → **really great**   정말로 훌륭한 사람
Plasma contains **numerous important** proteins.   수많은 중요한 단백질

> **단.** 말만 된다면 명사를 수식하는 형용사는 백 개라도 붙을 수 있다. 형 + 형 + ⓝ은 얼마든지 있을 수 있는 상황인데, 혹시 [부 + 형 + ⓝ]을 쓰려다 실수 한건 아닌지를 꼭 확인할 필요가 있다는 것이다. 앞의 형용사가 명사를 직접 꾸미는 것이 어색하다면 부사로 바꿔야 한다.
> He is a <u>real</u> great person. (X)   그가 [진짜인] 사람이라는 말은 어색하다.

이런 문제가 나온다

대표 예제. Choose the **correct** sentence.

(a) The unique feature of the Arctic is permanent frozen ground.
(b) Bats are the only mammals to have evolved truly flight.
(c) Fish must be handled prompt and careful from the moment of the catch until final processing.
(d) Impressionist artists tried to capture transitory visually impressions of the real world.
(e) That building was specially constructed to withstand earthquake.

🔍 문제 해결의 Key

형용사 쓸 자리(명사 앞, 2형식 동사 뒤)와 부사 쓸 자리(완벽하게 끝난 절의 다른 한쪽 편, 일반 동사 앞, 조동사와 본동사의 사이)에 대한 정확한 구별이 필요하다. [형용사 + 형용사 + ⓝ]가 주어지면 [부사 + 형용사 + ⓝ]로 바꿔야 할 가능성을 따져봐야 한다.

실전예제

1. Previous functional ①<u>analyses</u> of American English inversion constructions have recognized ②<u>that</u> inverted sentences and ③<u>their</u> canonical word order ④<u>counterparts</u> are ⑤<u>semantic equivalent</u>. (14 서울시 7급)

2. Any manager of a group that wants to achieve a meaningful level of acceptance and commitment to ①<u>a planned change</u> must present the rationale for the contemplated change as ②<u>clear</u> as possible and provide opportunities for discussion ③<u>to clarify</u> consequences for those who will ④<u>be affected</u> by the change. (12 국가직 7급)

3. Any true insomniac ①<u>is well aware</u> of the futility of ②<u>such measures as</u> drinking hot milk, ③<u>regularly hours, deeply breathing</u>, counting sheep, and concentrating on black velvet. ④<u>No error</u> (14 편입)

4. It is the duty of all public servants to ①<u>ensure that</u> the public's money is spent ②<u>as efficient as</u> possible and that ③<u>programs</u> are provided effectively, without discrimination or prejudice, with transparency ④<u>and without</u> waste of money or resources. Most public servants work in the administrative functions related to ⑤<u>public service program provision</u>. (13 서울시 7급)

5. Choose the **incorrect** sentence. (편입 응용)

   ① Because language is a cultural system, individual languages may classify objects and ideas in complete different fashions.
   ② Constant advances made by medicine and technology extend appreciably the average person's life expectancy.
   ③ I didn't notice that the two words were spelled incorrectly.
   ④ Noise pollution is at its worst in densely populated areas.

www.moonduk.com

MD GRAMMAR

Appendix.
전치사 용례 정리

www.moonduk.com

Appendix 전치사의 기본 속성

개념정리

명사 상당 어구(명사, 대명사, 명사구, 명사절)앞에 위치하여 하나의 덩어리로서 형용사구나 부사구를 만드는 것이 전치사의 근본적인 역할이다. 이때 명사 상당 어구는 그 전치사에 대한 목적어가 되므로, 특히 대명사의 경우 목적격 모양을 잘 맞추어줘야 한다.

1. 전치사 + 명사 상당 어구

(a) 명사, 대명사, 동명사

I have been absorbed **in** my **work**. 　　　내 일에 집중해왔다.
Everybody **except me** goes home. 　　　나를 제외하고
He left **without saying** good-bye. 　　　작별인사도 없이

(b) 명사구

I am interested **in how to solve the problem**. 　　그 문제를 푸는 방법에
Don't worry **about what to do tomorrow**. 　　내일 무엇을 할지에 대해

(c) 명사절

They all laughed **at what I had done**. 　　내가 행한 것을 비웃었다.
I have no idea **of when she will leave for Seoul**. 　　언제 그녀가 서울로 떠날지에 대해
I am worried **about whether she likes me or not**. 　　그녀가 나를 좋아하는지 안하는지에 대해

2. 전치사 + 예외적인 어구의 결합

(a) 부정사
원형부정사와 to 부정사는 일반적으로 붙을 수 없지만, 다음의 예외가 있다.
(→Point 68. [이런 문제가 나온다] 아랫부분 보충 설명 참고)

We have no choice **but to hire** him. 　　그를 고용할 수밖에 없다.
She did nothing **but cry** all day. 　　울기만 했다.

(b) 부사 or 형용사

I did not know that he died **till then**. 　　그때까지
The peak can be seen **from far**. 　　멀리에서부터
We gave up him **for dead**. 　　죽은 것으로 보고 그를 포기했다.

(c) 이중 전치사

I could hear them quarrel **from behind** the door. 　　문 뒤쪽으로부터
She lived alone **till after** the war. 　　전쟁이후 까지

전치사별 대표 용례 정리

1. 시간

(a) at, on, in

ⓐ at 시각, 정오(자정), 밤

Our school begins **at 9:00 a.m.**   9시에
I am planning to meet him **at noon(midnight).**   정오에 (자정에)
I love to drink coffee though I couldn't sleep well **at night.**   밤에

ⓑ on day의 개념(날짜, 요일, 특정한 날의 아침, 오후, 저녁)

He left **on the first of October.**   10월 1일에
I don't work **on Sundays.**   일요일마다
The accident happened **on the morning of the first of October.**   10월 1일의 아침에

ⓒ in 월, 계절, 년, 아침, 오후, 저녁

Flowers bloom **in April.**   4월에
The weather is warm **in Spring.**   봄에
I was born **in 1990.**   1990년에
I usually drink coffee **in the morning.**   (평상시)아침에

(b) for, during, through

for + 기간(주로 숫자 동반) / **during** + 특정한 기간 명칭 / **through** 기간 동안 내내

I have been here **for five days.**   5일 동안
I haven't met him **for some time.**   얼마간
He stayed there **during the summer vacation.**   여름방학동안
He stayed there **through the summer vacation.**   여름 방학 내내

> **단** 숫자가 동반된 기간이라도 **특정화 되면** during이 붙는다.
> I studied English very hard <u>during the two years</u> when I was in New York.   뉴욕에 있었던 그 2년 동안

> **단** 특정기간 명칭 앞에 for가 있는 경우는 [~동안]의 의미가 아니라 그야말로 [~위하여]라는 뜻이다.
> He stayed there <u>for the summer vacation.</u>   여름방학을 보내기 위하여 그 곳에 머물렀다.

(c) from, since

from 어떤 일의 시작점을 의미. 이때 언제까지 지속되는가는 말하지 않는다.
만약, 언제 까지라는 의미를 더하고자 한다면 to를 같이 쓴다.

since 시작점부터 ~까지라는 의미를 같이 표현한다. 일반적으로 완료시제와 같이 쓰인다.

I lived in Busan **from** 1990 **to** 1995.   1990년부터 1995년까지
I have lived in Busan **since** I was born.   태어났을 때부터 (지금까지) 산다.

> **단** 우리말상에서 [~부터 시작한다]는 의미로는 from이 아니고, at을 써야 한다.
> The football game <u>begins at</u> 3:00 a.m.   축구 경기가 3시부터 시작한다.

 [since + 과거 시점]은 현재완료와 어울리지만, [after + 과거시점]은 과거시제와 어울린다. (→Point 19. 3ⓐ 참고)
<u>After</u> I <u>finished</u> my job, I <u>went</u> out.   일을 끝내고 난 다음에 나갔다.

(d) by, till(until)

| by ~까지 | 기준이 되는 시점 이전까지의 '완료' |
| till(until) ~까지도 | 기준이 되는 시점까지도 '계속' |

You must finish writing your report **by five o'clock**. 5시(이전)까지 끝내야 한다.
I will wait for her here **till five o'clock**. 5시까지(에도) 기다릴 것이다.
You must come back **by noon**. 정오(이전)까지는 돌아와야 한다.
You can stay here **till noon**. 정오까지(에도) 머물러도 좋다.

(e) in, within

| in ~지나서 | 일정한 시간만큼의 경과 |
| within ~이내에 | 일정한 시간 안에, 기간 내에 |

I will be back **in a few days**. 며칠 지나고 나면 올 겁니다.
You must come back **within a few days**. 며칠 이내에 돌아와야 한다.

2. 장소

(a) at, in, on

at	비교적 좁은 장소. 제 3의 눈에서 그 장소를 전체적으로 볼 때
in	비교적 넓은 장소(마을, 도시, 국가~). 공간 안에 속한 상태에서 장소를 볼 때
on	그야말로 ~위에. road, street정도에 쓴다.

He works **at the bank**. 그 은행에서 일한다.
He is **in the bank**. 그 은행(안)에 있다.
There are too many cars **on the road**. 도로(위)에 차가 너무 많다.

 사실 어떤 장소를 좁다고 보느냐, 넓다고 보느냐는 보는 사람의 주관이기 때문에 모든 장소마다 at, in을 정확히 구분하는 기준은 사실 상 없다. 다만, [마을, 도시, 국가]정도의 범위는 일반적으로 in을 쓰기 때문에 이 부분을 위해서 비교적 좁고, 넓고 라는 설명을 하는 것이다. 정작 **중요한 것은 [공간을 제 3의 눈으로 보느냐, 공간 안에서 보느냐]이다.**

(b) on, above, over

on	표면과 접촉한 상태에서 ~위에
above	접촉한 상태가 아닌 거리를 두고 떨어져서 막연한 위치의 ~위에
over	정확히 아래에 있는 기준 장소보다 바로위에, ~을 덮어

```
      Ⓐ                Ⓐ  Ⓐ                Ⓐ
  _____          _____                  Ⓑ

  Ⓐ is on ____   Ⓐ is above _____    Ⓐ is over Ⓑ
```

Your book is **on the table**. 테이블위에 놓여있다.
The sun rises **above the horizon**. 지평선 위로
Mt. Everest is 8,848 meters high **above sea level**. 해수면으로부터 8848미터 위에
The lamp hangs **over the table**. 테이블 바로 위에 매달려 있다.

(c) under, below, beneath

beneath	표면과 접촉한 상태에서 ~아래에 ↔ on
below	거리를 두고 떨어진 막연한 위치의 ~아래에 ↔ above
under	정확히 위에 있는 것보다 바로 아래에 ↔ over

He hid the letter **beneath his pillow**.   베개 밑에 숨겼다.
The sun sinks **below the horizon**.   지평선 아래로
The Dead Sea is about 408 meters **below sea level**.   해수면으로부터 408미터 아래에
A cat is lying **under the tree**.   나무 바로 아래에

(d) between, among

between	주로 둘 사이에, 셋 이상이라도 밀접한 상호관계를 의미할 때는 사용
among	주로 셋 이상 사이에

The Pacific Ocean lies **between America and Korea**.   미국과 한국 사이에
peace **between three nations**   3개 국 간의 평화
a treaty **between three powers**   3개 강대국 간의 조약
She is very popular **among her classmates**.   급우들 사이에

 둘 사이에를 의미하는 between은 [between A and B]형태가 되는 경우가 많은데, and가 있다 해도 정확히 둘만을 의미하는 게 아니라 셋 이상의 수치를 의미할 때는 among이 들어가기도 한다.
Thanksgiving is celebrated <u>among friends and family</u>.   친구들과 가족들 사이에

(e) round, around, about

round	회전, 움직임을 동반하는 의미의 ~주위에, 둘레에
around	움직임이 없는 정지해 있는 상태에서 ~주위에, 둘레에
about	움직임, 정지 상태 양쪽에 모두 쓰이는 막연한 의미의 ~주위에

The earth moves **round the sun**.   태양 주위로
They sat **around him**.   그를 둘러싼 채
We walked **about the town**.   마을 주위로
Books lay **about the desk**.   그 책상 주위에

 round와 around의 경우 실제로는 움직임, 정지여부에 상관없이 비슷한 의미로 서로 호환하여 쓰인다. 다만, 영국에서는 주로 round를 미국에서는 주로 around를 쓴다.

(f) after, behind, before

after	순서적으로 ~보다 뒤에, 움직이는 물체의 위치로서 ~뒤에, ~뒤 쫓아
behind	움직이지 않는 물체의 위치로서 ~뒤에, ~후방에
before	after, behind의 반대로서 ~앞에

Come **after me**. (순서상) 나보다 뒤에
We ran **after the thief**. (움직임) 도둑을 뒤 쫓아
There is a public park right **behind the house**. 그 집 뒤에는 공원이 있다.

3. 운동, 방향

(a) up 위로   down 아래로

He climbed **up the mountain**. 산위로 올라갔다.
They went **down the hill**. 언덕 아래로 내려갔다.

(b) to, toward(s), for

to	도착점을 지칭하여 ~에, ~로. 도달의 의미가 있다.
toward(s)	도착하고자 하는 방향을 의미하여 ~쪽으로, ~향하여. 도달여부는 상관없다.
for	~를 향해 출발의 의미로 start, leave등을 동반한다.

He went **to school**. 학교에 갔다.
The students ran **toward(s) the school**. 학교 쪽으로 달렸다.
They left **for the school**. 학교를 향해 떠났다.

(c) in, into, out of

in	정지 상태. ~안에
into	운동 상태 ~안으로
out of	정지, 운동 양쪽 다. ~밖에, ~밖으로

He sleeps **in the room**. 그 방안에서
He ran **into the room**. 그 방안으로
He came **out of the room**. 그 방 밖으로

(d) along, across, through

along	~을 따라서 (쭉). 한쪽에서 다른 한쪽으로 평행하게 이어짐을 강조.
across	~을 가로질러, 횡단하여. 한쪽에서 다른 한쪽으로 가로지름을 강조.
through	~을 관통하여, 통하여. 한쪽에서 다른 한쪽으로 빠져나감을 강조

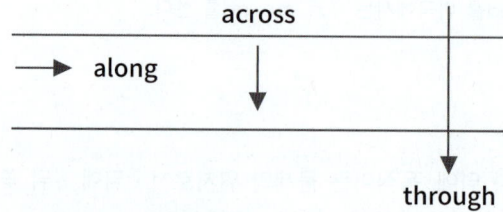

He walked **along the river banks**. 그는 강둑을 따라서 걸었다.
There is a shortcut **across the park**. 공원을 가로지르는 지름 길
The Thames flows **through London**. 런던을 관통하여 흐른다.

4. 수단, 방법, 매개 by, with, through

by	~에 의하여. 행위자. 무관사로 등장하는 교통. 통신 등의 수단동반.
with	~를 사용하여. 가지고. 관사와 함께 쓰이는 보통의 도구 동반.
in	~를 사용하여. 주로 무관사로 등장하는 pencil, ink등을 동반.
through	~의하여, ~덕택으로. 수단. 매체

The house was destroyed **by the enemy**. 적에 의하여
I go to school **by bus**. 버스 타고
She wrote a paper **with a fountain pen**. 만년필을 가지고
She wiped her tears **with her handkerchief**. 손수건을 가지고
She wrote a paper **in ink**. 잉크로
I've got the information **through my friend**. 친구를 통하여

5. 원인, 이유 from, of, at

die from overwork, wounds, weakness~	[주로 부상. 부주의 등 외부적 요인]
die of cancer, illness, hunger, old age~	[주로 병. 굶주림. 노쇠등 내부적 요인]
at	주로 be p.p at의 형태로 감정의 원인
for	~이유로, ~ 때문에. 주로 무형의 원인.

He died **from wounds**. 부상으로 죽었다.
His uncle died **of cancer**. 암으로 죽었다.
I **was surprised at** the news. 그 소식에 놀랐다.
The city **was famous for** its beautiful scenery. 아름다운 경치로 유명하다.
I couldn't sleep **for anxiety**. 걱정 때문에

> **단** die from과 die of의 용례 구별은 무조건적이지는 않다. 즉 양쪽에 다 쓰이는 경우를 많이 볼 수 있다. 시험 문제에서 의미 있는 것은 **정확한 병명이 나올 때는 of를 쓴다는 것** 정도이다.

6. 재료 of, from, into

be made of 물리적 변화	재료의 모습이 남아있을 때
be made from 화학적 변화	재료의 원형이 없어졌을 때

The table **is made of** wood. 나무로 만들어져있다.
Wine **is made from** grapes. 포도로 만들어진다.

7. 변화, 결과 to, into

to	동작의 결과. 어떤 일의 결과로 이르게 되는 감정
into	변화

be (burnt 불 타 frozen 얼어 starved 굶어 shot 총 맞아) **to** death
To one's surprise / disappointment ~놀랍게도, 실망스럽게도
Milk **is made into** butter 우유가 버터로 만들어진다.

8. 단위, 가격 by, at, for

by	단위, 표준, 차이
at	단가, 비율, 정도
for	가격

Sugar is sold **by the pound**.	파운드당으로
He is paid **by the hour**.	시간당으로
He is older than I **by three years**.	세살 차이로
We can sell the car **at the same price**.	똑같은 가격에
I drove the car **at the rate of** seventy miles an hour.	시속 70마일의 속도로
I bought it **for seven dollars**.	7달러(가격)에

9. 제외, 첨가 but, except, besides

but, except	~이외에는, ~제외하고
besides	~이외에도 (첨가)

Everybody **but(except)** John was happy.	John을 제외한 모든 사람이 행복했다.
Everybody ,**besides John**, was happy.	John이외에도 모든 사람이 다 행복했다.

단 besides가 부정문과 의문문에 나올 때는 except처럼 [~을 제외하고]의 의미가 된다.
We don't know anyone besides him.　그를 제외하고는 아는 사람이 없다.

10. 목적표시 for, on

He went out **for a walk**.	산책하러
articles **not for sale**	비매품 (팔기위한 것이 아닌)
Are you here in Korea **on business**?	사업차, 업무로
He sent his son **on an errand**.	심부름으로

11. 기타

The city **of** Seoul	서울이라는 도시
He is **in** danger.	위험에 처해있는
Such an act is **against** the law.	법을 어기는
We must save **against** rainy days.	어려운 시기에 대비하여
He **is good at** speaking English.	~잘하다
The scenery is **beyond description**.	이루 말할 수 없이
This report proves the theory **beyond doubt**.	의심할 여지없이
He is very clever **for** his age.	나이에 비해서
The man **took** me **for** my brother.	나를 형으로 오인했다.
He is **on (off) duty**.	당번인 (비번인)

MD GRAMMAR

해설지

www.moonduk.com

Chapter 01 문장 5형식

Point 1.

[대표예제]

정답 (c)
해설
normal → normally
1형식 동사인 function뒤에 단독의 형용사는 부적절하다.
해석
정전에도 불구하고, 병원은 정상적으로 돌아갔다.

[실전예제]

1.
정답 ④
해설
efficient → efficiently
1형식 동사인 work뒤의 단독 형용사는 부적절하다.
해석
그 파산한 회사는 대부분의 설비가 효율적으로 작동하지 않았던 다섯 개의 공장을 가지고 있었다.

2.
정답 ②
해설
ceaseless → ceaselessly
1형식 동사 work뒤의 단독 형용사는 부적절하다.
해석
날이면 날마다, 치안부대는 쉬지 않고 일한다. 테러리스트들에게 대응하는 것뿐만 아니라 그들보다 한발 앞서있기 위하여.

3.
정답 ④
해설
good → well
1형식 동사 work뒤의 단독 형용사는 부적절하다.
① matter (중요하다) ② pay (수지가 맞다, 이득이 되다) ③ count(중요하다) for much는 count뒤에 붙은 부사어구로서 [매우]라는 강조의 의미.
해석
① 돈은 그에게 있어 중요한 유일한 것이다.
② 수학에 대한 당신의 명확한 지식은 부기 관련 일을 위해 면접을 봤을 때 이득이 되었다.
③ 그가 사과를 하지 않았다는 사실은 그녀에게는 중요했다.
④ 이 약은 인후염이 있다면 잘 듣습니다.

Point 2.

[대표예제]

정답 (a)
해설
strangely → strange
2형식 동사인 look (~처럼 보이다)이므로 형용사 주격보어가 필요하다.
해석
그 프로젝트의 책임자가 말했다. "비록 이 동물이 이상스러워 보이지만, 그것의 유전체 서열은 포유동물의 생물학적인 프로세스가 어떻게 발전했는가를 이해하는데 있어서 매우 중요하다."

[실전예제]

1.
정답 ④
해설
equivocally → equivocal
remain이 2형식으로 [~이다]라는 뜻일 때는 명사나 형용사 주격보어가 필요하다.
해석
민속 예술은 미술 사학자들에 의해서 하나의 예술 형태로서 완전히 거부되지도, 받아들여지지도 않아서, 그것에 대한 그들의 최종적인 평가는 애매한 상태이다.

2.
정답 ①
해설
smoothly → smooth
2형식으로 쓰이는 feel에 대한 주격보어는 형용사이다.
해석
땅이 매우 부드럽게 느껴져서 그녀는 매트리스에 대한 필요성이 없었다. 그녀는 누워서 별 노력 없이 잠들었다.

3.
정답 ④
해설
2형식 동사인 taste에 대한 주격보어는 형용사이이고, 상태 동사인 taste는 원칙적으로 진행형을 쓸 수 없다.

4.
정답 ④
해설
hazardously → hazardous
[~로 판명되다, 입증되다]라는 의미일 때의 prove는 2형식동사이므로 형용사 주격보어가 필요하다.
해석
인간과 환경의 건강에 위협을 가하는 미군에 의해 사용되어지는 다양한 독성이 있는 물질들이 있다. 많은 폭발물들은 매우 독성이 있고, 어떤 것들은 암의 위험성까지 더한다. 군사 장비를 바다 속으로 처리하는 것은 또한 위험한 것으로 판명되었다.

Point 3.

[대표예제]

정답 (d)
해설
entering into → entering
[~에 들어가다]는 뜻일 때의 enter는 그 자체가 타동사로서 전치사가 불필요하다.
해석
테헤란에서의 종교적 박해에서 도망친 한 이란 남성이 그 나라에서 망명을 요청했을 때, 당국은 위조된 여권으로 그 나라에 들어온 것 때문에 그를 강제추방하려고 애썼다.

[실전예제]

1.
정답 ⑤
해설
뒤에 목적어가 있으므로 정확한 타동사, 혹은 자동사라면 전치사가 동반된 형태만이 가능하다. [~에 살다]는 뜻의 타동사인 inhabit가 가장 정확하고 dwell을 쓰기 위해서는 전치사 in을 같이 써야 한다.

해석
우리는 갈색 곰들과 다른 덩치 큰 포유류들이 최소 4만년 동안 그 군도에서 지속적으로 살아왔다고 결론 내렸다.

2.
정답 ②
해설
①with삭제. resemble은 타동사이므로 전치사 불필요.
②[~에 찬성하다]라는 뜻의 approve of
③in → with [~을 방해하다]라는 뜻일 때는 interfere with
④of → in [~에 있다, 놓여있다]라는 뜻일 때는 consist in
해석
①평화 추구는 대성당을 짓는 것과 닮았다.
②사장은 그의 승진에 찬성하지 않았다.
③아래층의 TV소리가 내 일을 방해했다.
④행복은 목표를 향해 일하는 것에 있다.

3.
정답 ⑤
해설
resemble like → resemble
resemble 은 타동사이므로 전치사가 필요 없다.
해석
신문과 비교할 때 잡지는 최신일 필요는 없다. 왜냐하면 매일매일 나오는 게 아니라 주간으로, 달 당으로, 아니면 심지어 그보다 덜 자주 나오기도 하기 때문이다. 외적으로 봐도 잡지는 신문과는 다른데, 일반적으로 잡지는 책을 닮았기 때문이다.

4.
정답 ②
해설
문맥상 [고장 나다]가 필요한데, 그에 해당하는 것이 break down이다. break down은 [~을 파괴하다]는 의미로 [타동사 + 부사]로도 쓰이지만 단순히 주어가 [고장 나다]라는 의미로 자동사처럼 대접받기도 한다.
해석
부주의하지만 않다면, 그 기계는 쉽사리 고장 나지는 않을 것이다.

Point 4.

[대표예제]

정답 (a)
해설
(a)[give + ~에게 +~을,를] 전형적인 4형식 어순이다.
(b)to → for. buy + ~을,를 + for + ~에게
(c)for → to. 4형식의 do가 직접목적어 good, harm, damage를 목적어로 하는 3형식으로 바뀌면 중간에 to가 나온다.
(d)his life from him → him his life
4형식이지만 3형식으로 전환할 수 없는 동사인 cost는 그야말로 4형식으로 써야 한다.
해석
(a)선생님이 학생들에게 유인물을 주었다.
(b)그는 몇 권의 책들을 나에게 사주었다.
(c)나쁜 날씨가 작물들에게 엄청난 손상을 입혔다.
(d)그의 야망이 그에게서 목숨을 잃게 할 수도 있다.

[실전예제]

1.
정답 ①
해설
to me → me
[나에게 that節을 말해주다]라는 의미라면, 4형식이므로 to가 불필요하

다.
해석
할아버지는 나에게 이혼한 사람들을 거의 알지 못한다고 말씀하셨지만, 내 급우들의 절반은 이혼한 부모님들이 있다.

2.
정답 ③
해설
lots of money to you → you lots of money
4형식이지만 3형식으로 전환할 수 없는 동사인 cost는 그야말로 4형식으로 써야 한다.
해석
①그들은 보통 개인 고객들에게는 디스카운트를 해주지 않는다.
②그들은 우리에게 즉각적인 출발을 요청했다.
③그 패키지 휴가 여행은 당신으로 하여금 많은 돈을 들게 할 것이다.
④그는 그녀를 위해 반지를 사주었고, 그녀는 보답으로 그를 위해 케이크를 만들어주었다.

3.
정답 ③
해설
with 삭제
[~에게 (승리, 명예 등)을 얻게 해주다]라는 의미의 win은 4형식 동사이므로 with는 불필요하다.
해석
①그렇게 한 것에 대해 정말 미안합니다. 당신에게 사과를 빚지고 있습니다. (사과드립니다.)
②그들은 그에게 즐거움을 줄 만한 파트너들을 찾아주었다.
③[노인과 바다]는 1954년에 헤밍웨이에게 노벨 문학상을 타게 해주었다.
④그 여자는 그에게 고약한 장난을 쳤다.

4.
정답 ④
해설
to삭제
[~에게 ~을,를 가져오다]라는 의미의 bring은 4형식 동사이므로 to는 불필요하다.
해석
①과한 음주는 누구에게나 해를 끼친다.
②범죄를 통제하지 못하는 것은 대통령으로 하여금 그 자리를 잃게 하는 결과가 될 수도 있다.
③승진하기를 원한다면, 당신은 상사에게 일에 대한 더 많은 관심을 보여주어야 한다.
④그 웹사이트는 당신에게 의학 연구에 있어서 모든 최신의 발전에 대한 소식을 가져온다.

Point 5.

[대표예제]

정답 (a)
해설
to move → from moving
keep + ~에게 + from ~ing; ~에게서 ~ing를 못하게 하다.
해석
(a)브레이크는 많은 경우들에서 멈춰져있는 자동차들이 움직이지 못하게 하는데도 사용되어진다.
(b)그는 그 수학 문제를 그녀에게 설명했다.
(c)그 프로그램들은 노동자들에게 부상의 위험에 대한 정보를 제공하고자 한다.
(d)당신은 항상 나로 하여금 당신의 아버지를 상기시킨다.

[실전예제]

1.
정답 ③
해설
①with → for. blame +~에게 + for +~을,를
②to punish → from punishing. prohibit + ~에게 + from ~ing
③deprive + ~에게 + of + ~을,를
④for → with. equip +~에게 +with +~을,를
해석
①그들은 화재 때문에 떨어뜨려진 담배꽁초를 비난했다. (화재 원인이 꽁초 때문이라고 했다.) 그리고 보다 자세한 원인에 대한 조사를 시작했다.
②경찰청은 한국의 모든 학교들에게 학생들을 체벌하는 것을 금지했다.
③당신은 다른 사람들에게서 자유를 빼앗아서는 안 된다.
④그 유명한 작가는 독자들이 자신들에게 자신들만의 구원의 날개를 갖추는 것을 도와준다.

2.
정답 ①
해설
of → that
[remind + ~에게 + of + ~을,를]도 가능하지만, 뒤를 보면 the only information ~ was 라는 節의 형태가 따라 나오므로 접속사인 that이 필요하다. remind는 [~에게 + that節]의 형태도 가능하다.
해석
그 장교는 부하들에게 (붙잡혔을 경우에) 포획 자들에게 주어질만한 유일한 정보는 각자의 이름과 계급, 군번뿐이라는 점을 상기시켰다.

3.
정답 ③
해설
to watch → from watching
deter + ~에게 + from ~ing; ~에게서 ~ing를 못하게 하다.

4.
정답 ④
해설
to → of. inform + ~에게 + of + ~을,를
해석
1862년 7월, 남북전쟁이 한창인 가운데, 링컨은 자신이 내린 결정을 알려주기 위하여 각료들을 백악관으로 소집했다.

Point 6.

[대표예제]

정답 (a)(c)(f)(h)
해설
(a)to advertise → advertise or advertising
지각동사의 목적보어는 원형, ~ing, p.p이다. [배우가 광고하다, 광고하는 중이다]라는 능동적 주술관계와 진행의미가 동시에 성립한다.
(c)work → to work
준사역동사의 목적보어는 to R, p.p이고, [내가 일하다]라는 능동적 주술관계가 성립한다.
(f)a surrogate → as a surrogate. regard의 목적보어는 [as 명 or 형]이다.
(h)wait → waiting. keep의 목적보어는 형, ~ing, p.p이다. [그가 기다리고 있다]라는 능동적 주술관계와 진행의미가 동시에 성립한다.
해석
(a)나는 내가 가장 좋아하는 배우가 TV에서 이 브랜드의 비누를 광고하는 것을 (하는 중인 것을) 보았다.
(b)그녀의 부모들은 그녀가 영국에 있는 교도소로 옮겨지도록 부탁했다.
(c)그는 내가 열심히 일하도록 충고했다.
(d)나는 그의 아이디어가 실용적이라고 생각한다.
(e)많은 의사들은 다이어트보다 운동이 더 중요하다고 생각한다.
(f)그녀는 그가 죽은 아버지의 대리인이라고 생각한다.
(g)그들은 그것이 공정하다고 생각한다.
(h)당신은 그를 계속 기다리고 있게끔 할 겁니까?

[실전예제]

1.
정답 ④
해설
①loomed → loom. [물체가 어렴풋이 나타나다]라는 능동적 주술관계이므로 원형으로 고친다.
②recovers → recover. [환자가 회복하다]라는 능동적 주술관계를 가지는 [지각동사 + 목적어 + 원형]구조이다.
③increasing → (to) increase. help는 3형식일 때 + (to)R이 가능한 동사이다.
④준 사역동사 cause + 목적어 + to R
해석
①나는 안개 속에서 물체가 어렴풋이 나타나는 것을 인지했다.
②나는 그렇게 끔찍한 사고 이후에 환자가 그렇게 빠르게 회복하는 것을 본적이 없다.
③빈번한 독서는 한 사람의 어휘력을 증가시키는데 도움을 준다.
④습기에 대한 오랜 노출은 손발톱이 부식하게끔 할 것이다.

2.
정답 ①
해설
사역동사 make + 목적어 + 원형이다. [그가 잘 생겨 보인다]라는 능동적 주술관계가 성립하므로 look이라는 원형의 목적보어가 적절하다.
해석
A: 피터의 정장이 마음에 드세요?
B: 예. 나는 그 정장이 그가 잘생겨보이게끔 한다고 생각해요.

3.
정답 ④
해설
immigrate → to immigrate
준 사역 동사인 cause에 대해 [유대인들이 다른 곳으로 이주하다]라는 능동적 주술관계가 성립하므로 목적보어 자리에 to R이 적절하다.
해석
대부분의 유럽 국가들은 전쟁이후에 유대인 난민들을 환영하지 않았다. 그런 사실이 유대인들을 다른 곳으로 이주하게끔 했다.

4.
정답 ②
해설
is thought of → is thought or is thought of as
원래 동사가 think 였다면 [think + 목적어 + (to be)형, 명 → be thought (to be)형, 명], 원래 동사가 think of 였다면 [think of + 목적어 + as → 형, 명 → be thought of as + 형, 명]
해석
염색체들 속에 포함되어진 유전자는 유전의 단위로 생각되어진다. 그것은 일부 DNA와 RNA가닥들에게 주어지는 이름이다. 생명체들은 유전자들에게 의존하는데, 유전자들이 모든 단백질들과 기능적인 RNA사슬들을 구체화하기 때문이다. 유전자들은 유기물의 세포들을 만들어내고 유지하며 유전적 특징들을 자손에게 전하는 정보를 담고 있다.

5.
정답 ④
해설
succinctly → succinct
[make + 목적어 + 명사 or 형용사]의 5형식이다. [그것(=message)이 간결하다]라는 주술관계가 성립하므로 정확히 목적보어 자리라는 것을 알 수 있다.

해석
말하기를 압도하는 글쓰기가 줄 수 있는 한 가지 큰 장점은 우리가 우리의 메시지를 정제 할 수 있다는 것이다. 그것(메시지)이 가능한 한 간결해지게끔 할 수 있다.

6.
정답 ③
해설
are 삭제
순간적으로 there are라고 착각할 수도 있는데, 앞에 있는 leave의 존재를 생각해보면 [leave + 목적어 + to R / 형용사, ~ing, p.p]라는 5형식 원리가 떠오른다. 어쨌거나 본동사가 들어갈 자리는 아닌 것이다. there는 단독의 부사가 들어가 있을 뿐 뒤의 are와는 관계없다. many people과 skeptical사이에 [많은 사람들이 회의적이다]라는 주술관계가 성립하므로 목적보어 자리라는 것이 분명해진다.
해석
유럽, 일본, 그리고 미국에서의 최근의 깊은 경제적 슬럼프는 개발도상국에게 감명을 주지 않는다. 그것(슬럼프)은 그곳(개발도상국)에 있는 많은 사람들로 하여금 시장 지향의 개혁들과 경제적 자유화에 대해 회의적이게끔 한다.

7.
정답 ③
해설
[refer to + 목적어 + as + 형 or 명]의 5형식이다. luck은 명사이긴 한데, 명사 목적보어는 목적어와 동격이 되어야 한다. 목적어인 person과는 동격관계가 성립하지 않으므로 형용사인 lucky 가 적절하다.
해석
우리는 때로 불리한 상황을 장점으로 바꿔놓는 사람은 운이 좋은 것이라고 말한다.

Point 7.

[대표예제]

1.
정답 (c)
해설
lays → lies
타동사인 lay(~을 놓다)가 현재형인 lays로 나온 거라면 뒤에 목적어가 있어야 하는데, ahead라는 부사밖에 없으므로 1형식 동사인 lie(~에 놓여있다)가 적절하다.
해석
오늘날 과학 분야에서 무슨 일이 벌어지고 있는지와 탐구를 위해 앞으로도 얼마나 먼 거리가 놓여있는지에 대한 감상이 교양과목 교육에서 얻을 수 있는 보상들 중의 하나가 되어야만 한다.

2.
정답 (a)
해설
(a)[데리고 가겠다]라는 의미의 take
(b)robbed → stole. steal + ~을,를 + from + ~에게
(c)said to → told. say to는 4형식으로 쓰이는 것이 아니다. his parents가 간접목적어, that節이 직접목적어이므로 4형식 동사인 tell이 적절하다.
(d)affect → effect. 정관사 the로 보아 명사가 들어갈 자리이므로 effect가 적절하다.
(e)do → make
[결정하다]는 make a decision이다.
해석
(a)너무 멀어서 걸어갈 수 없다. 그래서 내가 너를 차로 데리고 가겠다.
(b)누군가가 내 지갑을 나에게서 훔쳐갔다.
(c)그는 자신의 부모에게 그녀를 사랑한다고 말했다.
(d)그는 금속에 대한 열의 영향을 연구했다.
(e)그는 제안을 검토해서 3월까지 결정을 내릴 것이다.

[실전예제]

1.
정답 ②
해설
seated down → sat down
목적어가 없으므로 타동사인 seat는 부적절하다.
해석
그 방문객은 테이블위에 잔을 내려놓고 소파에 앉아있는 집주인의 반대편에 있는 의자에 앉았다.

2.
정답 ④
해설
do not effect → do not affect
effect가 동사로 쓰이려면 목적어 자리에 [영향을 주어서 얻어지는 결과]가 필요한데, 단순히 study results에 [영향을 주다]라는 의미이므로 affect로 바꾼다.
해석
임의추출이라고 불리어지는 이 방식은 다양한 요인들이 연구결과들에 영향을 주지 않는다는 점을 확실히 하는데 도움을 준다.

3.
정답 ③
해설
borrow → lend
[빌려주다]라는 의미가 되려면 lend가 적절하다. 형이 나에게 빌려주는 것이다.
해석
①훌륭한 사람들에 둘러싸여있어서 나는 자랑스러움이 느껴졌다.
②예전의 소련 연방은 15개의 연방 공화국들로 이루어져있었다.
③나는 형에게 나에게 5달러를 빌려주라고 요청했다.
④플랫폼에는 검은 드레스를 입은 한 여자가 있었다.

4.
정답 ⑤
해설
lied → lying
[find + 목적어 + p.p]의 5형식이라면, 목적어와 목적보어가 수동적 관계여야 하는데, 1형식 동사인 lie는 p.p로 만들어도, 수동관계가 성립할 수 없다. 1형식 동사라면, 오히려 [신발이 놓여있다]라는 능동적 관계가 성립할 수밖에 없으므로 lie의 현재분사인 lying이 적절하다.
해석
어느 날 간디가 기차에 타려고 발을 디뎠을 때, 신발중의 한 짝이 미끄러져서 선로위에 놓였다. 기차가 움직이고 있었기 때문에 그는 그것을 되찾지 못했다. 동행한 사람들이 놀랍게도, 간디는 조용히 나머지 한 짝의 신발을 벗어, 처음의 신발 가까이에 놓이게끔 하 기 위하여 선로를 따라 그 나머지 한 짝을 던졌다. 왜 그렇게 했는지 동료 승객에 의해 질문 받았을 때 간디는 웃으며 말했다. "선로 위에 놓여있는 한 짝의 신발을 발견한 불쌍한 사람이 이제는 자신이 사용할 수 있는 한 켤레의 신발을 갖게 되겠네요."

5.
정답 ④
해설
effect → affect
[재선 운동에 영향을 주다]라는 의미가 되어야 하므로 affect가 적절하다.
해석
휴고 차베스대통령은 월요일에 그가 암으로부터 완전히 나았다고 말했다. 그리고 그의 회복에서 기인하는 신체적 한계들은 그의 재선 운동에 영향 주지 않을 것이라고 베네수엘라인 들에게 확신시켰다.

Chapter 02 시제

Point 8. Point 9.

[대표예제]

정답 (d) (e)
해설
(d) is reading → reads
every evening(매일 저녁)이라는 지속성의 어구로 볼 때, 현재시제가 적절하다.
(e) lacked → lacks
불변의 진리까지는 아니지만, 문학 작품은 일반적으로 그러해야한다는 일반적, 보편적 사실이므로 현재시제가 적절하다.

해석
(a) 그녀는 아침 7시 30분에 직장에 도착한다.
(b) Tom은 자기가 1년 내내 6시에 일어난다고 말했다.
(c) 그는 지금 당장은 숙제를 하고 있는 중인데, 곧 끝낼 것이다.
(d) 아버지는 매일 저녁 식사 후에 신문을 읽으신다.
(e) 몇몇 비평가들은 문학 작품이 인류의 전반적인 경험에 대한 언급이 부족하면, 예술로서는 실패라고 주장한다.

[실전예제]

1.
정답 ②
해설
were directed → are directed
Generally (일반적으로)로 볼 때, 일반적, 보편적 사실이므로 현재시제가 적절하다.
해석
일반적으로 사람들의 편견들은 자신들과 다른 사람들에게로 향해진다.

2.
정답 ④
해설
① plays → played. in those days(그 시절에는)로 보아 과거시제가 적절하다.
② will come → comes. every month로 보아 지속성이므로 현재시제가 적절하다.
③ was → is. 주절은 과거시제이지만, 과학적으로 입증된 사실이므로 항상 현재를 쓴다.
④ usually로 보아 현재시제가 적절하다.
해석
① 내 형은 그 시절에는 방과 후에 보통 야구를 했다.
② 그는 항상 매우 유머러스하게 편지를 쓴다. 그래서 나의 가족들은 매달 오는 그의 편지를 학수고대한다.
③ 그는 우리에게 번개는 전기의 한 형태라고 가르쳤다.
④ 대학에서 사용되는 교과서는 보통 도입, 용어풀이, 주석달린 문헌목록을 포함한다.

3.
정답 ③
해설
① loved → love. [사람들을 끈다]는 문맥으로 보아 뒤에도 현재시제가 필요하다.
② is lying → lies. 불변의 진리에 해당할 수 있는 내용이다.
③ at night(평상시 밤에)로 보아 현재시제이다.
④ lied → lies. 과학적으로 입증된 사실이다.
⑤ are being → are. thinks로 보아 항상 그렇다고 생각한다는 것이다.
해석
① 알래스카의 광활한 땅덩어리는 야외활동을 사랑하는 사람들을 끈다.
② 유럽은 아프리카의 북쪽에 있다.
③ 커피는 내가 가장 좋아하는 음료다. 비록 밤에 깨어있게끔 한다할지라도.
④ 심장은 대략 가슴 중심의 폐들 사이에 있다.
⑤ 그녀는 미국 영화들이 유럽영화들보다 더 흥미진진하다고 생각한다.

Point 10.

[대표예제]

정답 (c)
해설
(a) writes → wrote. ~ago로 보아 과거시제가 적절하다.
(b) has visited → visited. 2001년의 여름이므로 과거시제가 적절하다.
(c) at that time을 통해 과거, now를 통해 현재를 볼 수 있다.
(d) has been → was. [요전날]은 과거이다.
해석
(a) 내 친구중의 하나가 몇 년 전에 재미있는 이야기를 썼다.
(b) 2001년 여름에, 그는 한국의 아산을 방문했다. 집짓기 프로젝트에 참여하기 위하여.
(c) 그 당시에 그는 지금의 나만큼의 나이였다.
(d) 요전 날 교차점에서 기차 사고가 있었다.

[실전예제]

1.
정답 ③
해설
knows → knew
the last time으로 보아 과거시제가 적절하다.
해석
유행성 독감이 홍콩의 이름을 따서 지어졌던 지난번에, 그곳에 있는 누구도 오리들과 닭들에 대해서는 몰랐다.

2.
정답 ②
해설
have ordered → ordered. ~ago로 보아 과거시제가 적절하다.
해석
2주 전에 판사들은 시 공무원들에게 자신들이 그 사건을 검토할 때까지 동성 커플들에게 결혼허가를 내주는 것을 멈추라고 만장일치로 명령했다.

3.
정답 ① to ② were ③ plays
해설
① contribute to ~에 공헌하다, 이바지하다.
② [1991년에]로 보아 과거시제가 적절하다.
③ 지금의 일반적인 사실이 그러하다는 것이므로 현재시제가 적절하다.
해석
일부지역들에서 학교와 언론에서의 영어 사용은 소수 언어들의 쇠퇴에 공헌했다. 그 해의 인구 조사에 따르면, 1991년에 스코틀랜드에는 69000명의 게일어 사용자들이 있었다. 그 언어는 여전히 일부학교에서 사용되지만, 게일어 사용자들은 제한적인 법적 권리를 가진다. 게일 어는 법정에서 사용되지 않으며, 중앙정부에서 어떠한 역할도 하지 못한다.

4.
정답 ④
해설
had served → served. from A to B에서 A와 B가 과거시점인 경우는 [과거의 일정기간]만을 말하기 때문에 과거시제이다.
해석
1785년부터 1790년까지 뉴욕시는 임시 수도로서 역할을 했다.

5.
정답 ④
해설
has 삭제. last Monday로 보아 과거시제가 적절하다.
해설
몇 년간의 괴롭힘 이후에 목매어 죽으려고 애썼던 Tim Morrison은 지난 월요일에 죽었다.

Point 11.

[대표예제]

1.
정답 없다.
해설
추측 적 미래인 경우에는 will, shall, am going to 모두 가능하다. 특히 1인칭 주어라서 shall도 가능하다.
해설
내 생각에 나는 3일 정도면 돌아올 것이다. 그러나 스케줄이 바뀔 수 도 있다.

2.
정답 will
해설
미리 정해져있던 것이 아니라, 지금 결정한 미래의 의지는 will로 표현한다.
해설
"Mary가 아파서 입원했어요." "아, 나는 몰랐네. 오늘밤에 같이 있어줘야지."

3.
정답 X
해설
will we? → shall we? Let's로 시작하는 문장의 부가의문문은 shall we?이다.
해설
가난한 사람들을 도와주자. 그렇게 할 거지?

[실전예제]

1.
정답 ③
해설
지금 결정한 미래의 의지는 will로 표현한다.
해설
"막 깨달았는데, 돈이 없어." "돈이 없어? 걱정 마. 내가 좀 빌려줄게."

2.
정답 ②
해설
이전부터 이미 결정한 앞으로에 대한 예정은 be going to가 표현한다. 다시 칠하겠다는 결심을 과거에 해서 지금까지 이어오고 있으므로 (have decided), 이미 내린 결정이었다는 것을 알 수 있다.
해설
"이 방을 다시 칠하려고 결심했어." "다시 칠한다고? 무슨 색깔로 칠할 예정이야?"

3.
정답 ③
해설
shall → will. 2인칭과 3인칭 의문문에서의 shall은 지금은 거의 쓰이지 않는다. 또한 상대방에게 [~하실 겁니까? ~해주시겠습니까?]를 물어볼 때는 원래 Will you~?이다.

해설
내년 이맘때 어디 있을 겁니까?" "일본에 있을 겁니다."

Point 12. Point 13.

[대표예제]

정답 were having
해설
[내가 도착했을 때]라는 일시적 기준점이 있으므로 과거진행이 적절하다.
해설
내가 집에 도착했을 때 부모님들은 저녁을 드시고 있는 중이었다.

[실전예제]

1.
정답 ③
해설
[그녀가 들어갔을 때]라는 일시적 기준점이 있으므로 과거진행이 적절하다.
해설
그녀가 방에 들어갔을 때, 그는 중앙테이블 옆에 기대에 차서 씩 웃으며 서있었다.

2.
정답 ①
해설
[우리가 도착했을 때]라는 일시적 기준점이 있으므로 과거진행이 적절하다.
해설
우리가 도착했을 때, 다른 손님들은 술을 마시고 있는 중이었다.

3.
정답 ④
해설
[내가 도착했을 때]라는 일시적 기준점이 있으므로 과거진행이 적절하다.
해설
내가 미팅에 늦게 도착했을 때, 그 프로젝트에 대한 계획들이 의뢰인들에게 제안되어지고 있는 중이었다.

Point 14.

[대표예제]

정답 (d)
해설
(a) am knowing → know. 사고, 인식 동사는 원칙적으로 진행형을 쓸 수 없다. (b)are belonging to → belong to. 소유 동사는 원칙적으로 진행형을 쓸 수 없다. (c)is tasting → tastes. 감각동사는 원칙적으로 진행형을 쓸 수 없다. (d)~을,를 맛보다; 3형식일 때는 일시성이므로 진행형이 가능하다.
해설
(a)나는 그 작업이 그녀에 의해 행해졌다는 것을 안다.
(b)그 개들은 나에게 속해있다.(내 개들이다.)
(c)그 우유는 신맛이 난다.
(d)그녀가 스프를 맛보고 있다.

[실전예제]

1.
정답 ③

해설
are wanting → want. 의향동사인 want는 원칙적으로 진행형이 불가하다. ④think가 일시적인 상황에 대한 강조일 때는 실제로는 진행형이 가능하다. ⑤소유나 사역의 뜻이 아닌 have는 일반적으로 진행형이 가능하다.
해석
①이상한 소리가 들려요?
②절대자유는 신에게 속해있는 자질이다.
③사람들은 더 나은 일자리를 얻기 원하기 때문에 열심히 일한다.
④그는 점심을 먹으면서 그것을 심사숙고하고 있는 중이다.
⑤John, 여전히 그 기계 때문에 고생하고 있니? 예, 그래요.

2.
정답 ③
해설
am hearing → hear. 무의지 지각동사인 hear는 원칙적으로 진행형을 쓸 수 없다. ①be동사는 일시적인 상황에 대한 강조인 경우 실제로는 진행형이 가능하다.
해석
①그가 (지금 이 순간에 너무) 바보 같다. 그러나 그는 평상시에는 그렇지 않다.
②A:셔츠가 삐져나왔습니다. B:고마워요. 몰랐어요.
③옆 방 에서 이상한 소리가 난다.
④옆 방 에서 누군가가 피아노 연주하는 중인 것을 듣고 있다.
⑤부엌에 들어갔을 때, 그는 식사를 하고 있는 중이었다.

Point 15.

[대표예제]

정답 (c)(d)(e)
해설
(c)has left → left. ~ago로 보아 과거시제이다. (d)have you been → were you. [그저께]이므로 과거시제이다. (e)have you returned → did you return. When으로 시작하는 의문문 속에는 현재완료를 쓸 수 없다.
해석
(a)우리 회사는 지난 10년 동안 사무실을 임대해왔다.
(b)Tom은 그 도시로 이사 온 이래로 혼자다.
(c)기차는 10분전에 떠났다.
(d)그저께 너는 어디에 있었니?
(e)해외여행에서 언제 돌아왔니?
(f)고등학교를 졸업한 이래로 3년이다.

[실전예제]

1.
정답 ④
해설
[지난 50년 동안]으로 보아 현재완료가 적절하고, 명사를 꾸미려면 한정사인 Most가 필요하다. Almost는 부사이다.
해석
지난 50년 동안, 화학분야에서 발전들이 미국인들의 생활에 많은 긍정적인 변화를 가져왔다. 대부분의 사람들은 신상품의 안전을 보장해주는 정부와 회사들을 단순히 믿어왔다.

2.
정답 ④
해설
①has 삭제. 1600년대이므로 과거시제이다.
②is raining → has rained or has been raining. so far로 보아 현재완료나 현재완료 진행형이 적절하다.
③in 1954 → since 1954. Jekyll Island는 지금도 있으므로 has been을 보면 since로 고쳐야 한다.
④[최근 몇 년에]를 통해 현재완료임을 알 수 있다.

해석
①빛에 대한 이해는 1600년 동안에 발전했다.
②이번 달 들어 지금까지 비가 내린다.
③Jekyll Island는 1954년부터 조지아 주의 주립공원중의 하나이다.
④시와 시인사이의 복잡한 관계는 최근 몇 년간 정신분석학적 비평가들의 첫째가는 관심사이다.

3.
정답 ③
해설
①was → has been / 앞에있는 since → for. 기간을 나타내는 어구는 for를 써야하고, since + 과거로 보아 현재완료가 적절하다.
②was since translated → has since been translated. 문맥으로 보아 since (1925)이므로 현재완료가 적절하다.
③[~한지 시간이 ~이다]에는 현재완료 대신 현재시제를 쓰는 것이 가능하다.
④for → since. 시작점에는 since가 적절하다.
⑤have been → were. ~ago로 보아 과거시제가 적절하다.
해석
①John은 그 도시로 이사 간 이후로 5년 동안 판매부서의 부장이다.
②1925년에 출판된 그 소설은 그 이래로 30개 언어로 번역되었다.
③Bob Dylan이 그 유명한 노래를 작곡한 이래로 수 십년이다.
④그녀는 어때? 지난 일요일부터 아파.
⑤고작 60년 전에는 단지 12개의 민주국가들이 있었다.

4.
정답 ①
해설
have lived → lived. I now live~로 보아 지금은 살고 있지 않다는 것이므로 과거시제를 써야 한다.
해석
나는 이 집에서 3년 동안 살았다. 그러나 지금은 인근의 다른 지역에 산다.

5.
정답 ③
해설
since (2004)라는 문맥이므로 현재완료가 적절하다.
해석
문명과는 동떨어져서, 캘리포니아의 시에라네바다에 많이 사는 산 노란발 개구리가 떼 지어서 죽어가고 있다. 범인은 양서류 '호산 균' 곰팡이다. 그것은 2004년에 처음 출현했고, 그 이래로 수만의 동물들을 전멸시켜왔다.

Point 16. Point 17.

[대표예제]

정답 (c)
해설
have left → will have left. [By + 미래]로 보아 미래완료가 적절하다.
해석
(a)나는 작년까지 사업 분야에 있었다. (사업했다)
(b)내가 집에 돌아왔을 무렵, 아내는 막 요리하기를 끝냈다.
(c)올해 10월까지면 거의 절반의 직원들이 떠날 것이다.
(d)내가 집에 돌아왔을 때, 부모님들은 막 저녁식사를 끝내셨다.
(e)우리는 그때까지 5년 동안 서로 알고 지냈다.

[실전예제]

1.
정답 ④
해설
①was captaining → had captained. [By the time + 과거]로 보아 대과거부터 과거까지이다.
②have given → had given. [그들은 그리스인들이 포기하고, 떠났다고

잘못 믿었다]라는 문맥으로 보아 그리스인들이 포기했다는 시점은 더 과거이다.
③have been polluted → will have been polluted. [By + 미래]로 보아 미래완료가 적절하다.
④[깨달은]시점보다 [가격이 오른 것]이 더 과거이다.
해석
①1492년 크리스토퍼 콜럼버스가 신대륙에 상륙했을 때 그는 (그 이전부터 그때까지)수많은 바다 항해들의 선장역할을 했다.
②그들의 도시가 함락된 그날 밤, 트로이사람들은 기쁨에 찬 축하행사를 열었다. 잘 못 믿었기 때문에. (그 이전에) 그리스인들이 포위작전을 포기하고 떠났다고.
③A: 환경이 그 어느 때 보다 악화되어가고 있는 문제다.
  B: 맞는 말이야. 내년 말까지면 내 생각에 바다들은 그 안으로 쏟아 부어지는 모든 쓰레기에 의해 오염되어질 것 같아.
④어제 시장에서 장을 보았을 때 나는 (그 이전부터 그때까지) 최근 몇 주간 많은 품목들의 가격들이 올랐다는 것을 알게 되었다.

2.
정답 ③
해설
was loaded → had been loaded. 넘겨준 과거를 기준으로 보면 원유가 실려진 것은 더 과거이다.
해석
미국 해군은 토요일에 트리폴리 정부의 명령에 굴하지 않고 무장한 반군에 의해 통제되어지는 항구에서 실려진 원유를 담고 있는 유조선을 리비아 당국에게 넘겼다.

3.
정답 ④
해설
내년 선거에 나서지 않는다는 것을 보면 과거에 맡은 직책이 지금까지는 15년, 내년까지면 총 16년이 될 것이므로 미래완료가 적절하다. 특히, 지금의 when은 시간의 부사절이 아니라 next year를 선행사로 하는 관계부사절(형용사절)을 이끌고 있으므로 미래완료를 현재완료로 대신 쓰지 않는다.
해석
Franz Humer는 내년 선거에 입후보하지 않을 것이다. 내년이면 그는 16년간 최고 책임자로 역할을 하게 될 것이다.

4.
정답 ③
해설
그가 죽은 것보다 연구자들이 제대로 평가하지 못한 것이 더 과거부터의 사실이다.
해석
1999년에 18살짜리 참가자가 유전자 치료 실험에서 죽었다. 그의 죽음은 연구자들이 자신들의 방법의 위험성을 제대로 평가하지 않았다는 것을 보여주었다.

Point 18.

[대표예제]

정답 (b)
해설
so far로 보아 현재완료나 현재완료 진행이 적절한데, 보기에는 현재완료진행뿐이다.
해석
이번 달 들어 지금까지 비가 내리고 있다.

[실전예제]

1.
정답 ①

해설
[since + 과거]로 보아 현재완료나 현재완료진행이 적절한데, 보기에는 현재완료진행이 있다.
해석
A: Jack은 서울에 있는 로펌에서 여전히 일하나요?
B: 예. 그는 대학을 졸업한 이래로 그곳에서 일하고 있는 중입니다.

2.
정답 ④
해설
찾아보기를 포기한 시점이 작년이므로 대체자를 찾아 본 건 더 과거부터 작년까지라는 과거완료의 범위가 된다.
해석
그 대학은 작년에 마침내 포기하기 전까지 3년 동안 Davis교수에 대한 경쟁력 있는 대체자를 열심히 찾아보았다.

3.
정답 ④
해설
have been knowing → have known
for years로 보아 현재완료진행도 가능한 상황이지만, know는 원칙적으로 진행형이 불가한 동사이므로 현재완료를 쓸 수 밖 에 없다.
해석
①Ann부인은 한국을 떠나기 전까지 3권의 책을 더 쓸 것이다.
②내일까지면 한 주 동안 그녀는 감기로 고통 받고 있을 것이다.
③나는 지난 3년 동안 이따금씩 그 가게에서 일해오고 있다.
④그들은 여러 해 동안 서로 알고 지낸다.

4.
정답 ③
해설
was working → had been working. 내가 보게 된 것은 과거이고, Jack이 새는 부분을 막으려고 일한 45분 동안은 내가 보게 된 시점보다 더 과거부터였을 것이므로 과거완료진행으로 고친다.
해석
내가 계단을 내려갔을 때 나는 최소한 1피트의 물이 지하실에 차있다는 것을 알게 되었다. Jack은 파이프 아래에 서있었고 끊임없는 물줄기가 그의 얼굴로 폭포처럼 쏟아졌다. (그때 보다 더 과거부터) 45분 동안 그는 새는 부분을 막으려고 부질없이 작업하고 있는 중이었다.

Point 19. Point 20.

[대표예제]

1.
정답 (c)
해설
(a)will get → gets. 시간의 부사절 안에서는 현재형이 미래를 대신한다.
(b)rains → will rain / will rain → rains. know에 대한 명사절이므로 미래의 사실은 미래시제로 써야하고, 조건의 부사절 안에서는 현재형이 미래를 대신한다.
(c)before이 시간의 전후관계를 알려주므로 대과거(had submitted)를 과거(submitted)로 대신 할 수 있다.
(d)had broken → broke
  역사적 사실은 항상 단순과거시제로 쓴다.
해석
(a)"그 의사가 언제 저를 볼 수 있을까요?" "병원에서 돌아 오자마자요."
(b)내일 비가 올지 안 올지 모르겠는데, 만약 비가 온다면 집에 있을 것이다.
(c)Jane은 그 자리가 채워졌다는 것을 알게 되기 전에 이력서를 제출했다.
(d)그는 2차 대전이 1939년에 발발했다고 말했다.

2.
정답 (b)

해설
get → got. No sooner가 문두로 나가면 had + S + p.p~라는 주동도치의 어순이 된다.
해석
택시에서 내리자마자 그녀는 지갑을 택시에 두고 내렸음을 알게 되었다.

[실전예제]

1.
정답 ①
해설
will get → get
조건의 부사절 안에서는 현재형이 미래를 대신한다.
해석
만약 열대성 폭풍우나 해일을 만난다면, 그들은 지붕으로 올라가서 몸을 묶을 것이다. 그러면서 성난 물결이 그들을 운반해서 안전하게 내려주기만을 바랄 것이다.

2.
정답 ③
해설
with 삭제 / will pay → pay
4형식 동사인 lend다음에 간접목적어, 직접 목적어순이므로 전치사는 필요 없고, provided가 조건의 접속사 역할을 하는 조건의 부사절에서는 현재형이 미래를 대신한다.

3.
정답 ①
해설
~하자마자 ~했다. S + had no sooner p.p ~ than S + 과거
해석
②그의 아버지가 집으로 돌아온 직후에 소년은 잠들었다.
③아버지가 집에 돌아왔을 때, 소년은 잠들지 않았다.
④소년이 잠들기 전에, 그의 아버지가 집에 돌아왔다.

4.
정답 ③
해설
had run through → ran through. ~하자마자 ~했다. S + had no sooner p.p ~ than S + 과거. 이문장은 No sooner가 문두로 간 도치문장.
해석
빵부스러기들이 섞여진 따뜻한 액체가 내 입천장에 닿자마자 가벼운 전율이 내 몸을 관통했고 나는 멈춰 서서 나에게 발생하고 있던 놀라운 일에 열중했다.

Chapter 03 조동사

Point 21.

[대표예제]

1.
정답 X
해설
speaks → speak. as far as I know와는 상관없이 can이라는 조동사가 있으므로 본동사는 원형이다.
해석
내가 아는 한, 그는 최소한 3개 국어를 말 할 수 있다.

2.
정답 X

해설
does → did. yesterday가 있으므로 원래의 동사는 broke였다. 과거형 동사에 대한 강조는 did + R이다.
해석
Tom은 어제 분명히 창문을 깨뜨렸다.

[실전예제]

1.
정답 ②
해설
to be → be. 조동사 can 다음에는 원형이 필요하다.
해석
TV는 신중히 프로그램을 선택하는 사람들에게는 매우 유익할 수 있다.

2.
정답 ③
해설
found → be found
조동사 can이므로 뒤에 원형이 필요한데, [병]은 [발견되어지는]것이므로 수동형까지 가미해야 한다.
해석
민간요법 전문가들은 모든 질병에 대한 치료약들은 자연 속에서 발견 되어질 수 있다고 믿는다.

3.
정답 ④
해설
remembered → remember. otherwise는 끼어든 부사일 뿐, 앞에 조동사 might가 있으므로 원형이 필요하다.
해석
최면은 범죄수사에서 피고인들이 (최면을 쓰지 않는다면) 기억 못 할 수도 있는 사건들을 떠올리는 것을 돕기 위하여 사용 되어 질 수 있다.

4.
정답 ③
해설
becomes → become. and다음에도 (The sun will)이 있었을 것이므로 원형으로 써야 한다.
해석
결국에 태양은 지금의 크기보다 166배만큼이나 엄청나게 팽창할 것이고 (현재보다) 2,000배 이상 더 밝아질 것이다.

5.
정답 ④
해설
without ~ adult라는 부사구와는 상관없이 앞에 should 가 있으므로 원형이 필요하다. 또한 [~할 수 있다]라는 표현은 be able to R이다.
해석
애기가 한살이 될 때쯤에는 어른들의 도움 없이 앉아 있거나 심지어 서 있을 수 있어야 한다.

Point 22.

[대표예제]

정답 (d)
해설
(a) to cheat → cheat
   would rather A than B에서 A, B는 원형
(b) had not better → had better not
(c) talking → talk
   might as well A as B에서 A, B는 원형
(d) ~할 만 하다. may well + R

해석
(a)훔쳐보기를 하느니 낙제하는 게 낫겠다.
(b)다시는 내 여동생을 놀리지 않는 게 나을 것이다.
(c)그에게 말하느니 돌덩어리에게 말하는 게 더 낫다.
(d)부모들이 자식들을 사랑하는 건 당연하다.

[실전예제]

1.
정답 ④
해설
being touched → be touched
would rather A than B에서 A, B는 원형.
해석
최근의 아프가니스탄으로의 임무에서 미국 해병대는 Lakari마을의 지역 여성들에게 건강관리를 제공했다. 그러나 일부 여성들은 남성의사에 의해 손대지느니 차라리 죽겠다고 말했다.

2.
정답 ③
해설
to succeed → succeed
may as well A as B에서 A, B는 원형
해석
사람은 다른 사람의 충고로 제대로 된 일을 행함으로써 성공하는 것 보다는 자기 자신의 의지에 의한 실수로 실패 하는 편이 더 낫다.

3.
정답 ④
해설
had better R에 대한 부정형은 had better not R이다.
해석
우리는 우리 가족의 물질적 필요에 대한 대비를 하는 동시에, 그들의 정신적 필요에 대해서도 잊지 않는 것이 좋겠다.

4.
정답 ④
해설
than to talk → as talk
might as well 은 as와 같이 나와야 하고, A as B에서 A, B는 원형이다.
해석
믿거나 말거나 선생님들과 멘토들은 목록에서 마지막에 위치되었다. 참가자들은 걱정거리가 생길 때 친구들이 최고의 상담자들이라고 답했다. 그리고 심지어 일부 참가자들은 부모님이나 선생님들에게 얘기하느니 스스로의 힘으로 개인적인 문제들을 해결 하는 게 더 낫다고 답했다.

5.
정답 ①
해설
양쪽의 to do를 모두 do로.
had better (not) A than B에서 A, B는 원형.

Point 23.

[대표예제]
정답 (b)
해설
needs not → need not
부정문에서의 need는 조동사이므로 ~s를 붙일 수 없다.
해석
(a)제가 그렇게 할 필요가 있나요?
(b)그는 원하지 않는다면 그렇게 할 필요가 없다.
(c)그는 원하지 않는다면 그렇게 할 필요가 없다.
(d)그는 감히 나를 반대했다.
(e)나는 계좌에 돈을 넣을 필요가 있다.

[실전예제]

1.
정답 ②
해설
dare이 부정문에서 dare not으로 쓰일 때는 조동사이므로 dares not이라고 쓰면 틀리는데, 과거형 dared not만큼은 예외적으로 인정한다.
해석
그 시절에는 남성에 대한 여성의 종속이라는 동양적인 사고가 만연했기 때문에, 그녀는 감히 동등한 위치에서 남성을 만날 수 는 없었다.

2.
정답 ③
해설
need → needs
긍정문에서 need는 원래 본동사이므로 주어인 Most of the information 과 맞춰주려면 단수 형태인 needs가 되어야 한다.
해석
현장의 기자들에 의해서 받아들여지는 대부분의 정보는 발표가 고려되어지기 전에 편집되어질 필요가 있다.

3.
정답 ②
해설
① dares → dare
② dare not이라고 쓰면 조동사이므로 dare라고 써야 하고, 뒤에는 원형이 나와야 한다.
③ raise → to raise
   does not dare라고 본동사 취급을 해서 쓸 수도 있지만 부정형에서 본동사인 dare는 to R목적어를 취하는 게 원칙이므로 to raise로 써야 한다.
④ to raise → raise
해석
엔화가 약세를 띠고 있지만, 일본정부는 감히 이자율을 다시 올리지는 못한다.

4.
정답 ③
해설
need know → need to know
긍정문에서의 need는 원래 본동사이고, to R을 목적어로 취한다. 이때 dare과 다른 점은 원형을 목적어로 가질 수는 없다는 것이다.
해석
회사는 성공하기 위하여 당신이 알 필요가 있는 것을 가르쳐 줄 수도 있다. 그러나 회사가 태도를 가르칠 수는 없다. 관심은 없이 순전히 능력만 있는 사람과 능력은 덜하지만 열의가 있는 사람 중에 선택을 할 때, 나는 항상 능력보다는 열의를 선택한다.

5.
정답 ②
해설
to tell → tell
hardly 가 not에 준한다고 생각해보면 need not이라고 쓴 것이나 다름없다. 즉 조동사 need를 쓴 것이므로 뒤에는 원형이 나와야 한다.
① 수영하는 법을 배우기 위해서는 일단 물에 들어갈 필요가 있다.
② 나는 당신에게 말할 필요가 없다.
③ 그녀는 감히 나를 대신해 그곳에 가지 못한다.
④ 영화 보러 가겠다고 결정하기 전에 당신은 할 일부터 완벽하게 해 낼 필요가 있을 것이다.

⑤ 그는 감히 나를 모욕한다.

Point 24. Point 25

[대표예제]

1.
정답 (c)
해설
문맥으로 보아 [머물러 있어야만 한다]는 의무의 뜻이다.
해석
(a) 그는 아플 리가 없다. 왜냐하면 내가 방금 전에 그를 보았기 때문이다.
(b) 조심하지 않으면 그것을 잃을지도 모른다.
(c) 그 사람들은 바리케이드 뒤에 머물러 있어야만 한다.
(d) 그는 청진기를 하고 있었다. 그는 의사일지도 모른다.

2.
정답 (a)
해설
must not 과 don't have to는 서로 다른 의미이므로 = 관계가 아니다.
해석
(a) 너는 절대 그렇게 말해서는 안 된다. ≠ 너는 그렇게 말할 필요가 없다.
(b) 그는 그녀를 청진기로 진찰했다. 그는 의사임에 틀림없다.
(c) 그 소식은 사실임에 틀림없다. ↔ 그 소식은 사실일 리가 없다.

3.
정답 X / O
해설
to offer → offer
cannot but 뒤에는 원형이 와야 한다. 두 번째 문장은 can afford to R로서 잘 쓴 문장이다.
해석
우리는 그 정당의 결정에 반대하지 않을 수 없다.
나는 지금으로서는 우리가 단지 한명만 고용 할 여유가 있다고 생각한다.

[실전예제]

1.
정답 ③
해설
① has to → must
have to는 추측의 뜻이 없다.
② will must pay → will have to pay
의미를 가지는 조동사는 연립해 쓸 수 없다.
③ [~임에 틀림없다]를 표현하는 추측의 must
④ must be → cannot be
문맥으로 보아 [~일 리가 없다]가 필요하다.
⑤ not 삭제
이미 부정을 표현하는 hardly가 있다.
해석
① 그는 1890년에 태어났기 때문에 노인임에 틀림없다.
② 나는 빚을 갚아야만 할 것이다.
③ A:나는 당신이 수학을 잘한다고 생각해요.
B: 저요? 당신은 Jack을 생각하고 있음이 틀림없군요.
④ A:저 여자가 Mary일 리가 없어. 그녀는 지금 병원에 있거든.
B:네 말이 맞아.
⑤ 이 약들은 매일 복용되지 않는다면 효과를 내는 것이 거의 불가능하다.

2.
정답 ④
해설
behaving → behave
cannot help 뒤에는 ~ing가 맞지만, cannot help but 뒤에는 원형이 필요하다.

해석
태양주위를 돌고 있는 행성이 케플러의 법칙을 따르지 않을 수 없듯이, 불변 식을 따르는 프로그램은 예측 가능한 방식대로 움직이지 않을 수 없다.

3.
정답 ②
해설
① effects → affects
[영향을 주다]라는 의미의 동사는 affect이다.
② cannot ~ too ; 아무리 ~해도 지나치지 않다.
③ damaging → damaged
[창문이 손상되어지는]수동적 관계이므로 p.p가 수식해야 한다.
④ locates → is located
타동사인 [locate; ~에 위치시키다]가 수동형으로 나와야 [~에 위치해 있다]는 의미가 된다.

Point 26. Point 27. Point 28.

[대표예제]

해설
(a) going → go
~하곤 했다; used to R
(b) producing → produce
~하는데 사용되어지다; be used to R
(c) was 삭제 or be → being
~하곤 했다. ~이었다; used to R
~하는데 익숙해 있다; be used to ~ing
(d) ought to not → ought not to
ought to R의 부정형은 ought not to R
(e) not 삭제
lest ~ should R
(f) will → would
시제의 일치
(g) must → had to
단독문장에서의 must 는 과거가 아니다.
해석
(a) 나는 일요일마다 수영하러 가곤했다.
(b) 핵에너지는 전기를 생산하는데 사용되어진다.
(c) 그는 이상한 사람으로 불려 지곤 했다.
그는 이상한 사람으로 불려 지는데 익숙해 있었다.
(d) 예약을 해서는 안 된다.
(e) 그들은 엿 들림을 당하지 않기 위하여 항상 조용히 얘기한다.
(f) 그는 그 다음날 서울을 향해 떠나겠다고 말했다.
(g) 그는 3일전에 아무것도 없이 서울을 떠나야만 했다.

[실전예제]

1.
정답 ①
해설
not 삭제
[lest ~should R ; ~하지 않기 위하여]이므로 not을 또 붙여서는 안 된다.

2.
정답 ④
해설
① will → would
시제의 일치 법칙에 따라 주절이 과거이므로 과거로 맞추어야 한다.
② were 삭제
문맥상으로 봐도 [~하곤 했다; used to R]이 어울리는 상황이고, 이미 뒤에 use라는 원형이 있는걸 봐도 used to R로 맞추어야 한다.

③ ought to not → ought not to
　ought to R의 부정형은 ought not to R이다.
④ It be + 감정적 판단 + that + s + should + R
해석
① 그녀는 혼자서 거기로 가지는 않겠다고 분명히 말했다.
② 페니키아인들과 같은 고대의 문명들은 돈을 사용하는 것보다는 물품을 교환 하곤 했다.
③ 에너지원의 부족이 염려스럽기 때문에, 생존을 위한 대체에너지를 개발하는데 실패해서는 안 된다.
④ 그가 늦다니 이상하다. 그는 보통 시간을 잘 맞춘다.

3.
정답 ③
해설
to making → to make
~하는데 사용되어지다; be used to R
해석
원유의 주된 사용처는 그것을 다른 상품들로 만들어내는 것이다. 원유에서 파생된 많은 상품들이 있다. 원유는 다양한 연료들을 만들어내는데 사용되어진다. 이러한 연료들은 모든 자동차들과 공장에서 엔진으로 동력을 공급받는 기계류들에게 동력을 공급한다.

4.
정답 ②
해설
[종속접속사 + S] 다음 자리에 아무 이유 없이 원형을 쓸 수는 없으므로 ① ③④는 틀렸다. lest ~ (should)R이 가능하므로 ②가 답이다. 맨 앞에 있는 Nervous는 그 앞에 (Being)이 생략되어 있는 분사구문이다. 즉, 원래 she was nervous이었다.
해석
아무것도 아닌 존재(nobody)로 생각되어지지 않게끔 긴장한 상태라서, 중년의 부인은 쇼핑하러갈 때도 옷을 차려입고 갈 정도로 신경 쓴다.

Point 29.

[대표예제]

정답 (C)
해설
should have p.p는 [~했어야 했는데. (못해서 아쉽다)]는 뜻이고, must have p.p는 [~이었음에 틀림없다]는 뜻이다.
해석
심지어 여름에도 이곳은 그다지 쾌적한 환경이 아니었다. 그러니 그 이전 겨울에는 상황은 극도로 가혹했음에 틀림없다.

[실전예제]

1.
정답 ③
해설
every aspect가 목적어이므로 수동형인 ②④는 애초에 배제한다. by now(지금쯤이면)으로 볼 때, 지금이라는 시점을 기준으로 모든 측면에 대한 고려가 이미 이루어 져 있을 것이라는 상황은 더 과거적인 어감을 나타내야 한다.
해석
당신은 지금쯤이면 과학자들이 자신들의 전공분야에서 모든 측면을 기록했을 것이라고 생각할지 모른다. 그러나 그들은 아직 그러지 못하고 있다.

2.
정답 ④
해설
must have been → should have been
[고쳐졌음에 틀림없다]고 말하면 그야말로 고쳐졌다는 것인데, 지금까지 도 사고를 일으키고 있다는 앞 절의 진술과 모순된다.
해석
① 우리의 휴가는 날씨에 의해 망쳐졌다. 우리는 집에 머무르는 편이 더 나았었다.
② "당신은 그가 할 일을 태만히 했다는 점 때문에 그를 심하게 비난했나요?" "예, 그러나 나는 그렇게 하지 않는 편이 더 나았어요."
③ 나는 그 책을 읽었을지도 모른다. 그러나 실제로 그렇게 했었는지 정확히 기억나지는 않는다.
④ 부셔진 다리가 많은 사고를 일으켜왔다. 그 다리는 오래전에 수리되어 졌어야 했는데.

3.
정답 ②
해설
should → must
아들을 원했었다는 앞 문장의 진술로 볼 때, [실망했음에 틀림없다]는 문맥이 어울린다.
해석
상속받을 아들이 없어서, 내 부모님들은 아들을 원했었다. 그들은 애기가 딸이라고 판명되었을 때 매우 실망했음에 틀림없다. 그렇지만 그들은 단 한마디의 실망의 말도 하지 않았다.

4.
정답 ②
해설
should have been → must have been
바로 앞 절에 [그 해의 가장 추운 날]이라는 진술로 볼 때, [영하 15도 이었음에 틀림없다]는 문맥이 어울린다.
해석
나는 몇 년 전 겨울에 숲속으로 짧은 산책을 갔던 것이 기억난다. 그날은 그해의 가장 추운 날 이었을 것 같다. 영하 15도 정도였음에 틀림없다. -그러나 고요하고 바람이 없는 밤이었다. 나는 특히 매우 두텁고, 높으며, 본질적으로는 죽은듯한 나무에 올라갔던 것이 기억난다. 나는 그 나무를 가볍게 두드렸는데, 죽은 것처럼 느껴졌고, 죽은듯한 소리도 났다. 그 어떤 것이 그렇게 추운 환경 속에서 살아있을 수 있을 것인가? 그렇지만 나는 알고 있었다. 그 나무의 깊은 곳에서는 봄이 되면 다시 활짝 필 생명이 있다는 것을. 그리고 그날이 오게 되면 수액이 다시 흘러 잎사귀들이 다시 피어 날것이다. 모든 유기체가 다시 살아날 것이다.

Chapter 04 수동태

Point 30.

[대표예제]

1.
정답 (a)→ was established
　　(b)→has been described
해설
(a)뒤에 목적어가 없으므로 수동형으로 써야 하고, in 1874이므로 과거시제가 필요하다.
(b)뒤에 목적어가 없으므로 수동형으로 써야 한다.
해석
(a)미국 최초의 동물원은 1874년에 필라델피아에 세워졌다.
(b)이 현상은 너무 자주 기술되어져서 더 이상의 설명은 필요 없다.

2.
정답 (a) →may include
　　(b) →published
해설
(a)3형식 동사인 include가 수동형이 되면 뒤에 명사가 있을 리 없다.

목적어가 남아있는 상황이므로 능동형으로 고친다.
(b)3형식 동사인 publish가 수동형이 되면 뒤에 명사가 있을 리 없다.
목적어가 남아있는 상황이므로 능동형으로 고친다.
해석
(a)은하수는 아마도 수십억 개의 별들을 포함할 것이다.
(b)덴마크의 내과 의사인 니콜라스 스테노는 1669년 핵심 논평을 출판했었다. (b)덴마크의 내과 의사인 니콜라스 스테노는 1669년 핵심 논평을 출판했었다.

[실전예제]

1.
정답 ⑤
해설
①are depleting → are depleted. 뒤에 목적어가 없으므로 수동형으로 써야 한다.
②can maintain → can be maintained. 뒤에 목적어가 없으므로 수동형으로 써야 한다.
③is driven → has driven. 뒤에 목적어가 남아있는 상황이므로 능동형으로 고쳐야 하고, [수천년 동안]으로 보아 현재완료가 적절하다.
④were 삭제. 뒤에 목적어가 남아있는 상황이므로 능동형으로 고쳐야 한다.
⑤[제공되어]지고, [지어지고 있는 중]이므로 수동형이 적절하다.
해석
①많은 천연 자원들은 자연이 그것들을 대체할 수 있는 것보다 훨씬 더 빨리 고갈되어지고 있다.
②대량 생산은 오직 한정된 기간 동안에만 유지될 수 있다.
③수천 년 동안, 금을 소유하고자 하는 욕망은 사람들을 극단으로 몰아왔다.
④많은 기생충과 숙주들은 일종의 상호 용인관계를 발전시켰다.
⑤당장은 공장에서 어린이집이 제공되지 않지만, 새로운 어린이집이 지어지고 있다.

2.
정답 ③
해설
is produced → produces. 목적어가 남아있으므로 능동형으로 써야 한다.
해석
우라늄의 주된 위험 중 하나는, 라듐과 라듐의 딸핵종인 라돈가스를 배출한다는 것이다.

3.
정답 ②
해설
was repairing → was repaired. 뒤에 목적어가 없으므로 수동형으로 써야 한다.
해석
내 차가 정비소에서 수리되어 지고 있는 동안 아무것도 할 수 없고, 어디도 갈 수 없어서, 갑자기 내가 기계와 도구들에 심하게 의존하고 있었다는 것을 깨닫게 되었다.

4.
정답 ③
해설
must be undergone → must undergo. 뒤에 목적어가 남아있으므로 능동형으로 써야 한다.
해석
비록 엄격한 조건이지만, 네덜란드는 지금 환자들의 안락사를 허용하는 세계에서 유일한 국가이다. 죽기 위해 의학적 도움을 원하는 사람들은 참을 수 없는 고통을 겪어야만 한다. 의사와 환자는 또한 병의 차도에 대한 희망이 없음에 동의해야한다. 그리고 다른 의사의 의견도 참고해야한다.

5.
정답 ②
해설
relatively impoverish → are relatively impoverished. 타동사인 impoverish (빈곤하게 하다)뒤에 목적어가 없으므로 수동형으로 써야 한다.
해석
역사적인 데이터베이스들이 상대적으로 부족하지만, 우리는 양적 사회 언어학의 보다 새로운 분야가 그 문제에 대한 실마리를 제공해주기를 기대해 볼 수 있다.

Point 31.

[대표예제]

정답 (a)
해설
(a)간접 목적어가 주어로 가고 직접목적어가 뒤에 남은 문장.
(b)for her → to her. 직접목적어가 앞으로 가고 간접목적어가 뒤에 남을 때 offer는 to 가 필요하다.
(c)of 삭제. 간접 목적어가 주어로 가고 직접 목적어가 뒤에 남는 상황이므로 전치사는 필요 없다.
(d)of → to. 직접목적어가 앞으로 가고 간접목적어가 뒤에 남을 때 teach는 to 가 필요하다.
해석
(a)그녀에게는 남편에 의해 선택권이 주어졌다.
(b)선택권이 남편에 의해서 주어졌다.
(c)우리가 방에 들어갔을 때 이 어린이들에게는 그 노래가 가르쳐지는 중이었다.
(d)우리가 방에 들어갔을 때 그 노래가 이 아이들에게 가르쳐지는 중이었다.

[실전예제]

1.
정답 ①
해설
to 삭제. 간접 목적어가 주어로 가고 직접 목적어가 뒤에 남는 상황이므로 전치사는 필요 없다.
해석
①1988년, 토니 모리슨에게는 그녀의 찬사 받은 소설 'Beloved'로 문학상이 주어졌다.
②그 기자에게는 건설 산업의 부정이득에 관한 보도로 상이 수여 되었다.
③그 상은 1차 세계 대전까지 예외 없이 해마다 수여되어졌다.
④나에게는 그에 의해 놀라운 사진이 보여 졌다.

2.
정답 ④
해설
had not given → had not been given. [Sanders에게 문학적 인정이 주어지는]수동적 관계이다. 뒤에는 문맥상 (to him)이 생략되어져 있다.
해석
죽기 직전에, Sanders씨는 마침내 그때까지 주어지지 않았던 문학적 인정을 받기 시작했다.

3.
정답 ①
해설
with 삭제. 간접 목적어가 주어로 가고 직접 목적어가 뒤에 남는 상황이므로 전치사는 필요 없다.
해석
①마리아에게는 1등 상이 주어졌다.
②거기서는 영어가 가르쳐지지 않았다.
③우리의 해결책들은 그에게 설명되어졌다.
④내쉬는 천재로 여겨졌다.

4.
정답 ②
해설
4형식일 때의 allow가 간접목적어가 주어로 가고, 직접 목적어가 뒤에 남는 상황이다.
①People이라는 주어 뒤에 such facilities가 바로 이어질 수 도 없고, use가 능동형이면 뒤에 목적어가 없는 것도 이상하다.
③사람들이 요금을 [부과하는 것]이 아니라 사람들에게 [부과되어져야]하므로 charging이 가장 이상하고, 사람들이 [반드시 접근해야만 한다]는 것도 주어진 문장의 의미와는 좀 다르다.
④accession은 취임, 즉위, 가입 등의 뜻이다.

Point 32.

[대표예제]

1.
정답 (a)building
    (b)to stop
해설
(a)지각동사가 수동형이 될 때 원형이었던 목적보어는 to R이 되고, ~ing 목적보어는 그대로 쓰게 된다. and뒤를 보면 preparing이 있으므로 앞에도 ~ing이 필요하다.
(b)사역동사 make가 수동형이 될 때 원형이었던 목적보어는 to R이 된다.
해석
(a)가자 지구에 있는 팔레스타인들은 장애물을 만들고 충돌에 대비하고 있는 것으로 관찰되어져왔다.
(b)나는 의사에 의해 담배 피는 것을 멈추게끔 강요받았다.

2.
정답 (a)to take
    (b)as 삭제 or as → to be or as → of as
    (c)to be → to
    (d)as 삭제
    (e)play → playing
해설
(a)[advise + 목적어 + to R]의 수동형
(b)[think + 목적어 + (to be) 형 or 명 / think of + 목적어 + as 형 or 명]의 수동형
(c)[appoint + 목적어 + to + 기관 명칭]의 수동형
(d)[call + 목적어 + 명사]의 수동형
(e)[leave + 목적어 + ~ing]의 수동형
해석
(a)나는 의사로부터 체중을 빼기위해 적당한 운동을 할 것을 권고 받았다.
(b)그 정보는 근거 없는 헛소문으로 생각되어졌다.
(c)그녀는 최근에 그 위원회에 임명되었다.
(d)바다의 밑바닥은 해저로 불려진다.
(e)우리는 공터에서 축구하도록 내버려졌다.

[실전예제]

1.
정답 ④
해설
①fix → to fix. and (was) made, 즉 사역동사 make가 수동형이 되었으므로 원형이었던 목적보어가 to R이 되어야 한다.
②were let to → were allowed to. 사역동사인 let은 원칙적으로 수동형을 쓸 수 없다.
③open and close → to open and (to) close or opening and closing. 지각동사인 see가 수동형이 되었으므로 원래 원형 이었거나 ~ing였던 목적보어가 각각 to R, ~ing가 되어야 한다.
④[think of + 목적어 + as 형 or 명]의 수동형

해석
①복장이 적절하지 않은 누구라도 줄밖으로 끌려 나왔고 스스로 옷을 제대로 고쳐 입도록 만들어졌다.
②그렇지만, 어떤 중국인들은 미국에 머물도록 허락되어졌고 심지어 중국에서 가족들을 데려왔다.
③몇몇 돌고래는 자는 동안 눈을 떴다 감았다 하는 것이 보여져왔다. 그들은 공해상에서 적을 경계하기 위해 이런 행동을 할 수도 있다.
④오늘날 자동차는 필수품으로 여겨진다.

2.
정답 ④
해설
are expected expire → are expected to expire. 소망동사인 [expect + 목적어 + to R]의 수동형.
해석
조사팀들은 남쪽 인도양에서 감지된 많은 수중 소리들이 말레이시아 항공 370편의 블랙박스에서 나오는 것인지를 알아내려고 애쓰고 있었다. 신호음을 내보내는 실종된 비행기의 장치들에 동력을 제공하는 배터리가 얼마 안 있으면 다 할 것으로 예상되어지기 때문에 시간은 그들의 편이 아니었다.

3.
정답 ④
해설
required → were required. 학생들이 시험을 보도록 요구한 게[아니라 [요구되었을 것]이므로 준사역동사인 [require + 목적어 + to R]의 수동형이다.
해석
내가 자랄 때, 많은 사람들이 나에게 아버지의 발자취를 따라 선생이 될 것인지를 물어보았다. 어렸을 때, 나는 '절대 아니오, 나는 사업을 할 거에요'라고 말했던 것으로 기억한다. 몇 년 후 나는 실제로 가르치는 일을 사랑한다는 것을 알게 되었다. 나는 내가 배운 가장 좋은 방법으로 가르쳤기 때문에 가르치는 일을 즐겼다. 나는 게임, 협력적 경쟁, 그룹 토론, 교훈을 통해 최고로 배웠다. 실수를 벌주는 대신, 나는 실수를 장려했다. 학생들로 하여금 개별적으로 시험을 치르도록 하는 것 대신, 그들은 하나의 팀을 이뤄 시험을 치르도록 요구되어졌다. 다시 말해, 행동 먼저, 실수는 두 번째, 교훈은 세 번째, 마지막으로 웃음이 있었다.

Point 33.

[대표예제]

정답 (a)occur
    (b)usually disappear
    (c)That dress becomes your sister very well.
해설
(a)1형식 동사인 occur은 수동형을 쓸 수 없다.
(b)1형식 동사인 disappear은 수동형을 쓸 수 없다.
(c)[~에 어울리다]는 뜻일 때 의 become은 3형식 동사이긴 하지만 수동형은 쓸 수 없다.
해석
(a)스캔들이 정치계에서 그렇게 자주 일어난다는 것은 옳지 않은 일이다.
(b)1-2주 후면 증상은 대체로 사라진다.
(c)그 드레스는 당신 여동생에게 어울린다.

[실전예제]

1.
정답 ③
해설
1형식 동사인 exist는 수동형을 쓸 수 없고, 상태 동사이므로 진행형도 불가하다.

해석
일본의 항암 분야가 주도적인 서구 시장에서는 존재하지 않는 항암제를 통해 경이로운 확장을 경험했던 몇 가지 이유가 있다.

2.
정답 ③
해설
①will be occurred → will occur. 1형식 동사인 occur은 수동형이 될 수 없다. ②is lacked in → is lacking in. [부족하다]는 의미의 lack은 타동사이긴 하지만, 수동형으로는 쓸 수 없다. be 뒤에는 lacking(~이 부족한; 형용사)을 쓴다. ③햄버거가 [먹어지는]수동관계이므로 수동형이 적절하고, [먹다]는 뜻일 때의 have는 진행형도 가능하다. ④→My little brother resembles me. resemble은 타동사이긴 하지만 수동형이 불가하다.
해석
①이 자료의 손실은 다음번에 사용자가 로그 오프 할 때 발생할 것이다.
②그는 따스한 느낌이 부족하다.
③커다란 햄버거가 그에 의해 먹어지고 있었다.
④내 동생은 나를 닮았다.

3.
정답 ②
해설
have been grown → have grown. [자라다, 성장하다, 커지다]라는 의미일 때의 grow는 1형식 동사라서 수동형을 쓸 수 없다.
해석
정부에 반대하는 시위들은 고위험 투자 계획의 붕괴 이래로 커져가고 있는데, 그 투자계획에서 거의 모든 알바니아 가정이 돈을 잃었다.

4.
정답 ①
해설
was originated → originated. [~에서 비롯하다, 유래하다]는 의미의 originate는 1형식 동사라서 수동형을 쓸 수 없다.
해석
그리스에서 기원하고, 고대 로마에서 계속된 고전주의는 대체로 세속적이라고 언급되어지는 우리 삶의 측면에 주된 기여를 했다.

5.
정답 ③
해설
will be appeared → will appear. [나타나다, 출현하다]라는 뜻일 때의 appear은 1형식 동사이므로 수동형을 쓸 수 없다.
해석
만약 당신이 영어를 모국어로 쓰는 사람들에게 오늘날 영어가 어떻게 변하고 있는지를 물어본다면, 망설임 후에 아마도 그들은 새로운 어휘나 발음상의 몇몇 변화들을 언급할 것이다. 그러나 문법은 언급 속에 나타나지 않을 것 같다.

Point 34.

[대표예제]

정답 (a)at (laugh at)
     (b)over (run over)
     (c)of (speak well of ; 수동태가 되면 be well spoken of)
     (d)of (take good care of)
해설
(a)laugh at의 수동형 (b)run over의 수동형 (c)speak well of가 수동태가 되면 be well spoken of. (d)take good care of가 한 덩어리의 동사로서 수동태가 되면 be taken good care of.
해석
(a)그는 모든 학급 친구들에게 비웃음을 당했다.
(b)도로 표지판이 그 차에 의해 치였다.

(c)그녀는 대부분의 이웃들에게 칭송을 받는다.
(d)아기는 엄마로부터 잘 보살핌을 받았다.

[실전예제]

1.
정답 ④
해설
attention → attention to. pay attention to가 한 덩어리의 동사로서 수동태가 되면 be paid attention to가 되어야 한다.
해석
①그의 초자연적인 힘이 어떻게 설명되어야 할지 나도 모르겠다.
②그는 아내에게 칭찬 받았다.
③그들에게는 엄청난 보살핌이 주어져야 한다.
④이 정교한 엔진의 다룸은 특별한 주의가 주어져야만 한다.

2.
정답 ③
해설
is looked by → is looked after by. 자동사인 look은 수동형이 될 수 없으므로 전치사가 필요한데, 문맥상 [돌보다]가 되려면 look after였어야 하므로 be looked after가 된다.
해석
엄마가 일하는 동안 돌봄이 필요한 천 만 명 이상의 5살 이하 어린이들이 있다. 친척들이 이러한 미취학아이들의 대략 절반을 돌봐준다. 나머지 반은 가족이 아닌 사람들에 의해 돌봐진다. 몇몇 일하는 엄마들은 집으로 오는 유아 돌봄이를 고용한다. 그러나 이 선택은 많은 사람들에게 너무나 비싸다.

3.
정답 ②
해설
was 삭제. [자동사 + 전치사]는 일반적으로 수동형이 가능하지만, consist of는 수동형으로 쓸 수 없는 예외적인 경우다.

4.
정답 ③
해설
great care → great care of. 원래 동사가 take great care of이었고, 한 덩어리로 수동형이 된 거라면 뒤에 of가 그대로 붙어야 하다.
해석
당연히, 정기적으로 치아를 살펴보는 것이 더 낫다. 그리하여 고쳐질 필요가 있는 상태들이 심각해지기 전에 잘 처리되어질 수 있다.

Point 35.

[대표예제]

정답 1. is believed / is believed to be
     2. was believed / was believed to be
     3. is believed / is believed to have been
해설
1. believe현재이므로 is believed / 양쪽 시제가 같으므로 단순부정사인 to be
2. believed이므로 was believed / 양쪽 시제는 같으므로 단순부정사인 to be
3. believe가 현재이므로 is believed / 종속절의 시제가 주절보다 앞서므로 완료부정사인 to have been
해석
1. 사람들은 그가 꽤 품행이 바르다고 믿는다.
2. 사람들은 그가 꽤 품행이 발랐다고 믿었었다.
3. 사람들은 그가 꽤 품행이 발랐다고 믿는다.

[실전예제]

1.
정답 ③
해설
to be entombed → to have been entombed. 사람들이 생각하는 건 지금, 그들이 같이 매장 되어 진건 과거이므로 한 시점 앞선다. 완료부정사가 필요하고 수동이므로 to have been p.p가 된다.
해석
많은 역사학자들은 칭기즈칸이 혼자 매장되지 않았다고 믿는다. 사람들은 (과거에) 그의 계승자들이 거대한 공동묘지에 그와 함께 매장되어 졌다고 (지금) 생각한다.

2.
정답 ③
해설
①to be → to have been. 믿어지는 건 지금, 아팠던 건 지난주이므로 완료 부정사.
②said to → is said to. [국가]입장에서는 [말해지는]수동적 관계가 되어야 하고, 양쪽 시제는 같으므로 단순 부정사인 to have.
③사람들이 말하는 건 지금, 대변혁은 이미 일으켰으므로 한 시점 앞선다.
④to originate → to have originated. 사람들이 믿는 건 지금, 집시가 인도에서 유래한건 10세기인 과거이므로 한 시점 앞선다. 완료부정사가 필요하다.
해석
①그는 지난 주 아파서 누워 있었다고 믿어진다.
②전반적인 수출이 수입을 초과했을 때, 국가는 무역 흑자를 갖는다고 말해진다.
③컴퓨터와 원거리 전기통신의 새로운 방법들이 현대 사무실에 대변혁을 일으켰다고 말해진다.
④정확한 집시의 기원은 알려지지 않지만, 10세기 인도에서 기원해서, 페르시아로 이주했던 것으로 믿어진다.

3.
정답 ③
해설
thieves got in → thieves had got in. 사람들이 믿었던 시점보다 도둑이 침입한 것은 더 과거의 일이므로 had p.p로 바꿔야 한다.
해석
①그 회사가 작년에 많은 돈을 잃었다고 믿어진다.
②그 회사는 올해는 손실이 예상되어진다.
③도둑들은 지붕의 창문을 통해 들어 왔던 것으로 믿어졌다.
④그 건물은 화재에 의해 심하게 손상되어졌다고 보고되어진다.

Point 36.

[대표예제]

정답 (a)the radio be turned down
 (b)the radio not be turned down.
  or Don't let the radio be turned down.
 (c)was / founded
 (d)dislikes you (중간과정; You are disliked by whom)
해설
(a)명령문의 수동형은 Let + 목적어 + be p.p (b)부정 명령문의 수동형은 Let + 목적어 + not be p.p or Don't let + 목적어 + be p.p(c)평서문 방식대로 수동형을 만들면, The republic was founded by them + when. 이걸 다시 의문문으로 하면 When이 문두로 가고 was가 앞으로 나온다. (d)Who dislikes you?를 평서문 방식대로 수동형으로 하면, You are disliked by whom이 되고, 이를 다시 의문문으로 하면 주어진 문장이 나온다.
해석
(a)라디오 볼륨을 줄여라.

(b)라디오 볼륨을 줄이지 마라.
(c)그들은 언제 그 공화국을 세웠는가?
(d)누가 당신을 싫어하지?

[실전예제]

1.
정답 ④
해설
be not forgotten → not be forgotten. 부정명령문의 수동형은 Let + 목적어 + not be p.p or Don't let + 목적어 + be p.p
해석
①그것이 즉시 행해지게끔 해라.
②그것이 잊혀 지게끔 하지 마라.
③그것이 잊혀 지지 않게끔 해라.
④내 말이 잊혀 지지 않게끔 해라.

2.
정답 ③
해설
is → are. 중간과정은 These roses are grown by whom. 이를 의문문으로 하면 By whom are these roses grown?
해석
①힘든 일들이 견뎌지게끔 할 수 있니?
②무엇이 김 씨에 의해 행해졌니?
③이 장미들은 누구에 의해 길러졌니?
④이 꽃은 당신들에 의해 무엇이라고 불리 워 지나?
⑤그 꽃은 그들에 의해 어떻게 길러졌니?

Point 37.

[대표예제]

정답 (a)with
 (b)in
 (c)from
 (d)of
 (e)into
 (f)to / for
해설
(a)be satisfied with~에 만족하다. (b)be engaged in~에 종사하다. (c)be made from 화학적 변화; 재료 원형 파괴 (d)be made of 물리적 변화; 재료 원형 유지 (e)A be made into B A 가 B로 만들어진다. (f)be known to / for ~에게 / ~로 알려져 있다.
해석
(a)그는 멋진 것들을 좋아하고 결코 평범한 것들에 만족하지 않는다.
(b)선사시대 이래로, 사람들은 운동 경기에 참여해 왔다.
(c)버터는 우유로 만들어 진다.
(d)최초의 비행기인 the Wright Flyer는 나무와 천으로 만들어졌다.
(e)우유가 버터로 만들어 진다.
(f)그는 그의 고결한 행동으로 모두에게 유명하다.

[실전예제]

1.
정답 ④
해설
①by → to. 의사는 알려져 있는 대상이므로 ~에게 알려져 있다는 의미의 be known to가 필요하다.
②for → as. this nation = Persia의 관계가 성립하므로 as가 적절하다.
③to → in. 레저 산업과 약혼해 있다는 부적절하므로 종사하다는 의미의 be engaged in이 되어야 한다.
④~에 열중하다는 의미인 be absorbed in

해석
①그 같은 질병은 내과 의사들에게 알려져 있지 않았다.
②이란의 이름이 공식적으로 바뀐 1935년까지 이 국가는 페르시아로 알려져 있었다.
③그는 레저산업에 종사한다.
④나는 그 문제에 열중했다.

2.
정답 ①
해설
for → as. 그들이 하나의 그룹이므로 동격을 의미할 수 있는 be known as가 된다.
해석
그들은 거의 허영심을 갖고 있지 않고 외부 세계의 죄스러운 방식에 참여하지 않는 평범한 사람들의 한 무리로 알려져 있다.

3.
정답 ④
해설
made of → made from. 포도주 속의 포도는 그 원형을 잃게 되므로 be made from이 적절하다.
해석
대부분의 사람들은 샴페인을 포함한 화이트 와인이 실제적으로 붉은 포도로 만들어 진다는 것을 알지 못한다.

4.
정답 ④
해설
with → in. [~에 포함되다, 연루되다]는 be involved in이다.
해석
①그는 자신이 막 들은 것에 놀랐다.
②그는 엄마의 건강에 대해 걱정한다.
③James Madison은 헌법의 아버지라고 알려져 있다.
④그 정당의 대변인은 대통령이 스캔들에 연루되어있다는 것을 부인했다.

Point 38.

[대표예제]

정답 (a)got
      (b)X.
해설
(a)어제라는 특정 시점에 버려졌다는 상황의 변화이므로 get p.p가 적절하다. (b)→The problem has never been solved by anyone. by뒤에는 부정주어를 쓸 수 없다.
해석
(a)나의 친구는 어제 문자 메시지로 2년 사귄 여자 친구로부터 차였다.
(b)그 문제는 어느 누구에 의해서도 해결된 적이 없다.

[실전예제]

1.
정답 ④
해설
일단 시제가 과거이므로 언뜻 ②와 ④가 보이는데, catch의 p.p는 caught이므로 ④가 답일 수밖에 없다. 잡히지 않은 상태에서 잡힌 상태로의 변화를 뜻하므로 get p.p가 자연스럽다.
해석
A: 그 은행 강도는 훔친 차로 도망갔니? B:아니, 그는 현행범으로 잡혔다.

2.
정답 ③
해설
are caught → get caught. [걸려들게 된다]라는 변화의 의미가 자연스

러우므로 get p.p가 적절하다.
해석
법이 더욱 엄격해지고 만연하게 될수록, 모든 부류의 사람들이 걸려들게 된다.

3.
정답 ①
해설
→I don't need to be guided by anyone. by 뒤에는 부정주어를 쓸 수 없다.
해석
①나는 누구에 의해서도 안내되어질 필요가 없다.
②그는 어느 누구에게도 무죄였다고 믿어지지 않는다.
③너는 도시 생활에 익숙해 질 것이다.
④Mr. Lee에게 수동태에 대한 수업이 가르쳐졌다.

Chapter 05 가정법

Point 39.

[대표예제]

정답 (e)
해설
hero → heroic
명령법을 포함하는 관용적인 양보의 부사절에 [원형 + S + ever so + 형용사]가 있다.
해석
(a)너 조용해!
(b)걱정 마세요.
(c)아무리 보잘 것 없어도 집 만 한 곳은 없다.
(d) 부유하든 가난하든 사람은 존중받아야 한다.
(e)그가 아무리 영웅적이었을지라도 어느 누구에게도 사랑 받지 못했다.

[실전예제]

1.
정답 ②
해설
①leaves → leave. 명령법의 동사 모양은 원형이다. ②Get p.p를 원형으로 시작해서 명령문으로 썼다. ③make → let. [알게 해주세요]라는 문맥이므로 Let이 적절하다. ④be not → Don't be. 명령문을 부정 할 때는 문두에 Don't 나 Never을 쓴다. ⑤richly → rich. 명령법을 포함하는 관용적인 양보의 부사절에 [원형 + S + ever so + 형용사]가 있다.
해석
①나가실 때는 프런트 데스크에 호텔열쇠를 두고 가세요.
②빨리 옷 입어. 우리 늦었어.
③가능한 한 빨리 너의 출발 날짜를 내게 알려줘.
④메리, 멍청하게 굴 지마.
⑤아무리 그가 부자라도 그녀에게 사랑받지 못한다.

2.
정답 ④
해설
형용사 surprised에 대한 부정 명령형이므로 앞에 Don't be나 Never be가 적절하다. 이때 if는 원래 (even) if이었는데, 생략하고 쓴 것이다.

Point 40. Point 41.

[대표예제]

정답 → knew
→ had been / might have been
→ had listened / be

해설
→모르는 게 현실이므로 [안다면]이라는 현실 반대; 가정법 과거
→그녀가 없었기 때문에 행복하지 않았다가 과거의 실제 사실이므로 있었더라면 행복 했었을 것이라는 과거 반대; 가정법 과거 완료
→듣지 않았었기 때문에 지금 성공적이지 않다. 귀담아 들었더라면 이라는 과거 반대와 지금 성공해 있을 텐데 라는 현실 반대의 결합; 혼합 가정법

해석
→영어를 안다면 그것을 읽을 수 있을 텐데.
→만약 그녀가 여기 있었더라면, 나는 행복했었을 텐데.
→그가 만약 그때 당시 내 말을 들었더라면, 그는 지금 성공해있을 텐데.

[실전예제]

1.
정답 ④
해설
①supposed → was supposed. ~하기로 되어있다는 표현은 be supposed to R이다. ②I have known Jose since I was seven. 현재완료나 현재완료진행을 쓰려면 since + 과거가 필요하고, know는 진행형을 쓸 수 없으므로 현재완료가 적절하다. ③to go → go. had better뒤에는 원형이 필요하다.
④If + S + 일반 동사 과거형, S + would + R; 가정법 과거문장이다.
해석
①그녀는 지난 밤 나에게 전화하기로 되어있었는데, 하지 않았다.
②나는 7살부터 호세를 알고 있다.
③너는 지금 가는 편이 낫겠다. 그렇지 않으면 늦을 거야.
④내가 만약 파티에 가지 않는다면, 사라는 맘이 상할 텐데.

2.
정답 ①
해설
did not filter out → had not filtered out. If + S + had p.p~, S + would, should, could, might + have p.p; 가정법 과거완료
해석
대기 중의 오존가스가 태양의 자외선을 거르지 않았더라면, 우리가 알다시피, 지구상에서는 생명체가 진화하지 않았을 텐데.

3.
정답 ②
해설
①had been offered → offered. won't work라는 본동사가 뒤에 있으므로 앞에는 수식어 성격이 필요하다. p.p로 바꿔준다. ②과거반대사실이므로 가정법 과거완료가 적절하다. ③waited → waited for. 자동사인 wait가 목적어를 가지려면 전치사 for가 필요하다. ④worked → has worked / during → for. 기간을 나타내는 숫자 표현 앞에는 for를 써야 하고, 5년 동안이라는 말만 있으므로 현재완료가 적절하다.

4.
정답 ③
해설
과거의 반대사실에, 주절을 보면 now가 있음으로 현재의 반대사실이 결합된 혼합가정법이다. 이때, 학교 다닐 때는 실제의 과거사실이므로 직설법과거로 쓴다는 점을 조심하자.

5.
정답 ④
해설
have successfully raised up → successfully raise up. 이미 If절 안에 일반 동사의 과거형이 들어있으므로 가정법 과거문장이라는 것을 알 수 있다.

해석
호혜는 이곳에서는 덜 중요하다. 중요한 것은 [전해주기]이다. Murray는 [먹이는 것이나 보호하거나 치유하는 것]과 같은 동의어를 사용한다. 그것은 매우 필요하고, 우리의 유전적 구조 안에 깊숙이 짜여 져 있다. 왜냐하면 그것이 존재하지 않는다면 우리가 성공적으로 우리 대체해줄 수 있는 존재들을 길러내지 못할 터이기 때문이다.

Point 42. Point 43.

[대표예제]
정답 → 가정법 현재
→ 가정법 미래
→ were to
해설
→(살지 안 살지 모르겠지만) 산다면 그는 후회할 것이다.
→(살 확률이 낮긴 한데) 산다면 그는 후회할 것이다.
→일상적 상황에서 바닷물이 다 말라버린다는 건 확률 0% 가정.
해석
→만약 그가 이 중고차를 산다면, 그는 후회할 것이다.
→만약 그가 이 중고차를 산다면, 그는 후회할 것이다.
→만약 바닷물이 말라버린다면, 우리에게는 무슨 일이 일어날까?

[실전예제]

1.
정답 ⑤
해설
are to → were to. 인간이 영원히 사는 것은 확률 0%의 불가능한 일이다.
해석
①만약 네가 내 충고를 따른다면, 나는 널 벌하지 않을 거야.
②교통 문제가 곧 해결되지 않는다면, 도시에서 운전하는 것은 불가능 해질지도 모른다.
③해가 서쪽에서 뜰지라도, 내 사랑은 영원히 변하지 않을 거다.
④만약 전쟁 시기에 똑같은 일이 발생한다면, 대재앙에 이르게 될 것이다.
⑤만약 인간이 영원히 산다면, 우리는 많은 문제들에 직면하게 될 것이다.

2.
정답 ①
해설
relegated → relegate. 주절에 있는 will lose로 보아 가정법 현재 (조건부사절에서 현재가 미래 대신)로 고쳐야 한다.
해석
만약 우리가 이런 경험 많은 사람들을 정치적 신조 때문에 중요하지 않은 자리들로 좌천 시킨다면, 매우 가치 있는 숙련된 사람의 도움을 잃게 되는 것이다.

3.
정답 ①
해설
was → were. 헌법을 제정한 사람들은 이미 없으므로, 살아 돌아온다는 것은 확률 상 0%의 일이다.
해석
헌법의 서명자중 어느 누구라도 하루 동안만 살아 돌아온다면, 우리의 수정 헌법에 대한 그의 의견은 흥미 있을 것이다.

4.
정답 ①
해설
would break out → breaks out or should break out. 주절에 있는 will be로 보아 가정법 현재가 적절하므로 breaks로 고친다. 또한 문맥으로 보아 전쟁이 일어날 확률이 낮다고 생각하면서 하는 이야기라면 should R으로 고치는 것도 가능하다. should가정법 또한 주절에는 will

R이 나올 수 있다.
해석
만약 세계 전쟁이 발발한다면, 어느 나라도 강력한 일격으로부터 제외될 수 없을 것이다. 평화로운 공존을 위한 정책은 무엇인가? 물론, 가장 단순한 표현으로는, 논쟁이 되는 문제들을 해결하는 수단으로써 전쟁의 거부를 의미한다. 그렇지만, 이것은 단순한 문제가 아니다.

5.
정답 ③
해설
이미 If 절 안에 were to가 있으므로 주절에는 [would, should, could, might + 원형]이 필요하다.
해석
만약 질적으로 다양한 상품들이 다양성을 흡수하는 게 불가능한 채, 1차원의 소비자들에게만 제공 되어 진다면, 소비는 제한될 것이다.

Point 44.

[대표예제]
정답 (a)맞는 문장
　　　(b)keep → (should) be kept
　　　(c)맞는 문장
　　　(d)abolish → (should) be abolished
　　　(e)맞는 문장
해설
(a)insist that + S + (should) R. 주어가 rights이므로 수동의미 추가.
(b)demand that + S + (should) R. 주어가 dog이므로 수동의미 추가.
(c)suggest that + S + (should) R. (d)insist that + S + (should) R. 주어가 tax이므로 수동의미 추가. (e)It be + 이성적 판단 + that + S + (should) R
해석
(a)그들은 동물의 권리가 인정받고 존중되어져야 한다고 주장한다.
(b)경찰은 맹견들이 줄에 묶여 있어야 한다고 요구했다.
(c)나의 가족 주치의는 내가 매일 산책해야 한다고 제안한다.
(d)나는 강력하게 이 세금이 폐지되어져야 한다고 주장한다.
(e)학생은 선생님에게 질문하는 것이 매우 적절하다.

[실전예제]

1.
정답 ③
해설
to stop → (should) stop. demand that + S + (should) R이다.
해석
연합 통신에 의해 획득되어진 초안에서 안전보장이사회는 시리아에 있는 모든 단체들이 즉시 어떠한 폭력도 멈춰야한다고 요구했다. 그것(폭력)이 어디로부터 나오는가는 상관없이.

2.
정답 ②
해설
demand that + S + (should) R이다. 물건은 판매되어지는 것이므로 수동의미 추가.
해석
그들은 그 영화의 개봉과 동시에 고급 티셔츠와 신발을 팔려고 계획했다. 그러나 사라는 그 상품이 그녀의 Bitten 라인을 통해서만 판매되어야 한다고 요구했다.

3.
정답 ④
해설
is completed → (should) be completed. require that + S + (should) R. 여론조사가 종결되어지는 것이므로 수동의미 추가.

해석
태국의 헌법 재판소는 여론 조사 과정이 전국적으로 같은 날에 끝내져야 한다는 것을 요구하는 법을 위반했기 때문에 2월 2일의 총선거가 무효라고 선언했다.

4.
정답 ③
해설
are able to → (should) be able to. It be + 이성적 판단 + that + S + (should) R.
해석
당신은 당신이 만나는 모든 사람과 항상 잘 지낼 수는 없지만, 서로에 대해 관용적일 수 있고, 공동의 목표에 집중할 수 있는 것이 필수적이다.

5.
정답 ④
해설
①good swimmer → as good a swimmer. as + 형용사 + a, an + 명사 + as. better뒤에는 (than he)가 생략되어 있다. ②has described → has been described. 타동사 describe가 능동형인데, 뒤에 목적어가 없으므로 수동형으로 바꿔야 한다. ③hardly never → 둘 중 하나 삭제. 이중 부정형은 문법적으로는 틀린다. ④insist that + S + (should)R
해석
①비록 더 뛰어나지는 않을 지라도, 그녀는 자신이 그사람 만큼이나 훌륭한 수영선수라고 생각했다.
②이 현상은 너무 자주 설명되어져서, 그 주제에 대한 더 이상의 상투적 표현도 필요하지 않다.
③우리를 가장 놀라게 한 것은 그가 거의 직장에 늦은 적이 없다고 말했다는 사실이었다.
④Kay씨가 다른 회사로의 이직을 알리기도 전에, 매니저는 우리가 새로운 회계사를 구하기 위한 광고를 시작해야 한다고 주장했다.

6.
정답 ④
해설
①are → is. news는 불가산명사로 단수 취급한다. ②will get → get. 시간의 부사절 안에서는 현재가 미래를 대신한다. ③lay down → lie down. lay는 타동사이므로 목적어가 있어야 한다. 1형식 동사인 lie가 적절하다. ④require that + s + (should) R.
해석
①대학 신문은 학생들과 교직원의 관심을 끄는 뉴스만을 발행한다.
②모든 예방 접종을 맞자 마자, 나는 휴가를 떠날 것이다.
③Susan은 매일 오후 짧은 낮잠을 위해 누워있기를 좋아한다.
④지시사항들은 우리가 빨간 펜을 사용하지 말 것을 요구한다.

Point 45.

[대표예제]
정답 (b)
해설
thrive → thrived
증거가 보여주는 것은 새들이 실제로 번창했었다는 것이므로 직설법을 써줘야 한다.
해석
(a)몇몇 사람들은 회의를 연기해야 한다는 제안을 내놓았다.
(b)새로이 발견된 증거는 수백만 년 전에 (실제로)새들이 공룡과 같이 번성했다는 것을 보여준다.
(c)그는 남동생이 자신이 (더 과거에 실제로)형의 자전거를 고장 나게 한 것이 아니라고 주장하는 목소리를 들었다.
(d)그 그룹은 사장이 사임해야 한다고 요구했다.

[실전예제]

1.
정답 ④
해설
무덤에서 나온 증거를 통해 이집트사람들이 과거에 실제로 믿었다는 것을 알 수 있으므로 직설법을 써야 한다. **해석**
고대 이집트인들은 그들 무덤 속에서의 증거가 제시하듯 모든 사람들은 자신만의 행복한 사후세계를 대비할 수 있다고 (실제로) 믿었다.

2.
정답 ④
해설
①takes → (should) take. advice 와 that節 이 동격관계를 이루고 그 절 안에 (should) R. ②send →(should) be sent. suggestion 과 that節 이 동격관계를 이루고 그 절 안에 (should) R. 특사가 보내어지는 것이므로 수동의미 추가. ③have been rising → has been rising. 지질학상의 증거가 바다의 바닥이 실제로 상승해왔다는 것을 보여주므로 직설법. ④demand that + s + (should) R. 내가 허락받는 입장이므로 수동추가.
해석
①그는 휴식을 취해야 한다는 의사의 충고를 무시했다.
②미국은 북한의 핵 문제에 대한 토론을 위해 미국 측 고위급 특사가 평양으로 보내어지게끔 해달라는 북한의 제안을 거절했다.
③지질학적 증거가 남아프리카를 둘러싸고 있는 해양 층이 지난 1억년 동안 천천히 상승해오고는 것을 보여준다.
④나는 나의 변호사를 부르는 것이 허가되어 져야 한다고 주장한다.

3.
정답 ③
해설
①must → (should). It be + 이성적 판단 + that + S + (should) R. ②must → (should). recommendation 과 that節 이 동격관계를 이루고 그 절 안에 (should) R. ③변호사들이 실제로 그렇다고 주장하는 것이므로 직설법. ④shall → (should). It be + 이성적 판단 + that + S + (should) R.
해석
①지도자가 다른사람들을 이끌기위해서는 믿을 수 있어야 한다는 것이 극히 중요하다.
②그 상품의 판매는 반드시 다른 실험실에 의해서도 점검되어져야 한다는 권고와 함께 허용되었다.
③많은 변호사들은 지금의 법만으로도 성범죄자들을 확인하는데 (실제로) 충분하다고 주장한다.
④그들이 그곳에 제시간에 있는 것이 필수적이다.

Point 46. Point 47.

[대표예제]

정답 (a) had   (b) had had
(c) had   (d) had studied
(e) were   (f) had nibbled
(g) had done

해설
(a)양쪽절의 시대간 비교. 같은 시점이면 가정법 과거, 종속절이 앞서는 시점이면 가정법 과거완료. 지금 바란다. =요즘 시간이 있기를. (b)지금 바란다. 학창시절에 시간이 있었기를. (c)과거 그때 바랐다 = 그때 시간이 있기를. (d)대학 때 바랬었다. (더 과거) 고등학교 때 열심히 했었기를. (e)항상 대접한다 = 우리가 멍청이인 것처럼. (f)지금 상해 보인다. 과거에 쥐가 파먹은 것처럼. (g)과거에 말했다. 더 과거에 자기가 다 한 것처럼.
해석
(a)나는 요즘에 쉴 수 있는 시간이 있기를 바란다. (b)나는 학창시절에 쉴 수 있는 시간이 있었기를 (지금 와서)바란다. (c)고등학교 때, 나는 바랬었다. (그때) 쉴 수 있는 시간이 있기를. (d)나는 대학에서 법학을 전공했다. 그러나 사실은 나는 전공을 좋아하지 않았다. 그래서 대학 다닐 때 바랬었다. (더 과거) 고등학교 때 더 열심히 공부했었기를. (그랬다면 다른 전공의 대학을 갈수도 있었을 테니까.) (e)그는 항상 우리 모두가 멍청이들인 것처럼 대한다. (f)그 치즈는 (과거에) 쥐가 파먹은 것처럼 보인다. (g)그는 (더 과거에) 자기가 모든 일을 다 한 것처럼 (과거에) 말했다. 그러나 사실은 Tom과 내가 (더 과거에) 대부분의 일을 했다.

[실전예제]

1.
정답 ④
해설
as if (as though) + S + 가정법 과거동사 or 과거완료 동사. I 라는 주어에 대해 were living이 나왔다는 것은 가정법 과거 동사임을 확실히 보여준다.
해석
나는 마치 (그때) 두 사람의 삶을 살고 있는 것처럼 (그때)느꼈다.

2.
정답 ④
해설
happened → had happened. 뉴스가 놀라움으로 다가왔다는 것은 사건이 있었다는 것이고, 아무 일도 없었다는 듯 애썼다는 건 그 뒤의 일이다. 그러니까 애썼다는 시점보다는 일이 벌어진 시점은 더 과거가 되므로 가정법 과거완료가 필요하다.
해석
비록 그 소식이 그 방에 있는 모두에게 놀라움으로 다가왔지만, 모두가 마치 아무 일도 없었던 것처럼 열심히 자신의 일을 하려고 애썼다.

3.
정답 ②
해설
①had been → were. are more limited~를 보면 지금 우리 대학의 시설이 좁다는 것이므로 지금 바란다. = 지금 우리 대학이 크기를. ②왕은 위험하다 = 밀려나기를 기다리는 것처럼. ③had understood → understood. 그가 문제를 이해하지 못한다는 문맥을 통해 지금에 대한 아쉬움임을 알 수 있다. 나는 바란다. = 지금 그가 이해하기를. ④have learned → had learned. 일단 wish + S 다음에 직설법 동사는 문법시험에서는 배제한다. 나는 바란다. 네가 배웠기를. 그러니까 배워서 알고 있기를 바란다는 문맥에서 배웠다는 시점은 더 과거일 것이므로 가정법 과거완료로 바꾼다.
해석
①나는 때때로 나의 대학이 주립대학만큼 컸으면 하는 바람이 있는데 우리 대학 시설이 주립 대 시설보다 더 제한적이기 때문이다.
②그는 말한다. 왕이 된다는 것은 위험하다고. 마치 밀려나기를 기다리면서 산꼭대기에 앉아있는 것처럼.
③솔직히, 나는 그가 우리의 문제를 조금 더 잘 이해해주기를 바라지만, 유감스럽게도 그는 그것들을 이해하지 못한다.
④나는 당신이 배웠기를 바란다. 중요한 것은 당신이 알고 있는 것이 아니라 그것(알고 있는 것)을 어떻게 사용하느냐라는 것을.

4.
정답 ①
해설
had been → were. 영어를 유창하게 말하는 그 시점에 미국사람이라도 된 것처럼 이므로 양쪽이 같은 시점이다. 가정법 과거로 고쳐야 한다.

Point 48. Point 49. Point 50.

[대표예제]

1.
정답 (d)
해설
If 절 안에 were, had, should가 있었을 때는 If를 생략하고, 주어 동사를 도치시켜서 쓸 수 있다.
해석
(가능성이 낮은데) 그녀가 너에게 미소를 지어준다면, 내가 가장 좋아하는 책을 너에게 주겠다.

2.
정답 (c)
해설
(a)won't → didn't. would rather that + S + 가정법 과거동사. (b) settled → settle or should find → found. It is time that + S + 가정법 과거 동사 or should R. should find가 이미 있다고 생각하면 and뒤에 있는 settled를 고치면 되고, 가정법 과거로는 found를 쓰면 되는데, 그렇게 되면 settled는 괜찮다.
(c)가정법과거완료 주절 + but (that) + S + 직설법 과거. would have 뒤에는 (helped him)이 생략되어 있다. (d)might have failed → might fail. Were이 문두에 있으므로 원래 If it were not for~ 라는 가정법 과거이다. (e)would not have made → would not make. 그가 지금 제정신일리 없다는 문맥을 보면 [그가 제정신이라면]이라는 현실 반대가 만들어지므로 가정법 과거의 주절이 필요하다.
해석
(a)나는 네가 그 중요한 서류들을 가지고 가지 않는다면 좋겠는데.
(b)그가 스스로 부인을 찾아서 정착해야 할 때인데.
(c)너는 왜 그를 돕지 않았니? 나도 그러려고 했는데, 내가 돈이 없었다.
(d) 당신의 도움이 없다면, 나는 실패할 텐데.
(e)그는 제정신일 리가 없다. 그렇지 않다면 (제정신이라면) 그가 그런 거친 말을 하지는 않을 텐데.

[실전예제]

1.
정답 ③
해설
a)주절에 조동사 + have p.p가 있으므로 가정법 과거완료. 그리고 If를 생략하고 주동도치. b)could buy와 보기 구성으로 보아 were밖에 없다. am이 나오면 주절에 could는 있을 수 없고, 가정법 공식에 If절 안에 was는 없다. c)If 절 안에는 had p.p 있지만, 주절에는 now가 있으므로 혼합 가정법이 되어야 한다.
해석
a)내가 좀 더 열심히 공부했었더라면, 그 시험에 통과할 수 있었을 텐데.
b)내가 만약 부자라면, 그 차를 살 수 있을 텐데. c)네가 만약 내 충고를 따랐다면, 지금쯤 더 행복할 텐데.

2.
정답 ③
해설
①but 삭제. but이 들어가면 [거절하지 않을 수 없었다.=거절 할 수밖에 없었다]가 되므로 주어진 해석에 부적절하다.
②the other → another. the other은 둘 밖에 없을 때 [나머지 하나]를 뜻하고, [또 다른 하나]를 표현할 때는 another이다.
③If 절 안에 were, had, should가 있었을 때는 If를 생략하고, 주어 동사를 도치시켜서 쓸 수 있다.
④least → less. [덜 용인한다]는 비교급의 문맥이다.

3.
정답 ①
해설
①주절의 would leave로 보아 지금의 without = If it were not for~이다.
②exhaust → exhausted. weak로 보아 형용사 성격이 필요하므로 분사로 써야 한다.
③lately → late. lately는 [최근에]라는 뜻이므로 [늦게]라는 문맥이 되려면 late로 고친다.
④Beside →Besides. [~이외에도]라는 뜻의 전치사 겸 접속부사는 besides이다.
해석
①먹을 식물들이 없다면, 동물들이 서식지를 떠날 텐데.
②그는 Owen과 함께 도착했는데, Owen은 약하고, 지쳐있었다.
③이 팀은 금요일마다 늦게까지 일한다.
④문학이외에도 우리는 역사와 철학을 공부해야만 한다.

4.
정답 ①
해설
must ease → eased or should ease. It is time that + S + 가정법 과거동사 or should R.
해석
이제 행정부는 국가 경쟁력을 증가시키기 위해 요구되어 지는 인적 자원을 확보하기 위하여 시민권 규정을 완화시킬 때이다.

Chapter 06 부정사

Point 51. Point 52. Point 53.

[대표예제]

1.
정답 (b)
해설
obey → to obey.
thinks 뒤에는 접속사 that이 생략되어 있다. 즉 obey 자리가 주어가 되고 is 가 동사가 되는 하나의 명사절이 만들어져야 한다는 것이다. 이때 To obey라는 주어가 어울리는 이유는 법률에 복종하는 것만이 훌륭한 시민의 일반적이고 보편적인 자질이 아니라고 할 수 있기 때문이다. 그것은 한 가지 구체적인 이유라고 생각되기 때문에 동명사보다는 to R이 더 낫다. 물론 to obey와 obeying중에 누가 맞느냐라는 것은 중요한 문제가 아니다.
해석
훌륭한 시민은 법에 복종하는 것이 자신의 의무라고 생각한다.

2.
정답 (a)
해설
accepting → to accept. refuse는 to R을 목적어로 취하는 동사이다.
해석
그는 재정적으로 그를 뒷받침 해주려는 그녀의 제안을 받아들이기를 거절했지만, 그것에 감사했다.

[실전예제]

1.
정답 ④
해설
가주어, 진 주어 형태이므로 to make가 필요하고, 대화는 함께 나누는 것이므로 conversation 뒤에는 전치사 with가 적절하다.
해석
이제 막 만난 사람과 즐거운 대화를 나누는 것은 때때로 어렵다.

2.
정답 ④
해설
give → to give. in which뒤에는 완벽한 형식의 절이 와야 하므로, is라는 본동사에 대해 give가 주어가 될 수는 없다.
해석
상호 공조 단체는 개인이 문제를 가져오고 도움을 요청하는 곳이다. 그 단체 구성원들이 문제가 있는 개인에게 도움을 제공할 때 그들 또한 스스로를 돕고 있는 것이다. 각 단체의 구성원은 유사한 관심사에 연관될 수 있다. 이것은 상호 공조 단체 안에서 도움을 주는 것이 자조(스스로 돕는 것)의 한 형태가 되는 중요한 방식들 중의 하나이다.

3.
정답 ①
해설
providing → to provide. be 동사 뒤에서 주어에 대한 구체적, 일시적 설명을 하는 주격보어는 to R이다. 그리고, and 뒤에 이미 to allow가 있다. 이 경우에 해당하는 대표 명사주어에는 aim, object, purpose, function, plan, wish등이 있다.
해석
Louis Sullivan 건축의 기능은 크고 차단되지 않은 바닥 공간을 제공하고 실내에 충분한 빛을 허용하는 것이었다.

4.
정답 ②
해설
obtaining → to obtain. manage는 to R을 목적어로 가지는 동사이다.
해석
그의 영향력이 너무 커서 그는 심지어 Sandro Botticelli와 Lorenzo di Credi와 같은 예술가들의 협조를 어떻게든 얻어냈는데, 그들은 마지못해 자신들의 작품들을 그의 모닥불에 갖다놓았다.

5.
정답 ③
해설
to buying → to buy. can afford to R이다.
해석
당신이 진정 그럴 능력이 없을 때 뭔가를 살 수 있는 여유가 있는 척하는 것은 항상 잘못하는 것이다.

6.
정답 ⑤
해설
reporting → to report. fail은 to R을 목적어로 가지는 동사이다.
해석
①그 남자는 경찰을 죽이려고 위협했다는 것을 부인했다.
②나는 내 제안이 심각하게 받아들여지게끔 의도하지는 않았다.
③우리는 바구니에 공을 던지는 것을 연습해야 할 것이다.
④그들은 본토에 또 다른 철도 연결선을 건설할 것을 제안했다.
⑤그 운전사는 사고를 보고하지 않았던 것 때문에 체포되었다.

Point 54. Point 55.

[대표예제]

정답 (c)
해설
made possible → made it possible. make + it + 명 or 형 + to R or that節 뒤에 진목적어 to achieve가 있으므로 가목적어가 필요하다.
해석
(a)나는 그가 내 충고를 따르도록 설득하는 것이 어렵다는 것을 알게 되었다.
(b)나는 네가 즉시 그 일을 해야 하는 것이 필수적이라고 생각한다.
(c)모두의 합쳐진 노력이 이 목표를 달성하는 것을 가능하게 했다.
(d)전쟁의 단계적 축소가 그들 사이의 평화 회담을 가능하게 했다.
(e)나는 그녀의 장단에 어떻게 춤을 춰야할지 모르겠다.

[실전예제]

1.
정답 ③
해설
made clear → made it clear. make + it + 명 or 형 + to R or that節. 뒤에 진목적어 that節 이 있으므로 가목적어가 필요하다.

해석
①그녀는 또한 그들에게 그들이 매일 매일의 일들을 실행해야 한다고 지난 주에 말했다.
②수상은 정부 장관들에게 중요한 정치적 사안을 논평함에 있어서 주의를 기울일 것을 촉구했다.
③그렇지만, 그는 선거 위원회가 예정대로 금요일에 출범되어져야 한다는 것을 명확히 했다.
④발행된 보도 자료에서, 사령관은 대책위원회가 세 명의 퇴역 군인들에 의해 제기된 주장을 열심히 조사하고 있다고 말했다.

2.
정답 ③
해설
believe → believe it. believe it + 명 or 형 + to R or that節. 뒤에 진목적어 to have가 있으므로 가목적어가 필요하다.

해석
죽음의 원인은 일산화탄소 중독이었다. 나는 일산화탄소 수준을 확인해주는 도구를 가지고 있는 모두가 정기적으로 그 도구가 서비스되어지게끔 해야 한다고 강하게 주장하고자 한다. 나는 보트나 트럭에 적합한 연기탐지기처럼 삑 소리를 내는 일산화탄소 경보기를 설치하는 것이 의무적이어야 한다고 믿는다.

3.
정답 ②
해설
it 삭제. make 뒤에 it이라는 가목적어가 오려면 뒤에 to R이나 that節의 진목적어가 와야 한다. 만약 뒤에 명사 중심의 수식어가 결합된 긴 명사구만 나온다면 단순히 목적어와 목적보어의 순서만 뒤바꾼 것이다.
해석
①그들은 가이드 없이 그 산을 오른 그가 멍청하다고 믿었다.
②과학적 지식의 발전은 지구 표면 아래 깊은 곳에서 나오는 많은 가치있는 광물들에 대한 접근을 가능하게 해주었다.
③그들은 그녀와 같은 집에서 사는 것이 불가능 하다는 것을 알게 되었다.
④사회적 불안정에 대한 중국의 커져가는 걱정은 일부 지역들에서 억압이 심해질 가능성이 있게끔 한다.
⑤학생들은 연역적 추론을 통해서 논리적 주장을 발전시키는 법을 배울 수 있다.

Point 56. Point 57.

[대표예제]

1.
정답 (a)
해설
of using → to use. 계획, 시도, 결심, 노력, 능력, 소망, 꺼림 등의 명사는 to R의 수식을 받는다.
해석
좋은 영어를 사용하는 능력은 동의어 사용 사이에서의 차이를 주의 깊게 관찰함으로써 향상되어진다.

2.
정답 (b)
해설
if 절 안의 be to 용법은 일반적으로 [의도;~하고자 하다]는 뜻이다.
해석
우리는 중요한 시기를 맞았다. 만약에 우리가 비극을 피하고자 한다면 해결 되어 져야만 하는 중요한 문제에 직면해 있다.

[실전예제]

1.
정답 ③

해설
of robbing → to rob. 계획, 시도, 결심, 노력, 능력, 소망, 꺼림 등의 명사는 to R의 수식을 받는다.
해설
Minecoo Aniello의 엄청난 부를 알게된 마법사들은 그에게서 그의 행운을 강탈할 계획을 세웠다.

2.
정답 ③
해설
expanding → to expand. 계획, 시도, 결심, 노력, 능력, 소망, 꺼림 등의 명사는 to R의 수식을 받는다. and 뒤의 improve는 원래 (to) improve이다
해설
특히 1900년대 이후, 여성들은 남부의 모든 곳에서 교육적 기회를 확대하고, 향상시키는 노력의 중심에 있었다.

3.
정답 ②
해설
to make가 능동이 되려면 의미상 목적어가 있어야 하는데 없으므로, 일단 능동형을 뺀다고 생각하면 자연스레 ②가 나온다. be to 뒤에 be p.p가 들어가면 일반적으로 [가능]의 의미다. 물론 If 절 안에 있다는 측면에서 [의도]로 봐도 크게 이상하지는 않다.
해설
초상화 그리기의 첫 번째 규칙 중 하나는 진실의 과장을 막아야 한다는 것이다. 그러나 만약 예외가 만들어질 수 있다면(예외를 만들고자 한다면), 머리를 신체 사이즈와의 실제비례관계보다 살짝 더 작게 그리는 것이 좋다는 것이다.

4.
정답 ⑤
해설
are arresting → are to arrest. 말 그대로 직역하면 [만약 우리가 막고 있는 중이라면]이 되는데, 그 얘기는 그야말로 이미 막고 있다는 것이므로 모순이 된다. [막아내고자 한다면]이 되려면 be to 용법을 써야 한다.
해설
우리와 환경에 더 심한 상처를 주는 것 없이 여전히 사용되어 질 수 있는 기계적 처리 과정들을 정화하려는 모든 양심적 노력과 함께, 그 어떤 단일한 노력도 우리가 감당할 수 있는 비용에는 제대로 작용하지 않아왔다. 그리고 결국에 우리는 여전히, 만약 우리가 지구 환경 속에서 꾸준히 일어나고 있는 생태학적 감소를 막아내고자 한다면, 모든 오염을 멈추어야 하는 필요에 직면하고 있는 것이다.

Point 58.

[대표예제]

정답 (a)
해설
(a)수식받는 letters가 to write의 의미상 목적어이므로 더 이상 추가할 것이 없다. 이때 write는 타동사이다. (b)to write → to write with. 타동사 write라면 a pen이 write의 의미상 목적어, 즉 write a pen이 되는데 이게 말이 안 되므로 추가적인 전치사가 필요하다. 문맥으로 보면 [펜을 가지고 글 쓰다] write with a pen정도 되어야 한다. 이때 write는 자동사이다. (c)to open the door → to open the door with. to open은 이미 자기의 의미상 목적어인 the door를 가졌으므로 수식받는 명사인 the key는 추가적인 전치사의 의미상 목적어이다. open the door ( ) the key라고 생각해보면 with가 적절하다. [열쇠를 가지고 문 열다] (d)to write → to write on. (b)와 마찬가지로 write paper라면 [종이 자체를 write하다]라는 이상한 의미가 된다. [종이 위에 글 쓰다]정도 되려면 write on paper이다. 이때 write도 자동사이다. (e)to dispose with → to dispose of. [처분하다]는 의미의 자동사 + 전치사는 dispose of이다. to dispose of의 의미상 목적어가 garbage가 되는 것이다.

해석
(a)나는 써야할 편지가 좀 있다.
(b)나는 글 쓰는 (도구로 사용할)펜이 있다.
(c)나는 (사용해서) 문을 열 수 있는 열쇠를 찾고 있다.
(d)나는 (위에다) 글을 쓸 종이 한 장이 필요하다.
(e)처분해야하는 쓰레기가 좀 있다.

[실전예제]

1.
정답 ①
해설
①to discuss의 의미상 목적어가 business이다. 이때 착각하면 안 되는 것은 discuss와 뒤의 with Mr. Kim은 연결되는 게 아니라는 것이다. ② apples → apples in. to carry의 의미상 목적어는 these apples이므로 basket을 의미상 목적어로 가지는 추가적인 전치사가 필요하다. ③to talk → to talk with. 자동사인 talk는 전치사가 있어야 man을 의미상 목적어로 가질 수 있다. ④you → you with. to thank의 의미상 목적어는 you이므로 words를 의미상 목적어로 가지는 추가적인 전치사가 필요하다. thank you with words [말을 가지고 감사를 표현하다]
해설
①Mr. Kim과 의논해야 할 긴급한 사업적 사안이 좀 있다.
②(안에 넣어서)이 사과들을 운반할 바구니가 없다.
③나는 사장님이 (함께)대화하기 편한 사람이란 걸 알게 되었다.
④A: 여기 네가 나한테 빌리고 싶어 하는 돈이 있다. B:(사용하여)너에게 감사할 수 있는 말을 찾지 못하겠다. (너무 고맙다.)

2.
정답 ②
해설
①with 삭제. to read의 의미상 목적어가 books이므로 전치사는 필요 없다. ②to do의 의미상 목적어가 work이다. ③address → address with. to write의 의미상 목적어는 address이므로 pen을 의미상 목적어로 가지는 추가적인 전치사가 필요하다. ④complain → complain of (about). 자동사인 complain이 little을 의미상 목적어로 가지려면 전치사가 필요하다. 이때 little은 그 자체가 대명사이다.
해석
①읽을 만한 많은 흥미로운 책들이 있다.
②해야 할 너무 많은 일이 있어서 집에 갈 수가 없다.
③그가 나에게 주소를 말해줬지만 (사용하여)그 주소를 받아 적을 펜을 찾을 수가 없었다.
④사실은 (대하여) 불평할 거의 없는 것이 있다는 것이다. (거의 불평할 게 없다.)

3.
정답 ④
해설
choose → choose from. choose가 타동사도 되므로 choose items라고 생각하면 맞는 것으로 착각할 수 있다. 그러나 [수백의 다양한 품목들]이라는 수식받는 명사의 의미를 생각해보면 그 중에서 선택한다는 의미가 적절하다. choose from items가 되어야 하는 것이다. 이때의 choose는 자동사이다.
해설
물론, 너는 유용하고, 싸며 진가를 인정받을 수 있는 선물을 고르고 싶어 한다. 그렇지만, 딱 한 가지의 문제점이 있다. 너는 상점에 가서 (그 중에서) 골라야 하는 수백 개의 다양한 물건들을 보게 된다. 이 지침은 어떤 선물이 아기에게 그리고 부모들에게 최고가 될 것인지를 알아 낼 수 있게 도와준다.

Point 59.

[대표예제]

정답 (c)

해설
(a)so as meeting → so as to meet. [~하 기 위하여; so as to R] (b) enough handsome → handsome enough. [형/부 enough to R] (c) [so 형/부 as to R; ~해서 ~하다] (d)too hard → so hard. [so 형/부 that~; ~해서 ~하다.] (e)it 삭제. S + too ~ to R구문에서 S가 to R의 의미상 목적어 역할을 겸할 경우 to R뒤에는 의미상 목적어를 별도로 명시할 필요가 없다. (f)cancel → cancel it. 주어인 It은 시간을 표현하는 비 인칭 주어라서 아무런 뜻이 없다. 즉, to cancel에 대한 의미상 목적어를 겸할 수 없는 것이다. 그렇다면 to cancel에 대한 별도의 의미상 목적어를 채워줘야 한다.

해석
(a)우리는 새로운 요구들에 맞추기 위해 우리의 상품들을 다양화 할 필요가 있다.
(b)그는 그녀가 자신과 함께 춤을 추게 유혹할 수 있을 만큼 충분히 잘 생겼었다.
(c)너무나 친절해서 당신 뒤에 있는 문을 닫아라. (문 좀 닫아 주세요.)
(d)너무 세게 맞아서 머리에 혹이 생겼다.
(e)이 기계는 너무 복잡해서 (그것을) 조립할 수 가 없다.
(f)너무 늦어서 우리는 그것을 취소할 수 가 없다.
(e)이 기계는 너무 복잡해서 (그것을) 조립할 수 가 없다.
(f)너무 늦어서 우리는 그것을 취소할 수 가 없다.

[실전예제]

1.
정답 ④
해설
틀린 곳이 없다는 No error가 정답이다. ①~하기 위하여; in order to R ②주격관계대명사 which + V ③전치사 between 다음의 인칭대명사 목적격. 모두 괜찮다.
해석
완벽히 인간다워지기 위하여, 우리는 우리와 세계 사이를 중재하는 고등 정신 과정들을 발전시켜야만 한다.

2.
정답 ③
해설
so that → ,for. 일반적으로 so that이 연결 되어 있으면 목적의 부사절로 [~하기 위하여]의 의미가 된다. 그러나 이 문장은 [~하기 위하여]라는 해석이 어울리지 않고, 뒤에 나오는 절은 [강 상류로 올라가는 것이 쉬워짐]이유에 대한 부연 설명이다. 부연적 이유 설명의 for가 가장 어울린다.
해석
(증기선이) 1811년에 나와서, 무역업자들과 제조업자들은 좀 더 쉽게 상품을 상류로 보낼 수 있었다. 왜냐하면 증기선이 강물의 흐름을 거슬러 올라갈 수 있는 필수적인 동력을 제공했기 때문이다.

3.
정답 ④
해설
to see it → to see. S + too ~ to R구문에서 S가 to R의 의미상 목적어 역할을 겸할 경우 to R의 의미상 목적어를 명시할 필요가 없다. Bad language가 to see의 의미상 목적어 역할을 겸한다.
해석
①그것은 그들에게 다른 사람들은 당연시 여기는 평범한 삶을 살 수 있는 기회를 주지 않는다.
②구조적인 예산 부족을 해결하기 위해서 경제성장에만 의존되어 질 수는 없다. (경제 성장만으로는 해결할 수 없다.)
③그는 대학 수학 능력 시험을 쳤지만, 결과적으로는 입학이 거부되었다.
④욕설은 너무나 외설적이어서 청소년들이 정기적으로 (욕설을)마주쳐서는 안 된다.
⑤느리고 조심스런 접근법은 너무 약하고 소심해서 미래의 도전거리들에 부합하지 않는다.

4.
정답 ③

해설
very young → too young. 너무나 ~해서 ~할 수 없다; too 형/부 to R. ~ six children (who were) very young~이라고 생각해서, 독립된 문장으로 빼내면 Children were very young to work. 가 된다. [아이들이 너무 어려서 일할 수 없다]가 되려면 too가 필요하다.
해석
지혜는 우리가 정보와 지식을 가지고, 그들을(정보, 지식) 좋은 결정을 내리는데 사용하는 걸 가능하게 해준다. 개인적으로, 나의 어머니는 5학년 까지만 학교를 다녔고 경제 침체기가 한창인중에 과부가 되었으며, 너무 어려서 일할 수 없는 6명의 아이가 있었다. 당연히 그녀는 가족을 성공적으로 부양하기 위해 올바른 결정을 내릴 수 있도록 자신이 가진 지식을 이용할 수 있게 해줄 지혜가 필요했다.

5.
정답 ②
해설
too → so. 결과부사절의 기본 패턴은 so + 형/부 + that節이다. 이때 so 자리에 very, too, quite등을 쓰는 실수를 해서는 안 된다. 특히 so ~ that ~ can't = too ~ to R(너무나 ~해서 ~할 수 없다)의 관계가 있어서 더욱 too와의 구별이 필요하다.
해석
①만약 내가 너의 충고를 따랐더라면, 나는 지금 매우 건강할 텐데.
②나는 너무나도 긴장해서 내 일에 집중 할 수가 없었다.
③존은 스스로가 실수로부터 배우도록 함으로써 훌륭하게 되었다.
④Tom은 시카고로 이사했고, 거기서 Louis Sullivan을 위해 일했다.
⑤그는 다시는 그녀를 만나지 않겠다고 말했고 나는 그를 믿을 만큼 충분히 잘 속는 사람이었다.

Point 60.

[대표예제]

정답 (a) (c)
해설
(a)to listen → to listen to. 듣기가 슬프다. 무엇을? 그의 이야기를. to listen의 의미상 목적어가 His story이고, listen은 자동사이므로 전치사가 필요하다.
(c)for succeeding → to succeed. 사람이 가진 구체적, 일시적 목적에 대한 진술은 to R의 부사적 용법을 사용하고, 사물의 일반적, 보편적 존재이유를 설명할 때 for~ing을 쓴다.
해석
(a)그의 이야기는 듣기가 슬프다.
(b)지금부터 공부를 시작한다면 좋은 성적을 받을 것이다.
(c)그는 삶에서 성공하기 위해 해외에서 공부할 계획이다.
(d)그를 공정히 말한다면, 그는 용감한 사람이다.
(e)그 노인은 인색한 정도까지는 아니더라도, 매우 검소하다.

[실전예제]

1.
정답 ①
해설
For overcoming → To overcome. 사람이 가진 구체적, 일시적 목적에 대한 진술은 to R의 부사적 용법을 사용하고, 사물의 일반적, 보편적 존재이유를 설명할 때 for~ing을 쓴다.
해석
다리의 뻣뻣함을 극복하기 위해, Jones는 캐스케이드 산맥의 높은 봉우리 Adams산까지 정기적으로 오랜 시간 걸어 다녔다.

2.
정답 ④
해설
①for buying → to buy. 사람이 가진 구체적, 일시적 목적에 대한 진술은 to R의 부사적 용법을 사용한다.

②for skating → to skate. 사람이 가진 구체적, 일시적 목적에 대한 진술은 to R의 부사적 용법을 사용한다.
③of becoming → to become. be likely to R. are more likely(than other children)of~라고 생각해보면 are likely와 of이하가 연결되어야 함을 알 수 있다.
④To R이 If 절을 대용하는 경우가 있다. = If you saw him behave like that~

해석
①Barret씨는 새 기계를 사기 위해 시카고에 머문 적이 있다.
②매일 많은 어린이들이 스케이트를 타기 위해 내 집 근처 연못에 온다.
③부모가 알코올중독자인 아이들은 다른 아이들보다 본인들도 알코올 중독자가 될 가능성이 높다.
④그가 그렇게 행동하는 것을 보면, 너는 그가 미쳤다고 생각할 것이다.

3.
정답 ④
해설
returning → to return. be anxious to R;열망하다, 몹시 ~하고 싶어 하다. 앞에 있는 for him이 의미상 주어일거라는 걸 생각해봐도 to R이 적절하다.

4.
정답 ②
해설
원 문장과 독립되어 문장 전체를 수식하는 독립 부정사는 그 모양과 의미 자체를 외워두면 해결할 수 있다.
해석
길거리에 차가 너무 많아서 우리는 빨리 움직일 수가 없었다. 그리고 설상가상으로 버스 엔진이 잘못됐다.

Point 61.

[대표예제]

정답 (e)
해설
(a)of him → for him. to R의 의미상 주어를 of + 목적격으로 쓰는 경우는 [사람의 성질을 표현하는 형용사]가 동반하는 경우에 한한다.
(b)learning to swim was needed → he needed to learn to swim. To overcome his fear~(그의 두려움을 극복하기 위하여)라는 문맥으로 보면 To overcome의 의미상 주어에 해당하는 [그]라는 존재가 주절주어로 나와야 To overcome의 의미상 주어를 별도로 쓰지 않은 이유를 설명할 수 있다.
(c)A foreigner is easy to acquire command of English → It is easy for a foreigner to acquire command of English. [주어 + be + easy 등의 특정형용사 + to R]구조가 맞는 문장이 되려면 to R의 의미상 목적어 자리가 비어있어야 한다. 그 의미상 목적어가 이미 주어 자리로 이동했다는 전제가 있기 때문이다. 의미상 목적어가 채워져 있다면 그 문장의 주어는 for + 목적격으로 되돌려줘야 한다.
(d)for Mary → of Mary. to R의 의미상 주어를 of + 목적격으로 쓰는 경우는 [사람의 성질을 표현하는 형용사]가 동반하는 경우다.
(e)The work is + difficult라는 특정 형용사 + to finish + 비어있는 의미상 목적어 자리.(O)
= It is difficult for her to finish the work for herself.

해석
(a)그는 자신이 대출 받는 일이 가능하게 하기 위해 은행에서 근무하는 한 친구에게 부탁했다.
(b)물에 대한 자신의 공포를 극복하기 위해, 그는 수영을 배울 필요가 있었다.
(c)문법 구조가 단순하기 때문에 외국인이 영어 구사 능력을 습득하는 것은 쉽다.
(d)돈이 필요할 때 일을 그만두는 걸 보니 메리는 멍청하구나.
(e)그 일은 그녀가 혼자 힘으로 끝내기에는 어렵다.

[실전예제]

1.
정답 ③
해설
of a guest → for a guest. to R의 의미상 주어를 of + 목적격으로 쓰는 경우는 [사람의 성질을 표현하는 형용사]가 동반하는 경우에 한한다.
해석
가장 중요한 사교적 예의 중의 하나는 시간 엄수인데, 그것은 제 시간에 도착하는 것을 의미한다. 대부분의 사교적 약속들에서, 손님들이 제안된 시간보다 좀 더 일찍 오거나 좀 더 늦게 오거나 하는 것은 종종 불편함을 야기한다.

2.
정답 ③
해설
for him → of him. to R의 의미상 주어를 of + 목적격으로 쓰는 경우는 [사람의 성질을 표현하는 형용사]가 동반하는 경우이다. thoughtful; 사려 깊은, 신중한

3.
정답 ①
해설
①allow + 목적어 + to R; 5형식(준 사역V)
②come → to come. want + 목적어 + to R
③→It is necessary for you to go there at once. [S + be + necessary 등의 특정 형용사 + to R]구조에서 의미상 목적어 자리가 비어있을 때 맞는 문장이 되려면, 그 의미상 목적어가 주어 자리로 이동했어야 하는데, 지금 이 문장은 to go뒤에 애초에 의미상 목적어라는 게 존재할 수가 없는 구조이므로 틀렸다.
④→It is hard for the man to succeed. ③에 주어진 문장과 똑같은 이유로 틀린 문장. 애초에 to succeed에 대한 의미상 목적어가 없었다.
해석
①White씨는 그가 2주 동안 휴가를 보내도록 허락했다.
②나는 당신이 잠깐만 도서관에 오기를 바란다.
③네가 즉시 거기에 가는 것이 필수적이다.
④그 남자가 성공하는 것은 어렵다.

4.
정답 ①
해설
it 삭제. [S + be + difficult등의 특정 형용사 + to R]구조에서 의미상 목적어 자리가 비어있고, 그 의미상 목적어가 주어 자리로 이동한 거라면 맞는 문장. The condition이 to diagnose의 의미상 목적어이었을 것이므로 it만 삭제하면 된다.
해석
비록 제 기능을 못하는 언어적 단기 기억 같은 미묘한 증상들이 존재한다 할지라도, 이러한 언어들을 말하는 아이들에게 있어서 그 상태를 진단하는 것은 더욱 어려운 일이 될 것이다.

Point 62.

[대표예제]

정답
해설
(a)to have had. 지금 그렇게 보인다는 시점보다 그가 경험을 했다가 더 과거. 한 시점 앞섬을 표현할 때는 완료 부정사.
(b)to have robbed. 사람들이 믿었던 시점보다 더 몇 주 전에 은행을 털었음으로 한 시점 앞섬을 표현하는 완료 부정사.
(c)to have been killed. 보고되어진 시점보다 더 과거에 죽음을 당했음으로 완료부정사 + 수동.
(d)not to have been hurt. 지금 봐서 행운인데, 부상당하지 않은 건 과거이므로 완료부정사 + 수동.

(e)to try. 뭔가 말할 듯 말 듯 애쓰는 그 시점에 그렇게 보였다이므로 양쪽이 같은 시점. 단순 부정사.
해석
(a)그는 내가 알던 사람이 아니다. 아마도, (과거에) 그곳에서 일종의 종교적 경험을 했던 것으로 (지금) 보인다.
(b)경찰은 (과거에) 사람들이 (더) 몇 주 전에 은행을 털었다고 믿었던 그 남자를 계속해서 찾았다.
(c)그 실종된 병사는 (과거에) 보고되어졌다. (더 과거에) 전투에서 죽음을 당했다고.
(d)그것은 정말 큰 사고였다. 너는 (과거의 그 사고에서) 심각하게 부상당하지 않은 것이 (지금 봐서) 다행이다.
(e)그는 뭔가 말할 듯 말 듯 결심하기 위하여 애쓰는 듯 보였다.

[실전예제]

1.
정답 ①
해설
to find → to be found. [to + vt의 능동형]구조는 문장의 다른 부분(대표적으로 주어나 그 to vt의 수식을 받는 명사 등)이 의미상 목적어역할을 겸하지 않는다면, 뒤에 의미상 목적어가 있어야 한다. 만약 없다면 틀린 것이고, 수동형으로 바꿔야 한다.
해석
비즈니스분야가 지금 배워가고 있듯, 혁신이라는 것은 발견되어질 것 같다. 똑똑하고, 열성적인 사람들이 자신들이 그것(혁신)을 발견할 수 있다고 생각하는 어떤 곳에서든.

2.
정답 ②
해설
일단, seem to R이므로 ①②가 대상이 된다. 지금 그렇게 보인다(seems)에 대해서 [지난 며칠 동안의 추위]라는 문맥을 대비해보면, 이미 추위가 과거에 있었다는 것이므로 손상 또한 과거에 있었던 것이다. 한 시점 앞섬으로 완료부정사가 필요하다.
해석
예외적이라고 할 정도로 심했던 지난 며칠 동안의 추위는 (지금 보니) 인듯하다. 그 나라의 많은 지역들에 (그 며칠 동안)손상을 입혔던.

3.
정답 ③
해설
to have had → to have. 보고되어진 과거 그 시점에 미국이 그 만한 숫자의 천식환자를 가지고 있었다. 즉, 양쪽이 같은 시점이므로 단순부정사가 적절하다.
해석
2002년에, 2천만 명의 미국인들이 천식을 앓고 있다고 보고되어졌다. - 천식은 숨을 쌕쌕거리거나, 호흡이 어렵거나, 가슴 통증과 기침을 특징으로 하는 만성 염증성 폐 질환이다.

4.
정답 ④
해설
appear (지금 보니 인듯하다)보다 그에 의해 작품이 쓰여 졌던 것은 더 과거이므로 완료부정사, 쓰여 지는 수동관계까지 가미되므로 to have been p.p.
해석
비록 Shakespeare는 자신의 몇몇 비극 작품들의 저자였던 것은 맞지만, 모든 그의 희극들이 그에 의해 쓰여 졌던 것은 아닌 듯하다.

5.
정답 ①
해설
to be → to have been. 지금 보니 인듯하다. 과거의 독자들이 인내심이 있었던 듯. 한 시점 앞서므로 완료 부정사.
해석
지금 보니 그렇다. 과거의 독자들이 오늘날의 독자들보다 더 인내심이 있었던 것처럼. 오락거리들이 거의 없어서, 그들은 지금 우리에게는 터무니없어 보이는 꽤 긴 길이의 소설을 읽을 만한 시간이 있었다.

Point 63. Point 64. Point 65.

[대표예제]

1.
정답 (a)
해설
to have learned → to learn. 희망, 기대, 의 도, 약속동사의 [과거형 + to have p.p] [과거완료형 + to R] 이 두 가지 표현 방법은 [과거)에 이루지 못한 희망, 기대, 의도, 약속을 표현하는데, 과거완료형 뒤에 to have p.p를 쓰는 경우는 없다.
해석
나는 뉴욕으로 여행가기 전에 영어를 배우고 싶었다. 그러나 (그러지 못했는데) 과정을 감당할 만한 여윳돈을 갖고 있지 않았다.

2.
정답 (a)
해설
(a)not to (marry her). 앞에 한번 나온 동사가 to 이하에 반복될 때는 to만 남긴다.
(b)mean → mean to. 원래 he didn't mean to (hurt her feelings). 대부정사가 되려면 to는 남겨야 한다.
(c)but 이하 삭제 or had intended → intended. [had intended to go]를 통해 과거에 의도했던 것이 이루어지지 않았음을 표현하므로 but이하의 내용은 필요치 않다. 아니면 그 방식을 쓰지 않고, 굳이 but이하를 쓰기 위해 단순히 미래적 어감만을 표현하는 [intended to go]로 바꿔준다.
(d)to not → not to. to R의 부정형은 not to R이다.
해석
(a)나는 그녀와 결혼할 것을 고려했다. 그러나 결국 그러지 않기로 결심했다.
(b)그는 그녀의 감정을 상하게 했다. 비록 그러려고 의도하지는 않았지만.
(c)나는 해외로 가려고 했다. (그러나 그럴 수 없었다)
(d)나는 네가 시끄러운 소음을 내지 않기를 원한다.

[실전예제]

1.
정답 ⑤
해설
but 이하 삭제 or to have bought → to buy. [intended to have bought]를 통해 과거에 의도했던 것이 이루어지지 않았음을 표현하므로 but이하의 내용은 필요치 않다. 아니면 그 방식을 쓰지 않고, 굳이 but이하를 쓰기 위해 단순히 미래적 어감만을 표현하는 [intended to buy]로 바꿔준다.
해석
①"어제 밤에 뭘 들은 거야?" "나는 누군가가 노크하는 소리를 들었던 것 같았어."
②그는 미국에 머물렀던 동안 쓰라린 경험을 했던 것처럼 (지금)보인다.
③그는 나를 도와줄 것을 약속했다. 그러나 그 약속을 깨뜨렸다.
④그 중년의 여성은 젊은 시절에는 미인이었던 것처럼 (지금)보인다.
⑤그는 만년필을 사려고 했었는데. (사지 않았다.)

2.
정답 ②
해설
원래 문장이 I don't have time to (type your paper). 이었을 것이므로 to가 남는 대부정사로 만든다.
해석
"Tom, 내 보고서 타입 좀 쳐줄 수 있어?" "지금 당장은 그럴 시간이 없네요."

3.
정답 ①
해설
① 원래 I used to (ride).
② want → want to. 원래 If you want to (sit in the business class).
③ how → how to. 원래 how to make the decorations.
④ ought to not → ought not to. to R의 부정형은 not to R.
해석
① 오토바이 타세요? 탔었는데, 지금은 안탑니다.
② 원하신다면 비즈니스 석에 앉으셔도 돼요.
③ 만약 우리가 그들에게 어떻게 하는 지를 보여준다면 아이들도 장식을 할 수 있을 것이다.
④ 그러한 일들은 허용되어서는 안 된다.

Chapter 07 동명사

Point 66. Point 67. Point 68.

[대표예제]

1.
정답 (b)
해설
주어자리에 들어 갈수 있는 것은 [명사, 대명사, to 부정사, 동명사, 명사절] 등이므로 해당사항이 되는 것은 동명사 Reading밖에 없다. 특히 일반성, 보편성을 띄는 의미의 주어가 필요할 때는 to 부정사보다 동명사를 주어로 선택한다.
해석
어두운 곳에서 책을 읽는 것은 눈에 해롭다.

2.
정답 (d)
해설
to hire → hiring. consider는 동명사를 목적어로 취하는 동사이다.
해석
(a) 학생은 열심히 공부하는 것을 피해서는 안된다.
(b) 거기에 도착하자마자 그녀는 달리기 시작했다.
(c) 나는 지금으로서는 새로운 뭔가를 할 위험을 무릅쓸 수 없다.
(d) 당신은 우리가 새로운 경비를 고용하는 것을 고려해야 한다고 생각하세요?

[실전예제]

1.
정답 ③
해설
buying → to buy / dispense without → dispense with. buying이 현재분사라면 money를 꾸미는 정도 밖에 안 되는데, [돈이 물건을 산다]라는 능동적 문맥이 말이 안 된다. 그러면 동명사로 봐서 가주어 It 과 진주어 ~ing로 보면 되지 않느냐? 동명사 주어는 to 부정사 주어와 달리 일반적으로 가주어 – 진주어를 쓰지 않는다. 주어인 문맥은 분명한 것 같으니 to 부정사로 바꿔서 진주어로 본다. 또, [생략할 수 있다, ~없이 지내다]라는 표현은 dispense with이다.
해석
① 그 대답을 아는 것이 믿을만한 차를 가지는데 도움이 될 수 있다.
② 그 방식이 작용하지 않았기 때문에, 나는 학생들이 나를 따라하도록 했다.
③ 없어도 살 수 있는 물건들을 사는 것은 단지 돈 낭비일 뿐이다.
④ 당신은 당신이 너무 무례하게 행동하는 것을 부끄러워해야 한다.
⑤ 보는 것이 믿는 것이다. (백문이 불여일견)

2.
정답 ④
해설
suggest와 enjoy는 동명사를 목적어로 취하는 동사들이다.
해석
A: 누가 10월에 캠핑 휴가를 가자고 제안했니? B: 내가 했어. 나는 비가 내릴지 몰랐지. 나도 빗속에서 텐트를 치는 것을 즐기지는 않아.

3.
정답 ①
해설
sue for → to sue for. 전치사 뒤에 원형이나 to 부정사를 쓰는 예외적인 표현들이 있다. have no choice but to R; ~하지 않을 수 없다.
해석
영국의 John왕은 반란군들에게 화평을 청하지 않을 수 없었다. 6월 15일에 템스 강 가의 Runnymede에서 조인되어진 평화조약이 마그나 카르타라고 불렸다.

Point 69.

[대표예제]

정답 (b)
해설
(a) to say → saying. 이미 말한 것을 후회하지 않는다는 과거적 어감의 문맥.
(b) remember to R; (앞으로)~할 것을 기억하다. 기억하고 있었던 그 시점에서 봤을 때 전화는 더 미래에 하는 것이었다. [전화해야 한다는 것을 기억하고 있었니?]
(c) becoming → to become. 이전에 하던 것과는 뭔가 다른 것을 이어나가다.
(d) putting → to put. 불을 끄려고 애썼다.
(e) to bring → bringing. 상품을 가져오는 것을 멈췄다; 전쟁 중이므로.
해석
(a) 나는 내가 말했던 것이 공정했다고 믿는다. (과거에) 말한 것을 후회하지 않는다.
(b) "너는 네 여동생에게 전화해야 한다는 것을 (과거 그때에) 기억하고 있었니?" "아이고. 완전히 잊고 있었네. 내일 전화해야겠다."
(c) Ben은 9년 전에 회사에 들어왔다. 그는 2년이 지나서 차장이 되었다. 몇 년 더 지나서 그는 그 회사의 부장의 되어서 계속해서 일했다.
(d) 우리는 불을 끄려고 애썼으나 성공하지 못했다. 우리는 소방차를 불러야만 했다.
(e) 1812년의 전쟁동안에, 영국의 배들은 미국으로 물자를 들여오는 것을 멈췄다.

[실전예제]

1.
정답 ③
해설
조건의 부사절 안에서 현재가 미래를 대신하고 있으므로 주절에는 일단, will regret이다. 그리고 후회는 이미 먹은 것을 후회하는 것이지, 앞으로 먹을 것을 후회한다는 것은 말이 안 된다. 아직 안 먹은 거라면 칼로리도 걱정되고 하니 안 먹으면 될 테니까. [~한 것을 후회하다]가 되려면 ~ing가 필요하다.
해석
만약 케이크의 칼로리에 대해 생각해본다면, 너는 케이크를 먹은 것을 후회할 것이다.

2.
정답 ③
해설
① compensating → to compensate. promise는 to R을 목적어로 취한다.

②to look → looking. avoid는 동명사를 목적어로 취한다.
③[준비운동 해야 한다는 것을 기억하다]는 문맥이므로 remember to R.
④informing → to inform. [주소를 이미 알려준 것을 잊어먹는 것]은 문제가 안 된다. [알려줘야 하는 걸 잊어먹은 것]이 문제가 되는 것이다.
⑤thinking → to think. [결과에 대해 생각하는 것 자체를 멈추는 것]은 아무 생각 없이 하라는 것이다. [생각하기 위하여 멈춰야]하는데, 그걸 안 하니 실수하게 되는 것이다.
해석
①그는 내 손실을 보상해주기로 약속했다.
②경찰은 그 사건에 대해 조사하는 것을 피하는 듯 했다.
③부상당하기 않기 위하여 무거운 무게를 들기 전에 준비 운동해야한다는 것을 기억해라.
④나는 서울을 향해 떠나기 전에 그에게 내 주소를 알려줘야 한다는 것을 잊었다.
⑤사람들은 결과에 대해 생각해보기 위하여 멈추지 않는다. 그래서 종종 실수를 한다.

3.
정답 ⑤
해설
to kill → killing. [멸종위기에 처한 동물들을 죽이는 것]멈추다가 되어야 하므로 stop ~ing가 필요하다.
해석
책임감 있는 관광객은 안다. 환경을 복원하는 것 보다는 그것을 보호하는 것이 더 쉽다는 것을. 당신이 여행할 때 자연을 보호하기 위해 당신이 할 수 있는 많은 간단한 일들이 있다. 산호나 상아 같은 멸종위기에 처한 식물들이나 동물들로 만들어진 기념품들을 사지 마라. 만약 아무도 이런 품목들을 사지 않는다면, 사람들은 그러한 위험에 처한 동물들을 죽이는 것을 멈출 것이다. 책임감 있는 관광은 또한 지역의 자원들을 고려한다.

4.
정답 ②
해설
to viewing his sculpture → to his sculpture. prefer to R than to R / prefer ~ing or ⓝ to ~ing or ⓝ. 앞에 [그림]이 있으므로 뒤에는 [조각]이라는 말만 있으면 된다.
해석
나의 미술사학 교수님들은 미켈란젤로의 조각보다 그림을 더 선호한다. 비록 미켈란젤로 스스로가 후자 (조각)을 더 자랑스러워 했을 지라도.

Point 70.

[대표예제]

1.
정답 (c)
해설
keep → keeping. contribute to에서 to는 전치사다. 뒤에 동명사가 와야 한다.
해석
자신의 손으로 직접 일을 하는 전통은 "당신 스스로" 정신이 생생하게 살아있게끔 유지시키는데 공헌해왔다.

2.
정답 (c)
해설
to find → (in) finding. have a hard time (in) ~ing; ~하느라 고생하다.
해석
평균적으로 대학교육을 받은 여성들과 고등학교 교육을 받은 남성들은 배우자를 찾는데 더 고생을 한다. 교육자들이 성별격차를 계속해서 무시 하는 한은.

[실전예제]

1.
정답 ④
해설
look forward to에서 to는 전치사이므로 뒤에 동명사. 사역동사 let + 목적어 + 원형. enjoy의 목적어는 동명사.
해석
a)그는 당신과 함께 일하기를 학수고대하고 있었다.
b)그녀의 부모님들은 그녀가 유럽에 가는 것을 허락하지 않을 거다.
c)나는 배드민턴을 즐기는 것을 규칙으로 한다. (규칙적으로 친다.)

2.
정답 ①
해설
①There is no ~ing; ~하는 것은 불가능하다. ~할 수 없다.
②to be survived → to survive. survive가 주어 자체가 [생존하다, 보다 오래 살다]는 의미일 때는 자동사이므로 수동형을 쓸 수 없다.
③but walk → but to walk. have no choice but to R; ~하지 않을 수 없다.
④to the affect → to the effect. affect는 동사. 명사가 들어갈 자리이므로 effect로.

3.
정답 ①
해설
to recruit → to recruiting. resort to에서 to는 전치사이므로 뒤에는 동명사가 적절하다.
해석
①일부 학교들은 해외로부터 선생들을 뽑는데 의지한다.
②긴 휴가가 지나고, 다시 일하는데 적응하기는 힘들다.
③그는 이번에는 다른 호텔에 머무르는 편이 더 낫다.
④밴드 멤버들은 주당 20시간을 연습하는데 바친다.

4.
정답 ③
해설
to create → to creating. dedicate + 목적어 + to = be dedicated to에서 to는 전치사이다.
해석
가난한 사람들은 가난한 동네들에 산다. 황폐화 된 건물들, 깨진 창문들, 낙서, 전반적인 절망의 상태에 의해 특징 지워지는. 사람들은 미학적으로 즐거움을 줄만한 환경을 만들어내는데 전념하지 않는다.

Point 71.

[대표예제]

1.
정답 (c)
해설
He → His. a big deal이라는 주격보어로 볼 때 주어는 He가 아니라 being absent~이다. He와 a big deal은 동격이 될 수 없기 때문이다. 주어자리에 등장하는 동명사에 대한 의미상 주어는 소유격이 원칙이므로, His로 바꾼다.
해석
(a)나는 그녀가 빠지는데 반대한다. 왜냐하면 그 미팅은 매우 중요하기 때문이다.
(b)나는 그녀의 아버지가 빠지는데 반대한다. 왜냐하면 그 미팅은 매우 중요하기 때문이다.
(c)그가 미팅에 빠지는 것은 그리 큰일은 아니었다.
(d)나는 그들 둘 다가 무죄라는 걸 의심하지 않는다.
(e)나는 그 책이 버려지는 게 싫다.

[실전예제]

1.
정답 ③
해설
resent의 목적어는 동명사가 가능하고, 목적어로 쓰이는 동명사의 의미상 주어는 소유격이 원칙이므로 ③이 적절하다. ①resent는 4형식 용법이 없고, ②마치 + 목적어 + to R처럼 보이지만, 5형식으로도 쓰이지 않는다. ④의 경우 resent that~이 가능하다해도 fail + ~ing를 봐도 틀렸다. fail은 to R을 목적어로 취하는 동사이다.
해석
위원들은 대통령이 그들에게 미팅에 대해 알려주지 않은 것에 분개했다.

2.
정답 ①
해설
you helping → your helping. appreciate의 목적어가 you라면 helping~이 설명되지 않으므로 helping~이 목적어라는 걸 알 수 있다. appreciate는 동명사를 목적어로 취할 수 있으며, [너]라는 사람자체에 대한 감사가 아니라 [도와준 것]이 감사하다는 문맥도 자연스럽다. 목적어로 쓰이는 동명사의 의미상 주어는 소유격이 원칙이므로 your로 고쳐준다.
해석
나는 네가 내가 설거지하는 것을 도와주는 것이 고맙다. 그러나 나는 네가 그것들(접시들)을 좀 더 조심해서 테이블위에 놓았으면 좋겠다.

3.
정답 ③
해설
①anyone's → anyone. 전치사의 목적어로 쓰이는 동명사에 대해 마치 소유격 의미상 주어를 잘 쓴 것 같지만, all, both, this, those, some, any 등이 의미상 주어가 될 때는 그 모양 그대로 쓴다.
②I → My. I 가 주어가 아니라 keeping이 주어인 문장이다. 그 동명사 주어에 대한 의미상 주어는 소유격이어야 한다.
③both 따위가 동명사의 의미상 주어일 때는 그 모양 그대로 쓴다.
④the house's → the house. 원칙적으로 소유격이 없는 무생물 명사가 동명사의 의미상 주어가 될 때는 그 모양 그대로 쓸 수밖에 없다.
해석
①어떻게든 그는 아무도 그를 보지 못하게 해서 기차에 타야만 했다.
②내가 항상 일찍 자고 일찍 일어나고 가정에 거의 불편을 끼치지 않는 것이 그녀가 나와 헤어지지 않고 싶어 하게 끔 했다.
③그들 둘 다가 사무실에 올 필요가 없었다.
④그들은 그가 왜 그 집이 폐기 처분되어지는 것에 그렇게 기분 안 좋아했는지를 알지 못했다.

4.
정답 ③
해설
us to spend money → our spending money. insist on에 대한 목적어이므로 동명사로 써야 하고, 그에 따른 의미상 주어는 소유격이다.
해석
기후 회의론자들에게 있어서, 지구 기후변화 지지자들의 문제점은 그들 모두가 우리가 여러 가지 것들을 변화시키는데 돈을 써야 한다고 주장한다는 것이다. - 즉, TV에 전력을 공급하기 위해 어떻게 에너지를 얻어야 하는지, 어떻게 회사들을 운영해야 하는지, 어떻게 회사에 출근해야 하는지 등의 여러 가지 것들에. 어느 누구도 변화를 좋아하지 않는다. 그리고 회의론자들은 특히 자신들이 우선적으로 싫어하는 변화를 만들어내기 위해 자신들의 돈을 쓰는 것은 좋아하지 않는다.

Point 72.

[대표예제]

해설
(a)having abandoned. 여전히 비난받는다는 문맥으로 보아 의무를 저 버린 게 과거고, 그로인해 지금도 비난받는다는 것이다.
(b)being thanked. 타동사 thank에 대한 의미상 목적어가 뒤에 없으므로 수동형이 되어야 한다.
(c)not having seen. 지금 와 실망스러운 것 보다 연극을 못 보았던 것은 과거이므로 완료동명사를 쓴다.
(d) having been. 부정하는 건 지금, 백화점에 있었던 건 어제.
해석
(a)그는 여전히 (과거에)의무를 저 버린 것에 대해 비난받는다.
(b)그의 희생에 대해 감사받는 대신에, 그는 그렇게 한 것에 대해 비난받는다.
(c)나는 (지금 와서)실망스럽다. 휴가차 뉴욕에 있었던 동안 연극 한편 보지 않았던 것이.
(d)그녀는 어제 밤에 백화점에 있었던 것을 (지금)부인한다.

[실전예제]

1.
정답 ②
해설
being unified →unifying. 의미상 목적어 the country가 남아있으므로 능동형으로 써야 한다.
해석
①나는 같은 실수를 두 번이나 했던 것이 부끄럽다.
②그들의 불굴의 노력이 그 나라를 통일시키는데 공헌했다.
③없어지는 대신에, 음악 감상은 우리의 초등교과 과정에 포함되어져야만 한다.
④그 금고는 (더 과거에)만져졌던 흔적을 (과거에)보이지 않았다.
⑤나는 당신이 시험에 합격했다는 소식을 들어서 기쁘다.

2.
정답 ③
해설
having wrong addressed → having been wrong addressed. [주소를 쓰다]는 의미의 타동사 address이므로 주어인 the package와 어울리려면 [잘못 쓰 여진]이라는 의미로 수동형이 되어야 한다.
해석
①내가 담배 피는 것을 멈춘 주된 이유는 내 모든 친구들이 이미 담배피는 것을 멈췄다는 것이다.
②남편이 아내를 이해한다는 것은 그들이 필연적으로 조화를 이룬다는 것을 의미하지는 않는다.
③그 소포는, (더 과거에)주소가 잘못 쓰여서, 그에게 손상된 채 늦게 도착했다.
④그녀는 남편이 집에 돌아오는 길에 계란 두 판(24개)을 사오기를 원한다.

3.
정답 ②
해설
amazing → being amazed. [놀라게 하다]는 타동사 amaze가 뒤에 의미상 목적어가 없으므로 수동형으로 써야 한다.
해석
평균적인 도시 사람과 시골에서 산책한다는 것은 불가능하다. 그의 엄청난 (시골에 대한) 무지에 대해 놀래 켜지지 않는 채.

4.
정답 ③
해설
coercing → being coerced. [강요하다]는 의미의 타동사 coerce가 뒤에 의미상 목적어가 없으므로 수동형으로 써야 한다.
해석
①John은, 선생에 의해 꾸지람을 듣고, (더 과거에)책을 훔쳐갔다고 마침내 고백했다.
②대부분의 미국인들은 나이나 지위에 대한 존중으로 대접받는 것을 스스로 즐기지 않는다.
③특권층들은 자발적으로 자신들의 특권을 포기하는 경우가 좀처럼 없다. 그렇게 하도록 강요받지 않으면.

④그는 (더 과거에)거기 있었다는 것을 (과거에)부인했다.

Point 73. Point 74.

[대표예제]

정답 (a)
해설
(a)need + ~ing에서 ~ing는 주어와의 수동관계를 의미한다.
(b)being kept → keeping. be worth뒤에는 being p.p를 쓰지 않는다.
   그냥 ~ing가 오히려 주어와의 수동관계를 의미한다.
(c)gathering → to gather. want의 목적어 자리는 to R이 원칙이고,
   ~ing를 쓰는 경우는 주어와 수동관계가 성립 할 때뿐이다. You와
   gather이 수동관계가 되는 것이 아니므로 원래대로 to R을 써야한다.
(d)to be solved → solving. be worth뒤에는 원래 to R이 붙지 않는다.
   이때 ~ing는 주어와의 수동관계를 의미한다.
(e)The 삭제. 바로 뒤에 grammar라는 명사가 붙었다는 것은 understanding
   이 동명사이고, grammar이 의미상 목적어라는 것이다. 동명사는 The
   가 붙을 수 없다.

해석
(a)그 차들은 세차되어질 필요가 있다.
(b)그 원칙은 비밀로 유지될만한 가치가 있다.
(c)너는 아마도 촉진 방안들에 대한 정보를 얻기를 원할 것이다.
(d)그 문제는 해결되어질만한 가치가 있다.
(e)문법을 잘 이해하는 것은 글을 잘 쓰는 것에 필수적이다.

[실전예제]

1.
정답 ③
해설
deciding → decision. 앞에 the도 있고 뒤에 의미상 목적어가 바로 붙은
것도 아니므로 동명사를 쓸 자리가 아니다.
해석
사회 개혁가인 Florence Kelly는 아동 노동을 금지하는 일리노이 주 의회
의 1893년 결정에 중요한 역할을 했다.

2.
정답 ①
해설
①A good~ 과 of grammar로 보아 명사가 들어갈 자리. understanding
  은 그 자체가 명사도 된다.
②to repair → to be repaired or repairing. 뒤에 의미상 목적어가 없으
  므로 능동의 to repair는 부적절. 세탁기가 수리되어지는 수동관계도
  성립하므로 need뒤에 ~ing 쓰거나 to be p.p로 고쳐서 수동관계를
  보여준다.
③being replaced → replacing or to be replaced. need ~ing만으로
  수동관계를 표현할 수 있으므로 being p.p를 쓸 필요가 없다. to 부정
  사를 쓰자면 to be p.p로 수동관계를 보여준다.
④punished → punishing or to be punished. 그가 처벌되어지는 수동
  관계를 ~ing나 to be p.p가 표현해야 한다.
해석
①문법에 대한 제대로 된 이해는 좋은 글쓰기에 필수적이다.
②이 세탁기들 중의 몇 대는 고장이 나서 수리되어질 필요가 있다.
③배터리가 바뀌질 필요가 있다면 우리가 무엇을 해야 하나?
④그 남자는 유죄이고 처벌되어져야 한다.

3.
정답 ④
해설
being punished → punishing or to be punished. 처벌되어지는 수동
관계를 ~ing나 to be p.p가 표현해야 한다.
해석
만약 어떤 사람이 범죄를 저지르면, 그(범죄자)가 단지 자신의 마음, 두뇌
속에서의 신경학적인 진행과정의 –산물- 이라고 말할 수는 없겠는가? 사
실은 그는 유죄일 수가 없다. 왜냐하면 그는 단지 이렇게 행동할 뿐이다.
그건 또 왜냐하면 그는 특정한 상황 속에서는 이렇게 행동하지 않을 수 없
기 때문이다. 그렇다면 그는 그의 과거, 그의 경험들, 그의 두려움들, 그의
압박감, 그 이외 여러 가지 것들의 –산물- 일 뿐이다. 범죄자들은 처벌되어
져만 하는 것인가?

Chapter 08 분사

Point 75. Point 76. Point 77.

[대표예제]

1.
정답 (d)
해설
(a)endangering → endangered. 수식받는 명사와 분사 사이의 주술관
   계를 따지는 게 분사 판단의 핵심. [전통]은 [위태롭게 되어지는]수동적 관
   계.
(b)worn → wearing. [남자]가 [끼고 있다. 선글라스를]능동적 관계.
(c)died → dying. 자동사인 die의 p.p는 [완료; 이미 죽은]이라는 의미가
   되는데, 그러면 구조할 필요도 없다. [죽어가는]이라는 능동, 진행관계.
(d)[공연]이 [실망시키다]라는 능동 관계. 의미상 목적어는 직접 쓰여 있지
   않지만 [보는 사람]이라는 전제가 깔려있다.

해석
(a)위험에 처한 전통을 다시 되찾을 몇 가지 조언들이 있다.
(b)선글라스 끼고 있는 사람이 내 삼촌이다.
(c)응급 의료원은 죽어가는 젊은 남자를 살리기 위해 할 수 있는 모든 것을
   했다.
(d)요약해서 말하자면, 실망스런(실망을 주는) 공연이었다.

2.
정답 (e)
해설
(a)tail → tailed. tail + rat이면 하나의 합성명사가 되어야 하는데, [꼬리
   쥐]라는 합성명사는 없을 것이다. [꼬리를 가진 쥐]가 되려면 유사분사
   로 써줘야 한다.
(b)surrounding → surrounded. 주격보어로 쓰이는 분사는 주어와의 주
   술관계를 따진다. [그녀]가 아이들에 의해 [둘러싸여진]수동관계.
(c)falling → fallen. [떨어지는 중인 잎들]위를 걸어간다? 그건 공중부양
   이다. [낙엽]이 되려면 [완료]적 의미가 필요하므로 자동사인 fall의 p.p
   로 바꾼다.
(d)having → to have. 명사 + to R이냐? 명사 + ~ing이냐? 이 결정에서
   특히 to R을 선택하는 경우에 수식받는 명사가 [계획, 시도, 결심, 노력,
   능력, 소망, 꺼림]인 경우가 있다.
(e)Tom이 인기가 있는 건 다른 사람들에게 [재미를 주는 사람]이었기 때
   문이다. 능동관계이므로 현재분사가 적절하다.

해석
(a)저것 좀 봐! 긴 꼬리를 가진 쥐가 있어.
(b)그녀는 자신의 자녀들에 둘러 싸여 앉아있었다.
(c)그녀와 나는 낙엽 위를 걸었다.
(d)나는 아름다운 여자 친구를 갖는 소망을 가지고 있다.
(e)Tom은 매우 재미있는 사람이었기 때문에 우리 사이에서 매우 인기
   있었다.

[실전예제]

1.
정답 ③
해설

[작품]이 [전시되어지는]수동적 관계이므로 과거분사.
해석
박물관에 전시된 대부분의 작품은 19세기 이탈리아에서 온 것이다.

2.
정답 ①
해설
[경험]은 대상이 되는 사람들을 [겁나게 하는]능동적 주체이고, 모든 사람들은 그로 인해 [충격을 받는]수동적 입장이다.
해석
그것은 진짜 끔찍한 (겁나게 하는)경험이었다. 그 후에 모두 심하게 충격을 받았다.

3.
정답 ②
해설
ground – dwelled → ground – dwelling. [추가어구 – 분사 + 명사] 구조에서도 수식받는 명사가 주어, 분사가 동사인 주술관계를 먼저 따진 후 추가어구의 성격을 확인한다. [공룡]이 [산다 + 땅에서]라면 어쨌든 능동적 관계가 성립한다.
해석
한 전문가가 비행(날기)은 아마도 생겼을 거라고 주장한다. 땅에서 사는 공룡들의 팔 퍼덕거림의 부산물로서. 왜냐하면 그 새들의 선조들(공룡들)이 자신들의 달리는 속도를 증가시키기 위하여나 빠르게 회전을 할 때 균형을 잡기 위해서 깃털이 있는 팔들을 사용했기 때문이다.

4.
정답 ③
해설
respecting → respected. [신문]이 [존경받는]수동적 관계.
해석
(과거에) 발생했던 일은 내가 40대였을 때, 내가 태어난 Dublin으로 돌아가서 나는 그 도시의 가장 존경받는 신문인 The Irish Times에서 의견기고가로서 일하기 시작했다는 것이었다.

5.
정답 ⑤
해설
confused → confusing. [건물]자체가 [혼란되어질]수는 없다. [건물]이 [혼란을 주는]능동적 주체가 된다.
해석
그리스 신화에 따르면, 테세우스는 그가 그 혼란을 주는 건물의 가장 깊은 곳으로 더 깊이 관통해서 들어가는 동안 거대한 연회장으로부터 천천히 펼쳐진 한 가닥의 실을 따름으로서 무시무시한 괴물의 집이 되게 지어진, 통로들과 갤러리 들로 이루어진 미로 밖으로 되돌아 나오는 길을 찾을 수 있었다.

6.
정답 ④
해설
involving in → involved in. [과정들]이 [포함한다. 무엇을?] 능동적 관계가 아니라, [과정들]이 [포함되어진, 연루되어진]수동적 관계.
해석
공무원직은 당신이 매일 성취하는 것들이 세상 속에서 뭔가 차이를 만들어낼 수 있는 여행을 시작할 기회이다. 미국 회사들을 위한 무역 기회 증진부터 인권 문제를 살펴보고 관리 감독을 제공하는 것 까지, 공무원직을 통해 당신은 외교 정책 사안에 직접적으로 영향을 미치거나 사업 관행들과 국무부의 외교적 노력을 지탱하는 것과 연관되어진 과정들을 처리하는데 당신의 기술들을 사용할 수 있다.

Point 78.

[대표예제]

1.
정답 (d)
해설
Worn → Wearing. 양쪽 주어가 같다는 전제를 통해, Worn앞에 She가 있다고 생각해보면, [그녀]가 [입고 있는]능동적 관계가 성립한다.
(a)(과거에)지갑을 잃어버렸기 때문에, (지금) 그 책을 살 수 없다.
(b)여러 번 패배되어졌기 때문에, 그는 Jack과의 시합을 피했다.
(c)어떻게 그 문제를 해결할까를 생각하다가 나는 좋은 생각이 떠올랐다.
(d)잠옷위의 가운만 입고 있어서, 그녀는 추운바람에 의해 실내로 내몰렸다. (추워서 들어올 수 밖에 없었다.)
(e)(더 과거의) 한 시간의 힘든 산책 후에, (과거에) 나는 휴식을 취하기 위해 누웠다.

2.
정답 (c)
해설
(a)Weather permitted → Weather permitting. Weather permitted는 [주어 + 동사]일 리가 없으므로(만약 그렇다면 절과 절이 접속사도 없이 부딪히게 된다.) 독립 분사구문일 수밖에 없다. 남아있는 주어인 Weather 과 permit사이에는 [날씨]가 [허락하다]라는 능동적 관계가 생긴다.
(b)Being Sunday → It being Sunday. 날씨를 말하는 문장의 주어는 비인칭 주어인 It이었을 것이므로 양쪽 주어가 달라서 It을 남겨야 하는 독립 분사구문이 되어야 한다.
(c)양쪽 주어가 다르므로 the sun이 남아야 하고, 구조팀이 포기한 것보다 [해]는 더 과거에 [이미 졌을 것]이므로 완료 분사구문이 적절하다.
(d)taken → taking. 남아있는 접속사는 중요하지 않고 양쪽 주어가 같다는 전제를 가지고 I 와 taken의 관계를 따지면, [내]가 [낮잠을 잔다]는 능동적 관계가 성립한다.
해석
(a)날씨가 허락한다면, 그들은 곧 구조되어 질 것이다.
(b)일요일임에도 불구하고, 거리는 번잡하지 않았다.
(c)이미 해가 졌기 때문에, 구조팀은 실종자 찾기를 멈췄다.
(d)낮잠 자는 동안, 나는 이상한 꿈을 꿨다.

[실전예제]

1.
정답 ④
해설
Stripping of → Stripped of. [strip ~에게 + of ~을,를] 이미 목적어 자리가 비어있다는 것을 봐도 수동관계가 성립한다. 양쪽 주어가 같다는 생각을 해봐도 [언론인에게서][질문이라는 것이][제거되어지는]수동적 관계이다.
해석
나는 배우고 있었다. 지금으로서는 질문은 없다. 그냥 존재할 뿐이다라는 사실을. 이런 사실이 나로 하여금 처음에는 불편함이 느껴지게끔 했다. 질문이 제거되어진(박탈되어진) 기자는 정체성이 없다.

2.
정답 ②
해설
Provided → Providing. 앞 절이 형식적으로 완벽하므로 provided는 p.p로서 분사구문이 되어야만 한다. 바로 뒤에 some hope라는 목적어가 있다는 사실만 봐도 능동으로 바꿔줘야 한다. 일반적으로 분사구문은 양쪽 주어끼리 같다는 전제가 있는데, 이 문장처럼 문맥상 앞 절 전체가 분사의 주체가 되는 경우도 있다.
해석
오랫동안 고통 받은 스마트폰 제조업체가 영업 이익에서 놀랄만한 돌출을 기록했다. (이런 사실이)희망을 제공했다. 그 제조업체의 상황반전 노력들이 견인력을 얻기 시작하고 있다는 희망.

3.
정답 ⑤

해설
All preparations completing → All preparations completed. 독립 분사 구문. [모든 준비들이] [완료되어지는]수동적 관계.
해설
①물에서 거의 용해되지 않는 반면에, 퀴닌은 알코올에서는 쉽게 녹는다.
②나는 그곳에 갔다. 미국문화에 대해 뭔가를 배우고 싶다고 바라면서.
③법원에 의해 선고가 내려지고, 새로운 재판은 거부되어져서, 그 강도는 죽음에 직면했다.
④전쟁이 끝나서, 나는 여행을 시작했다.
⑤모든 준비들이 끝내어지고, 손님들이 도착하기 시작했다.

4.
정답 ③
해설
①attempted → attempting. [연구자들이] [시도하는]능동적 관계.
②broad speaking → broadly speaking. 무인칭 독립 분사구문에서 비롯한 관용표현이다.
③[숙제를 다 끝낸 것이] [나간 것]보다 더 먼저이므로 완료분사구문이 적절하다.
④Giving that → Given that. 무인칭 독립 분사구문에서 비롯한 관용표현이다.
⑤The dice casting → The dice cast. [주사위]가 [던져지는]수동적 관계. cast의 p.p는 cast이다.
해설
①아이들의 기호식품들을 설명하려고 시도 할 때 연구자들은 모순에 직면하게 된다.
②대체적으로 말하면, 법의 목적은 평화와 안보를 유지하는 것이다.
③숙제를 끝마쳤기 때문에, 그는 밖에 놀러 나갔다.
④그것이 그녀의 잘못이라는 걸 고려해보면, 그것은 적절해 보인다.
⑤주사위는 던져졌기 때문에, 우리는 그 과정을 따르지 않을 수 없다.

Point 79. Point 80. Point 81.

[대표예제]

정답 (e)
해설
(a)followed → following. [with + 명사 + 분사]에서는 명사와 분사사이의 주술관계를 따진다. [개]가 [따른다. 그]이므로 능동관계가 성립한다.
(b)turning away → turned away. [얼굴]이 [돌려지는]수동적 관계이므로 과거분사.
(c)attach → attached. 일단 attach가 원형이라는 것부터가 틀렸다. [단서, 조건]들이 [부착되어지는, 달려지는]수동적 관계.
(d)as it did → as it was. 원래 본동사가 the book was written~이었을 것이므로 강조를 위해 be동사를 그대로 이용했어야 한다.
(e)유도부사 There로 시작하는 문장이 분사구문이 될 때는 항상 There가 남는다.
해설
(a)그는 산책하러 나갔다. 그의 개가 그를 따르는 채.
(b)그녀는 가만히 있었다. 그녀의 얼굴이 그로부터 돌려진 채.
(c)우리는 불편하다. 만약 아무런 단서도 달리지 않은 채 친절이 우리에게 오는 듯하면.
(d)그 책은 확실히 급하게 쓰여 졌기 때문에, 많은 실수를 가지고 있다.
(e)버스가 없어서, 나는 집으로 걸어가야만 했다.

[실전예제]

1.
정답 ②
해설
the train can be caught by you. → You can catch the train. 언뜻 양쪽 주어가 같다고 보면, [기차]가 [떠난다]라는 능동 관계인 것처럼 보이지만, [즉시 떠난다]라는 문맥과 [기차가 너에 의해 잡힌다]라는 양쪽 절의 관계를 놓고 보면 즉시 떠나는 것이 [너]라는 사실을 알 수 있다. 아예 주절 주어를 You로 만들어서 문장을 고쳐준다.
해설
①공식적인 반대가 없었기 때문에 휴가가 주어졌다.
②(네가)즉시 떠난다면, 너는 기차를 따라잡을 것이다.
③한쪽 눈에 붕대가 감겨져서, 나는 제대로 글을 쓸 수 없었다.
④그들의 이빨로 판단해 보건데, 그들은 다양한 식단을 가지고 있었다.

2.
정답 ④
해설
aging ones retiring → aging ones being retired. [오래된 원자로들이] 스스로 [은퇴할]수는 없다. [퇴역되어지는, 없어지는]수동적 관계. 그런데 문맥상 진행적 의미까지 더해지는 게 자연스러워서 being retired로 바꾼다.
해설
핵에너지가 전 세계 전기 공급의 13%를 차지하고 있긴 하지만 – 그리고 수십 개의 새로운 원자로들이 중국, 인도, 러시아 같은 나라에서 만들어지는 중이기도 하다 - 미국과 많은 나머지 선진국에서 핵에너지는 사라지고 있다. 새로운 원자로들은 보류되고, 오래된 것들은 퇴역되어지고 있는 중인 채.

3.
정답 ④
해설
representing as it is → representing as it does. money를 주체로 해서 원래 주어, 동사로 복원하면 money represents (to so large an extent) the means~ 가 된다. 즉, 포함된 원래 본동사가 일반 동사이므로 분사구문으로 만든 후 강조를 위해 as it does를 썼어야 한다.
해설
인간이 어떻게 돈을 사용하는가는 –돈을 어떻게 만들어내고, 저축하고, 소비 하는가는– 아마도 실용적인 지혜에 대한 가장 훌륭한 시험 방법들 중의 하나이다. 비록 돈은 인간의 삶의 주요한 목표로 생각되어져서는 안 되지만, 그것(돈)은 또한 철학적 경멸 속에 담겨질 만큼 사소한 문제 인 것도 아니다. 돈은 확실히 상당한 정도로까지 물질적 편안함과 사회적 복지의 수단을 대변한다.

Chapter 09 관계사

Point 82.

[대표예제]

1.
정답 (d)
해설
(a)whom → who. 뒤에 본동사가 보이므로 주격 관계대명사 자리.
(b)is → are. The people (who work in this office) is~. 주어가 복수이므로 are.
(c)who → which. 선행사가 book이므로 which.
(d)met에 대한 목적어 자리가 비어있는 사람목적격 관계대명사.
(e)whom you can talk → whom you can talk with or with whom you can talk. 동사의 목적격이 되려면 talk의 목적어 자리가 비어야 하는데, 애초에 talk가 목적어를 가지려면 전치사의 도움이 필요하다. 이 때 전치사는 관계대명사 앞에 있을 수도 있다.
해설
(a)이 사람이 다음 주에 우리 회사에 들어올 사람이다.
(b)이 사무실에서 일하는 사람들은 매우 친절하다.
(c)여기에 동물들을 묘사하는 책이 있다.
(d)나는 지난 밤 파티에서 만난 여자가 마음에 들었다.
(e)당신이 함께 얘기를 나눌 수 있는 많은 여자들이 있다.

2.
정답 (e)

해설
(a)which → about which. 뒤에 완벽한 절이 있으므로 단독의 which는 틀렸다. 선행사인 many trips가 원래 뒤 문장에 있었을 텐데 그것을 이끌었을 만한 전치사가 about이므로 전치사의 목적격으로 고쳐 쓴다.
(b)by which → in which. 뒤의 절이 완벽하고 이미 전치사의 목적격으로 쓰긴 했지만, 전치사의 의미가 틀렸다. 선행사인 condition이 뒤 문장에서 in the condition(그 상태에서는)이었을 것이므로 in which로 바꾼다.
(c)whom → for whom. whom이 단독으로 나오려면 뒤 문장의 동사의 목적어 자리가 비어야 하는데, I was working은 완벽하다. 그렇다면 전치사의 목적격이 되어야 하고, 선행사인 Mr. Kim을 뒤로 돌려놓고 생각하면, I was working for Mr. Kim이었을 것이므로 for whom이 된다.
(d)whose the roof → whose roof. 소유격 whose뒤에는 무 관사 명사나 복수명사가 와야 한다.
(e)원래 뒤 문장이 one of them(=three sons)~이었고, 여기서 them이 사라진 그 자리에 목적격을 써주는 것이 [부분 표현 어구+ of whom]을 만들어준다.

해석
(a)그는 (대하여) 많은 에세이를 쓰게 된 미국으로의 많은 여행을 했다.
(b)전환 장애는 (그 상태 속에서는) 당신이 심리적인 스트레스를 물리적 방식으로 내 보일 수 있는 상태이다.
(c)내가 (위하여)일하고 있던 Mr. Kim은 초과 근무 수당에 대해서는 매우 관대했다.
(d)나는 (그것의)지붕이 파란색인 집에서 산다.
(e)그녀는 아들만 셋이 있었는데, 그들 중의 하나가 한국전쟁에서 죽음을 당했다.

[실전예제]

1.
정답 ④
해설
them 삭제. 선행사인 rights와 them이 정확하게 일치한다. 즉 which가 동사의 목적격이 될 수 있으므로 뒤 문장에서는 실제 동사의 목적어인 them을 없애준다. through no fault of their own은 끼어든 부사구로 앞에 있는 who와 are deprived of~가 연결된다.
해석
불가항력적으로 (through no fault of their own) 모든 인간들이 가지기로 되어있는 기본적인 권리들을 빼앗기는 사람들이 있다.

2.
정답 ④
해설
which → of which. they are members가 완벽한 절이므로 단독의 which는 일단 틀렸다. 선행사인 clauses를 뒤 문장으로 돌려 생각하면 they are members of the clauses.이었을 것이므로 of which가 된다.
해설
부사어구가 절 구조 속에 통합되어지는 정도는 두 군데 위치에서 그것(부사어구)의 구두점에 영향을 주었다. 즉, 첫 자리와 마지막 자리이다. 자주 구두점이 찍혀지지 않는 부가 어들은 그것들이 생기는 절과 밀접하게 연관되어져 있다. 반면에, 이 접사들과 접속부사들은 문장의 부사들이고, 그것들의 상대적으로 자주 나오는 구두점은 그것들의 느슨한 연관관계를 보여준다. 자신들이 속해있는 그 절에 대한. (They are members of the clauses)

3.
정답 ⑤
해설
whose talent → of whose talent
원래 뒤 문장이 he is very proud of her talent. 여기서 her 이 whose가 되면서 뒤에 데리고 있던 명사인 talent와 같이 중간에 위치한 것 까지는 좋은데, 전치사 of가 사라졌다. is proud까지가 어쨌든 완벽한 형식이라고 보면 of는 관계대명사 앞에 쓰는 게 좋다. 다만, be proud of의 연관성을 볼 때, 뒤에 그대로 놔두는 것도 가능은 하다.

해석
①그녀는 (그것의)가격이 매우 비싼 시계를 가지고 있다.
②(그것의)표지가 녹색인 책이 있다.
③두 가지 선전문구들을 비교해 보자. 그것들 둘 다는 우리로 하여금 초콜릿 상품들을 건강에 좋은 음식들로 생각하게끔 하려고 애쓴다.
④그녀는 어느 누구도 쉽사리 동의하지 않을 새로운 방법을 제안했다.
⑤저 사람이 (그녀의) 재능을 그가 매우 자랑스러워하는 그의 딸입니까?

4.
정답 ③
해설
many of those → many of whom. 절과 절이 그대로 부딪힐 수는 없다. 접속사가 필요한데, 양쪽의 연관관계로 보면 others와 those가 의미상 겹치는 부분이 되므로 others를 선행사로 하고, many of라는 부분표현 뒤에 목적격관계대명사를 써준다.
해석
1992년 10월의 이집트 지진은 카이로에서 600명의 주민들을 죽게 했고 수천 명의 다른 주민들을 입원시켰다. 그런데 그들(입원한 사람들)중의 많은 사람들 또한 부상 때문에 죽을 거라고 예상되어졌다.

5.
정답 ②
해설
선행사는 one (=a industry)이고 뒤에 완벽한 절 (constant interaction is required)가 있으므로 전치사의 목적격 관계대명사가 필요하다. 선행사를 뒤 문장에 넣고 생각해보면 in the industry라는 유추가 가능하므로 in which가 된다.
해석
판매 사업은 계속적인 상호작용이 요구 되어 지는 산업이라서, 좋은 사교적 기술이 필수다.

Point 83. Point 84. Point 85. Point 86.

[대표예제]

정답 (c)
해설
(a)teach → teaches. 선행사가 3인칭 단수이다.
(b)who → whom or to be → is. I think to be~에서는 실제로 think의 목적어 자리가 비어있으므로 목적격 whom이 적절하고, 만약 I think를 삽입절로 본다면 to be만 본동사인 is로 바꾸면 주격관계대명사 who를 쓸 수 있다.
(c)원래 뒤 문장은 they eat (food) everyday. 즉, 정확히 목적어 자리가 비어있는 목적격 관계대명사. they앞에 which가 생략되어있다.
(d)in → in which. 전치사가 앞으로 이동했을 경우 목적격관계대명사라도 생략할 수 없다.
(e)there are → there is. 최상급 + (that) + there be~ 구조에서 예외적인 주격관계대명사의 생략이 가능하다. 중간에 that이 생략된 것 까지는 괜찮은데, 선행사가 단수인 man이므로 원래 뒤 문장도 there is a man~이라고 봐야 한다.
해석
(a)박 교수는 화학을 가르치는데 훌륭한 강사이다.
(b)Tom은 내 생각에 정직한 소년이다.
(c)사람들은 매일 먹는 음식으로부터 에너지를 얻을 수 있다.
(d)이 집은 그가 사는 곳이다.
(e)그는 세상에 존재하는 (남자 중에) 가장 잘생긴 남자이다.

[실전예제]

1.
정답 ③
해설
which reports → which report. 선행사가 복수명사인 magazines이다.

해석
신문은 더 두껍고, 사진은 더 다채롭고, 대부분의 기사는 상대적으로 길다. 독자는 훨씬 더 많은 배경 정보와 더 많은 세부 사항을 경험한다. 많은 주제들을 보도하는 주간 뉴스 잡지 또한 있지만, 대부분의 잡지들은 다양한 소비자를 끌어들이기 위해 특화되어진다. 예를 들면, 유명 인사들을 다루는 젊은 사람들의 잡지 뿐만 아니라 패션, 화장품, 조리법을 다루는 여성 잡지들도 있다.

2.
정답 ①
해설
were → was. 주격관계대명사의 선행사가 [the only one of 복수명사]인 경우 뒤의 동사는 the only one에 맞추므로 단수형이 되어야 한다.
해석
이 젊은이는 그의 삼촌을 만났는데 자신이 가족들 중에 아직 살아있는 유일한 사람이라고 울면서 말했다. 다른 모든 이들은 학살당했고 그는 그에게 위로가 될 사람을 찾아 시골지역을 그저 돌아다니는 중이었다.

3.
정답 ②
해설
pent them up → pent up. ~resentment까지로 완벽한 절이 완성되었는데, 바로 뒤에 I had pent them up~ 이라는 또 하나의 완벽한 절이 바로 붙을 수는 없다. all the anger and resentment = them이라는 문맥상의 관계로 보아 이미 목적격관계대명사가 중간에 생략되었다고 보면 뒤 문장의 목적어는 실제로 없어져야 한다.
해석
나는 내 자신의 행동에 살짝 놀랐었고 내가 수년 동안 가둬왔던 모든 노여움과 원한에 깜짝 놀랐다. 돌이켜 생각해보면, 그것이 내가 사용할 수 있었던 가장 제대로 된 접근법이었다고는 말할 수 없지만 그것은 명백히 내 논점을 전달했다.

4.
정답 ②
해설
which we believe are → which we believe is. 선행사가 a region이므로 삽입절인 we believe를 빼고 보면, 주격관계대명사 뒤의 동사는 단수형이 되어야 한다.
해석
①사람들은 John이 매우 이기적이라고 했는데, 그의 아버지도 그가 그렇다는 것을 알고 있었다.
②우리가 해온 일은 우리가 믿기에 극단적으로 오랜 나이까지 긍정적으로 살아가는 것과 연관되어 있는 인간유전속의 구역을 확인하는 것이다.
③빗속에서, 내가 믿기에 그녀의 아버지로 보이는 한 신사를 만났다.
④나는 사람들이 말하는 영어를 유창하게 하는 여성을 고용할 것이다.

5.
정답 ④
해설
①which → in which. 뒤에 완벽한 절이 있으므로 전치사의 목적격. 원래 뒤 문장은 he can film the documentary in the locations.
②which to film~ → in which to film~. [단독의 관계대명사 + to R]은 지금은 쓰이지 않는다. 더군다나 전치사도 사라졌기 때문에 이미 틀렸다. 고치는 방법으로, 전치사를 동반시키면 그나마 가능한 방법이 된다. 물론 이것도 그냥 to R만 쓰는 것 보다 일반적이지는 않다.
③가능한 방법이긴 하지만, 그냥 to R만 쓰는 것 보다 일반적이지는 않다.
④in which to film the documentary가 더 줄여든다면 to film the documentary in. 이 되는 것이다.
해석
그 감독은 자신이 다큐멘터리를 촬영할 수 있는 장소들을 찾아보고 있다.

Point 87. Point 88. Point 89.

[대표예제]

정답 (c) (e)
해설
(a)that → which. 앞 절 전체를 선행사로 하는 경우 관계대명사는 계속적 용법의 which를 쓴다. 애초에 that은 계속적 용법 자체가 안 되기도 하다.
(b)to that → to which. 전치사를 동반하는 경우 관계대명사 that은 쓸 수 없다.
(c)사람과 사람 아닌 것이 결합한 선행사에 대해서는 관계대명사로 that을 쓴다.
(d)whom → that. 선행사에 the very가 포함된 경우 that이 원칙이다.
(e)[What + 불완전한 절(to do에 대한 의미상 목적어 자리가 비어있다)] what절이 주어인 명사절이다.
(f)that → what. tell의 직접 목적어 자리인 명사절이다. saw와 heard에 대한 목적어 자리가 비어있는 불완전한 절이므로 what이 적절하다.
(g)that → what. know의 목적어인 명사절자리이고, 주어자리가 비어있는 불완전한 절이 따라 붙으므로 what이 적절하다.
해석
(a)그녀는 하루 종일 아무것도 먹지 못했고, 그런 사실이 그들이 그녀를 동정하게 했다.
(b)홍수는 항상 소방관들이 대응해야 하는 종류의 사건이어 왔다.
(c)무단 횡단하던 아이와 강아지가 택시에 치였다.
(d)당신이 바로 내가 찾아 온 그 사람이다.
(e)엄마가 너에게 하라고 하는 일은 실패 없이 행해져야 한다.
(f)해외에서 보고 들었던 것을 나에게 말해주세요.
(g)나는 심지어 Jim에게 무슨 일이 있었는지도 모른다.

[실전예제]

1.
정답 ①
해설
Who has passed~ → Who that has passed~. Who has passed~라는 구조는 Who자체가 주어인 의문문으로만 설명할 수 있다. 그렇다면 has passed가 본동사라는 얘기인데, 뒤에 보면 has not paid~라는 본동사가 확정되어있다. 즉, Who ( ) has not paid~가 되어야 한다. 그렇다면 ( ) 속은 관계사절 정도를 만들어주어야 한다. 선행사가 who일 때 주격관계대명사는 that이 원칙이므로 Who (that has passed~)has not paid~가 되는 것이다.
해석
여름에 뉴잉글랜드를 지나가는 그 누가 자신이 어느 정도 둘러싸여져있는 그 아름다운 나무들에 대해 경의를 표하지 않겠는가?

2.
정답 ④
해설
to that → to what. 관계대명사 that은 전치사를 동반해서 쓸 수 없다는 사실만으로도 일단 틀렸을 거라는 짐작이 든다. 그런데 중요한 것은 distort와 hide의 목적어 자리가 비어있다는 것으로, 근본적으로 전치사 목적격 관계대명사 자리가 아니다. [~에 대해 열려있다, 순순히 받아들이다; be open to, 이때 to는 전치사]를 생각해보면 to에 대한 명사절이 필요하고, 뒤가 불완전하므로 what이 필요하다.
해석
우리의 개념적 구조의 부적절성에 대한 적절한 반응은 그러한 구조들을 왜곡하고 숨기는 것을 순순히 받아들이는 것이다.

3.
정답 ③
해설
emotional centered → emotion-centered / that → which. 관계대명사 that은 계속적 용법을 쓸 수 없다는 사실에서 답은 쉽게 고를 수 있다. ⓐ은 앞서 나온바 있는 problem -centered coping과 마찬가지로 [감정 중심적인]이라는 의미로 emotion-centered라고 써준다.
해석
대부분의 아이들은 감정 관리를 위한 두 가지 일반적 전략 사이에서 적절하게 왔다 갔다 한다. 문제에 중심이 주어진 대처법에서, 아이들은 상황을 바꿀 수 있는 것으로 평가하고, 어려움을 확인하며 그것에 대해 무엇을 해야 할지 결정한. 만약 이것이 제대로 작용하지 않는다면, 그들은 감정에 중심이 주어지는 대처법으로 들어가는데, 그것은 내면적이고 비밀스런 자기만의 것이다.

4.
정답 ④
해설
what → that. know에 대한 목적어 명사절. 뒤에 나오는 절이 완벽하고 의미 추가가 필요 없으므로 what은 부적절하다.
해석
달라이 라마가 진군하는 중국군에 맞닥뜨려서 히말라야를 넘어 망명을 위해 도주했을 때, 그 젊은 영적 지도자는 그의 고국 티베트 땅을 다시 볼 수 없을지 모른다는 것을 거의 알지 못했다.

5.
정답 ②
해설
that → what. on에 대한 명사절. 뒤에 a woman could do~라는 do에 대한 목적어 자리가 비어있는 불완전한 절이므로 what이 적절하다.
해석
미스월드 대회가 미스 월드라는 타이틀을 가지고 여성이 할 수 있는 것에 좀 더 초점이 맞춰져야 한다고 말하면서 대회 조직위는 앞으로의 미인대회는 수영복 심사를 하지 않을 것이라고 발표했다.

6.
정답 ③
해설
A is to B what C is to D; A와 B의 관계는 C와 D의 관계와 같다.
해석
신뢰받지 못하는 사람과 사회의 관계는 썩은 나무 한조각과 집의 관계와 같다.

Point 90.

[대표예제]

정답 (b) (f)
해설
(b)as → than. 선행사에 비교급이 포함되어 있다.
(f)but doesn't have → but has. 유사관계 대명사 but뒤에는 긍정동사가 온다. 단, 해석은 부정적이 어울려야 한다. [예외를 가지지 않는 법칙이 없다]이므로 모양은 긍정이지만, 해석은 부정이 된다.
해석
(a)면전에서 칭찬하는 그런 사람들은 신뢰하지 마라.
(b)이제 내가 이 전에 가졌던 것 보다 더 많은 선택사항들을 가지고 있다.
(c)자기 부모를 사랑하지 않는 사람은 없다.
(d)이것은 내가 서울에서 샀던 것과 같은 종류의 지갑이다.
(e)아이들은 필요 되는 정도보다 더 많은 돈을 가져서는 안 된다.
(f)어떠한 예외도 가지지 않는 법칙은 세상에 없다.

[실전예제]

1.
정답 ①
해설
1. who (I believe) deceived~. 삽입 절이 끼어든 주격 관계대명사.
2. 부정어 포함 선행사 + but + 긍정동사; 유사관계대명사.
3. 선행사에 the only가 포함되면 관계대명사는 주로 that.
해석
이 사람이 내가 믿기에 나를 속였던 그 소년이다.
예외를 가지지 않는 법칙은 없다.
그는 내 이웃에서 내가 알던 유일한 사람이었다.

2.
정답 ④
해설
was → were. 비교급이 포함된 선행사에 대해 유사관계대명사 than이 잘 나왔는데, 주격이므로 그 뒤에 나오는 동사는 선행사에 맞춰야 한다. 선행사가 teeth이므로 복수동사로 써야 한다. 이때 teeth를 단수로 바꿀 수는 없다. 상식적으로 그녀의 이가 한개일 리가 없기 때문이다.
해석
그녀는 나에게 실용적인 목적(음식을 잘게 부수는 목적)에 필요한 정도보다 더 많은 수의 하얗고, 커다라면서, 고른 이들을 가지고 있다는 인상을 주었다.

3.
정답 ④
해설
that → as. 선행사 the same에 대해 [동일한 종류]를 표현할 때는 관계대명사로 유사관계대명사인 as를 쓴다.
해석
①우리에게는 우리 몸에서 호흡을 유지 시켜 줄 수 있는 만큼의 음식만 주어진다.
②그 계획은 지지할 수 없는 것으로 판명되었다. 왜냐하면 그것은 이용할 수 있는 정도보다 더 많은 재정적인 뒷받침을 필요로 할 것 이기 때문이었다.
③병원에는 가벼운 빈혈 증세도 겪어보지 못한 사람이 없다.
④우리가 먹는 양파의 부분은 정말로는 알뿌리부분이다. 그것은 정원사들이 백합 같은 꽃을 얻어내기 위해 심는 것과 동일한 부분이다. (양파에서 먹는 부분도 뿌리고, 꽃을 심을 때 심는 것도 뿌리부분이다.)

4.
정답 ④
해설
that → than. 선행사에 비교급이 포함되어있으므로 유사관계대명사 than이 필요하다.
해석
워싱턴의 강경파들은 말한다. 후세인을 제거하는 것이 그 지역을 후세인의 대량살상무기위협으로부터 안전하게 해줄 것이라고. 그러나 터키에게는 바그다드의 정권교체는 그것이 없애줄 수 있는 것보다 오히려 더 많은 어려움을 가져올 수 있다.

Point 91.

[대표예제]

정답 (a)
해설
whoever → whomever. 앞에 선행사 자리가 비어있고, he chose가 불완전하므로 복합관계대명사가 들어갈 자리이다. [결혼하다]를 통해 포함된 선행사의 의미가 사람이었다는 것도 알 수 있으므로 whoever과 whomever이 나오는데, 뒤 절속의 목적어 자리가 비었으므로 whomever이 적절하다.
해석
(a)그는 자신이 선택하는 누구와도 자유롭게 결혼할 수 있었다.
(b)네가 좋아하는 어떤 것이든 선택할 수 있다.
(c)그 책을 원하는 누구라도 그것을 가질 수 있다.
(d)누가 오든지 간에, 환영받을 것이다.
(e)다른 사람에 의해 기술적으로 행해지는 모든 일은 쉽게 행해진 것처럼 보인다.
(f)네가 가지고 있는 모든 것은 내 것이다.

[실전예제]

1.
정답 ④
해설
whomever → whoever. to whomever (you think) is~. you think라는 삽입 절을 제거하고 보면 뒤에 is가 보이므로 주격이 들어갈 자리이다.

근본적으로는 선행사가 없고, 뒤에 주어자리가 빈 불완전한 절이므로 복합 관계대명사가 대상이 되는 상황이었다.
해석
①행복을 야기하는 모든 것은 유용성을 가지고 있다.
②이것과 저것사이에 네가 선택하는 어떤 것이든 나에게는 중요하지 않다.
③처음으로 들어오는 누구든지 경주에서 이기게 되어있다.
④이 책을 나를 제외하고 네가 생각하기에 가장 받을 만한 자격이 있는 누군가에게 갖다 줘라.

2.
정답 ⑤
해설
to whomever → to whoever. to whomever (he believed) had~. he believed라는 삽입 절을 제거하고 보면 뒤에 had가 보이므로 주격이 들어갈 자리이다. 근본적으로는 선행사가 없고, 뒤에 주어자리가 빈 불완전한 절이므로 복합 관계대명사가 대상이 되는 상황이었다.
해석
그 위원회는 이미 그 프로젝트를 수립했다. 위원회는 감독관에게 누가 그 프로젝트를 실행할 책임을 질것인가를 결정하라고 명령했다. 그 감독관은 자신이 믿기에 강한 책임감과 자기 신념에 대한 용기가 있는 누군가에게 그 프로젝트를 맡기도록 충고 받았다.

3.
정답 ④
해설
전치사 to에 대한 명사절이 필요한 상황. 빈칸 바로 앞에 명사가 없다는 것은 선행사가 될 만한 것이 없다는 말과 같고, is appointed에는 주어자리가 이미 비어있으므로 불완전한 절이다. [내 자리에 임명된다]는 문맥으로 보면 포함된 선행사가 사람이다.
해석
나는 전화와 이 메일을 사용해서 내 자리에 임명되는 누구에게든 필요한 안내상항을 제공할 수 있다고 확신한다.

Point 92. Point 93.

[대표예제]

정답 (d)
해설
(a)which → in which or where. 뒤에 완벽한 절이 있으므로 전치사 목적격으로 고치거나 마침 선행사가 장소이므로 where도 괜찮다.
(b)which → for which or why. 뒤에 완벽한 절이 있으므로 전치사 목적격으로 고치거나 마침 선행사가 이유이므로 why도 괜찮다.
(c)the way how → the way or how. 관계부사 how는 the way만 쓰거나 how만 써야 한다.
(d)시간 선행사 + when + 완벽한 절.
(e)in 삭제. 관계부사를 썼으므로 전치사는 없어야 한다. 관계부사 뒤에는 완벽한 절이 온다.
(f)Where → Wherever. 복합 관계부사가 이끄는 양보의 부사절이 되어야 한다.
해석
(a)그 사무실은 내가 대부분의 시간을 보내는 장소이다.
(b)그것이 바로 내가 총회에 참석하지 않았던 이유이다.
(c)그것이 바로 내가 구조된 방법이다.
(d)그들이 결혼한 그 해 이래로 나는 그들을 본 적이 없다.
(e)이곳은 내가 태어난 도시이다.
(f)네가 어디를 가던 간에, 너를 따르겠다.

[실전예제]

1.
정답 ③
해설
①which → when. 시간 선행사 뒤에 완벽한 절이므로 관계부사 when

이 적절하다.
②when → which. 시간의미의 선행사라고 해서 무조건 when을 쓰는 게 아니다. 뒤가 불완전한 절(특히 주어 자리가 빈)이므로 주격관계대명사가 나온다. 이때 선행사는 이제 시간이 아니라 그냥 사람이 아닌 것으로 본다.
③일단 뒤에 완벽한 절이 있으므로 관계부사의 가능성이 있는데, 언뜻 선행사가 보이지 않는다. 선행사가 전형적인 것 (이유의 경우에는 the reason)일 때는 생략가능 하므로 앞에 the reason이 생략되었다고 보면 괜찮은 문장이다.
④at where → at which or where. 전치사를 굳이 쓰고 싶다면 관계대명사와 연결해야 하고, 그렇지 않으면 관계부사로 고친다.
⑤However you may be tired → However tired you may be. However가 단독이면 [어떻게든]이라는 방법의 의미가 되는데, 그 보다는 [얼마나 피곤하든]이라는 '정도'의 의미가 자연스러우므로 [However + 형, 부]가 되어야 한다.
해석
①늦은 봄, 다시 먹을거리가 충분해지는 때, 곰은 동굴에서 나와 삶을 재개한다.
②많은 과실들을 갖는 10월은 아름다운 달이다.
③이것이 바로 그 이미지들이 너무나도 실물과 같은 이유이다.
④이곳이 그 사고가 일어났던 장소이다.
⑤얼마나 피곤하든지 간에, 너는 그것을 해야 한다.

2.
정답 ⑤
해설
①which → where. 문맥상 선행사는 baseball games이고 뒤에 완벽한 절이 있으므로 장소의 관계부사를 쓴다.
②which → where. 선행사가 장소이고 뒤에 완벽한 절이 있으므로 장소의 관계부사를 쓴다.
③the way how → the way or how. 관계부사 how는 the way만 쓰거나 how만 써야 한다.
④for 삭제. 관계부사 why가 나왔으므로 뒤에는 완벽한 절이다.
⑤특히 시간의 관계부사 when은 that으로 대신하는 게 가능하다. 이때 명사절 that과 구별하는 방법은 선행사에 시간명사가 있다는 것이다.
해석
①나는 미국인들은 매 주말마다 그들의 큰 차를 몰고 야구경기를 보러 가서는 거기서 맥주를 마시고 핫도그를 먹는다고 확신했다.
②다른 식충 식물들처럼, 끈끈이주걱은 늪지와 습지에서 잘 자라는데, 그곳에는 토양에 질소가 거의 없다.
③이것이 바로 Susan이 자신을 독특하게 보이도록 하는 그녀의 그림들을 그리는 방식이다.
④이것이 내가 그의 제안을 수락할 것을 거절한 이유이다.
⑤지금이 내가 그를 가장 필요로 하는 때이다.

3.
정답 ④
해설
시간의미의 선행사가 있다고 해서 무조건 when이 들어가는 게 아니다. 뒤에 동사가 있는 주격관계대명사 자리이므로 ③은 제외하고, 선행사가 있으므로 what도 빼고 나면 that과 which가 남는다. 계속적 용법이므로 which가 적절하다.
해석
1863년에, 미국 대통령 링컨은 추수감사절을 매년마다의 공식적인 휴일이 되도록 했다. 그래서 그 날은 지금도 매년 11월의 4번째 목요일에 축하되어진다.

Point 94. Point 95.

[대표예제]

정답 (b)
해설
(a)that 삭제. 이미 what안에 all the ~ that이 들어있다.

(b)원래 뒤 문장이 he did not take the advice. 이었고 여기서 the를 대신하는 관계형용사 which가 나와서, advice와 같이 결합한 형태이다.
(c)on that → on what. 선행사가 없고, 뒤에 불완전한 절이 나왔으므로 what이나 복합 관계대명사가 필요한 상황이다.
(d)what few money → what little money. 불가산 명사이므로 little과 연결한다.
(e)What → Whatever. 명사와 결합한 상태로 양보의 부사절이 되려면 복합 관계형용사 Whatever가 나와야 한다.
해석
(a)나는 내가 갖고 있던 몇 권 되지 않는 책들을 다 팔았다.
(b)나는 그에게 의사에게 진찰받으라고 말했지만 그는 그 충고를 받아들이지 않았다.
(c)우리의 다른 점들이 아닌, 공통으로 갖고 있는 것에 초점을 맞춰라.
(d)그들은 그가 갖고 있던 얼마 되지 않는 돈을 강탈했다.
(e)네가 어떤 나라를 방문하든지, 그 나라의 문화를 알 필요가 있다.

[실전예제]

1.
정답 ②
해설
원래 of all the strength that has been given~ = of what strength has been given~.
해석
내 의무는 나에게 주어진 모든 힘을 최대한 활용하는 것이다. 그리고 나 자신을 동정하지 않으려고 애쓰는 것이다.

2.
정답 ①
해설
That little energy they~ → What little energy they~. 원래 All the little energy that they have~ = What little energy they have~
해석
그들이 가지고 있는 그 얼마 되지 않는 에너지는 단지 보이지 않고 형체가 없는 덩어리에 불과한 살고자 하는 소망이다. 왜냐하면 그들 중에 어느 누구도 자신에게 자신만의 개인적 힘을 줄 수 있을 정도로 충분히 먹지 않기 때문이다.

3.
정답 ①
해설
No matter how → No matter what. 바로 뒤에 crisis라는 명사가 보이므로 부사 성격보다는 형용사 성격이 필요하다. No matter what = Whatever로서 바로 뒤의 명사와 결합한 복합 관계형용사로 양보의 부사절을 이끌게 된다.
해석
현재의 그 어떤 위기가 신문의 헤드라인을 지배한다 할지라도, 전 세계의 에너지 부족이 다음 10년의 가장 중요한 도전거리이다.

Chapter 10 접속사

Point 96.

[대표예제]

정답 (c)
해설
[명령문 + or]은 [그렇지 않으면]이라는 의미가 있다. 앞 절이 명령문의 형태는 아니지만 must work의 어조가 명령의 의미나 다름없다.
해석
그린피스는 우리들이 다른 인간들뿐만 아니라 지상의 모든 아름다운 동물들과도 함께 어울려 평화롭게 사는 법을 배워야 한다고 믿고 있다. 우리는 이제 지구의 미래를 보호하기 위해 노력해야만 한다. 그렇지 않으면 너무 늦을지도 모른다.

[실전예제]

1.
정답 ①
해설
dingiest 와 most versatile. 두 개의 '최상급'이라는 성격이 같은 어구들을 병치구조로 연결할 수 있는 것은 등위 접속사다. 어차피 보기 중에 접속사 역할을 할 수 있는 것은 yet밖에 없다.
해석
내 한 주간의 학교생활 중 12시간 이상은 문과대 건물에서 가장 낡았으나 가장 다용도로 쓰이는 교실 들 중의 한곳에서 보내어진다.

2.
정답 ②
해설
or → and. 앞에서 [두 작품]이라고 했으므로 and가 필요하다.
해석
어니스트 헤밍웨이의 가장 유명한 두 작품, 즉 [태양은 다시 떠오른다]와 [누구를 위하여 종은 울리나]는 유럽을 배경으로 해서 일어난 일이다.

3.
정답 ④
해설
의사들이 동물성 지방에 대해 경고했고, 식물성 기름으로 만든 마가린이 인기를 얻고 있다. 이 두 진술은 인과관계를 형성하므로 결과에 대한 내용을 이끌 수 있는 so가 적당하다.
해석
최근에 의사들이 식단속의 너무 많은 동물성 지방이 심장병을 이끌 수 있다고 경고했다. 그래서 식물성 기름으로 만들어진 특별한 유형의 마가린이 인기를 끌고 있다.

4.
정답 ②
해설
but 삭제. 절과 절이 1:1로 결합 할 때 접속사는 한번만 쓰면 된다. 이미 Although라는 종속접속사가 있다.
해석
비록 John이 지금은 물리학을 공부하고 있지만 내년에는 생물학을 공부하면서 시간을 보내려고 계획하고 있다.

Point 97.

[대표예제]

정답 (c)
해설
(a)and also → but also. not only A but also B.
(b)nor → or. either A or B.
(c)neither A nor B; 주어가 될 경우 동사는 B에 일치.
(d)as well as → and. both A and B.
해석
(a)역사를 통해서보면, 신발은 보호를 위해서 뿐만 아니라 장식용으로도 신어져왔다.
(b)경제에서 말하는 상품이란 유형의 것들도 있고 (무형의) 서비스라는 형태일 수도 있다.
(c)내 셔츠와 모자 둘 다 이 바지와는 어울리지 않는다.
(d)신체의 단련은 몸과 마음 양쪽에 다 좋다.

[실전예제]

1.
정답 ②
해설
both A and B거나 either A or B라는 정확한 모양을 찾아야 하고, both A and B는 주어가 될 경우 복수동사, either A or B는 주어가 될 경우 B에 맞는 동사를 써야 한다.
해석
John과 Ted 둘 중 하나가 얼마나 많은 의자들이 필요할지 확인해줄 필요가 있다.

2.
정답 ③
해설
serves → serve. as well as가 연결하고 있는 것은, (with their basically common pattern) as well as (with their peculiarities and reactions)까지로 틀린 곳없이 잘 나와있다. 문제는 이 문장의 주어가 classes이므로 동사인 serves는 복수형으로 맞춰야 한다.
해석
자기네들만의 특이성과 반응들을 가졌을 뿐만 아니라 기본적으로 공통된 패턴도 가지고 있는 다양한 종류들의 유기 합성물들은 이 과정에 대한 토대역할을 한다.

3.
정답 ①
해설
①not A but B; A가 아니라 B이다.
②you are possessed → you possess. 관계대명사 what이 이끄는 명사절, 뒤에 목적어 자리가 비는 불완전한 절이 나와야 한다.
③~years badly damaged~ → ~years was badly damaged. 수동태이므로 was의 추가가 필요하다.
④enough fortunate → fortunate enough / that → which. 형/부 enough to R; ~할 정도로 충분히 형/부 하다. 관계대명사 that은 계속적 용법으로 쓸 수 없다.

Point 98.

[대표예제]

정답 (a)
해설
(a)의미 추가가 필요 없는 상황의 That + 완벽한절; 명사절로서 주어자리에 잘 나와 있다.
(b)That → What. 선행사 없음 + what + 주어 자리가 빈 불완전한 절.
(c)that → whether or if. question의 의미로 보아 의문, 불확실성을 의미하므로 [~인지 아닌지] + 완벽한 절.
(d)if or not → whether or not이거나 or not 삭제. ask로 보아 의문의 의미이므로 [~인지 아닌지] + 완벽한 절. if도 가능하지만, or not을 결합할 수 있는 건 whether뿐이다.
(e)When was the monument~ → When the monument was~. 간접의문문이 되려면 [의문사 + 주어 + 동사~]의 어순으로 만들어야 한다.
해석
(a)다이아몬드가 일종의 탄소덩어리라는 것은 18세기 후반부터 알려져 왔다.
(b)거의 모든 할리우드 영화들의 특색이 되는 것은 그것들의 내적인 공허함이다.
(c)일부 경제학자들은 소비자 물가 지수가 인플레이션의 추세를 과장하는지 여부를 질문해왔다.
(d)그는 나에게 오늘밤 파티에 올수 있는지 여부를 물었다.
(e)언제 그 기념물이 세워졌는지는 여전히 모든 이들에게 미스터리다.

[실전예제]

1.
정답 ②
해설
that → what. 일단 suffering from으로 보아 그 뒤에 뭔가 목적어 성격이 필요한데, 보이지 않는다. 즉 선행사가 될 만한 것이 없다. 뒤를 보면 5형식 동사 [consider + 목적어 + (to be, as)형 or 명]으로 유추해 보건데, consider에 대한 목적어 자리가 비어있다. 즉 불완전한 절이다. ①의 경우 It turns out (that)~이다.
해석
그 남자는 의학이 최근 역사 속에서 최악의 숙취라고 생각할 만 한 것(=숙취)으로 고통 받고 있는 것으로 판명된다. (그 만큼 숙취로 고생하고 있다)

2.
정답 ①
해설
to see에 대한 의미상 목적어가 되는 명사절인데, 이미 뒤에 or이 보인다. 명사절 접속사중 or과 결합하는 것은 whether뿐이다.
해석
공책을 사용하는 이유는 내가 초기의 원고로 되돌아가서 점검을 해볼 수 있다는 것이다. 에세이가 나아지고 있는지 나빠지고 있는지를 살펴보기 위하여.

3.
정답 ①
해설
debate over if language → debate over whether language. 전치사에 대한 목적어 명사절에는 원래 if를 쓸 수 없다. 더군다나 아래를 보면 or이 나와 있는데 결국 whether ~ natural or conventional이라는 문맥이 된다. or을 동반할 수 있는 건 whether밖에 없다. 그리고 이 문장은 전체적으로 The debate라는 명사만 나와서 [~대한 그 논쟁]이라는 뜻만 되는 것이다. 그 뒤에 뭔가 더 글이 이어져 있었을 텐데, 문제가 여기서 멈췄을 뿐이다.
해석
그 논쟁; 언어는 자연적인 것인가, 예를 들어 우리는 테이블을 테이블이라고 부르는 것인가, 왜냐하면 그것(테이블)이 원래 그런 식이라서 (the way it is), 아니면 (언어는)관습적인 것인가, 예를 들어 우리는 그것(테이블)을 테이블이라고 부르는 것인가, 왜냐하면 그것이 우리가 그것(테이블)을 부르기 위하여 결심한 것이기 때문에.

4.
정답 ②
해설
사실, [규명해야한다]라는 동사의 의미만 봐도 정답은 ②이다. clarify [명확히 하다, 분명히 하다]만이 그 의미에 가장 근접해있다. 그리고 뒤를 보면 Who owns what? 이라는 의문문에서 Who가 주어서 어순 변화 없이 간접의문문이 만들어졌고, A property is worth Ⓝ. (재산이 Ⓝ만한 가치가 있다)라는 평서문을 생각해보면, Ⓝ을 물어보기 위해 다음과 같은 의문문을 만들 수 있다. What is a property worth? (재산이 얼마나 가치가 있습니까?) 다시 이 문장을 간접의문문으로 만들면 What a property is worth.가 되는 것이다.

5.
정답 ①
해설
If → Whether. [~인지 아닌지]라는 명사절 상황에 if를 쓸 수 있는 경우는 동사의 목적어일 때뿐이다.
해석
①그들이 그에 대해 징계조치를 취할지 말지는 아직 결정되지 않았다.
②산업분야에 민주주의를 도입하기 위해 거의 행해진 일이 없다는 것은 놀라움을 준다.
③과학자들이 답하기 위해 애써온 한 가지 기본적인 질문은 어떻게 사람들이 배우느냐이다.
④큰 문제는 내가 그 언어를 말할 많은 기회들을 얻지 못한다는 것이다.

6.
정답 ④
해설
the zero was invented라는 완벽한 절이 주어가 되는 명사절이 되어야 하는데, 완벽하다는 점에서 that이나 whether가 보이긴 하지만 의미적으로 충족되지 않는다. When was the zero invented?라는 의문문이 간접의문문이 되었다.
해석
[0]이 언제 발명되었는지는 알려져 있지 않다.

Point 99.

[대표예제]

1.
정답 (b)
해설
(a)는 결국 mixing이라는 명사밖에 없는 것이고, (c)는 접속사가 없기도 하고, 주어와 동사라면 mixed가 능동이서도 안 되며, (d)는 명사절인데 빈칸에 들어가려면 부사절이 필요하다.
해석
어떤 화학약품들은 함께 섞일 때마다 열이 발생한다.

2.
정답 (d)
해설
a 삭제. weather가 불가산 명사이므로 such + 형용사 + 불가산 명사 + that~의 형태가 되어야 한다.
해석
(a)그녀가 너무 예쁜 소녀라서 모든 사람들이 그녀를 좋아했다.
(b)내 뒤에서 너무 많은 대화가 있어서 나는 무대 위의 배우들(이 말하는 소리들)을 들을 수 없었다.
(c)나의 아버지는 가족들이 편안히 살게끔 하기 위하여 열심히 일했다.
(d)너무 좋은 날씨라서 우리는 산책을 갔다.

[실전예제]

1.
정답 ①
해설
now that → so that 문맥상 [재난을 일으킬 것이다, 그래서 줄인다]가 되어야 한다. 일단, now that은 [원인]적 접속사이므로 뒤 부분이 결과라는 것과 정확히 모순된다. 그런데 고치는 방법으로 so that이 되는 이유는 앞에 콤마를 찍었을 때는 so that자체가 결과부사절을 이끌 수 있기 때문이다.
해석
새로운 연구가 다가오는 1000년 안에 기후 변화가 전 세계적인 재난을 일으킬 것이라고 예측하므로, 우리는 전 세계적인 규모로 모든 온실가스의 방출을 줄인다. 그 연구는 최소한 4미터에 이르는 해수면의 상승으로 해안지역이 침수될 것이며, 그로 인해 지구의 땅덩어리가 줄어들게 될 것이라고 예측한다.

2.
정답 ②
해설
처음으로; for the first time. so 형/부 that~; 결과 부사절. adjust to; ~에 적응하다.
해석
문화 충격은 일부 사람들이 새로운 국가나 세계의 지역을 처음으로 여행할 때 겪는 감정이다. 때때로 새로운 나라에서 음식, 옷의 스타일, 그리고 다른 여러 삶의 측면들이 너무 달라서 사람들은 이러한 새로운 생활 방식에 적응하느라 고생한다. 문화 충격은 며칠, 몇 주, 심지어 몇 달 동안 지속될 수 있다.

3.
정답 ③
해설
so → such. such + a, an + 형용사 + 명사 + that~.
해석
응접실에서의 목소리들이 30분 동안 커졌다 작아졌다했다. 그러나 그 인터뷰동안 발생 했던 일을 그녀는 알지 못했다. 그녀가 불려들여졌을 때, 그 소년은 너무나 뉘우치는 얼굴로 서있어서 그녀는 곧바로 그를 용서했다. 그러나 진실을 배신하는 것이 현명하다고는 생각하지 않았다.

4.
정답 ③
해설
①too → so. so 형/부 that~.
②though → because. 문맥상 뒤의 내용이 [이유]를 나타낸다.
③As A ~, so B~.에서 B가 [명사주어 + 동사]인 경우 도치가 가능하다. 원래 뒤 문장은 the debate has built to a climax, too. 여기서 도치가 일어나고 중복되는 것은 생략했다.
④unless → in case (that). 문맥상 [대비하여]가 필요하다.
⑤Because → Though. 문맥상 [양보]가 필요하다.
해석
①낙태 문제는 너무 복잡해서 결과를 읽어낸다는 것이 쉽지 않다.
②카스트 제도에서 가장 낮은 계층은 [불가촉 천민]이라고 일컬어진다. 왜냐하면 그들은 종교적인 순결함을 주는 의식의 집행에서 배제되기 때문이다. (즉 순수하지 않으니 가까이 하면 안 된다.)
③여자 월드컵 축구가 절정이 되어갈수록 논쟁 또한 절정이 되었다.
④가방을 잃어버릴 경우에 대비하여 당신의 이름과 주소를 가방에 써두세요.
⑤비록 안전하게 도착했지만, 승객들은 그 사건을 잊을 수가 없었다.

Point 100.

[대표예제]

정답 (c)
해설
(a)A 삭제. 무 관사 명사 + as + S + V~ ; 양보의 관용적 부사절.
(b)before뒤에 있는 will 삭제. 시간의 부사절이므로 현재가 미래 대신.
(c)형용사 + as + S + V~;양보의 관용적 부사절.
(d)have had → had. After절 안에 나와 있는 과거형은 원래 had p.p이었으므로 주절에는 과거가 나와야 한다.
해석
(a)비록 거지였지만, 그는 행복했다.
(b)머잖아, 나는 그곳에 도착할 것이다.
(c)비록 그는 어리지만, 매우 현명하다.
(d)(더 과거에)그 일을 끝내고 난후, (과거에)나는 할 일이 없었다.

[실전예제]

1.
정답 ③
해설
형용사 + as + S + V~;양보의 관용적 부사절.
해석
비록 복잡해 보이지만, 그 문학 평론가가 답을 찾고 있는 그 질문은 극단적으로 어려운 것 같지는 않다.

2.
정답 ④
해설
①Since → After. Since가 맞는 거라면, 일단 주절에는 현재완료가 나와야 야하는데 그렇지 않으므로 틀린 문장이다. 그런데, 문맥상 고치는 방법은 After이다. (→해석 참고)
②will have → has. 시간의 부사절이므로 현재가 미래 대신.

③until → before. [내가 시키기 전에 일은 이미 끝]
④while도 [양보]의 의미가 있다.
해석
①전보가 발명된 이후 포니 익스프레스(조랑말 속달 우편)는 멈췄다. (현재완료를 쓰면 지금까지 와서 멈췄다가 되는데, 이미 과거에 멈췄다)
②머지않아, 이 나라는 기름부족을 겪게 될 것이다.
③내가 그렇게 하라고 시키기도 전에 그는 작업을 끝냈다.
④그것들이 선인장을 닮았을지라도, 그것들은 실제로는 백합과의 일원이다.

3.
정답 ①
해설
Difficultly → Difficult. 형용사 + as + S + V~;양보의 관용적 부사절.
해석
당신이 실수를 저질렀음을 인정하는 것은 도전이 될 수도 있다. 만약 당신이 실수를 인정하는데 익숙해있지 않다면, 그것(인정)이 비록 어렵긴 하겠지만, 당신의 결점을 인정하는 것은 당신을 자유롭게 하고, 당신이 보다 더 나은 관계로 나아가도록 해줄 수 있다. 당신의 결점들을 가질 준비를 해라.

Point 101. Point 102.

[대표예제]

정답 (c)
해설
(a)according as → according to. 뒤에 명사밖에 없으므로 전치사가 필요하다.
(b)as a result → as a result of. 뒤에 명사 밖에 없으므로 전치사가 필요하다.
(c)접속부사는 어쨌든 뒤에 절이 붙을 수 있다.
(d)In spite of → Though. 뒤에 절이 있으므로 접속사가 필요하다.
해석
(a)말은 그것의 개별적인 필요성과 그것이 하는 일의 성격에 따라서 먹이가 먹여져야 한다.
(b)올빼미는 그것들의 놀랄 만큼 예민한 후각 때문에 완전한 어둠속에서도 사냥할 수 있다.
(c)그녀는 아무 말도 하지 않았다. 대신에, 그녀는 나중을 위해서 말을 아껴놓길 선호했다.
(d)중간고사가 코앞에 닥쳤음에도 불구하고, 나는 공부에 집중할 수 없었다.

[실전예제]

1.
정답 ①
해설
Although → Despite or In spite of. 결국 claims라는 명사 밖에 없다. that~이하는 동격의 절로 달라붙는 것이다.
해석
비록 이러한 음식 상품들이 "건전한 과학"에 바탕을 두고 있다는 주장에도 불구하고, 사실은 제조업자들이나 정부 양쪽 다 이러한 유전적으로 변형되어진 유기물들이나 그것들의 새로운 단백질들이 사람에 대해 미치는 영향에 대한 연구를 하지 않았다. -특히 애기들, 노인들, 그리고 아픈 사람들에 대한.

2.
정답 ②
해설
when it grew → which it grew
during은 전치사이므로 뒤에 부사절 따위가 연결될 수는 없다. 명사절이 붙거나 전치사의 목적격 관계 대명사 절이 필요하다. it grew이하가 완벽한 것으로 보아 전치사 목적격이 적절하다. 원래 뒤 문장이 It grew from ~ in just five years during the Second World War.이었다.

해석
미국의 국가 부채는 2차 대전 때 까지는 비교적 그 규모가 작았다. 그런데 2차 대전 동안에는 단지 5년이 흐르는 사이에 430억 달러에서 2590억 달러로 올랐다.

3.
정답 ②
해설
, accordingly → . Accordingly. 앞에 있는 콤마를 마침표로 바꿔주고, Accordingly를 문두에 쓰는 걸로 바꿔야 한다. 접속부사는 접속사가 아니므로 절과 절을 연결할 수 없기 때문이다.
해석
생각들과 꿈들은 만지거나 보는 것이 불가능하다. 따라서 그것들은 그 시대의 의사들에 의해서 취해지는 과학적인 방법들에 의해서 연구하는 것이 매우 어렵다.

4.
정답 ③
해설
because → because of. 뒤에 명사 밖에 없으므로 전치사로 바꿔야 한다.
해석
우리는 우리 차가 간밤의 폭우 때문에 진창속에 빠뜨려졌음을 몰랐다.

Chapter 11 일치와 화법

Point 103.

[대표예제]

정답 (c)
해설
(a)have become → has become. The shift (from ~ areas) have~.
(b)vary → varies. The average age (at ~ eyeglasses) vary~.
(c)People (planning ~ winter) are~.
(d)conduct → conducts. The National Education Association이 3인칭 단수주어이다.
해석
(a)시골에서 도시지역으로의 인구 이동은 어느 정도 세계적인 추세가 되었다.
(b)사람들이 안경을 필요로 하는 평균적인 나이는 상당히 다양하다.
(c)겨울에 North Dakota까지 자동차 여행을 계획하고 있는 사람들은 자신들의 차에 스노타이어를 장착할 것과 따뜻한 옷을 가져올 것을 조언받는다.
(d)국립교육협회는 교육의 많은 측면들에 대해서 광범위한 연구를 수행한다.

[실전예제]

1.
정답 ④
해설
many benefits → many benefit. many (bacteria)라는 복수주어이므로 복수동사로 맞춘다. 이때 bacteria자체가 복수라는 사실이 중요한 것 인데, 다만 ②앞에 나오는 All this bacteria는 All자체가 단, 복수를 다 데리고 나올 수 있고, this를 씀으로서 한 덩어리로 취급한다는 느낌을 강하게 주기 때문에 weighs라는 단수동사를 썼다.
해석
우리 몸속에서 박테리아는 인간의 세포들보다 10대 1의 비율로 숫자적으로 더 많다. 이 모든 박테리아는 당신의 뇌만큼이나 무게가 나간다. 즉 거의 3파운드다. 우리 몸속의 대부분의 박테리아는 해롭지 않다. 사실은 많은 박테리아들은 중요한 방식으로 우리에게 이득을 준다. 그것들은 음식을 소화하도록 도와준다. 그것들은 중요한 비타민들을 만들고, 감염과 싸우는 것을 돕는다.

2.
정답 ④
해설
are still → is still. the profound search (for exoplanets) are~.
해석
비록 거의 2000개나 되는 태양계 범위를 넘어선 곳의 외계세상들이 이미 발견되었지만, 태양계이외 행성들에 대한 깊이 있는 연구는 아직 유아단계에 머물러 있다.

3.
정답 ③
해설
have given → has given. Japan's insular position, (like ~ Isles), have~.
해석
우리는 마치 영국제도의 그것처럼, 일본의 섬나라라는 위치가, 일본의 삶에 독특한 캐릭터를 주었다는 것을 쉽게 알 수 있다.

4.
정답 ②
해설
have been limited → has been limited. ~ability (to crack~ extremists) have~.
해석
극단주의자들에게 단호한 조치를 취하는 무샤라프의 능력은 의회에서의 고립과 국경지방 현지에서의 동맹국들의 부족에 의해 제한되어왔다.

5.
정답 ②
해설
have to → has to. ~information (received ~ field) have to~. 특히 Most가 단, 복수를 정하는 것이 아니라 뒤에 따라 나오는 명사 (information)에 따라야 한다.
해석
현장에 있는 기자들로부터 받아들여지는 대부분의 정보는 발표가 고려되어지기 전에 편집되어져야만 한다.

Point 104.

[대표예제]

정답 (c)
해설
distinguishes them → distinguishes it. Each nation이 단수이므로 동사인 has나 소유격 its는 다 잘 썼다. 그런데 [그것(=Each nation)을 다른 나라들과 구분해주는~]이라는 부분에도 단수형이 필요하다.
해석
(a)찬성표를 던지기로 계획한 사람들 중에 삼분의 일은 실제로는 Quebec 주가 캐나다에서 독립하는 것을 원하지 않는다.
(b)귀환하는 학생들의 수는 우리의 직원들이 기대했던 것 보다 더 많았다.
(c)각 나라는 다른 나라들로부터 그 자체(각 나라)를 구분 짓는 고유한 특징을 가지고 있다.
(d)Alcott의 [작은아씨들]은 그 당시 소녀들에게 매우 인기 있었다.
(e)그의 친구들의 배신이나 부모님들은 그에게는 어떠한 고민도 야기하지 않았다. (별 고민이 되지 않았다.).

[실전예제]

1.
정답 ①
해설
kind → kinds. one of + 복수명사 + 단수동사.
해석

가장 잘 알려진 예측 가능한 불합리한 행동종류들 중의 하나는 [기본재산효과]라고 불려 져 왔다. - 그 생각은 일단 뭔가가 당신의 소유 안에 있게 되면, 그것은 당신에게 좀 더 값어치가 있게 되는 것이다. 왜냐하면 그것은 당신의 것이고, 당신이 그것을 잃고 싶지 않기 때문이다.

2.
정답 ②
해설
a variety of shape and size → a variety of shapes and sizes. a variety of + 가산명사의 복수형 + 복수동사.
해석
다양한 모양들과 크기들의 몸에 짝 달라붙는 타이츠와 소매 없는 탑을 입은 채, 각자 돌아가면서 자기네들의 이름과 나라들을 공유했다. 5명만을 제외한 모두가 미국과 독일, 그리고 영국을 포함한 곳들로부터 온 외국인들이었다.

3.
정답 ③
해설
is → are. 분수 및 부분표시 어구는 뒤에 따라 나오는 명사의 수에 동사를 맞춘다. 뒤에 복수명사인 comedians가 있으므로 복수 동사를 쓴다.
해석
①그 왕좌는 높이가 10피트이다. 그런 사실이 그를 난장이처럼 보이게 한다.
②(총) 5년이라는 세월은 경제를 전환시키기에는 짧은 시간이다.
③코미디언들의 4분의 3이 대단히 충격적으로 재능이 없다.
④많은 학자들이 그의 관대한 도움으로부터 직접적으로 이득을 얻어왔다.

4.
정답 ④
해설
The number of → A number of. [많은]이라는 의미가 되려면 [A number of + 복수명사 + 복수동사] [The number of + 복수명사 + 단수동사; ~의 수, ~의 숫자]

Point 105.

[대표예제]

정답 (e)
해설
(a)will not → would not. 주절이 과거이므로 과거로 맞춘다.
(b)is winning → wins. 격언, 속담 등은 항상 현재시제로 표현된다.
(c)had written → wrote. 17세기의 첫 10년 동안 썼다는 역사적 사실이므로 항상 단순과거시제를 쓴다.
(d)studies → studied / will pass → would pass. 원래 If 절 안에 원형을 쓰는 가정법 현재는 지금은 거의 개념이 없어졌으며, 조건 부사절 안에서 현재가 미래를 대신한다는 규칙으로 직설법대접을 받기 때문에 시제일치의 적용을 받는다.
(e)언뜻 주절이 과거라서 틀려 보이지만, 그녀를 좋아하고 결혼하고 싶다는 것이 오늘아침에 한 말이라면 지금도 그렇겠지 그 시간사이에 생각이 바뀌지는 않았을 것이다. 과거에 한 말이지만 지금도 그렇기 때문에 현재시제가 인정된다.
해석
(a)내가 15살이었을 때 나는 금연할 것을 결심했다.
(b)그는 천천히 그리고 꾸준히 노력하는 것이 경기에서 승리하는 길이라고 말했다.
(c)선생님이 우리에게 셰익스피어는 햄릿을 포함하여 많은 희곡 작품들을 17세기의 초반 10년 동안에 썼다고 말하셨다.
(d)그는 나에게 만약 그녀가 (그가 말하는 그 시점에) 열심히 공부한다면, 시험에 합격 할 것 이라고 말했다.
(e)그는 오늘 아침에 그녀를 좋아하고, 그녀와 결혼하고 싶다고 말했다.

[실전예제]

1.
정답 ①
해설
① 주절이 과거이므로 would로 잘 맞춰주었다.
② has lived → had lived. 우리가 알았던 과거 시제보다 그녀가 아프리카에 살았던 것은 더 과거이다.
③ makes → made. and를 통해 앞, 뒤가 같은 시점의 상황을 비교하고 있다는 것을 알 수 있다. 앞 절이 과거이므로 뒤의 절도 과거시제로 표현한다.
④ scanned → scan. 일반적인 사실에 대한 진술이므로 항상 현재 시제를 쓴다.
해석
① 그는 일주일 이내에 책을 돌려주겠다고 말했다.
② 우리는 그녀가 아프리카에 살았었던 것을 알고 있었다. 그러나 우리는 그녀가 Swahili어를 할 줄 안다는 것은 모르고 있었다.
③ 로버트는 모든 업무를 조종하고 출장을 맡았고 마이클은 호텔과 레스토랑 준비를 했다.
④ 훌륭한 연사들은 관중 하나 하나에 초점을 맞추는 경우가 드물다. 대신에, 그들은 전체 관중들을 훑어본다.

2.
정답 ④
해설
① deserved → deserve. 격언에 해당하는 내용이므로 주절시제와는 상관없이 항상 현재시제를 쓴다.
② was → is. 과학적으로 입증된 사실이므로 항상 현재시제를 쓴다.
③ had broken → broke. 한국전쟁이 1950년에 발발했다는 것은 역사적 사실로 단순과거시제를 쓴다.
④ 원래 뒤의 문장은 I wish I were a bird. 라는 wish + 가정법 문장이다. 이때 wish는 직설법이므로 시제일치의 적용을 받지만, were은 가정법 과거동사이므로 그 모양 그대로 유지된다.
⑤ becomes → became / will look → would look. 원래 If 절 안에 원형을 쓰는 가정법 현재는 지금은 거의 개념이 없어졌고, 조건 부사절 안에서 현재가 미래를 대신한다는 규칙으로 직설법대접을 받기 때문에 시제일치의 적용을 받는다.
해석
① Benjamin Franklin은 약간의 일시적인 안전을 얻기 위해서 자유를 포기하려는 사람들은 자유도 안전도 누릴만한 자격이 없다고 말했다.
② 우리가 부모님들로부터 물려받는 유전자가 어느 정도까지는 우리의 건강이 어떠한지를 결정하는 것은 사실이다.
③ 나는 초등학교 때 알게 되었다. 한국전쟁이 1950년에 발발했다는 것을.
④ 그는 말했다. (말하는 그 시점에)바란다고. 자기가 새이기를.
⑤ 그는 말했다. 만약 (말하는 그 시점에)그녀의 머리가 좀 더 검다면, 그녀는 자기 여동생을 닮을 것이라고.

Point 106.

[대표예제]
정답 (c)
해설
(a) two days ago → two days before. ~ago는 명백한 과거시제에만 쓰기 때문에 before로 바꿔야한다.
(b) the next day → the previous day or the day before / made → had made. yesterday는 지금 시점에서 보면 [그 전날]이고, 물어보던 그때 과거시제는 지금으로서는 더 과거가 된다.
(c) 의문문의 전달동사는 ask, 의문사 있는 의문문은 간접의문문어순이 된다.
(d) found → had found. 말해달라고 요청한 그때보다 더 과거에 그 책을 찾았다.
(e) it is → it was. 어순은 잘 썼으나 마지막에 시제를 잘못 맞췄다.
(f) but she → but that she. 등위 접속사로 연결된 평서문 절과 절의 화법 전환 시 등위 접속사 뒤에는 that을 한 번 더 써야 한다.
해석
다음은 직접화법문장들의 해석이다.
(a) 그는 나에게 (과거보다 더)이틀 전에 그 소년을 만났다고 말했다.
(b) 그는 그 전날 나에게 내가 거기서 (더 과거에) 그 의자를 만들었는지를 물었다.
(c) 그는 나에게 내가 어디서 (더 과거에) 그녀를 만났는지를 물었다.
(d) 그는 나에게 내가 어디서 (더 과거에) 그 책을 찾았는지를 말해달라고 요청했다.
(e) 그는 그것이 너무나 아름다운 꽃이라고 감탄했다.
(f) 그는 그녀가 꽤나 매력적이긴 하지만, 그녀는 센스가 없다고 말했다.

[실전예제]

1.
정답 ③
해설
and asked that → and asked if (or whether). 뒤에 연결된 문장은 의문사 없는 의문문이므로 연결사로 if나 whether이 필요하다.
해석
다음은 직접화법문장들의 해석이다.
① 그는 자기가 (더 과거인) 그 전날 John을 보았다고 말했다.
② 그녀는 나에게 그렇게 하지 말라고 말했다.
③ 그녀는 나에게 내가 창백해 보인다고, 내가 아픈지 여부를 물었다.
④ 그녀는 우리가 휴식을 취해야 한다고 제안했다.

2.
정답 ②
해설
① it is → it was. 어순은 잘 썼으나 마지막에 시제를 잘못 맞췄다.
② 평서문은 전달 동사 say, 의문문은 전달동사 ask. 평서문은 that~, 의문문은 if~로 잘 바꿔줬다.
③ said to → asked. 의문문의 전달동사는 ask이다.
④ but he → but that he. 등위 접속사로 연결된 평서문 절과 절의 화법 전환 시 등위 접속사 뒤에는 that을 한 번 더 써야 한다.

Chapter 12 비교

Point 107.

[대표예제]
정답 (d)
해설
(a) latter → later. [시간적으로 늦은, 늦게]의 의미일 때는 비교급이 later이다.
(b) later → latter. [순서적으로 뒤, 후자]의 의미일 때는 비교급이 latter이다.
(c) the most tall → the tallest. tall의 비교, 최상급은 ~er, ~est이다.
(d) 거리상으로 더 멀일 때 far의 비교급은 farther이 적절하다.
(e) the formidablest → the most formidable. formidable처럼 3음절 이상의 단어는 비교, 최상급이 more~, most~이다.
해석
(a) 해는 겨울에서보다 여름에 더 늦게 진다.
(b) 그 이야기의 후반부는 더 재미있다.
(c) 그는 학급에서 가장 키가 큰 소년이다.
(d) 나는 더 이상 멀리는 걸 수 없다.
(e) 생물학적으로 생각해 보면 인간은 모든 맹수 중에서 가장 무시무시한 존재이다.

[실전예제]

1.
정답 ③

해설
most great → greatest. great의 비교, 최상급은 ~er, ~est이다.
해석
바닷물은 지구 표면의 약 75퍼센트를 덮고 있고 지구상에서 가장 풍부하고 다양한 생물들의 생명력을 지속시킨다.

2.
정답 ①
해설
farther →further. farther는 정도가 더함을 의미할 때는 쓸 수 없다. 단, further는 원칙은 정도가 더함을 의미하는데, 거리가 더 멈을 의미할 때 쓰기도 한다. 그래서 ②의 경우 분명히 거리가 더 먼이라는 의미인데도, further가 괜찮을 수 있다.
해석
①그 프로젝트를 좀 더 진행하기 전에, 우리는 사장에게 문의해봐야 한다.
②가장 먼 길이 때때로 가기에 가장 좋은 길일 수도 있다.
③좀 더 자세한 정보를 위해서는, 마을에 있는 정보센터를 방문하세요.
④안개가 너무 짙어서 나는 약 10미터보다 더 멀리까지는 볼 수가 없다.

3.
정답 ④
해설
the latest letter → the last letter. 문맥상 [최신의 편지]가 아니라, [마지막 편지]가 되어야 한다. late – latter – last의 변화과정이 된다.
해석
그들이 되돌아가는 길에, John과 그의 팀은 지독한 날씨를 맞뜨렸다. 첫 번째로 죽은 것은 Jack이었다. 며칠 뒤에 Jane이 텐트를 떠나서 죽었다. 아마도 같은 날에 남아있는 사람들도 탈진과 추위로 죽었다. 그들의 시체들은 다섯 달 뒤에 발견되었다. 이러한 설명은 박물관에 전시중인 마지막 편지로부터 나온다.

Point 108.

[대표예제]

정답 (c)
해설
(a)than → as. not so 원급 as.
(b)narrow → narrower / apes are → apes (do). 비교급 + than, 그리고 apes range~이었을 것이므로 받으려면 do로 받고, 어차피 앞 절과 동일한 동사이므로 생략도 가능하다.
(c)less 원급 than; 열등비교.
(d)In → Of. 최상급 문장의 범위를 나타내는 전치사구 에서 복수명사와 어울리는 것은 of이다.
(e)as → than. 비교급 + than.
(f)much difficult → much more difficult. 일단 difficult의 비교급은 more이 있어야 하고, 그 비교급을 강조할 때는 앞에 much를 쓰면 된다.
해설
(a)클린턴 대통령은 그가 한때 그랬었던 정도만큼 지금은 인기 있지 않다.
(b)늑대들은 원숭이들이 그러하는 정도보다 더 좁은 지역을 아우른다.
(c)이 책은 그 책보다 덜 재미있다.
(d)모든 영국의 극작가들 중에서, 셰익스피어가 가장 다작의 작가였다.
(e)차 터 스쿨은 전통적인 공립학교보다 더 큰 정도의 특권과 자치권을 가진다. 그리고 학생들이 선택해서 들어간다.
cf. A charter school ; 공적 자금을 받아 교사 부모 지역 단체 등이 설립한 학교
(f)새로운 작업은 이전보다 훨씬 더 어렵다.

[실전예제]

1.
정답 ④
해설
as you → as yours or as your hair. 비교 대상은 머리 색깔이므로 you만 있으면 안 된다.

2.
정답 ②
해설
little의 비교급은 less이고, 양적 개념이므로 few가 들어갈 자리가 아니다.
해석
당신이 19세기 중반으로 돌아간다면, 생활비는 오늘날 그것(생활비)이 그러한 정도보다 20분의 1도 안될 것이다.

3.
정답 ②
해설
very more quickly → much more quickly. 비교급을 강조할 때는 very가 아니라 much를 쓴다.
해석
때때로 당신자신이 병에 걸리지 않게끔 하 기위해 당신이 할 수 있는 것은 아무것도 없다. 그러나, 만약 당신이 건강한 삶을 살아간다면, 아마도 당신은 훨씬 더 빠르게 몸이 나아질 수 있다. 우리는 우리가 알고 있는 몸을 상하게 하는 일들을 행하는 것을 피할 수 있다. 예를 들어 담배 피는 것, 과도한 음주나 해로운 약물을 하는 것 등.

4.
정답 ④
해설
they were → they were to. 비교 대상은 앞 절에서 the rules ~ are fresh and meaningful to this generation과 뒷 절에서 they (=the rules) were (fresh and meaningful) to the people~이다. 이때 전치사가 동일하다고 해서 생략할 수 있는 게 아니다. 전치사 하나를 빼버리면 문법적으로 완전히 성격이 바뀌게 되기 때문에 전치사부터는 같아도 써야 한다.
해석
이러한 영원한 좋은 말들(격언 등)을 오늘 날 읽으면서 우리는 고대의 필경사(인쇄 이전에 글을 옮겨 쓰던 사람들)들에 의해 발표되어진 처세의 규칙들이 예수의 시대 때 사람들에게 신선하고, 의미 있었던 만큼 지금 세대에게도 그러하다는 것을 알게 된다.

5.
정답 ②
해설
great → greater. than 이 맞으면 비교급이 있어야 한다.
해석
영화감독들은 연극 연출자들 보다 시간과 공간의 개념을 다루는 데 있어 훨씬 더 큰 자유를 가질 수 있다. (영화는 편집하면 되지만 연극은 그게 안 된다.)

6.
정답 ②
해설
the better → best. 최상급 문장의 범위를 제시하는 [of + 복수명사; ~중에서]가 있으므로 최상급을 써야하는 상황이다. [둘 중에서;of the two]같은 어구가 있을 때는 예외적으로 [the + 비교급]을 쓰기도 하지만, 지금은 [모든 육류들 중에서]이다. 그리고 형용사 최상급은 원칙적으로 the 가 붙는 다는 생각 때문에 the best라고 하고 싶을지 모르나, 뒤에 명사가 원래부터 없는 단독의 형용사 보어가 최상급이 될 때는 the를 붙일 필요가 없다.
해석
모든 일상적으로 먹는 육류 중에서 소고기와 양고기가 확실히 가장 맛이 있다. 그리고 특히 양고기는 내가 이제껏 먹어본 육류 중에서 가장 쉽게 소화되는 고기이다.

Point 109. Point 110. Point 111.

[대표예제]

1.
정답 (c)
해설
(a)as faster as → as fast as. 배수 + as 원급 as.
(b)kinder than → more kind than. 동일인에 대한 성질비교를 할 때는 원래 ~er than을 예외적으로 more ~ than으로 쓴다.
(c)not A so much as B
(d)we can → we could. as ~ as + s + can. 그런데 dressed라는 과거시제가 있다.
해석
(a)산업 혁명 기간 동안의 태평양 연안 국가의 성장속도는 비교될만한 다른 지역보다 5배만큼이나 더 빨랐다.
(b)A: 내 생각에 그는 매우 현명해. B: 아냐. 그는 현명하다기보다는 친절할 뿐이야.
(c)A: 그 트럼펫 연주자는 확실히 너무 시끄러웠어. B: 내가 마음에 안 들었던 것은 그의 시끄러움이 아니라 그의 실력 부족이야.
(d)내 형과 나는 가능한 한 빠르게 옷을 입었다.

2.
정답 (e)
해설
preferable than → preferable to. 라틴비교급은 than이 아니라 to를 쓴다.
해석
(a)Mary는 군이이었을때 용감했었던 그만큼 간호사로도 부드럽다는 것이 판명되었다.
(b)사장이 말했다. 이 프로젝트가 지금으로부터 겨우 24시간만에 끝내져야한다.
(c)아무도 차사고에서 부상당하고 싶지않다.하물며 죽음당하는 것은 더 말할 것도 없다.
(d)그는 자신이 턱수염을 싫어하는 이유를 모르는 것처럼, 왜 반숙계란을 싫어하는지도 모든다.
(e)짙은색 정장이 이브닝웨어로는 밝은 것보다 더 낫다.

[실전예제]

1.
정답 ⑤
해설
than → as. 배수 + as 원급 as.
해석
①미국인들은 1910년에 그러했던 것 보다 오늘날 하루당 2배만큼이나 더 많은 야채를 먹고 있다.
②이 이야기는 자서전이라기보다는 생각들의 모음집이다.
③오늘 날, 이혼은 더 이상 불명예나 비극이나 심지어 실패라고도 생각되지 않는다.
④빛의 흐릿함이 눈에 해를 끼치지 않는다는 것은 희미한 조명아래에서 사진을 찍는 것이 카메라에 해를 끼치지 않는다는 것과 같다.
⑤아이들은 어른들 보다 두 배만큼 깊은 수면을 경험한다.

2.
정답 ①
해설
knew better than let → knew better than to let. know better than to R; R할 만큼 바보는 아니다.
해석
그의 나이에 그는 자신의 감정들이 자기를 지배하도록 할 만큼 바보는 아니었다. 그리고 그들의 공유된 시간이 즐거운 상상의 눈 깜짝할 사이의 순간이었다는 사실도 인식하고 있었다.

3.
정답 ④
해설
much more → much less. 부정적인 진술에 대해 [하물며 더 말할 것도 없다]라는 부정의 배가 표현은 much less, still less이다.
해석
일반적인 도시 주민은 너무나 자연 환경과의 직접적인 접촉이 제거되어져 있어서 (접촉을 못해서) 그는 그것(자연 환경)의 존재를 거의 인식하지 못하고 있다. 그런 그가 그것의 중요성을 인식 하지 못하는 것은 더 말할 것도 없다.

Point 112. Point 113.

[대표예제]

정답 (d)

해설
any another → any other. [비교급 than any other + 단수명사]는 비교급을 이용한 최상급 표현의 대표적인 방법이다.
(a)작가의 말이 정확하면 할수록 전달은 점점 더 효과적이 된다. (작가가 정확한 진술을 해 주면 독자들이 이해하기가 더 쉽다.)
(b)한 번의 실패 때문에 내가 더 나빠지는 것은 아니다. 한 번의 실패가 있다고 해도 괜찮다.
(c)일을 할 수 있는 능력이 있음에도 불구하고 정신지체를 앓고 있는 대부분의 사람들은 일자리가 없다.
(d)쟁기의 발달이 어떤 다른 기술적인 발전보다 농업에 있어서는 중요했다. (가장 중요했다.)
(e)지난 몇 년간 클리블랜드 시는 이러한 문제들을 해결해왔고, 지금은 미국에서 가장 유명한 도시들 중의 하나로서 새로운 번영을 누리고 있다.

[실전예제]

1.
정답 ④
해설
The + 비교급 + S + V~, The + 비교급 + S + V~. 특히 V가 be일 경우에는 생략가능. 원래 앞 문장은 The greater the number of ~ emergency is, 이었는데 is가 생략되어있다.
해석
①많은 구경꾼들이 응급상황을 목격한다. 그리고 그들은 어느 누구도 돕지 않는 경향이 있다.
②많은 구경꾼들이 응급상황을 목격하기 때문에, 그들 중의 하나가 도움의 손길을 내밀기를 주저할 수도 있다.
③만약에 응급상황을 목격하는 더 많은 구경꾼들이 있다면, 그들 중의 하나가 도움의 가능성을 줄인다.
④주어진 문장대로 해석.

2.
정답 ③
해설
The + 비교급 + S + V~, The + 비교급 + S + V~. 원래의 뒤 문장은 it became more obvious.이었는데, 여기서 more obvious가 the와 결합하여 문두로 나가야 한다.
해석
지적 재산권에 있어서의 현재의 추세에 대해 더 많이 알게 될수록, 새로운 형태들의 문화 저작권들이 실질적인 위험들과 함께 나오게 된다는 것이 더 분명해진다.

3.
정답 ①
해설
①the + 서수 + 최상급~; 몇 번째로 가장 ~한

②any other players → any other player. [비교급 than any other + 단수명사]는 비교급을 이용한 최상급 표현의 대표적인 방법이다.
③the most → (all) the more. all the + 비교급 + 이유의 절 or 구; ~이기 때문에 더더욱 ~하다.
④The 삭제. [대부분]이라는 의미의 most는 the를 동반하지 않는다.
⑤the smartest → the smarter. of the two가 있을 때는 the + 비교급.

해석
①북미는 7개의 대륙들 중에서 세 번째로 가장 크다.
②야구 역사상 어떤 다른 선수보다 더 많은 홈런을 때려서 행크 아론은 유명하다.
③나는 그의 정직함 때문에 그가 더더욱 좋다.
④대부분의 사람들은 노예처럼 대접받기를 싫어한다.
⑤첫번째 그룹이 둘 중에서 더 똑똑하다.

4.
정답 ④
해설
the hardier → the hardiest. [둘 중에서]가 아니고, [셋 중에서 가장 ~한]은 최상급으로 표현해야 한다.
해석
Amy 가 그녀의 아파트 안에서 기른 세 가지 식물 중에서 고난에 가장 잘 견딜 수 있는 담쟁이덩굴만이 겨울동안 살아남았다.

Chapter 13 병치. 도치. 강조. 생략

Point 114.

[대표예제]

정답 (b)
해설
(a)as other companies → as that of other companies. 비교대상은 compensation이므로 뒤에도 that(=the compensation)이 있어야 한다.
(b)정확한 비교 대상이다. his accent 와 Englishman's (accent).
(c)handsome → handsomely. was done이라는 동사 사이에 handsomely and skillfully.
(d)the 삭제. 비교 대상은 riding과 driving.
(e)and built → and build. to control~, (to) cultivate~, (to) train~, and (to) build~.

해석
(a)우리의 월급은 다른 회사들의 그것(=월급)과 동등하다.
(b)앤더슨은 미국 밖으로 나가 본적이 없지만 그의 말씨는 영국 사람의 것(=말씨)과 매우 비슷하다.
(c)그 작업은 훌륭하고 기술적으로 행해졌다.
(d)여러 면에서, 자전거 타기는 운전하기와 비슷하다.
(e)문명은 불을 통제하고 농작물을 재배하며 동물을 길들이고 영구적인 집을 지을 수 있는 인간의 능력에 기인해서 생겨났다.

[실전예제]

1.
정답 ②
해설
killing → killed. killed~, rendered~, inundated~ and forced~. 모두 본동사들이다.
해석
양동이로 들이붓는 것 같은 폭풍우에 의해 촉발된 극심한 홍수가 북부 지아에서 최소한 9명을 사망케 했고, 주요 도로들을 통행불능이 되게끔 하고, 집들을 침수시켰으며, 학교들을 문 닫게 했다.

2.

정답 ③
해설
as those of men → as men. 비교 대상이 되는 앞 절의 주어 자체가 women이었기 때문에 뒤에도 그냥 주어만 써도 된다. 물론 men 뒤에는 (should enjoy rights~)가 생략되어있다.
해석
페미니스트는 남성 증오 자나 남성 같은 여성이거나 가정주부들을 싫어하는 누군가가 아니다. 페미니스트는 단지 여성들도 남성들처럼 동등한 권리들, 특권들, 기회들을 누려야만 한다고 믿는 여성이나 남성이다. 왜냐하면 사회가 여성들에게서 많은 동등한 권리들을 빼앗아왔기 때문에, 페미니스트들은 평등을 위해 싸워왔다.

3.
정답 ②
해설
offering → offers. Seattle, (the ~ Northwest) has ~ and, (like Portland), offering~. 이렇게 되면 and 뒤도 본동사 자리이다. 애초에 and앞에 offering과 맞먹을 만한 ~ing자체가 없었던 것이 힌트다.
해석
태평양 북서부에서 가장 큰 도시인 시애틀은 낮은 범죄율과 포틀랜드처럼 노인들을 위해 훌륭한 건강 보호와 교통서비스를 제공한다. 그 도시는 기대수명 면에서 거의 최고에 위치하고 있고 낮은 심장병 발생률을 보인다. 그곳의 유일한 명백한 결점들은 높은 생활비 수준과 맑은 날이 부족하다는 것뿐이다.

4.
정답 ③
해설
consistency → consistent. objective, systematic, consistent, and explicit~. 모두 형용사다.
해석
언어학은 다른 과학들과 함께 언어에 대한 그것의 (=언어학의) 설명을 하는데 있어서 객관적이며, 체계적이고, 일관되며, 명확한 관심을 공유한다.

5.
정답 ②
해설
wrote → (had) written. After로 시작하는 시간 부사절 안에서 and로 연결되는 앞, 뒤 절이므로 시제도 병치된다. 즉, had drawn~ and (had) written~. 이 두 가지 상황은 주절동사인 returned에 비해 둘 다 더 과거에 해당한다는 것이다.
해석
두 명의 환경연구자들이 자신들의 공책에 도표를 그리고, 자신들이 관찰한 구조들에 대한 설명들을 쓴 다음에, 그들은 공책을 비교해보기 위해 야영지로 돌아왔다.

6.
정답 ②
해설
juxtapose → juxtaposing. 뒤를 보면 and가 있긴 한데 그 뒤에 separating이 있다면 본동사 끼리 병치되는 구조가 아니다. 그러니까 앞 절은 본동사 have to revise만으로 하나의 완벽한 주절이 완성되고, 뒤에는 juxtaposing~ and separating~이라는 분사 구문 두 개가 병치되는 것이다.
해석
때때로 문장은 당신이 의미하는 것을 말하는데 실패한다. 왜냐하면 그것(=문장)의 구성요소들이 적절한 연관관계를 만들지 못하기 때문이다. 그렇게 되면 당신은 구성요소들을 이리저리 끌고 다님으로서 수정을 해야만 한다. 연결해야 할 것들은 나란히 놓고, 연결하지 말아야 할 것들은 분리시키면서. 당신이 의미하는 것을 이해시키기 위해서, 당신은 제대로 된 단어들을 선택해야 할 뿐만 아니라, 그것들을(=단어들을) 제대로 된 순서로 놓아야만 한다. 어지럽게 놓인 단어들은 난센스만을 만들어낸다.

7.
정답 ④

해설
for their parents → in their parents. 앞 절의 in children에 비추어 보면, 원래 뒤 문장은 (there is wonder) in their parents (having adjusted to their new way of life quickly)
해석
아이들이 그들의 부모들에 있어서 보다 훨씬 더 빠르게 새로운 생활 방식에 적응했다는 것은 별로 놀랍지 않다.

Point 115.

[대표예제]

정답 (b)
해설
There exist much → There exists much. 주어가 much이므로 단수동사로 맞춘다.
해석
(a)Mary는 사장의 동의 없이 우리가 이 집을 사는데 반대한다. John도 역시 그러하다. (반대한다.)
(b)다양한 곡물들과 인간에 대한 그것들의 값어치에 대해서 배워져야 할 (우리들이 배워야 할) 많은 것이 있다.
(c)소행성들은 행성들이 그렇듯 시계 반대 방향으로 태양 주위를 돈다.
(d)만약 당신이 의도했던 것을 깨달았더라면, 나는 내 시간과 돈을 낭비하지 않았을 텐데.

[실전예제]

1.
정답 ②
해설
[부정문 + nor + 주어도치]이므로 최소한 ②④가 해당되는데, 앞 절의 주어가 the present law이므로 it으로 받아야 한다.
해설
새로운 행정법을 선호하는 사람들은 말한다. 현재의 법은 로비스트들의 정치인들에 대한 선물에 있어서 지출 한계를 설정하지 않는다고, 또한 그것(=현재의 법)은 주 전체의 기금에 대해서도 한계를 두지 않는다고.

2.
정답 ④
해설
언뜻 절과 절이라면 접속사가 제일 먼저 떠오르는데, 중간에 콤마로 볼 때 명사절상황이 아니므로 That부터 빼고, When 과 Because를 집어넣으면 말이 되지 않는다. Should가 문두에 들어간다는 것은 원래 If such a terrible earthquake should hit~, 이라는 가정법 미래 문장이 되고, 문맥도 이해가 간다. If가 생략되고 주어와 동사가 도치되었던 것이다.
해석
만약 심각한 지진이 그 지역을 강타한다면, 아무도 그 여파가 얼마나 파괴적일지 알 수 없다.

3.
정답 ③
해설
비교급 than뒤에 [명사주어 + 동사]는 도치가 가능하지만, 대명사 주어일 때는 정상어순으로 쓴다.
해석
인도사람이 아닌 사람들은 인도사람이 아닌 사람들에 쓰여진 인도에 대한 책들이 훨씬 더 편하다. 인도 작가들에 의해 쓰여진 책들에 그들이(=인도사람이 아닌 사람들이) 편안한 정도보다.

4.
정답 ②
해설
have existed → has existed. 뒤에 있는 (in the minds of men)을 빼고 나면 그 뒤의 longing이라는 주어가 보인다. 단수동사로 맞춰야 한다.

해석
역사가 시작된 이래로 인간들의 마음속에는 국가의 독립과 개인의 자유에 대한 갈망이 있어왔다.

5.
정답 ①
해설
①If 절 안에 had가 있으므로 if생략, 주어도치가 이루어졌다.
②than is Eastern Nebraska → than does Eastern Nebraska. 비교급 than 뒤에서의 명사주어와 동사의 주동 도치. 원래 Eastern Nebraska receives little snow. 일반 동사이므로 does로 도치시켜야 한다.
③neither → nor. 원래 and their honey could not be harvested, either.이다. 여기서 and ~not ~ either = nor 이 되고 주어, 동사를 도치시킨다. neither은 접속부사라서 절과 절을 연결할 수 없다.
④so I will → so will I. 원래 문장은 I will (go), too. 긍정적 진술에 대한 맞장구로 [so + 주어도치]
해석
①만약 유엔군이 개입했더라면, 전면전이 터지지는 않았을 텐데.
②일반적으로 서부 네브라스카는 동부 네브라스카보다 더 적은 눈을 받는다. (눈이 더 적게 내린다.)
③아프리카 산 킬러 비는 안전하게 다루어질 수 없으며 그들의 꿀도 안전하게 거두어들여질 수 없다.
cf. killer bee ; 공격적인 아프리카 꿀벌
④"그를 만나 볼 겁니까?" "만약 그 소년이 (그를 만나러) 간다면, 나도 가겠습니다."

Point 116.

[대표예제]

정답 (d)
해설
(a)animal skin can become → can animal skin become. [Only + 부사절]이 문두에 있으므로 주어, 동사가 도치된다.
(b)began → begun. No sooner had + S + p.p than ; ~하자마자 ~했다.
(c)were → was. Not only가 문두로 가고, 도치는 잘 되었으나 주어가 he이므로 was가 적절하다.
(d)장소부사구가 문두에 있어서 주어, 동사가 도치되었다. 이때 동사가 일반동사 (특히 1형식)이면 직접 문두로 나간다. lie의 과거형인 lay가 직접 앞으로 이동했다.
(e)So great were → So great was. 원래 The force (coming out ~ hands) was so great that~. 형태의 결과 부사절이다. 여기서 so great 라는 주격보어가 문두로 나가서 주동 도치가 되었는데 주동 일치가 제대로 안되었다. 주어가 the force이므로 was가 되어야 한다.
해석
(a)동물의 가죽은 햇볕에 태워지고 나서야 부패에 대한 저항력이 생긴다.
(b)강의가 시작되자마자 학생들은 그것을 알게 되었다.
(c)그는 실망했을 뿐만 아니라 화도 났다.
(d)책상위에 명백히 도서관에서 남겨진 몇 권의 공책들과 한권의 시집이 있었다.
(e)중국 수도사의 손에서 나오는 힘은 매우 커서 어른을 앉은자리에서 들어올릴 만큼이라고 알려졌었다.

[실전예제]

1.
정답 ③
해설
is → are. Nestled의 모양으로 보아 p.p인데, p.p가 문두에 있는 상태에서 조만간 be동사가 나오면 원래 S + be p.p에서 p.p가 문두로 나간 주동도치의 형태이다. 일반적으로 be p.p를 하나의 동사로 보지만, 어쨌거나 형용사 성격의 p.p를 주격보어로 생각해서 보어가 문두로 간 후 주동도치를 적용한다는 식인 것이다. 뒤에 있는 주어가 clouds이므로 복수로 맞춰야 한다.
해석
지구의 대기는 적은 양의 다른 기체들, 예를 들면 수증기와 이산화탄소 같은 것이 있긴 하지만, 대부분 질소와 산소로 구성된 비교적 얇은, 기체로 된 봉투 같은 것이다. 용액형태의 물과 얼음결정들의 구름들이 대기 중에 포근히 안겨있다. 비록 우리의 대기가 위쪽으로 수백 킬로미터까지 뻗어 간다고 해도, 그것은 고도에 따라 점차적으로 얇아진다.

2.
정답 ②
해설
exist → exists. Beneath가 이끄는 장소부사구가 문두로 나가서 일반 동사 exist가 직접 앞으로 나가는 자동도치가 되었다. 이때 주어는 the body – wall muscle이므로 동사는 단수로 맞춰야 한다.
해석
표피세포들 아래에 체벽근육이 존재한다. 그것은 일부 종들 에서는 특정한 환경아래에서 비교적 두껍다.

3.
정답 ③
해설
①did she walk → had she walked. No sooner had + S + p.p ~ than ; ~하자마자 ~했다.
②you should → should you. [Only + 부사절]이 문두 + 주동 도치.
③Not until + 명사 or S + V~ + 주동도치. 원래 문장은 He did not understand the situation until he heard the news.
④scarcely he could → scarcely could he. 부정부사 문두 + 주동도치.
⑤Rarely does city officials gather → Rarely do city officials gather. 부정부사 문두 + 주동도치. 도치는 잘 되었는데, 주동일치가 잘못되었다.
⑥Here come you teacher → Here comes your teacher. 장소부사 Here이 문두 + 일반 동사 직접 도치. 도치는 잘되었는데 주동일치가 잘못되었다.
해석
①그녀는 방안으로 걸어들어 가자마자 발작적으로 울기 시작했다.
②당신이 추가적인 도움이 필요하기만 하면 내사무실로 들러라.
③그는 그 소식을 들을 때까지 그 상황을 알지 못했다. (소식 듣고 나서야 알게 되었다)
④그녀의 귀환은 너무나 예상치 못했던 것이라 그는 거의 자신의 눈을 믿을 수 없었다.
⑤시공무원들이 가족 상봉을 발표하기 위해서 모이는 경우는 드물다.
⑥제 선생님이 어디계신지 말해 줄 수 있나요? 물론이죠. 여기 오시네요.

4.
정답 ④
해설
little does he dream → little did he dream.
부정부사가 문두로 가서 주동도치는 잘 되었으나, 시제가 잘못되었다.

Point 117.

[대표예제]

1.
정답 (c)
해설
how to use it → how to use. that 뒤에 she 라는 주어가 이미 나와 있으므로 주어가 강조되는 것이 아니다. she knew how to use it을 보면 knew 에 대한 목적어 how to use가 이미 나와 있음을 또한 알 수 있다. 그러면 동사의 목적어가 강조되는 것도 아니라는 얘긴데, 그렇다고 강조되고 있는 an instrument가 명사인데 부사가 강조되는 경우라고 말할 수도 없다. 가만히 보면 how to use it에서 it = an instrument라는 생각이 들고 그것을 없애버리면, to use의 의미상 목적어가 사라지므로 어쨌든 목적어 강조구문이 되는 것이다.

해석
Sarah Vaughan은 완벽한 악기와 같은 목소리를 가지고 있었는데, 그 악기란 그녀가 최고의 기술로 사용하는 방법을 알고 있는 그런 악기였다.

2.
정답 (b)
해설
the station → at the station. 지금 주어진 문장 구조, 즉 [It be + 명사 + that + 완벽한절]은 가주어 it ~ 진 주어 that節구조이다. 원래는 [That~ + be + 명사주격보어]이었는데, 가주어를 써서 뒤집으면 저런 모양이 된다. 당연히 이때의 명사는 be라는 본동사에 대한 주격보어이다. 그런데 주어진 문장에서는 the station이 주격보어가 될 리 없는 것이 That節과 동격이 아니다. (주격보어가 명사라면 주어와 동격이어야 한다.) 그렇다면 저 It ~ that은 강조구문을 쓸려다 실수 했다는 걸로만 볼 수 있다. I met Mary yesterday가 완벽한 절이므로 the station 이라는 명사가 뒤 문장 안에 있을 자리가 없다. 원래 I met Mary at the station yesterday.에서 장소 부사구를 강조하려다 잘못 적은 것이다.
해석
(a)나는 당신이 함께할 시간을 찾기를 정말 바랍니다.
(b)내가 어제 Mary를 만났던 것은 역에서였다.
(c)내가 어제 창문을 분명히 깨뜨렸다.
(d)도대체 당신은 누구야?
(e)나는 조금도 놀라지 않았다.

[실전예제]

1.
정답 ①
해설
That day가 있으므로 과거의 상황을 표현할 수 있는 어구가 필요한데, 언뜻 had to나 used to도 눈에 들어오지만, [~해야만 했다]나 [~하곤 했다]는 말이 되지 않는다. did가 들어가면 원래 made라는 동사를 강조하는 것이다.
해석
그날 그는 분명 서두르긴 했지만, 기차를 타지 못했다.

2.
정답 ④
해설
make → makes. 주어가 강조되는 It ~ that 강조구문이다. not A but B가 주어이면 B에 동사를 맞춰주는데 B는 what one tries to do 라는 명사절이므로 동사는 단수형이 된다.
해석
사람이 하는 일 자체가 아니라 그 사람이 그 일을 해내기 위해 노력하는 것이 사람을 강하게 만든다.

3.
정답 ②
해설
teach → teaches. It ~ that + V이므로 주어가 강조되는 강조구문인데, 주어가 Philosophy, not science이다. not A but B를 B, not A라고 쓴 것이므로 동사는 B(philosophy)에 맞춰야 한다.
해석
우리에게 옳은 것과 그른 것 사이의 차이점을 가르쳐 주고 우리의 본성에 이득을 줄만한 미덕들에게로 가는 길을 가르쳐 주는 것은 과학이 아니라 철학이다.

4.
정답 ③
해설
①us → we. It ~ that + V이므로 주어 강조.
②the color of their hair → by the color of their hair. It ~ that 사이에 명사밖에 없고 that 뒤가 완벽하다면 가주어 ~ 진주어절이다. (→대표예제 2. (b) 설명 참고) 문맥상 당연히 that~ ≠ the color~이므로 주

격보어가 아니라는 것을 알 수 있다. 그렇다면 강조구문인데, 뒤의 절은 이미 완벽하므로 전치사를 추가해서 부사구로 만들 수밖에 없다.
③It be + 시간의 부사구 + that + 완벽한절.
④where → that. at that store라는 정확한 장소부사구가 중간에 들어간 부사구강조구문이다. 특히 장소 부사구이므로 사실 관계부사 where 를 쓰는 것이 가능은 하다. 다만, 부사구가 강조될 때는, 주어나 목적어가 강조될 때 다른 관계대명사로 바꿔 쓰는 것이 일반적으로 가능한 것과는 다르게 that을 쓰는 것이 원칙이다.

해석
①그가 도착하기 전에 떠난 것은 우리였다.
②우리가 그들을 구별할 수 있는 것은 그들의 머리 색깔에 의해서이다.
③인공위성이 토성의 사진들을 지구로 전송했던 것은 1980년이었다.
④강도사건이 발생했던 것은 그 가게에서였다.

Point 118.

[대표예제]

정답 (d)
해설
(a)my → mine or my car. 비교 대상이 명확해지려면 my만 쓸 수는 없다.
(b)relying on one's memory does → relying on one's memory (is). [노트 필기하는 것]과 [기억에 의존하는 것]이 정확한 비교 대상. 뒤의 동사도 is efficient~로 동일하다. 그러므로 굳이 쓰려면 is를 써야했고, 생략해도 상관없다.
(c)if they want → if they want to. 원래 if they want to (gamble). 대부정사이다.
(d)Though (he was) poor~.

해석
(a)당신의 차는 내 차보다 신상이다.
(b)비록 불완전하다해도, 필기를 하는 것이 기억에 의존하는 것보다 일반적으로 더 효율적이다.
(c)사람들은 원하기만 하면 도박을 할 것이다. 법이 어떠하건 간에.
(d)비록 가난하지만, 그는 백만장자처럼 살았다.

[실전예제]

1.
정답 ③
해설
mean → mean to. though he didn't mean to (hurt her feelings). 대부정사이다.
해석
①만약 사실이라면 (if it is true), 이것은 중요하다.
②그는 마치 무슨 말이라도 하려는 것처럼 (as if he were to speak up) 서 있었다.
③비록 그럴 의도는 아니었지만, 그는 그녀의 감정을 상하게 했다.
④당신은 내가 그러는 만큼 (as I love her) 그녀를 사랑한다.

2.
정답 ⑤
해설
as she did → as she was. 원래 she was happy last year. 이 문장은 양쪽의 시제가 다르므로 was를 그대로 써주는 게 좋다.
해석
①비록 전체는 아니지만, 그는 그녀에게 절반이상의 돈을 주었다.
②아이 성가셔! (what a nuisance it is!)
③여기 앉으세요.
④좋은 아침! (I wish you a는 생략가능)
⑤그녀는 작년에 행복했던 만큼 지금 행복하지 못하다.

Chapter 14 명사와 관사

Point 119.

[대표예제]

정답 (d)
해설
(a)eyewitness → an eyewitness or eyewitnesses. [목격자]는 가산 명사이므로 단, 복수를 표시해야 한다.
(b)snake → a snake. [뱀]은 가산 명사이므로 단, 복수를 표시해야 한다.
(c)The polices → The police. [경찰집단]은 항상 the police이고, 복수 취급한다.
(d)The English; 영국 사람들(국민전체 표시) + 복수동사. 그런데 사람들이므로 복수이지만, 영국 사람들 전체는 하나의 민족 집단이므로 뒤에서는 a people.
(e)is → are. 집합명사는 한 덩어리로 보면 단수이지만, 구성원 개개인들을 말할 때는 복수취급한다. 뒤에 있는 all을 보면 지금 상황이 개개인들을 말한다는 것이 보인다. 이 경우를 군집명사라고 한다.

해석
(a)목격자(들)에 따르면 기차는 누군가 철로 위에 놓아두었던 콘크리트 블록에 부딪혔다.
(b)뱀은 피부를 벗고 난 후라야 (탈피한 후라야) 또 다른 단계로 성장하게 된다.
(c)지난달에 우리 집에서 귀중한 다이아몬드가 도난 당 한 후에 아직까지 경찰은 누구도 체포하지 못하고 있다.
(d)영국 사람들은 실용적인 (하나의)민족이다.
(e)그 위원회의 위원들 모두가 식사중이다.

[실전예제]

1.
정답 ③
해설
music track → music tracks. music track이 가산명사이므로 단, 복수를 표시해야 한다. 여기서 track은 음악의 [곡]을 의미하는데, 예전의 레코드 판 같은 것은 바늘이 레코드판에 나있는 길을 따라 움직이면서 소리가 났다.
해석
애플사의 혁신적인 아이튠즈 음악 서비스는 여전히 음악 다운로드에 있어 시장 주도자이지만, 수십 년 이상의 성장 이후, 아이튠즈 에서의 여러 곡들의 판매가 감소해오고 있다.

2.
정답 ③
해설
team sports → team sport. 이미 앞에 부정관사 a가 나와 있다.
해석
일부 나라들에서 축구와 혼동되는 미식축구는 주로 미국과 캐나다에서 행해지는 빠르게 움직이는 단체경기이다.

3.
정답 ②
해설
①of cell → of a cell. [세포]는 가산명사이므로 단, 복수를 표시해야 하다.
②[사람들]이라는 의미일 때 people은 cattle형 집합 명사로서 그 모양 그대로 쓴다.
③to given spot → to a given spot. given은 수식어 일뿐이고, [장소]가 가산명사이므로 단, 복수를 표시해야 한다.
④is important aspect → is an important aspect. important는 수식어 일 뿐이고, [측면]이 가산명사이므로 단, 복수를 표시해야 한다.

해석
①생물조직학자들은 전체적인 기관(심장, 폐등)으로부터 한 개 세포의 분자성분에 이르기까지 모든 단계에서의 신체 조직의 구성을 검사한다.
②미국의 전체 노동 인구는 1977년에 처음으로 백만 명 이상이 되었다.
③새들은 음식과 물을 구하기 위해 일정한 장소로 되풀이하여 돌아오곤 한다.
④광업은 위험한 일이다. 그래서 광부들의 안전은 그 산업의 하나의 중요한 측면이다.

4.
정답 ④
해설
①is → are. The police는 복수 취급한다.
②was → were. cattle은 그 모양 그대로 복수 취급한다.
③is → are. 뒤에 있는 their로 보아 한 덩어리로 보는 게 아니라 구성원 개개인을 보고 있으므로 복수 취급하는 군집명사이다.
④[민족, 국민]이라는 의미의 people은 family형 집합명사이고, 단, 복수가 가능하다.
⑤The 삭제. cattle은 그 모양 그대로 복수 취급한다.
해석
①경찰은 법을 집행하기 위해 국가에 의해 권한을 부여받은 사람들의 집단이다.
②더 흔하게, 소떼는 하계와 동계 사이에 번갈아 길러졌다.
③그 위원회 위원들의 의견이 갈라진다.
④아프리카에는 많은 민족들이 산다.
⑤소떼가 나무 아래에 서 있다.

Point 120.

[대표예제]

정답 (d)
해설
(a)a 삭제. information은 불가산명사.
(b)many → much. money는 불가산명사.
(c)A few → A little. knowledge는 불가산명사.
(d)evidence는 불가산명사.
(e)two piece of → two pieces of. furniture가 불가산명사이므로 별도 어구를 쓰는 것 까지는 좋았는데, two이므로 piece자체가 복수가 되어야 한다.
해석
(a)나는 그 문제에 대한 유용한 정보가 있다.
(b)나는 돈이 많이 없다.
(c)얼마 안 되는 지식이 위험하다. (선무당이 사람잡는다)
(d)그것이 사실이 아니라는 것을 지지해줄 많은 증거가 있다.
(e)그는 가구 두 점을 샀다.

[실전예제]

1.
정답 ②
해설
too many homeworks → too much homework. homework는 불가산명사.
해석
①George는 아직 숙제를 끝내지 못했고 Mark 또한 못했다.
②어젯밤 나의 언니는 너무 많은 숙제를 해야 해서 화가 났었다.
③그가 만약 은행에서 더 많은 돈을 찾았었더라면, 그 신발을 살 수 있었을 텐데.
④방안이 너무나도 조용해서 바깥의 나무에서 바람에 날려 떨어지는 중인 낙엽 소리를 들을 수 있었다.

2.
정답 ②
해설
ample evidences → ample evidence. evidence는 불가산명사.
해석
단지 당신의 소지품을 봐라. 그러면 국가와 문화의 경계를 넘는 물건들의 충분한 증거를 볼 수 있을 것이다. 그렇지만, [사람들이] 서로 다른 문화를 넘나드는 사업세계에서 가장 중요한 요소들이다.

3.
정답 ②
해설
informations → information. information은 불가산명사.
해석
모든 면에서 언어는 구체적인 계산적 과정들을 따라, 조직되고 결합된 추상적 정보 단위들로 구성되어 진다.

4.
정답 ⑤
해설
are devoted to → is devoted to. an amount of = much이고, the real estate가 불가산명사이므로 단수 동사로 맞춘다.
해석
야구, 농구, 하키 경기장처럼, 축구 경기장들은 증가하는 많은 양의 부동산이 할증된 가격의 좌석에 전념하는 장소들로 수십 년 동안 진화해오고 있다. (많은 축구 경기장들이 프리미엄 좌석만 늘린다.)

5.
정답 ①
해설
were taken → was taken. produce가 [농산물]을 의미할 때는 불가산명사이므로 단수로 맞춰야 한다.

Point 121.

[대표예제]

1.
정답 (b)
해설
are great ~ significance → are of great ~ significance. are (great, economic and medical) significance. ( )은 수식어일 뿐이므로 are significance 즉, 명사주격보어를 썼다는 것이다. 그런데 주어인 The arthropods와 추상적 개념인 significance가 동격이 될 리는 없으므로 형용사 성격이 되게끔 of significance로 바꾼다.
해석
(a)학생들을 가르치는 것은 하나의 큰 즐거움이다.
(b)곤충이나 거미를 포함한, 절지동물들은 경제적으로나 의학적으로나 상당히 중요하다.
(c)나는 현대차 한 대를 샀다.
(d)그녀는 젊었을 때, 미인이었음에 틀림없다.
(e)내 일을 도와줄만한 친절을 가져줄래? (일 좀 도와줄래?)

2.
정답 (d)
해설
(a)with → of. [중요한]이라는 형용사구가 되려면 of importance.
(b)practically → practical. of value라는 전체구조는 잘 했는데, 어쨌거나 value는 명사이므로 형용사의 수식이 필요하다.
(c)withe easy → with ease. 추상명사가 결합해야 형용사구가 된다.
(d)추상명사 itself ;매우 ~한
(e)was → were. [화재]를 의미하는 fire는 가산명사이므로 복수형이 가능하다.

(a)이 발명은 과학적으로 중요하다.
(b)이 발견은 실용적인 가치는 없다.
(c)나는 그 문제를 쉽게 풀었다.
(d)그는 정직 그 자체다. (그는 매우 정직하다)
(e)어제 서울에서 세 건의 화재가 있었다.

[실전예제]

1.
정답 ③
해설
명사 자체가 들어가게 되면 주어와 동격이 되는 주격보어가 되어야 하는데, [연설]과 [중요함]이라는 개념은 동격이 아니다. 형용사구가 되려면 [of + 추상명사]가 되어야 한다.
해석
국민에 대한 수상의 연설은 매우 중요했다.

2.
정답 ④
해설
happinesses → happiness. [행복]이라는 개념적 뜻일 때 happiness는 불가산명사.
해석
공리주의 원칙에 따르면, 삶의 목표는 최대 다수를 위한 최대의 행복이다.

3.
정답 ①
해설
of use = useful.
해석
내가 너한테 준 책 에서 문제의 답을 찾을 수 있었니? 책에서 찾아봤는데, 그 다지 유용하지는 않았어.

4.
정답 ②
해설
①is great moment → is of great moment. The discovery ≠ moment 이므로 moment자체만으로 주격보어일수는 없다. [중요함]이 되려면 전치사가 필요하다.
②[화재]를 의미할 때는 가산명사.
③paper → a paper. [종이]가 아닌 [논문, 보고서]를 의미할 때는 가산명사이다.
④a → the. have the 추상명사 to R
해설
①DNA 비밀의 발견은 인류의 생존에 정말로 중요하다.
②화재가 날 경우에 대비해 집에 보험을 들어야 한다.
③나는 시사 문제 과목을 위해 중국에 대한 보고서를 쓰고 있다.
④그 학생은 새로운 것을 시도할 용기를 가져야한다.

Point 122. Point 123.

[대표예제]

1.
정답 (c)
해설
(a)father-in-laws → fathers-in-law. teeths → teeth.
(b)man-servants → men-servants. tens → teens.
(c)제대로 된 복수형들.
(d)the Chineses → the Chinese. datums → data

2.
정답 (c)
해설
mean → means. [수단]이라는 의미의 분화복수.
해석
(a)때때로 미국은 인권을 향상시키는데 실패하는 것에 대한 공격을 받는다.
(b)내 서랍에 바지 두벌이 있다.
(c)철로가 발명되기 전, 유일한 육로 수송 수단은 말이었다.
(d)아프리카로 가는 화물선에서, 나는 한번은 George라는 이름을 가진 어린 소년과 친구가 되었다.
(e)경제적 상품이란 종종 물자 품목들로 구성되지만, 또한 사람들에 대한 용역이 될 수도 있다.

[실전예제]

1.
정답 ⑤
해설
①28 tooth → 28 teeth. tooth의 복수형은 teeth.
②a mice → a mouse. mice는 복수형.
③various bacterium → various bacteria. bacterium은 단수이다. various가 있으므로 복수형이 필요하다.
④Two pair of → Two pairs of.
⑤the 1980's ; 1980년대
해석
①토끼는 28개의 이빨을 가지고 있고, 그것들은 평생 계속 자란다.
②그들은 쥐가 자신의 손상된 신체 조직을 다시 재생 할 수 있는지를 알아보기 위해 쥐를 연구했다.
③솔에는 다양한 박테리아가 있을 수 있으니 바디 페인팅을 너무 즐기지는 마세요.
④신발 두 켤레가 입구에 놓여 있었다.
⑤1980년대에, 아프리카에서는 먹을거리 문제가 특히 안 좋았다.

2.
정답 ①
해설
worm-like larva → worm-like larvae. 주어인 some insects를 보아 복수형으로 받아주어야 하다.
해석
①몇몇 곤충들은 벌레와 같은 유충의 형태로 겨울을 보낸다.
②평화유지군의 구성원들은 가난한 사람들에게 주기 위하여 몇 벌의 옷을 모았다.
③수컷과 암컷 새가 알을 품기 위해 그 위에 번갈아 앉는다.
④이것은 외국 땅에서 배우의 성장에 대한 자극을 제공했다.
⑤몇몇의 행인들이 호기심에서 낯선 차를 보기 위해 멈춰 섰다.

3.
정답 ④
해설
custom offices → the customs office. 일단 [세관, 관세]라는 의미가 되려면 분화복수인 customs가 되어야 하고, 세관이라는 특정한 기관하나이므로 office이다.
해석
동일한 일련번호를 가진 위조지폐와 관련한 몇 건의 경우들이 지난 삼 개월 동안 세관에 의해 포착되어왔다.

Point 124.

[대표예제]

1.
정답 (a)
해설
(a)[수백의]를 뜻할 때는 hundreds of라고 쓴다.
(b)two dozens → two dozen. 정확한 수를 표현할 때 수치명사는 ~s를 붙이지 않는다.
(c)fifty-cents stamps → fifty-cent stamps. [수사-명사 + 명사]구조에서는 앞의 명사는 단수형으로 쓴다.

(d)kind of → kinds of. 앞에 these, 뒤에 engines가 있으므로 복수형으로 쓴다.

해석
(a)1840년대, 수백 명의 개척자 가정들이 포장마차를 타고 서부로 이동했다.
(b)나는 계란 두 판 (24개)을 샀다.
(c)50센트짜리 우표 5장 주실래요?
(d)이곳에서 광범위하게 팔린 이런 종류의 엔진들은 작동하고 유지하는 데에 있어서 정말 경제적이다.

[실전예제]

1.
정답 ①
해설
a five hundreds – word composition → a five hundred – word composition. 정확한 수를 표현할 때 hundred는 ~s를 붙일 수 없다. 뒤에 있는 word는 five hundred라는 수사와 결합하여 그 뒤에 있는 composition을 꾸미기 때문에 단수형으로 잘 썼다. 그리고 애초에 a는 composition 때문에 나온 것이다.

해석
①내일의 숙제는 너의 대학에 대한 500 단어짜리의 작문을 쓰는 것이다.
②오늘날의 말의 조상은 eohippus라고 불리는 작은 포유류인데, 5400만 년 전에 처음 출현했다.
③보통의 들쥐는 4인치 정도의 길이에 3인치짜리 꼬리를 가지고 있다.
④그 선수의 키는 8피트이다.

2.
정답 ③
해설
①four-years term → four-year term. [수사-명사 + 명사]에서 앞의 명사는 단수형.
②two thousands → two thousand. 정확한 수를 표현할 때는 thousand에 ~s를 붙일 수 없다.
③kind of + 무 관사 명사
④tourist → tourists. 막연한 수를 표현할 때는 tens of thousands of가 가능하므로 뒤의 명사는 복수형으로 써야 한다.

해석
①1955년 처음 시카고 시장으로 선출된 Richard J. Daley는 그가 죽는 순간에도 시장으로서 6번째 연속되는 4년짜리 임기를 수행하고 있었다.
②1930년대에 전직 노예들에 대한 2000건 이상의 인터뷰가 연방 작가 프로젝트 멤버들에 의해 시행되었다.
③어떤 종류의 종이에 그 보고서를 출력해야 하는지가 중요한가요?
④수 만 명의 여행객들이 매년 한국에 온다.

Point 125. Point 126.

[대표예제]

정답 (e)
해설
(a)three month's → three months'. 복수명사에 대한 소유격은 '만 붙이면 된다.
(b)intelligent test → intelligence test. [지능검사]라는 합성명사.
(c)to her hearts content → to her heart's content. 무생물 명사이지만, 예외적으로 직접 소유격을 만드는 관용 표현.
(d)of my father → of my father's. 이중 소유격. [나의 아버지의 외투들 중의 이 외투]라고 표현하려면 of my father's (overcoats)가 되어야 한다.
(e)baby는 it으로 받는 것이 가능하다.

해석
(a)그는 한 달의 여행에 석 달 치 수입을 썼다.
(b)가장 일반적인 지능 검사는 IQ test다.
(c)그녀는 마음껏 아름다운 장면을 봤다.

(d)아버지의 (외투들 중의) 이 외투는 이미 닳았다.
(e)그 아기는 자기의 작은 발가락을 움직이고 있었다.

[실전예제]

1.
정답 ②
해설
①brain's injury → brain injury. [뇌 병변]이라는 합성명사이다.
②by a hair's breadth. 무생물명사이지만 소유격을 쓰는 관용표현.
③His that remark → that remark of his. 이중 소유격. 소유격과 지시형용사는 겹칠 수 없으므로 소유격을 뒤로 돌려서 소유대명사로 만든다. his는 그 모양 그대로가 소유대명사이기도 하다. 만약 소유격 취급을 하고 싶다면 that remark of his remarks가 되는데, 명사를 중복할 이유가 없다.
④ten minute's walk → ten minutes' walk. 복수명사의 소유격이므로 '만 붙인다.
⑤two thousands won's → two thousand won's. 정확한 수를 표현하므로 ~s를 뺀다.

해석
①반전은 뇌 병변에 의해 야기 될지도 모른다.
②이 집의 주인은 아슬아슬하게 죽음에서 벗어났다.
③그의(언급들 중의) 그 언급은 그 자리에 있던 사람들에게 무례한 발언이었다.
④A: 그것 참 복잡하게 들리는데 여기서 얼마나 먼가요? B: 그렇게 복잡하지 않아요. 여기서 걸어서 약 10분 거리에요.
⑤이 사과들 2000원 어치 좀 주세요.

2.
정답 ①
해설
bloods types → blood types. [혈액형; 혈액의 종류]처럼 앞의 명사가 소유격적인 의미를 가지는 합성명사는 복수형을 만들 때 뒤에 오는 명사만 복수형으로 한다.

해석
①어떤 혈액형들은 꽤 일반적이고, 어떤 혈액형들은 지역적으로 분포되어 있고, 또 다른 혈액형들은 어디서든 흔하지 않다.
②녹음된 음악이나 다른 소리는 몇 가지 다른 컴퓨터 프로그램 파일 포맷들을 사용하는 컴퓨터 디스크에 저장되거나 연주되어 질 수 있다.
③그 때, 그는 집으로 가는 길에 Jefferson가를 지나갔고, 삼촌댁에서 하룻밤을 묵었었다.
④이 테이블의 다리 하나가 다른 것들보다 짧으니 저쪽에 가서 앉자.

Point 127. Point 128.

[대표예제]

1.
정답 (d)
해설
(a)the day → a day. [하루 당]이라는 의미 표현을 하려면 a가 필요하다.
(b)an → a. unique의 첫 소리가 자음 소리이므로 a가 필요하다.
(c)by hour → by the hour. [시간당으로]라는 표현방식.
(d)look + 목적어 + in the + 신체일부명사

해석
(a)고대 그리스에서, 하루에 한 끼 이상의 괜찮은 식사를 할 여유가 되는 사람은 거의 없었다.
(b)벼룩은 독특한 추진 시스템을 갖고 점프하는 것으로 특히 알려져 있다.
(c)노동자들은 시간당 임금을 받고 끊임없이 매 분이 중요하다는 사실이 상기되어진다.
(d)사람과 얘기할 때는 얼굴을 직접 쳐다보고, 분명히 말해라.

2.
정답 (c)

해설
was taken → were taken. The injured는 injured people이므로 복수 동사로 맞춘다.
해석
(a)퀸 메리 호는 파나마 운하를 흘러가고 있었다.
(b)알프스 산맥은 유럽에 있는 산들이다.
(c)부상자들은 사고 직후 근처 병원으로 옮겨졌다.
(d)밤에 그들은 한라산 산기슭에서 야영했다.
(e)그는 나를 대변해 준 첫 번째 사람이었다.

[실전예제]

1.
정답 ①
해설
with → by. pull + 목적어 + by the + 신체일부 명사
해석
여왕은 갑자기 내 소매를 잡아끌고는, (입구의)문이 너무 낮아 손과 발로 기어서 가야했던 두 개의 방을 지나 마당으로 나를 이끌었다.

2.
정답 ④
해설
①A → An. X-ray의 첫 소리가 모음 발음이다.
②A house of → The house of. 시장의 그 특정한 집.
③by an hour → by the hour. [시간당으로]
④pat + 목적어 + on the + 신체일부 명사.
해석
①X선 쌍선은 백색 왜성, 중성자별, 블랙홀과 같은 소형 물체의 궤도를 도는 평범한 별들로 구성되어 있다.
②그 시장의 집은 엄청난 성이다.(고래 등 같은 집이다)
③당신은 시간당으로 임금을 받습니까, 월급으로 받습니까?
④작은 것이라도 성취한 것에 대해 너 자신의 등을 쓰다듬어줘라.

3.
정답 ④
해설
①a first → the first. [서수 + 명사]인 경우 명사는 특정되므로 앞에는 the가 필요하다.
②easts → eat. The Chinese는 [중국 사람들; 국민 전체]이므로 복수로 맞춰준다.
③the day → a day. [하루 당 한 알]이라는 의미.
④종족 전체를 나타낼 때 [a + 명사]를 쓰기도 한다.
해석
①토마스 에디슨은 또한 1876년 뉴저지에 있는 멘로 파크에 최초의 산업 연구 실험실을 만들었다.
②사우디아라비아 사람들이 손을 이용하여 음식을 먹는 반면에 중국인들은 젓가락을 다루는데 있어서 솜씨가 좋음을 보여주기 위해 젓가락을 사용해서 음식을 먹는다.
③하루당 아스피린 한 알을 먹는 것은 심장마비에 걸릴 확률을 줄여줄 수 있다.
④가장 오랫동안 사는 동물은 아마도 거북이(라는 종족 전체)이다.

Point 129. Point 130.

[대표예제]

1.
정답 (b)
해설
such short a time → such a short time or so short a time. such + a, an + 형용사 + 명사. so + 형용사 + a, an + 명사.
해석
(a)나는 꽤 합리적인 가격으로 그것을 샀다.
(b)그는 그렇게 짧은 시간에 그것을 했다.
(c)그는 너무 훌륭한 학생이라 모두가 그를 존경한다.
(d)그것은 너무 어려운 문제여서 나는 풀 수가 없었다.

2.
정답 (d)
해설
(a)a → an. urgent의 첫 소리가 모음 발음이다.
(b)by the fax → by fax. by + 통신수단.
(c)the 삭제. 직함, 신분명이 보어가 될 때는 무 관사.
(d)[예배]라는 의미일 때 church는 무 관사.
해석
(a)대학에서 많은 교구들에 대한 시급한 요구가 있다.
(b)당신이 지금 당장 그 정보를 원하기 때문에, 우리는 팩스로 보내 줄 것이다.
(c)그는 팀의 주장으로 선출되었다.
(d)예배 후에, 사람들은 교회 마당에 다 같이 모여 있었다.

[실전예제]

1.
정답 ②
해설
such great a work → such a great work or so great a work. such + a, an + 형용사 + 명사. so + 형용사 + a, an + 명사.
해석
①그 혼자 힘으로 그것을 하려고 애쓰는 것은 다소 바보 같은 시간 낭비처럼 보인다.
②그가 혼자 힘으로 그런 훌륭한 일을 했다니 존경할 만하다.
③그는 결코 자기 아버지만큼 그렇게 훌륭한 학자는 될 수 없을 것이다.
④비무장지대는 동에서 서로 약 200킬로미터쯤 뻗어있다.
⑤"이거 얼마 주고 샀니?" "평소 가격의 두 배 주고 샀어."

2.
정답 ⑤
해설
①by a bus → by bus. by + 교통수단
②in the hospital → in hospital. [입원]이라는 의미일 때는 무 관사.
③to school → to the school. [공부하러가다]는 의미가 아닐 때는 그야말로 [학교]건물을 말하는 것이므로 관사가 필요하다.
④the half size → half the size. 전치한정사 half + the + 명사
⑤학교 건물 자체를 말하므로 the school.
해석
①나는 버스로 여행하는 것을 싫어한다.
②Mary는 Jean이 병원에 입원했을 때 의지할 수 있는 사람이었다. Mary는 Jean의 가족 모두를 돌보았다.
③지난 일요일, 우리는 야구 하려고 그 학교에 갔다.
④그들의 군대는 우리 군대 규모의 대략 절반 정도이다.
⑤3시에 그 학교에서 회의가 있다.

Chapter 15 대명사

Point 131.

[대표예제]

정답 (c)
해설
(a)their eyes → your eyes. Those of you에 대한 소유격이므로 your이다.
(b)and I → and me. 앞에 있는 but이 [~을 제외하고]라는 의미의 전치사이므로 인칭대명사는 목적격을 써야 한다.

(c)hers = her family.
(d)if you are → if he is.
해석
(a)안경을 끼고 있는 당신 같은 사람들은 정기적으로 당신들의 눈을 검사 해보아야 한다.
(b)현장책임자와 판매 담당자, 그리고 나를 제외한 모든 사람들은 오후 회의에 참석하도록 예정되어있다.
(c)그녀는 7명의 자녀가 있다. 그래서 그녀의 가족은 대가족이다.
(d)최고의 운전사조차 자신이 피곤하거나 운전할 때의 상황이 나쁘면 사고를 일으킬 수 있다.

[실전예제]
1.
정답 ④
해설
①Between he and → Between him and. 전치사 뒤이므로 인칭대명사는 목적격.
②they are → it is. 문맥상 any statement를 받아야 한다.
③their → theirs or their annual reports.
④문맥상 them 과 동격이므로 John and him에서 특히 him을 목적격으로 잘 썼다.
해석
①그와 그의 부인 사이에서는 논쟁을 제외하고는 아무런 일도 이루어지지 않는다. (그들은 단지 논쟁하기만 한다.); 이것은 현대의 부부들 중의 일부가 경험하고 있는 상황이기도 하다.
②그들은 출처가 무엇이든 간에 이 문제에 대한 어떠한 진술도 그것(그 진술)이 확인될 때까지는 뜬소문으로만 생각해야 한다.
③우리의 연간 보고서는 그들의 것보다 더 정확하고 빈틈이 없다.(철저하다)
④그는 분명히 그들, John과 그, 에게 준비하라고 말했다.

2.
정답 ③
해설
①his → their. children을 받는다.
②their → our. Those of us를 받는다.
③는 my로, the dog은 its로 잘 받았다.
④its way → their way. travelers를 받는다.
⑤his → its. Mahogany를 받는다.
해석
①아이들이 너무 많은 좌절감을 겪게 될 때 그들의 행동은 통합되어지기를 멈춘다. (통합되지 않는다)
②나이가 50이 넘은 우리 같은 사람들은 정기적으로 혈압이 점검되어지도록 해야 한다.
③나는 내 아침식사를 먹었고, 그 개는 자기 아침 식사를 먹었다.
④별의 움직임은 초창기 여행자들에 의해 처음으로 알아채졌는데 그들(여행자들)은 바다를 건너는 그들의 길을 안내하기 위하여 별을 사용했다.
⑤마호가니는 그것의 두드러지게 선명한 색깔로 유명하다. 그래서 여러 종류의 가구를 만드는데 사용되고 있다.

Point 132.

[대표예제]
정답 (d)
해설
themselves → them. 재귀목적어를 쓰기 위해서는 주어와 목적어가 같은 범위의 절 안 에서 동격이 되어야 한다. 그런데 지금 themselves가 들어 있는 절은 that이라는 주격관계대명사가 있으므로 원래 그 선행사인 the subjects or topics가 주어였다. 즉, The subjects or topics really interest themselves. 이렇게 되면 주어와 목적어가 동격이 아님을 알 수 있다. 이때 them = home schoolers이다.
해석
가정학습자들이 전통적인 학교의 엄격한 교육과정 아래에 있지는 않다 하더라도 그들은 종종 자기들(가정학습자들)을 정말로 흥미 있게 만드는 과목이나 주제에 더 많은 시간을 보내곤 한다.

[실전예제]
1.
정답 ③
해설
themselves → them. 중간에 끼어든 어구들을 빼고 보면, His ability ~ convinced themselves~가 보인다. 주어와 목적어가 동격이 아니다. 이때 them = soldiers.
해석
자신 주변에 있는 부하들에게 명령을 내리며 즉석에서 행동에 뛰어드는 그의 능력은 그들 (부하들)에게 그가 그 일에 적임자라는 확신을 주었다.

2.
정답 ④
해설
themselves → them. 주격 관계대명사 that이 있으므로 원래 indicators could help themselves~ 가 된다. 이때의 them = researchers이므로 당연히 indicators와는 동격이 아니었다.
해석
대학의 연구자들이 자신들(연구자들)이 지진을 예측하는데 도움이 될 수 있는 일련의 지표들을 연구하고 있는 중이다.

3.
정답 ③
해설
them → themselves. 정확히 주어인 craftsmen과 목적어인 them이 같은 범위의 절 안에서 동격이다.
해석
초기 미국 목각 사들의 작품들은 많은 예술적인 특성(우수성)을 지니고 있지만 이러한 장인들(목각사들)은 자기들 스스로를 예술가로 생각하지 않았다.

4.
정답 ④
해설
①beside him → beside himself. [제정신이 아닌] 재귀대명사를 포함하는 관용표현이다.
②themselves → them. 주격관계대명사 that이 있으므로 원래 features identify themselves~ 이때 them = trees이므로 features와 themselves는 동격이 될 수 없었다.
③themselves → them. to make의 의미상 목적어자리이므로 to make 의 의미상 주어를 찾아서 그 의미상 주어와 이 themselves가 동격이 되어야 재귀목적어를 쓸 수 있다. 그런데, to make의 의미상 주어는 당연히 그 합금을 만들어내는 사람들 일 것이므로 them(= coins)과는 동격이 될 수 없다.
④특히 as presented to him~에서 himself를 쓰는 실수를 하지 않았다. he himself는 주어에 대한 강조 용법일 뿐이다.
해석
①Tom은 그녀의 말을 들었을 때 분노로 제정신이 아니었다.
②어떤 나무들은 첫눈에 그것들(나무들)을 구별할 수 있는(확인할 수 있는) 특이한 특징들을 가지고 있다.
③ 금화, 은화, 동화는 흔히 닳는 것을 방지하기 위해 (그것들이 마모를 견딜 수 있을 만큼 충분히 단단하게 만들기 위해) 더 단단한 금속들과 합금되어진다.
④대통령은 자기 스스로가 국회의 위원회에 의해 그에게 제공 되어지는 증거에 따라서 행동하겠다고 공고했다.

Point 133.

[대표예제]

1.
정답 (d)
해설
those of → that of. that = way of thinking.
해석
젊은 세대의 사고방식은 지난 세대의 그것(사고방식)과는 다르다.

2.
정답 (a)
해설
them → those. For them (who are) interested in ~ 이라고 보면 interested가 맞기 때문에 ( )도 틀림없이 맞다. 그렇다면 선행사가 목적격인 것은 이상하다. 그렇다고 they로 바꿀 수도 없다. 앞에 전치사 For가 있으니. 문맥상 [사람들]이므로 those로 바꾼다.
해석
자연에 관심이 있는 사람들을 위해서 그 클럽은 여름동안에 매주 마다 도보여행과 (하이킹과) 야영 프로그램을 제공한다.

[실전예제]

1.
정답 ②
해설
them → those. who라는 주격관계대명사가 맞으므로 them이라는 목적격이 선행사일 리가 없다는 사실에서 답은 골라 낼 수 있다. 문맥상 일반 [사람들]이라 those로 바꿔준다.
해석
종업원들과 유효한 신분증을 소지한 사람들을 제외하고는 아무도 구내 출입이 허락되지 않는다.

2.
정답 ⑤
해설
them → those. 병치 되는 부분들을 빼고 더 앞을 보면 근본적으로 toward라는 전치사에 걸리는 부분이다. 그럼에도, 목적격 them을 쓸 수 없는 것이 바로 뒤가 interested이므로 (who are) interested였을 것이다. 그렇다고 전치사가 앞에 있는데, 주격으로 고칠 수는 없으니 those로 고친다.
해석
많은 주제에 대해 얘기하는 주간 뉴스 잡지들이 또한 있다. 그러나 대부분의 잡지들은 다양한 소비자를 끌어당기기 위해 특화되어진다. 예를 들어, 유명 인사들을 다루는 젊은이들의 잡지뿐만 아니라, 패션, 화장품, 요리법등을 담아내는 여성지들이 있다. 다른 잡지들은 향해진다. 예를 들어 컴퓨터 사용자들에게로, 스포츠팬들에게로, 예술에 관심있는 사람들에게로, 또 많은 다른 소규모그룹들에게로.

3.
정답 ③
해설
①have been looked → have been considered. 단독의 look은 자동사이므로 수동이 불가하다. 뒤에 the same이 있어서, [같다고 생각되어져왔다]정도라면 consider를 수동형으로 써준다.
②help identifying → help (to) identify. help의 목적어는 (to) R이다.
③that = the skeleton
④had been believed → had believed. 뒤에 목적어가 있으므로 능동형을 써야 한다.
해석
①상어들은 수 억년동안 거의 같은 상태라고 생각되어져왔다.
②"그들은 시간이 흐르면서 기본적인 모델을 개량하기 위하여 진화해 왔다." 그 화석을 확인하는데 도움을 준 고생물학자인 John Maisey가 말한다.
③이 고대 상어의 아가미를 지탱하는 뼈대는 현대 상어의 그것(뼈대)와는 완전히 다르다.
④이전에는, 많은 과학자들이 상어 아가미들은 현대의 물고기들보다 앞서 나온 고대의 시스템이었다고 믿었었다.

4.
정답 ②
해설
them who → those who. 뒤에 본동사인 challenge가 살아있을 수밖에 없으므로 주격관계대명사인 who는 확실히 맞다. 주격의 선행사가 목적격일수는 없다. [사람들]을 의미라는 those로 바꿔준다. 사실, that 이하에 완벽한절이 오는 명사절이므로 애초에 이 자리가 주어자리라는 것만 봐도 틀렸다.
해석
①무엇이 그들이 만족에 영향을 주었는가를 질문 받았을 때 거의 모든 환자들은 깨끗한 환경이 가장 중요했다고 대답했다.
②그 격언은 과학적으로 확인되었다. 그것은 스스로에게 도전하는 사람들이 인지 능력을 강화시킨다는 것을 보여준다.
③어떤 교과서도 비폭력의 저항이 폭력에 대한 가능한 대응이라는 언급을 담고 있지 않다.
④그들 각자가 경제학자들과 역사학자들 사이에서 종종 찬성과 불찬성을 찾아낸다는 것이 사실이다.

Point 134.

[대표예제]

정답 (a)
해설
(a)such as : 예를 들면
(b)a same → the same.
(c)so does she → so has she. 원래 she has changed a lot, too.
(d)imagine it → imagine so. 절 목적어를 대신할 때의 so. imagine that she must look like~에서 that~을 so로 받아준다.
(e)such terrible a state → such a terrible state or so terrible a state.
해석
(a)어떤 고대 문명들에서 문화적 상류층은 예를 들어 바구니나 의류처럼 일상생활에의 가정용 물품들을 만들기 위해서 파피루스에 크게 의존했다.
(b)역사적으로 많은 인간들이 똑같은 실수를 반복해서 해왔다.
(c)그는 많이 변했고, 그녀도 그렇다.
(d)"그녀는 매우 예쁜 여자처럼 보일 것임에 틀림없어."(예쁠 거야) "그래, 나도 그렇게 상상해."
(e)나는 경제가 그렇게 안 좋은 상태에 있어서 그가 다음 번 선거에서 승리할 가능성이 있다고 생각하지 않는다.

[실전예제]

1.
정답 ④
해설
우선 be known as; ~로서 알려진다. 그리고 a key라는 관사와 명사를 봐서는 such a key가 된다. 마지막은 원래 its application is so universal that it has at times treated with religious veneration.에서 보여인 universal을 강조하기 위해 문두로 보내고 주어, 동사를 도치시킨 것이다. 즉 So universal is its application이 된 것이다. not only in art but also in nature 은 다만 application과 내용적으로 연결되는 것이다.
해석
황금 분할이라고 알려져 있는 기하학적인 비율은 몇 세기동안 미술의 미스터리를 해결하는 열쇠로 생각되어져 왔다. 그리고 미술에서나 자연 속에서나 그것의 응용분야는 너무나 전반적이어서 그것은 때로 종교적인 숭배와 더불어 취급되기도 한다.

2.
정답 ③

해설
①such → as such. be treated까지가 형식적으로 종결되므로 그냥 명사만이 아닌, as a new employee.에서 명사를 such로 받아주는 것이다.
②a same → the same
③so = that he is very sick.
④as → such as. devices에 대한 예를 드는 것이다.
⑤뒤에있는 like → as. such A as B

해석
①그는 단지 신입사원일 뿐이고, 그런 존재(신입사원)로 대접받아야 한다.
②이것은 내가 예전에 몰았던 차와 같은 종류이다.
③테이트교수가 아픈가요? 유감스럽지만 그럴 거라고 생각합니다.
④현대의 시인들은 예를 들어 두운과 음의 유사 같은 시적 장치들을 가지고 실험해왔다.
⑤나는 단테와 괴테 같은 그런 시인들이 좋다.

3.
정답 ④
해설
so I had → so had I. I had been approached by a management scout from another company, too. 긍정적인 진술에 대한 맞장구치기.
해석
Jack이 나에게 자신이 다른 회사의 관리 조직으로부터 접근되어졌다고 말한 후에 나는 그에게 나도 역시 그랬다고 알려줌으로서 그를 놀라게 했다.

Point 135.

[대표예제]

정답
해설
(a)new one → a new one. 형용사의 수식을 받을 때는 one도 a, an등이 필요하다.
(b)맞는 문장. If 절에는 any, 긍정문에는 some.
(c)맞는 문장. 긍정에서의 예외적인 any(어떤 ~라도; 강조적 의미)
(d)Every of → Everyone of. every그 자체가 한정사이므로 단독으로 쓸 일 수 없다.
(e)Most all → Almost all or Most. most 와 all은 중복될 리가 없다.
(f)another ways →other ways. [또 다른]이라는 비슷한 의미이지만, [another + 단수명사] [other + 복수명사]
(g)another → the other. 범위가 둘 밖에 없을 때 [나머지 하나]는 the other.
(h)others → the others. [나머지 전부]가 되려면 the others가 되어야 한다. 3분의 1이 남자아이들이었다면 당연히 소녀들이 나머지 전부가 된다.
(i)none → no. none은 대명사이다. no가 한정사로 쓰인다.

해석
(a)내 잔디 깎는 기계가 다시 고장이 났다. 그래서 새로운 하나를 사야만 한다.
(b)만약 당신이 재미있는 책들이 있다면, 나에게 몇 권 빌려주세요.
(c)나에게 맥주를 좀 가져와. 어떤 종류라도 괜찮아.
(d)모든 학생들은 자기의 최선을 다하도록 교육받았다.
(e)대부분의 혈액 검사들은 이제 전자 장비에 의해 실행되어진다.
(f)달걀은 껍질 채 삶거나 스크램블을 하거나 프라이 할 수도 있다. 그리고 셀 수 없이 많은 또 다른 방법으로 요리될 수 있다.
(g)내가 명확하게 할 수 없는 (해결할 수 없는) 두 가지 문제가 여전히 남아 있다. 하나는 잠재적인 시장이고 나머지 하나는 비용 문제다.
(h)그 거대한 방에는 아주 많은 학생들이 있었는데 그 중의 1/3이 남학생이었고 나머지 전부는 여학생이었다.
(i)액체와 기체는 일정한 형태를 가지고 있지 않기 때문에 용기 속에서 자유롭게 흘러나온다.

[실전예제]

1.
정답 ③
해설
use one → use it. 문맥상 아버지가 가지고 있는 바로 그 독일어 사전을 네가 쓸 수 있다 이므로 특정한 그 사전을 받아야 한다.
해석
①내 실험실 가운이 세탁되어질 필요가 있다. 나는 이번에는 한 벌 빌리고 싶다.
②나는 문제집을 한권 사야해요. 하나 추천해 줄래요?
③내 아버지가 독일어 사전을 가지고 계셔. 너는 그것을 써도 좋아.
④나는 진공청소기 한 대를 사려고 합니다. 나에게 아무거나 한 대 보여줄래요?

2.
정답 ③
해설
other → another. A is one thing, B is another. A와 B는 별개다.
해석
무언가가 무엇인지(what something is)를 말하는 것(to say)은 한가지고, (is one thing) 뭔가가 그렇다(that it is)고 말하는 것은 다른 한가지다. (is another) [=무언가가 무엇인지를 말하는 것과 이미 그건 그렇다고 말하는 것은 전혀 다르다, 별개다]. 우리는 알 수 있다. 개가 무엇인지를. 개가 존재한다, 안 한다를 단언하는데 우리자신을 바치지 않고도. [=개가 무엇인지를 말하는데 있어서 개의 존재자체를 단언하는데 힘을 쓰지는 않는다. 너무나 당연하게 존재함으로]

3.
정답 ②
해설
other maintain → others maintain. [다른 사람들; other people = others]
해석
어떤 사람들은 2차 대전에서 원자폭탄은 사용되지 말았어야 했다고 주장한다. 그러나 다른 사람들은 그것들(원자폭탄)을 사용한 것이 전쟁을 빨리 끝내기 위하여 불가피했다는 입장을 유지한다.

4.
정답 ②
해설
①was sat → was (to) sit. 일단 모양 상으로 틀렸다. be 동사 뒤에 그냥 과거형 동사가 붙지는 않는다. 주격보어자리인데, to R로 고치는 게 일반적이다. 그런데, 주어가 지금처럼 All (that) + S + want~/ All (that) S + have to do~따위 일 때는 예외적으로 원형의 주격보어가 가능하다.
②다리는 두 개 밖에 없으므로 하나가 one, 나머지 하나가 the other이 되었다. 이때 one foot (being) in China and the other (being) in Nepal. being이 생략된 독립 분사구문이다.
③how first entered the idea my brain→ how first the idea entered my brain. how뒤에 동사가 바로 붙을 수는 없다. 간접의문문이 되려면 how + S + V~가 되어야 한다.
④things she perceiving~ → things (which) she perceived. 주어 모양인 she 다음에 ~ing가 바로 붙을 수는 없으니 주어+동사로 만들어야 하는데, perceive라는 타동사에 대해 things가 목적어였을 것이므로 이를 생략하고 중간에 목적격 관계대명사를 쓴다. 그리고 그 목적격 관계대명사는 생략할 수 있다.
해석
①그가 원했던 모든 것은 그가 진정하고 안정을 취할 수 있을 때까지 신문과 함께 앉아있는 것이었다.
②세상의 꼭대기에 올라앉아서, 한 발은 중국에 나머지 한발은 네팔에 있는 채, 나는 산소마스크에 있는 얼음을 닦아냈다.
③어떻게 그 생각이 처음에 내 머릿속으로 들어왔는지를 말하는 것은 불가능하다. 그러나 일단 (그 생각이) 마음속으로 품어지자, 그것이 나를 밤낮으로 떠나지 않았다.
④그녀는 자신의 눈과 마음을 가지고 인지했던 것들에 대한 객체들로서의 사실적인 모방하기로부터 벗어나고 있었다.

Chapter 16 형용사

Point 136.

[대표예제]

정답 (c)
해설
These all clever → All these clever. 한정사이자 전치한정사인 all은 다른 한정사와 같이 나올 때는 그야말로 전치한정사로 쓰인다.
해석
(a)저기 두개의 큰 오래된 돌로 만든 건물을 봐라.
(b)어떤 신발들이 그의 아버지 것이니?"다섯 개의 큰 파란색 신발들이야"
(c)이 모든 똑똑한 젊은 영국 여성들은 내 친구들이다.
(d)주방에 세 개의 빨간 사과들이 있다.
(e)그 학교의 이사들은 추가로 열 명의 교사를 고용하기로 결정했다.

[실전예제]

1.
정답 ④
해설
①big plastic blue bag → big blue plastic bag. [크기-색깔-재료]의 순서.
②a public typical company → a typical public company. [성질-소속]의 순서.
③The tall five beautiful → The five beautiful tall. 일단 [수량-성상]의 순서. 그리고 beautiful은 확실히 [성질]의 느낌이고 tall도 [성질]이라고 봐도 될 만한데, 그 보다는 girl에 대한 좀 더 밀착적인 설명으로 봐서 [소속]으로 이해하면 beautiful tall이 적절하다. 다만, 이런 정도의 순서를 뒤 집어 쓴다고 해서 크게 문제 되지는 않는다.
④the first two. 수량이 겹칠 때는 [서수-기수]
⑤our great first → our first great. [한정사 –수량–성상]
해석
①그 소녀는 큰 파란색의 비닐봉지를 가지고 있었다.
②전형적인 주식회사에서 대표이사는 그것(회사)의 주식 중에서 단지 일부분만을 소유하고 있다는 사실을 몇 퍼센트의 일반대중이 알고 있을까? (잘 모를 것이다.)
③오늘 아침에 키 큰 다섯 명의 아름다운 중국 소녀들이 우리를 만나러 왔다.
④그 모든 경영자들이 의사일정에서 처음의 두 가지 주제를 채택하는데 동의했다.
⑤여성들이 우리의 첫 훌륭한 성과에 큰 역할을 했다.

Point 137.

[대표예제]

정답 (a)
해설
Alike → Like. a~로 시작하는 형용사들은 명사를 수식할 수 없다. [a~ + 명사]구조라면 틀렸다.
(a)곰처럼, 거대한 중국의 판다는 어설픈 걷기 방식을 갖고 있다.
(b)그 작가는 우리에게 어떤 논쟁들이 취할 만하고, 어떤 것이 그냥 조용히 내버려지는 것이 더 나은지를 말해준다.
(c)그들은 이런 점에서 둘 다 비슷하다.
(d)아메리칸 드림은 잠들어 있는 사람들(준비하지 않는 사람들)에게는 실현되지 않는다.
(e)그의 단순한 행동이 엄청난 문제를 낳았다.

[실전예제]

1.
정답 ④
해설
alike → like. a~로 시작하는 형용사는 명사를 꾸밀 수 없다.
해석
우화는 대개 사람처럼 말하고 생각할 수 있는 동물이나 무생물을 주인공으로 하는 짧은 이야기이다.

2.
정답 ③
해설
alike → unlike. 어쨌든 alike가 명사를 꾸밀 수 없으니 틀렸는데, 문맥상 고치는 방법은 like 보다는 unlike일 것이다.
해석
수상은 균형예산이라는 자신의 오랜 시간 동안의 목표를 유지했다. 그리고 그의 전임자들과는 다르게, 공공지출에 있어서 상당한 증가를 요청했다.

3.
정답 ①
해설
alive → living. alive는 명사를 꾸밀 수 없다.
해석
현대세계에서 우리 모두는 발암성물질을 먹고, 마시고 흡입한다. 그래서 오늘날을 살고 있는 사람들 네 명 중 한 명은 결과적으로 암으로 발전한다. 그러므로 이 병을 둘러싼 많은 오래된 논쟁거리들에 대해 우리가 익숙해지는 것은 숙명적이라기보다는 실제적인 일이 되어가고 있다.

Point 138.

[대표예제]

정답 (b)
해설
(a)economic → economical. [절약적인, 경제적인]이라는 의미가 필요하다.
(b)~thing + 형용사
(c)healthful → healthy. 사람이 [건강한]이라는 의미가 필요하다.
(d)will you be convenient → will it be convenient. convenient는 사람을 직접적으로 주어로 할 수 없다.
(e)→ It was difficult for Dr. Smith to operate on the patient.
[사람 주어 + be + difficult같은 특정 형용사 + to R]구조에 맞으려면 to R뒤에 의미상 목적어가 주어 자리로 옮겨가서 그 자리가 비어 있어야 한다.
해석
(a)그 노인은 너무나도 검소해서 적은 용돈 내에서 그럭저럭 살아갔다.
(b)목이 마른데 찬 것 좀 주세요.
(c)그녀는 나이에 비해 매우 건강하다.
(d)너는 언제가 거기 가기에 편할 것 같니?
(e)Smith 박사는 그 환자를 수술하기 어려웠다.

[실전예제]

1.
정답 ③
해설
historical → historic. 단순히 [역사의]라는 뜻이 아닌, [역사적으로 유명한]이라는 의미가 되려면 historic이 되어야 한다. ④의 경우 alive가 tree를 직접 꾸미는 게 아니라, 위치가 명사 뒤에 있기 때문에 oldest tree (which is) alive가 된다.
해석
①나는 복잡한 버스에 집으로 가는 내내 서서 가야 한다는 것이 불쾌했다.
②무엇이 Midwest를 무역과 산업의 중심 도시로 만들었는가?
③1940년에 Churchill이 수상이 되었을 때, 그는 역사적인 (역사적으로 유명한)연설을 했다.
④과학자들은 현존하는 가장 오래된 나무를 찾고 있는데 그 나무가 많은 문제들에 대한 상당한 것을 그들에게 가르쳐 줄 수 있기 때문이다.

2.
정답 ①
해설
You are unpleasant enough → It is unpleasant enough for you. unpleasant는 특정한 문장 모양을 제외하고는 (→위에 있는 대표예제의 (e)번 설명 참고)직접적인 사람주어와 같이 쓸 수 없다.
해석
당신은 당신이 응원하는 팀이 시즌에서 지는 것을 보면서 충분히 기분이 좋지 않다. 그러나 당신의 환상의 스타 쿼터백이 그라운드에 쓰러지는 것을 지켜보는 완벽한 정신적 고통은 거의 견딜 수 없는 것이다. 당신은 믿을 수 없는 듯 쳐다본다. 그가(쿼터백) 자신의 다리를 움켜잡고 있는 동안. 그는 아마도 시즌에서 아웃될 것이다.

3.
정답 ②
해설
respectful → respectable. [존경받을만한]이라는 문맥이 필요하다.
해석
그는 자신의 존경심을 그 모든 존경받을 만한 영혼들에게 주었다. 그들의 (영혼들) 각자의 위치들에 따라서 그것(그의 존경심)을 받을만한 자격이 있는 그 영혼들에게. 별들 사이에 떠있는 달과 같이 그들 (그 영혼들)의 한 중간에 서서. (서있는 사람은 '그')

Point 139.

[대표예제]

정답 (b)
해설
Japanese language → the Japanese language. 굳이 형용사에 language를 붙여서 언어를 표현할 때는 앞에 the를 붙인다.
해석
(a)한국 사람들은 쌀을 주식으로 한다.
(b)그들은 일본어를 말할 수 있다.
(c)만약 너의 컴퓨터에 뭔가 문제가 있으면, 존한테 고쳐달라고 할 수 있다.
(d)존은 영어 문법을 공부했다.
(e)모든 공식들은 7장에서 설명되어 진다.

[실전예제]

1.
정답 ③
해설
①three and three fourth → three and three fourths.
②twenty three point two hundred forty-five → twenty three point two four five.
   twenty past three → twenty to three.
③three and four makes~도 가능하다.
④the tenth gate → gate ten.

2.
정답 ①
해설
The Japaneses → The Japanese. [일본 사람들; 국민 전체]
해석
일본인들은 상당히 자의식이 강한 민족이다. 그래서 외국인들이 그들에 대해 갖고 있는 견해에 상당히 민감하다

Chapter 17 부사

Point 140. Point 141.

[대표예제]

정답 (d)
해설
at Kimpo Airport safely → safely at Kimpo Airport. 장소가 2단어 이상의 구를 이룰 때는 [양태-장소-시간]의 어순이 된다.
해석
(a)호랑이들이 따뜻한 태양아래서 무기력한 상태로 몸을 쭉 뻗었다.
(b)너는 그가 말했던 것을 정확히 반복해야한다.
(c)토네이도는 거의 로키산맥 서쪽에서는 발생하지 않는다.
(d)그는 어제 비행기로 안전하게 김포 공항에 도착했다.
(e)단지 공정한 인간만이 마음의 평화를 즐긴다.

[실전예제]

1.
정답 ②
해설
이때 feel은 타동사로 뒤의 that 절을 목적어로 가지는 것이다. 2형식으로 착각하지 말자. 그렇다면 완벽한 3형식 절이므로 부사가 필요하다.
해석
"Mary, 당신은 그것에 대해 어떻게 생각해요?" "저는 이런 일이 그렇게 부주의하게 이루어져서는 안 되는 것이었다는 느낌이 강하게 듭니다."

2.
정답 ④
해설
after immediately the conquest → immediately after the conquest. 내용상 [정복 이후]가 되어야 하고, immediately가 그 부사구를 꾸미려면 그보다 앞에 있어야 한다.
해석
① 왜 Jessica는 뉴욕에서 친척들과 함께 있지 않니? 그녀는 단지 보스턴에만 친척이 있어.
②폴은 제시간에 고지서의 돈을 내는 경우가 드물다.
③사슴들이 때때로 마을 북쪽의 언덕에서 목격되어진다.
④정복 직후의 너무나 많은 원주민들의 죽음은 장기간에 걸친 노동력 부족의 원인이 되었다.

3.
정답 ④
해설
①this afternoon nearly two hours → nearly two hours this afternoon. 시간끼리 겹쳐서 나올 때는 작은 단위부터 쓰고 큰 단위로 간다.
②produced artificially elements → artificially produced element. 부사가 형용사를 꾸밀 때는 그보다 앞에 있어야 한다.
③enough hot → hot enough. 부사임에도 불구하고 형용사를 꾸밀 때 그 뒤에 위치하는 예외가 enough이다.
④alone은 자기가 수식하는 어구 바로 뒤에 쓴다.
해석
①그는 오늘 오후에 거의 두 시간을 잤다.
②방사성 물질들은 인공적으로 만들어진 원소들의 특징을 조사하는데 사용되어왔다.
③연중 이맘때와 비교해서, 어제의 온도는 에어컨을 틀 만큼 충분히 더웠다.
④진실들만으로 책을 만들 수는 없다.

Point 142.

[대표예제]

정답 (d)

해설
(a)very easier → much easier. 비교급은 much로 수식.
(b)was praised high → was highly praised. 일단 의미적으로 [매우]라는 추상적 느낌이 필요하고, 위치도 be p.p사이가 적당하다.
(c)before → ago. 숫자로 된 기간어구를 동반한 명백한 과거시점이므로 ago를 쓴다.
(d)hard 열심히 hardly 거의 ~않다
(e)yet → still. not보다 앞에 쓸 수 있는 [여전히, 아직도]는 still이다.

해석
(a)이 문제는 그것보다 훨씬 더 쉽다.
(b)그녀는 친구들에 의해 매우 칭찬받았다.
(c)나는 삼일 전에 그를 만났다.
(d)그녀는 그가 열심히 일하도록 설득하기 위해 열심히 노력했지만 그는 거의 그녀의 말에 귀 기울이지 않았다.
(e)"존은 10년 동안 파리에 살았어. 그래, 그러나 그는 아직도 프랑스어를 이해하지 못해."

[실전예제]

1.
정답 ②
해설
lately → late. [도착했다. 늦게]
해석
미팅할 때 마다 학생들 중 한명이 늦게 도착해서 선생은 모두가 도착할 때까지 기다림으로써 그 문제를 해결했다.

2.
정답 ①
해설
[심하게 내리 눌러지는, 압박받는]이라는 의미가 필요하다.
해석
전쟁은 국내에서 심하게 압박받아서 자기네들의 국내에서의 책임을 보류해두기를 열망하는 정부들에 의해서 취해지는 가장 좋아하는 수단이다.

3.
정답 ②
해설
lately → late. [임기 후반에]라는 의미가 적절하므로 [늦게]라는 의미의 late가 들어맞는다.
해석
대통령으로서 클린턴은 북한과 그랜드 바긴(일종의 대타협)이 가능하다는 믿음에서 물러서지 않았다. 2000년 10월 그의 두 번째 임기 후반에, 클린턴은 국무장관인 Madeleine Albright를 북한에 보냈다.

4.
정답 ③
해설
①prettily → pretty. [예쁘장하게]가 아니라 [매우, 꽤나]라는 부사가 들어가야 한다.
②much → very. 원급은 very가 수식.
③still은 not보다 앞에 쓴다.
④quickly → fast. drove로 보아 [속도감이 빠르게]가 어울린다.
⑤ago → before. had died이므로 명백한 과거를 의미하는 ago는 쓸 수 없다.
해석
①겨우 두 달 후에, 나는 제로부터 시작했음에도 새로운 언어를 꽤 잘 말할 수 있었다.
②그 젊은 남자는 자신의 독특한 외모 때문에 채용될 가능성이 상당히 없었다.
③나는 상당히 고심해 왔지만 여전히 확신하지는 못한다.
④그는 상당히 빠른 속도로 차를 몰고 그 집으로 갔지만 미팅에는 너무 늦게 도착했다.
⑤그는 그의 아버지가 (더 과거인) 2년 전에 돌아가셨다고 (과거에) 말했다.

Point 143. Point 144.

[대표예제]

정답 (e)
해설
(a)permanent frozen → permanently frozen. [영구적으로 얼어붙어있는]이라는 의미가 적절하다.
(b)truly flight → true flight. 명사를 꾸미는 건 형용사이다.
(c)prompt and careful → promptly and carefully. must be handled까지 완벽하므로 형용사는 부적절하다.
(d)transitory visually impressions → transitory visual impressions. 언뜻 봐서 visually transitory로 고치고 싶을 지도 모른다. 부사가 형용사를 꾸민다고 생각하면. 그런데 그게 [시각적으로 일시적인, 덧없는]이라는 뜻이 되는데, 말이 좀 이상하다. 시각적으로 덧없다는 게 뭔가? 그래서 visually도 뒤의 명사에 대한 수식이라면 형용사로 바꿔야 하고, 그 두 개의 형용사가 각각 명사를 꾸미면서 결합된 의미를 만들어낸다.
(e)be p.p사이에 적절한 의미의 부사가 들어가 있다.
해석
(a)북극의 독특한 특징은 영구적으로 얼어붙어있는 땅덩어리다.
(b)박쥐는 진정한 비행기술을 발전시킨 유일한 포유동물이다.
(c)물고기는 포획 순간부터 최종 가공 처리할 때까지 즉각적이고 주의 깊게 다뤄져야 한다.
(d)인상파 화가들은 실제 세상의 일시적인 눈에 보이는 느낌(인상)을 포착하기 위해 노력했다.
(e)그 건물은 지진에 의한 손상에서 견딜 수 있게 특별히 건축되어졌다.

[실전예제]

1.
정답 ⑤
해설
semantic equivalent → semantically equivalent. are뒤에 형용사 주격보어가 아무런 연결사도 없이 두 개가 연달아 나올 수는 없다. 앞의 것은 부사로 고쳐야 한다.
해석
미국영어의 도치 구조들에 대한 예전의 기능적 분석들은 인식해왔다. 도치된 문장들과 그 문장들의 정상적 단어순서와 대응하는 것들이 의미론적으로 동등하다는 것을.

2.
정답 ②
해설
clear → clearly. 이미 형식적으로 앞부분이 종결되었으므로 부사가 필요하다.
해석
계획되어진 변화에 대해 의미 있는 수긍과 헌신을 얻기를 바라는 한 그룹의 매니저는 고려되어진 그 변화에 대해 가능한 한 명확하게 이유를 제시해야만 한다. 그리고 그 변화에 의해 영향 받을 사람들을 위해 결과들을 명확하게 하기 위하여 토론에 대한 기회들을 제공해야한다.

3.
정답 ③
해설
regularly hours → regular hours. 명사를 꾸미기 위해 형용사가 필요하다.
해석
진정한 불면증 환자 그 누구라도 따뜻한 우유 마시기, 규칙적인 생활습관, 깊게 숨쉬기, 양 숫자 세기, 검은 벨벳에 집중하기 같은 방법들의 쓸모없음을 잘 인식하고 있다.

4.
정답 ②
해설
as efficient as → as efficiently as. money is spent만으로 형식은 종

결되므로 형용사는 부적절하다.

해석
공공의 돈이 가능한 한 효율적으로 쓰이고, 프로그램들이 효과적으로 제공되는 것을 확실히 하는 것이 공무원들의 의무이다. 차별이나 편견 없이, 투명성을 가지고, 또한 돈이나 자원의 낭비 없이. 대부분 공무원들은 대중 서비스 프로그램 제공과 관련된 행정적 기능분야들에서 일한다.

5.
정답 ①
해설
complete different fashions → completely different fashions. [형 + 형 + ⓝ] 구조는 일부러라도 [부 + 형 + ⓝ]으로 바꿔봐서 어느쪽으로 해석하는 것이 자연스러운지 판단해봐야 하다.
해석
① 언어는 문화적 체계이기 때문에 개개의 언어는 완전히 서로 다른 방식으로 사물과 생각을 분류한다. (똑같은 물건을 봐도 언어가 다르면 문화가 다르기 때문에 표현 방식이 서로 다르다.)
② 의학과 과학기술에 의해 이룩되어 온 지속적인 발전은 인간의 예상수명을 상당히 연장시키고 있다.
③ 나는 두 단어가 잘못되게 철자가 쓰여 졌음을 알지 못했다.
④ 소음공해는 빽빽하게 인구가 거주되어지는 지역들에서 최악의 상태에 있다.

ON/OFF 강의

1. OFF-LINE 강의

   김영편입 ⓜ 강남 단과(02-553-8711)

저자 직강!!

2. ON-LINE 강의

   김영편입 ⓜ (www.kimyoung.co.kr) 클릭!!

 를 확인하세요!!

3. www.moonduk.com을 통해 저자분과 질의문답을 해보세요!!